Makroökonomie

Das Übungsbuch

Makroökonomie

Das Übungsbuch

7., aktualisierte Auflage

Tobias Hagen
Ulrich Klüh
Stephan Sauer

Pearson

Bibliografische Information der Deutschen Nationalbibliothek

Die Deutsche Nationalbibliothek verzeichnet diese Publikation in der Deutschen Nationalbibliografie; detaillierte bibliografische Daten sind im Internet über *http://dnb.dnb.de* abrufbar.

Der Umwelt zuliebe verzichten wir auf Einschweißfolie.

Bei Fragen zur Produktsicherheit wenden Sie Sich bitte an info@pearson.de.

10 9 8 7 6 5 4 3 2 1

28 27 26 25

ISBN 978-3-86894-556-0

Programmleitung: Martin Milbradt
Produktion: Markus Stahmann
Korrektorat: Christian Schneider, Traunstein
Coverillustration: Kundra, Shutterstock
Herstellung: Philipp Burkart, pburkart@pearson.de
Satz: Gerhard Alfes, mediaService, Siegen (www.mediaservice.tv)
Druck und Verarbeitung: GraphyCems, Villatuerta, Navarra

Printed in Spain

Inhaltsverzeichnis

Vorwort zur 7., aktualisierten Auflage

Wie lassen sich die Auswirkungen der Covid-Pandemie, der stark gestiegenen Energiekosten oder der steigenden Verteidigungsausgaben auf Wirtschaftswachstum, Arbeitslosigkeit und Inflation erklären? Hat die Wirtschaftspolitik auf die verschiedenen Herausforderungen angemessen reagiert? Besteht die Gefahr einer ausufernden Staatsverschuldung? Was sind die Auswirkungen internationaler Handelskonflikte? Könnte es zu einer Finanz- und Wirtschaftskrise kommen, ähnlich wie in den Jahren 2008 und 2009? Besteht sogar die Chance, durch eine Verbindung von Krisenmanagement, Klimapolitik und Investitionen in neue Technologien einen stabilen Aufschwung einzuleiten? Über diese Fragen wird täglich in den Medien diskutiert. Die Wissenschaft der Makroökonomie versucht, darauf Antworten zu finden. Das vorliegende Übungsbuch zur Makroökonomie soll das in der Vorlesung und aus Lehrbüchern angeeignete theoretische und empirische Wissen anhand unterschiedlicher Aufgabenarten vertiefen und auf Klausuren vorbereiten. Es richtet sich an Studierende der Wirtschaftswissenschaften im Bachelor- und Master-Studium sowie an Studierende aus den Sozial- und Ingenieurwissenschaften, die sich im Rahmen ihres Studiums intensiv mit volkswirtschaftlichen Fragen auseinandersetzen wollen.

Das Buch orientiert sich am Lehrbuch *Makroökonomie* von O. Blanchard und G. Illing, bietet jedoch auch zu jedem anderen Lehrbuch eine wertvolle Ergänzung. Wie das zugrunde liegende Lehrbuch wird auch das Übungsbuch stets an neueste Entwicklungen in der Gesamtwirtschaft und in der wirtschaftswissenschaftlichen Forschung angepasst. In der fünften Auflage stand dabei die Weiterentwicklung der makroökonomischen Forschung und Didaktik seit der Finanzkrise im Mittelpunkt. Als Ergänzung für besonders interessierte Studierende werden diese neuen Darstellungen in einzelnen Aufgaben mit den Aussagen der traditionelleren Modelle verglichen. In der aktuellen siebten Auflage wurden die Entwicklungen nicht nur im Rahmen der Covid-Pandemie, sondern auch im Kontext zunehmender geopolitischer Konflikte, ökologischer Probleme wie dem Klimawandel und technologischer Herausforderungen wie dem Umgang mit Künstlicher Intelligenz berücksichtigt.

In den ersten beiden Kapiteln werden die methodischen Grundlagen für eine erfolgreiche Auseinandersetzung mit makroökonomischen Themen gelegt. ▸*Kapitel 1* behandelt die Volkswirtschaftliche Gesamtrechnung, ▸*Kapitel 2* mathematische Grundlagen sowie eine Einführung in ökonometrische Verfahren. Die anschließenden ▸*Kapitel 3* bis *13* bilden den Kern des Buchs. In ▸*Kapitel 3* bis *6* wird die Volkswirtschaft bei starren Preisen und Löhnen im Rahmen einer modernisierten Version des *IS-LM*-Modells mit Zinssteuerung behandelt (kurze Frist). Die ▸*Kapitel 7* bis *9* erweitern die hier gelegten Grundlagen um den Arbeitsmarkt und Preisanpassungen (mittlere Frist), vor allem anhand des *IS-LM-PC*-Modells. ▸*Kapitel 10* bis *13* betrachten schließlich Fragen der Wachstumstheorie (lange Frist), vor allem unter Verwendung des *Solow*-Modells.

Die ▸*Kapitel 14* bis *20* wenden sich dann zwei wichtigen Erweiterungen zu: Zunächst wird in den ▸*Kapiteln 14* bis *16* untersucht, wie die Berücksichtigung von Erwartungen die Analyse der kurzen und mittleren Frist beeinflusst. Die ▸*Kapitel 17* bis *20* betrachten die offene Volkswirtschaft, insbesondere anhand der aktualisierten Version des *Mundell-Fleming*-Modells. Die ▸*Kapitel 21* bis *23* kehren zur Analyse der Wirtschaftspolitik mit einem besonderen Fokus auf europäische Fragen und Institutionen zurück. Das neue ▸*Kapitel 24* schließt das Buch mit einem Überblick über die Geschichte der Makroökonomie ab, das Ihnen vor allem den Einstieg in ein weiteres Studium der Dogmengeschichte sowie der aktuellen Wissenschaft der Makroökonomie (inklusiver verschiedener alternativer Ansätze abseits des „Mainstreams") erleichtern und schmackhaft machen soll.

Jedes Kapitel ist in einen Aufgaben- und einen Lösungsteil aufgeteilt, wobei der Aufgabenteil wiederum in zwei Hauptteile gegliedert ist. Der jeweils erste Teil („Wissens- und Verständnistests") verfolgt im Wesentlichen zwei Ziele. Erstens erfordert eine gezielte Prüfungsvorbereitung eine detaillierte Kenntnis des bereits bestehenden Wissensstands. Die Aufgaben im ersten Teil sollen deshalb zunächst eine Bestandsaufnahme der bereits erworbenen Fähigkeiten ermöglichen. Dies geschieht insbesondere in Form von Multiple-Choice-Aufgaben. Wie die Erfahrung zeigt, sehen sich viele Studenten der Makroökonomie mit dem Problem konfrontiert, dass die bevorstehende Prüfung sowohl Verständnis und Kenntnis der Inhalte als auch deren adäquate Darstellung verlangt. Multiple-Choice-Aufgaben haben den Vorteil, dass sie zunächst eine Konzentration auf die Inhalte ermöglichen.

Zweitens zeigt die Erfahrung, dass eine auf das Rechnen von Zahlenbeispielen und standardisierten Aufgaben beschränkte Prüfungsvorbereitung meist der sichere Weg in den Wiederholungsversuch ist. Zum Verständnis makroökonomischer Zusammenhänge ist es von entscheidender Bedeutung, die ökonomischen Mechanismen und ihre empirischen Grundlagen zunächst selbst zu erarbeiten und in übersichtlicher Form darzustellen. Im Anschluss an die Multiple-Choice-Aufgaben finden sich deshalb Aufgaben, die es dem Leser ermöglichen, die wichtigsten Inhalte in Eigenregie aufzuarbeiten. Dies sollte unter Verwendung des entsprechenden Lehrbuchs und/oder der Vorlesungsunterlagen geschehen. Die meist verbalen Aufgaben am Ende der Wissens- und Verständnistests dienen somit auch als Leitfaden für die Auseinandersetzung mit den Vorlesungsinhalten.

Der zweite Hauptteil jedes Kapitelaufgabenbereichs enthält Übungsaufgaben. Sie sollen die im ersten Teil gewonnenen Erkenntnisse anhand von Rechenbeispielen und wirtschaftspolitischen Anwendungen vertiefen. Die meisten Aufgaben enthalten sowohl Übungs- als auch Transferelemente. Damit orientieren sie sich eng an der aktuellen Klausurpraxis, die den Studenten meist beide Leistungen abverlangt. Üblicherweise nimmt der Transferanteil (und damit der Schwierigkeitsgrad) gegen Ende jeder Aufgabe zu. An ausgewählten Stellen wurden zudem Aufgaben eingefügt, die eigenständiges empirisches Arbeiten erfordern. Da sich Theorie und Empirie in der modernen Makroökonomie aufs Engste ergänzen, ist eine Konfrontation mit grundlegenden ökonometrischen Methoden bereits in den ersten Semestern anzuraten. Die für einige Aufgaben benötigten Datensätze stehen auf der Website zum Buch zur Verfügung. Die Daten stammen, soweit nicht anders angegeben, von Datastream.

EXTRAS ONLINE

Schließlich einige warnende Hinweise. Ein Übungsbuch wie das vorliegende kann und wird zu einer erfolgreichen Prüfungsvorbereitung beitragen. Voraussetzung ist allerdings, dass einige wichtige Gebrauchshinweise beachtet werden. Erstens sollten die zur Verfügung gestellten Musterlösungen erst dann zu Rate gezogen werden, wenn ein eigener Lösungsansatz möglichst vollständig erarbeitet ist. Zweitens kann ein Übungsbuch die üblichen Formen universitären Lernens nur ergänzen und nie ersetzen. Dies gilt insbesondere für den Besuch von Vorlesung, Übung und Tutorium sowie für die Lektüre von Lehrbüchern und anderen Materialien, jedoch auch für die Arbeit in Lerngruppen. Das vorliegende Übungsbuch findet seine beste Verwendung, wenn die enthaltenen Aufgaben zunächst selbstständig erarbeitet und dann mit Kommilitonen diskutiert werden.

Die aktualisierten Aufgaben und Lösungen zur zweiten Hälfte der kurzen Frist, zur mittleren Frist und zur Fiskalpolitik wurden von Tobias Hagen verfasst. Die aktualisierten Kapitel zur volkswirtschaftlichen Gesamtrechnung, zur ersten Hälfte der kurzen Frist, zur langen Frist, zum dritten Kapitel des Erwartungsteils und zur Geschichte der Makroökonomie stammen von Uli Klüh. Stephan Sauer hat die mathematische und ökonometrische Einführung, die Kapitel zur offenen Volkswirtschaft, die ersten beiden Kapitel des Erwartungsteils sowie die Kapitel zur Entscheidungsfreiheit von Politikern und zur Geldpolitik überarbeitet.

Die notwendige Zeit für die regelmäßige intensive Überarbeitung des Übungsbuchs stand einem Mitglied des Autorenteams der ersten vier Auflagen, Josef Forster, leider nicht zur Verfügung. Deshalb bedanken wir uns herzlich für Josefs Beiträge zu den früheren Auflagen. Wir bedanken uns ebenfalls beim Support-Team des Pearson-Verlags für die Bereitstellung der technischen Infrastruktur sowie bei Andreas Kaltwasser für die Mithilfe bei Kapitel 24. Darüber hinaus bedanken wir uns bei Florian Bartholomae, Richmond Boakye, Marvin Drach, Peter Dumitsch, Christian Feilcke, Johannes Fischer, Alisa Franz, Ismail Mourad, Patricia Franke, Ludwig Reßner, Angelika Sachs und Matthias Schlegl für die Erstellung der Grafiken und die sorgfältige Korrekturarbeit bei früheren Auflagen. Da ein Teil der Aufgaben auf Veranstaltungsmaterialien vergangener Semester basiert, bedanken wir uns auch bei allen ehemaligen Übungsleitern und Mitarbeitern des Seminars für Makroökonomie der LMU und der Darmstadt Business School der Hochschule Darmstadt, die zu deren Erstellung beigetragen haben, sowie bei Klaus Wohlrabe für die Mithilfe bei der Entwicklung neuer Aufgaben für die dritte Auflage.

Ein ganz besonderer Dank gilt Prof. Dr. Gerhard Illing, der uns mit konstruktiver Kritik und kompetenten Anregungen unterstützt hat.

Tobias Hagen, Uli Klüh, Stephan Sauer[1]

1 Die Ansichten, die in diesem Buch vertreten werden, sind allein die Ansichten der Autoren und entsprechen nicht notwendigerweise denen der Europäischen Zentralbank oder des Eurosystems.

1 Volkswirtschaftliche Gesamtrechnung (VGR) und makroökonomische Daten

1.1 Wissens- und Verständnistests

Multiple Choice

1. Die Hedonische Methode wird benutzt,
   a) um den Preis von Computern zu ermitteln.
   b) um die Differenz zwischen Bruttoinlandsprodukt (BIP) und Bruttonationaleinkommen (BNE) zu ermitteln.
   c) um die Veränderungsrate des realen BIP zu ermitteln.
   d) um bei der Ermittlung von Preisindizes die Veränderung von Produkteigenschaften möglichst exakt zu berücksichtigen.

2. Das BNE entspricht dem Volkseinkommen, sofern
   a) die Summe aus indirekten Steuern und Subventionen 0 ist.
   b) die indirekten Steuern abzüglich der Subventionen einen Wert von 0 annehmen.
   c) die Abschreibungen gleich den indirekten Steuern sind und keine Subventionen vorliegen.
   d) die Abschreibungen gleich den Subventionen abzüglich der indirekten Steuern sind.

3. Übersteigt das BNE das BIP, wissen wir,
   a) dass ein Budgetdefizit vorliegt.
   b) dass ein Handelsbilanzdefizit vorliegt.
   c) dass der Zufluss von Faktoreinkommen aus dem Rest der Welt den Abfluss von Faktoreinkommen übersteigt.
   d) dass der Abfluss von Faktoreinkommen an den Rest der Welt den Zufluss von Faktoreinkommen übersteigt.

4. Wenn in einer geschlossenen Volkswirtschaft die privaten Ersparnisse kleiner sind als die Investitionen, wissen wir,
   a) dass der Budgetsaldo 0 ist.
   b) dass ein positives Budgetdefizit vorliegt.
   c) dass ein negatives Budgetdefizit vorliegt.
   d) dass der Außenbeitrag positiv ist.

5. Angenommen, das nominale BIP fällt vom Jahr *t* auf das Jahr *t* + 1. Welche der folgenden Aussagen ist dann auf jeden Fall richtig?
   a) Auch das reale BIP ist gesunken.
   b) Der BIP-Deflator ist gesunken.
   c) Das reale BIP und/oder der BIP-Deflator sind gesunken.
   d) Sowohl das reale BIP als auch der BIP-Deflator sind gesunken.

Für die Teilaufgaben 6 bis 8 verwenden Sie bitte die folgende Angabe: Eine Volkswirtschaft besteht aus drei Unternehmen: einem Landwirtschaftskombinat, das ausschließlich Kartoffeln produziert, einem Kartoffelchips-Unternehmen und einem Computerhersteller. Die Unternehmen weisen folgende Gewinn- und Verlustrechnung aus:

	Landwirtschaft	**Kartoffelchips**	**Computer**
Verkaufserlös	600	2.000	400
Aufwendungen			
Löhne	440	1.200	260
Einkäufe bei Landwirtschaft	–	600	0
Einkäufe von Kartoffelchips	0	–	0
Einkäufe von Computern	0	0	–
Gewinne	160	200	140

6. Die Wertschöpfung in der Kartoffelchips-Branche beträgt
   a) 1.400.
   b) 200.
   c) 800.
   d) 1.200.
7. Das BIP der Volkswirtschaft beträgt
   a) 3.000.
   b) 500.
   c) 2.400.
   d) 2.000.
8. Bei einer Fusion von Kartoffelchips- und Landwirtschafts-Unternehmen
   a) sinkt das BIP auf 2.000.
   b) werden die Gewinne des neuen Unternehmens 360 betragen.
   c) beträgt die Wertschöpfung des neuen Unternehmens 1.560.
   d) beträgt die Wertschöpfung des neuen Unternehmens 2.440.

Für die Teilaufgaben 9 bis 11 seien folgende Größen für die Länder A und B gegeben:

	2017	2027
Reales BIP Land A	1.000	3.000
Reales BIP Land B	1.500	?
Bevölkerung Land A	100	150
Bevölkerung Land B	50	80

9. Wie hoch ist die durchschnittliche Wachstumsrate des realen BIP von Land A?
   a) 10,177%
   b) 11,612%
   c) 12,378%
   d) 13,463%
10. Wenn das reale BIP von Land B mit der gleichen durchschnittlichen Wachstumsrate wie Land A wächst, wie hoch ist dann das reale BIP von Land B im Jahr 2027?
    a) 2.500
    b) 3.500
    c) 4.500
    d) 5.500
11. Wie hoch ist die durchschnittliche Wachstumsrate des realen BIP pro Kopf für Land A?
    a) 4,24%
    b) 5,24%
    c) 6,24%
    d) 7,18%
12. Die Bevölkerung im erwerbsfähigen Alter sei 60 Millionen. Die Zahl der Erwerbspersonen sei 40 Millionen, die Zahl der Beschäftigten 37 Millionen. Welchen Wert nimmt die Arbeitslosenquote an?
    a) 5%
    b) 7,5%
    c) 14,3%
    d) Die Arbeitslosenquote lässt sich nicht ermitteln, da hierzu die Zahl der Arbeitslosen angegeben sein müsste.
13. Gehen Sie von den Zahlen in Aufgabe 12 aus. Welchen Wert nimmt die Erwerbsquote an?
    a) 2/3
    b) 62%
    c) Einen Wert über 90%
    d) Die Erwerbsquote lässt sich nicht ermitteln, da hierzu die Zahl der Arbeitslosen angegeben sein müsste.

14. Die Bevölkerung im erwerbsfähigen Alter sei 50 Millionen. Die Zahl der Erwerbspersonen sei 35 Millionen, die Zahl der Beschäftigten 30 Millionen. Die Nicht-Beschäftigungs-Rate beträgt
    a) 60%.
    b) 40%.
    c) 30%.
    d) 70%.

15. Klimawandel und Artensterben
    a) spielen für die Volkswirtschaftliche Gesamtrechnung eine eher untergeordnete Rolle.
    b) erzwingen Klimaanpassungsmaßnahmen, die üblicherweise zu einer kurzfristigen Reduktion des Bruttoinlandsprodukts führen.
    c) erzwingen Wiederaufbaumaßnahmen, die zwar das Bruttoinlandsprodukt, nicht aber den ökonomischen Wohlstand erhöhen.
    d) erzwingen teure Investitionen in den Klimaschutz, die das Bruttoinlandsprodukt negativ beeinträchtigen.

Wahr/Falsch: Welche der jeweiligen Aussagen sind wahr, welche falsch?

16. Ausgehend vom Volkseinkommen
    a) müssen indirekte Steuern, Abschreibungen und Subventionen hinzuaddiert werden, um zum BNE zu gelangen.
    b) müssen indirekte Steuern und Abschreibungen hinzugezählt und die Subventionen abgezogen werden, um zum Nettonationaleinkommen (NNE) zu gelangen.
    c) müssen lediglich indirekte Steuern und Abschreibungen hinzugezählt und die Subventionen abgezogen werden, um zum BNE zu gelangen.
    d) müssen lediglich indirekte Steuern und Abschreibungen hinzugezählt und die Subventionen abgezogen werden, um zum BIP zu gelangen.

17. Welche der folgenden Aussagen zur Volkswirtschaftlichen Gesamtrechnung sind wahr, welche falsch?
    a) Das Volkseinkommen kann größer sein als das BIP.
    b) Eine Erhöhung der Importe führt ceteris paribus zu einer Erhöhung des BNE.
    c) Bei der Berechnung der Bruttowertschöpfung werden die Vorleistungen berücksichtigt.
    d) Das nominale BIP kann nur dann steigen, wenn auch das reale BIP steigt.

18. Welche der folgenden Aussagen zur Volkswirtschaftlichen Gesamtrechnung sind wahr, welche falsch?
    a) Die indirekten Steuern werden von den privaten Haushalten an den Staat abgeführt.

b) Eine Erhöhung des Nettonationaleinkommens führt ceteris paribus zu einer Erhöhung des Volkseinkommens.

c) Sind die Abschreibungen und der Saldo von indirekten Steuern und Subventionen gleich null, dann entspricht das Volkseinkommen dem Bruttonationaleinkommen.

d) Ein Anstieg der Nettoinvestitionen führt zu einem Anstieg des Kapitalstocks.

19. Falls Kraftstoff zu 100 € getankt wird und der Anteil von indirekten Steuern am Kraftstoffpreis 65%, der Anteil von importiertem Rohöl an der Kraftstoffmenge 25% ist,

a) steigt das BIP um 75 €.

b) steigt das BNE um 75 €.

c) steigt das NNE um 10 €.

d) steigt das Volkseinkommen um 10 €.

20. In einer Volkswirtschaft betragen der private Verbrauch 3.200, die Bruttoinvestitionen 1.500, der Staatsverbrauch 1.300, die Exporte 1.000 und die Importe 1.200. Der Saldo der Erwerbs- und Vermögenseinkommen mit dem Rest der Welt ist positiv.

a) Das BNE der Volkswirtschaft nimmt einen Wert kleiner als 5.800 an.

b) Das BIP der Volkswirtschaft hat einen Wert von 5.800.

c) Das BNE der Volkswirtschaft nimmt einen Wert größer als 5.800 an.

d) Das NNE der Volkswirtschaft ist kleiner als das BIP, sofern die Abschreibungen größer sind als der Saldo der Erwerbs- und Vermögenseinkommen mit dem Rest der Welt.

21. In einer Volkswirtschaft gibt es zwei Güter, deren Preis in $t = 0$ $p_0^1 = 4$ und $p_0^2 = 5$ beträgt. In $t = 0$ wird von jedem Gut eine Einheit gehandelt. In $t = 1$ betragen die Preise $p_1^1 = 2$ und $p_1^2 = 6$ und die jeweiligen Mengen sind $q_1^1 = 1{,}5$ und $q_1^2 = 0{,}5$.

a) Der Laspeyres-Index in $t = 1$ nimmt einen Wert von 7/9 an.

b) Der Paasche-Index nimmt einen Wert von 12/17 an.

c) Die Wirtschaftssubjekte können Nutzeneinbußen aufgrund des Preisanstiegs von Gut 1 durch einen Mehrkonsum von Gut 2 verringern.

d) In der betrachteten Volkswirtschaft herrscht gemäß dem Paasche-Index Deflation.

22. Sei g_{Yt} die Wachstumsrate des realen BIP und π_t die Wachstumsrate des BIP-Deflators.

a) Die Wachstumsrate des nominalen BIP g_{BIP} ist approximativ $g_{BIP} = \pi_t + g_{Yt}$.

b) Die Wachstumsrate des nominalen BIP ist exakt $g_{BIP} = \pi_t + g_{Yt} + \pi_t \cdot g_{Yt}$.

c) Im Basisjahr nehmen nominales und reales BIP den gleichen Wert an.

d) Im Basisjahr ist die Wachstumsrate des BIP-Deflators immer 0.

23. Sei P_t der Konsumentenpreisindex einer Volkswirtschaft in Periode t. Die Inflationsrate der Periode t ist definiert als:

a) $\pi_t \frac{P_{t-1} - P_t}{P_t} \cdot 100$

b) $\pi_t = \frac{P_t - P_{t-1}}{P_{t-1}} \cdot 100$

c) $\pi_t = \left(\frac{P_t}{P_{t-1}} - 1\right) \cdot 100$

d) $\pi_t = \frac{P_t - P_{t-1}}{P_t} \cdot 100$

24. Sei L_t die Zahl der Erwerbspersonen, N_t die Zahl der Erwerbstätigen und U_t die Zahl der Arbeitslosen, jeweils in Periode t. Die Veränderung der Arbeitslosenquote in Prozentpunkten ist definiert als:

a) $\left(\frac{U_t}{N_t + U_t} \cdot 100 - \frac{U_{t-1}}{N_{t-1} + U_{t-1}} \cdot 100\right)$

b) $\left(\frac{(U_t / L_t)}{(U_{t-1} / L_{t-1})} - 1\right) \cdot 100$

c) $\left(\frac{U_t}{L_t} - \frac{U_{t-1}}{L_{t-1}}\right) \cdot 100$

d) $\left(\frac{U_t}{N_t + U_t} - \frac{U_{t-1}}{N_{t-1} + U_{t-1}}\right) \cdot 100$

Für die zwei folgenden Teilaufgaben verwenden Sie bitte die folgenden Angaben für eine Volkswirtschaft, die nur Bier und Wein produziert:

Jahr	**2017**	**2027**
Bier [Anzahl Flaschen]	10.000	12.000
Wein [Anzahl Flaschen]	6.000	10.000
Bierpreis [€]	1	1,2
Weinpreis [€]	2	2,5

Ermitteln Sie die zur Beantwortung notwendigen Werte möglichst exakt.

25. Sei 2017 das Basisjahr.
   a) Die durchschnittliche jährliche Wachstumsrate des nominalen BIP im Zeitraum 2017 bis 2027 beträgt 6%.
   b) Pro Flasche Bier wurden im Jahr 2027 weniger Flaschen Wein konsumiert als im Jahr 2017.
   c) Das reale BIP im Jahr 2017 entspricht dem nominalen BIP im gleichen Jahr.
   d) Das reale BIP im Jahr 2027 nimmt einen Wert von 32.000 € an.

26. Sei 2017 das Basisjahr.

a) Die durchschnittliche jährliche Wachstumsrate des realen BIP im Zeitraum 2017 bis 2027 beträgt etwa 45%.

b) Der BIP-Deflator im Jahr 2027 hat einen Wert von 1,23.

c) Die durchschnittliche jährliche Wachstumsrate des BIP-Deflators im Zeitraum 2017 bis 2027 beträgt etwa 2,1%.

d) Das reale BIP im Jahr 2027 nimmt einen Wert von 32.000 € an.

27. Welche Aussagen zu den Auswirkungen der Arbeitslosigkeit auf die Lebenszufriedenheit lassen sich anhand empirischer Studien belegen.

a) Arbeitslosigkeit führt zu einer nachhaltigen, langjährigen negativen Beeinträchtigung der Lebenszufriedenheit.

b) Der Rückgang der Lebenszufriedenheit durch Arbeitslosigkeit ist sehr stark und vergleichbar mit dem Effekt einer Ehescheidung.

c) Findet ein Mensch nach einer Phase der Arbeitslosigkeit eine neue Beschäftigung, steigt seine Lebenszufriedenheit schnell wieder auf das Niveau, das es vor dem Verlust des Arbeitsplatzes hatte.

d) Die Lebenszufriedenheit steigt vor dem Verlust des Arbeitsplatzes üblicherweise an.

28. Welche der Aussagen zum „Gesetz“ von Okun sind wahr, welche falsch?

a) Das „Gesetz“ von Okun besagt, dass ein starkes Wachstum des BIP üblicherweise mit einem Rückgang der Arbeitslosenquote einhergeht.

b) Das „Gesetz“ von Okun besagt, dass ein starker Rückgang des BIP immer mit einer starken Zunahme der Arbeitslosenquote einhergeht.

c) Ist die Arbeitslosenquote niedrig, besteht eine Tendenz für ansteigende Inflation.

d) In Zeiten hoher Arbeitslosenquoten geht die Inflationsrate tendenziell zurück.

29. Welche Aussagen zur Messung von Arbeitslosigkeit sind wahr, welche falsch.

a) Die ILO-Statistik weist im Vergleich zur Arbeitslosenquote, die die Bundesagentur für Arbeit in Nürnberg auf Basis der registrierten Arbeitslosen ermittelt, eine gewisse Unschärfe auf, da sie auf der Basis von Stichproben erhoben wird.

b) Nach der Definition der ILO zählen zu den Erwerbslosen all die Personen, die im entsprechenden Zeitraum nicht erwerbstätig waren, innerhalb der letzten vier Wochen nach einer Beschäftigung gesucht haben und innerhalb von zwei Wochen eine Arbeit aufnehmen können.

c) Die Werte für die Arbeitslosenquote, die die Bundesagentur für Arbeit in Nürnberg auf Basis der registrierten Arbeitslosen ermittelt, liegen fast durchweg über den Werten der ILO-Statistik.

d) Die ILO-Statistik versucht, diejenigen zu erfassen, die arbeitsunwillig sind, aber trotzdem keinen Job finden.

30. Klimawandel und Artensterben

a) können durch Wiederaufbaumaßnahmen (bspw. nach Flutkatastrophen) zu einer spürbaren Steigerung des Bruttoinlandsprodukts führen, die jedoch keine Wohlstandsverbesserung darstellt.

b) erzwingen Anpassungsmaßnahmen, die zu einer Steigerung des Bruttoinlandsprodukts führen, im Hinblick auf den gesamtwirtschaftlichen Wohlstand jedoch allenfalls mögliche Einbußen begrenzen.

c) verursachen neben Kosten für Klimaschutz und Klimaanpassung auch direkte Kosten, die aufgrund des geringen Wertschöpfungsanteils der Landwirtschaft in Deutschland jedoch vernachlässigbar sind.

d) können die langfristige des Bruttoinlandsprodukts in erheblichem Maße beeinträchtigen, da sie sich negativ auf Produktivität, Produktionsfaktoren und Absatzmärkte auswirken.

Basiswissen

31. Makroökonomische Daten

a) Wie unterscheiden sich Strom- und Bestandsgrößen? Geben Sie drei für die Makroökonomie bedeutsame Beispiele.

b) Was versteht man unter Aggregation? Welche Bedeutung hat Aggregation in der Makroökonomie? Welche Informationen gehen bei der Aggregation von Daten verloren?

c) Diskutieren Sie die Verwendbarkeit von unterschiedlichen Maßen der VGR zur Erfassung der Lebensqualität bezüglich ihrer Aussagekraft.

32. Wichtige Zusammenhänge der Volkswirtschaftlichen Gesamtrechnung

a) Erläutern Sie den Unterschied zwischen Inländerkonzept und Inlandskonzept.

b) Erläutern Sie, wie und weshalb die Volkswirtschaftliche Gesamtrechnung zwischen Brutto- und Nettogrößen unterscheidet.

c) Erläutern Sie, in welcher Form indirekte Steuern und Subventionen in die Volkswirtschaftliche Gesamtrechnung eingehen.

d) Stellen Sie die drei Berechnungsweisen des BIP möglichst übersichtlich in einem einheitlichen Rahmen dar.

e) Definieren Sie das verfügbare Einkommen der privaten Haushalte sowie das verfügbare Einkommen der Volkswirtschaft und erläutern Sie, wie es im Rahmen der VGR ermittelt wird.

33. Ersparnis und Volkswirtschaftliche Vermögensrechnung

a) Welcher Zusammenhang besteht zwischen Ersparnis und Investitionen

i. in der geschlossenen Volkswirtschaft ohne Staat?

ii. in der geschlossenen Volkswirtschaft mit Staat?

iii. in der offenen Volkswirtschaft ohne Staat?

iv. in der offenen Volkswirtschaft mit Staat?

b) Welcher Zusammenhang besteht zwischen dem Aufbau von Vermögen und der Ersparnis in einer Volkswirtschaft? Unterscheiden Sie zwischen Sachvermögen und Finanzvermögen.

1.2 Übungsaufgaben

1. Nominale und reale Variablen und die Berechnung von Preisindizes

   In einer Volkswirtschaft werden zwei Güter gehandelt. In der Basisperiode $t = 0$ betragen die Preise dieser beiden Güter $p_0^1 = 2$ und $p_0^2 = 6$. Zu diesen Preisen werden die Mengen $q_0^1 = 12$ bzw. $q_0^2 = 1$ gehandelt. In Periode $t = 1$ steigt der Preis des ersten Gutes auf $p_1^1 = 3$, während der Preis des zweiten Gutes auf $p_1^2 = 4$ fällt. Zu diesen Preisen werden die Mengen $q_1^1 = 8$ und $q_1^2 = 1{,}5$ gehandelt.

   a) Erläutern Sie den Unterschied zwischen realen und nominalen Variablen!

   b) Definieren und bestimmen Sie die Preisindizes nach Laspeyres und Paasche!

2. Probleme der Inflationsmessung

   In der Volkswirtschaft der römischen Kaiserzeit werden zwei Güter gehandelt: Brot (*P*) und Spiele (*C*). Im Jahre 0 beträgt der Preis für die Großeinheit Brot $p_0^P = 4$, der Preis für Tausend Spiele $p_0^C = 10$ Goldmünzen. Zu diesen Preisen werden $q_0^P = 10$ Großeinheiten Brot und $q_0^C = 4$ Tausend Spiele gehandelt. Im Jahre 1 ist der Preis für die Großeinheit Brot auf $p_1^P = 3$ gefallen, der Preis für Tausend Spiele auf $p_1^C = 15$ Goldmünzen gestiegen. Zu diesen Preisen werden $q_1^P = 12$ Großeinheiten Brot und $q_1^C = 3$ Tausend Spiele gehandelt.

   a) Berechnen Sie mit Hilfe des

      i. Laspeyres-Index

      ii. Paasche-Index

      iii. die Preissteigerung im Römischen Reich!

   b) Begründen Sie, warum häufig argumentiert wird, dass der Preisindex nach Laspeyres die Inflationsrate überschätzt, der Preisindex nach Paasche die Inflationsrate unterschätzt!

3. Inflationsmessung und die Hedonische Methode

   In der kleinen Volkswirtschaft Phantasia werden zwei Güter gehandelt, Computer und Sportautos. Im Jahr $t = 0$ kostet ein Computer 50, ein Sportauto 100. Es werden jeweils 10 Computer und 10 Sportautos gehandelt. Im Jahr 1 ist der Preis von Computern auf 70 gestiegen, der von Sportautos auf 90 gefallen.

   a) Berechnen Sie die Preissteigerung nach dem Laspeyres-Index.

   b) Der Computer bestehe aus zwei Teilen, Festplatte und Prozessor, die in $t = 0$ jeweils 25 kosteten, in Periode $t = 1$ aber wesentlich verbessert wurden. Zur alten Qualität würden beide Teile in Periode 1 jeweils nur noch einen Preis von 20 erzielen. Berechnen Sie die Preissteigerung, indem Sie den Computer in seine Einzelteile aufsplitten.

   c) Wie bezeichnet man die in Teilaufgabe b) verwendete Methode der Inflationsmessung? Welche Grundidee liegt der Methode zugrunde?

4. Sektorenanalyse im Rahmen der Volkswirtschaftlichen Gesamtrechnung

   Das Statistische Bundesamt beobachtete im Jahr 2017 folgende Transaktionen: In der Siliziumproduktion werden Löhne und Gehälter in Höhe von 75 Mio. € bezahlt. 1

Million Einheiten Silizium werden zu einem Preis von 150 € pro Einheit an die Halbleiterindustrie geliefert. Letztere zahlt ihren Beschäftigten 50 Mio. € an Löhnen und verkauft ihre Halbleiter für 400 Mio. € an die Produzenten von Playstations. Diese weisen eine Lohn- und Gehaltssumme von 850 Mio. € auf und verkaufen Playstations an VWL-Studenten für 1.500 Mio. €.

a) Wie hoch ist die Wertschöpfung auf jeder Produktionsstufe?

b) Welches Inlandsprodukt ergibt sich nach dem Wertschöpfungsansatz?

c) Wie hoch ist die gesamtwirtschaftliche Lohn- und Gewinnsumme?

5. Kreislaufanalyse und Volkswirtschaftliche Gesamtrechnung

Betrachten Sie die folgende Volkswirtschaft: In der Getreideproduktion werden Löhne und Gehälter in Höhe von 75 € gezahlt. Die gesamte Getreideproduktion wird für 140 € von Unternehmen aufgekauft, die damit Mehl produzieren. In der Mehlproduktion werden Löhne und Gehälter in Höhe von 50 € gezahlt. Die Mehlproduktion wird an die Brotindustrie für 250 € geliefert. Dort fallen Löhne und Gehälter in Höhe von 125 € an. Verkauft wird die Brotproduktion für 140 € an den Staat und für 360 € an die Konsumenten. Die Haushalte zahlen auf ihr Einkommen Steuern in Höhe von 20%. Sie konsumieren 90% ihres verfügbaren Einkommens. Es gibt keine Abschreibungen, indirekten Steuern und Subventionen. Der Saldo der Primäreinkommen mit der übrigen Welt beträgt 0.

a) Wie groß ist die Wertschöpfung auf jeder Produktionsstufe?

b) Wie groß ist das Bruttoinlandsprodukt nach dem Wertschöpfungsansatz (dieser Ansatz wird alternativ auch Entstehungsrechnung genannt)? Erklären Sie kurz die Entstehungsrechnung allgemein und für die betrachtete Volkswirtschaft!

c) Wie groß ist das Bruttoinlandsprodukt nach der Verteilungsrechnung (alternativ auch Einkommensrechnung genannt)? Erklären Sie kurz die Verteilungsrechnung allgemein und für die betrachtete Volkswirtschaft!

d) Wie groß ist das Bruttoinlandsprodukt nach der Verwendungsrechnung? Erklären Sie kurz die Verwendungsrechnung allgemein und für die betrachtete Volkswirtschaft!

e) Stellen Sie das Kreislaufmodell für die betrachtete Volkswirtschaft dar! Bezeichnen Sie alle Ströme und tragen Sie die dazugehörigen Werte ein!

6. Volkswirtschaftliche Gesamtrechnung und Kapitalakkumulation

Für die Volkswirtschaft Numeria wurden im Jahr 2027 folgende Werte ermittelt (Angaben in Geldeinheiten):

– Einkommen aus unselbstständiger Arbeit	255
– Einkommen aus Unternehmertätigkeit	52,5
– Zins- und Mieteinkünfte	50
– Indirekte Steuern – Subventionen	50
– Handelsbilanzsaldo (Exporte minus Importe)	5
– Privater Verbrauch	280
– Staatsverbrauch	92,5
– Bruttoinvestitionen	107,5
– Saldo der Erwerbs- und Vermögenseinkommen	–12,5

a) Berechnen Sie das Volkseinkommen von Numeria anhand der Angaben!

b) Berechnen Sie das Nettonationaleinkommen!

c) Berechnen Sie das Bruttonationaleinkommen!

d) Am Ende des Jahres 2026 hatte Numeria einen Kapitalstock im Wert von 485. Berechnen Sie den Kapitalstock von Numeria am Ende des Jahres 2027!

e) Nehmen Sie an, Numeria weist eine Produktionsfunktion des Typs

$$Y_t = K_t^{0,5} L_t^{0,5}$$

auf, wobei K_t den Kapitalstock am Anfang des Jahres t, L_t die Zahl der eingesetzten Arbeitskräfte und Y_t das BIP darstellen. Ermitteln Sie L_t sowie Y_t im Jahre 2028 unter den folgenden Annahmen: Kapitaleinheiten, die durch Investitionen im Jahr t angeschafft wurden, können erst ab dem Beginn des Jahres $t + 1$ eingesetzt werden. Alle im Laufe des Jahres verschlissenen Kapitalgüter werden erst am Ende eines Jahres aus dem Betrieb genommen. Die Zahl der Arbeitskräfte steigt proportional mit dem Kapitalstock.

7. Inlandskonzept, Inländerkonzept und die Ermittlung von Wachstumsraten

Das statistische Amt in Nordland hat folgende Daten für das Jahr 2027 erhoben (alle Angaben in Euro und zu Preisen von 2027):

– Bruttoproduktionswert	2.400
– Einkommen aus Unternehmertätigkeit	300
– Zins- und Mieteinkünfte	135
– Privater Verbrauch	1.100
– Staatsverbrauch	350
– Bruttoinvestitionen	380
– Exporte	750
– Importe	600
– Indirekte Steuern – Subventionen	120
– Auslandseinkommen der Inländer	50
– Inlandseinkommen der Ausländer	150
– Nettonationaleinkommen	1.455

a) Berechnen Sie das Bruttoinlandsprodukt, das Bruttonationaleinkommen, die Abschreibungen, die Vorleistungen, das Volkseinkommen sowie das Einkommen aus unselbstständiger Arbeit für das Jahr 2027!

b) Im Jahr 2024 ermittelte das statistische Amt von Nordland ein nominales BIP in Höhe von 1.800 €, in 2025 von 1.950 € und in 2017 von 1.969,50 €. Der Preisindex für 2024 beträgt 96, für 2025 100 und für 2026 101. Berechnen Sie die durchschnittliche Wachstumsrate des realen BIP für den Zeitraum 2024 bis 2026!

In Südland, dem Nachbarland von Nordland, beträgt das nominale BIP im Jahr 2024 400 € (beide Länder benutzen die gleiche Währung). Gehen Sie davon aus, dass Nord- und Südland ausschließlich untereinander Wirtschaftsbeziehungen unterhalten. Produktionsfaktoren wie Arbeit und Kapital sowie Güter und Dienstleistungen dürfen also nur die gemeinsame Grenze passieren, nicht aber in andere Länder überführt werden.

c) Nennen Sie mögliche Ursachen für die Tatsache, dass in Nordland das Auslandseinkommen der Inländer kleiner ist als das Inlandseinkommen der Ausländer! Mit welchen wirtschaftlichen Aktivitäten tragen die Bewohner von Südland zu dem Unterschied in Nordland bei?

d) Wie groß ist der Unterschied zwischen BIP und BNE in Südland? Begründen Sie mit einem Satz Ihre Antwort!

8. VGR und gesamtwirtschaftliche Ersparnis

Betrachten Sie folgende Daten der deutschen Volkswirtschaft:

– Einkommen aus unselbstständiger Arbeit	1.550 Mrd.
– Einkommen aus Unternehmertätigkeit	440
– Zins- und Mieteinkünfte	200
– Exporte	1.110
– Importe	900
– Privater Verbrauch	1.640
– Staatsverbrauch	520
– Bruttoinvestitionen	570
– Indirekte Steuern – Subventionen	330

Die Primäreinkommen, die Inländer aus dem Rest der Welt beziehen, entsprechen den Primäreinkommen, die an den Rest der Welt geleistet werden.

a) Bestimmen Sie

i. Volkseinkommen,

ii. BNE und

iii. NNE!

b) Wie hoch war die volkswirtschaftliche Ersparnis im betrachteten Zeitraum?

9. Ökonomische Aktivitäten und die Erfassung des BIP

Wie wirken sich folgende Aktivitäten auf die Höhe des BIP bzw. des Volkseinkommens aus? Nehmen Sie knapp Stellung zu der Frage, ob die entsprechende Auswirkung dem Grundgedanken des BIP als Maß für Produktion und Lebensstandard entspricht!

a) A renoviert das Zimmer von B und umgekehrt. Dafür zahlen sie sich gegenseitig jeweils 300 €.

b) Die Studenten A und B renovieren ihre gemeinsame Wohnung in Heimarbeit und ohne Austausch von Zahlungen.

c) Firma X verkleidet ein privates Wohnhaus mit einer asbesthaltigen Wärmedämmung.

d) Firma Y führt eine Asbestsanierung für 5.000 € durch, indem sie sämtliche asbesthaltigen Materialien durch andere Stoffe ersetzt. Der Mehrwertsteuersatz beträgt 15%. Inwieweit hängt die Antwort davon ab, ob das Gebäude ein privates Wohnhaus, im Eigentum eines Unternehmens oder ein Gebäude im Staatseigentum ist?

e) Student C macht eine Spritztour mit seinem Porsche und tankt Benzin im Wert von 100 €. Dabei beträgt der Steueranteil 60%, der Anteil importierten Rohöls 20%.

f) Der selbstständige Unternehmer P heiratet seine Sekretärin. Daraufhin kündigt sie, erledigt ihre Aufgaben allerdings wie zuvor. Hierfür erhält sie von ihrem Ehemann ein zusätzliches Haushaltsgeld in Höhe ihres alten Gehalts.

g) Unternehmen A produziert Autos im Wert von 100 Mio. €. 70% des Endwerts der Autos besteht aus Ausgaben für Vorleistungen, wobei die Hälfte aller Vorleistungen aus dem Ausland bezogen wird. Alle Autos werden an inländische Haushalte verkauft.

10. Entwicklung wichtiger VGR-Größen in Deutschland

Auf der Website des Statistischen Bundesamts (*www.destatis.de*) finden Sie in der Datenbank „Genesis online" alle relevanten Daten der deutschen volkswirtschaftlichen Gesamtrechnung. Erstellen Sie für den Zeitraum 2000 bis 2020 eine Tabelle mit folgenden Größen: Private Konsumausgaben, Konsumausgaben des Staats, Bruttoinvestitionen, Exporte, Importe, Arbeitnehmerentgelt sowie Unternehmens- und Vermögenseinkommen. Verwenden Sie hierbei nominale Größen, das heißt die Angaben zu jeweiligen Preisen.

a) Stellen Sie das Volkseinkommen und seine beiden wichtigsten Komponenten in einem Schaubild grafisch dar!

b) Stellen Sie die relativen Anteile des Arbeitnehmerentgelts und der Unternehmens- und Vermögenseinkommen am Volkseinkommen in einem Schaubild grafisch dar!

   i. Recherchieren Sie: Was versteht man unter dem Begriff Lohnquote?

   ii. Wie hat sich die Lohnquote in Deutschland im betrachteten Zeitraum entwickelt?

c) Stellen Sie das Bruttoinlandsprodukt und seine Verwendungskomponenten in einem Schaubild grafisch dar!

d) Ermitteln Sie die jährlichen Wachstumsraten der einzelnen Verwendungskomponenten!

   i. Welche Verwendungskomponenten haben sich vor dem ersten Jahr der Wirtschaftskrise 2008 besonders auffällig entwickelt? In welcher Art und Weise?

   ii. Welche Verwendungskomponenten sind während der Wirtschaftskrise 2008 bis 2009 besonders stark beeinträchtigt gewesen?

e) Unter welchen Voraussetzungen sind Ihre Aussagen unter b) und d) verlässliche Hinweise auf veränderte realwirtschaftliche Bedingungen?

f) Erstellen Sie eine Tabelle der Privaten Konsumausgaben, Konsumausgaben des Staats, Bruttoinvestitionen, Exporte und Importe zu konstanten Preisen (preisbereinigt).

   i. Ermitteln Sie die durchschnittlichen Wachstumsraten der einzelnen Verwendungskomponenten und des BIP.

   ii. Hat vor allem der Außenhandel (also die Differenz von Export- und Importwachstum) oder die Binnennachfrage das Wachstum der deutschen Volkswirtschaft getragen?

   iii. Gibt es einen möglichen Zusammenhang zwischen der Entwicklung der Lohnquote und Ihrer Antwort unter ii.?

   iv. Vergleichen Sie die Daten aus Teilaufgabe d) und f) hinsichtlich der Frage, welche Rolle Veränderungen der Deflatoren für die einzelnen Komponenten spielen!

11. Wirtschaftsentwicklung nach Ländergruppen

Die Covid-19 Pandemie brachte im Jahr 2020 erhebliche Einschränkungen mit sich. Kontaktbeschränkungen, Einreiseverbote, Homeoffice und andere Formen des Pandemiemanagements hatten einen sehr großen Einfluss auf die Wirtschaftsentwicklung.

Auf der Website des Internationalen Währungsfonds (www.imf.org) werden regelmäßig aktuelle Informationen zur weltwirtschaftlichen Entwicklung zur Verfügung gestellt, getrennt nach Ländern und Ländergruppen. Die entsprechende Datenbank nennt sich „World Economic Outlook Database"(WEO). Sie beinhaltet sowohl Informationen zur vergangenen Wirtschaftsentwicklung als auch Prognosen.

a) Erstellen Sie mithilfe der WEO-Datenbank eine Tabelle zur Entwicklung des Bruttoinlandsprodukts (BIP) der verschiedenen Ländergruppen („Country Groups") im Zeitraum von 2018 bis 2023! Vergleichen Sie die Entwicklung des BIP!

b) „Das Bruttoinlandsprodukt als volkswirtschaftliche Kennzahl hat im Laufe der Covid-19 Pandemie an Bedeutung verloren." Stimmen Sie dieser Aussage zu? Nehmen Sie Bezug auf Ihre Ergebnisse der vorherigen Teilaufgaben.

12. Auswirkungen von multiplen Krisen sowie sozial-ökologischer und technologischer Transformationsprozesse auf die Messung von Wirtschaftsentwicklung.

Vielfach wird in den Medien darüber spekuliert, wie sich die zahlreichen Krisen der letzten Jahre (bspw. die Klima- und Biodiversitätskrise, der Ukrainekrieg oder die Corona-Pandemie) auf die Wirtschaftsentwicklung auswirken. Gleichzeitig sprechen Experten vermehrt davon, dass die aktuellen ökologischen und sozialen Probleme sowie das Aufkommen von neuen Techniken (bspw. im Bereich Künstliche Intelligenz) eine grundsätzliche Transformation von Wirtschaft und Gesellschaft anstoßen.

Oft wird dabei auch kritisch diskutiert, ob die aktuellen Formen der Erfassung und Messung wirtschaftlicher Aktivitäten, bspw. im Rahmen der Volkswirtschaftlichen Gesamtrechnung (VGR), vor dem Hintergrund von Krisen und Transformationen angepasst werden muss.

a) Nennen und erläutern Sie fünf Maßnahmen zur Anpassung der VGR, die vor dem Hintergrund ökologischer Krisen sowie der Forderung nach einer sozial-ökologischen Transformation diskutiert werden!

b) Nennen und erläutern Sie drei Maßnahmen zur Weiterentwicklung der VGR, die angesichts des Fortschritts im Bereich KI angedacht werden sollten!

c) Einige Beobachter gehen davon aus, dass die aktuellen Probleme nur dann gelöst werden können, wenn wir uns vom Ziel des wirtschaftlichen Wachstums lösen und zukünftig weniger produzieren (Übergang in eine Postwachstumsökonomie). Erläutern Sie die Grundidee dieser Sichtweise und diskutieren sie, wie in einer Ökonomie ohne Wachstum die Messung volkswirtschaftlicher Größen anzupassen wäre!

Sie können zur Beantwortung der Fragen ein KI-Tool zur Hilfe nehmen. In diesem Fall ist es jedoch notwendig, dass Sie die Antworten kritisch bearbeiten und auf die methodischen Grenzen Ihrer Vorgehensweise eingehen.

Lösungen zu Kapitel 1

1.1 Wissens- und Verständnistests

Multiple Choice

1. d)
2. d)
3. c)
4. c)
5. c)
6. a)
7. c)
8. b)
9. b)
10. c)
11. d)
12. b)
13. a)
14. b)
15. c)

Wahr/Falsch

16. F, F, W, F
17. W, F, W, F
18. F, W, W, W
19. W, W, F, W

20. F, W, W, W

21. F, W, F, W

22. W, W, W, F

23. F, W, W, F

24. W, F, W, W

25. W, F, W, W

26. F, W, W, W

27. W, W, F, F

28. W, F, F, F

29. W, W, W, F

30. W, W, F, W

Basiswissen

31. Makroökonomische Daten
    a) Strom- und Bestandsgrößen
    - *Bestandsgrößen (BG):* Variablen zu einem bestimmten Zeitpunkt gemessen, Mengendimension.
    - *Stromgrößen (SG):* Variablen über einen bestimmten Zeitraum gemessen, Veränderung der Bestandsgröße; Dimension: Menge pro Zeiteinheit.
    - *Beispiele:* Kapitalstock (BG) und Investitionen (SG), Gesamtbevölkerung (BG) und Differenz zwischen Zahl der Geburten und Zahl der Sterbefälle (SG), Vermögen (BG) und Ersparnis (SG).

    b) *Aggregation:* Unter Aggregation von Daten versteht man das Zusammenfassen einzelwirtschaftlicher Daten (beispielsweise der Konsum einzelner Haushalte, die Preise für einzelne Produkte) zu größeren, gesamtwirtschaftlichen Einheiten (beispielsweise dem aggregierten Konsum, dem aggregierten Preisniveau). Das Wort kommt aus dem Lateinischen: *aggregare* = anhäufen, *aggregatio* = Anhäufung. Durch Aggregation von Daten gehen Informationen über individuelle Unterschiede, also insbesondere über die Verteilung von Einkommen, Konsumangaben etc., verloren.

    c) Beim Vergleich von Lebensstandards sollten generell Pro-Kopf-Größen verwendet werden. Ist der Unterschied zwischen BIP und BNE beträchtlich, sind das BNE bzw. das NNE als Einkommensmaße die adäquate Bezugsgröße. Zu beachten sind die vielfältigen Messprobleme, die bei der Erfassung auftauchen. Verteilungsaspekte bleiben unberücksichtigt und bei öffentlichen Gütern, Umweltgütern oder nicht über den Markt gehandelten Gütern tauchen Bewertungs- bzw. Erfassungsprobleme auf. Dies gilt auch für die Berücksichtigung von Freizeit.

32. Wichtige Zusammenhänge der Volkswirtschaftlichen Gesamtrechnung

a) Inlands- und Inländerkonzept:

- *BIP → Inlandskonzept:* Im Inland produzierte Einheiten, Wertschöpfung im Inland → Betont produktionsseitige Zusammenhänge.

  Bruttoinlandsprodukt (BIP): Ist gleich dem Wert aller Güter und Dienstleistungen, die in einer Periode **im Inland** entstehen und an die Endverbraucher zu Marktpreisen verkauft werden (bzw.: „Der Wert der im Inland hergestellten Waren und Dienstleistungen (Wertschöpfung), soweit diese nicht als Vorleistungen für die Produktion anderer Waren und Dienstleistungen verwendet werden").

- *BNE → Inländerkonzept:* von Inländern erwirtschaftete Einkommen (Unterschied zum BIP durch Grenzgänger, Kapitalbeteiligungen im Ausland) → Betont einkommensseitige Zusammenhänge.

  Bruttonationaleinkommen (BNE): Ist gleich dem Wert aller Güter und Dienstleistungen, die in einer Periode durch Aktivitäten der **Inländer** entstehen und an die Endverbraucher zu Marktpreisen verkauft werden (bzw.: „Das Bruttonationaleinkommen ist gleich dem Bruttoinlandsprodukt abzüglich der an die übrige Welt geleisteten Primäreinkommen zuzüglich der aus der übrigen Welt empfangenen Primäreinkommen.").

b) Nettogrößen berücksichtigen, dass ein Teil des gesamtwirtschaftlichen Kapitalstocks in einer Periode einem Verschleiß unterliegt und deshalb ersetzt werden muss. Will die Volkswirtschaft ihren Kapitalstock zumindest konstant halten, stehen ihr produzierte Ressourcen im Ausmaß des Verschleißes nicht zur Verfügung. Bruttoinvestition − Ersatzinvestitionen (Abschreibungen) = Zuwachs des Kapitalstocks

   Bruttoprodukte können in Nettoprodukte umgewandelt werden, indem der laufende Verschleiß der Volkswirtschaft, gemessen durch die Abschreibungen A, berücksichtigt wird:

   - BNE − A = NNE
   - BIP − A = NIP

c) Ausgehend vom NNE werden die indirekten Steuern abgezogen und die Subventionen hinzugezogen, um zum Volkseinkommen zu gelangen.

   Volkseinkommen: Summe des von Inländern empfangenen Arbeitnehmerentgelts und der Unternehmens- und Vermögenseinkommen der Inländer (**vor Abzug** der direkten Steuern und vor Berücksichtigung von staatlichen Transfereinkommen).

d) Übersicht über die Berechnungsmethoden: siehe ▶*Abbildung 1.1*.

e) **Verfügbares Einkommen der Volkswirtschaft („der Inländer"):** Vom BIP gelangen wir über die Berücksichtigung des Saldos der Primäreinkommen sowie der Abschreibungen zum Nettonationaleinkommen (NNE), das auch als Primäreinkommen bezeichnet wird. Das verfügbare Einkommen der Volkswirtschaft ist das NNE **abzüglich** der laufenden Transfers an die übrige Welt und **zuzüglich** der laufenden Transfers aus der übrigen Welt. Es gibt Aufschluss über das Einkommen, das allen Inländern (einschließlich dem Staat) insgesamt zur Verfügung steht.

f) **Verfügbares Einkommen der privaten Haushalte:** Kurzgefasst handelt es sich um die Summe der den privaten Haushalten zugeflossenen Erwerbs-, Vermögens- und Unternehmenseinkommen (Anteil der privaten Haushalte am Volkseinkommen) **abzüglich** der direkten Steuern (z.B. Einkommenssteuer) und anderer geleisteter Transfers wie Sozialbeiträge **zuzüglich** der Transferzahlungen des Staats (z.B. Leistungen der gesetzlichen Sozialversicherung und im Rahmen der Grundsicherung sowie Wohngeld) an die Haushalte. Es gibt Aufschluss über die Einkommen, die maßgeblich für die Bestimmung des privaten Konsums sind.

g) Die Überführung des einen Konzepts in das andere ist im Detail von vielen technischen Einzelheiten geprägt – siehe hierzu den Beitrag von *Schwarz, N. (2008): Einkommensentwicklung in Deutschland, Konzepte und Ergebnisse der Volkswirtschaftlichen Gesamtrechnung, Wiesbaden, Statistisches Bundesamt.* Im Kern geht es jedoch lediglich darum, das Verfügbare Einkommen der Inländer um die Transaktionen zwischen Staat und privaten Haushalten zu korrigieren.

33. Ersparnis und Volkswirtschaftliche Vermögensrechnung

a) Ersparnis und Investitionen

   i. $I = S$

   ii. $I = S - (G - T)$

   iii. $I = S - LBS$

   iv. $I = S - LBS - (G - T)$

   wobei I die gesamtwirtschaftlichen Investitionen, S die private Ersparnis, G die Staatsausgaben und T die Steuereinnahmen darstellen. Der Leistungsbilanzsaldo wird mit LBS bezeichnet.

b) Der Vermögensaufbau kann entweder als Aufbau von Sachvermögen (also als eine Ausweitung des gesamtwirtschaftlichen Kapitalstocks) oder als Aufbau von Finanzvermögen vor sich gehen. Die gesamtwirtschaftliche Ersparnis misst die Veränderung des Vermögens und damit die Veränderung von Sach- und Finanzvermögen. Da die Ausweitung des Kapitalstocks durch die Nettoinvestitionen I erfasst wird, die Ausweitung des Finanzvermögens durch den Leistungsbilanzsaldo, gilt:

$$S_{gesamt} = S - (G - T) = I + LBS$$

Entstehungsrechnung	Verwendungsrechnung
Produktionswert[1)] – Vorleistungen	Private Konsumausgaben + Konsumausgaben des Staates + Bruttoinvestitionen[2)] + Export – Import

= **Bruttoinlandsprodukt**

+ von der übrigen Welt empfangene Primäreinkommen
– an die übrige Welt geleistete Primäreinkommen
= **Bruttonationaleinkommen**
– Abschreibungen

Verteilungsrechnung

= **Nettonationaleinkommen**
– Produktions- und Importabgaben an den Staat[3)]
+ Subventionen vom Staat

= Volkseinkommen

Arbeitnehmerentgelt	Unternehmens- und Vermögenseinkommen

Anmerkungen:

[1)] Der Produktionswert ergibt sich als Summe der einzelnen Produktionswerte von Unternehmen, Staat und privaten Organisationen ohne Erwerbszweck. Üblicherweise fließen in die Produktionswerte verkaufter Güter die in Rechnung gestellte Umsatzsteuer sowie Gütersubventionen nicht ein. Diese beiden Posten werden deshalb normalerweise separat erfasst: Nach Abzug der Vorleistungen vom Produktionswert erhält man die sogenannte Bruttowertschöpfung. Zu dieser werden die Gütersteuern addiert, die Gütersubventionen werden subtrahiert. Als Ergebnis erhält man das BIP. Ohne die hier vorgenommene Vereinfachung, die unterstellt, dass Gütersteuern und Gütersubventionen bereits im Produktionswert enthalten sind, ergibt sich demzufolge für die Entstehungsrechnung folgender Zusammenhang:

Produktionswert
– Vorleistungen

= Bruttowertschöpfung
+ Gütersteuern
– Gütersubventionen

= Bruttoinlandsprodukt

[2)] Die Bruttoinvestitionen setzten sich zusammen aus: Ausrüstungsinvestitionen, Bauinvestitionen, sonstigen Anlagen, Vorratsveränderungen und dem Nettozugang an Wertsachen.

[3)] Häufig wird hier vereinfachend der Begriff „Indirekte Steuern" verwendet.

Abbildung 1.1: Übersicht über die Entstehungs-, Verwendungs- und Verteilungsrechnung

1.2 Übungsaufgaben

1. Nominale und reale Variablen und die Berechnung von Preisindizes

   a) Eine nominale Variable wird zu augenblicklichen Preisen bewertet, d.h., eine Veränderung des Nominalprodukts kann allein durch eine Veränderung der Preise begründet sein. Eine reale Variable liegt vor, wenn die Mengen mit dem Preis eines bestimmten Basisjahres bewertet werden, d.h., eine Veränderung des Realprodukts kann nur in einer Mengenveränderung begründet sein.

   b) Der Laspeyres-Index ist definiert als:

$$I_t^L = \frac{\sum_{i=1}^{n} p_t^i \cdot q_0^i}{\sum_{i=1}^{n} p_0^i \cdot q_0^i} \quad \text{bzw.} \quad I_t^L = \frac{\sum_{i=1}^{n} p_t^i \cdot q_0^i}{\sum_{i=1}^{n} p_0^i \cdot q_0^i} \cdot 100 \qquad (1.)$$

Er enthält im Zähler konstante Mengen q^i der Basisperiode 0 zur Gewichtung der Preise p^i der Periode t. Somit berücksichtigt er nicht, dass sich der betrachtete Warenkorb bspw. durch Substitutionseffekte ändern kann. Im Beispiel ergibt sich für den Laspeyres-Index in Periode 0 ein Wert von 1 (da in Periode 0 die Basisperiode der Berichtsperiode entspricht), in Periode 1 ein Wert von:

$$I_1^L = \frac{3 \cdot 12 + 4 \cdot 1}{2 \cdot 12 + 6 \cdot 1} = \frac{40}{30} = 1{,}33$$

Der Paasche-Index ist definiert als:

$$I_t^P = \frac{\sum_{i=1}^{n} p_t^i \cdot q_t^i}{\sum_{i=1}^{n} p_0^i \cdot q_t^i} \quad \text{bzw.} \quad I_t^P = \frac{\sum_{i=1}^{n} p_t^i \cdot q_t^i}{\sum_{i=1}^{n} p_0^i \cdot q_t^i} \cdot 100 \qquad (2.)$$

Beim Paasche-Index werden im Zähler die Preise der Periode t mit variablen Mengengewichten aus der Berichtsperiode verwendet. Auch der Nenner enthält diese Größe, obwohl in der Basisperiode andere Mengen vorherrschten.

$$I_1^P = \frac{3 \cdot 8 + 4 \cdot 1{,}5}{2 \cdot 8 + 6 \cdot 1{,}5} = \frac{30}{25} = 1{,}2$$

2. Probleme der Inflationsmessung

   a) Es ergeben sich folgende Werte:

      i. Laspeyres-Index

$$I_1^L = \frac{p_1^P \cdot q_0^P + p_1^C \cdot q_0^C}{p_0^P \cdot q_0^P + p_0^C \cdot q_0^C} = \frac{3 \cdot 10 + 15 \cdot 4}{4 \cdot 10 + 10 \cdot 4} = \frac{9}{8}$$

ii. Paasche-Index

$$I_1^P = \frac{p_1^P \cdot q_1^P + p_1^C \cdot q_1^C}{p_0^P \cdot q_1^P + p_0^C \cdot q_1^C} = \frac{3 \cdot 12 + 15 \cdot 3}{4 \cdot 12 + 10 \cdot 3} = \frac{27}{26}$$

Gemäß dem Laspeyres-Index ergibt sich eine Inflationsrate von 12,5%, gemäß dem Paasche-Index eine Inflationsrate von 3,8%.

b) Der **Laspeyres-Index** enthält konstante Mengen der Basisperiode zur Gewichtung der Preise. Er benutzt einen festen Warenkorb und berücksichtigt daher nicht, dass die Konsumenten die Möglichkeit haben, die relativ teurer gewordenen Güter durch billigere zu substituieren. Daher überschätzt der Laspeyres-Index in der Regel den tatsächlichen Preisanstieg.

Der Zähler des **Paasche-Index** enthält nicht nur die Preise (wie der Laspeyres-Index), sondern auch die Mengen aus der Berichtszeit ($t = 1$). Da die neuen Mengen auch im Nenner des Paasche-Index stehen, liegt hier die Fiktion zugrunde, der repräsentative Haushalt habe die nach der Substitution geltende Mengenkombination schon in der Basisperiode konsumiert; dies bedeutet regelmäßig eine Unterschätzung der tatsächlichen Ausgabensteigerungen.

3. Inflationsmessung und die Hedonische Methode

a) In Periode 1 erhalten wir als Wert für den Laspeyres-Index:

$$I_1^L = \frac{90 \cdot 10 + 70 \cdot 10}{100 \cdot 10 + 50 \cdot 10} = \frac{1.600}{1.500} = \frac{16}{15}$$

Für die Inflationsrate ergibt sich ein Wert von 1/15 bzw. 6,7%.

b) Es gibt jetzt drei Güter: Auto, Festplatte und Prozessor, von denen in Periode 0 jeweils 10 Einheiten gehandelt werden: (F = Festplatte, P = Prozessor). Einsetzen in die Formel für den Laspeyres-Index ergibt:

$$I_1^L = \frac{p_1^A q_0^A + p_1^P q_0^P + p_1^F q_0^F}{p_0^A q_0^A + p_0^P q_0^P + p_0^F q_0^F} = \frac{90 \cdot 10 + 20 \cdot 10 + 20 \cdot 10}{100 \cdot 10 + 25 \cdot 10 + 25 \cdot 10} = \frac{1.300}{1.500} = \frac{13}{15}$$

Für die Inflationsrate ergibt sich ein Wert von –2/15 bzw. –13,4%.

c) Hedonische Methode: Die Hedonische Methode berücksichtigt, dass sich die Produkteigenschaften verändern können. Insbesondere bei rasch voranschreitendem technischem Fortschritt kann eine Veränderung der Merkmalsausprägungen eines Guts zu Verzerrungen bei der Preiserfassung führen.

Die Grundidee der Methode ist es, die verschiedenen Merkmale eines Guts (z.B. Prozessorgeschwindigkeit, Arbeitsspeicher, Festplattengröße beim PC) mit einem Preis zu versehen und sie den Gütermerkmalen der Basisperiode anzupassen. So kann es sein, dass zwar die Preise eines neuen PCs gestiegen sind, dieser aber viel leistungsfähiger ist als das Vorjahresmodell und somit der Preis eines neuen PCs in Merkmalen eines alten PCs gesunken ist.

4. Sektorenanalyse im Rahmen der Volkswirtschaftlichen Gesamtrechnung
   a) Es gilt: Bruttowertschöpfung = Bruttoproduktionswert – Vorleistungen
      Silizium: 150
      Halbleiter: 400 – 150 = 250
      Playstations: 1.500 – 400 = 1.100
   b) Es gilt:

Bruttoproduktionswert (Summe der Endverkäufe):	150 + 400 + 1.500
– Vorleistungen	150 + 400
= Bruttowertschöpfung = Bruttoinlandsprodukt (da keine Gütersteuern) = Bruttonationaleinkommen (da kein Ausland)	1.500

   c) Die jeweiligen Lohnsummen sind:
      Silizium: 75
      Halbleiter: 50
      Playstations: 850
      Die Lohnsumme beträgt: 975
      Die Gewinnsumme ergibt sich als:

Bruttowertschöpfung	1.500
– Lohnsumme	975
= Gewinn	525

5. Kreislaufanalyse und Volkswirtschaftliche Gesamtrechnung
   a) Wertschöpfung auf jeder Produktionsstufe:
      Getreideproduktion: 140
      Mehlproduktion: 250 – 140 = 110
      Brotproduktion: 500 – 250 = 250
   b) Bruttoproduktionswert = 140 + 250 + 140 + 360 = 890
      Vorleistungen = 140 + 250 = 390
      Bruttowertschöpfung = BIP = 890 – 390 = 500
   c) Löhne und Gehälter = 75 + 50 + 125 = 250
      Gewinn- und Vermögenseinkünfte = 65 + 60 + 125 = 250
      BIP = 250 + 250 = 500
   d) BIP = $C + I + G$ = 360 + 0 + 140 = 500

e) Das Kreislaufdiagramm nimmt folgende Form an (*DV* stellt die Veränderung des volkswirtschaftlichen Vermögensbestands dar):

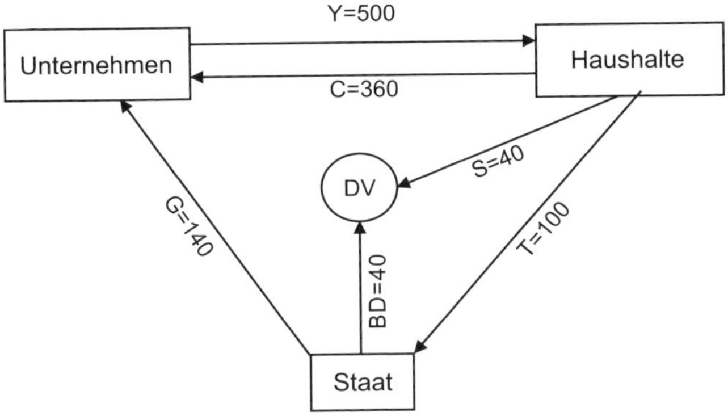

Abbildung 1.2: Kreislaufmodell für die Beispielökonomie

6. Volkswirtschaftliche Gesamtrechnung und Kapitalakkumulation

a) Volkeinkommen = 255 + 52,5 + 50 = 357,5

b) NNE = 357,5 + 50 = 407,5

c) BNE = BIP + Saldo Primäreinkommen = $C + I^{\text{brutto}} + G + (X–IM) - 12{,}5 = 472{,}5$

d) $K_{2027} = K_{2026} + I^{\text{netto}} = K_{2026} + I^{\text{brutto}}$ – Abschreibungen = $K_{2026} + I^{\text{brutto}}$ – (BNE – NNE)

$$K_{2027} = 485 + 107{,}5 - 65 = 527{,}5$$

e) Der für 2023 relevante Kapitalstock ist K_{2027}, der Kapitalstock am Ende des Vorjahres. Im Vorjahr betrug die Zahl der Arbeitskräfte 485, da:

$$Y_{2027} = 485^{0,5} L_{2027}^{-0,5} = 485$$

$$L_{2027} = \left(\frac{Y_{2027}}{485^{0,5}}\right)^2 = 485$$

Wenn die Zahl der Arbeitskräfte proportional zum Kapitalstock steigt, beträgt sie für 2028 ebenfalls 527.5. Damit ergibt sich für das BIP im Jahr 2028:

$$Y_{2028} = 527{,}5^{0,5} 527{,}5^{0,5} = 527{,}5$$

7. Inlandskonzept, Inländerkonzept und die Ermittlung von Wachstumsraten

a) BIP = 1.100 + 350 + 380 + 750 – 600 = 1.980

BNE = 1.980 + 50 – 150 = 1.880

Abschreibungen = 1.880 – 1.455 = 425

Vorleistungen = 2.400 – 1.980 = 420

Volkseinkommen = 1.455 – 120 = 1.335

Einkommen aus unselbstständiger Arbeit = 1.335 – 300 – 135 = 900

b) Das reale BIP in den einzelnen Jahren beträgt:

2024: 1.875

2025: 1.950

2026: 1.950

Die Wachstumsraten sind:

2024/2025:4%

2025/2026:0%

Die durchschnittliche Wachstumsrate ist:

$$g_Y = \sqrt{\frac{Y_{2026}}{Y_{2024}}} - 1 = 1{,}98\%$$

c) Mögliche Ursachen:

- In Nordland arbeiten relativ viele Grenzgänger aus Südland.
- Die Bewohner Südlands erhalten Rückflüsse aus ihren Investitionen in Nordland (bspw. in Form von Zins- und Dividendenzahlungen).
- Südland bezieht hohe Subventionszahlungen aus Nordland.

d) Aus Sicht von Südland gilt für den Saldo der Primäreinkommen genau das umgekehrte Vorzeichen. Der Saldo beträgt für Südland demzufolge +100, das BNE übersteigt das BIP um diesen Betrag.

8. VGR und gesamtwirtschaftliche Ersparnis

a) Volkseinkommen, BNE und NNE

i. Verteilungsrechnung: Volkeinkommen = 1.550 + 440 + 200 = 2.190

ii. Verwendungsrechnung: BNE = BIP = 1.640 + 520 + 570 + 1.110 − 900 = 2.940

iii. Verteilungsrechnung: NNE = 2.190 + 330 = 2.520

b) Die (Netto-)Ersparnis ergibt sich als:

Nettoinvestitionen + Exporte − Importe = 570 − (BNE − NNE) + 210 = 360

9. Ökonomische Aktivitäten und die Erfassung des BIP

a) Falls die Studenten die erzielten Einnahmen als Einkommen angeben, steigt das BIP und das Volkseinkommen um 600 € (zur Bewertung vgl. Teilaufgabe b).

b) Auswirkungen auf BIP bzw. Volkseinkommen: kein Einfluss, da Transaktion nicht über offizielle Märkte abgewickelt wird. Allerdings sind im Vergleich zu a) sowohl Produktionsleistung als auch der Lebensstandard unverändert. Hieraus folgt, dass die Nichterfassung von Nachbarschaftsleistungen oder Freundschaftsdiensten zu einer Verzerrung der Messung von Gesamtproduktion und Lebensstandard führt. Dies gilt insbesondere für Länder mit niedrigem BIP pro Kopf, da hier das Ausmaß von Transaktionen, die nicht über Märkte getätigt werden, oft besonders hoch ist.

c) Das BIP und das Volkseinkommen steigen, obwohl der Lebensstandard der Bewohner des Hauses langfristig sinkt.

d) Das BIP steigt um 5.000 €, das Volkseinkommen um 4.250 €; die Verwendung eines umweltschädlichen Materials wird somit gleich zwei Mal zu einer Erhöhung des BIP führen (vgl. Teilaufgabe c)). Je nachdem, welches Haus saniert wird, ändert sich die Zusammensetzung der Verwendungsseite des BIP: Im ersten Fall steigen die privaten Konsumausgaben, im zweiten die Unternehmensinvestitionen, im dritten die Staatsausgaben.

e) Das BIP steigt um 80 €, das Volkseinkommen um 20 €.

f) BIP und Volkseinkommen verringern sich. Da gleichzeitig die Menge der pro Jahr produzierten Dienstleistungen konstant ist, ergibt sich die gleiche Verzerrung wie in Teilaufgabe b).

g) Auf der Verwendungsseite steigt der Konsum um 100 Mio. €, die Importe um 35 Mio. €. Insgesamt steigen BIP und Volkseinkommen um 65 Mio. €. Die Vorleistungen müssen im vorliegenden Fall also nur abgezogen werden, sofern sie aus dem Ausland importiert wurden.

10. Entwicklung wichtiger VGR-Größen in Deutschland

a) Siehe ▸*Abbildung 1.3*. Das Volkseinkommen entspricht der Summe aus Arbeitnehmerentgelt und Unternehmens- und Vermögenseinkommen.

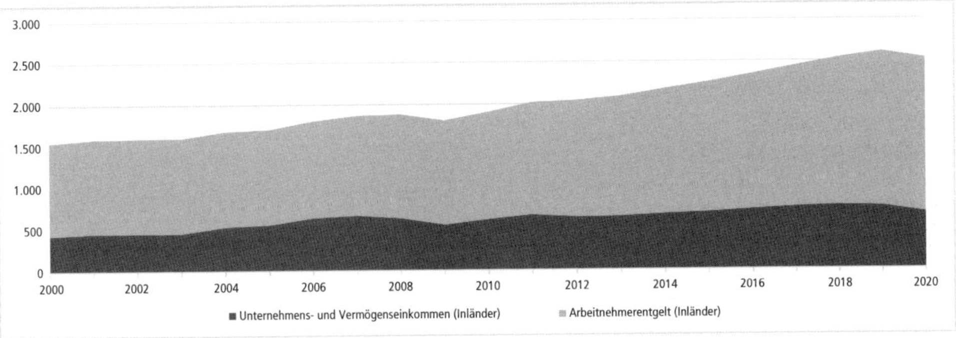

Abbildung 1.3: Verteilung des Volkseinkommens

b) Siehe ▸*Abbildung 1.4*.

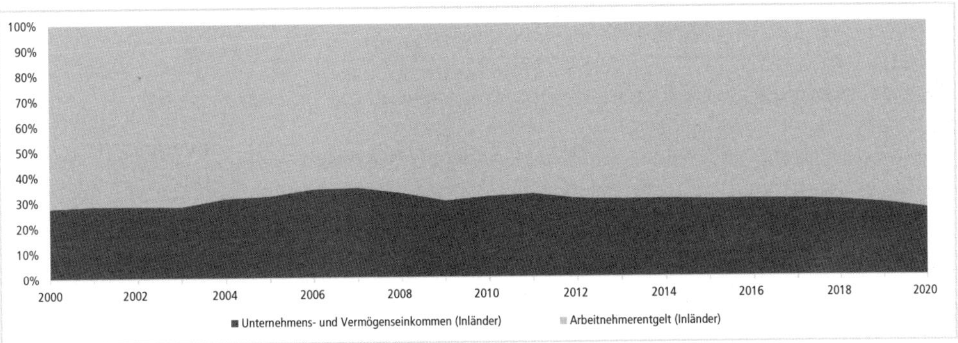

Abbildung 1.4: Relative Verteilung des Volkseinkommens

i. Die Lohnquote entspricht dem Anteil der Arbeitnehmerentgelte am Volkseinkommen.

ii. Die Lohnquote ist im Zeitraum von 2000 bis 2007 von 72,2 Prozent um 7,7 Prozentpunkte auf 64,5 Prozent gefallen. Von 2008 bis 2020 stieg die Lohnquote von 66,6 Prozent auf 73,3 Prozent.

c) Siehe ▶*Abbildung 1.5.* Das Bruttoinlandsprodukt entspricht der Summe aller Verwendungskomponenten. Die Importe müssen dabei von den Exporten abgezogen werden, um den Außenbeitrag zu erhalten.

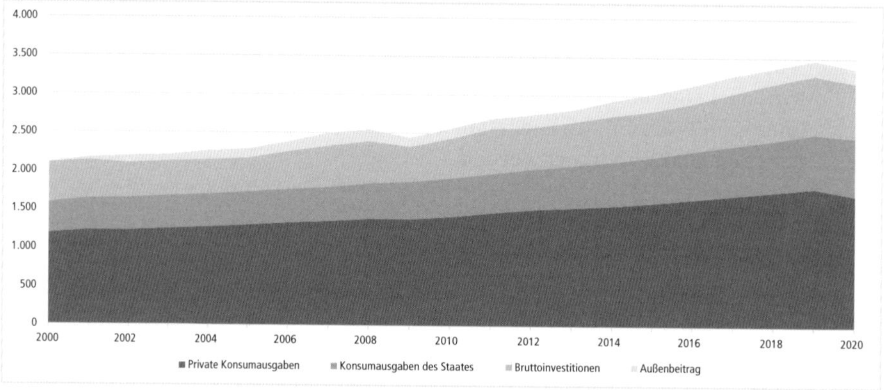

Abbildung 1.5: Komponenten des Bruttoinlandsprodukts (zu jeweiligen Preisen)

d) Siehe ▶*Abbildung 1.6.*

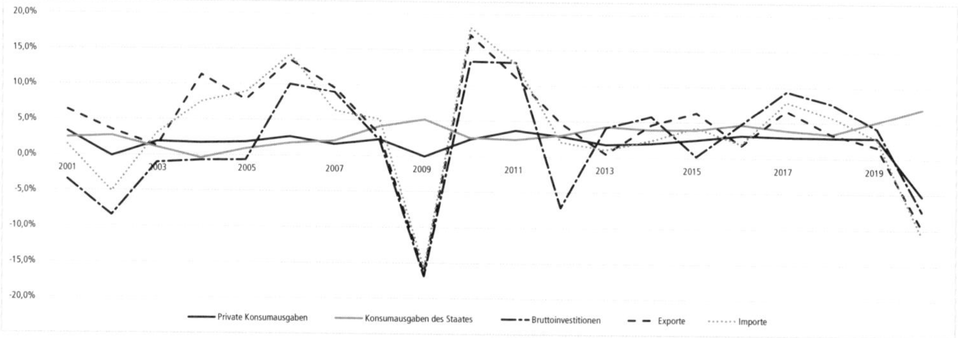

Abbildung 1.6: Komponenten des Bruttoinlandsprodukts (Veränderungsraten, zu jeweiligen Preisen)

i. Private und staatliche Konsumausgaben weisen lediglich niedrige Wachstumsraten auf. Die Bruttoinvestitionen sind erst negativ, kurz vor der Krise positiv. Exporte und Importe weisen sehr hohe Wachstumsraten auf.

ii. Exporte, Importe und Bruttoinvestitionen, mit Rückgängen um die 15 Prozent im Jahr 2009.

e) Da es sich um nominale Größen handelt, sollten sich die zur Preisbereinigung zu verwendenden Deflatoren nicht zu stark unterscheiden. Davon ist bei den verwendeten Daten nicht auszugehen.

f) Siehe ▶*Tabelle 1.1.*

Jahr	Private Konsum-ausgaben	Konsum-ausgaben des Staates	Bruttoin vesti-tionen	Exporte	Importe	Bruttoin-landspro-dukt
	preisbereinigt, Kettenindex (2015=100)					
2000	90,2	80,6	102,5	49,2	56,5	84,5
2001	91,3	81,0	100,1	52,0	57,0	85,9
2002	90,0	82,0	92,3	54,2	55,5	85,7
2003	90,4	82,6	91,9	55,3	58,6	85,1
2004	91,0	82,1	89,3	61,6	63,2	86,1
2005	91,7	82,6	87,6	65,7	67,0	86,7
2006	92,9	83,5	95,8	73,8	74,5	90,0
2007	92,7	84,9	102,1	80,4	79,1	92,7
2008	93,0	88,1	102,7	81,9	80,9	93,6
2009	92,9	90,9	85,3	70,2	73,1	88,3
2010	93,6	92,2	95,8	80,4	82,5	92,0
2011	95,3	93,0	104,7	87,1	88,5	95,6
2012	96,7	94,2	95,5	89,6	88,6	96,0
2013	97,1	95,6	98,3	90,5	91,0	96,4
2014	98,1	97,2	101,7	94,8	94,5	98,5
2015	100,0	100,0	100,0	100,0	100,0	100,0
2016	102,4	104,0	103,8	102,5	104,5	102,2
2017	103,9	105,8	110,9	107,5	110,0	105,0
2018	105,4	106,8	114,2	110,0	114,2	106,1
2019	107,0	110,0	115,8	111,2	117,5	107,2
2020	100,8	113,9	108,4	100,8	107,4	102,3

Tabelle 1.1: Verwendungskomponenten des BIP zu konstanten Preisen

i. Als durchschnittliche Wachstumsraten ergeben sich 0,6 Prozent für den privaten Konsum, 1,7 Prozent für die Konsumausgaben des Staats, 0,3 Prozent für die Bruttoinvestitionen, 3,6 Prozent für die Exporte, 3,3 Prozent für die Importe und 1,0 Prozent für das Bruttoinlandsprodukt.

ii. Siehe ▶*Abbildung 1.7.* Das Wachstum des BIP wurde vor allem vom Außenhandel getragen. Das Exportwachstum war wesentlich ausgeprägter als das Wachstum der Importe. Der private Konsum hat sich hingegen weit weniger dynamisch als das BIP entwickelt.

iii. Der Rückgang der Lohnquote könnte zum eher verhaltenen Wachstum des privaten Konsums beigetragen haben.

iv. Siehe ▶*Abbildung 1.8.* Hierzu müssen entweder Deflatoren berechnet oder nominale und reale Wachstumsraten verglichen werden. Ein Vergleich der nominalen und realen Wachstumsraten zeigt, dass die Differenz zwischen Veränderungen der realen und der nominalen Importe erheblich ist. Hauptgrund sind die starken Schwankungen der Rohöl- und Rohstoffpreise, denen Deutschland als Rohstoffimporteur ausgesetzt ist.

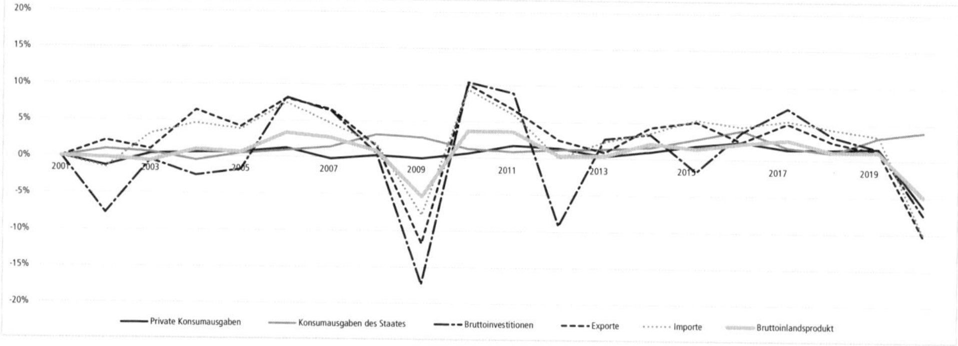

Abbildung 1.7: Komponenten des Bruttoinlandsprodukts (Veränderungsraten, zu konstanten Preisen)

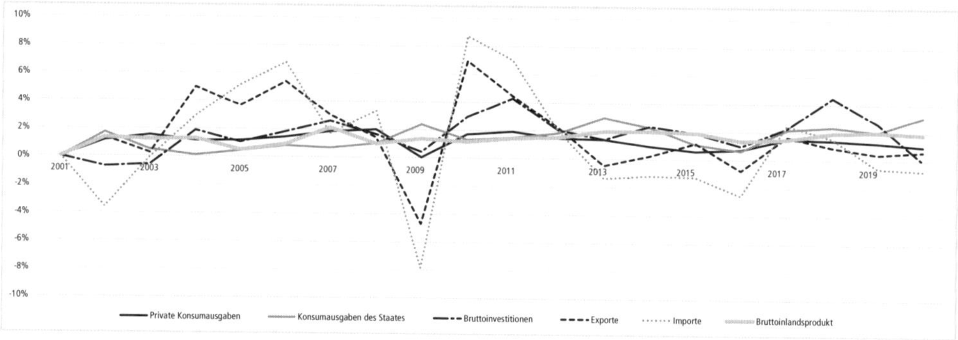

Abbildung 1.8: Differenz zwischen nominalen und realen Wachstumsraten

11. Wirtschaftsentwicklung nach Ländergruppen

a) Auf Basis des World Economic Outlook aus dem Oktober 2021 ergeben sich die folgenden Zahlen.

Country Group	**2018**	**2019**	**2020**	**2021**	**2022**	**2023**
World	3,57	2,84	–3,12	5,88	4,89	3,62
Advanced economies	2,25	1,74	–4,54	5,20	4,54	2,17
European Union	2,26	1,95	–5,88	5,10	4,44	2,29
Emerging and developing Asia	6,44	5,36	–0,85	7,22	6,32	5,72

Country Group	2018	2019	2020	2021	2022	2023
Emerging and developing Europe	3,44	2,46	–1,97	5,99	3,59	2,89
Latin America and the Caribbean	1,19	0,15	–7,02	6,34	3,05	2,54
Middle East and Central Asia	2,17	1,48	–2,79	4,11	4,07	3,79
Sub-Saharan Africa	3,28	3,13	–1,66	3,70	3,80	4,10

Weltweit lag das BIP-Wachstum vor der Covid-19 Pandemie bei knapp 3%. Im Jahr 2020 sank das BIP weltweit stark, bevor es sich im Jahr 2021 wieder erholte. Die Prognose für die kommenden Jahre lassen auf ein erneutes Wachstum nach Beendigung der Pandemie hoffen. Im Vergleich der einzelnen Ländergruppen fällt auf, dass die Industriestaaten und Lateinamerika, gemessen am BIP, am meisten betroffen waren und die Entwicklungsländer einen geringeren BIP-Verlust aufweisen. Der Internationale Währungsfonds prognostiziert auch, dass besonders in asiatischen Entwicklungsländern mit einem hohen Anstieg des BIPs zu rechnen ist.

b) Mögliche begründete Hinweise/Aussagen:

In der Pandemie hat sich gezeigt, dass man auf Größen wie das BIP nicht gänzlich verzichten kann. In extremen wirtschaftlichen Situationen und Krisen sind sie als Gradmesser der gesamtwirtschaftlichen Implikationen von Schocks und Maßnahmen von einer weiterhin wichtigen Bedeutung.

Gleichzeitig zeigt die Pandemie noch einmal besonders deutlich auf, wie unvollständig das Bild ist, wenn man nur das BIP betrachtet. Viele entscheidende Aspekte der Wirtschaftsentwicklung werden nicht adäquat abgebildet. Hierzu zählen insbesondere die nicht erfassten Produktionsaktivitäten der privaten Haushalte, die gerade in der Pandemie eine wichtige Rolle spielten, und die Leistungen des öffentlichen Sektors. Die Messung staatlicher Aktivitäten geht vielfach noch von der Annahme aus, man könne den Output des Staates (bspw. die Leistung von Lehrer*innen oder Mitarbeiter*innen im Gesundheitsamt) anhand von Inputgrößen (im Wesentlichen deren Lohnkosten) bestimmen. Wenn Löhne wie im Fall der Pandemie weitergezahlt werden, obwohl keine entsprechende Leistung erfolgt, bleibt das BIP unverändert, obwohl die Produktion reduziert war. Da unterschiedliche Länder mit diesen Herausforderungen unterschiedlich umgehen, leidet auch die internationale Vergleichbarkeit.

Die Pandemie zeigt auch, dass wichtige Kennziffern der gesellschaftlichen Entwicklung nicht, nur sehr lose oder sogar negativ mit dem BIP korreliert sind. Aspekte wie Gesundheit und Gesundheitsversorgung, die Resilienz von Gesellschaften oder die Gefahr, dass aufgrund eines hohen, das BIP steigernden Naturverbrauchs die Übertragung von Viren vom Tier auf den Menschen begünstigt wird, werden ausgeblendet.

12. Auswirkungen von multiplen Krisen sowie sozial-ökologischer und technologischer Transformationsprozesse auf die Messung von Wirtschaftsentwicklung.

Zunächst einige Anmerkungen zu den Grenzen der Nutzung von KI-Systemen bei der Beantwortung dieser Fragen. Diese Grenzen sind zahlreich, hier beschränken wir uns auf drei besonders wichtige:

- In der Wissenschaft ist es aus unterschiedlichen Gründen von zentraler Bedeutung, die Quellen, auf der die eigene Forschung mitberuht, genau zu kennen und zu reflektieren. Generative KI-Systeme sind im Umgang mit Quellen allerdings noch bei Weitem nicht ausgereift. Dies ist nicht nur aus Gründen der „guten wissenschaftlichen Praxis" sowie zum Schutz geistigen Eigentums problematisch. Gerade bei wirtschafts- und damit gesellschaftspolitischen Fragen sind wissenschaftliche Einschätzungen immer auch vor dem Hintergrund von Denkschulen und sog. hegemonialen Deutungsansprüchen zu lesen. Damit ist gemeint, dass in einer bestimmten Gesellschaft bestimmte Sichtweisen nicht hinterfragt werden, die eigentlich zu hinterfragen wären. Gerade in den Wirtschaftswissenschaften spielt dies eine nicht unbedeutende Rolle.
- Bisher beschränken sich die meisten generativen KI-Systeme darauf, Informationen aus dem Internet zusammenzutragen und zu kombinieren. Dabei können nicht nur schwerwiegende Interpretationsfehler gemacht werden. Das Hauptproblem besteht darin, dass im Internet bestimmte Sichtweisen vorherrschen, die von den KI-Systemen nicht kritisch genug hinterfragt werden.
- Generative KI-Systeme wie Chatbots, die auf sog. „Large Language"-Modellen beruhen, werden häufig von großen KI-Konzernen in den USA und China betrieben. Dies verfolgen in erster Linie ihre Eigeninteressen (bspw. die Erhebung möglichst großer Mengen an Daten oder die Erzielung von Gewinn) und damit nicht das Ziel, besonders wissenschaftliche Antworten zu geben. Dies geschieht nur insofern, als dass es dem Geschäftsmodell der betreibenden Konzerne oder den diese Konzerne stützenden politischen Interessen dient. Studien zeigen, dass generative KI-Systeme politische Tendenzen aufweisen können. Gerade bei den genannten Fragen kann dies höchstproblematisch sein.

Im Hinblick auf die Beantwortung der Fragen beschränken wir uns an dieser Stelle auf kurze Hinweise:

a) Vor dem Hintergrund ökologischer Krisen sowie der Forderung nach einer sozial-ökologischen Transformation werden u.a. folgende Maßnahmen diskutiert:
   - Systematische Berücksichtigung ökologischer und planetarer Grenzen in der VGR. Alternativ Stärkung und Neugewichtung der Umweltökonomischen und ökologischen Gesamtrechnung relativ zur VGR.
   - Stärkere Fokussierung von Verteilungsmaßen, um die teils massiven Verteilungswirkungen von ökologischen Problemen sowie Transformationsprozessen abzubilden.
   - Entwicklung alternativer Wohlstands- und Fortschrittsmaße, bspw. auf Basis des sog. Doughnut-Modells von Kate Raworth.
   - Fokussierung langfristiger Prozesse, weniger Aufmerksamkeit für kurzfristige Wirtschaftsentwicklungen.

- Abbildung der produktiven Dienstleistungen, die durch Ökosysteme zur Verfügung gestellt und die bisher vom Produktionssystem weitgehend kostenfrei zur Gewinnerzielung und Kapitalakkumulation abgeschöpft werden.

b) Vor dem Hintergrund von KI werden u.a. folgende Maßnahmen diskutiert:
   - KI-Systeme beruhen stark auf Daten, Algorithmen, Modellen, Trainingsprozeduren. Sie sollten deshalb nicht wie bisher als laufende Kosten sondern als Investitionen verbucht werden.
   - KI-Systeme werfen die Frage auf, ob neben Kapital und Arbeit ein neuer Produktionsfaktor am Werk ist, der zwischen diesen beiden Kategorien angesiedelt ist.
   - KI wirft zahlreiche Verteilungsfragen auf und kann die Ursache von Verteilungskonflikten sein, zumal viele der bestehenden Systeme in den Händen einer kleinen Anzahl sehr reicher und einflussreicher Einzelpersonen liegt. Neue Maße sowie höhere Transparenz für solche Verteilungsaspekte sind notwendig, bspw. auch um eine adäquate Besteuerung der Gewinne aus KI-Anwendungen zu gewährleisten.

c) Die Vorstellung, viele Probleme ließen sich nur mit einer Abkehr vom Wirtschaftswachstum lösen, basiert vor allem auf der unzureichenden Entkopplung von Wirtschaftswachstum, klima- und umweltschädlichen Auswirkungen des Wirtschaftens und Ressourcenverbrauch. Die Vorstellung, neue Technologien könnten dafür sorgen, dass Wirtschaftswachstum mit einem sinkenden Verbrauch materieller und ökologischer Ressourcen einhergehen könnte, hat sich bisher als unrealistisch erwiesen. Entsprechende Fortschritte, die es durchaus gibt, werden oft durch sog. Rebound-Effekte konterkariert (der energieeffiziente Kühlschrank führt bspw. zur Anschaffung größerer Kühlschränke). Zudem sind sie vor dem Hintergrund der notwendigen Geschwindigkeit der viel zu langsam. In einem Postwachstumsszenario müssten im Hinblick auf die Messung von Wirtschaftsaktivität u.a. die folgenden Fragen beantwortet werden:
   - Welche Rolle soll das Bruttoinlandsprodukt als Wohlstandsmaß noch spielen, wenn dessen Wachstum nicht mehr Hauptziel des Wirtschaftens ist?
   - Wie können Indikatoren für die Qualität von Schrumpfungsprozessen entwickelt werden, bspw. ressourcenarmes Wohlbefinden oder arbeitszeitreduzierte Lebensqualität widerspiegeln.
   - Sollen Wohlfahrtsmaße stärker Aspekte von Lebensqualität und Glück abbilden, die explizit nicht mit materiellem Wohlstand einhergehen?
   - Wie können nicht-marktliche und nicht mit Geld bewertete Leistungen besser erfasst werden?
   - Wie bilden sich in einer Postwachstumsgesellschaft Zinsen als Preis für intertemporalen Tausch?

2 Mathematische Grundlagen und Einführung in die Ökonometrie

2.1 Mathematische Grundlagen

In diesem Kapitel sollen die mathematischen Konzepte, die für das Verständnis und das Lösen der Aufgaben in diesem Übungsbuch erforderlich sind, eingeführt und geübt werden. Wenn Sie Probleme beim Lösen der Aufgaben haben, sollten Sie sich die kurzen allgemeinen Erläuterungen vor den jeweiligen Lösungen im Lösungsteil durchlesen. Reichen Ihnen diese nicht aus, finden Sie am Schluss dieses Kapitels eine Zusammenstellung von verschiedenen empfehlenswerten Büchern, die die für Wirtschaftswissenschaftler relevanten mathematischen Methoden ausführlicher und umfassender darstellen.

1. Lösen von Gleichungen und Ungleichungen

   Betrachten Sie in den folgenden Aufgaben x als unbekannte Variable.

   a) Lösen Sie die folgenden **linearen Gleichungen**:

      i. $3x - 12 = 0$

      ii. $5x - 3 = 7$

      iii. $3x + 10 = -3x + 1$

      iv. $2x - (5x + 7) = 5 - 2(1 - x)$

      v. $2x = 4 + 2a$

      vi. $px = 3 + 2p;\ p \neq 0$

      vii. $x + bx = 1 - b^2;\ b \neq -1$

   b) Lösen Sie die folgenden **nichtlinearen Gleichungen**:

      i. $\dfrac{1}{1+x} = 3$

      ii. $\dfrac{12x}{5} - \dfrac{4x-6}{3} = \dfrac{10}{x} + \dfrac{16x}{15}$

      iii. $5 = e^{2x+3}$

      iv. $e^{x^2+b} = 1$

      v. $\ln(x+3) = 2$

c) Lösen Sie folgende **quadratischen Gleichungen**:

i. $x^2 = 9a^2$

ii. $x^2 = 4b$

iii. $x^2 + 7x + 12 = 0$

iv. $2x^2 + 2x - 1 = 0$

v. $3a^2x^2 = 1 - 2ax$

d) Lösen Sie die **Gleichungssysteme** nach den unbekannten Variablen x, y und z auf:

i. $2x + 3y = 5$
$x + 2y = 1$

ii. $2x + 3y = 5$
$6y = -4x + 10$

iii. $3x - 2y = 1$
$x = -1 + \frac{2}{3}y$

iv. $x + y + z = 1$
$x + 2y + 3z = 1$
$x + 3y - z = 4$

v. $2x - y + 3z = 4$
$-x + 2y + z = 2$
$5x + 2y - z = 4$

vi. $x + y + z = a$
$x + 2y + z = 3$
$x + 3y + 2z = 1$

e) Lösen Sie die folgenden **Ungleichungen** nach x auf:

i. $7x - 2 \leq 33$

ii. $3x + a > x - 2$

iii. $2 + bx < 4$

iv. $x + \dfrac{1}{x} > 0$

v. $2 < 1 - 3x - 2x^2$

2. Ableitungen
   a) Funktionen einer Variablen
      i. $f(x) = 3x^{1-a} + 4x - 2$
      ii. $f(x) = 3x(4 - x^2) + x^3$
      iii. $f(x) = \dfrac{3(x+2)}{x+1}$
      iv. $f(x) = e^{2-\ln(x+3)} \cdot (x+3) + 4x$
      v. $f(x) = \ln\left(\dfrac{x(x^2+1)}{2x+1}\right)$
   b) Partielle Ableitungen
   Ermitteln Sie jeweils *sämtliche* partiellen Ableitungen:
      i. $f(x_1, x_2) = 4x_1x_2^3$
      ii. $f(x_1, x_2) = (x_1 - 3)^2 e^{x_2}$
      iii. $f(x_1, x_2) = \dfrac{3x_1^2 - 1}{x_1 + 5}$
      iv. $f(c(y), y) = (c(y) + 3y)^2$, c ist also eine Funktion von y
      v. $f(x_1, x_2, x_3) = \dfrac{3x_1^2 - 1}{x_2 + 5} x_3$
3. Totales Differential
   Bilden Sie das totale Differential zu folgenden Funktionen:
   a) $f(x, y) = 3x + 7y^2$
   b) $f(x, y) = 2x^3 - xy + 3y^2$
   c) *IS*-Gleichung: $Y = c_0 + c_1(Y - T) + d_0 - d_1 i + G$. (vgl. z.B. ▸ *Kapitel 3*)
   d) Bilden Sie das totale Differential zu $f(c(y), y)$ und damit die totale Ableitung von $f(c(y), y)$ nach y.
   e) Wenden Sie Ihre Ergebnisse aus d) auf die Funktion $f(c(y), y) = (c(y) + 3y)^2$ an.

4. (Punkt-)Elastizitäten

   a) Zeigen Sie, dass für eine Funktion $y = f(x)$ die Punktelastizität nicht nur als $\eta = \frac{dy}{dx} \cdot \frac{x}{y}$, sondern analog auch als $\eta = \frac{d\ln y}{d\ln x}$ definiert ist.

   Berechnen Sie die Punktelastizitäten der folgenden Funktionen bezüglich x:

   b) $f(x) = 5x^{-4}$

   c) $f(x) = \sqrt[3]{x}$

   d) $f(x) = a \cdot \ln(bx)$

   e) $f(x) = a \cdot e^{bx}$

5. Potenzgesetze

   Vereinfachen Sie folgende Terme:

   a) $\frac{2x^2}{ax^5}$

   b) $\frac{-3^2}{(-2)^3 - (-1)^2}$

   c) $(x+1)^{-2} \cdot \frac{(x+1)^2}{x-1}$

   d) $\frac{-2x^6(x^2+49)}{(14+2x)x^2}$

   e) $\frac{x^{m-1} \cdot x^n}{x^{p-1} \cdot x^q}$

6. Homogenitätsgrad einer Funktion

   a) Definieren Sie allgemein den Homogenitätsgrad einer Funktion $f(x, y)$.

   b) Bestimmen Sie den Homogenitätsgrad der Funktion $f(x, y) = 2x^3 y - y^4$.

   c) Für welche Werte von α und β ist die Funktion $f(x, y) = Ax^\alpha y^\beta$ homogen vom Grad 1?

   d) Wann spricht man von konstanten, abnehmenden oder steigenden Skalenerträgen einer Produktionsfunktion $F(K,L)$?

   e) Zusatzaufgabe I: Beweisen Sie $\Rightarrow$ des Euler-Theorems:

   $f(x, y)$ ist homogen vom Grad $k \Leftrightarrow x\frac{\partial f(x,y)}{\partial x} + y\frac{\partial f(x,y)}{\partial y} = k \cdot f(x, y)$.

   f) Zusatzaufgabe II: Interpretieren Sie das Euler-Theorem für eine Produktionsfunktion $F(K,L)$ mit konstanten Skalenerträgen ökonomisch.

7. Geometrische Reihen
   a) Berechnen Sie den heutigen Wert eines Wertpapiers bei einem Zinssatz von $i = 5\%$, das 1 Geldeinheit ausbezahlt
      i. heute
      ii. in einem Jahr
      iii. in zwei Jahren
      iv. in fünf Jahren
      v. in zehn Jahren
      vi. in hundert Jahren
      vii. in unendlich vielen Jahren
   b) Berechnen Sie den heutigen Wert eines Wertpapiers bei einem Zinssatz von $i = 5\%$, das 1 Geldeinheit ausbezahlt
      i. heute
      ii. heute und in einem Jahr
      iii. heute, in einem und in zwei Jahren
      iv. heute, in einem, in zwei, ... und in fünf Jahren
      v. heute, in einem, in zwei, ... und in zehn Jahren
      vi. heute, in einem, in zwei, ... und in hundert Jahren
      vii. heute, in einem, in zwei, ... und in unendlich vielen Jahren
   c) Wie verändert sich Ihre Antwort insbesondere zu Aufgabe b) vii, wenn Sie zukünftige Zahlungsströme *nicht* mit einem positiven Zinssatz diskontieren?
   d) Leiten Sie die Formel für die unendliche geometrische Reihe her.

8. Nützliche Approximationen
   a) An verschiedenen Stellen im Buch wird die Approximation $\ln(1+x) \approx x$ verwendet. Wie gut ist diese Approximation?
      i. Erstellen Sie von Hand oder mit einem geeigneten Computerprogramm (Maple, Matlab, Excel) eine Grafik, die sowohl
         $f(x) = \ln(1+x)$ als auch $f(x) = x$ im Intervall $x \in [-2; 5]$ enthält.
      ii. Wiederholen Sie Aufgabe i für das Intervall $x \in [0; 0,2]$.
      iii. Was schließen Sie aus diesen beiden Grafiken für die Güte der Approximation $\ln(1+x) \approx x$?
   b) Eine weitere häufig verwendete Approximation ist $(1+x)(1+y) \approx (1+x+y)$.
      i. Erstellen Sie von Hand oder mit Excel zwei Tabellen, mit denen Sie die linke und rechte Seite der Approximation vergleichen können. Verwenden Sie folgende Werte für x und y: $x, y \in \{0; 0,01; 0,02; 0,05; 0,1; 0,2; 0,5\}$.
      ii. Was schließen Sie aus diesen beiden Tabellen für die Güte der Approximation $(1+x)(1+y) \approx (1+x+y)$?

c) Die Approximation von Aufgabe b) ist nicht nur für die Berechnung z.B. des Realzinses nützlich, sondern auch für *Wachstumsraten von Variablen*, die sich aus dem Produkt anderer Variablen berechnen. Zeigen Sie, dass für $z = xy$ gilt: $g_z \approx g_x + g_y$, wobei g die Wachstumsrate der jeweiligen Variablen bezeichnet.

Literaturhinweise

Es existiert eine große Zahl von Büchern, die die für Wirtschaftswissenschaftler relevanten mathematischen Methoden in überwiegend guter Qualität darstellen. Die größten Unterschiede zwischen den einzelnen Werken finden sich im Ausmaß der mathematischen Rigorosität, der Verbindung zu ökonomischen Fragestellungen und Modellen sowie der Zahl der Übungsaufgaben. Ein echter Klassiker in einer aktualisierten Auflage stammt von A. C. Chiang und K. Wainwright (2005), *Fundamental Methods of Mathematical Economics*. Hier werden fast alle für Ökonomen bedeutenden Methoden in formaler Weise, aber mit ökonomischen Beispielen beschrieben, sodass Sie auf dieses Buch vielleicht auch noch nach Ihrem Bachelor zurückgreifen werden.

Wenn Sie nur einen Einstieg in die Materie wünschen, ist zum Beispiel das Buch von K. Sydsæter, P. Hammond, A. Strom und A. Carvajal (2023), *Mathematik für Wirtschaftswissenschaftler*, besser geeignet. In der Vorgehensweise weniger abstrakt und optisch übersichtlicher als Chiang und Wainwright, behandelt es vor allem die im Grundstudium relevanten Methoden ausführlich und mit zahlreichen Beispielen.

Ein weiteres empfehlenswertes Buch stammt von C. J. McKenna und R. Rees (1992), *Economics: A Mathematical Introduction*. Es kombiniert einen hohen Grad an mathematischer Genauigkeit (Beweise!) mit vielen ökonomischen Beispielen, die allerdings überwiegend aus der Mikroökonomie stammen.

2.2 Einführung in die Ökonometrie

Dieses Kapitel bietet eine knappe Einführung in grundlegende Begriffe, Methoden und Anwendungen der Ökonometrie. Die Ökonometrie ist die empirische Disziplin der Volkswirtschaftslehre und wendet Methoden der Statistik (insbesondere der induktiven Statistik) an, um ökonomische Modelle zu überprüfen und Aussagen über ökonomische Hypothesen auf statistisch gesichertem Niveau treffen zu können. Mit Hilfe ökonometrischer Methoden kann also untersucht werden, ob eine Theorie als richtig erachtet werden kann und welche Variablen in welchem Ausmaß tatsächlich empirisch eine Rolle spielen.

EXTRAS ONLINE

Die im Lehrbuch gegebene Einführung soll an dieser Stelle vor allem formal erweitert und anhand von Beispielen und Aufgaben illustriert werden. Die benötigten Datensätze stehen auf der Website zu diesem Buch zur Verfügung.

2.2.1 Wichtige Grundbegriffe

1. Ökonometrische Modelle

   Ein *ökonomisches* Modell wird aus der Theorie abgeleitet und formuliert ökonomische Verhaltensweisen (z.B. Konsum) durch eine mathematisch-funktionale Darstellung. Ein *ökonometrisches* Modell hingegen wird zur quantitativen Prognose des ökonomischen Modells benötigt. Die konkreten Werte der Parameter werden mit Hilfe des ökonometrischen Modells geschätzt.

   Beispiel Konsumfunktion:

   Bei der Analyse des Gütermarkts (siehe ▶*Kapitel 3*) wird folgende Konsumfunktion formuliert:

   $C_t = C_t\left(Y_{Vt}\right)$ → Der Konsum ist abhängig vom verfügbaren Einkommen!

   Beziehungsweise als lineare Funktion:

   $C_t = c_0 + c_1 Y_{Vt}$ → Der Konsum setzt sich zusammen aus dem autonomen Konsum und dem mit der marginalen Konsumneigung multiplizierten verfügbaren Einkommen!

   Nehmen Sie an, Sie verfügen über Daten für den Konsum C und das verfügbare Einkommen Y_V. Die Parameter für autonomen Konsum und marginale Konsumneigung können durch folgendes *lineare* ökonometrische Modell geschätzt werden:

   $$C_t = \beta_0 + \beta_1 Y_{Vt}$$

   oder allgemein formuliert: $y_t = \beta_0 + \beta_1 x_t$

   Abhängige/Unabhängige Variablen:

   Abhängige Variablen (in unserem Fall C bzw. y) werden durch unabhängige Variablen (in unserem Fall Y_V bzw. x) erklärt. Abhängige Variablen werden auch als „zu erklärende" bzw. endogene Variablen bezeichnet oder auch als Regressanden. Unabhängige Variablen werden auch als „erklärende" bzw. exogene Variablen bezeichnet oder auch als Regressoren.

2. Spezifikation einer Schätzform

   Zur vollständigen Spezifikation eines ökonometrischen Modells wird ein stochastisches Element benötigt. Dieses stochastische Element repräsentiert zufällige Abweichungen der Beobachtungen um den systematischen Anteil des beobachteten Werts.

   Die Berücksichtigung einer stochastischen Spezifikation ist u.a. wegen Spezifikationsfehlern, Messfehlern oder auch zufälligen Ereignissen notwendig. Formalisiert wird dies, indem der **Störterm** ε zur Modellgleichung hinzuaddiert wird.

   $$y_t = \beta_0 + \beta_1 x_t + \varepsilon_t$$

   Der Störterm ε deckt zum Teil auch den Einfluss anderer exogener Variablen auf die endogene Variable ab, die im Modell nicht explizit formuliert werden (z.B. bei der Konsumfunktion: Zinssatz, Einkommen und Konsum der Vorperiode, Größe des Haushalts).

Unterscheidung *Querschnittsdaten/Zeitreihendaten*:

Bei *Querschnittsdaten* variiert die Untersuchungseinheit (z.B. Land, Region, Wirtschaftssubjekt) und der Beobachtungszeitpunkt wird fixiert.

Formal: $y_i = \beta_0 + \beta_1 x_i + \varepsilon_i$ mit $i = 1,...,N$

Beispiel: Zu einem beliebigen Zeitpunkt t (z.B. Jahr 2021) wird der Konsum von i Ländern als Funktion von deren verfügbaren Einkommen formuliert.

Bei *Zeitreihendaten* variiert hingegen der Beobachtungszeitpunkt und die Untersuchungseinheit wird fixiert.

Formal: $y_t = \beta_0 + \beta_1 x_t + \varepsilon_t$ mit $t = 1,...,T$

Beispiel: Für ein bestimmtes Land i wird der Konsum als Funktion des verfügbaren Einkommens zu verschiedenen Zeitpunkten t formuliert.

Die Mischform aus Querschnitts- und Zeitreihendaten wird als *Paneldaten* bezeichnet. Ein Panel setzt sich zusammen aus der Beobachtungsebene (z.B. Wirtschaftssubjekt, Unternehmen) und der Erhebungsbasis (z.B. Umfragen/Meldungen zu in gleichmäßigen Abständen wiederholten Zeitpunkten).

Formal: $y_{it} = \beta_0 + \beta_1 x_{it} + \varepsilon_{it}$ mit $i = 1,...,N$ und $t = 1,...,T$

Ein *Beispiel* dafür ist das sozio-ökonomische Panel (SOEP) des Deutschen Instituts der Wirtschaft (DIW) in Berlin. Das SOEP ist eine repräsentative Wiederholungsbefragung privater Haushalte in Deutschland, die seit 1984 jährlich bei denselben Haushalten in Deutschland durchgeführt wird.

2.2.2 Das OLS-Regressionsmodell

Die Methode der kleinsten Quadrate (OLS = *ordinary least squares*) ist ein Schätzverfahren, welches ein ökonometrisches Modell anhand eines vorhandenen Datensatzes analysiert. Das OLS-Regressionsmodell stellt den linearen Zusammenhang zwischen einer oder mehreren exogenen und einer endogenen Variable dar. (*Hinweis:* Im Folgenden wird nur der Fall mit *einer* exogenen Variable betrachtet.) Nehmen Sie im weiteren Verlauf an, dass folgende lineare ökonometrische Spezifikation mit Zeitreihendaten durch das OLS-Regressionsmodell analysiert werden soll (die Analyse mit Querschnittsdaten erfolgt analog):

$$y_t = \beta_0 + \beta_1 x_t + \varepsilon_t$$

Das OLS-Verfahren „schätzt" anhand vorhandener Daten die wahren Koeffizienten (β_0, β_1) der ökonometrischen Spezifikation. Die geschätzten Koeffizienten (auch als OLS-Schätzer bezeichnet) werden mit einem „Dach" (^) gekennzeichnet ($\hat{\beta}_0, \hat{\beta}_1$).

1. Grafische Darstellung

   Nehmen Sie an, Sie sind am Zusammenhang zwischen einer exogenen (unabhängigen) Variable x und einer endogenen (abhängigen) Variable y interessiert. Zur grafischen Darstellung in einem Streudiagramm werden die vorhandenen/beobachteten Werte der exogenen Variable x an der Abszisse und die dazugehörigen Werte der endogenen Variable y an der Ordinate abgetragen, sodass zu jedem Beobachtungszeitpunkt t ein Wertepaar (x_t, y_t) korrespondiert.

Beispiel:

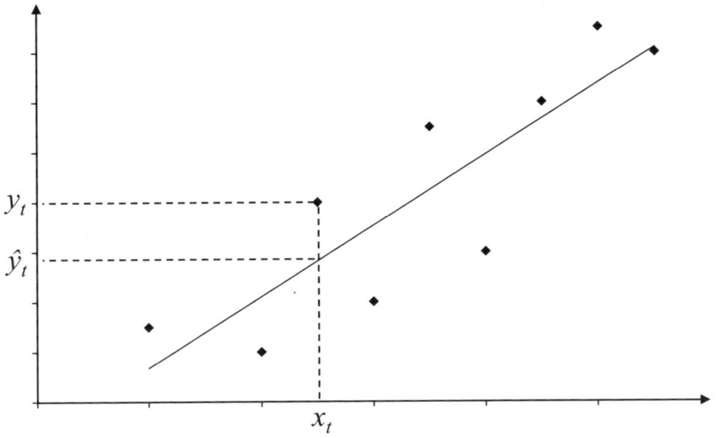

Abbildung 2.1: Streudiagramm mit Regressionsgerade

Da wir am Einfluss der exogenen Variable x auf die endogene Variable y interessiert sind, wird durch die OLS-Regression ein linearer Schätzer (bzw. eine Gerade) gesucht, welcher die dargestellte Punktwolke im Streudiagramm am besten charakterisiert. Man benötigt also einen linearen Schätzer, der sich an die vorhandenen Wertepaare am besten anpasst. Die Methode der kleinsten Quadrate ist dafür am besten geeignet. Die Gerade mit der besten Anpassung minimiert die Summe der quadrierten vertikalen Abweichungen der Punkte im Diagramm von der Gerade (siehe ▶*Abbildung 2.1*):

$$\sum_{t=1}^{T}(y_t - \ddot{y}_t)^2$$

2. Formale Herleitung des Kleinste-Quadrate-(OLS)-Schätzers

   Die lineare ökonometrische Spezifikation $y_t = \beta_0 + \beta_1 x_t + \varepsilon_t$ kann mit Hilfe des OLS-Verfahrens durch folgende **Regressionsgerade** geschätzt werden: $\hat{y}_t = \hat{\beta}_0 + \hat{\beta}_1 x_t$, wobei dic *Koeffizienten* $\hat{\beta}_0$ für die *Konstante* (bzw. den Achsenabschnitt) und $\hat{\beta}_1$ für die *Steigung* der Regressionsgerade stehen. Der vertikale Abstand der Beobachtung y_t zum Punkt auf der geschätzten Geraden $\hat{y}_t$ wird **Residuum** $\hat{\varepsilon}_t$ genannt.

   Residuum: $\hat{\varepsilon}_t = y_t - \hat{y}_t$

   Die Methode der kleinsten Quadrate minimiert durch geeignete Wahl der Parameter $\hat{\beta}_0$ und $\hat{\beta}_1$ die Summe der quadrierten Residuen. Grafisch passt das OLS-Verfahren die Konstante und die Steigung der Regressionsgerade so an die beobachteten Datenpaare an, dass die quadrierten Abstände zur Regressionsgerade minimiert werden.

$$\min_{\hat{\beta}_0, \hat{\beta}_1} \sum_{t=1}^{T}(y_t - \hat{y}_t)^2 \qquad (1.)$$

wobei $\hat{y}_t = \hat{\beta}_0 + \hat{\beta}_1 x_t$ die Gleichung der Geraden mit der besten Anpassung repräsentiert (Regressionsgerade). Daraus folgt für (1.):

$$\min_{\hat{\beta}_0, \hat{\beta}_1} \sum_{t=1}^{T} \left(y_t - \hat{\beta}_0 - \hat{\beta}_1 x_t\right)^2 \qquad (2.)$$

Durch Minimierung von (2.) nach den *Koeffizienten* $\hat{\beta}_0$ und $\hat{\beta}_1$ folgen zwei Bedingungen erster Ordnung:

$$\frac{\partial \sum_{t=1}^{T} \left(y_t - \hat{\beta}_0 - \hat{\beta}_1 x_t\right)^2}{\partial \hat{\beta}_0} = 0 \rightarrow -\sum_{t=1}^{T} 2\left(y_t - \hat{\beta}_0 - \hat{\beta}_1 x_t\right) = 0 \quad |:(-2)$$

$$\rightarrow \hat{\beta}_0 T + \hat{\beta}_1 \sum_{t=1}^{T} x_t = \sum_{t=1}^{T} y_t \qquad (3.)$$

$$\frac{\partial \sum_{t=1}^{T} \left(y_t - \hat{\beta}_0 - \hat{\beta}_1 x_t\right)^2}{\partial \hat{\beta}_1} = 0 \rightarrow -\sum_{t=1}^{T} 2x_t\left(y_t - \hat{\beta}_0 - \hat{\beta}_1 x_t\right) = 0 \quad |:(-2)$$

$$\rightarrow \hat{\beta}_0 \sum_{t=1}^{T} x_t + \hat{\beta}_1 \sum_{t=1}^{T} x_t^2 = \sum_{t=1}^{T} x_t y_t \qquad (4.)$$

Die Bedingungen erster Ordnung (3.) und (4.) bilden ein Normalgleichungssystem mit den zwei Unbekannten $\hat{\beta}_0$ und $\hat{\beta}_1$. Durch Umformungen können daraus die Koeffizienten der OLS-Regression berechnet werden. Zunächst wird (3.) mit $\sum_{t=1}^{T} x_t$ und (4.) mit T multipliziert und danach (4.) von (3.) subtrahiert.
Daraus ergibt sich:

$$\hat{\beta}_1 \left[\left(\sum_{t=1}^{T} x_t\right)^2 - T\sum_{t=1}^{T} x_t^2\right] = \sum_{t=1}^{T} y_t \sum_{t=1}^{T} x_t - T\sum_{t=1}^{T} x_t y_t$$

$$\hat{\beta}_1 = \frac{\sum_{t=1}^{T} x_t \sum_{t=1}^{T} y_t - T\sum_{t=1}^{T} x_t y_t}{\left(\sum_{t=1}^{T} x_t\right)^2 - T\sum_{t=1}^{T} x_t^2} \qquad (5.)$$

Mit der Vereinfachung $\frac{1}{T}\sum_{t=1}^{T} x_t = \overline{x}_t$ und $\frac{1}{T}\sum_{t=1}^{T} y_t = \overline{y}_t$ folgt aus (5.):

$$\hat{\beta}_1 = \frac{\sum_{t=1}^{T} (x_t - \overline{x})(y_t - \overline{y})}{\sum_{t=1}^{T} (x_t - \overline{x})^2} \qquad (6.)$$

Aus Gleichung (3.) folgt für $\hat{\beta}_0$:

$$\hat{\beta}_0 = \overline{y} - \beta_1 \overline{x} \qquad (7.)$$

3. Annahmen des OLS-Modells

Um die geschätzten Koeffizienten und Standardfehler des OLS-Modells korrekt interpretieren zu können, müssen einige Annahmen bezüglich des Störterms ε_t und der exogenen Variable x erfüllt sein (*Hinweis:* Die Annahmen gelten sowohl für die Zeitreihenspezifikation $t = 1, ..., T$ als auch für die Querschnittsspezifikation $i = 1, ..., N$):

a) $E(\varepsilon_t) = 0$; der Erwartungswert des Vektors der Störterme ist null; dies bedeutet, dass der Vektor der Störterme keinen systematischen Einfluss auf die endogene Variable y ausübt.

b) $Var(\varepsilon_t) = \sigma^2$; die Varianz des Vektors der Störterme ist konstant; diese Eigenschaft wird als Homoskedastizität bezeichnet. Ist die Varianz nicht konstant, spricht man von Heteroskedastizität der Störterme.

c) $Cov(\varepsilon_t, \varepsilon_{t'}) = 0 \,\forall t \neq t'$; die Störterme sind untereinander unkorreliert; diese Eigenschaft wird als Nichtvorliegen von Autokorrelation in den Störtermen bezeichnet.

d) $\varepsilon \sim N(0, \sigma^2)$; die Störterme sind normalverteilt mit Erwartungswert null und Varianz σ^2. Diese Annahme beinhaltet die Annahmen a) bis c).

e) Die exogene Variable x ist über die Population fixiert, keine Zufallsvariable und nicht mit ε korreliert.

4. Interpretation der OLS-Koeffizienten

In ▶*Abschnitt 2* wurden die Koeffizienten der OLS-Regressionsgerade $\hat{y}_t = \hat{\beta}_0 + \hat{\beta}_1 x_t$ formal hergeleitet. Nun stellt sich die Frage, wie die geschätzten Koeffizienten der ökonometrischen Spezifikation $y_t = \beta_0 + \beta_1 x_t + \varepsilon_t$ zu interpretieren sind.

$\hat{\beta}_0$ wird als Schätzung des OLS-Achsenabschnitts bzw. Konstante bezeichnet: $\hat{\beta}_0$ ist der geschätzte Wert von y, falls gilt $x = 0$.

$\hat{\beta}_1$ wird als Schätzung der Steigung der OLS-Regressionsgerade bezeichnet: Der Koeffizient $\hat{\beta}_1$ schätzt, um wie viel sich y verändert, wenn x um eine Einheit erhöht wird.

Beispiel: $\hat{y}_t = 500 + 0{,}6 x_t$

Wenn die exogene Variable x gleich null ist, dann gilt für die endogene Variable y = 500. Wenn sich x um eine Einheit erhöht, erhöht sich y um 0,6 Einheiten.

Der OLS-Koeffizient $\hat{\beta}_1$ muss in einer anderen Weise interpretiert werden, falls eine oder beide Variablen in **logarithmierter** Form vorliegen. Oftmals müssen nämlich Variablen logarithmiert werden, um einen linearen Zusammenhang darstellen und das OLS-Verfahren anwenden zu können. Dabei sind folgende drei Fälle zu unterscheiden:

a) Die exogene Variable (x) in logarithmierter Form (sog. Level-log-Fall):

Spezifikation: $y_t = \beta_0 + \beta_1 \ln x_t + \varepsilon_t$

Interpretation von $\hat{\beta}_1$: Ein Anstieg von x um 1% bewirkt eine Veränderung von y um $0{,}01 \cdot \hat{\beta}_1$ Einheiten.

b) Die endogene Variable (y) in logarithmierter Form (sog. Log-level-Fall):

Spezifikation: $\ln y_t = \beta_0 + \beta_1 x_t + \varepsilon_t$

Interpretation von $\hat{\beta}_1$: Ein Anstieg von x um eine Einheit bewirkt eine Veränderung von y um $100 \cdot \hat{\beta}_1\%$.

c) Sowohl die exogene (x) als auch die endogene Variable (y) in logarithmierter Form (sog. Log-log-Fall):

Spezifikation: $\ln y_t = \beta_0 + \beta_1 \ln x_t + \varepsilon_t$

Interpretation von $\hat{\beta}_1$: Ein Anstieg von x um 1% bewirkt eine Veränderung von y um $\hat{\beta}_1\%$. Der Koeffizient $\hat{\beta}_1$ ist somit die **Elastizität** von y in Bezug auf x.

5. Wichtige Begriffe und Kennzahlen

a) Zahl der Freiheitsgrade

Die Zahl der Freiheitsgrade ist die Anzahl der Beobachtungen abzüglich der Anzahl der zu schätzenden Parameter. Da wir an dieser Stelle nur den Fall mit einer exogenen Variable betrachten (univariater Fall), werden durch das OLS-Regressionsmodell zwei Parameter geschätzt ($\hat{\beta}_0$ und $\hat{\beta}_1$). Wenn also 50 Beobachtungen vorliegen (t bzw. $i = 1, ..., 50$), dann beträgt die Zahl der Freiheitsgrade 48 (= 50 – 2). Werden mehr als eine exogene Variable betrachtet, dann verringert sie die Zahl der Freiheitsgrade für eine gegebene Zahl der Beobachtungen. Allgemein gilt, dass die Zahl der Beobachtungen relativ zur Zahl der Parameter nicht zu klein werden sollte. Je größer die Zahl der Freiheitsgrade, desto verlässlicher werden die Schätzwerte.

b) Gütemaß

Das Gütemaß, bezeichnet mit R^2, quantifiziert die Güte der Anpassung im Rahmen des OLS-Regressionsmodells. R^2 nimmt Werte zwischen null und eins an. Das Gütemaß gibt an, wie gut die ermittelte Gerade den Zusammenhang zwischen den Größen erfasst, d.h. welcher prozentuale Anteil (z.B. $R^2 = 0{,}85 = 85\%$) der Variation (Veränderung) der abhängigen Variable durch Veränderungen der unabhängigen Variable erklärt wird. Durch die Methode der kleinsten Quadrate wird die Summe der quadrierten Residuen minimiert und das Gütemaß R^2 wird maximiert. Ein niedriger Wert von R^2 bedeutet nicht, dass das verwendete Regressionsmodell ungültig ist, sondern dass ein Großteil der Variation der endogenen (zu erklärenden) Variable durch das Modell nicht erklärt wird.

Ein Nachteil des Gütemaßes ist, dass eine Überspezifikation des Modells nicht berücksichtigt wird. Wenn die Zahl der Freiheitsgrade abnimmt, geht R^2 gegen eins. Außerdem wird R^2 niemals kleiner, wenn zusätzliche exogene Variablen in das Modell mit aufgenommen werden, obwohl nicht gefolgert werden kann, ob dadurch das Modell besser wird. Aus diesem Grund ist es von Vorteil, als Gütemaß der Regression das sogenannte „korrigierte" oder „adjustierte" Gütemaß $\bar{R}^2$ zu betrachten. $\bar{R}^2$ korrigiert das Gütemaß, um Fehlinterpretationen durch eine Abnahme der Zahl der Freiheitsgrade zu vermeiden, und $\bar{R}^2$ kann auch sinken, wenn zusätzliche exogene Variablen in das Regressionsmodell mit aufgenommen werden. $\bar{R}^2$ kann außerdem negative Werte annehmen, wenn die Zahl der Freiheitsgrade gegen null geht. In den folgenden Übungsaufgaben betrachten wir ausschließlich das korrigierte Gütemaß $\bar{R}^2$.

c) Konfidenzintervall / t-Wert und Signifikanzniveau / p-Wert

Mit Konfidenzintervall bezeichnet man das Intervall, in dem der tatsächliche Wert des Schätzers (β_0 bzw. β_1) mit einer vorgegebenen Wahrscheinlichkeit liegt (üblicherweise 90%, 95% oder 99%).

Der t-Wert bzw. t-Statistik eines Koeffizienten ist der Quotient aus dem geschätzten Koeffizienten und dem geschätzten Standardfehler. Der t-Wert wird mit dem korrespondierenden Wert der sogenannten t-Verteilung unter Berücksichtigung der Zahl der Freiheitsgrade und des angesetzten Konfidenzintervalls verglichen. Ist der Betrag des t-Werts größer als dieser Wert, dann bezeichnet man den Koeffizienten als **signifikant** von null verschieden. Die t-Statistik berichtet also, mit welcher Wahrscheinlichkeit (üblicherweise 90%, 95% oder 99%) der wahre Wert des geschätzten Koeffizienten von null verschieden ist. Faustregel: Ist der Betrag des t-Werts größer als 2, dann ist der Schätzer mit einer Wahrscheinlichkeit von 95% signifikant von null verschieden. Ist der Betrag des t-Werts größer als 2,7, dann ist der geschätzte Koeffizient mit einer Wahrscheinlichkeit von 99% signifikant von null verschieden.

Das Signifikanzniveau wird üblicherweise mit den Werten 1%, 5% und 10% angesetzt. Damit wird die Wahrscheinlichkeit bezeichnet, mit welcher die exogene Variable keinen signifikanten Einfluss auf die endogene Variable ausübt, obwohl ein Koeffizient ungleich null geschätzt wurde. Mit dem Signifikanzniveau verbunden ist der p-Wert. Der p-Wert gibt die Wahrscheinlichkeit an, mit welcher der Koeffizient nicht signifikant von null verschieden ist, obwohl ein Wert ungleich null geschätzt wurde. Beispiel: $\hat{\beta}_1 = 0{,}6$ und $p = 0{,}04 \rightarrow$ Die Wahrscheinlichkeit, dass der Schätzer nicht von null verschieden ist, beträgt 4%. Der Schätzer ist somit signifikant zum Signifikanzniveau 5%.

6. Korrelation und Kausalität

Bei der ökonometrischen Spezifikation $y_t = \beta_0 + \beta_1 x_t + \varepsilon_t$ wird unterstellt, dass Variationen in y durch Variationen in x erklärt werden können. Aus der Beobachtung, dass beide Variablen miteinander korreliert sind, wird durch die ökonometrische Spezifikation eine Kausalität von x zu y unterstellt. Betrachten wir als Beispiel die Konsumfunktion. Durch die Spezifikation der Konsumfunktion wird unterstellt, dass die Richtung der Kausalität vom verfügbaren Einkommen zum Konsum zeigt. Wie bei der Analyse des Gütermarkts (siehe ▶ *Kapitel 3*) gezeigt wird, ist der Konsum wiederum ein Bestandteil der Produktion. Da die Produktion dem Einkommen entspricht, ist der Konsum auch Bestandteil des verfügbaren Einkommens. Die Kausalität zeigt somit in beide Richtungen:

→ Ein Anstieg des verfügbaren Einkommens bewirkt einen Anstieg des Konsums.

→ Ein Anstieg des Konsums bewirkt einen Anstieg des verfügbaren Einkommens.

Der geschätzte Koeffizient einer Regression von Variablen, bei denen die Kausalität in beide Richtungen wirkt, kann zu Fehlinterpretationen führen. Ein Verfahren, das dieses Problem handhabt, ist das sogenannte **Instrumentvariablen-Verfahren**. Betrachten wir die ökonometrische Spezifikation $y_t = \beta_0 + \beta_1 x_t + \varepsilon_t$ und nehmen an, dass die Kausalität zwischen y und x in beide Richtungen zeigt. Beim Instrumentvariablen-Verfahren muss zunächst eine weitere exogene Variable gefunden werden, welche die Variable x beeinflusst, selbst aber unabhängig von ihr ist. Eine solche exogene Variable wird als Instrument bezeichnet. Danach müssen die Veränderungen der zu erklärenden (endogenen) Variable y aufgrund von Veränderungen von x, die durch das Instrument verursacht werden, untersucht werden. Veränderungen von x aufgrund Veränderungen von y müssen ignoriert werden. Mit dem Instrumentvariablen-Verfahren kann somit der kausale Effekt von x auf y geschätzt werden.

Literaturhinweise

Es existiert eine große Anzahl an Büchern, welche ökonometrische Methoden auf unterschiedlichem Niveau darstellen. Einen Einstieg in die Ökonometrie bieten beispielsweise die Bücher *Basic Econometrics* von D. Gujarati, D. Porter und M. Pal (2019) und *Introductory Econometrics*: A Modern Approach von J. M. Wooldridge (2012). Für Fortgeschrittene und zur Erweiterung der Grundkenntnisse bietet sich beispielsweise das Werk *Econometric Analysis* von W. Greene (2017) an. Für alle drei Bücher finden Sie jeweils verwendete Datensätze auf der Website der Open Source Ökonometrie-Software gretl, verfügbar unter *http://gretl.sourceforge.net/*.

2.3 Wissens- und Verständnistests

(*Hinweis:* Bei allen folgenden Aufgaben sei angenommen, dass die Annahmen des OLS-Modells erfüllt sind!)

Multiple Choice

1. Interpretieren Sie folgende ökonometrische Spezifikation: $y_t = 20 - 4\ln x_t + \varepsilon_t$
   a) Ein Anstieg von x um 1 Einheit bewirkt einen Rückgang von y um 4 Einheiten.
   b) Ein Anstieg von x um 1% bewirkt einen Rückgang von y um 4%.
   c) Ein Anstieg von x um 1% bewirkt einen Rückgang von y um 0,04 Einheiten.
   d) Ein Anstieg von x um 1 Einheit bewirkt einen Rückgang von y um 40%.
2. Interpretieren Sie folgende ökonometrische Spezifikation: $\ln y_t = 10 + 0{,}25\ln x_t + \varepsilon_t$
   a) Ein Anstieg von x um 1% bewirkt einen Anstieg von y um 0,25%.
   b) Ein Anstieg von x um 1% bewirkt einen Anstieg von y um 25%.
   c) Ein Anstieg von x um 1 Einheit bewirkt einen Anstieg von y um 0,25 Einheiten.
   d) Ein Anstieg von x um 1% bewirkt einen Anstieg von y um 0,25 Einheiten.
3. Interpretieren Sie folgende ökonometrische Spezifikation: $\ln y_t = 25 - 0{,}3x_t + \varepsilon_t$
   a) Ein Anstieg von x um 1 Einheit bewirkt einen Rückgang von y um 0,3%.
   b) Ein Anstieg von x um 1% bewirkt einen Rückgang von y um 0,3 Einheiten.
   c) Ein Anstieg von x um 1 Einheit bewirkt einen Rückgang von y um 30%.
   d) Ein Anstieg von x um 1% bewirkt einen Rückgang von y um 30%.

Wahr/Falsch:
Welche der jeweiligen Aussagen sind wahr, welche falsch?

4. Die Ergebnisse einer univariaten (d.h. eine exogene Variable) OLS-Regression mit Querschnittsdaten lauten: $\hat{\beta}_0 = 10$, $\hat{\beta}_1 = -0{,}3$, $\bar{R}^2 = 0{,}75$. Welche Interpretation ist korrekt?
   a) Wenn x gleich null ist, dann gilt $y = 10$.
   b) Wenn x um eine Einheit steigt, dann steigt y um 0,3 Einheiten.
   c) Variationen in x erklären 75% der Variationen in y.
   d) Wenn x gleich null ist, dann sinkt y um 0,3 Einheiten.

5. Bei der Schätzung einer OLS-Regression wird ein Signifikanzniveau von 5% angesetzt. Das Ergebnis der Schätzung liefert für den Koeffizienten $\hat{\beta}_1$ den t-Wert $t = 4{,}56$ und den p-Wert $p = 0{,}01$. Welche Schlüsse ziehen Sie aus dem Ergebnis?
   a) Da der t-Wert größer als 2 ist, kann man zu 95% sicher sein, dass der Koeffizient $\hat{\beta}_1$ signifikant von null verschieden ist.
   b) Die Wahrscheinlichkeit, dass die exogene Variable keinen signifikanten Einfluss auf die endogene Variable ausübt, beträgt 1%.
   c) Da der p-Wert kleiner ist als 2, kann man zu 95% sicher sein, dass der Parameter nicht signifikant von null verschieden ist.
   d) Die exogene Variable übt keinen signifikanten Einfluss auf die endogene Variable aus.

6. Betrachten Sie folgende ökonometrische Spezifikation mit **zwei** exogenen Variablen: $y_t = \beta_0 + \beta_1 x_{1t} + \beta_2 x_{2t} + \varepsilon_t$. Zahl der Beobachtungen: $N = 16$, angesetztes Signifikanzniveau: 5%. Das OLS-Regressionsverfahren schätzt die Koeffizienten folgendermaßen: $\hat{\beta}_0 = 21$ (6,8), $\hat{\beta}_1 = 0{,}1$ (0,8), $\hat{\beta}_2 = 0{,}3$ (7,8); (t-Werte in Klammern). Welche Aussagen sind richtig?
   a) Alle drei Koeffizienten sind nicht signifikant zum Niveau 5%.
   b) Die Zahl der Freiheitsgrade beträgt 13.
   c) Alle drei Koeffizienten sind signifikant zum Niveau 5%.
   d) Die Variable x_1 übt keinen signifikanten Einfluss auf die endogene Variable aus.

2.4 Übungsaufgaben

1. Berechnung der OLS-Koeffizienten

   In folgender Tabelle sind Absatzzahlen für ein Produkt zu verschiedenen Preisen aufgeführt. y_i steht für den Absatz (endogene Variable) und x_i für den Preis (exogene Variable).

Preis x_i	100	90	80	70	65	60	55	50	42	38	35	10
Absatz y_i	50	75	90	95	90	105	80	90	100	115	125	130

a) Erstellen Sie ein Streudiagramm mit Hilfe eines Tabellenkalkulations- oder Statistikprogramms! Fügen Sie eine Regressionsgerade ein und charakterisieren Sie diese!

b) Berechnen Sie anhand des OLS-Regressionsverfahrens, insbesondere mit Hilfe der Formeln (6.) und (7.), die Koeffizienten der ökonometrischen Spezifikation $y_t = \beta_0 + \beta_1 x_i + \varepsilon_i$ anhand der gegebenen Daten! Interpretieren Sie die Koeffizienten!

c) Berechnen Sie die Regression nun mit Hilfe eines Tabellenkalkulations- oder Statistikprogramms! Ist der Koeffizient $\hat{\beta}_1$ signifikant zum Niveau 5%? Interpretieren Sie den Wert des korrigierten Gütemaßes $\bar{R}^2$!

2. Der Zusammenhang zwischen verfügbarem Einkommen und Konsum

EXTRAS ONLINE

Zur Lösung folgender Aufgabe verwenden Sie bitte den Datensatz `Aufgabe_2_4_2.xls` von der Website zu diesem Buch. Der Datensatz enthält Zeitreihendaten der Variablen *realer Konsum* und *reales verfügbares Einkommen der privaten Haushalte* in Deutschland von 1980 bis 2024.

Empirisches Arbeiten

Die empirische Analyse ökonomischer Fragen kann man grob in fünf Schritte einteilen: (1) Zunächst müssen Sie die relevanten Daten auf Basis Ihres ökonomischen Wissens identifizieren. Dabei gehen Sie entweder von einer konkreten Fragestellung oder einer bestehenden Theorie aus und bestimmen, welche Daten zur Beantwortung der Frage beziehungsweise zur Überprüfung der Theorie notwendig sind. (2) Danach müssen Sie diese Daten aus Datenbanken beschaffen. (3) Im dritten Schritt müssen Sie Ihre Daten für die Analyse aufbereiten, beispielsweise indem Sie eine einheitliche Datenfrequenz (z.B. Quartalsdaten) erzeugen, Niveaus in Wachstumsraten überführen oder Fehler in den Daten bereinigen. (4) Erst jetzt können Sie mit der eigentlichen empirischen Analyse beginnen. Dazu können Sie sich der in diesem ▶ *Kapitel 2* kurz eingeführten ökonometrischen Methoden bedienen. Viele Fragestellungen können aber auch mit einfachen Grafiken (z.B. Zeitreihen- oder Streudiagramme) und deskriptiven Methoden analysiert werden. (5) Abschließend müssen Sie Ihre empirischen Ergebnisse natürlich noch im Hinblick auf die ursprüngliche Fragestellung oder die zu überprüfende ökonomische Theorie interpretieren.

Beachten Sie, dass gerade das Beschaffen und Aufbereiten der Daten häufig sehr zeitintensiv ist. Dabei können umfassende und über das Internet kostenlos verfügbare Datenbanken sehr hilfreich sein: Zum Beispiel bieten die amerikanische „FRED", die „World Bank Open Data" oder die Datenbank von „Eurostat" auch sehr viele deutsche Daten an.

Hier haben wir Ihnen die ersten beiden Schritte mit Daten vom Statistischen Bundesamt bereits abgenommen.

a) Berechnen Sie für beide Zeitreihen die jährliche Veränderung der Variable abzüglich der durchschnittlichen jährlichen Veränderung der Variable!

(*Hinweis* zur Berechnung:

$$\Delta x_t - \overline{\Delta x} = (x_t - x_{t-1}) - \frac{1}{N}\sum_{t=1}^{N}(x_t - x_{t-1}),$$

N = Zahl der Beobachtungen)

Interpretieren Sie die Aussagekraft der beiden neuen Zeitreihen! Nennen Sie im Folgenden die beiden neuen Zeitreihen „Veränderung Konsum“ und „Veränderung verfügbares Einkommen“.

b) Stellen Sie die beiden neuen Zeitreihen in einem Streudiagramm dar und fügen Sie eine Regressionsgerade ein („Veränderung verfügbares Einkommen“ auf der x-Achse und „Veränderung Konsum“ auf der y-Achse)!

Hinweis: Eliminieren Sie die Werte für das Jahr 1991, um Verzerrungen aufgrund der Wiedervereinigung in Deutschland zu vermeiden. Welche Schlussfolgerung lässt sich aus der Betrachtung des Streudiagramms ziehen? Kennzeichnen Sie für zwei beliebige Zeitpunkte die Residuen in der Grafik und erläutern Sie, was Sie unter einem Residuum verstehen!

c) Schätzen Sie mit Hilfe eines Tabellenkalkulations- oder Statistikprogramms eine Regression mit „Veränderung verfügbares Einkommen“ als exogene Variable und „Veränderung Konsum“ als endogene Variable und geben Sie in einer Tabelle die Werte der Koeffizienten, t-Werte, p-Werte und das korrigierte Gütemaß an! (*Hinweis:* Ignorieren Sie weiterhin die Werte für das Jahr 1991.)

d) Interpretieren Sie das Ergebnis der Regression! Gehen Sie dabei insbesondere auf den Koeffizienten der exogenen Variable, dessen t- und p-Wert sowie auf das korrigierte Gütemaß ein!

Lösungen zu Kapitel 2

2.1 Mathematische Grundlagen

1. Lösen von Gleichungen und Ungleichungen

Lösen von Gleichungen

Wie man Gleichungen nach einer Unbekannten auflöst, ist Ihnen aus Ihrer Schulzeit bekannt. Entscheidendes Hilfsmittel sind die sogenannten **Äquivalenzumformungen**, bei denen man auf beiden Seiten einer Gleichung denselben Rechenschritt durchführt: Zum Beispiel addiert, subtrahiert, multipliziert oder dividiert man auf beiden Seiten mit demselben Term.

Verboten ist dabei natürlich die Division durch 0. Aufpassen muss man auch bei beidseitigem Logarithmieren (ist nur für positive Werte definiert), Quadrieren (erweitert die Lösungsmenge um den negativen Betrag der eigentlichen Lösung) oder Wurzelziehen (gibt nur das positive Element der Lösungsmenge wieder).

a) Lineare Gleichungen
   i. $x = 4$
   ii. $x = 2$
   iii. $x = -1{,}5$
   iv. $x = -2$
   v. $x = 2 + a$
   vi. $x = 2 + 3/p$
   vii. $x + bx = 1 - b^2 \quad \Leftrightarrow \quad x(1+b) = (1+b)(1-b) \quad \Leftrightarrow \quad x = 1 - b$

b) Nichtlineare Gleichungen
   i. $x = -2/3$
   ii. Multiplizieren der Gleichung mit 15x, dem kleinsten gemeinsamen Vielfachen der Nenner, und anschließendes Auflösen führt zum Ergebnis $x = 5$.
   iii. $x = (\ln 5 - 3)/2$
   iv. Fallunterscheidung: Für $b \leq 0, x_1 = \sqrt{-b}$; $x_2 = -\sqrt{-b}$; für $b > 0$ existiert keine (reelle) Lösung.
   v. $x = e^2 - 3$

Lösungsformel für quadratische Gleichungen

Auch die Lösungsformel für quadratische Gleichungen (manchmal auch „Mitternachtsformel" genannt) ist Ihnen mit Sicherheit aus der Schule bekannt:

Für $b^2 - 4ac \geq 0$ und $a \neq 0$ gilt

$ax^2 + bx + c = 0$ genau dann, wenn $x = \dfrac{-b \pm \sqrt{b^2 - 4ac}}{2a}$.

(Für $b^2 - 4ac < 0$ existiert nur eine Lösung mit komplexen Zahlen, die für die meisten ökonomischen Probleme irrelevant ist.)

c) Quadratische Gleichungen

i. $x_1 = 3a$; $x_2 = -3a$

ii. Fallunterscheidung: Für $b \geq 0: x_1 = 2\sqrt{b}$; $x_2 = -2\sqrt{b}$. Für $b < 0$: Keine (reelle) Lösung.

iii. $x_1 = -3$; $x_2 = -4$

iv. $x_1 = \dfrac{-1+\sqrt{3}}{2}$; $x_2 = \dfrac{-1\sqrt{3}}{2}$

v. $x_1 = -1/a$; $x_2 = 1/(3a)$; für $a = 0 \rightarrow$ keine Lösung

Lösen von linearen Gleichungssystemen

Gleichungssysteme bestehen aus mehreren Gleichungen mit mehreren Unbekannten. Für eine eindeutige Lösung bei N Unbekannten benötigt man N (linear unabhängige) Gleichungen. Mögliche Lösungsverfahren sind das Einsetzverfahren (Auflösen einer Gleichung nach einer Unbekannten, Einsetzen in alle anderen usw.) oder die Cramersche Regel (siehe unten).

d) Gleichungssysteme

i. $x = 7, y = -3$

ii. Löst man die 1. Gleichung nach x auf, erhält man $x = \frac{5}{2} - \frac{3}{2}y$. Substitution in die 2. Gleichung ergibt $6y = -10 + 6y + 10$, was immer erfüllt ist, sodass hier unendlich viele Lösungen existieren. Die Ursache ist, dass die 2. Gleichung gerade 2-mal der 1. Gleichung entspricht, die beiden Gleichungen also *linear abhängig* sind.

iii. Einsetzen der 2. Gleichung in die 1. Gleichung führt zu $-3 + 2y - 2y = 1$. Diese Gleichung ist nie erfüllt, sodass keine Lösung für dieses Gleichungssystem existiert.

iv. $x = \frac{1}{2}, y = 1, z = -\frac{1}{2}$

v. $x = \frac{17}{24}, y = \frac{19}{24}, z = \frac{9}{8}$

vi. $x = a + 2, y = -a + 3, z = a - 5$

Cramersche Regel

Das Gleichungssystem

$$\begin{aligned} a_{11}x_1 + a_{12}x_2 + a_{13}x_3 &= b_1 \\ a_{21}x_1 + a_{22}x_2 + a_{23}x_3 &= b_2 \\ a_{31}x_1 + a_{32}x_2 + a_{33}x_3 &= b_3 \end{aligned} \quad \text{kann als} \quad \begin{pmatrix} a_{11} & a_{12} & a_{13} \\ a_{21} & a_{22} & a_{23} \\ a_{31} & a_{32} & a_{33} \end{pmatrix} \begin{pmatrix} x_1 \\ x_2 \\ x_3 \end{pmatrix} = \begin{pmatrix} b_1 \\ b_2 \\ b_3 \end{pmatrix}$$

oder kurz als **Ax = B** in Matrixschreibweise geschrieben werden.

Definiert man als $\mathbf{D}_i$ die Matrix, die man aus **A** erhält, wenn man die i-te Spalte von **A** mit **B** ersetzt, berechnet sich die Lösung von x_i als

$$x_i = \frac{|\mathbf{D}_i|}{|\mathbf{A}|}.$$

Lösen von Ungleichungen

Ungleichungen werden praktisch analog zu Gleichungen gelöst. Der wichtigste Unterschied besteht in der Notwendigkeit, bei der Multiplikation oder Division mit einem negativen Term das Ungleichheitszeichen umzudrehen: Aus $1 < 2$ wird durch Multiplikation mit -1 nämlich $-1 > -2$!

e) Ungleichungen

i. $x \leq 5$

ii. $x > \dfrac{-a-2}{2}$

iii. Fallunterscheidung (!): Für $b > 0$ ergibt sich $x < 2/b$, für $b < 0$ ergibt sich $x > 2/b$ und für $b = 0$ keine Lösung.

iv. $x > 0$. *Achtung*: $x^2 > -1$ ist zwar für alle x erfüllt, aber wenn Sie die Ungleichung mit x multiplizieren und $x < 0$ ist, ändert sich das Ungleichheitszeichen und die entstehende Ungleichung $x^2 < -1$ ist im reellen Zahlenraum nie erfüllt.

v. $x \in \left]-1; -\tfrac{1}{2}\right[$

2. Ableitungen

   a) Funktionen einer Variablen

      i. $f'(x) = 3(1-a)x^{-a} + 4$

      ii. $f'(x) = 12 - 6x^2$

      iii. $f'(x) = \dfrac{-3}{(x+1)^2}$

      iv. $f'(x) = 4$

      v. $f'(x) = \dfrac{4x^3 + 3x^2 + 1}{x(2x+1)(x^2+1)}$

Ableitung und Differentiale

Die Ableitung einer Funktion $y = f(x)$ wird mit $f'(x) = \dfrac{df}{dx} = \dfrac{dy}{dx}$ bezeichnet.

Der Term dy/dx kann dabei auf zwei Arten interpretiert werden, nämlich als

- konkreter Wert der Ableitung und damit der Tangentensteigung an einer bestimmten Stelle x sowie als
- das Verhältnis zweier Quantitäten, der **Differentiale** dy und dx.

  Die zweite Interpretation lässt sich anhand des *Differenzenquotienten* $\Delta y/\Delta x$ erklären: Ein bestimmtes Δx an einer gegebenen Stelle x resultiert in einer entsprechenden Veränderung des Funktionswerts, Δy. Da

$$\Delta y \equiv \left(\frac{\Delta y}{\Delta x}\right)\Delta x \qquad (1.)$$

gilt, kann man Δy berechnen, sobald der Differenzenquotient und die Veränderung bekannt sind. Wenn man nun die Veränderung Δx infinitesimal klein werden lässt, wird auch die Veränderung des Funktionswerts Δy infinitesimal klein und der Differenzenquotient $\Delta y/\Delta x$ ist als Ableitung dy/dx schreibbar. Aus (1) wird so

$$dy = \left(\frac{dy}{dx}\right)dx = f'(x)dx \qquad (2.)$$

▸*Abbildung 2.2* verdeutlicht diesen Effekt grafisch: Je kleiner Δx, desto mehr nähert sich *B* entlang des Funktionsgraphen *A* an. Dadurch wird die Länge der Strecke *BD* immer kleiner und im Grenzwert sind die Punkte *B* und *D* identisch. Damit sind im Grenzwert, d.h. für infinitesimal kleine Veränderungen Δx, auch der Differenzenquotient und die Ableitung, d.h. die Tangentensteigung, identisch.

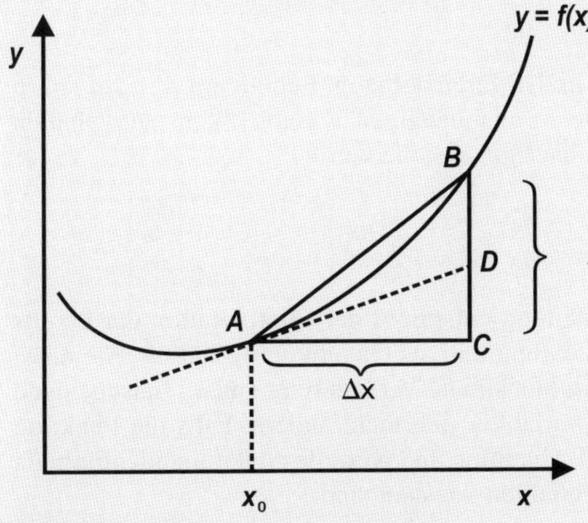

Abbildung 2.2: Ableitung und Differenzenquotient

Die wichtigsten Ableitungsregeln

Konstantenregel: $f(x)=a \quad \Rightarrow \quad f'(x)=0$

Potenzregel: $f(x)=x^a \quad \Rightarrow \quad f'(x)=ax^{a-1}$

Summenregel: $F(x)=f(x)\pm g(x) \quad \Rightarrow \quad F'(x)=f'(x)\pm g'(x)$

Produktregel: $F(x)=f(x)\cdot g(x) \quad \Rightarrow \quad F'(x)=f'(x)\cdot g(x)+f(x)\cdot g'(x)$

Quotientenregel: $F(x)=\frac{f(x)}{g(x)} \quad \Rightarrow \quad F'(x)=\frac{f'(x)\cdot g(x)-f(x)\cdot g'(x)}{[g(x)]^2}$

Kettenregel: $F(x)=f(g(x)) \quad \Rightarrow \quad F'(x)=\frac{df}{dg(x)}\cdot\frac{dg(x)}{dx}$

Exponentialfunktion: $f(x)=e^{ax} \quad \Rightarrow \quad f'(x)=ae^{ax}$

Logarithmusfunktion: $f(x)=\ln x \quad \Rightarrow \quad f'(x)=\frac{1}{x}$

Partielle Ableitung

Viele ökonomisch relevante Funktionen hängen nicht nur von *einer* Variablen x, sondern von *mehreren*, voneinander unabhängigen Variablen $x_1, x_2, \ldots, x_n$ ab. Dann gibt

$$\frac{\partial f}{\partial x_i}$$

die **partielle Ableitung** der stetigen und differenzierbaren Funktion $f(x_1, \ldots, x_n)$ nach der Variablen x_i an, bei der alle anderen unabhängigen Variablen konstant gehalten werden. Vereinfachend schreibt man häufig f_i anstelle von

$$\frac{\partial f}{\partial x_i}.$$

Die Interpretation der partiellen Ableitung entspricht der Interpretation der bereits bekannten Ableitung als Tangentensteigung und als Quantitätenverhältnis. Sie misst die Veränderungsrate von f für eine infinitesimale Veränderung von x_i. Entscheidend ist die Annahme, dass alle anderen Variablen sich nicht ändern. Falls die Funktion nur von einer Variablen abhängt, sind Ableitung und partielle Ableitung identisch, da die – nicht vorhandenen – anderen Variablen konstant sind.

b) Partielle Ableitungen

i. $f_1(x_1, x_2) = 4x_2^3$, $f_2(x_1, x_2) = 12x_1x_2^2$

ii. $f_1(x_1, x_2) = 2(x_1 - 3)e^{x_2}$, $f_2(x_1, x_2) = (x_1 - 3)^2 e^{x_2}$

iii. $f_1(x_1, x_2) = \dfrac{3x_1^2 + 30x_1 + 1}{(x_1 + 5)^2}$, $f_2(x_1, x_2) = 0$

iv. $\dfrac{\partial f(c(y), y)}{\partial c} = 2 \cdot (c(y) + 3y)$, $\dfrac{\partial f(c(y), y)}{\partial y} = 6 \cdot (c(y) + 3y)$

Achtung: $\dfrac{\partial f(c(y), y)}{\partial y} \neq 2 \cdot (c(y) + 3y) \cdot (c'(y) + 3)$, vgl. auch Aufgabe 3e)

v. $f_1(x_1, x_2, x_3) = \dfrac{6x_1}{x_2 + 5} x_3$, $f_2(x_1, x_2, x_3) = -\dfrac{3x_1^2 - 1}{(x_2 + 5)^2} x_3$, $f_3(x_1, x_2, x_3) = \dfrac{3x_1^2 - 1}{x_2 + 5}$

3. Totales Differential

a) $df = 3dx + 14ydy$

b) $df = (6x^2 - y)dx + (-x + 6y)dy$

c) Lösen Sie die *IS*-Gleichung zunächst nach Y auf:

Totales Differential

Wie verändert sich der Funktionswert y, wenn $y = f(x_1, ..., x_n)$ stetig und differenzierbar ist, von mehreren Variablen abhängt, und diese sich gleichzeitig infinitesimal verändern können?

Für $f(x)$ besagt (2) aus der Box über Ableitungen und Differentiale, dass das Differential dy gleich $f'(x)dx$ ist. Entsprechend wird für $y = f(x_1, x_2)$ die Veränderung von f für eine kleine Veränderung von x_1 als $\frac{\partial f}{\partial x_1} dx_1 = f_1 dx_1$ ausgedrückt. Gleichermaßen verändert sich f bei einer kleinen Veränderung von x_2 um $\frac{\partial f}{\partial x_2} dx_2 = f_2 dx_2$.

Damit ergibt sich als gesamte Veränderung von f die Summe beider Effekte

$$dy = \frac{\partial f}{\partial x_1} dx_1 + \frac{\partial f}{\partial x_2} dx_2$$

Dabei heißt dy das **totale Differential** der Funktion $y = f(x_1, x_2)$.

Im **allgemeinen Fall** einer Funktion mit n unabhängigen Variablen $y = f(x_1, ..., x_n)$ heißt

$$dy = \frac{\partial f}{\partial x_1} dx_1 + \frac{\partial f}{\partial x_2} dx_2 + \cdots + \frac{\partial f}{\partial x_n} dx_n = \sum_{i=1}^{n} \frac{\partial f}{\partial x_i} dx_i$$

das totale Differential der Funktion f. Es gibt die Änderung einer Funktion für marginale Änderungen aller Funktionsargumente an.

$$Y = \frac{c_0}{1-c_1} - \frac{c_1}{1-c_1} T + \frac{d_0}{1-c_1} - \frac{d_1}{1-c_1} i + \frac{1}{1-c_1} G$$

Als totales Differential bleibt dann (für konstante c_0 und d_0):

$$dY = -\frac{c_1}{1-c_1} dT - \frac{d_1}{1-c_1} di + \frac{1}{1-c_1} dG$$

d) Totales Differential: $df = \frac{\partial f}{\partial c} dc + \frac{\partial f}{\partial y} dy$

Damit ergibt sich als **totale Ableitung** der Funktion f nach y:

$$\frac{df}{dy} = \frac{\partial f}{\partial c} \frac{dc}{dy} + \frac{\partial f}{\partial y}$$

Vergleichen Sie dieses Ergebnis mit der partiellen Ableitung von f nach y und machen Sie sich in der nächsten Aufgabe anhand des Beispiels $f(c(y),y)=(c(y)+3y)^2$ den Unterschied klar.

e) $\frac{\partial f(c(y),y)}{\partial c}=2\cdot(c(y)+3y)$ und $\frac{dc}{dy}=c'(y)$ sowie $\frac{\partial f(c(y),y)}{\partial y}=2\cdot(c(y)+3y)\cdot 3$

Eingesetzt in die allgemeine Form der totalen Ableitung df/dy aus d) ergibt sich

$$\frac{df}{dy}=2\cdot(c(y)+3y)\cdot c'(y)+2\cdot(c(y)+3y)\cdot 3=2\cdot(c(y)+3y)\cdot(c'(y)+3)$$

Punktelastizität

Die (Punkt-)Elastizität einer Funktion gibt an, um welchen Prozentsatz sich der Funktionswert ändert, wenn das Funktionsargument um 1% ansteigt. Am Beispiel der Preiselastizität der Nachfrage η lässt sich dies weniger formal ausdrücken: Sie besagt, um wie viel Prozent sich die nachgefragte Menge y verändert, wenn der Preis p um 1% ansteigt, also $\eta=(\Delta y/y)/(\Delta p/p)$.

Der Vorteil der Angabe von Elastizitäten im Vergleich zu absoluten Änderungen ist die Unabhängigkeit von den gewählten Einheiten und damit die bessere Vergleichbarkeit. Es geht hier nämlich immer um prozentuale und damit relative Veränderungen. Auf diese Art können Sie beispielsweise die Preiselastizitäten verschiedener Produkte, die zudem noch in verschiedenen Währungen (Einheiten) verkauft werden, vergleichen.

Für marginal kleine Veränderungen der Mengen y und des Preises p bzw. allgemein für marginale Veränderungen einer Funktion $y=f(x)$ und x wird aus der Differenz Δ das Differential d. Deshalb schreibt man für die Elastizität η einer Funktion y bezüglich x:

$$\eta=\frac{dy}{dx}\cdot\frac{x}{y} \quad \text{bzw.} \quad \eta=\frac{dy}{dx}\Big/\frac{y}{x}=\frac{\text{Grenzfunktion}}{\text{Durchschnittsfunktion}}$$

4. (Punkt-)Elastizität

a) Sie sollen zeigen, dass die Punktelastizität auch als Ableitung von $\ln y$ nach $\ln x$ geschrieben werden kann. Zur Vereinfachung definiert man zwei Hilfsfunktionen $u\equiv\ln y$ und $v\equiv\ln x$, sodass $x=e^{\ln x}=e^v$. Damit besteht eine Kettenbeziehung von u über y und x zu v. Durch zweimaliges Anwenden der Kettenregel und anschließendes Einsetzen für u und x berechnet sich die Ableitung von $\ln y$ nach $\ln x$ als

$$\frac{d\ln y}{d\ln x}=\frac{du}{dv}=\frac{du}{dy}\frac{dy}{dx}\frac{dx}{dv}$$
$$=\left(\frac{d}{dy}\ln y\right)\left(\frac{dy}{dx}\right)\left(\frac{d}{dv}e^v\right)$$

Da $\frac{d}{dy}\ln y=\frac{1}{y}$ und $\frac{d}{dv}e^v=e^v=x$, bleibt $\frac{d\ln y}{d\ln x}=\frac{x}{y}\cdot\frac{dy}{dx}$. Quod erat demonstrandum.

b) $\eta = 5 \cdot (-4) \cdot x^{-5} \cdot \dfrac{x}{5 \cdot x^{-4}} = -4$

c) $\eta = 1/3$

d) $\eta = \dfrac{1}{\ln(bx)}$

e) $\eta = bx$

Rechenregeln für Potenzen

Definitionen

$$a^n = \underbrace{a \cdot a \cdot \ldots \cdot a}_{n\ Faktoren} \quad (n \in \mathbb{N})$$

$$a^0 = 1 \quad (a \neq 0)$$

$$a^{-n} = \frac{1}{a^n} \quad (n \in \mathbb{N}, a \neq 0)$$

$$a^{\frac{m}{n}} = \sqrt[n]{a^m} \quad (m, n \in \mathbb{N}, a \in \mathbb{R}_0^+)$$

Rechengesetze

Für $a, b \in \mathbb{R}^+$ und $m, n \in \mathbb{R}$ gilt:

Produkt:

$$a^n \cdot a^m = a^{n+m}$$

$$a^n \cdot b^n = (a \cdot b)^n$$

Quotient:

$$\frac{a^n}{a^m} = a^{n-m}$$

$$\frac{a^n}{b^n} = \left(\frac{a}{b}\right)^n$$

Potenz:

$$(a^n)^m = a^{n \cdot m}$$

Achtung:

$(a+b)^n \neq a^n + b^n$ (im Allgemeinen)

5. Potenzgesetze

a) $\dfrac{2}{ax^3}$

b) 1

c) $\dfrac{1}{x-1}$

d) $x^4(7-x)$

e) $x^{m+n-p-q}$

6. Homogenitätsgrad einer Funktion

   a) Eine Funktion f von zwei Variablen x und y heißt **homogen vom Grad *k***, wenn für alle (x, y) aus dem Definitionsbereich gilt:

   $f(\lambda x, \lambda y) = \lambda^k f(x, y)$ für alle $\lambda > 0$

   b) Mit $f(\lambda x, \lambda y) = 2(\lambda x)^3(\lambda y) - (\lambda y)^4$ erhält man

   c) $f(\lambda x, \lambda y) = \lambda^4 \cdot (2x^3 y - y^4) = \lambda^4 \cdot f(x, y)$ und damit als Homogenitätsgrad der Funktion $k = 4$.

   d) $f(\lambda x, \lambda y) = A(\lambda x)^\alpha (\lambda y)^\beta = \lambda^{\alpha+\beta} \cdot Ax^\alpha y^\beta = \lambda^{\alpha+\beta} \cdot f(x, y)$

   Folglich ist $f(x, y) = Ax^\alpha y^\beta$ homogen vom Grad 1, wenn $\alpha + \beta = 1$ bzw. $\beta = 1 - \alpha$. Dann spricht man von der **Cobb-Douglas-Funktion**. (Manchmal wird auch bereits die allgemeine Form mit $\alpha, \beta > 0$ als Cobb-Douglas-Funktion bezeichnet.)

   e) Die Skalenerträge einer Produktionsfunktion $F(K, L)$ hängen vom Homogenitätsgrad k dieser Funktion ab:

Skalenerträge	**Homogenitätsgrad**
konstant	$k = 1$
abnehmend	$k < 1$
steigend	$k > 1$

   f) Zu beweisen: $f(x, y)$ ist homogen vom Grad k

$$\rightarrow \quad x\frac{\partial f(x,y)}{\partial x} + y\frac{\partial f(x,y)}{\partial y} = k \cdot f(x,y)$$

   Differenzieren Sie beide Seiten von $f(\lambda x, \lambda y) = \lambda^k f(x, y)$ nach λ:

$$\frac{\partial f(\lambda x, \lambda y)}{\partial \lambda x} \cdot x + \frac{\partial f(\lambda x, \lambda y)}{\partial \lambda y} \cdot y = k \cdot \lambda^{k-1} \cdot f(x,y)$$

   Für $\lambda = 1$ folgt daraus gerade $x\frac{\partial f(x,y)}{\partial x} + y\frac{\partial f(x,y)}{\partial y} = k \cdot f(x,y)$

   g) Konstante Skalenerträge implizieren, dass $F(K, L)$ homogen vom Grad 1 ist. Aus dem Euler-Theorem folgt damit, dass

$$\frac{\partial F(K,L)}{\partial K} K + \frac{\partial F(K,L)}{\partial L} L = F(K,L)$$

Wenn in einer Volkswirtschaft vollkommener Wettbewerb herrscht (wovon in späteren Kapiteln *nicht* ausgegangen wird), werden die Produktionsfaktoren gerade mit ihrem Grenzprodukt entlohnt: $\partial F(K,L)/\partial K = \text{Realzins } r$ und $\partial F(K,L)/\partial L = \text{Reallohn } w$. Dann wird bei konstanten Skalenerträgen die gesamte Produktion (= das gesamte Einkommen) auf die beiden Produktionsfaktoren aufgeteilt: $F(K,L) = rK + wL$. Dieses Ergebnis ist auch als **Faktorausschöpfungstheorem** bekannt.

Geometrische Reihen

Summenformel für eine **endliche geometrische Reihe**:

$$a + ax + ax^2 + \ldots + ax^n = \sum_{i=0}^{n} ax^i = a\frac{1-x^{n+1}}{1-x} \quad \text{für } x \neq 1.$$

Summenformel für eine **unendliche geometrische Reihe**:

$$a + ax + ax^2 + \ldots = \sum_{i=0}^{\infty} ax^i = \frac{a}{1-x} \quad \text{falls } |x| < 1.$$

7. Geometrische Reihen
   a) Heutiger Wert eines Wertpapiers bei einem Zinssatz von $i = 5\%$, das 1 Geldeinheit ausbezahlt:
      i. 1
      ii. $1/(1+0{,}05) = 0{,}9524$
      iii. $1/(1+0{,}05)^2 = 0{,}9070$
      iv. $1/(1+0{,}05)^5 = 0{,}7835$
      v. $1/(1+0{,}05)^{10} = 0{,}6139$
      vi. $1/(1+0{,}05)^{100} = 0{,}0076$
      vii. $\lim_{n\to\infty} 1/(1+0{,}05)^n = 0$
   b) Heutiger Wert eines Wertpapiers bei einem Zinssatz von $i = 5\%$, das jährlich 1 Geldeinheit ausbezahlt:
      i. 1
      ii. $1 + 1/(1+0{,}05) = 1{,}9524$
      iii. $1 + 1/(1+0{,}05) + 1/(1+0{,}05)^2 = 2{,}8594$
      iv. $1 + 1/(1+0{,}05) + \ldots + 1/(1+0{,}05)^5 = 1 \cdot \frac{1-\frac{1}{1{,}05}^6}{1-\frac{1}{1{,}05}} = 5{,}3295$

v. $1+1/(1+0{,}05)+\ldots+1/(1+0{,}05)^{10}=1\cdot\frac{1-\frac{1}{1{,}05}^{11}}{1-\frac{1}{1{,}05}}=8{,}7217$

vi. $1+1/(1+0{,}05)+\ldots+1/(1+0{,}05)^{100}=1\cdot\frac{1-\frac{1}{1{,}05}^{101}}{1-\frac{1}{1{,}05}}=20{,}8479$

vii. $1+1/(1+0{,}05)+\ldots+1/(1+0{,}05)^{\infty}=1\cdot\frac{1-\frac{1}{1{,}05}^{\infty}}{1-\frac{1}{1{,}05}}=\frac{1}{1-\frac{1}{1{,}05}}=21$

c) „Nicht mit einem positiven Zinssatz zu diskontieren" bedeutet, entweder einen Zinssatz von 0 oder sogar einen negativen Zinssatz zu unterstellen. Das bedeutet: Zukünftige Zahlungen sind heute gleich viel oder sogar mehr wert als heutige Zahlungen. In diesem Fall ist die Formel für die unendliche geometrische Reihe **nicht** mehr anwendbar, weil die Summe nicht gegen einen bestimmten Wert konvergiert!

Dies sehen Sie am einfachsten für den Fall eines Zinses von $i = 0\%$: Der heutige Wert des Zahlungsstroms von 1 Geldeinheit pro Periode ist dann einfach die Summe der einzelnen Zahlungen, d.h. für n Jahre ist der Wert gleich

$$\underbrace{1+1+\ldots+1}_{n\text{ Jahre}}=n\cdot 1$$

In diesem Fall ist der Grenzwert $\lim_{n\to\infty} n=\infty$.
Für negative Zinssätze ist der Diskontfaktor $1/(1+i) > 1$. Damit werden Zahlungen immer mehr wert, je weiter sie entfernt sind, und folglich ist der Grenzwert ebenfalls ∞.

d) Gesucht ist $a+ax+ax^2+\cdots=\sum_{i=0}^{\infty}ax^i=\frac{a}{1-x}$, falls $|x|<1$

Sofern die Reihe im Unendlichen konvergiert (also falls $|x|<1$), können Sie ab dem 2. Summanden ein x ausklammern und der Wert des Ausdrucks in der Klammer entspricht dem der ursprünglichen Reihe W:

$$\underbrace{a+ax+ax^2+ax^3+\ldots}_{\equiv W}=a+x\left(\underbrace{a+ax+ax^2+\ldots}_{=W}\right)\quad\text{bzw.}\quad W=a+xW$$

Damit ist der Wert der Reihe $W=a/(1-x)$.

8. Nützliche Approximationen

a) $\ln(1+x) \approx x$

i.

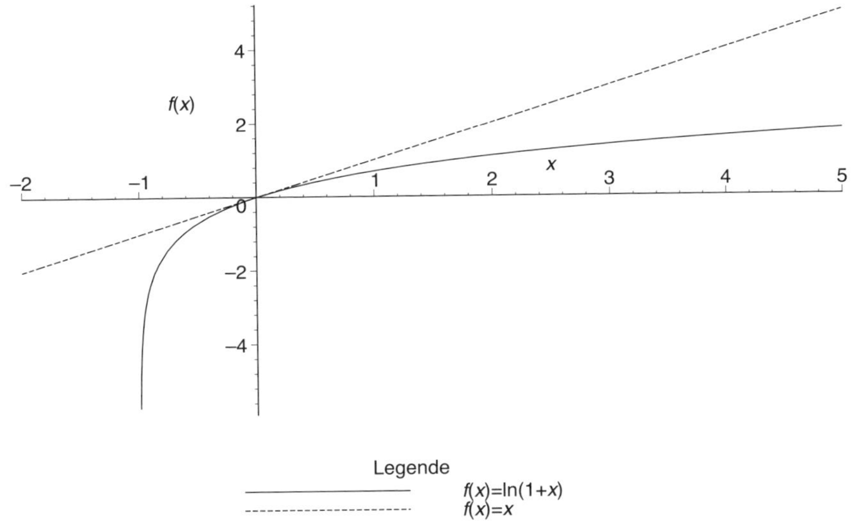

Abbildung 2.3: Die Approximation von $f(x) = \ln(1+x)$ im Intervall $x \in [-2; 5]$

Beachten Sie: Für $x \leq -1$ ist $f(x) = \ln(1+x)$ nicht definiert!

ii.

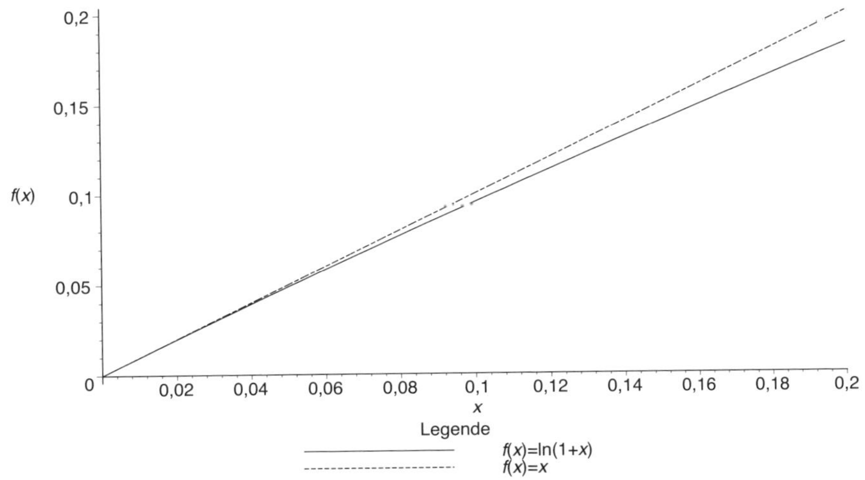

Abbildung 2.4: Die Approximation von $f(x) = \ln(1+x)$ im Intervall $x \in [0; 0,2]$

iii. Für Werte von x < 0,04 ist die Approximation äußerst gut, es ist kaum ein Unterschied zwischen beiden Kurven in ▶*Abbildung 2.4* zu erkennen. Selbst bei $x = 0{,}04 = 4\%$ beträgt der Fehler nur 0,04 – ln(1,04) = 0,000779. Der

Fehler beträgt also weniger als einen Promille-Punkt bzw. relativ zum Wert $x = 0{,}04$ weniger als 2%.

Für größere Werte von x bis 10% sinkt die Güte der Approximation. Bei $x = 0{,}1 = 10\%$ beträgt der Fehler $0{,}1 - \ln(1{,}1) = 0{,}0046898$. Der Fehler steigt also auf knapp einen halben Prozent-Punkt bzw. relativ zum Wert $x = 0{,}1$ auf rund 4,7%.

Wie Sie in ▶*Abbildung 2.3* erkennen können, verschlechtert sich die Approximation für größere Werte von x deutlich. Wir verwenden die Approximation aber immer für recht kleine Werte von x, sodass der entstehende Fehler vernachlässigbar gering ist.

b) $(1+x)(1+y) \approx (1+x+y)$

i.

		y						
		0	**0,01**	**0,02**	**0,05**	**0,1**	**0,2**	**0,5**
	0	1	1,01	1,02	1,05	1,1	1,2	1,5
	0,01	1,01	1,0201	1,0302	1,0605	1,111	1,212	1,515
	0,02	1,02	1,0302	1,0404	1,071	1,122	1,224	1,53
x	**0,05**	1,05	1,0605	1,071	1,1025	1,155	1,26	1,575
	0,1	1,1	1,111	1,122	1,155	1,21	1,32	1,65
	0,2	1,2	1,212	1,224	1,26	1,32	1,44	1,8
	0,5	1,5	1,515	1,53	1,575	1,65	1,8	2,25

Tabelle 2.1: Die genauen Ergebnisse von $(1+x)(1+y)$

		y						
		0	**0,01**	**0,02**	**0,05**	**0,1**	**0,2**	**0,5**
	0	1	1,01	1,02	1,05	1,1	1,2	1,5
	0,01	1,01	1,02	1,03	1,06	1,11	1,21	1,51
	0,02	1,02	1,03	1,04	1,07	1,12	1,22	1,52
x	**0,05**	1,05	1,06	1,07	1,1	1,15	1,25	1,55
	0,1	1,1	1,11	1,12	1,15	1,2	1,3	1,6
	0,2	1,2	1,21	1,22	1,25	1,3	1,4	1,7
	0,5	1,5	1,51	1,52	1,55	1,6	1,7	2

Tabelle 2.2: Die approximierten Ergebnisse mit $1+x+y$

ii. Da sich der genaue Wert als $(1+x)(1+y) = 1+x+y+xy$ berechnet, ist die Approximation mit $1+x+y$ in Ordnung, solange das Produkt xy vernachlässigbar klein ist. Für $x = y = 10\%$ beträgt der Fehler immer noch nur 1%-Punkt. Für größere Werte von x und y steigt der Fehler allerdings deutlich an.

		y						
		0	**0,01**	**0,02**	**0,05**	**0,1**	**0,2**	**0,5**
	0	0	0	0	0	0	0	0
	0,01	0	–0,0001	–0,0002	–0,0005	–0,001	–0,002	–0,005
	0,02	0	–0,0002	–0,0004	–0,001	–0,002	–0,004	–0,01
x	**0,05**	0	–0,0005	–0,001	–0,0025	–0,005	–0,01	–0,025
	0,1	0	–0,001	–0,002	–0,005	–0,01	–0,02	–0,05
	0,2	0	–0,002	–0,004	–0,01	–0,02	–0,04	–0,1
	0,5	0	–0,005	–0,01	–0,025	–0,05	–0,1	–0,25

Tabelle 2.3: Die Fehler durch die Approximation: $(1+x+y)-(1+x)(1+y)$

c) In Anhang B.2 des Lehrbuchs Blanchard/Illing (2025) finden Sie in Proposition 7 die Herleitung für den diskreten Fall. Hier wollen wir die **Herleitung in stetiger Zeit** darstellen:

Wenn Sie beide Seiten von $z = xy$ logarithmieren, erhalten Sie $\ln z = \ln x + \ln y$. Da die Variablen über die Zeit wachsen, ist klar, dass sie Funktionen in Abhängigkeit von der Zeit sind. Deshalb kann man ihre Ableitung nach der Zeit t bilden, wobei man diese häufig mit einem Punkt über der Variablen ($dx/dt \equiv \dot{x}$) bezeichnet.

Aus $\ln z = \ln x + \ln y$ wird durch Ableiten nach t

$$\frac{1}{z}\cdot\frac{dz}{dt} = \frac{1}{x}\cdot\frac{dx}{dt} + \frac{1}{y}\cdot\frac{dy}{dt} \quad \text{bzw.} \quad \frac{\dot{z}}{z} = \frac{\dot{x}}{x} + \frac{\dot{y}}{y}$$

Die Wachstumsraten in stetiger Zeit sind gerade als die einzelnen Brüche definiert, also z.B. $g_x = \dot{x}/x$, und damit lässt sich die vorangehende Gleichung schreiben als $g_z = g_x + g_y$.

Wenn Sie also in stetiger Zeit arbeiten, gilt die gefragte Beziehung zwischen z, x und y nicht nur approximativ, sondern sogar exakt. Sie können hier die Verbindung zu den Approximationsfehlern der Aufgaben a) und b) erkennen.

2.2 Einführung in die Ökonometrie

(ohne Aufgaben)

2.3 Wissens- und Verständnistests

Multiple Choice

1. c)
2. a)
3. c)

Wahr/Falsch

4. W, F, W, F
5. W, W, F, F
6. F, W, F, W

2.4 Übungsaufgaben

1. Berechnung der OLS-Koeffizienten

   a) Streudiagramm mit der exogenen Variable „Preis" auf der x-Achse und der endogenen Variable „Absatz" auf der y-Achse mit Regressionsgerade:

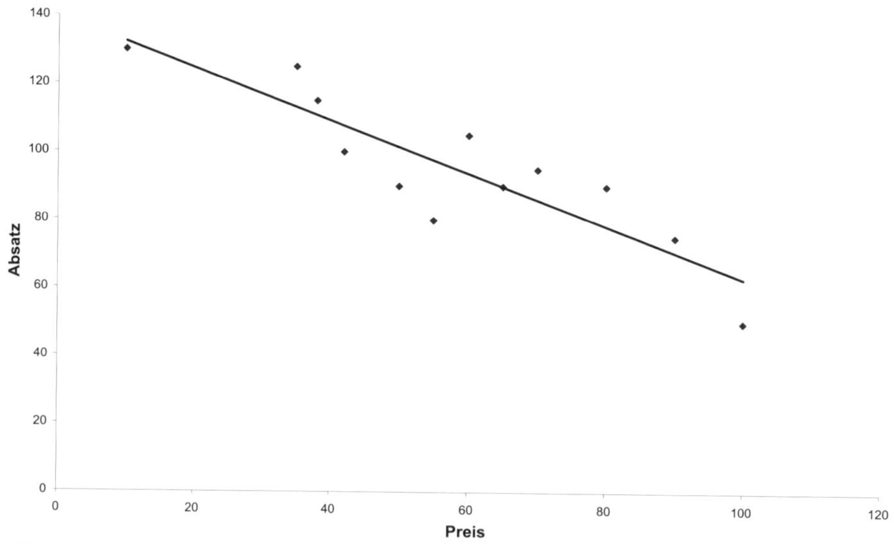

Abbildung 2.5: Preise und Absatz in Streudiagramm mit Regressionsgerade

Sowohl anhand der Wertepaare als auch anhand der Regressionsgerade lässt sich ein negativer Zusammenhang zwischen Preis und Absatz erkennen. Es lässt sich der Schluss ziehen, dass ein Anstieg des Preises zu einem Rückgang des Absatzes bzw. der Nachfrage führt.

b) Die Koeffizienten folgender ökonometrischen Spezifikation, mit Absatz als endogener Variable (y) und Preis als exogener Variable (x), sollen mit dem OLS-Regressionsverfahren geschätzt werden: $y_t = \beta_0 + \beta_1 x_t + \varepsilon_t$

Formeln zur Berechnung der OLS-Koeffizienten:
Formel zur Berechnung des Koeffizienten $\hat{\beta}_1$:

$$\hat{\beta}_1 = \frac{\sum_{t=1}^{T} (x_t - \overline{x})(y_t - \overline{y})}{\sum_{t=1}^{T} (x_t - \overline{x})^2} \qquad (1.)$$

Formel zur Berechnung des Koeffizienten $\hat{\beta}_0$:

$$\hat{\beta}_0 = \overline{y} - \hat{\beta}_1 \overline{x} \qquad (2.)$$

Berechnung anhand der gegebenen Daten (*Hinweis* zur Schreibweise in der Tabelle: $\overline{y} = y_m$ und $\overline{x} = x_m$):

	Preis x_t	**Absatz y_t**	$x_t–x_m$	$y_t–y_m$	$(x_t–x_m)(y_t–y_m)$	$(x_t–x_m)^2$
	100	50	42,08	–45,42	–1.911,28	1.771,01
	90	75	32,08	–20,42	–655,03	1.029,34
	80	90	22,08	-5,42	–119,62	487,67
	70	95	12,08	-0,42	–5,03	146,01
	65	90	7,08	–5,42	–38,37	50,17
	60	105	2,08	9,58	19,97	4,34
	55	80	–2,92	–15,42	44,97	8,51
	50	90	–7,92	–5,42	42,88	62,67
	42	100	–15,92	4,58	–72,95	253,34
	38	115	–19,92	19,58	–390,03	396,67
	35	125	–22,92	29,58	–677,95	525,17
	10	130	–47,92	34,58	–1.657,12	2.296,01
Summe					–5.419,58	7.030,92
Mittelwert (Index *m*)	57,92	95,42				

Einsetzen in Formel (1.) ergibt für $\hat{\beta}_1$:

$$\hat{\beta}_1 = \frac{-5.419,58}{7.030,92} = -0,77$$

Einsetzen in Formel (2.) ergibt für $\hat{\beta}_0$:

$$\hat{\beta}_0 = y_m - \hat{\beta}_1 x_m = 95,42 - (-0,77)57,92 = 140,02$$

Interpretation des Koeffizienten (der Konstante) $\hat{\beta}_0$:

→ Bei einem Preis von null beträgt der Absatz 140.

Interpretation des Koeffizienten $\hat{\beta}_1$:

→ Bei einem Anstieg des Preises um eine Einheit kommt es zu einem **Rückgang** des Absatzes um 0,77 Einheiten.

c) Die Ergebnisse der Regression mit Hilfe eines Tabellenkalkulations- oder Statistikprogramms lauten:

	Koeffizienten	***t*-Wert**	***p*-Wert**
Achsenabschnitt	140,06	17,11	$9{,}8 \cdot 10^{-9}$
Variable *x* (Preis)	–0,77	–5,91	0,000149

Korrigiertes Gütemaß: $\overline{R}^2 = 0{,}76$

Der Betrag des *t*-Werts des Koeffizienten $\hat{\beta}_1$ ist mit 5,91 größer als 2. Somit kann man mit einer Wahrscheinlichkeit von 95% sicher sein, dass die Variable Preis einen von null verschiedenen signifikanten Einfluss auf die endogene Variable Absatz ausübt. Der *p*-Wert des Koeffizienten $\hat{\beta}_1$ beträgt 0,000149. D.h., die Wahrscheinlichkeit, dass der Einfluss der exogenen Variable Preis auf die endogene Variable rein zufällig, also nicht signifikant von null verschieden ist, beträgt 0,0149%. Aufgrund des *t*- und des *p*-Werts kann die Schlussfolgerung gezogen werden, dass der Koeffizient $\hat{\beta}_1$ signifikant zum Niveau 5% ist.

Der Wert des korrigierten Gütemaßes beträgt $\overline{R}^2 = 0{,}76$. Es werden also 76% der Veränderungen der endogenen Variable (Absatz) durch Veränderungen der exogenen Variable (Preis) erklärt.

2. Der Zusammenhang zwischen Konsum und realem verfügbaren Einkommen

EXTRAS ONLINE

a) *Hinweis:* Den Datensatz `Aufgabe_2_4_2.xls` finden Sie auf der Website zu diesem Buch. Versuchen Sie, die Berechnung anhand der Daten selbst durchzuführen!

Hinweise zur Berechnung:

- Zunächst muss von jedem Wert der jeweiligen Zeitreihe der Wert der Vorperiode abgezogen werden (siehe Datensatz). Beispiel: $C_{1985} - C_{1984}$ bzw. $Y_{v1985} - Y_{v1984}$. So entsteht eine Zeitreihe, in der die Veränderung der Variable zur Vorperiode ablesbar ist. Benennen Sie diese Zeitreihe mit *delta_y* (ΔC_t) bzw. *delta_y* (ΔY_{Vt}).
- Im nächsten Schritt muss von dieser Zeitreihe der Mittelwert gebildet werden, um zu einem Wert für die durchschnittliche Veränderung der Variable zur Vorperiode zu gelangen. Benennen Sie diesen Wert mit $\overline{\Delta C}$ bzw. $\overline{\Delta Y_V}$.
- Berechnen Sie nun die Differenz zwischen jedem Wert der Zeitreihe ΔC_t bzw. ΔY_{Vt} und dem Wert $\overline{\Delta C}$ bzw. $\overline{\Delta Y_V}$. Somit ergeben sich die beiden Zeitreihen $\Delta C_t - \overline{\Delta C}$ und $\Delta Y_{V_t} - \overline{\Delta Y_V}$. Diese beiden Zeitreihen werden im weiteren Verlauf mit „Veränderung Konsum" und „Veränderung verfügbares Einkommen" der privaten Haushalte bezeichnet.

Interpretation der beiden neuen Zeitreihen:

In beiden neuen Zeitreihen sind sowohl positive als auch negative Werte ablesbar. Ein positiver Wert bedeutet, dass in dem jeweiligen Jahr der Konsum bzw. das verfügbare Einkommen stärker als durchschnittlich über den Betrachtungszeitraum hinweg angestiegen ist. Ein negativer Wert bedeutet, dass in dem jeweiligen Jahr der Konsum bzw. das verfügbare Einkommen weniger als durchschnittlich über den Betrachtungszeitraum hinweg angestiegen ist.

b) Streudiagramm mit Regressionsgerade mit „Veränderung verfügbares Einkommen" auf der x-Achse und „Veränderung Konsum" auf der y-Achse:

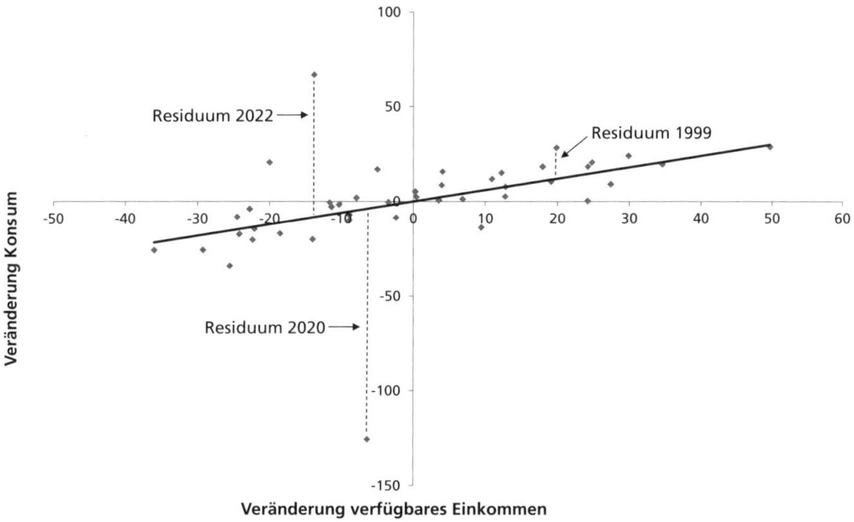

Abbildung 2.6: „Veränderung Konsum" und „Veränderung verfügbares Einkommen" der privaten Haushalte

Die Betrachtung des Streudiagramms lässt darauf schließen, dass positive Werte von „Veränderungen des verfügbaren Einkommens" mit positiven Werten der „Veränderung des Konsums" korrespondieren und negative Werte von „Veränderungen des verfügbaren Einkommens" mit negativen Werten der „Veränderung des Konsums". Anders ausgedrückt: Ist in einem Jahr (z.B. 1999, 2015) der Anstieg des verfügbaren Einkommens höher als durchschnittlich, dann ist in demselben Jahr auch der Anstieg des Konsums höher als durchschnittlich. Ist hingegen in einem Jahr (z.B. 2009, 2020) der Anstieg des verfügbaren Einkommens geringer als durchschnittlich, dann ist in demselben Jahr auch der Anstieg des Konsums geringer als durchschnittlich.

Im Streudiagramm sind die Residuen für die Beobachtungen der Jahre 1999, 2020 und 2022 gekennzeichnet. Als Residuum $\hat{\varepsilon}_t$ bezeichnet man den vertikalen Abstand zwischen der empirischen Beobachtung y_t und der geschätzten Funktion $\hat{y}_t$: $\hat{\varepsilon}_t = y_t - \hat{y}_t$. Die im Vergleich zu allen anderen Datenpunkten sehr großen Abstände von der Regressionsgeraden für 2020 und 2022 deuten auf besondere Situationen hin, sogenannte „Ausreißer/Outlier", in diesem Fall den Beginn der Covid19-Pandemie 2020 und den Konsumanstieg nach dem Ende der Pandemie im

Jahr 2022 bei gleichzeitigem Konjunktureinbruch durch den russischen Einmarsch in die Ukraine und den Anstieg der Energiekosten.

c) Ergebnisse der OLS-Regression der ökonometrischen Spezifikation $y_t = \beta_0 + \beta_1 x_t + \varepsilon_t$ bzw. in diesem Fall $\left(\Delta C_t - \overline{\Delta C}\right) = \beta_0 + \beta_1 \left(\Delta Y_{Vt} - \overline{\Delta Y_V}\right) + \varepsilon_1$ lauten:

	Koeffizient	***t*-Wert**	***p*-Wert**
Achsenabschnitt	0	$-7{,}52 \cdot 10^{-17} \approx 0$	1,0
Variable *x* (Veränderung verfügbares Einkommen)	0,60	3,15	0,003

Korrigiertes Gütemaß: $\overline{R}^2 = 0{,}40$

d) Interpretation der Ergebnisse der Regression:

Der Koeffizient der exogenen Variable „Veränderung verfügbares Einkommen" beträgt 0,60. Dies bedeutet, dass ein Anstieg des verfügbaren Einkommens um eine Einheit (z.B. eine Milliarde €) über seine durchschnittliche Veränderung zu einem Anstieg des Konsums um 0,60 Einheiten (bzw. 0,60 Milliarden €) über seine durchschnittliche Veränderung führt. Der Koeffizient $\hat{\beta}_1$ ist somit ein Schätzwert für die marginale Konsumneigung. Die marginale Konsumneigung besagt, um wie viel sich der Konsum verändert, wenn sich das verfügbare Einkommen um eine Einheit erhöht (siehe auch ▶*Kapitel 3*). Der Wert der marginalen Konsumneigung liegt annahmegemäß zwischen null und eins. Das Ergebnis der OLS-Regression bestätigt dies.

Achtung: In der makroökonomischen Praxis arbeitet man häufig mit logarithmierten Daten. Dies ist vor allem angebracht, wenn die zu Grunde liegende Zeitreihe exponenziell wächst. Sind sowohl abhängige als auch unabhängige Variable logarithmiert, wird der geschätzte Koeffizient nicht mehr als absolute Änderung, sondern als prozentuale Änderung interpretiert!

Der Achsenabschnitt β_0 ist gleich null (abgesehen von minimalen Rundungsfehlern), weil in dieser Aufgabe sowohl die exogene Variable (Veränderung verfügbares Einkommen) als auch die endogene Variable (Veränderung Konsum) um ihren Mittelwert korrigiert wurden. Die Korrektur um den Mittelwert hat keinen Einfluss auf die geschätzte marginale Konsumneigung - probieren Sie es aus!

Der Betrag des *t*-Werts der exogenen Variable „Veränderung verfügbares Einkommen" ist mit 3,15 größer als 2. Daraus kann gefolgert werden, dass man mit einer Wahrscheinlichkeit von 95% sicher sein kann, dass der wahre Parameter nicht gleich null ist. Der Koeffizient ist also signifikant von null verschieden. Der *p*-Wert von 0,003 gibt die Wahrscheinlichkeit an, mit welcher der Einfluss von „Veränderung verfügbares Einkommen" auf „Veränderung Konsum" rein zufällig wäre. Da der *p*-Wert in diesem Fall sehr klein ist (< 1%), kann die Schlussfolgerung getroffen werden, dass der Koeffizient hochsignifikant ist. Der Wert des korrigierten Gütemaßes beträgt $\overline{R}^2 = 0{,}18$. Dies bedeutet, dass 18% der Veränderungen der Variable „Veränderung Konsum" durch Veränderungen der Variable „Veränderung verfügbares Einkommen" erklärt werden. In früheren Auflagen dieses Buches, ohne die „Ausreißer" in 2020 und 2022, war R^2 deutlich größer.Wie Sie am besten mit solchen „Ausreißern" im Allgemeinen umgehen, lernen Sie detaillierter in Ihren Ökonometriekursen.

3 Der Gütermarkt

3.1 Wissens- und Verständnistests

Multiple Choice

1. Welche der folgenden Variablen aus dem Modell des Gütermarkts ist exogen?
   a) Verfügbares Einkommen
   b) Staatsausgaben
   c) Privater Konsum
   d) Ersparnis
2. Als verfügbares Einkommen bezeichnet man
   a) Konsum minus Steuern.
   b) Einkommen minus Ersparnis und Steuern.
   c) Einkommen minus Ersparnis.
   d) Einkommen plus Transfers minus Steuern.
3. Welche Aussage über die Konsumneigung c_1 trifft zu?
   a) Die Konsumneigung ist größer als Eins.
   b) Wenn sich das verfügbare Einkommen um c_1 Einheiten erhöht, dann erhöht sich der Konsum um eine Einheit.
   c) Wenn sich das verfügbare Einkommen um eine Einheit erhöht, dann erhöht sich der Konsum um c_1 Einheiten.
   d) Die Konsumneigung ist immer genauso hoch wie die Sparneigung.

Betrachten Sie für die folgenden Teilaufgaben 4. und 5. die Bedingung für das Gütermarktgleichgewicht: $Y = c_0 + c_1(Y - T) + I + G$.

4. Welcher der folgenden Ausdrücke steht für den Multiplikator einer Steuererhöhung?
   a) $-\frac{c_1}{1-c_1}$
   b) $\frac{c_1}{1-c_1}$
   c) $\frac{1-c_1}{c_1}$

d) $-\frac{1-c_1}{c_1}$

5. Welcher der folgenden Ausdrücke steht für den Multiplikator einer Staatsausgabenveränderung?
   a) c_1
   b) $1 - c_1$
   c) $\frac{1}{1-c_1}$
   d) $\frac{1}{c_1}$

6. Was bewirkt grafisch eine Senkung der Staatsausgaben?
   a) Die *ZZ*-Kurve wird steiler.
   b) Die *ZZ*-Kurve verschiebt sich nach unten.
   c) Die *ZZ*-Kurve verschiebt sich nach oben.
   d) Die *ZZ*-Kurve wird flacher.

7. Was bewirkt grafisch eine Erhöhung der Steuern?
   a) Die *ZZ*-Kurve verschiebt sich nach unten, die Produktion steigt.
   b) Die *ZZ*-Kurve verschiebt sich nach oben, die Produktion steigt.
   c) Die *ZZ*-Kurve verschiebt sich nach unten, die Produktion sinkt.
   d) Die *ZZ*-Kurve verschiebt sich nach oben, die Produktion sinkt.

Für die Teilaufgaben 8. und 9. gilt für die Komponenten der gesamtwirtschaftlichen Nachfrage Folgendes: $C = 400 + 0{,}5(Y - T)$; $T = 400$; $I = 500$ und $G = 600$.

8. Welche Werte ergeben sich im Gütermarktgleichgewicht für die Produktion (Y) und den privaten Konsum (C)?
   a) $Y = 2.000$ und $C = 1.100$
   b) $Y = 2.600$ und $C = 1.500$
   c) $Y = 2.300$ und $C = 1.450$
   d) $Y = 2.000$ und $C = 1.300$

9. Wenn der Staat nun seine Ausgaben um 450 Einheiten erhöht und gleichzeitig die Investitionen um 300 Einheiten sinken, dann steigt die Produktion im neuen Gütermarktgleichgewicht um
   a) 200 Einheiten.
   b) 205 Einheiten.
   c) 150 Einheiten.
   d) 300 Einheiten.

10. Das Haavelmo-Theorem
    a) impliziert, dass eine Ausweitung der Staatsausgaben auch dann zu einer Erhöhung des Inlandsprodukts führt, wenn sie vollständig durch Steuererhöhungen finanziert wird.
    b) besagt, dass der Multiplikator einer vollständig steuerfinanzierten Ausweitung der Staatsausgaben immer größer 1 ist.
    c) basiert auf der Annahme, dass der Staat prinzipiell keine Ersparnisse bilden kann.
    d) gilt nur, wenn die permanente Einkommenshypothese unterstellt wird.

Wahr/Falsch: Welche der jeweiligen Aussagen sind wahr, welche falsch?

11. Welche der folgenden Größen würde den Multiplikator verkleinern?
    a) Niedrigere Steuern
    b) Eine höhere Sparneigung
    c) Niedrigere Staatsausgaben
    d) Eine geringere Konsumneigung
12. Was bewirkt bei der grafischen Analyse des Gütermarktmodells eine Erhöhung der Konsumneigung?
    a) Die Steigung der *ZZ*-Kurve wird steiler und eine Erhöhung der Staatsausgaben hat nun einen stärkeren Effekt auf die Veränderung der Produktion.
    b) Die Steigung der *ZZ*-Kurve wird flacher und eine Erhöhung der Staatsausgaben hat nun einen geringeren Effekt auf die Veränderung der Produktion.
    c) Die Steigung der *ZZ*-Kurve wird flacher und eine Verringerung der Staatsausgaben hat nun einen stärkeren Effekt auf die Veränderung der Produktion.
    d) Die Steigung der *ZZ*-Kurve wird steiler und eine Verringerung der autonomen privaten Konsumausgaben hat nun einen stärkeren Effekt auf die Veränderung der Produktion.
13. Was bewirkt bei der grafischen Analyse des Gütermarktmodells eine Erhöhung der Sparneigung?
    a) Die *ZZ*-Kurve wird steiler und eine gegebene Erhöhung der Staatsausgaben hat einen größeren Effekt auf die Produktion.
    b) Die *ZZ*-Kurve wird flacher und eine Senkung der Steuern hat einen größeren Effekt auf die Produktion.
    c) Die *ZZ*-Kurve wird flacher und eine Verringerung der autonomen Konsumnachfrage hat einen geringeren Effekt auf die Produktion.
    d) Die *ZZ*-Kurve wird flacher und eine Erhöhung der Staatsausgaben hat einen geringeren Effekt auf die Produktion.

14. Wenn sich der Gütermarkt einer geschlossenen Volkswirtschaft mit Staatsaktivität im Gleichgewicht befindet, dann muss Folgendes gelten:
    a) $I = S$
    b) $I = S + (G - T)$
    c) $G = T$ und $I = S$
    d) $I = S + (T - G)$

15. Nehmen Sie an, die Steuern werden erhöht. Was geschieht ceteris paribus im Gütermarktmodell?
    a) Die staatliche Ersparnis erhöht sich.
    b) Die volkswirtschaftliche Ersparnis verringert sich.
    c) Die private Ersparnis verringert sich.
    d) Die volkswirtschaftliche Ersparnis bleibt unverändert.

16. Nehmen Sie an, dass eine angekündigte Steuersenkung die Haushalte dazu veranlasst, weniger zu sparen. Unter Verwendung des Gütermarktmodells ist davon auszugehen, dass
    a) sich die Produktion erhöht.
    b) sich die Investitionen verringern.
    c) sich die Produktion erhöht und die Investitionen sich nicht verändern.
    d) sich weder die Produktion noch die Investitionen verändern.

17. Betrachten Sie die Konsumnachfrage der privaten Haushalte: $C = c_0 + c_1(Y - T)$. Die Konsumneigung c_1 sei 0,9. Welche Aussagen treffen zu?
    a) Wenn das verfügbare Einkommen der Haushalte um 10 Einheiten steigt, dann steigt der Konsum um 90 Einheiten.
    b) Die Haushalte konsumieren durchschnittlich 90% ihres Einkommens.
    c) Die marginale Sparneigung beträgt 10%.
    d) Wenn das verfügbare Einkommen der Haushalte um 10 Einheiten steigt, dann steigt der Konsum um 9 Einheiten.

18. Betrachten Sie expansive Fiskalpolitik in der Realität. Welche Aussagen treffen zu?
    a) Die Regierung kann Staatsausgaben sehr schnell verändern.
    b) Ein Teil der gestiegenen Nachfrage fließt ins Ausland.
    c) Expansive Fiskalpolitik kann kurzfristig Nachfrage und Produktion beeinflussen.
    d) Ein Anstieg der Staatsverschuldung durch eine Erhöhung der Staatsausgaben kann langfristig schädliche Effekte auslösen.

19. Gegeben sei folgende Konsumfunktion: $C(Y_V) = 200 + 0{,}8Y_V$, wobei $Y_V = Y - T$. Welche Aussagen zur damit verbundenen Sparfunktion sind wahr, welche falsch?
    a) Die Gleichung der Sparfunktion lautet: $S = 200 - 0{,}8Y_V$.
    b) Die Gleichung der Sparfunktion lautet: $S = -200 + 0{,}2Y_V$.

c) Ein Anstieg des autonomen Konsums verschiebt die Sparfunktion parallel nach oben.

d) Eine Erhöhung der Konsumneigung führt zu einem flacheren Verlauf der Sparfunktion.

Basiswissen

20. Die Bestimmung der Produktion im Gleichgewicht auf dem Gütermarkt
    a) Erläutern Sie die Komponenten der Konsumfunktion der privaten Haushalte im Gütermarktmodell!
    b) Was verstehen Sie unter dem sogenannten Multiplikator?
    c) Erläutern Sie den Zusammenhang zwischen Produktion, Nachfrage und Einkommen!
    d) Was verstehen Sie unter dem sogenannten Haavelmo-Theorem?
    e) Leiten Sie grafisch das Gleichgewicht auf dem Gütermarkt ab. Wie verändert sich die Grafik, wenn die Staatsausgaben, die autonome Konsumnachfrage oder die Investitionen erhöht werden? Erläutern Sie stichpunktartig!
21. Alternativer Ansatz für das Gleichgewicht auf dem Gütermarkt
    a) Verdeutlichen Sie formal den Zusammenhang zwischen der Konsum- und der Sparentscheidung der Haushalte!
    b) Grenzen Sie formal und verbal die private Ersparnis von der Ersparnis des Staats ab!
    c) Zeigen Sie die Äquivalenz zwischen folgenden Bedingungen, die beide das Gleichgewicht auf dem Gütermarkt formulieren:

$$\text{Produktion} = \text{Nachfrage}$$

$$\text{Investitionen} = \text{Ersparnis}$$

Exogene und endogene Variablen

Das Gütermarktmodell beinhaltet zwei Arten von Variablen. Man unterscheidet dabei zwischen exogenen und endogenen Variablen. Endogene Variablen werden im Modell erklärt, d.h., sie sind von anderen Variablen im Modell abhängig. Ein Beispiel dafür ist der private Konsum ($C = c_0 + c_1(Y - T)$). Der private Konsum wird erklärt durch das verfügbare Einkommen ($Y - T$). Exogene Variablen hingegen werden nicht im Modell erklärt und werden als gegeben betrachtet. Beispiele hierfür sind die Staatsausgabe G und die Investitionen I, wobei in ▶*Kapitel 5* die Investitionen endogenisiert werden. Die Steuern T werden in den folgenden Übungsaufgaben teilweise als exogene, teilweise als endogene Variablen auftreten.

3.2 Übungsaufgaben

1. Für eine geschlossene Volkswirtschaft gelte folgendes Gütermarktmodell:

$$Y^S = Y$$

$$Z = C + I + G$$

$$C = 200 + 0{,}5(Y - T)$$

wobei Y^S das Güterangebot, Z die Güternachfrage und Y die Produktion (bzw. das Einkommen) bezeichnen. C sei der Konsum der privaten Haushalte, T die direkten Steuern, G die Staatsausgaben für Güter und I die Investitionen. In der Ausgangssituation gelte $I = 500$ und der Gütermarkt befinde sich im Gleichgewicht.

   a) Berechnen Sie das gleichgewichtige Einkommen für die Fälle:
      i. $T = G = 500$
      ii. $T = G = 0{,}2Y$

   b) Angenommen, das Gleichgewicht werde nun durch einen Rückgang der Investitionen um 150 Einheiten gestört. Vergleichen Sie die dadurch bewirkte Senkung des gleichgewichtigen Einkommens in den Modellvarianten i. und ii.

   c) Welche Annahmen bezüglich des Konsumverhaltens der Individuen liegen der Keynesianischen Konsumhypothese zugrunde? Definieren Sie die Begriffe „marginale Konsumneigung“ und „durchschnittliche Konsumneigung“ verbal, grafisch und formal!

   d) Was verstehen Sie unter dem sogenannten Sparparadoxon? Leiten Sie das Sparparadoxon aus dem Modell des Gütermarkts ab und erläutern Sie seine ökonomische Intuition!

2. Eine Volkswirtschaft sei bestimmt durch folgende Verhaltensgleichungen:
$C = 200 + 0{,}8(Y - T)$, $T = tY$, $I = 400$ und $G = 300$. Der Steuersatz t sei 0,5.

   a) Welche Werte ergeben sich im Gleichgewicht für die Produktion Y und den Konsum C?

   Der Staat erhöhe nun seine Ausgaben um 150 Einheiten auf 450.

   b) Berechnen Sie, wie stark die Produktion ansteigt!

   c) Welcher Budgetsaldo ergibt sich im neuen Gleichgewicht? Erläutern Sie Ihr Ergebnis!

   d) Im Gütermarktmodell dieser Aufgabe sind die Steuern abhängig vom Einkommen. Warum spricht man in diesem Zusammenhang der Fiskalpolitik die Rolle eines automatischen Stabilisators zu?

3. Betrachten Sie in dieser Aufgabe zwei unterschiedliche Volkswirtschaften A und B unter Verwendung des allgemeinen Gütermarktmodells. Wie in ▸*Abbildung 3.1* zu sehen ist, sei in der Ausgangssituation die Produktion im Gütermarktgleichgewicht in beiden Ländern gleich hoch.

Wie realistisch ist das Gütermarktmodell?

Im Gütermarktmodell, das wir hier betrachten, wird suggeriert, dass die Regierung durch fiskalpolitische Maßnahmen (d.h. durch geeignete Wahl von Staatsausgaben G und Steuern T) unmittelbar jedes beliebige Niveau von Produktion bzw. Einkommen verwirklichen kann. In der Realität verstreichen hingegen sehr viele Perioden, bis ein neues Gütermarktgleichgewicht erreicht wird. Da der Anpassungsprozess sehr lange dauert, können in dieser Zeit andere exogene Einflussfaktoren, die bei Durchführung der fiskalpolitischen Maßnahme nicht berücksichtigt wurden, bewirken, dass das ursprünglich anvisierte neue Gütermarktgleichgewicht nicht erreicht werden kann.

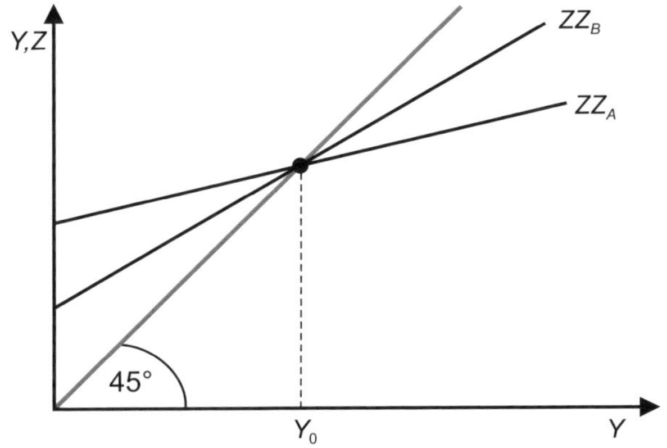

Abbildung 3.1: *ZZ*-Kurven für zwei unterschiedliche Volkswirtschaften A und B

a) Erläutern Sie, warum die Nachfragekurven beider Länder unterschiedliche Steigungen und Achsenabschnitte aufweisen!

b) Nehmen Sie nun an, dass optimistische Prognosen die Unternehmen in beiden Ländern dazu veranlassen, die exogenen Investitionen um exakt denselben Betrag zu erhöhen. Erläutern Sie, welchen Einfluss diese Maßnahme auf die autonomen Ausgaben in beiden Volkswirtschaften hat! Zeigen Sie grafisch, welche Auswirkungen die Erhöhung der Investitionen auf die Nachfragekurven beider Länder hat!

c) Die Investitionen wurden nun in beiden Ländern im selben Umfang ausgedehnt. Ist die Produktion in beiden Ländern nach der Aktion weiterhin gleich hoch? Erläutern Sie!

Lösungen zu Kapitel 3

3.1 Wissens- und Verständnistests

Multiple Choice

1. b)
2. d)
3. c)
4. a)
5. c)
6. b)
7. c)
8. b)
9. d)
10. a)

Wahr/Falsch

11. F, W, F, W
12. W, F, F, W
13. F, F, W, W
14. F, F, F, W
15. W, F, W, W
16. W, F, W, F
17. F, F, W, W
18. F, W, W, W
19. F, W, F, W

Basiswissen

20. Die Bestimmung der Produktion im Gleichgewicht

a) Der Konsum der privaten Haushalte hängt im Gütermarktmodell von einer Variablen ab – dem verfügbaren Einkommen. Als verfügbares Einkommen bezeichnet man den Teil des Einkommens, über das die Haushalte verfügen können, nachdem sie Transferleistungen vom Staat erhalten haben und Steuern an den Staat gezahlt haben. Die Konsumnachfrage ist positiv abhängig vom verfügbaren Einkommen; d.h., die Haushalte konsumieren mehr Güter, wenn das verfügbare Einkommen steigt und weniger Güter, wenn das verfügbare Einkommen sinkt.

Der funktionale Zusammenhang zwischen Konsum (C) und dem verfügbaren Einkommen ($Y_V = Y - T$) kann folgendermaßen ausgedrückt werden: $C = C(Y_V)$.

In der Volkswirtschaftslehre wird eine solche Funktion auch als Verhaltensgleichung bezeichnet, da in dieser Gleichung das Verhalten der Konsumenten beschrieben wird. Im Gütermarktmodell wird der funktionale Zusammenhang zwischen Konsum und verfügbarem Einkommen in der Regel genauer spezifiziert und als folgende lineare Funktion beschrieben: $C = c_0 + c_1 Y_V$ (mit $Y_V = Y - T$).

Der Parameter c_1 wird als (marginale) Konsumneigung bezeichnet. Sie beschreibt, um wie viel Einheiten sich der private Konsum verändert, wenn das verfügbare Einkommen um eine Einheit zunimmt. Angenommen, der Parameter c_1 nimmt den Wert 0,7 an. Wenn sich das verfügbare Einkommen um eine Einheit erhöht, dann erhöht sich der private Konsum um 0,7 Einheiten. Es wird angenommen, dass die Konsumneigung nur Werte zwischen 0 und 1 annehmen kann ($0 < c_1 < 1$). Sie ist größer als null, weil es plausibel ist, dass der Konsum ausgedehnt wird, wenn das verfügbare Einkommen ansteigt. Sie liegt zwischen 0 und 1, da es plausibel ist, dass bei einem Anstieg von Y_V nur ein Teil für Konsum ausgegeben wird und der Rest gespart wird. Grafisch bestimmt die Konsumneigung die Steigung der Konsumfunktion.

Der Parameter c_0, der den autonomen Konsum repräsentiert, beschreibt, wie viele Güter zu Konsumzwecken nachgefragt werden, wenn das verfügbare Einkommen den Wert null annehmen würde. Es wird angenommen, dass der Konsum selbst dann positiv ist, wenn kein verfügbares Einkommen vorhanden ist. Dies ist damit zu begründen, dass die Haushalte immer konsumieren müssen, um überleben zu können. Wenn kein verfügbares Einkommen vorhanden ist, müssen die Haushalte entsparen. Der Konsum der Haushalte muss in diesem Fall durch den Verkauf von Vermögenswerten oder durch Kreditaufnahme finanziert werden. Grafisch bestimmt der autonome Konsum den Achsenabschnitt der Konsumfunktion.

b) Die Produktion im Gütermarktgleichgewicht wird durch folgende Gleichung charakterisiert:

$$Y = \frac{1}{1-c_1}\left(c_0 + \overline{I} + G - c_1 T\right)$$

wobei der Ausdruck

$$\frac{1}{1-c_1}$$

als Multiplikator bezeichnet wird und in der Klammer $(c_0 + \overline{I} + G - c_1T)$ die exogenen Nachfragekomponenten zusammengefasst sind. Die exogenen Nachfragekomponenten sind vom Einkommen unabhängig. An der Gleichgewichtsbedingung ist zu erkennen, dass sich die gleichgewichtige Produktion Y verändern muss, wenn sich ein Parameter oder eine exogene Variable auf der rechten Seite der Gleichung verändert. Für Produktion und Einkommen wird dasselbe Symbol verwendet: Y. Im Gütermarktmodell gilt stets Einkommen = Produktion. In ▶*Kapitel 1* wurde gezeigt, dass das BIP sowohl von der Produktionsseite als auch von der Einkommensseite berechnet werden kann.

Unter der Annahme, dass $0 < c_1 < 1$, gilt für den Multiplikator

$$\frac{1}{1-c_1} > 1$$

$$\text{(Beispiel: } c_1 = 0{,}8 \rightarrow \frac{1}{1-c_1} = 5\text{)}$$

Der Multiplikator vervielfacht den Effekt einer Veränderung der exogenen Nachfragekomponenten. Der Multiplikator ist umso größer, je größer die Konsumneigung ist. Verringert oder erhöht sich eine der autonomen Nachfragekomponenten um eine Einheit, dann verringert oder erhöht sich die Produktion um eine Einheit multipliziert mit dem Multiplikator. → Je größer c_1, desto größer ist der Multiplikator und desto größer ist der Effekt einer Veränderung der autonomen Nachfragekomponenten auf Y.

Ermittlung des Multiplikators einer Staatsausgabenerhöhung mit Hilfe des totalen Differentials:

$$dY = \frac{1}{1-c_1}\left(dc_0 + d\overline{I} + dG - c_1 dT\right)$$

Es ändert sich nur G, deshalb gilt: $dc_0 = d\overline{I} = dT = 0$.

Somit ergibt sich:

$$\frac{dY}{dG} = \frac{1}{1-c_1}$$

Analoges Vorgehen bei der Ermittlung des Multiplikators einer Steuererhöhung. Nun ändert sich nur T, deshalb gilt: $dc_0 = d\overline{I} = dG = 0$.

Somit ergibt sich:

$$\frac{dY}{dT} = \frac{c_1}{1-c_1}$$

Ökonomische Erläuterung des Multiplikatorprozesses am Beispiel einer Staatsausgabenerhöhung:

Eine Erhöhung der Staatsausgaben um ΔG erhöht die Nachfrage und in der Folge die Produktion zunächst um ΔG. Dies hat wiederum zur Folge, dass das Einkommen und demzufolge auch das verfügbare Einkommen um ΔG steigt. Da der Konsum positiv vom verfügbaren Einkommen abhängt, erhöht sich die Konsumnachfrage um $c_1\Delta G$. Dies erhöht die Produktion und das verfügbare Einkommen in der nächsten Runde um $c_1\Delta G$, was zur Folge hat, dass die Konsumnachfrage aufgrund dessen nun um $c_1(c_1\Delta G)$ zunimmt. Die Fortsetzung dieser Wirkungskette ergibt nach n Runden eine Erhöhung der Produktion in Höhe der Veränderung einer autonomen Nachfragekomponente (wie in diesem Beispiel G) multipliziert mit der Summe der Effekte in jeder Runde: $1 + c_1 + c_1^2 + ... + c_1^{n-1}$. Diese geometrische Reihe konvergiert für $n \rightarrow \infty$ und $0 < c_1 < 1$ gegen

$$\frac{1}{1-c_1}$$

c) Der Gütermarkt befindet sich im Gleichgewicht, wenn das Güterangebot bzw. die Produktion Y der Güternachfrage $Z = C + I + G$ entspricht. Nehmen wir nun an, dass sich in der Ausgangssituation der Gütermarkt im Gleichgewicht befindet ($Y = Z$). Nun nehme die Nachfrage, z.B. durch eine Erhöhung der Staatsausgaben, zu. Auf eine Erhöhung der Nachfrage reagieren die Unternehmen mit einer Ausweitung der Produktion und somit steigt auch das Einkommen. Der Multiplikatorprozess führt zu einem neuen Gütermarktgleichgewicht. Im Gütermarktgleichgewicht sind die Größen Nachfrage, Produktion und Einkommen identisch.

d) Als Haavelmo-Theorem, benannt nach dem Norweger Trygve Haavelmo, bezeichnet man den Effekt, dass der Multiplikator bei einer mit Steuern gegenfinanzierten Staatsausgabenerhöhung ($dG = dT$) den Wert Eins annimmt. Intuitiv könnte man die Schlussfolgerung ziehen, dass eine steuerfinanzierte Staatsausgabenerhöhung keine expansive Auswirkung auf die Produktion haben würde, da den Haushalten das verfügbare Einkommen im Umfang der Staatsausgabenerhöhung gekürzt würde und diese den Konsum entsprechend verringern.

Analyse der Auswirkung einer steuerfinanzierten Staatsausgabenerhöhung ($dG = dT$) auf das Einkommen im Gütermarktmodell:

$$Y = \frac{1}{1-c_1}\left(c_0 + I + G - c_1 T\right)$$

Bildung des totalen Differentials:

$$dY = \frac{1}{1-c_1}\left(dc_0 + dI + dG - c_1 dT\right)$$

Da $dc_0 = 0$, $dI = 0$ und $dG = dT$:

$$dY\Big|_{dG=dT} = \frac{1}{1-c_1}\left(dG - c_1 dG\right) \rightarrow \frac{dY}{dG}\Big|_{dG=dT} = \frac{1-c_1}{1-c_1} = 1$$

Der Multiplikator einer steuerfinanzierten Staatsausgabenerhöhung ist gleich eins. Das Einkommen verändert sich exakt im Umfang der steuerfinanzierten Staatsausgaben. Neutrale Änderungen des Staatshaushalts aufgrund von G und T sind demnach makroökonomisch nicht neutral. Die Konsumneigung hat in diesem Fall keinen Einfluss im Prozess, weil die Steuererhöhung bei ausgeglichenem Staatshaushalt den Multiplikatorprozess verhindert. Y und T steigen beide genau um eine Einheit und lassen so das verfügbare Einkommen und folglich den Konsum unverändert.

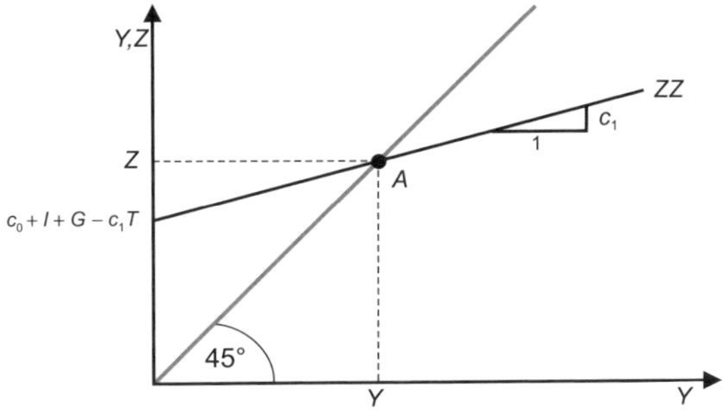

Abbildung 3.2: *ZZ*-Kurve: Zusammenhang zwischen Nachfrage *Z* und Einkommen *Y*

Gesamtnachfrage: $Z = c_0 + c_1(Y - T) + I + G$ bzw. $Z = (c_0 + I + G - c_1T) + c_1Y$

- Die Steigung der *ZZ*-Kurve wird bestimmt durch die Konsumneigung $0 < c_1 < 1$.
- Der Achsenabschnitt der *ZZ*-Kurve wird bestimmt durch die autonomen Nachfragekomponenten $(c_0 + I + G - c_1T)$.
- Die 45°-Linie beschreibt die Produktion als Funktion des Einkommens. Die Steigung ist eins, da Produktion und Einkommen immer identisch sind.
- Punkt A in ▶*Abbildung 3.2*: Gütermarktgleichgewicht ($Y = Z$); Links von Punkt A: Nachfrage > Produktion, rechts von Punkt A: Nachfrage < Produktion.
- Erhöhung der Investitionen um dI (analog für dc_0 und dG): Verschiebung von ZZ parallel um dI nach oben (ZZ').

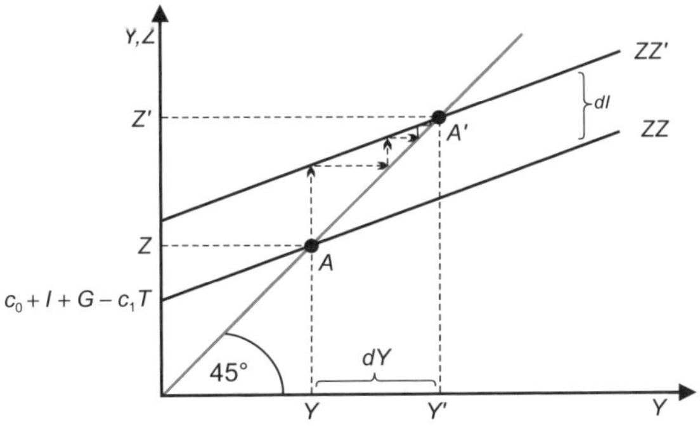

Abbildung 3.3: Verschiebung der *ZZ*-Kurve nach oben

Schnittpunkt von ZZ' mit 45°-Linie: Neues Gütermarktgleichgewicht A'

An der Abszisse ist zu erkennen: Die Produktion und damit das Einkommen ist um ein Vielfaches des Anstiegs der Investitionen gestiegen (dY in ▶*Abbildung 3.3*).

Grund: Multiplikatorprozess; die Produktion hat sich um $dI\frac{1}{1-c_1}$ erhöht.

Der Anpassungsprozess ist durch die Pfeile in der Grafik kenntlich gemacht. Wirkungskette: $I\uparrow \rightarrow Z\uparrow \rightarrow Y\uparrow \rightarrow C\uparrow \rightarrow Z\uparrow \rightarrow Y\uparrow \rightarrow C\uparrow$ ... bis neues Gleichgewicht A' erreicht ist.

21. Alternativer Ansatz für das Gleichgewicht auf dem Gütermarkt

a) Die Haushalte entscheiden über ihren Konsum gemäß der Konsumnachfrage $C = C(Y_V)$ bzw. gemäß einer linearen Konsumfunktion $C = c_0 + c_1 Y_V$. Die private Ersparnis ist die Differenz aus verfügbarem Einkommen und Konsum: $S \equiv Y_V - C$.

b) Da die Konsumneigung kleiner als eins ist, wird eine zusätzliche Einheit an verfügbarem Einkommen zum Anteil c_1 konsumiert. Der Anteil, der nicht konsumiert wird, wird gespart. Indem die Konsumfunktion in die Identität der privaten Ersparnis eingesetzt wird, ergibt sich:

$$S = Y_V - c_0 - c_1 Y_V \quad \text{bzw.} \quad S = -c_0 + (1 - c_1)Y_V$$

Der Ausdruck $(1-c_1)$ gibt an, welcher Anteil eines Anstiegs des verfügbaren Einkommens um eine zusätzliche Einheit gespart wird. Man spricht in diesem Zusammenhang von der (marginalen) Sparneigung. Da $0 < c_1 < 1$, ist folgende Beziehung erfüllt: $0 < (1-c_1) < 1$. Entscheidet der private Haushalt also über seinen Konsum, wird simultan die Entscheidung über die private Ersparnis getroffen.

Für die private Ersparnis gilt:

$$S \equiv Y_V - C$$

bzw. mit der Definition des verfügbaren Einkommens:

$$S \equiv Y - T - C$$

Der Staat erzielt Einnahmen in Form von Steuern T und tätigt Ausgaben in Form der Staatsausgaben G. Dies sind die zwei Größen, die in das Staatsbudget einfließen.

- Übersteigen die Steuereinkünfte die Staatsausgaben, spricht man von einem Budgetüberschuss $(T - G > 0) \rightarrow$ positive staatliche Ersparnis!
- Sind Steuern und Staatsausgaben gleich hoch, spricht man von einem ausgeglichenen Budget $(T - G = 0) \rightarrow$ staatliche Ersparnis gleich null!
- Sind die Staatsausgaben höher als die Steuern, spricht man von einem Budgetdefizit $(T - G < 0) \rightarrow$ negative staatliche Ersparnis!

Die Summe aus privater Ersparnis und staatlicher Ersparnis ergibt die volkswirtschaftliche Ersparnis bzw. die gesamte Ersparnis der Volkswirtschaft!

$$S_{gesamt} = Y - T - C + T - G = Y - C - G$$

Die Steuern T sind Bestandteil sowohl der privaten als auch der staatlichen Ersparnis. Wird T erhöht, dann sinkt die private Ersparnis und die staatliche Ersparnis steigt.

c) Gleichgewichtsbedingung des Gütermarkts:

$$Y = C + I + G$$

Diese allgemeine Gleichgewichtsbedingung von Produktion = Nachfrage lässt sich umformulieren zur Gleichgewichtsbedingung von Investitionen = Ersparnis. Ziehen wir zunächst von beiden Seiten der Gleichung die Steuern T und den privaten Konsum C ab:

$$Y - T - C = I + G - T$$

Auf der linken Seite der Gleichung erkennen wir die Identität für die private Ersparnis wieder ($S \equiv Y_V - C$). Die Differenz $G - T$ auf der rechten Seite lässt die beiden Komponenten des Staatsbudgets bzw. der staatlichen Ersparnis erkennen. Bringt man nun die private Ersparnis und die staatliche Ersparnis auf die linke Seite der Gleichung, so erhält man:

$$S + (T - G) = I$$

Diese Gleichgewichtsbedingung besagt also, dass die Summe aus privater Ersparnis und staatlicher Ersparnis (d.h. die gesamtwirtschaftliche Ersparnis) im Gütermarktgleichgewicht exakt den Investitionen entsprechen muss.

3.2 Übungsaufgaben

1. Gegeben sind folgende Bedingungen für den Gütermarkt einer Volkwirtschaft:

$$Y^s = Y,$$
$$Z = C + I + G$$
$$C = 200 + 0,5(Y - T)$$

mit $I = 500$

a) Berechnung des Einkommens im Gütermarktgleichgewicht:

– Gleichgewichtsbedingung: Produktion = Nachfrage $\rightarrow Y = Z$

$$Y = C + I + G$$

– Einsetzen der Konsumfunktion aus der Angabe sowie $I = 500$ in die Gleichgewichtsbedingung:

$$Y = 200 + 0,5(Y - T) + 500 + G$$

$$\Leftrightarrow \quad (1 - 0,5)Y = 700 - 0,5T + G$$

$$\Leftrightarrow \quad Y = 1.400 - T + 2G \qquad (1.)$$

Fall i.: $T = G = 500$

Einsetzen in (1.) ergibt folgendes Gleichgewichtseinkommen:

$$\Rightarrow Y = 1.400 - 500 + 2 \cdot 500$$
$$\Leftrightarrow Y_{i.} = 1.900$$

Fall ii.: $T = G = 0{,}2Y$

($\rightarrow$ Achtung: Nun sind T und G nicht mehr exogen, sondern abhängig von Y!)

Einsetzen in (1.) ergibt folgendes Gleichgewichtseinkommen:

$$\Rightarrow Y = 1.400 - 0{,}2Y + 2 \cdot 0{,}2Y$$
$$\Leftrightarrow Y = 1.400 + 0{,}2Y$$
$$\Leftrightarrow 0{,}8Y = 1.400$$
$$\Leftrightarrow Y_{ii.} = 1.750$$

b) Nun sinken die Investitionen I um 150 Einheiten $\rightarrow I' = 350$:

– Gleichgewichtiges Einkommen für den Fall i. $T = G = 500$:

$$Y = C + I' + G$$
$$Y = 200 + 0{,}5(Y - 500) + 350 + 500$$
$$(1 - 0{,}5)Y = 800 \Leftrightarrow Y_{i.}' = 1.600$$

$$\Delta Y_{i.} = Y_{i.}' - Y_{i.} = 1.600 - 1.900 = -300$$

$\rightarrow$ das gleichgewichtige Einkommen sinkt in Fall i. um 300 Einheiten!

– Gleichgewichtiges Einkommen für den Fall ii. $T = G = 0{,}2Y$:

$$Y = C + I' + G$$
$$Y = 200 + 0{,}5(Y - 0{,}2Y) + 350 + 0{,}2Y$$
$$(1 - 0{,}6)Y = 550 \Leftrightarrow Y_{ii.}' = 1.375$$

$$\Delta Y_{ii.} = Y_{ii.}' - Y_{ii.} = 1.375 - 1.750 = -375$$

$\rightarrow$ das gleichgewichtige Einkommen sinkt in Fall ii. um 375 Einheiten!

c) Die Keynesianische Konsumhypothese umschließt folgende Komponenten mit folgenden Eigenschaften:

- autonomer Konsum $\rightarrow$ konstant
- marginale Konsumneigung $\rightarrow$ konstant
- durchschnittliche Konsumneigung $\rightarrow$ abnehmend mit steigendem Y_V
- Konsum ist allein vom verfügbaren Einkommen abhängig: $C = C(Y_V)$
- Annahme eines linearen Zusammenhangs zwischen C und Y_V: $C = c_0 + c_1 Y_V$

Grafisch:

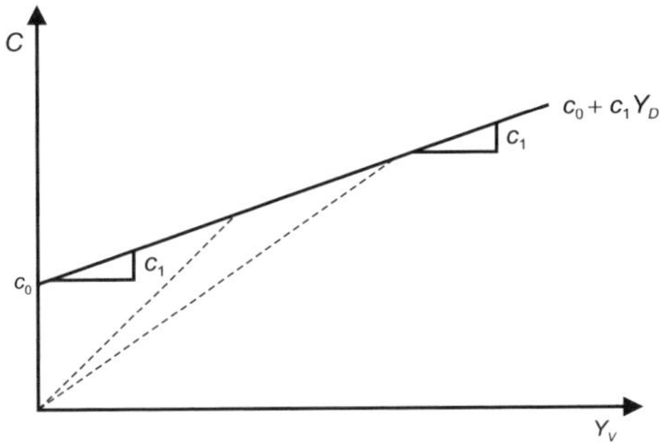

Abbildung 3.4: Konsumfunktion

- autonomer Konsum c_0: privater Konsum, der unabhängig ist von Y_V
- marginale Konsumneigung c_1, mit $0 < c_1 < 1$: gibt an, um wie viel Einheiten C steigt, wenn Y_V um eine Einheit steigt; mathematisch:

  $$\frac{\partial C}{\partial Y_V} = c_1 > 0 \rightarrow \text{konstant } \forall\ Y_V$$

  Grafisch: Die Steigung der Konsumfunktion ist für alle Einkommensniveaus gleich.

- durchschnittliche Konsumneigung $\frac{C}{Y_V}$:

  gibt an, wie hoch der Anteil des Konsums am verfügbaren Einkommen der Haushalte ist; mathematisch:

  $$\frac{C}{Y_V} = \frac{c_0}{Y_V} + c_1$$

  Die durchschnittliche Konsumneigung nimmt mit steigendem verfügbaren Einkommen ab:

  $$\frac{\partial \frac{C}{Y_V}}{\partial Y_V} = -\frac{c_0}{Y_V^2} < 0$$

  Grafisch: Die durchschnittliche Konsumneigung entspricht der Steigung des Fahrstrahls vom Ursprung an die Konsumfunktion (gestrichelte Linie in ▸*Abbildung 3.4*). Die Steigung des Fahrstrahls nimmt mit steigendem Einkommen ab. Der Anteil des verfügbaren Einkommens, der für Konsum verwendet wird, ist umso kleiner, je höher das verfügbare Einkommen ist.

d) Das sogenannte Sparparadoxon beschreibt das Phänomen, dass der Versuch der Konsumenten, mehr zu sparen, gesamtwirtschaftlich zu einem Rückgang der Produktion bei unveränderter Ersparnis führen kann. Angenommen, die privaten

Haushalte reduzieren ihren Konsum, indem der autonome Konsum verringert wird (c_0 sinkt z.B. von 200 auf 100). Das gleichgewichtige Einkommen beträgt im Modell aus der Angabe für den Fall $G = T = 500$ nun nur noch 1.700 (vorher 1.900; für die Berechnung siehe Teilaufgabe a.). Für die private Ersparnis gilt: $S = Y - T - C$ bzw. mit der Konsumfunktion aus der Angabe:

$$S = Y - T - c_0 - c_1(Y - T)$$

Mit den Werten **vor** der Senkung des autonomen Konsums ergibt sich:

$$S = 1.900 - 500 - 200 - 0,5(1.900 - 500)$$
$$S = 500$$

Mit den Werten **nach** der Senkung des autonomen Konsums ergibt sich:

$$S' = 1.700 - 500 - 100 - 0,5(1.700 - 500)$$
$$S' = 500$$

Die private Ersparnis hat sich durch eine Senkung der autonomen Konsumnachfrage nicht verändert! Eine Reduktion von c_0 führt einerseits zu einem Anstieg von S. Andererseits führt ein Rückgang von c_0 zu einem Rückgang der Güternachfrage, was wiederum zu einem Rückgang von Y führt. Dies bewirkt einen Rückgang von S. Im Gütermarktmodell neutralisieren sich diese beiden gegenläufigen Effekte exakt: S bleibt unverändert.

(Weiterer Beweis, dass sich die private Ersparnis nicht verändert durch die alternative Darstellungsform des Gütermarktgleichgewichts: $I = S + (T - G)$. Unter der Annahme, dass die exogenen Größen I, T und G unverändert bleiben, muss die private Ersparnis gleich geblieben sein, da die Gleichgewichtsbedingung sonst nicht erfüllt wäre.)

2. Gegeben: $C = 200 + 0,8(Y - T)$, $T = tY$, $I = 400$ und $G = 300$. Der Steuersatz t sei 0,5.
   a) Werte im Gütermarktgleichgewicht für die Produktion Y und den Konsum C:

      Güternachfrage: $Z = C + I + G$

      Gleichgewichtsbedingung: $Y = Z$; in allgemeiner Form ergibt sich:

      $Y = c_0 + c_1(Y - tY) + I + G$ und somit gilt für Y:

$$Y = \frac{1}{1 - c_1(1 - t)}(c_0 + I + G)$$

      Einsetzen der angegebenen Werte ergibt:

$$Y = \frac{1}{1 - 0,8(1 - 0,5)}(200 + 400 + 300) \Rightarrow Y = 1.500$$

      Für den Konsum C ergibt sich durch Einsetzen in die Konsumfunktion:

$$C = 200 + 0,8(1.500 - 0,5 \cdot 1.500) \Rightarrow C = 800$$

b) Die Staatsausgaben wurden um $dG = 150$ erhöht. Wie hoch ist die Produktion im neuen Gleichgewicht?

Bilden des totalen Differentials der allgemeinen Gleichgewichtsbedingung:

$$dY = \frac{1}{1-c_1(1-t)}(dc_0 + dI + dG)$$

Da sich lediglich die Staatsausgaben ändern, gilt $dc_0 = dI = 0$ und somit:

$$dY = \frac{1}{1-c_1(1-t)}dG$$

Einsetzen der Parameter und $dG = 150$ ergibt:

$$dY = 250$$

Aufgrund der Erhöhung der Staatsausgaben um 150 erhöht sich die Produktion im neuen Gleichgewicht um 250 auf $Y' = 1.750$.

c) Budgetsalden vor und nach der Staatsausgabenerhöhung:

Budgetdefizit (BD): $BD = G - T$ bzw. hier: $BD = G - tY$ mit $t = 0{,}5$:

- Vor Staatsausgabenerhöhung ($Y = 1.500$, $G = 300$):

$$BD = G - T = G - tY \Rightarrow 300 - 0{,}5 \cdot 1.500 = -450$$

- Nach Staatsausgabenerhöhung ($Y' = 1.750$, $G' = 450$):

$$BD' = G' - T' = G' - tY' \Rightarrow 450 - 0{,}5 \cdot 1.750 = -425$$

(*Hinweis:* Ein negatives Budgetdefizit entspricht einem Budgetüberschuss.)

Wie an den Ergebnissen zu erkennen ist, hat sich der Budgetüberschuss durch die Erhöhung der Staatsausgaben lediglich um 25 verschlechtert, obwohl die Staatsausgaben um 150 angestiegen sind. Der Grund dafür ist, dass die Steuern proportional zum Einkommen erhoben werden. Wie bekannt ist, steigt durch eine Erhöhung der Staatsausgaben über den Multiplikatoreffekt das Einkommen bzw. die Produktion an. Dadurch wiederum steigen im Fall einkommensabhängiger Steuern die Steuereinnahmen des Staats an. Aus diesem Grund verschlechtert sich der Budgetsaldo weniger stark als in einem Fall mit konstanten Steuereinnahmen. Wären die Steuereinnahmen konstant, dann würde sich der Budgetsaldo in vollem Umfang der Staatsausgabenerhöhung verschlechtern. Wenn es also im Interesse des Staats liegt, das Staatsbudget bei Staatsausgabenerhöhungen zu schonen, ist eine einkommensabhängige Besteuerung einer einkommensunabhängigen überlegen.

d) Der in Teilaufgabe a) hergeleitete Multiplikator bei einkommensabhängiger Besteuerung lautet:

$$\frac{1}{1-c_1(1-t)}$$

bei einkommensunabhängiger Besteuerung ($t = 0$) hingegen:

$$\frac{1}{1-c_1}$$

Wenn eine zum Einkommen proportionale Besteuerung mit einem Steuersatz $0 < t < 1$ unterstellt wird, wird der Multiplikator kleiner, da der Nenner größer wird; mathematisch:

$$\frac{\partial\left(\frac{1}{1-c_1(1-t)}\right)}{\partial t} = \frac{-c_1}{\left(1-c_1(1-t)\right)^2} < 0$$

In diesem Zusammenhang spricht man vom automatischen Stabilisator der Fiskalpolitik: Bei einer expansiven Fiskalpolitik ($G\uparrow$) **steigt** das Einkommen weniger stark, bei einer kontraktiven Fiskalpolitik ($G\downarrow$) **sinkt** das Einkommen weniger stark. Mit anderen Worten: Einkommensabhängige Steuern bewirken weniger starke konjunkturelle Schwankungen in beide Richtungen. Der Konjunkturverlauf wird also durch eine mit dem Einkommen proportionale Besteuerung „automatisch stabilisiert".

3. Die Grafik enthält zwei Nachfragekurven. ZZ_A ist die Nachfragekurve von Land A, ZZ_B ist die Nachfragekurve von Land B. In der Ausgangssituation sind die Gütermärkte beider Länder im Gleichgewicht mit der identischen gleichgewichtigen Produktion Y_0.

   a) Warum unterscheiden sich die Nachfragekurven beider Länder?

   Unterschiedliche Steigungen: Die Nachfragekurve von Land A hat eine geringere Steigung als die Nachfragekurve von Land B. Verantwortlich für die Steigung der Nachfragekurve ist die Konsumneigung c_1. Da die Nachfragekurve von Land B steiler verläuft, bedeutet dies, dass die Konsumneigung in Land B höher ist als in Land A $\rightarrow c_{1B} > c_{1A}$. Im Umkehrschluss bedeutet dies: Die Sparneigung in Land A ist größer als in Land B $\rightarrow 1-c_{1A} > 1-c_{1B}$.

   Unterschiedliche Achsenabschnitte: Der Achsenabschnitt der Nachfragekurve von Land A liegt über dem Achsenabschnitt der Nachfragekurve von Land B. Verantwortlich für die Bestimmung des Achsenabschnitts sind die autonomen Nachfragekomponenten, welche unabhängig von der Höhe des Einkommens sind. Der Achsenabschnitt von Land A ist deswegen größer, weil die Summe der autonomen Nachfragekomponenten größer ist als bei Land B: $(c_0 + I + G - c_1 T)_A > (c_0 + I + G - c_1 T)_B$.

   b) Die exogenen Investitionen wurden in beiden Ländern um den gleichen Betrag erhöht. Die Investitionen sind vom Einkommen unabhängig und werden zu jedem Einkommensniveau in gleicher Höhe getätigt. Im Modell des Gütermarkts bedeutet eine Erhöhung der exogenen Investitionen eine entsprechende Erhöhung der Summe der autonomen Nachfragekomponenten. Wenn die Investitionen in beiden Ländern um jeweils $\Delta I_A = \Delta I_B = \Delta I$ erhöht werden, gilt für die autonomen Nachfragekomponenten:

$$(c_0 + I + G - c_1 T + \Delta I)_i > (c_0 + I + G - c_1 T)_i \; \forall i = A, B$$

Grafisch verschieben sich die Nachfragekurven der Länder A und B um die Distanz $\Delta I_A = \Delta I_B = \Delta I$ nach oben. Neue Nachfragekurve Land A: ZZ_A', Land B: ZZ_B'.

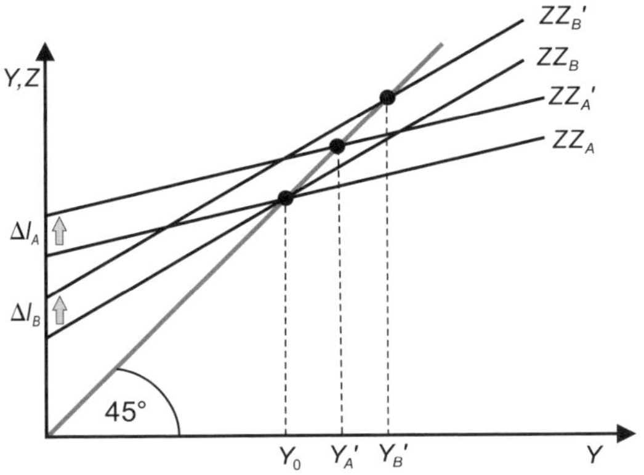

Abbildung 3.5: Verschiebung von ZZ_A und ZZ_B um ΔI nach oben

c) Vor der Erhöhung der Investitionen war das Einkommen im Gütermarktgleichgewicht für beide Länder gleich. Durch die Erhöhung einer autonomen Nachfragekomponente wie I erhöht sich das Einkommen im neuen Gleichgewicht in Höhe der Veränderung multipliziert mit dem Multiplikator. Der Multiplikator

$$\frac{1}{1 - c_1}$$

ist dafür verantwortlich, wie stark sich das Einkommen bzw. die Produktion aufgrund einer Veränderung der autonomen Nachfragekomponenten anpasst. Die Stärke des Multiplikatoreffekts wird bestimmt durch die Konsumneigung c_1 (mit $0 < c_1 < 1$). Je größer die Konsumneigung, desto größer wird der Multiplikator und desto größer ist die Veränderung des Einkommens aufgrund der Veränderung einer autonomen Nachfragekomponente. Wie bereits in Teilaufgabe a) festgestellt, ist die Konsumneigung in Land B größer als in Land A, was an dem steileren Verlauf der Nachfragekurve für Land B zu erkennen ist. Demnach ist der Multiplikator von Land B größer als von Land A:

$$\frac{1}{1 - c_{1B}} > \frac{1}{1 - c_{1A}}$$

Eine Erhöhung der exogenen Investitionen in beiden Ländern im selben Umfang resultiert wegen des größeren Multiplikators in einem höheren Einkommen im neuen Gütermarktgleichgewicht in Land B. Grafisch siehe ▶*Abbildung 3.5*: Neues Gleichgewichtseinkommen Land A: Y_A', Land B: Y_B'.

4 Geld- und Finanzmärkte

4.1 Wissens- und Verständnistests

Multiple Choice

1. Welche der folgenden Größen ist eine „Stromgröße"?
   a) Ersparnis
   b) Vermögen
   c) Geld
   d) alle drei
2. Ein Anstieg des Zinssatzes (i) verursacht
   a) eine Rechtsverschiebung der Geldnachfragekurve.
   b) eine Verringerung der Geldnachfrage.
   c) eine Linksverschiebung der Geldnachfragekurve.
   d) eine Erhöhung des Geldangebots.
3. Welches der folgenden Ereignisse verursacht in einem Geldmarktmodell mit Geldmengensteuerung einen Anstieg des Zinssatzes (i) im Gleichgewicht?
   a) Das nominale Einkommen erhöht sich.
   b) Die Zentralbank erhöht das Geldangebot.
   c) Die Zentralbank kauft Wertpapiere.
   d) Das nominale Einkommen verringert sich.
4. Welches der folgenden Ereignisse verursacht in einem Geldmarktmodell mit Zinssteuerung einen Anstieg des Zinssatzes (i) im Gleichgewicht?
   a) Das nominale Einkommen erhöht sich.
   b) Die Zentralbank erhöht das Geldangebot.
   c) Die Zentralbank erhöht den Leitzins.
   d) Das nominale Einkommen verringert sich.
5. Eine Erhöhung der Zinsreagibilität der Geldnachfrage bewirkt Folgendes:
   a) Die Geldnachfragekurve verschiebt sich parallel nach links.
   b) Die Geldnachfragekurve verschiebt sich parallel nach rechts.
   c) Die Geldnachfragekurve wird flacher.
   d) Die Geldnachfragekurve wird steiler.

6. Ein festverzinsliches Wertpapier mit einjähriger Laufzeit verspricht in einem Jahr eine Auszahlung von 336 €. Wie hoch ist heute der Preis des Wertpapiers bei einem Zinssatz von 5%?
   a) 310 €
   b) 290 €
   c) 320 €
   d) 330 €
7. Ein festverzinsliches Wertpapier verspricht in einem Jahr eine Auszahlung von 840 €. Wenn der Preis des Bonds heute 700 € ist, wie hoch ist dann der Zinssatz?
   a) 15%
   b) 22,5%
   c) 25%
   d) 20%
8. Was bewirkt eine Erhöhung des Einkommens Y auf dem Geld- und Finanzmarkt bei einem gegebenen Geldangebot?
   a) Die Kurse festverzinslicher Wertpapiere sinken und die Zinsen steigen.
   b) Die Kurse festverzinslicher Wertpapiere steigen und die Zinsen sinken.
   c) Die Kurse festverzinslicher Wertpapiere sinken und die Zinsen sinken.
   d) Die Kurse festverzinslicher Wertpapiere steigen und die Zinsen steigen.
9. In einem Geldmarktmodell mit Zinssteuerung führt eine Reduktion der Geldnachfrage (bspw. als Folge eines sinkenden Nominaleinkommens)
   a) zu einer Erhöhung des Geldangebots.
   b) zu einer Ausweitung der Zentralbankbilanz.
   c) zu einer Reduktion des Zinssatzes.
   d) zu einer Verkürzung der Zentralbankbilanz.
10. Gehen Sie davon aus, dass die Individuen kein Bargeld, sondern nur Sichteinlagen halten. Die Wirtschaftssubjekte wollen einen festen Anteil c ihrer Geldnachfrage in Form von Bargeld halten. Die Menge an Reserven, die die Geschäftsbanken pro Euro Sichteinlagen halten, werde mit θ bezeichnet. Welche der folgenden Formeln bezeichnet man als den Geldschöpfungsmultiplikator?
    a) $1/c$
    b) $1/(1-\theta)$
    c) $1/(1-c)$
    d) $1/\theta$
11. Nehmen Sie an, die Zentralbank verringert den Mindestreservesatz θ. Was geschieht?
    a) Der Geldschöpfungsmultiplikator erhöht sich.
    b) Der Geldschöpfungsmultiplikator verringert sich.
    c) Die Geldbasis bzw. die Menge an Zentralbankgeld (H) verringert sich.
    d) Die Geldbasis bzw. die Menge an Zentralbankgeld (H) erhöht sich.

12. Nehmen Sie wie im Standardmodell an, dass das Horten von Geld keinerlei Kosten und Risiken birgt, die die effektive Zinsuntergrenze negativ machen würden. Die Geldnachfragefunktion sei $M^d = PY(0{,}4 - i)$. Bis zu welchem Wert kann die Zentralbank das Geldangebot ausweiten, ohne die Zinsuntergrenze zu tangieren?
    a) 0,4
    b) 39
    c) 40
    d) 41

Wahr/Falsch: Welche der jeweiligen Aussagen sind wahr, welche falsch?

13. Nehmen Sie an, die Zentralbank betreibt Geldmengensteuerung und kauft Wertpapiere. Was geschieht?
    a) Das Geldangebot erhöht sich.
    b) Das Geldangebot verringert sich.
    c) Die Wertpapierpreise steigen.
    d) Die Zinsen sinken.
14. Nehmen Sie an, die Zentralbank betreibt Geldmengensteuerung. Zum gegenwärtigen Zinssatz sei das Geldangebot geringer als die Geldnachfrage. Was geschieht auf dem Geld- und Finanzmarkt?
    a) Der Zinssatz muss steigen, um den Geldmarkt ins Gleichgewicht zu bringen.
    b) Der Zinssatz muss fallen, um den Geldmarkt ins Gleichgewicht zu bringen.
    c) Die Wertpapierkurse müssen steigen, um den Finanzmarkt ins Gleichgewicht zu bringen.
    d) Die Wertpapierkurse müssen fallen, um den Finanzmarkt ins Gleichgewicht zu bringen.
15. Welche Konsequenzen hat eine restriktive geldpolitische Operation der Zentralbank bei Geldmengensteuerung?
    a) Das Geldangebot verringert sich.
    b) Der gleichgewichtige Zinssatz verringert sich.
    c) Die Kurse der Wertpapiere fallen.
    d) Die Kurse der Wertpapiere steigen.
16. Welche Konsequenzen hat eine expansive geldpolitische Operation der Zentralbank bei Zinssteuerung?
    a) Das Geldangebot verringert sich endogen.
    b) Das Geldangebot erhöht sich endogen.
    c) Der Zins wird gesenkt.
    d) Die Bilanz der Zentralbank wird endogen ausgeweitet.

17. Was geschieht ausgehend von einem Geldmarktgleichgewicht bei Geldmengensteuerung, wenn das Einkommen der Wirtschaftssubjekte sinkt und die Zentralbank die Geldmenge erhöht?
    a) Es kommt zu einem Rückgang des Zinssatzes.
    b) Es kommt zu einem Anstieg des Zinssatzes.
    c) Die Wertpapierkurse steigen.
    d) Die Wertpapierkurse fallen.
18. Was geschieht ausgehend von einem Geldmarktgleichgewicht bei Zinssteuerung, wenn das Einkommen der Wirtschaftssubjekte steigt?
    a) Es kommt zu einem Rückgang des Zinssatzes.
    b) Es kommt zu einer endogenen Reduktion des Geldangebots.
    c) Es kommt zu einer endogenen Ausweitung der Zentralbankbilanz.
    d) Die Wertpapierkurse steigen.
19. Nehmen Sie an, in Land A ist die Zinsreagibilität der Geldnachfrage höher als in Land B. Der Zinssatz im Geldmarktgleichgewicht sei in der Ausgangssituation in beiden Ländern gleich. Die Zentralbanken beider Länder weiten nun das Geldangebot in gleichem Umfang aus. Was kann man im neuen Geldmarktgleichgewicht beobachten?
    a) Der Zinssatz in Land B sinkt stärker als in Land A.
    b) Der Zinssatz in Land A sinkt stärker als in Land B.
    c) Der Zinssatz in Land B steigt stärker als in Land A.
    d) Die Wertpapierkurse steigen in beiden Ländern.
20. Was geschieht im Rahmen des Geldmarktmodells bei Geldmengensteuerung, wenn das Einkommen der Wirtschaftssubjekte ansteigt?
    a) Die Geldnachfrage sinkt und die Nachfrage nach festverzinslichen Wertpapieren steigt.
    b) Die Kurse festverzinslicher Wertpapiere sinken und der Zinssatz steigt.
    c) Die Kurse festverzinslicher Wertpapiere steigen und der Zinssatz sinkt.
    d) Die Geldnachfrage steigt und das Angebot an festverzinslichen Wertpapieren steigt.
21. Als Alternative zur Betrachtung von Angebot und Nachfrage nach Zentralbankgeld können auch Angebot und Nachfrage nach Reserven betrachtet werden. Welche Aussage ist richtig, welche falsch?
    a) Das Angebot an Reserven entspricht dem Angebot an Zentralbankgeld (H) abzüglich der Nachfrage nach Bargeld durch Nicht-Banken (CU^d).
    b) Die Gleichgewichtsbedingung auf dem Tagesgeldmarkt lautet: $H + CU^d = R^d$ (wobei R die Nachfrage nach Reserven durch Geschäftsbanken darstellt).
    c) Den Zinssatz, der sich auf dem Markt für Reserven ergibt, bezeichnet man als Tagesgeldsatz.
    d) Der Tagesgeldsatz bewegt sich sehr nahe am Spitzenrefinanzierungssatz, der von der Zentralbank direkt gesteuert wird.

22. Welche Aussagen zur Liquiditätsfalle bzw. Zinsuntergrenze sind wahr, welche falsch.
    a) In der Realität kann der Zins nie unter einen Wert von null fallen, da sonst die Haushalte sofort Geld horten würden.
    b) Die Zinsuntergrenze wird durch die Kosten und Risiken der Geldhortung bestimmt und liegt nach vielen Schätzungen zwischen einem Wert von 0 und −1 Prozent.
    c) Die Liquiditätsfalle ist ein historischer Spezialfall, der nur zu Zeiten von Keynes ernsthaft diskutiert wurde.
    d) Wird die Zinsuntergrenze erreicht, sind die Wirtschaftssubjekte, die bereits über genug Geld für Transaktionszwecke verfügen, indifferent, ob sie den Rest ihres Finanzvermögens in Form von Geld oder in Form von Wertpapieren halten.
    e) An der Nullzinsgrenze bewirkt eine Ausweitung des Geldangebots keine Verringerung des Zinses.
    f) Die Liquiditätsfalle ist nur in einem Modell relevant, das keine Geschäftsbanken mit Sichteinlagen berücksichtigt.

23. Kryptowährungen
    a) Aktuell werden Kryptowährungen wie Bitcoin vor allem als Vermögens- und Spekulationsobjekt gehalten.
    b) Durch die Verwendung von Bitcoin kann der Zahlungsverkehr effizienter gestaltet werden.
    c) Staatliche Akteure sollten ein großes Interesse daran haben, private Kryptowährungen zu fördern.
    d) Eine entscheidende Schwäche von Bitcoin als Zahlungsmittel ist die hohe Volatilität seines Kurses zu etablierten Währungen.

24. Die neue Strategie der EZB
    a) Bis zur Überarbeitung ihrer Strategie im Jahr 2021 verfolgte die EZB das Ziel, eine Inflationsrate von deutlich unter 2 Prozent zu verwirklichen.
    b) Seit dem Jahr 2021 verfolgt die EZB ein symmetrisches Inflationsziel von 2 Prozent, sie kann zukünftig auch eine Phase höherer Inflation zulassen.
    c) Im Rahmen ihrer neuen Strategie geht die EZB explizit auf das Problem der sogenannten Zinsuntergrenze ein.
    d) Im Rahmen ihrer neuen Strategie wird die EZB auch die Risiken des Klimawandels in Betracht ziehen.

25. Welche Aussagen zu den Kreditgeschäften der EZB sind wahr, welche falsch?
    a) Die EZB vergibt Kredite an die Geschäftsbanken und nimmt die Schuldtitel für mindestens die Laufzeit der Kredite als Sicherheiten in ihr Depot.
    b) Die EZB akzeptiert lediglich private Wertpapiere (wie etwa Pfandbriefe oder Unternehmensanleihen) und Kreditforderungen (insbesondere Bankkredite an Unternehmen und öffentliche Institutionen) hinreichender Qualität als „notenbankfähige Sicherheiten".
    c) Die EZB stellt bei ihren wöchentlichen Operationen immer dann zusätzliche Liquidität bereit, wenn der in einer Woche neu zugeteilte Betrag über dem auslau-

fenden Betrag liegt. Im Gegenzug entzieht sie damit dem Markt mehr Wertpapiere als aus dem abgelaufenen Geschäft der vergangenen Woche zurückfließen.

d) Die EZB entzieht dem Markt Liquidität, indem sie mehr neue Refinanzierungsgeschäfte zuteilt als in dieser Woche auslaufen. Damit reduziert sich der fungible Bestand an Wertpapieren im privaten Sektor.

26. Welche der folgenden Aussagen zu Kassenhaltung, Zinssatz und Geldmenge sind wahr, welche falsch?

a) Empirisch lässt sich ein negativer Zusammenhang zwischen den Änderungen des Zinssatzes und den Änderungen des Kassenhaltungskoeffizienten feststellen.

b) Geldmarktfonds und kurzfristige Spareinlagen sind enge Substitute zu Sichteinlagen und gehen deshalb nicht in die Berechnung der Geldmenge ein.

c) Der Kassenhaltungskoeffizient im Euroraum hat im Lauf der letzten Jahrzehnte im Trend abgenommen.

d) Der Anstieg des Kassenhaltungskoeffizienten zeigt, dass die Nachfrage nach Bargeld sehr stark abgenommen hat.

Basiswissen

Tagesgeldsatz und die geldpolitische Steuerung der EZB

Geschäftsbanken handeln täglich auf dem Tagesgeldmarkt mit Reserven. Der Zinssatz, der auf dem Markt für Reserven bestimmt wird, heißt Tagesgeldsatz. Der Euro Overnight Index Average (EONIA) bezeichnet aktuell den durchschnittlichen Tagesgeldsatz im gesamten Euro-Währungsraum. In Zukunft soll er durch die sogenannte Euro Short-Term Rate (€STR) ersetzt werden. Mit dem Spitzenrefinanzierungssatz und dem Einlagensatz legt die EZB eine Ober- bzw. Untergrenze fest, damit die Zinsen am Tagesgeldmarkt nicht zu stark schwanken. Der Tagesgeldsatz bewegt sich immer in diesem Zinskorridor und dabei sehr nahe am Hauptrefinanzierungszins der EZB. Hauptrefinanzierungszins und Tagesgeldsatz weichen voneinander ab, wenn alle Geschäftsbanken zusammen über zu viel oder zu wenig Liquidität verfügen.

Vor der Finanz- und Wirtschaftskrise 2008 konzentrierte sich die geldpolitische Steuerung der EZB stark auf den Tagesgeldsatz. In der Krise sowie der darauf folgenden langen Rezession und Eurokrise erwies sich dies aus zwei Gründen als unzureichend. Erstens mussten zur Bewältigung der Krise zahlreiche neue Maßnahmen auf den Weg gebracht werden, um die Wirksamkeit der Geldpolitik zu erhöhen. Insbesondere erwies es sich als unumgänglich auch direkt auf den Märkten für längerfristige Anleihen zu intervenieren, insbesondere mit einer Politik der quantitativen Lockerung. Zweitens wurde die Steuerung der Liquidität am Tagesgeldmarkt immer komplizierter, da sie nicht immer leicht in Einklang mit anderen Maßnahmen zur Unterstützung des Banken- und Finanzsystems zu bringen war. Vor diesem Hintergrund hat die EZB ihr Instrumentarium deutlich ausgeweitet und dies auch in einer neuen Strategie so festgeschrieben.

27. Allgemeines zu Geld- und Finanzmärkten
    a) Erläutern Sie die Begriffe „Kassenhaltungskoeffizient“ und „Umlaufgeschwindigkeit“!
    b) Nennen und erläutern Sie stichpunktartig die ökonomischen Funktionen von Geld!
    c) Skizzieren Sie vereinfachte Bilanzen der Zentralbank und der Geschäftsbanken und erläutern Sie stichpunktartig deren Komponenten!
    d) Was verstehen Sie unter der Effektivverzinsung von Wertpapieren? Der Nennwert eines Wertpapiers mit einjähriger Restlaufzeit sei 100 €, die Nominalverzinsung sei 5%. Wenn das Wertpapier heute zu einem Kurs von 90 € gehandelt wird, wie hoch ist dann die Effektivverzinsung?
    e) Erläutern Sie den Effekt einer kontraktiven Offenmarktoperation einer Zentralbank auf die Effektivverzinsung von Wertpapieren!
    f) Erläutern Sie in wenigen Sätzen, was man unter dem sogenannten Geldschöpfungsmultiplikator versteht!
28. Geldmengen- versus Zinssteuerung
    a) Vergleichen Sie die Wirkungen einer restriktiven Geldpolitik bei Geldmengen- und bei Zinssteuerung grafisch.
    b) Vergleichen Sie die Wirkungen einer Ausweitung der Nachfrage nach Transaktionskasse bei Geldmengen- und bei Zinssteuerung grafisch.
29. Liquiditätsfalle
    a) Vergleichen Sie die Auswirkungen einer expansiven Geldpolitik an der Nullzinsgrenze mit einer expansiven Geldpolitik bei positiven Zinsen grafisch.
    b) Warum wird im Zusammenhang mit der Nullzinsgrenze zuweilen gefordert, das Bargeld abzuschaffen?

4.2 Übungsaufgaben

1. Gegeben sei folgende grafische Darstellung des Geldmarkts:

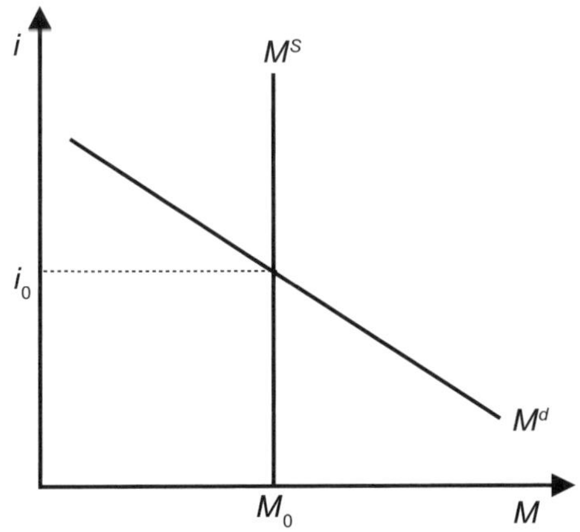

Abbildung 4.1: Grafische Darstellung des Geldmarkts

Der Schnittpunkt zwischen der fallenden Geldnachfragekurve und der senkrechten Kurve des Geldangebots bestimmt den Zinssatz i_0, bei dem der Geldmarkt im Gleichgewicht ist.

a) Erläutern Sie die Situation auf dem Geldmarkt verbal und grafisch, wenn der Zinssatz höher ist als der gleichgewichtige Zinssatz!

b) Erläutern Sie die Situation auf dem Geldmarkt verbal und grafisch, wenn der Zinssatz niedriger ist als der gleichgewichtige Zinssatz!

c) Nehmen Sie an, dass das Einkommen Y in der Volkswirtschaft steigt. Erläutern Sie grafisch und verbal die Auswirkungen auf die Geldnachfrage und den Zinssatz!

d) Nehmen Sie an, dass das Geldangebot steigt. Erläutern Sie grafisch und verbal die Auswirkungen auf die Geldangebotskurve und den gleichgewichtigen Zinssatz!

2. Die gesamtwirtschaftliche Geldnachfrage sei beschrieben durch folgende Geldnachfragefunktion:

$$M^d = PY(0{,}3 - i)$$

Das nominale Einkommen der Volkswirtschaft beträgt $PY = 400$, das Preisniveau sei $P = 1$. Nehmen Sie an, dass die Zentralbank das nominale Geldangebot perfekt steuern kann.

a) Berechnen Sie den Zinssatz, der sich im Geldmarktgleichgewicht ergibt, wenn die Zentralbank das nominale Geldangebot auf $M_0^S = 100$ festsetzt!

b) Nehmen Sie an, die Volkswirtschaft befindet sich in einer Rezession. Um die Wirtschaft wieder in Schwung zu bringen, beschließt die Zentralbank, den Zinssatz auf 2% zu senken. Wie stark muss die Zentralbank das Geldangebot verändern, um ihr Ziel zu erreichen?

c) Die geldpolitische Aktion der Zentralbank war ein voller Erfolg und die reale Produktionstätigkeit steigt im nächsten Jahr um 10%. Das Preisniveau bleibt konstant. Wie stark muss die Zentralbank das Geldangebot verändern, wenn der Zinssatz konstant bleiben soll? Zeigen Sie die Situationen der Teilaufgaben b) und c) in einer gemeinsamen Grafik!

d) Um inflationären Tendenzen vorzubeugen, beschließt die Zentralbank im darauffolgenden Jahr, das Geldangebot um 20 zu reduzieren. Welcher Zinssatz ergibt sich im neuen Geldmarktgleichgewicht? Berechnen Sie den Zinssatz und zeigen Sie das Ergebnis anhand einer Grafik!

3. In vielen Lehrbüchern wird der Prozess des Geldangebots unter der Annahme beschrieben, dass die Mindestreservepolitik der Zentralbank eine entscheidende Rolle bei der Bestimmung des Geldmarktgleichgewichts habe. Dabei spielt der Begriff des Geldschöpfungsmultiplikators eine zentrale Rolle. Betrachtet wird ein solches Geldmarktmodell mit Geschäftsbanken. R seien die Reserven, CU das Bargeld, D die Sichteinlagen:

$$R = 150 \quad CU = 600 \quad D = 1.200$$

a) Was verstehen Sie unter dem Reserve-Einlagen-Verhältnis? Berechnen Sie das Reserve-Einlagen-Verhältnis!

b) Erläutern Sie allgemein, welche Auswirkungen eine Erhöhung des Reservesatzes auf den Zinssatz hat!

c) Wie hoch ist in diesem Beispiel das gesamte Geldangebot?

d) Welcher Anteil der gesamten Geldnachfrage der Nicht-Banken fällt auf Bargeld, welcher Anteil auf Sichteinlagen?

e) Berechnen Sie anhand der Angaben das Angebot an Zentralbankgeld!

f) Berechnen Sie den Geldschöpfungsmultiplikator!

g) In den vorangegangenen Teilaufgaben könnte leicht der Eindruck entstehen, dass der Reservesatz und der Geldschöpfungsmultiplikator starre Determinanten des Geldangebots sind. Warum ist dies in der Realität nicht so?

4. Geldschöpfung und Kreditschöpfung

   a) Erläutern Sie den Prozess der Geldschöpfung am Beispiel einer Ausweitung der Unternehmenskreditvergabe durch den Bankensektor und anhand stilisierter Bilanzen für den aggregierten Bankensektor, den aggregierten Unternehmenssektor und die Zentralbank!

   b) Erläutern Sie den Prozess der Geldschöpfung am Beispiel eines Autokaufs, der durch einen Bankkredit finanziert wird. Stellen Sie die Abläufe anhand stilisierter Bilanzen für Autokäufer und Autoverkäufer einerseits, die jeweiligen Banken der beiden Geschäftspartner andererseits dar. Erläutern Sie anhand des Beispiels, wie die Refinanzierungskonditionen von Geschäftsbanken die Geldschöpfung beeinflussen.

   c) Zeigen Sie am Beispiel einer Wertpapiertransaktion zwischen einem Pensionsfond und der Zentralbank, wie sich eine Politik der quantitativen Lockerung auf Buchgeld und Bankreserven auswirkt!

   d) Wie könnte sich die Politik aus Teilaufgabe c) auf Finanzmärkte und Gesamtwirtschaft auswirken? Warum ist es in diesem Zusammenhang falsch, davon zu sprechen, dass die Geschäftsbanken die im Zuge der quantitativen Lockerung geschaffenen Reserven als Kredite verleihen sollen?

5. Ein Wirtschaftssubjekt erhält ein monatliches nominales Einkommen in Höhe von $PY = 3.000$ € und konsumiert es jeden Monat in voller Höhe, d.h., es spart nicht. Das Wirtschaftssubjekt erhält sein Einkommen in Form eines Schecks zu Beginn jedes Monats und dieser wird auf einem verzinsten Bankkonto gutgeschrieben. Die Einlagen auf dem Bankkonto werden mit $i = 4\%$ verzinst und pro Gang zur Bank entstehen Kosten $k = 4$ €.

   a) Welche Faktoren beeinflussen die Entscheidung des Wirtschaftssubjekts darüber, wie oft es pro Monat Geld bei der Bank für Konsumzwecke abhebt?

   b) Das Wirtschaftssubjekt soll nun entscheiden, wie oft es im Monat zur Bank gehen soll, um Geld abzuheben. Stellen Sie anhand einer Tabelle die Gesamtkosten des Wirtschaftssubjekts für *einen* bis *sechs* Bankbesuche dar. Bestimmen Sie die Anzahl der Bankbesuche, bei der die Gesamtkosten minimiert werden!

   Nehmen Sie an, das Wirtschaftssubjekt steht zu Beginn des Monats folgenden drei Alternativen gegenüber:

i. Das Wirtschaftssubjekt kann sein Einkommen am Anfang des Monats vollständig als Geld halten.

ii. Das Wirtschaftssubjekt kann sein Einkommen am Anfang des Monats zur Hälfte in Geld halten, die andere Hälfte verbleibt auf dem verzinsten Konto bei der Bank.

iii. Das Wirtschaftssubjekt kann sein Einkommen am Anfang des Monats zu einem Drittel in Geld halten, der Rest verbleibt auf dem verzinsten Konto bei der Bank.

c) Stellen Sie die drei Alternativen anhand von drei Grafiken dar und bestimmen Sie rechnerisch und grafisch die durchschnittliche Geldhaltung des Wirtschaftssubjekts! Für welche Alternative entscheidet sich das Wirtschaftssubjekt, wenn $i = 0\%$?

Lösungen zu Kapitel 4

4.1 Wissens- und Verständnistests

Multiple Choice

1. a)
2. b)
3. a)
4. c)
5. c)
6. c)
7. d)
8. a)
9. d)
10. d)
11. a)
12. b)

Wahr/Falsch:

13. W, F, W, W
14. W, F, F, W
15. W, F, W, F
16. F, W, W, W
17. W, F, W, F
18. F, F, W, F
19. W, F, F, W
20. F, W, F, W
21. W, F, W, F
22. F, W, F, W, W, F
23. W, F, F, W
24. F, W, W, W
25. W, F, W, F
26. W, F, F, F

Basiswissen

27. Allgemeines zu Geld- und Finanzmärkten

a) **Kassenhaltungskoeffizient:**

Als Kassenhaltungskoeffizient bezeichnet man den Quotienten aus Geld und nominalem Einkommen. Er beschreibt, wie viel Geld die Wirtschaftssubjekte im Verhältnis zu ihrem Einkommen halten.

Herleitung aus der Geldnachfrage:

$$M^d = PYL(i) \quad \leftrightarrow \quad \frac{M^d}{PY} = L(i)$$

Da die Funktion $L(i)$ abnehmend mit i ist, kann die Schlussfolgerung gezogen werden, dass der Kassenhaltungskoeffizient bei niedrigen Zinsen hoch, bei hohen Zinsen jedoch niedrig ist.

Umlaufgeschwindigkeit:

Der Kehrwert des Kassenhaltungskoeffizienten lautet:

$$\frac{PY}{M^d}$$

Dieser Quotient wird als Umlaufgeschwindigkeit bezeichnet. Je größer das Verhältnis von nominalem Einkommen zur Geldmenge ist, desto größer ist auch das Verhältnis der Transaktionen in der Volkswirtschaft zur Geldmenge. Je größer dieses Verhältnis, desto schneller muss die gegebene Geldmenge zur Abwicklung der Transaktionen in der Volkswirtschaft zirkulieren bzw. von einer Hand in die andere wechseln. Mit anderen Worten: Je größer dieses Verhältnis ist, desto höher muss die Umlaufgeschwindigkeit des Geldes sein.

b) Ökonomische Funktionen von Geld:

Wertaufbewahrungsmittel: Geld kann zur Aufbewahrung von Vermögen und damit zum Transfer von Kaufkraft aus der Gegenwart in die Zukunft verwendet werden.

Tauschmittel: Geld dient in der Volkswirtschaft als allgemeines Tauschmittel zur Bezahlung eines Großteils aller Transaktionen. Geld löst dabei das beim Warentausch auftretende Problem der doppelten Übereinstimmung der Bedürfnisse auf sehr einfache Art und Weise.

Recheneinheit: Geld dient in der Volkswirtschaft als Recheneinheit (Numeraire), um die Preise aller Güter auszudrücken. Geld verhindert so, dass alle Güter wie in einer Tauschwirtschaft zu relativen Preisen gehandelt werden müssen.

c) Vereinfachte Bilanz der Zentralbank:

Aktiva	**Passiva**
Wertpapiere aus Offenmarktgeschäften	Zentralbankgeld = Bargeld + Reservehaltung der Geschäftsbanken

Die Forderungen (Aktivseite) der Zentralbank beinhalten die in ihrem Portfolio gehaltenen Wertpapiere. Die Verbindlichkeiten (Passivseite) der Zentralbank beinhalten das von ihr geschaffene Zentralbankgeld. Dieses setzt sich aus dem – zum Großteil von Nichtbanken – gehaltenen Bargeld und der Reservehaltung der Geschäftsbanken zusammen. Offenmarktgeschäfte der Zentralbank führen zu gleich großen Veränderungen auf der Aktiv- und Passivseite.

Vereinfachte Bilanz der Geschäftsbanken:

Aktiva	**Passiva**
Reservehaltung Kredite Wertpapierhaltung	Sichteinlagen

Die Verbindlichkeiten (Passivseite) der Geschäftsbanken sind die Sichteinlagen, welche die Bankkunden einzahlen. Die Forderungen (Aktivseite) in der Bilanz sind die Reservehaltung, vergebene Kredite und Wertpapiere. Die Geschäftsbanken verwenden die Sichteinlagen der Anleger zur Kreditvergabe, zum Kauf von Wertpapieren und zur Reservehaltung.

d) Die Effektivverzinsung eines Wertpapiers ist das, was man für ein Wertpapier in einem Jahr erhält, abzüglich des heute gezahlten Preises, geteilt durch den Preis heute. Formal: Sei P_0 der Nennwert des Wertpapiers, i_0 seine nominale Verzinsung und P_B (B steht für Bond) der aktuelle Preis (Kurs) des Wertpapiers. Die Effektivverzinsung des Wertpapiers ergibt sich dann aus:

$$i_B = \frac{P_0\left(1+i_0\right)-P_B}{P_B}$$

Mit $P_0 - 100$ €, $i_0 = 5\%$ und $P_B = 90$ € ergibt sich somit für die Effektivverzinsung des Wertpapiers mit einjähriger Restlaufzeit:

$$i_B = \frac{100\text{ €}(1+0{,}05)-90\text{ €}}{90\text{ €}}$$

$$i_B = 0{,}1666 = 16{,}67\%$$

e) Im Zuge einer kontraktiven Offenmarktoperation reduziert die Zentralbank die Geldmenge. Sie verkauft Wertpapiere am offenen Markt und reduziert damit sowohl ihre Forderungen auf der Aktivseite als auch die im Umlauf befindliche Geldmenge (Passivseite). Die Zentralbank tritt auf dem Wertpapiermarkt als Verkäufer auf und somit steigt das Angebot an Wertpapieren. Wenn das Angebot an Wertpapieren steigt, werden die Preise (bzw. Kurse) der Wertpapiere sinken. Wenn der Kurs der Wertpapiere sinkt, dann steigt die effektive Verzinsung der Wertpapiere. Durch eine kontraktive Offenmarktoperation, d.h. durch den Verkauf von Wertpapieren, kann die Zentralbank einen Anstieg des Zinssatzes herbeiführen.

f) Der „Geldschöpfungsmultiplikator“ stellt eine Beziehung her zwischen dem gesamten Geldangebot (einschließlich der Sichteinlagen bei Geschäftsbanken) und dem Zentralbankgeld bzw. der Geldbasis. Wird die Geldbasis durch die Zentralbank erhöht, dann erhöht sich das gesamte Geldangebot in einer Volkswirtschaft mit Geschäftsbanken um ein Vielfaches – nämlich um die Erhöhung der Geldbasis multipliziert mit dem Geldschöpfungsmultiplikator. Eine Veränderung der Geldbasis hat in einer Volkswirtschaft mit Geschäftsbanken stärkere Auswirkungen auf das Geldangebot und somit auch auf den Zinssatz.

28. Geldmengen- versus Zinssteuerung

a) Bei Geldmengensteuerung (linkes Schaubild in ▸*Abbildung 4.2*) verkauft die Zentralbank Wertpapiere und reduziert so die umlaufende Geldmenge. M^S verschiebt sich nach links, der Zins steigt an. Bei Zinssteuerung (rechtes Schaubild) legt die Zentralbank fest, dass der Zins nun nicht mehr den Wert i_0, sondern einen höheren Wert i_1 annehmen soll. Die Geldmenge (und die Zentralbankbilanz) reduzieren sich dann endogen, M^S sinkt auf M_1.

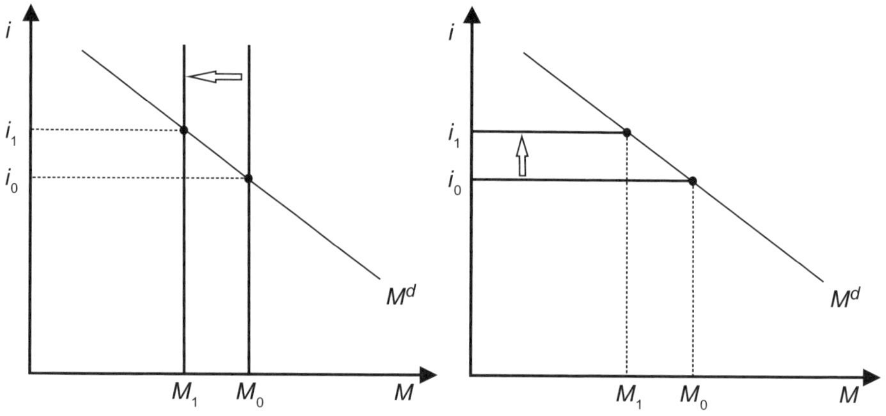

Abbildung 4.2: Restriktive Geldpolitik bei Geldmengen- und bei Zinssteuerung

b) Die Wirkung einer Ausweitung der Nachfrage nach Transaktionskasse **bei Geldmengensteuerung** besteht in einer Erhöhung des Zinses (linkes Schaubild in ▸*Abbildung 4.3*). Wenn die Zentralbank die erhöhte Nachfrage nicht akkommodiert und das Geldangebot entsprechend ausweitet, werden mehr Wirtschaftssubjekte Wertpapiere verkaufen als kaufen wollen, um an entsprechende Barmittel zu kommen. Die Preise der Wertpapiere sinken als Folge des Überschussangebots, die Zinsen steigen.

Die Wirkung einer Ausweitung der Nachfrage nach Transaktionskasse **bei Zinssteuerung** besteht in einer endogenen Ausweitung des Geldangebots (rechtes Schaubild).

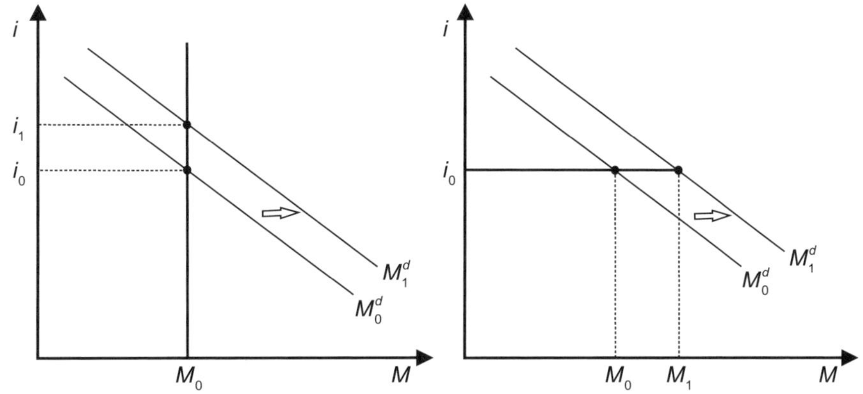

Abbildung 4.3: Ausweitung der Geldnachfrage bei Geldmengen- und bei Zinssteuerung

Natürlich ist es in beiden Fällen der Zentralbank unbenommen, auf die veränderte Situation zu reagieren. Ceteris paribus kommt es jedoch im ersten Fall zu einer Zinserhöhung, im zweiten zu einer Geldmengenausweitung.

29. Liquiditätsfalle

a) Ausgehend von einem Gleichgewicht wie in Punkt A in ▶*Abbildung 4.4* führt eine Ausweitung des Geldangebots – eine Verschiebung von M^S-Geraden nach rechts – zu einem Sinken des Nominalzinses von Wert i_0 auf i_1. Ausgehend von der beginnenden Nullzinsgrenze in Punkt B führt eine Ausweitung des Geldangebots durch eine Offenmarktoperation (Kauf von Wertpapiere durch zusätzliche Geldschöpfung) nicht zu einer Zinsreaktion. Die Wirtschaftssubjekte sind indifferent, wie viel Geld oder Wertpapiere sie halten; sie sind daher bereit, zum selben Nominalzins (dem Zinssatz von $i_1 = 0$) weniger Wertpapiere und mehr Geld zu halten (Punkt C)

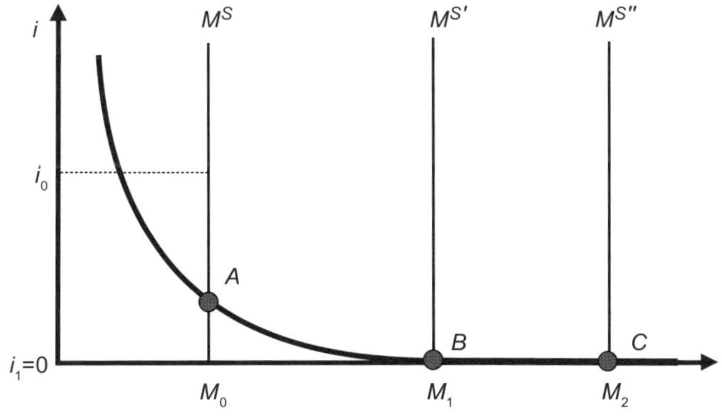

Abbildung 4.4: Expansive Geldpolitik in der Liquiditätsfalle

b) Ohne Bargeld wäre es für die Wirtschaftssubjekte schwierig bis unmöglich, Geld zu horten. Da in der Möglichkeit dieser Hortung einer nicht verzinsten Form des Finanzvermögens der wesentliche Grund für die Liquiditätsfalle liegt, wäre diese damit entschärft.

4.2 Übungsaufgaben

1. Das Gleichgewicht auf dem Geldmarkt

   a) Wenn der Zinssatz (i_1) auf dem Geldmarkt höher als der gleichgewichtige Zinssatz ist, bedeutet dies, dass der Geldmarkt nicht im Gleichgewicht ist. Zum Zinssatz i_1 ist die Geldnachfrage geringer als das Geldangebot. Dies ist in der ▸*Abbildung 4.5* zu erkennen. Ein Überschussangebot auf dem Geldmarkt ist gleichbedeutend mit einer Überschussnachfrage auf dem Wertpapiermarkt. Aufgrund der Überschussnachfrage nach Wertpapieren werden die Kurse steigen und die effektive Verzinsung der Wertpapiere fallen. Dieses Sinken des Zinssatzes bewirkt eine Zunahme der Geldnachfrage. Der Zinssatz muss somit fallen, um Geld- und Wertpapiermarkt ins Gleichgewicht zu bringen. Das Gleichgewicht ist erreicht beim Schnittpunkt der Geldnachfragekurve (M^d) mit der Geldangebotskurve (M^s).

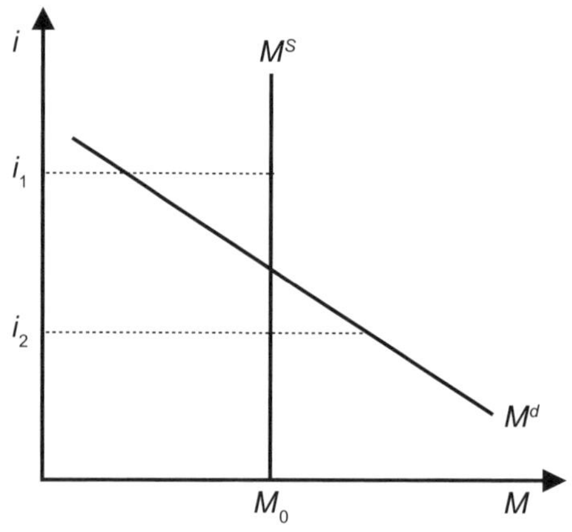

Abbildung 4.5: Geldmarkt

   b) Wenn der Zinssatz (i_2) auf dem Geldmarkt geringer ist als der gleichgewichtige Zinssatz, dann ist der Geldmarkt ebenso wie in Teilaufgabe a. nicht im Gleichgewicht. Zum Zinssatz i_2 ist die Geldnachfrage nun jedoch höher als das Geldangebot. Dies ist zu erkennen, wenn in ▸*Abbildung 4.5* die Geldnachfrage zum Zinssatz i_2 auf die Abszisse abgetragen wird. Ein Nachfrageüberschuss auf dem Geldmarkt ist wiederum gleichbedeutend mit einem Angebotsüberschuss an Wertpapieren auf dem Finanzmarkt. Zum Zinssatz i_2 wollen die Wirtschaftssubjekte mehr Geld halten als angeboten wird und sie wollen deswegen ihre Wertpapiere verkaufen. Aus dem Angebotsüberschuss auf dem Finanzmarkt resultiert jedoch ein Sinken der Kurse, was gleichbedeutend ist mit einer Zunahme der effektiven Verzinsung der Wertpapiere. Die Zinsen steigen so lange an bzw. die Kurse der Wertpapiere fallen, bis die Wirtschaftssubjekte bei dem nun höheren Zinssatz genau die angebotene Menge Geld nachfragen (Schnittpunkt Geldnachfragekurve mit Geldangebotskurve).

c) Die gesamtwirtschaftliche Geldnachfragefunktion des Geldmarktmodells lautet: $M^d = PYL(i)$. Die Geldnachfrage hängt proportional vom nominalen Einkommen bzw. dem Transaktionsumfang der Volkswirtschaft ab. Negativ abhängig ist die Geldnachfrage vom Zinssatz. Je höher der Zinssatz, desto geringer die Liquiditätspräferenz und umgekehrt. Wenn sich nun das Einkommen Y der Volkswirtschaft erhöht, steigt proportional dazu die Geldnachfrage, da ein höheres Einkommen einen höheren Transaktionsumfang impliziert. Bei einem gegebenen Zinssatz wird in der Volkswirtschaft bei nun höherem Einkommen mehr Geld nachgefragt. Grafisch verschiebt sich die Geldnachfragekurve nach rechts (siehe ▶*Abbildung 4.6*). Zum ursprünglichen Zinssatz i_0 wird nun mehr Geld nachgefragt als angeboten wird. Es besteht eine Überschussnachfrage auf dem Geldmarkt. Die Wirtschaftssubjekte wollen nun Wertpapiere verkaufen, um ihre gestiegene Geldnachfrage zu befriedigen. Dadurch entsteht ein Überschussangebot auf dem Finanzmarkt. Die Kurse der Wertpapiere fallen und die Zinsen steigen an. Dadurch geht die Geldnachfrage zurück und der Zinssatz steigt so lange, bis die Geldnachfrage wieder dem unveränderten Geldangebot entspricht. Das neue Gleichgewicht auf dem Geldmarkt ist mit dem Buchstaben B gekennzeichnet.

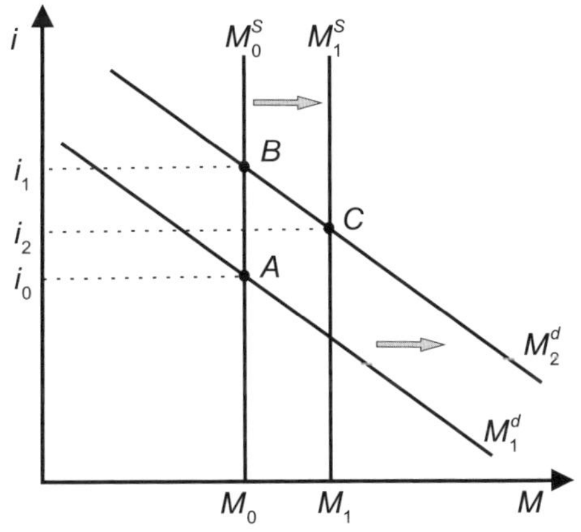

Abbildung 4.6: Geldmarkt nach Anstieg der Geldnachfrage und anschließender Erhöhung des Geldangebots

d) Das Geldmarktgleichgewicht der Volkswirtschaft befindet sich nun in Punkt B in ▶*Abbildung 4.6*. Eine Erhöhung des Geldangebots bewirkt grafisch eine Verschiebung der Geldangebotskurve nach rechts. Zum ursprünglichen gleichgewichtigen Zinssatz i_1 ist nun beim höheren Geldangebot die Geldnachfrage geringer als das Geldangebot. Es besteht ein Überschussangebot auf dem Geldmarkt. Analog dazu ist beim Zinssatz i_1 die Nachfrage nach Wertpapieren größer als das Angebot. Es besteht eine Überschussnachfrage auf dem Finanzmarkt. Dadurch kommt es zu einem Ansteigen der Wertpapierkurse und damit verbunden zu einem Sinken der Zinsen. Die Zinsen sinken so lange, bis die Wirtschaftssubjekte bereit sind, das angebotene Geld auf dem Geldmarkt nachzufragen. Aufgrund der Erhöhung des Geldangebots kommt es somit zu einem Rückgang des Zinssatzes auf i_2 (siehe Punkt C in ▶*Abbildung 4.6.*).

2. Auswirkungen von Zentralbankinterventionen auf das Geldmarktgleichgewicht
   a) Die Gleichgewichtsbedingung auf dem Geldmarkt lautet:

$$M_0^s = M^d$$

Das Geldangebot muss also der Geldnachfrage entsprechen. Durch Einsetzen der gegebenen Größen erhält man:

$$100 = 400(0{,}3 - i)$$

Die Variable, welche den Geldmarkt ins Gleichgewicht bringt, ist der Zinssatz. Den gleichgewichtigen Zinssatz erhalten wir, indem wir die Gleichgewichtsbedingung für den Geldmarkt nach dem Zinssatz i auflösen:

$$100 = 120 - 400i$$

$$i^* = 0{,}05 = 5\%$$

Der Zinssatz, bei dem sich der Geldmarkt im Gleichgewicht befindet, beträgt 5%.

   b) Die Zentralbank will nun den Zinssatz auf 2% senken, um dadurch die Wirtschaft anzukurbeln. Um den Zinssatz zu senken, muss die Zentralbank expansive Geldpolitik betreiben, d.h. das Geldangebot erhöhen. Die Zentralbank kann in unserem Geldmarktmodell die Geldmenge erhöhen, indem sie Wertpapiere kauft, welche sie mit neu geschaffenem Geld bezahlt. Neben einem Anstieg der Geldmenge führt dies zu einem Anstieg des Wertpapierkurses und somit zu einem Rückgang des Zinssatzes. Wie hoch ist nun die neue Geldmenge? Dazu setzen wir den Zinssatz $i = 2\%$ in die Gleichgewichtsbedingung des Geldmarkts ein und berechnen die neue Geldmenge, bei der sich der Geldmarkt bei einem Zinssatz von 2% im Gleichgewicht befindet:

$$M_1^s = M^d$$

$$M_1^s = 400(0{,}3 - i)$$

$$M_1^s = 400(0{,}3 - 0{,}02)$$

$$M_1^s = 112$$

Die Zentralbank muss die Geldmenge um 12 ($\Delta M = M_1 - M_0 = 112 - 100$) erhöhen, um den Zinssatz auf 2% zu senken.

In ▶*Abbildung 4.7* ist grafisch die Auswirkung auf den Geldmarkt charakterisiert. Da die Zentralbank die Geldmenge erhöhen muss, um den Zinssatz auf 2% zu senken, muss in der Grafik die Kurve des Geldangebots nach rechts verschoben werden. Das Geldmarktgleichgewicht bewegt sich von A nach B.

   c) Die reale Produktion der Volkswirtschaft steigt um 10% und das Preisniveau bleibt konstant. Daraus folgt, dass das nominale Einkommen PY ebenfalls um 10% ansteigt. Wenn das nominale Einkommen ansteigt, steigt gemäß der Definition der Geldnachfragefunktion auch der Transaktionsumfang und dementsprechend proportional bei gegebenem Zinssatz die Geldnachfrage. Damit der Zinssatz bei 2% gehalten werden kann, muss die Zentralbank auf die Zunahme der Geldnachfrage mit einer expansiven Geldpolitik reagieren.

Da das nominale Einkommen um 10% gestiegen ist, gilt:

$$PY' = 1{,}1PY = 1{,}1 \cdot 400 = 440$$

Einsetzen von PY' und $i = 0{,}02$ in die Gleichgewichtsbedingung für den Geldmarkt ergibt für das Geldangebot:

$$M_2^s = 440(0{,}3 - 0{,}02)$$

$$M_2^s = 123{,}2$$

Die Zentralbank muss das nominale Geldangebot um 11,2 ($\Delta M = M_2 - M_1 = 123{,}2 - 112$) erhöhen, damit der Geldmarkt bei einem Zinssatz von 2% und einem nominalen Einkommen von 440 im Gleichgewicht ist.

In ▶*Abbildung 4.7* ist zu sehen, dass sich zunächst durch das gesteigerte Transaktionsvolumen die Geldnachfragekurve nach rechts verschiebt ($M^d{}_1$). Würde das Geldangebot unverändert bleiben, würde der Zinssatz ansteigen. Um dies zu verhindern, erhöht die Zentralbank das Geldangebot. Dabei verschiebt sich die Geldangebotskurve so weit nach rechts ($M^s{}_2$), bis der Geldmarkt bei unverändertem Zinssatz wieder im Gleichgewicht ist. Das neue Geldmarktgleichgewicht bewegt sich von Punkt *B* nach *C*.

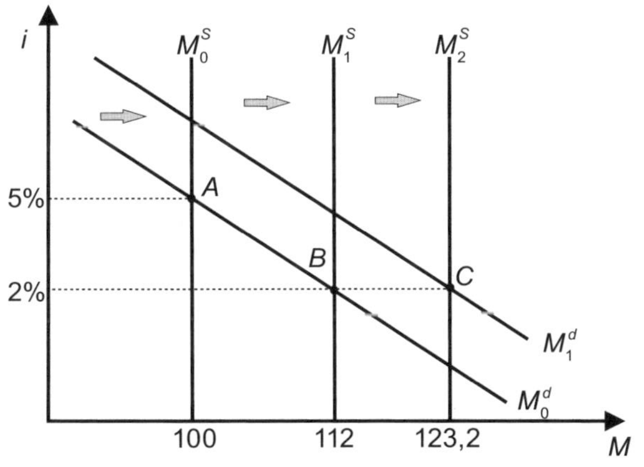

Abbildung 4.7: Notwendige Veränderungen des Geldangebots für eine dauerhafte Zinssenkung

d) Die Zentralbank verringert das nominale Geldangebot um 20. Das neue Geldangebot beträgt nun:

$$M_3^s = 103{,}2$$

Nun setzen wir das neue Geldangebot in die Gleichgewichtsbedingung des Geldmarkts ein und lösen die Gleichung nach dem Zinssatz auf:

$$103{,}2 = 440(0{,}3 - i)$$

$$i^* = 6{,}5\%$$

In ▸*Abbildung 4.8* ist zu erkennen, dass sich die Geldangebotskurve nach links verschiebt. Damit der Geldmarkt wieder im Gleichgewicht ist, muss der Zinssatz ansteigen. Das neue Geldmarktgleichgewicht bewegt sich von Punkt *C* nach *D*.

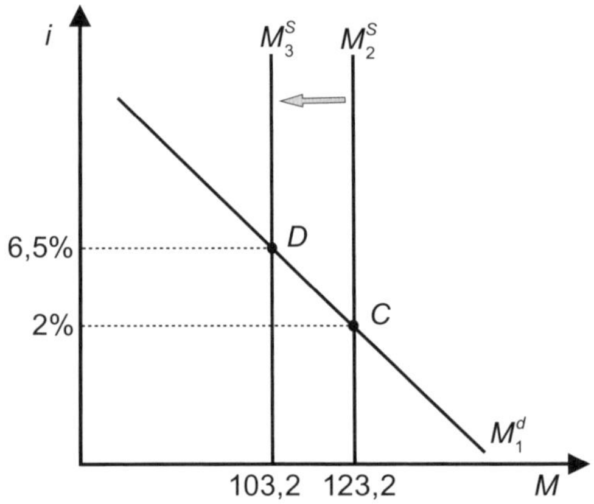

Abbildung 4.8: Auswirkung einer Reduktion des Geldangebots auf dem Geldmarkt

3. Angebot und Nachfrage nach Zentralbankgeld

   a) Das Reserve-Einlage-Verhältnis, auch Mindestreservesatz genannt, ist der Anteil der Einlagen, den die Geschäftsbanken als Reserve halten müssen.

   In der Aufgabe sind die Reserven und die Einlagen gegeben: R = 150 und D = 1.200. Das Reserve-Einlage-Verhältnis bzw. der Mindestreservesatz θ beträgt somit:

$$\theta = \frac{R}{D} \rightarrow \theta = \frac{150}{1.200} = 0{,}125 = 12{,}5\%$$

   b) Die Nachfrage nach Zentralbankgeld setzt sich zusammen aus der Nachfrage nach Bargeld durch Nicht-Banken (CU^d) und der Nachfrage nach Reserven durch Geschäftsbanken (R^d). Im Gleichgewicht muss die Nachfrage nach Zentralbankgeld dem Angebot an Zentralbankgeld (H) entsprechen:

$$CU^d + R^d = H$$

   Die Nachfrage nach Reserven durch Geschäftsbanken (R^d) ist abhängig von der Nachfrage nach Sichteinlagen durch Nicht-Banken. Ein Anteil c der gesamten Geldnachfrage der Nicht-Banken (M^d) fällt auf Bargeld (CU^d), ein Anteil $(1 - c)$ fällt auf Sichteinlagen (D^d). Einen Anteil θ davon müssen die Geschäftsbanken als Reserve halten und demnach bestimmt sich die Nachfrage der Geschäftsbanken nach Reserven (R^d) durch:

$$\left[c + \theta(1-c)\right]M^d = H$$

Die Gleichgewichtsbedingung des Markts für Zentralbankgeld lautet somit:

$$R^d = \theta(1-c)\,M^d$$

Die Frage ist nun, was geschieht, wenn der Mindestreservesatz θ erhöht wird. Eine Erhöhung des Mindestreservesatzes führt dazu, dass die Nachfrage der Geschäftsbanken nach Zentralbankgeld steigt. D.h., die Gesamtnachfrage nach Zentralbankgeld ist nun zu jedem Zinssatz höher. Grafisch verschiebt sich die Nachfragekurve nach Zentralbankgeld nach rechts (Grafik analog zum Geldmarktgleichgewicht oben). Da das Angebot an Zentralbankgeld unverändert bleibt, muss der Zinssatz ansteigen, damit der Markt für Zentralbankgeld im Gleichgewicht bleibt.

→ Ein Anstieg des Mindestreservesatzes führt über eine Erhöhung der Nachfrage nach Zentralbankgeld zu einer Erhöhung des Zinssatzes.

c) Die gesamte Geldnachfrage der Nicht-Banken setzt sich zusammen aus der Nachfrage nach Bargeld (CU^d) und der Nachfrage nach Sichteinlagen (D^d). Im Gleichgewicht entspricht die Nachfrage dem Angebot.

Mit den Angaben der Aufgabe ergibt sich somit:

$$M = CU + D = 600 + 1.200 = 1.800$$

d) Die gesamte Geldnachfrage der Nicht-Banken (M^d) teilt sich auf zwischen der Nachfrage nach Sichteinlagen, bzw. der Nachfrage nach Geschäftsbankgeld, und der Nachfrage nach Bargeld, bzw. Zentralbankgeld. Der Parameter c, der im Bereich zwischen 0 und 1 liegt, bezeichnet den Anteil der gesamten Geldnachfrage der Nicht-Banken, der auf Bargeld bzw. Zentralbankgeld fällt (CU^d). Der Anteil $1 - c$ fällt somit auf die Sichteinlagen (D^d).

Die gesamte Geldnachfrage mit den Werten der Angabe:

$$M = CU + D = 600 + 1.200 = 1.800$$

600 von insgesamt 1.800 ist Bargeld bzw. Zentralbankgeld und somit ergibt sich für den Parameter c:

$$c = \frac{CU}{M} = \frac{600}{1.800} = 0,33$$

33% der gesamten Geldnachfrage der Nicht-Banken fällt auf Bargeld bzw. Zentralbankgeld, 66% auf Sichteinlagen ($1 - c$).

e) Der Markt für Zentralbankgeld ist im Gleichgewicht, wenn das Angebot an Zentralbankgeld der Nachfrage entspricht. Die Nachfrage nach Zentralbankgeld setzt sich zusammen aus der Nachfrage der Nicht-Banken (CU^d) und der Nachfrage der Geschäftsbanken nach Reserven (R^d).

Mit den Angaben der Aufgabe ergibt sich somit:

$$H = CU + R = 600 + 150 = 750$$

f) Die Gleichgewichtsbedingung für den Markt für Zentralbankgeld lautet (Herleitung siehe Teilaufgabe b)):

$$H = \left[c + \theta(1 - c)\right] M^d$$

Teilt man nun diesen Ausdruck durch den Ausdruck in eckigen Klammern auf der rechten Seite, dann erhält man:

$$\frac{1}{\left[c + \theta(1 - c)\right]} H = M^d$$

Auf der linken Seite der Gleichung steht nun das gesamte Angebot an Geld (Bargeld plus Sichteinlagen), auf der rechten Seite die gesamte Nachfrage nach Geld (Bargeld plus Sichteinlagen). Der Quotient auf der linken Seite ist der sogenannte Geldschöpfungsmultiplikator. Das Gesamtangebot an Geld entspricht der Menge an Zentralbankgeld multipliziert mit dem Multiplikator. Für den Geldschöpfungsmultiplikator ergibt sich mit den Zwischenergebnissen von oben:

$$\frac{1}{\left[c + \theta(1 - c)\right]} = \frac{1}{\left[0{,}33 + 0{,}125(1 - 0{,}33)\right]} = 2{,}4$$

Wird die Menge an Zentralbankgeld also um 1 erhöht, dann erhöht sich das gesamte Geldangebot um 2,4.

g) In der Realität ist die Schaffung von Buchgeld (d.h. vor allem Sichteinlagen) im Wesentlichen ein Prozess, der in der Kreditvergabe der Banken ihren Ursprung hat. Die Kreditvergabe wird dabei durch viele Faktoren bestimmt. Die Verfügbarkeit von Reserven bei der Zentralbank spielt allerdings nahezu keine Rolle. Die Kreditentscheidung (und damit die Schaffung von neuem Buchgeld) wird auf Basis der Marktsituation und Eigenkapitalausstattung getroffen. Sollte die Bank die Einschätzung treffen, diese Entscheidung verlange nach zusätzlichen Reserven, können diese auch im Nachhinein auf dem Interbankenmarkt oder bei der Zentralbank beschafft werden.

4. Geldschöpfung und Kreditschöpfung

a) In stark stilisierter Form nehmen die Bilanzen der drei Sektoren vor der betrachteten Kreditausweitung folgende Form an:

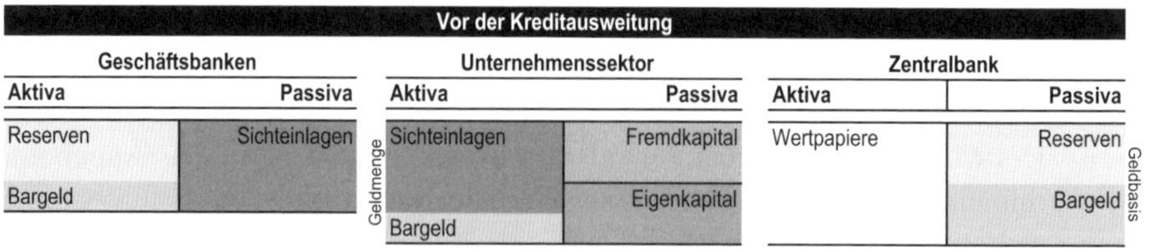

Die Passivseite der Zentralbank (Reserven plus Bargeld) entspricht dem sogenannten Basisgeld. Sichteinlagen und Bargeld der Unternehmen entsprechen der Geldmenge. Werden neue Kredite an den Unternehmenssektor vergeben, schreiben die Banken den Unternehmen den Gegenwert der Kredite als Sichteinlagen (Guthaben) gut und schaffen somit Buchgeld.

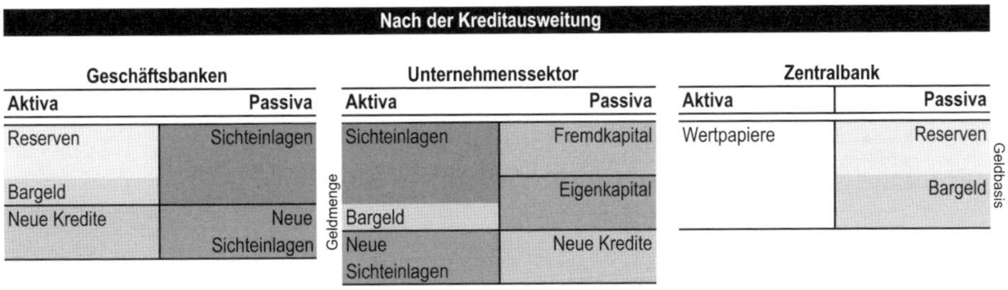

Im Moment der Kreditvergabe entsprechen die neuen Kredite im Umfang genau den neuen Sichteinlagen. In der Realität setzen dann zwar Prozesse ein, die diese Äquivalenz abmildern, dennoch besteht ein enger Zusammenhang zwischen Kreditvergabe und Geldmenge.

Wichtig ist, dass die Banken (im Unterschied zu zahlreichen Darstellungen in der Fachliteratur) zur Vergabe der Kredite keine vorangegangen Zuströme von Einlagen (sogenannte „loanable funds") benötigen. Wichtig ist zudem, dass in der Bilanz der Zentralbank *zunächst* keine Änderung festzustellen ist. Erst wenn die Banken zu dem Schluss kommen, die erweiterte Kreditvergabe mache auch eine Aufstockung der Reservehaltung sinnvoll (beispielsweise aufgrund entsprechender Vorschriften oder einem erwarteten Anstieg der Abzüge von Einlagen oder der Zahlungen zwischen Banken) wenden sie sich an die Zentralbank, die den erhöhten Reservebedarf im Normalfall erfüllt.

b) In der Ausgangssituation können die Bilanzen der vier betrachteten Wirtschaftseinheiten in stark stilisierter Form folgendermaßen dargestellt werden:

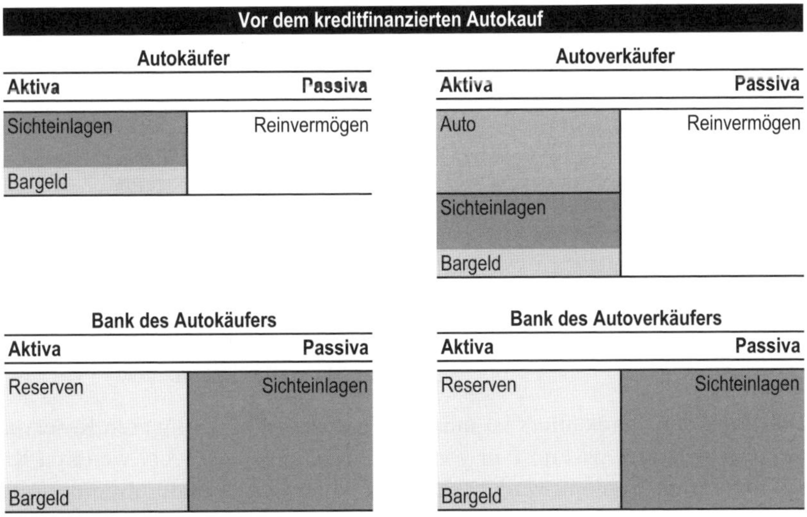

Der Autokäufer wendet sich an seine Bank und erhält von dieser einen Kredit zum Erwerb des Autos. Der Gegenwert des Kredits wird als neue Sichteinlage auf dem Konto des Autokäufers gutgeschrieben.

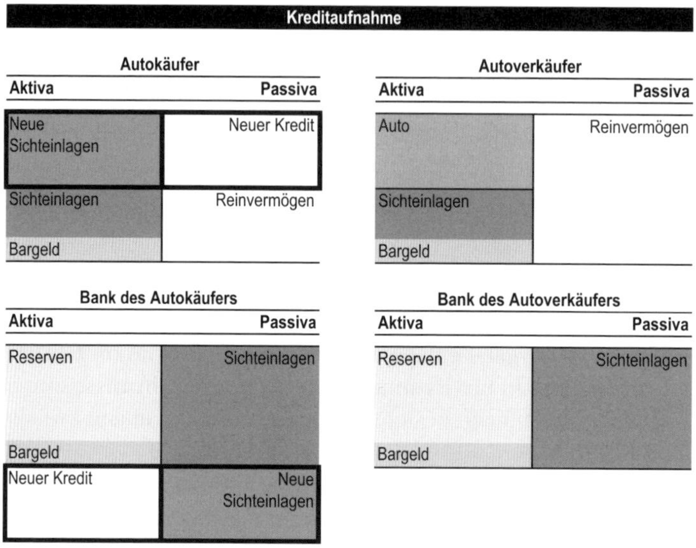

Die neuen Sichteinlagen werden samt den entsprechenden Reserven an die Bank des Autoverkäufers transferiert. Dieser überträgt im Gegenzug den Eigentumstitel an dem Auto:

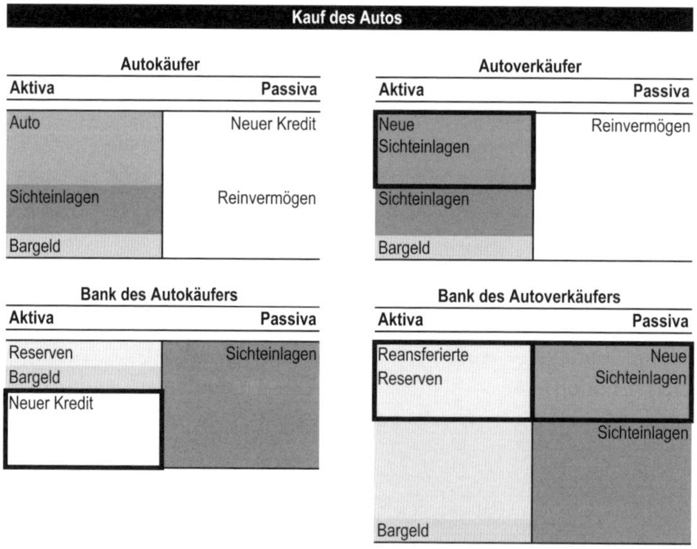

Die Bank des Autokäufers ist nun mit einer sehr viel geringeren Reserveausstattung konfrontiert, was im Fall von Einlagenabzügen oder bei weiteren Kreditgeschäften zum Problem werden kann. Sie wird sich deshalb um eine *Refinanzie-*

rung des Kredits kümmern, indem sie beispielsweise mittels höherer Zinsen Einlagen von anderen Kreditinstituten abwirbt oder sich anderweitig verschuldet, beispielsweise am Interbankenmarkt. Je kostenträchtiger diese Refinanzierung ist (d.h., je höher die Zinsen, die die Bank des Autokäufers aufzubringen hat), desto teurer kommen der Bank Kreditgeschäfte zu stehen. Hohe Refinanzierungskosten bremsen somit die Kreditvergabe und damit die Geldschöpfung.

c) Die Zentralbank kann die Geldmenge ausweiten, indem sie direkt vom Pensionsfond Aktiva aufkauft, im vorliegenden Beispiel Unternehmensanleihen. Die Zentralbank schreibt hierzu der Bank des Pensionsfonds eine zusätzliche Reserve gut (und räumt damit der Bank eine Forderung ein), die Bank schafft ein entsprechendes Guthaben in Form von Sichteinlagen. Buchgeld und Bankreserven steigen im gleichen Umfang.

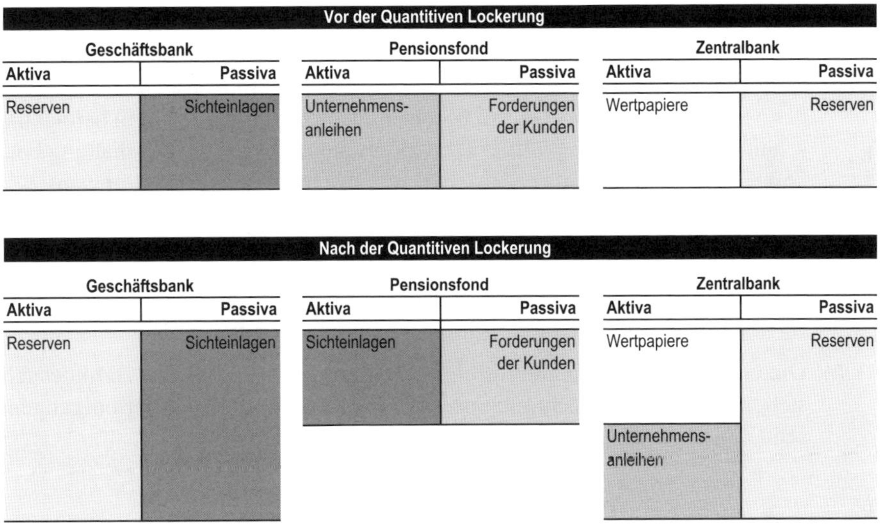

d) Die neu geschaffenen Reserven in der Bankbilanz können nicht, wie häufig fälschlicherweise behauptet, als Kredite vergeben werden, um die Wirtschaft zu stimulieren. Reserven können prinzipiell nur für Zahlungen zwischen den Banken untereinander verwendet werden. Die quantitative Lockerung bleibt dennoch nicht folgenlos. So wird der betrachtete Pensionsfond Anlagemöglichkeiten suchen, die besser verzinst sind, als die nun in der Bilanz befindlichen Sichteinlagen. Er wird folglich in neue (oft riskantere) Anlageklassen umschichten und so die Preise dieser Anlageklassen nach oben treiben. Die Unternehmen, die sich mittels solcher Anlageklassen Investitionsmittel besorgen, gewinnen somit einen besseren Zugang zu Finanzierungsmöglichkeiten.

5. Kosten und Nutzen der Geldhaltung

a) Der Scheck mit dem monatlichen Einkommen wird zu Beginn des Monats auf dem verzinsten Bankkonto des Wirtschaftssubjekts gutgeschrieben. Um Bargeld für Transaktionszwecke zu bekommen, muss es zur Bank gehen und Geld vom Bankkonto abheben. Es wird angenommen, dass dem Wirtschaftssubjekt für jeden Bankbesuch Kosten entstehen ($k = 4$ €). Man kann diese Kosten als Opportunitätskosten der Zeit, die man für den Weg zur Bank oder am Bankschalter benötigt, interpretieren. Seien N die monatlichen Bankbesuche, dann entstehen dadurch monatliche Kosten in Höhe von kN. Diese Kosten sind umso geringer, je seltener das Wirtschaftssubjekt seine Bank besucht.

Um die Transaktionskosten zu minimieren, könnte das Wirtschaftssubjekt nur einmal zur Bank gehen und das gesamte Monatseinkommen abheben. Dann hätte das Wirtschaftssubjekt jedoch die Opportunitätskosten der Geldhaltung nicht berücksichtigt. Laut Angabe wird das Guthaben auf dem Bankkonto monatlich mit $i = 4\%$ verzinst. Es müssen also die entgangenen Zinseinnahmen ins Kalkül mit einbezogen werden, die umso höher sind, je seltener das Wirtschaftssubjekt seine Bank besucht. Seien nun iM die Opportunitätskosten für eine durchschnittliche monatliche Geldhaltung in Höhe von M. Wenn das Wirtschaftssubjekt nur einmal zur Bank geht (am Monatsanfang) und das Gehalt $PY = 3.000$ € abhebt und es bis Monatsende vollständig ausgibt, dann beträgt die durchschnittliche Geldhaltung 1.500 €. Die Opportunitätskosten der Geldhaltung betragen: $i \cdot 1.500$ € = 60 €. Für zwei Bankbesuche (einmal zu Beginn des Monats 1.500 € abheben, zu Monatsmitte noch einmal 1.500 €) beträgt die durchschnittliche Geldhaltung 750 €. Die Opportunitätskosten der Geldhaltung betragen $i \cdot 750$ € = 30 €. Allgemein ergibt sich die durchschnittliche Geldhaltung aus:

$$M = \frac{PY}{2N}.$$

Es besteht demnach ein Trade-off zwischen den Kosten, die bei jedem Bankbesuch anfallen, und den Opportunitätskosten der Geldhaltung.

b) Die Gesamtkosten (K), die für eine bestimmte Anzahl (N) von Bankbesuchen entstehen, setzen sich zusammen aus den Opportunitätskosten der entgangenen Zinsen (Zinskosten) auf die durchschnittliche Geldhaltung

$$iM = i \cdot \frac{PY}{2N}$$

und den Transaktionskosten kN, die durch die Bankbesuche entstehen.

Somit gilt für die Gesamtkosten: $K = iM + kN$

Laut Angabe gilt: $i = 0{,}04$, $PY = 3.000$ und $k = 4$

Nachfolgende Tabelle fasst die Kosten (in €) für ein bis sechs Bankbesuche (N) zusammen:

Bankbesuche ***N***	**Zinskosten** ***iM***	**Transaktionskosten** ***kN***	**Gesamtkosten** ***K***
1	60	4	64
2	30	8	38
3	20	12	32
4	15	16	31
5	12	20	32
6	10	24	34

In der zweiten Spalte können die Zinskosten abgelesen werden. Je höher die Anzahl der Bankbesuche, desto geringer sind die Zinskosten. Die dritte Spalte zeigt die Transaktionskosten, die pro Bankbesuch entstehen. Je höher die Anzahl der Bankbesuche, desto höher sind die Transaktionskosten. Die vierte Spalte zeigt die Gesamtkosten. Die Gesamtkosten sind bei vier Bankbesuchen am geringsten. Das Wirtschaftssubjekt sollte sich also dazu entscheiden, jeden Monat viermal die Bank zu besuchen.

c) Alternative i. der Frage 4b):

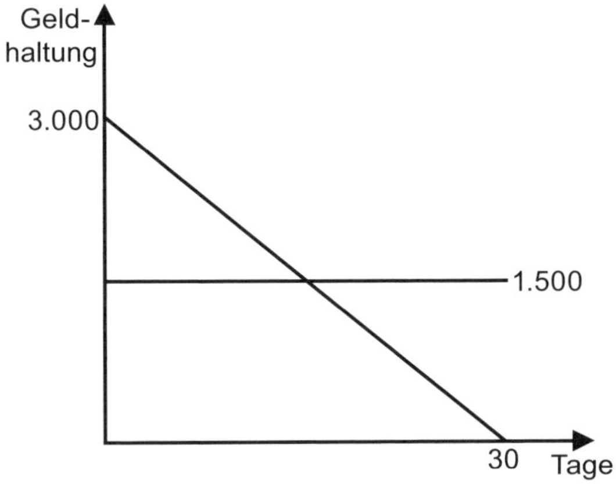

Abbildung 4.9: Geldhaltung bei einmaliger Abhebung am Anfang des Monats

Das Wirtschaftssubjekt löst zu Beginn des Monats (ein Monat hat 30 Tage) seinen Scheck bei der Bank in Bargeld ein. Zu Beginn des Monats hält das Wirtschaftssubjekt 3.000 €, am Ende des Monats 0 €. Die durchschnittliche Geldhaltung beträgt 1.500 €.

Alternative ii. der Frage 4b):

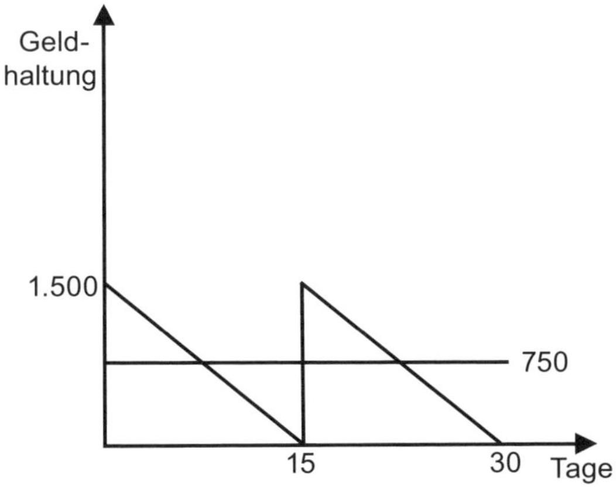

Abbildung 4.10: Geldhaltung bei zweimaliger Abhebung

Das Wirtschaftssubjekt hebt zu Beginn des Monats 1.500 € ab, verbraucht das Geld bis Mitte des Monats für Konsumzwecke, hebt dann die noch vorhandenen 1.500 € ab und gibt diese bis Ende des Monats aus. Die durchschnittliche Geldhaltung beträgt 750 €.

Alternative iii. der Frage 4b):

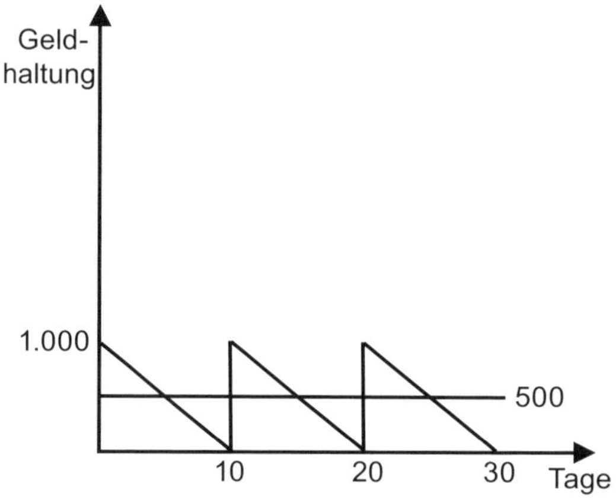

Abbildung 4.11: Geldhaltung bei dreimaliger Abhebung

Das Wirtschaftssubjekt hebt zu Beginn des Monats 1.000 € ab, verbraucht das Geld bis zum Zehnten des Monats für Konsumzwecke, hebt dann weitere 1.000 € ab, gibt diese bis zum 20. des Monats aus, und dasselbe ein drittes Mal. Die durchschnittliche Geldhaltung beträgt 500 €.

→ Für welche Alternative entscheidet sich das Wirtschaftssubjekt, falls: $i = 0\%$?

Das Wirtschaftssubjekt zieht bei seinem Entscheidungskalkül in diesem Fall nur die Transaktionskosten, die bei jedem Bankbesuch entstehen, in Betracht. Opportunitätskosten der Geldhaltung entstehen nicht, da $i = 0\%$ gilt. Zur Minimierung der Gesamtkosten wird diejenige Alternative gewählt, welche die geringsten Transaktionskosten aufweist. Die Transaktionskosten sind bei Alternative i. (ein Gang zur Bank) am geringsten.

5 Das *IS-LM*-Modell

5.1 Wissens- und Verständnistests

Wenn nicht anders vermerkt, gehen die folgenden Aufgaben von einer horizontalen *LM*-Kurve, also einer Zinssteuerung durch die Zentralbank, aus.

Multiple Choice

1. Welche ökonomische Aussage trifft die *IS*-Kurve?
   a) Die *IS*-Kurve bestimmt das Produktionsniveau, bei dem der Geldmarkt im Gleichgewicht ist.
   b) Die *IS*-Kurve bestimmt das Produktionsniveau, bei dem sowohl der Geldmarkt als auch der Gütermarkt im Gleichgewicht sind.
   c) Die *IS*-Kurve bestimmt das Produktionsniveau für unterschiedliche Zinsniveaus, bei denen der Gütermarkt im Gleichgewicht ist.
   d) Die *IS*-Kurve bestimmt das Produktionsniveau für unterschiedliche Zinsniveaus, bei denen der Geldmarkt im Gleichgewicht ist.
2. Die *LM*-Kurve zeigt die Kombinationen von Zinssatz und Produktion, bei der
   a) die Produktion der Nachfrage entspricht.
   b) der Gütermarkt im Gleichgewicht ist.
   c) der Gütermarkt und der Geldmarkt simultan im Gleichgewicht sind.
   d) der Geldmarkt im Gleichgewicht ist.
3. Was bewirkt eine expansive Fiskalpolitik im *IS-LM*-Modell?
   a) Die *IS*-Kurve verschiebt sich nach rechts, die *LM*-Kurve verschiebt sich nach oben.
   b) Weder die *IS*-Kurve noch die *LM*-Kurve verschieben sich.
   c) Die *LM*-Kurve verschiebt sich nach oben und die Volkswirtschaft bewegt sich entlang der *IS*-Kurve zum neuen Gleichgewicht.
   d) Die *IS*-Kurve verschiebt sich nach rechts und die Volkswirtschaft bewegt sich entlang der *LM*-Kurve zum neuen Gleichgewicht.
4. Was bewirkt eine kontraktive Geldpolitik im *IS-LM*-Modell?
   a) Die *IS*-Kurve verschiebt sich nach links, die *LM*-Kurve verschiebt sich nach unten.

b) Die *LM*-Kurve verschiebt sich nach oben und die Volkswirtschaft bewegt sich entlang der *IS*-Kurve zum neuen Gleichgewicht.

c) Weder die *IS*-Kurve noch die *LM*-Kurve verschieben sich.

d) Die *IS*-Kurve verschiebt sich nach links und die Volkswirtschaft bewegt sich entlang der *LM*-Kurve zum neuen Gleichgewicht.

5. Wenn die Investitionen sehr stark auf Veränderungen des Zinssatzes reagieren,

   a) ist der Verlauf der *IS*-Kurve relativ flach.

   b) ist der Verlauf der *LM*-Kurve relativ steil.

   c) ist der Verlauf der *IS*-Kurve relativ steil.

   d) ist der Verlauf der *LM*-Kurve relativ flach.

6. Wenn die Geldnachfrage sehr schwach auf Veränderungen des Einkommens reagiert und die Zentralbank eine Zinssteuerung betreibt,

   a) muss die Zentralbank im Falle einer Einkommenserhöhung die Geldmenge relativ stark steigern, um den Zinssatz konstant zu halten.

   b) muss die Zentralbank im Falle einer Einkommenserhöhung die Geldmenge relativ wenig steigern, um den Zinssatz konstant zu halten.

   c) muss die Zentralbank im Falle einer Zinserhöhung das Einkommen steigern.

   d) ist der Verlauf der *LM*-Kurve flach.

7. Wenn die Geldnachfrage sehr schwach auf Veränderungen des Zinssatzes reagiert und die Zentralbank eine Geldmengensteuerung betreibt,

   a) ist der Verlauf der *IS*-Kurve relativ flach.

   b) ist der Verlauf der *LM*-Kurve relativ flach.

   c) ist der Verlauf der *IS*-Kurve relativ steil.

   d) ist der Verlauf der *LM*-Kurve relativ steil.

8. Ein Policy-Mix aus einer kontraktiven Geldpolitik und einer expansiven Fiskalpolitik verursacht im *IS-LM*-Modell

   a) einen Anstieg der Produktion. Die Auswirkung auf den Zinssatz ist unbestimmt.

   b) einen Anstieg des Zinssatzes und der Produktion.

   c) einen Anstieg des Zinssatzes. Die Auswirkungen auf die Produktion sind unbestimmt.

   d) eine Verringerung des Zinssatzes. Die Auswirkungen auf die Produktion sind unbestimmt.

9. Welchen Effekt hat ein Anstieg des nominalen Geldangebots im *IS-LM*-Modell?

   a) Der Zinssatz fällt und die Investitionen steigen.

   b) Die Investitionen steigen an und die *IS*-Kurve verschiebt sich nach rechts.

   c) Der Zinssatz steigt und die *LM*-Kurve verschiebt sich nach oben.

   d) Der Zinssatz verändert sich nicht, falls die Investitionen nicht vom Zinssatz abhängen.

Wahr/Falsch: Welche der jeweiligen Aussagen sind wahr, welche falsch?

10. Nehmen Sie an, die Bundesregierung beschließt zum nächsten Jahr eine Senkung der Einkommensteuer. Welche wirtschaftspolitischen Impulse können im Rahmen des *IS-LM*-Modells bei *Zinssteuerung* erwartet werden?
    a) Der Konsum der privaten Haushalte erhöht sich.
    b) Die Kurse festverzinslicher Wertpapiere werden fallen.
    c) Die Investitionen werden in jedem Fall steigen.
    d) Die Zinsen werden steigen und die Investitionen werden teilweise verdrängt, wobei der Nettoeffekt auf die Investitionen theoretisch unbestimmt ist.

11. Nehmen Sie an, die Bundesregierung beschließt zum nächsten Jahr eine Senkung der Einkommensteuer. Welche wirtschaftspolitischen Impulse können im Rahmen des *IS-LM*-Modells bei *Geldmengensteuerung* erwartet werden?
    a) Der Konsum der privaten Haushalte erhöht sich.
    b) Die Kurse festverzinslicher Wertpapiere werden fallen.
    c) Die Investitionen werden in jedem Fall steigen.
    d) Die Zinsen werden steigen und die Investitionen werden teilweise verdrängt, wobei der Nettoeffekt auf die Investitionen theoretisch unbestimmt ist.

12. Nehmen Sie an, die Europäische Zentralbank wird die Zinsen im nächsten Jahr um 100 Basispunkte erhöhen. (*Hinweis:* 100 Basispunkte entsprechen einem Prozentpunkt.) Welche Konsequenzen sind im Rahmen des *IS-LM*-Modells zu erwarten?
    a) Die Investitionen werden reduziert.
    b) Der Konsum der privaten Haushalte verändert sich nicht.
    c) Die Wertpapierkurse werden fallen.
    d) Der Konsum der privaten Haushalte reduziert sich.

13. Die Zentralbank kauft Wertpapiere im Rahmen eines Offenmarktgeschäfts. Welche Auswirkungen hat dies im *IS-LM*-Modell?
    a) Der Zinssatz sinkt, die Investitionen nehmen zu und die *IS*-Kurve verschiebt sich nicht.
    b) Der Zinssatz steigt, die Investitionen gehen zurück und die *IS*-Kurve verschiebt sich nach links.
    c) Der Zinssatz sinkt, die Investitionen gehen zurück und die *LM*-Kurve verschiebt sich nach oben.
    d) Die *LM*-Kurve verschiebt sich nach unten, der Zinssatz sinkt und die Investitionen nehmen zu.

14. Die Regierung beschließt die Steuern zu erhöhen. Welche Auswirkungen hat dies im *IS-LM*-Modell?
    a) Die *IS*-Kurve verschiebt sich nach rechts und der private Konsum steigt.

b) Die *IS*-Kurve verschiebt sich nach links und der private Konsum geht zurück.

c) Die *IS*-Kurve verschiebt sich nach rechts, Zinssatz und Produktion steigen.

d) Die *IS*-Kurve verschiebt sich nach links und die Investitionen sinken.

15. Die Zentralbank verkauft Wertpapiere im Rahmen eines Offenmarktgeschäfts. Welche Auswirkungen hat dies im *IS-LM*-Modell?

a) Die *LM*-Kurve verschiebt sich nach unten, die Investitionen nehmen zu.

b) Die *LM*-Kurve verschiebt sich nach oben, die Investitionen verringern sich.

c) Die *IS*-Kurve verschiebt sich nach rechts, die Investitionen nehmen zu.

d) Die *IS*-Kurve verschiebt sich nicht, die Investitionen nehmen zu.

16. Welche Auswirkungen hat ein Anstieg des aggregierten Preisniveaus im *IS-LM*-Modell bei Geldmengensteuerung?

a) Das reale Geldangebot steigt, die *LM*-Kurve verschiebt sich nach unten.

b) Das reale Geldangebot sinkt, die *LM*-Kurve verschiebt sich nach oben.

c) Der Zinssatz steigt, die Investitionen gehen zurück.

d) Der Zinssatz sinkt, die Investitionen nehmen zu.

17. Nehmen Sie an, die Investitionen reagieren überhaupt nicht auf Zinsänderungen (man spricht in diesem Fall auch von einer „Investitionsfalle"). Welche Aussagen sind wahr, welche sind falsch?

a) In dieser Situation ist expansive Geldpolitik besonders wirksam.

b) In dieser Situation ist expansive Fiskalpolitik wirksam.

c) Die *IS*-Kurve verläuft in dieser Situation horizontal.

d) Die *IS*-Kurve verläuft in dieser Situation vertikal.

18. Betrachten Sie zwei fast identische Volkswirtschaften A und B. Die beiden unterscheiden sich nur dadurch, dass in A die Zinsreagibilität der Investitionen viel höher ist als in B. Welche Aussagen sind wahr, welche sind falsch?

a) Expansive Fiskalpolitik ist hinsichtlich der Produktion effektiver in A als in B.

b) In A ist expansive Geldpolitik hinsichtlich der Produktion effektiver als in B.

c) Der Multiplikator einer Zinserhöhung ist in A größer als in B.

d) Der Multiplikator einer Staatsausgabenerhöhung ist in B größer als in A.

Basiswissen

Der Schnittpunkt von *IS*- und *LM*-Kurve

Die *IS*-Kurve (die *LM*-Kurve) ist der geometrische Ort aller Kombinationen von Zins und Einkommen, bei denen sich der Gütermarkt (Geldmarkt) im Gleichgewicht befindet. Der Schnittpunkt zwischen *IS*- und *LM*-Kurve im Zins-Einkommen-Diagramm bestimmt bei dem durch die Zentralbank gewählten Zinssatz i genau ein Einkommensniveau Y, bei dem sowohl der Güter- als auch der Geldmarkt simultan im Gleichgewicht sind. Dieses Gleichgewicht nennt man „gesamtwirtschaftliches Gleichgewicht".

Horizontale versus positiv geneigte *LM*-Kurve

Wie Blanchard/Illing in ihrem Lehrbuch betonen, stellt die *LM*-Kurve nach Hicks und Hansen traditionell eine positive Funktion des Zinssatzes i von der Produktion Y dar, die bei einer Geldmengensteuerung der Zentralbank auftritt. Im Gegensatz dazu arbeiten das Lehrbuch und dieses Übungsbuch meist mit einer horizontalen *LM*-Kurve. Diese ergibt sich daraus, dass die Zentralbank einen bestimmten Zinssatz i_0 anstrebt und zu diesem Zweck die Geldmenge endogen anpasst, also eine „Zinssteuerung" betreibt. Diese alternative horizontale *LM*-Kurve wird in der Literatur auch als *MP*-Kurve bezeichnet, wobei *MP* für „monetary policy", also Geldpolitik steht. Die Unterschiede und Implikationen der traditionellen *LM*-Kurve (Geldmengensteuerung) und der horizontalen *LM*-Kurve (Zinssteuerung) werden in den folgenden Aufgaben intensiv behandelt. Siehe zu einer Diskussion der Vor- und Nachteile der beiden Konzepte auch: Romer, D. H. (2000). Keynesian Macroeconomics without the LM Curve. *Journal of Economic Perspectives*, 14(2), 149–169.

19. Herleitung und Verschiebung der *IS*- und der *LM*-Kurve
    a) Leiten Sie grafisch die *IS*-Kurve mit Hilfe des Gütermarktdiagramms her und erläutern Sie Ihr Vorgehen!
    b) Erläutern Sie, wodurch es zu Verschiebungen der *IS*-Kurve kommt!
    c) Leiten Sie grafisch die *LM*-Kurve bei *Zinssteuerung* mit Hilfe des Geldmarktdiagramms her und erläutern Sie Ihr Vorgehen! Gehen Sie dabei auch auf die Offenmarktpolitik und den Wertpapiermarkt ein!
    d) Leiten Sie grafisch die *LM*-Kurve bei *Geldmengensteuerung* mit Hilfe des Geldmarktdiagramms her und erläutern Sie Ihr Vorgehen! Gehen Sie dabei auch auf die Offenmarktpolitik und den Wertpapiermarkt ein!
    e) Erläutern Sie, wodurch es zu Verschiebungen der *LM*-Kurve kommt!
    f) Leiten Sie grafisch die horizontale *LM*-Kurve mit Hilfe eines „traditionellen" *IS*-*LM*-Modells mit positiv geneigter *LM*-Kurve (bei Geldmengensteuerung) her und erläutern Sie Ihr Vorgehen! *Hinweis:* Nehmen Sie dazu an, dass es zu exogenen

Änderungen autonomer Ausgaben kommt, die zu Verschiebungen der *IS*-Kurve führen, und dass die Zentralbank bestrebt ist, durch entsprechende Änderungen der Geldmenge den Zinssatz konstant zu halten. Stellen Sie das entsprechende Diagramm für den Geldmarkt nicht dar.

20. Geld- und Fiskalpolitik im *IS-LM*-Modell
    a) Erläutern Sie grafisch und verbal die Auswirkungen einer expansiven Fiskalpolitik auf Zinssatz, Produktion, die Komponenten des BIP sowie das private Sparen! Unterscheiden Sie dabei zwischen Zins- und Geldmengensteuerung.
    b) Erläutern Sie grafisch und verbal die Auswirkungen einer kontraktiven Geldpolitik auf Zinssatz, Produktion, die Komponenten des BIP sowie das private Sparen!
    c) Durch welche Kombination aus geld- und fiskalpolitischen Maßnahmen kann erreicht werden, dass der Zinssatz sinkt, das Produktionsniveau jedoch konstant bleibt?
    d) Analysieren Sie grafisch und verbal, ob der Grad der Wirksamkeit expansiver Geld- und Fiskalpolitik davon abhängig ist, wie stark die Investitionen auf Zinsänderungen reagieren. Gehen Sie bei der Geldpolitik von Zinssteuerung aus und analysieren Sie bei den Effekten der Fiskalpolitik sowohl die Zins- als auch die Geldmengensteuerung.

Wie realistisch ist das *IS-LM*-Modell?

Die Betrachtung des *IS-LM*-Modells lässt die Vermutung zu, dass nach einer wirtschaftspolitischen Aktion, wie einer expansiven Geld- oder Fiskalpolitik, sofort das neue gesamtwirtschaftliche Gleichgewicht erreicht wird. Die dynamischen Aspekte, die in der Realität auftreten, werden dabei jedoch nicht berücksichtigt. Werden beispielsweise die Staatsausgaben erhöht, also die Güternachfrage, dann wird sich die Produktion erst mit einer gewissen Verzögerung erhöhen. Eine weitere Verzögerung entsteht dadurch, dass eine gewisse Zeit verstreicht, bis die Wirtschaftssubjekte aufgrund des nun höheren verfügbaren Einkommens ihren Konsum ausdehnen. Die Investitionen reagieren wiederum mit einer Verzögerung auf eine Veränderung der Absatzmöglichkeiten. Im Anpassungsprozess sind zudem asymmetrische Reaktionen sehr wahrscheinlich: Während eine kontraktive Politik in der Realität relativ schnell greift, kann relativ viel Zeit verstreichen, bis eine expansive Politik ihre volle Wirksamkeit erreicht. Gleichzeitig können sogenannte Antizipationseffekte auftreten, d.h., schon die Erwartung auf oder die Ankündigung von Politikänderungen können sich auswirken. Auch kann es sein, dass eine Politik als nicht „langfristig durchhaltbar" von den Wirtschaftssubjekten interpretiert wird. Zum Beispiel könnte eine Steuersenkung mit einem so hohen Budgetdefizit verbunden sein, dass die Wirtschaftssubjekte eine baldige Steuererhöhung für wahrscheinlich halten (vgl. dazu ▸*Kapitel 16*).

5.2 Übungsaufgaben

1. Gegeben seien die folgenden Nachfragefunktionen für Konsum, Investitionen und Geld:

$$C = c_0 + c_1(Y - T) = 80 + 0{,}8(Y - T)$$

$$I = b_0 + b_2 i = 150 - 1.000i$$

$$\frac{M^d}{P} = 0{,}2Y - 1.000i$$

Das Preisniveau sei fixiert auf $P = 1$.

a) Die Staatsausgaben betragen $G = 100$. Das Staatsbudget sei ausgeglichen, die Zentralbank betreibe eine Zinsteuerung mit $i_0 = 10\%$. Wie hoch ist die Produktion im Gleichgewicht? Auf welche Höhe setzt die Zentralbank das (reale) Geldangebot? Bestimmen Sie *IS*- und *LM*-Kurve und stellen Sie diese grafisch dar! Stellen Sie auch den Geldmarkt grafisch für die Gleichgewichtsproduktion dar!

b) Berechnen Sie die zugehörigen Niveaus von verfügbarem Einkommen, Konsum, Investitionen und privatem Sparen! Zeigen Sie anhand der hier angegebenen Werte, dass im Gleichgewicht $Y = Z$ sowie $I = S + (T - G)$ gilt.

c) Nehmen Sie an, der Staat erhöhe seine Ausgaben auf $G = 250$, wobei er die Erhöhung durch Kredite finanziert. Bestimmen Sie Geldmenge, Einkommen, Konsum und Investitionen im neuen Gleichgewicht und berechnen Sie das private Sparen! Erläutern Sie das Ergebnis und gehen Sie dabei auch auf den Wertpapiermarkt ein!

d) Vergleichen Sie die Situation aus c) mit einer Finanzierung der Staatsausgaben durch Steuern T in gleicher Höhe. Wie wirkt sich diese Maßnahme auf Geldmenge, Einkommen, Konsum, Investitionen und privates Sparen aus?

2. Gegeben seien folgende Gleichungen und Parameter einer Volkswirtschaft:

$$Z = c_0 + c_1(Y - T) + d_0 - d_1 i + G$$

mit $c_0 = 1.000$; $c_1 = 0{,}8$; $d_0 = 1.000$; $d_1 = 3.000$ und $G = 1.000$. Das Budget sei in der Ausgangssituation ausgeglichen, die Steuern werden vom Einkommen unabhängig erhoben.

Die reale Geldnachfrage lautet:

$$\frac{M^d}{P} = e_1 Y - e_2 i$$

mit $e_1 = 0{,}4$ und $e_2 = 4.000$. Die Zentralbank strebt im Rahmen einer Zinssteuerung einen Zinssatz von $i = i_0 = 34\%$ an. Das Preisniveau nimmt einen Wert von $P = 2$ an und ist konstant.

a) Berechnen Sie die Produktion im gesamtwirtschaftlichen Gleichgewicht zunächst allgemein. Ermitteln Sie dann für das konkrete Beispiel das Einkommen, die Geldmenge und den privaten Konsum im gesamtwirtschaftlichen Gleichgewicht.

b) Das Finanzministerium schlägt vor, die Steuern um 600 zu senken. Eine Expertenkommission soll zwei Alternativen zur Umsetzung dieser Maßnahme vergleichen: eine kreditfinanzierte Steuersenkung oder eine Gegenfinanzierung der Steuersenkung durch eine gleich hohe Senkung der Staatsausgaben. Berechnen Sie mit Hilfe des Multiplikators die Wirkung der unterschiedlichen Politikmaßnahmen auf Produktion und Konsum!

c) Es soll über den Vorschlag, die Steuersenkung durch eine gleich hohe Senkung der Staatsausgaben zu finanzieren, abgestimmt werden. Würden Sie für den Vorschlag stimmen, wenn Sie als Wohlfahrtsmaß die gesamtwirtschaftliche Produktion verwenden? Wie lautet Ihre Antwort, wenn Sie als Wohlfahrtsmaß den privaten Konsum verwenden?

d) Die Zentralbank erklärt sich bereit, die Steuersenkung zu unterstützen, sofern sie mit einer Senkung der Staatsausgaben finanziert wird. Sie schlägt vor, in diesem Fall den Zinssatz so zu senken, dass es zu keiner Änderung der Produktion kommt. Berechnen Sie die Zinssenkung und die nominale Geldmengenausweitung, die nötig ist, um dieses Ziel zu erreichen!

e) Nehmen Sie nun an, dass die Staatsausgaben einkommensabhängig getätigt werden: $G = g_0 + g_1 Y$, wobei g_0 die einkommensunabhängigen Staatsausgaben sind und der Parameter g_1 angibt, welchen Teil des Einkommens der Staat für Staatsausgaben verwendet. Dieser Parameter wird auch als zyklische Komponente bezeichnet. Bestimmen Sie nun den neuen Multiplikator und erläutern Sie, ob prozyklische ($g_1 > 0$) oder antizyklische ($g_1 < 0$) Fiskalpolitik im Konjunkturzyklus zu stärkeren Schwankungen führt!

3. Betrachten Sie die folgende Volkswirtschaft:

Für das Gütermarktgleichgewicht gilt: $Y = C + I + G$

wobei $C = c_0 + c_1 (Y - T)$ und $I = b_0 + b_1 Y - b_2 i$.

a) Berechnen Sie die gleichgewichtige Produktion auf dem Gütermarkt. Vergleichen Sie den Multiplikator mit dem in einer Situation mit exogenen Investitionen!

b) Nun gelte $C = 200 + 0{,}6\,(Y - T)$, $I = 200 + 0{,}2Y - 150i$. Die Geldnachfragegleichung sei gegeben durch

$$\frac{M^d}{P} = Y - 15.000i$$

und die Zentralbank strebe im Rahmen einer Zinssteuerung einen Zinssatz von $i_0 = 10{,}79\%$ an. Zudem sei $G = T = 100$, $M = 1.000$ und $P = 2$.

Berechnen Sie sowohl die Produktion als auch die Geldmenge, bei der der Güter- und der Geldmarkt im Gleichgewicht sind!

c) Die Zentralbank überlegt, den Zinssatz um 1,27 Prozentpunkte zu reduzieren. Berechnen Sie die neuen gleichgewichtigen Werte für Produktion und Geldmenge!

d) Nehmen Sie an, das Preisniveau steigt von 2 auf 4. Erläutern Sie grafisch und verbal die Konsequenzen dieses Preisanstiegs im *IS-LM*-Modell. Berechnen Sie außerdem die Werte für Produktion und Zinssatz im neuen Gleichgewicht! Berechnen Sie auch das Ergebnis für den Fall, dass die Zentralbank eine Geldmengensteuerung betreibt. Erklären Sie die Unterschiede.

4. Im Anhang des Kapitel 5 zum Lehrbuch von Blanchard/Illing wird analysiert, wie sich eine Instabilität des Finanzsektors (modelliert als exogene Schocks auf die Geldnachfrage) abhängig davon, ob die Zentralbank eine Geldmengen- oder eine Zinssteuerung betreibt, auf die Produktion auswirkt. Die Schlussfolgerung dort ist, dass bei Vorliegen von Schocks im Finanzsektor die Zinssteuerung eindeutig überlegen ist. Betrachten wir nun Schocks auf dem Gütermarkt, bspw. ausgelöst durch häufige Änderungen des (autonomen) Konsumentenvertrauens (c_0) oder der (autonomen) Investitionstätigkeit. Führen Sie eine grafische Analyse der Auswirkungen eines solchen negativen Schocks auf dem Gütermarkt durch und unterscheiden Sie dabei zwischen einer Zins- und Geldmengensteuerung durch die Zentralbank.

Lösungen zu Kapitel 5

5.1 Wissens- und Verständnistests

Multiple Choice

1. c)
2. d)
3. d)
4. b)
5. a)
6. b)
7. d)
8. c)
9. a)

Wahr/Falsch:

10. W, F, W, F
11. W, W, F, W
12. W, F, W, W
13. W, F, F, W
14. F, W, F, W
15. F, W, F, F
16. F, W, W, F
17. F, W, F, W
18. F, W, W, F

Basiswissen

19. Herleitung und Verschiebung der *IS*- und der *LM*-Kurve

a) Die *IS*-Kurve ist der geometrische Ort aller Kombinationen von Zins und Einkommen, bei denen sich der Gütermarkt im Gleichgewicht befindet. Aus ▶*Kapitel 3* ist bekannt, dass sich der Gütermarkt im Gleichgewicht befindet, wenn die Produktion Y der Nachfrage Z (= $C + I + G$) entspricht:

$$Y = C(Y - T) + \bar{I} + G$$

Von nun an wird angenommen, dass die Investitionen nicht mehr exogen, sondern abhängig von Produktion und Zinssatz sind.

$$I = I\left(\underset{+}{Y}, \underset{-}{i}\right)$$

Je höher die Produktion, desto höher sind die Investitionen und je höher der Zinssatz, desto geringer sind die Investitionen. Eine Zinsvariation führt zu einer Veränderung der Investitionen und somit zu einer Veränderung der Nachfrage. Über den Multiplikatoreffekt kommt es zu einer Veränderung der Produktion im Gütermarktgleichgewicht. Die neue Gleichgewichtsbedingung für den Gütermarkt (*IS*-Gleichung) lautet:

$$Y = C(Y - T) + I(Y, i) + G$$

▶*Abbildung 5.1* zeigt die grafische Herleitung der *IS*-Kurve. Zunächst wird das Einkommen im Gütermarktgleichgewicht für einen gegebenen Zinssatz i ermittelt (Punkt A im Schnittpunkt der *ZZ*-Kurve mit der 45°-Linie). Das gleichgewichtige Einkommen Y für einen gegebenen Zinssatz i korrespondiert mit dem Punkt A im darunterliegenden i-Y-Diagramm. Falls es nun zu einer Zinssenkung auf i' kommt ($i' < i$), resultiert daraus ein Anstieg der Investitionen, damit verbunden ein Anstieg der gesamtwirtschaftlichen Nachfrage und somit über den Multiplikatoreffekt ein Einkommensanstieg im neuen Gütermarktgleichgewicht. Die *ZZ*-Kurve verschiebt sich bei einer Zinssenkung nach oben (auf *ZZ'*). Im neuen Gütermarktgleichgewicht (Punkt A') ist das Einkommen angestiegen (Y'). Der geringere Zinssatz i' und das dadurch induzierte höhere gleichgewichtige Einkommensniveau korrespondiert mit dem Punk A' im i-Y-Diagramm. Unter Verwendung der ▶*Abbildung 5.1* kann für jeden gegebenen Zinssatz das dazugehörige gleichgewichtige Einkommen auf dem Gütermarkt ermittelt werden. Mit steigendem Zinssatz gehen die Investitionen zurück und über den Multiplikatoreffekt sinkt im Gütermarktgleichgewicht das Einkommen. Dieser negative Zusammenhang zwischen Zins und Einkommen wird durch die fallende *IS*-Kurve beschrieben. Zinsvariationen bewirken Bewegungen entlang der *IS*-Kurve. *Wichtig:* Auf dem Gütermarkt wird der Zinssatz i als gegeben betrachtet. Die Anpassungsvariable auf dem Gütermarkt ist das Einkommen Y!

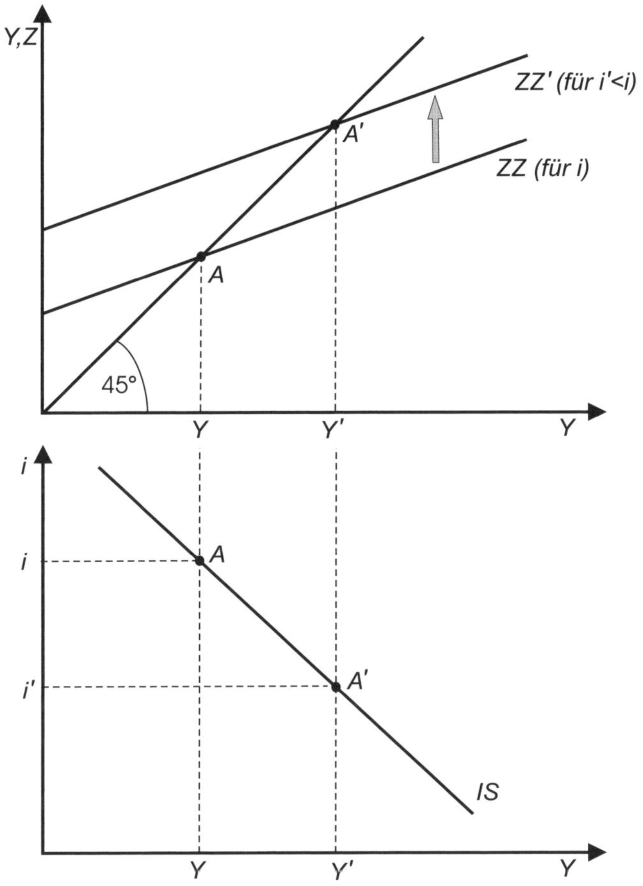

Abbildung 5.1: Herleitung der *IS*-Kurve

b) Die *IS*-Kurve aus Teilaufgabe a) wurde für gegebene Werte von Steuern *T*, Staatsausgaben *G* und weitere exogene Nachfragekomponenten (z.B. autonomer Konsum c_0) hergeleitet. Aus ▶ *Kapitel 3* ist bekannt, dass zum Beispiel eine Erhöhung von *G* (bzw. ein Rückgang von *T*) einen Anstieg der gesamtwirtschaftlichen Nachfrage bewirkt und über den Multiplikatoreffekt zu einem höheren Gleichgewichtseinkommen führt. Für jeden gegebenen Zinssatz wird somit ein höheres Einkommensniveau im Gütermarktgleichgewicht realisiert. Dies wird ausgedrückt durch eine Verschiebung der *IS*-Kurve nach rechts. Sämtliche Veränderungen exogener Komponenten (außer Zinsänderungen), welche die Güternachfrage erhöhen, führen zu einer Verschiebung der *IS*-Kurve nach rechts: Für jeden gegebenen Zinssatz kommt es zu einem Anstieg des Einkommens im Gütermarktgleichgewicht. Umgekehrt führen sämtliche Veränderungen (außer Zinsänderungen), welche die Güternachfrage verringern, zu einer Verschiebung der *IS*-Kurve nach links: Für jeden gegebenen Zinssatz kommt es zu einem Rückgang des Einkommens im Gütermarktgleichgewicht. Doch wie stark fällt die Verschiebung der *IS*-Kurve nach links oder nach rechts aus? Die Antwort ist aus dem Gütermarktdiagramm ersichtlich. Beispielsweise resultiert aus einer Staatsausgabenerhöhung (-senkung) ein Anstieg (Rückgang) des gleichgewichtigen Einkommens in Höhe der Staatsausgabenerhöhung (-senkung) multipliziert mit dem Staatsausgabenmultiplikator. Je größer der Staatsausgabenmultiplikator ist, desto weiter verschiebt sich die *IS*-Kurve. Die Veränderung des gleichgewichtigen Einkommens (dY) entspricht dem Ausmaß der Verschiebung der *IS*-Kurve. Analoges gilt für eine Veränderung der übrigen exogenen Komponenten der Nachfrage.

c) Die *LM*-Kurve ist der geometrische Ort aller Kombinationen von Zins und Einkommen, die mit einem Gleichgewicht auf den Finanzmärkten konsistent sind. Bei einer Zinssteuerung verläuft die *LM*-Kurve als horizontale Gerade zu einem Zinssatz i_0, den die Zentralbank bestimmt. In ▸*Kapitel 4* wurde das Gleichgewicht auf dem Geldmarkt hergeleitet. Der Geldmarkt befindet sich im Gleichgewicht, wenn das nominale Geldangebot M der nominalen Geldnachfrage $P \cdot Y \cdot L(i)$ entspricht:

$$M = P \cdot Y \cdot L(i)$$

Teilt man diese Gleichgewichtsbedingung durch das Preisniveau P, dann erhält man eine alternative Formulierung des Geldmarktgleichgewichts, ausgedrückt in Gütereinheiten: Das reale Geldangebot entspricht der realen Geldnachfrage, was die Basis für die *LM*-Gleichung bildet.

$$\frac{M}{P} = Y \cdot L(i)$$

Der Vorteil, reale Größen zu verwenden, liegt darin, dass die Geldnachfrage nun von derselben Variable abhängt, welche auf dem Gütermarkt (durch die *IS*-Gleichung) erklärt wird: das reale Einkommen Y.

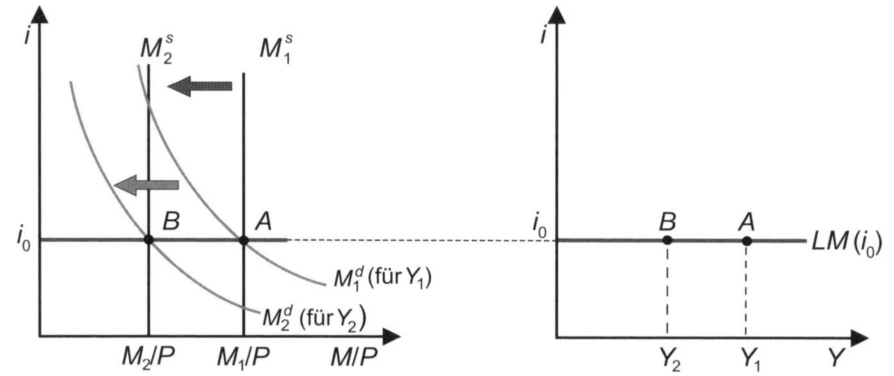

Abbildung 5.2: Herleitung der *LM*-Kurve bei Zinssteuerung

Zur Herleitung der *LM*-Kurve betrachten wir zunächst das Geldmarktgleichgewicht für ein gegebenes Einkommensniveau Y_1 (siehe Punkt A in ▸*Abbildung 5.2*). Der Geldmarkt befindet sich im Gleichgewicht, wenn das reale Geldangebot $M_1{}^s$ der realen Geldnachfrage $M_1{}^d$ für ein gegebenes Einkommensniveau Y_1 entspricht. Als gleichgewichtiger Zinssatz ergibt sich i_0, was genau der Zinssatz sei, den die Zentralbank im Rahmen ihrer Zinssteuerung anstrebt. Nehmen wir nun an, das Einkommen sinke aufgrund eines exogenen Schocks (bspw. einer Reduktion des Konsumentenvertrauens) auf Y_2. Wie aus ▶*Kapitel 4* bekannt, verschiebt sich dadurch die Geldnachfragekurve nach links (von $M_1{}^d$ auf $M_2{}^d$). Bei einem geringeren Einkommen wird zu jedem gegebenen Zinssatz weniger Geld nachgefragt, da weniger davon für Transaktionszwecke benötigt wird. Die Zentralbank strebt jedoch an, den Zinssatz konstant auf dem Niveau i_0 zu halten und reduziert daher unverzüglich das reale Geldangebot auf M_2/P, was gleichbedeutend mit einer Linksverschiebung der Geldangebotskurve von $M_1{}^s$ nach $M_2{}^s$ ist. Die nominale Geldmenge M wird also bei Zinssteuerung endogen durch die Zentralbank bestimmt. Das neue Gleichgewicht befindet sich nun in Punkt B mit dem gleichen Zinssatz i_0. Trotz Rückgang des Einkommens und damit der Geldnachfrage kommt es also aufgrund der Reduktion der Geldmenge durch die Zentralbank nicht zu einem Rückgang des Zinssatzes.

Zu einem analogen Ergebnis kommt man bei Betrachtung des Wertpapiermarkts (Finanzmarkt). Bei einem geringeren Einkommen wollen die Wirtschaftssubjekte weniger Bargeld halten und versuchen deshalb Wertpapiere zu kaufen. Eigentlich würden dadurch die Kurse steigen, was den Zinssatz sinken lassen würde. Allerdings möchte die Zentralbank diesen Rückgang des Zinssatzes verhindern und verkauft daher im Rahmen einer kontraktiven Offenmarktpolitik genau in dem Umfang Wertpapiere, sodass Kurse und Zinsen konstant bleiben. Der Geldmarkt befindet sich bei unverändertem Zinssatz i_0 wieder im Gleichgewicht und ebenso der Wertpapiermarkt.

Der konstante Zinssatz i_0 korrespondiert mit dem gegebenen niedrigeren Einkommen Y_2 im i-Y-Diagramm, da das Geldangebot endogen durch die Zentralbank reduziert wird. Ein Einkommensrückgang führt demnach bei Zinssteuerung nicht zu einer Senkung des Zinssatzes, sondern zu einer Senkung des Geldangebots. Ein Gleichgewicht auf dem Geld- und Finanzmarkt impliziert, dass bei endogenem Geldangebot der Zinssatz nicht durch eine Einkommensänderung beeinflusst wird, die *LM*-Kurve also eine horizontale Linie ist. *Wichtig:* Auf dem Geldmarkt wird das Einkommen Y als gegeben betrachtet. Die Anpassungsvariable auf dem Geldmarkt im Fall der Zinssteuerung ist das Geldangebot!

d) Zur Herleitung der *LM*-Kurve bei Zinssteuerung betrachten wir wieder zunächst das Geldmarktgleichgewicht für ein gegebenes Einkommensniveau Y (siehe Punkt A in ▶*Abbildung 5.3*). Der Geldmarkt befindet sich im Gleichgewicht, wenn das reale Geldangebot $M_1{}^s$ der realen Geldnachfrage $M_1{}^d$ für ein gegebenes Einkommensniveau Y_1 entspricht. Als gleichgewichtiger Zinssatz ergibt sich i_1. Der gleichgewichtige Zinssatz i_1 für das gegebene Einkommen Y_1 korrespondiert mit Punkt A im i-Y-Diagramm. Wenn nun das Einkommen wieder auf Y_2 sinkt, verschiebt sich die Geldnachfragekurve nach links. Das neue Gleichgewicht befindet sich nun in Punkt C, mit dem niedrigeren Zinssatz i_2. Für ein gegebenes Geldangebot führt ein Rückgang des Einkommens zu einem Rückgang des Zinssatzes. Bei einem geringeren Einkommen wollen die Wirtschaftssubjekte weniger Bargeld halten und versuchen deshalb Wertpapiere zu kaufen, wodurch die Kurse steigen und der Zinssatz sinkt. Die Zinssenkung bewirkt wiederum einen Anstieg der Geldnachfrage. Der Zinssatz muss genau so stark sinken, bis sich diese beiden gegenläufigen Effekte auf die Geldnachfrage ausgleichen und die Geldnachfrage wieder dem unveränderten Geldangebot M_1/P entspricht. Der Geldmarkt befindet sich wieder im Gleichgewicht und ebenso der Wertpapiermarkt. Der gesunkene Zinssatz i_2 korrespondiert mit dem gegebenen niedrigeren Einkommen Y_2 im *i-Y*-Diagramm. Bei Geldmengensteuerung führt also ein Einkommensrückgang zu einer Senkung des Zinssatzes. Ein Gleichgewicht auf dem Geld- und Finanzmarkt impliziert bei Geldmengensteuerung, dass bei gegebenem Geldangebot der Zinssatz eine zunehmende Funktion des Einkommens ist. Die *LM*-Kurve hat deshalb einen steigenden Verlauf. *Wichtig:* Auf dem Geldmarkt wird das Einkommen *Y* als gegeben betrachtet. Die Anpassungsvariable auf dem Geldmarkt im Fall der Geldmengensteuerung ist der Zinssatz *i*!

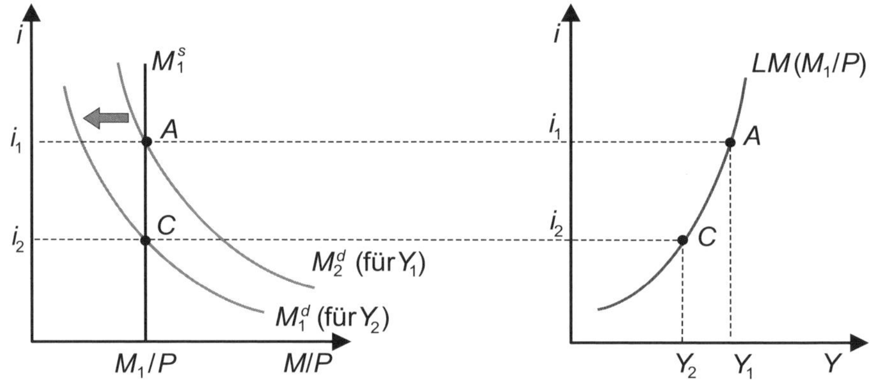

Abbildung 5.3: Herleitung der *LM*-Kurve bei Geldmengensteuerung

e) Sowohl bei Zins- als auch bei Geldmengensteuerung führen Veränderungen des realen Geldangebots (*M/P*) zu einer Verschiebung der *LM*-Kurve. Das reale Geldangebot kann sich sowohl durch Variationen der nominalen Geldmenge *M* als auch durch Variationen des Preisniveaus *P* verändern. *P* ist allerdings in der kurzen Frist und somit auch im *IS-LM*-Modell als konstant angenommen. Eine Erhöhung der realen Geldmenge (Rechtsverschiebung des realen Geldangebots im Geldmarktdiagramm) führt bei Zins- und bei Geldmengensteuerung für jedes gegebene Einkommensniveau zu einem Rückgang des Zinssatzes: Die *LM*-Kurve verschiebt sich nach unten. Eine Verringerung der realen Geldmenge (Linksverschiebung des realen Geldangebots im Geldmarktdiagramm) führt für jedes gegebene Einkommensniveau zu einem Anstieg des Zinssatzes: Die *LM*-Kurve verschiebt sich nach oben. Bei Geldmengensteuerung führen zudem Änderungen der Geldnachfrage bei unveränderter Produktion aufgrund exogener Schocks zu Verschiebungen der *LM*-Kurve. Wie im *Anhang* von Kapitel 5 des Lehrbuchs von Blanchard/Illing dargestellt wird, führt eine Flucht in Geldhaltung als sichere Anlageform während einer Finanzkrise zu einem solchen Anstieg der Geldnachfrage. Wenn dann die reale Geldmenge konstant gehalten wird, verschiebt sich die *LM*-Kurve nach oben, was mit einem Zinsanstieg und einem Rückgang der Produktion verbunden ist.

f) In ▸*Abbildung 5.4* führen die Erhöhungen autonomer Ausgaben (etwa des autonomen Konsums c_0) dazu, dass die *IS*-Kurve nach rechts verschoben wird, z.B. von IS_0 auf IS_1 (und dann IS_2). Die Zentralbank möchte einen Zinsanstieg verhindern, d.h. den Zinssatz bei i_0 halten. Daher erhöht sie das Geldangebot von M_0 auf M_1 (und dann M_2), was die *LM*-Kurve von LM_0 auf LM_1 (und dann LM_2) verschiebt. Die so entstehende horizontale Linie in Höhe i_0 entspricht dann der horizontalen *LM*-Kurve $LM(i_0)$.

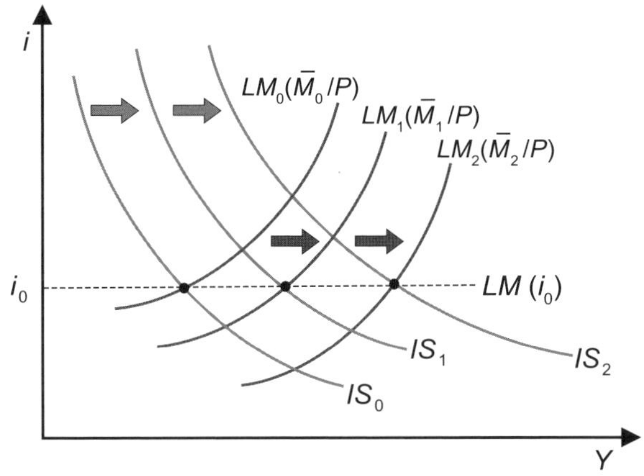

Abbildung 5.4: Ableitung der horizontalen *LM*-Kurve aus einem „traditionellen" *IS-LM*-Modell

20. Geld- und Fiskalpolitik im *IS-LM*-Modell

a) Mit einer expansiven Fiskalpolitik bezeichnet man eine Vergrößerung des Budgetdefizits $(G - T)$, welches aus einer Erhöhung der Staatsausgaben $(G\uparrow)$ und/oder einer Senkung der Steuern $(T\downarrow)$ resultiert. T und G sind in der Gleichgewichtsbedingung des Gütermarkts (*IS*-Kurve) enthalten, nicht jedoch in der Gleichgewichtsbedingung des Geldmarkts (*LM*-Kurve). Der Wirkungsmechanismus stellt sich wie folgt dar:

– Im Fall einer Erhöhung der Staatsausgaben: $G\uparrow \Rightarrow Z\uparrow \Rightarrow Y\uparrow$
– Im Fall einer Senkung der Steuern: $T\downarrow \Rightarrow Y_v\uparrow \Rightarrow C\uparrow \Rightarrow Z\uparrow \Rightarrow Y\uparrow$

Dies hat wiederum zwei (Multiplikator-)Effekte zur Folge:

$$1.\ Y\uparrow \Rightarrow Y_v\uparrow \Rightarrow C\uparrow \Rightarrow Z\uparrow \Rightarrow Y\uparrow$$
$$2.\ Y\uparrow \Rightarrow I\uparrow \Rightarrow Z\uparrow \Rightarrow Y\uparrow$$

Sowohl eine Staatsausgabenerhöhung als auch eine Steuersenkung bewirken also einen Anstieg der Güternachfrage und führen zu einem höheren Einkommen, bei dem sich der Gütermarkt bei gegebenem Zinssatz im Gleichgewicht befindet. Eine expansive Fiskalpolitik verursacht somit eine Verschiebung der *IS*-Kurve nach rechts im Umfang der Veränderung von G bzw. T multipliziert mit dem Multiplikator (IS' in ▸*Abbildung 5.5*). Für jeden gegebenen Zinssatz ist das Einkommen, bei dem der Gütermarkt nach einer expansiven Fiskalpolitik im Gleichgewicht ist, nun höher. Die *LM*-Kurve verändert sich nicht.

Da das Einkommen steigt, erhöht sich auch das Volumen der durchgeführten Transaktionen und damit die Geldnachfrage. Damit der Geldmarkt im Gleichgewicht bleibt, müsste also der Zinssatz steigen ($Y\uparrow \Rightarrow M^d\uparrow$ ($\Rightarrow$ Wertpapiernachfrage$\downarrow \Rightarrow$ Kurse$\downarrow$) $\Rightarrow i\uparrow$). Für die weiteren Schritte muss zwischen einer Zinssteuerung durch die Zentralbank und einer Geldmengensteuerung differenziert werden.

Bei einer **Zinssteuerung** möchte die Zentralbank den Anstieg des Zinses verhindern, d.h. den Zinssatz unverändert bei $\bar{i}$ halten. Wenn sie sofort auf den Anstieg der Geldnachfrage mit einer Ausweitung des Geldangebots durch eine expansive Offenmarktpolitik (Aufkauf von Wertpapieren) reagiert, dann gelingt das der Zentralbank ($M^s\uparrow \Rightarrow$ Wertpapierangebot$\downarrow \Rightarrow$ Kurse$\uparrow \Rightarrow i\downarrow$). Im Endeffekt bleibt der Zinssatz bei $\bar{i}$. Das neue Gleichgewicht mit einer erhöhten Produktion ist in Punkt A'.

Zur Analyse der Auswirkungen auf Komponenten des BIP bei **Zinssteuerung** wird vereinfachend angenommen, dass sich die expansive Fiskalpolitik aus einem isolierten Anstieg der Staatsausgaben ($\Delta G>0$) ergibt. In der Gleichung der *IS*-Kurve ist zu überlegen, wie und warum sich die einzelnen Variablen ändern, wobei beachtet werden muss, dass die Änderungen links und rechts des Gleichheitszeichens immer gleich sein müssen.

$$Y\uparrow = C\uparrow(Y\uparrow - \bar{T}) + I\uparrow(Y\uparrow, \bar{i}) + G\uparrow$$

T und i sind unverändert, G steigt (dies ist der Ausgangsimpuls) und Y steigt. Der Anstieg von Y führt zu einem Anstieg des verfügbaren Einkommens Y_V ($= Y - T$) und damit des Konsums C sowie des Absatzes Y und damit der Investitionen I. Bzgl. der Größenordnung lässt sich sagen: $\Delta Y = \Delta C + \Delta I + \Delta G$ mit $\Delta C > 0$, $\Delta I > 0$ und $\Delta G > 0$, d.h., die Änderungen der Produktion ΔY sind Dank der Multiplikatoreffekte deutlich höher als der Ausgangsimpuls ΔG.

Es gibt zwei Ansätze, um die Auswirkungen auf das private Sparen herauszufinden (siehe Kapitel 3 des Lehrbuchs von Blanchard/Illing): Die Definition des privaten Sparens als Differenz aus verfügbaren Einkommen und Konsum, d.h. die Sparfunktion $S = (Y - T) - C$, sowie dem Kapitalmarktgleichgewicht, wonach Investitionen immer durch privates und staatliches Sparen finanziert werden müssen ($I = S + (\bar{T} - G)$).

Der erste Ansatz (Sparfunktion) lässt sich darstellen als: $S\uparrow = Y\uparrow - \bar{T} - C\uparrow$. Zwar steigt sowohl Y (was S erhöht) als auch C (was S senkt). Dadurch, dass $c_1 < 1$ ist, gilt $\Delta Y > \Delta C$ und S steigt unter dem Strich.

Der zweite Ansatz (Kapitalmarktgleichgewicht) kommt eindeutig zu dem Schluss, dass das private Sparen steigt, da sowohl I als auch G steigen:

$$S\uparrow = I\uparrow - (\bar{T} - G\uparrow) \Leftrightarrow S\uparrow = I\uparrow - \bar{T} + G\uparrow.$$

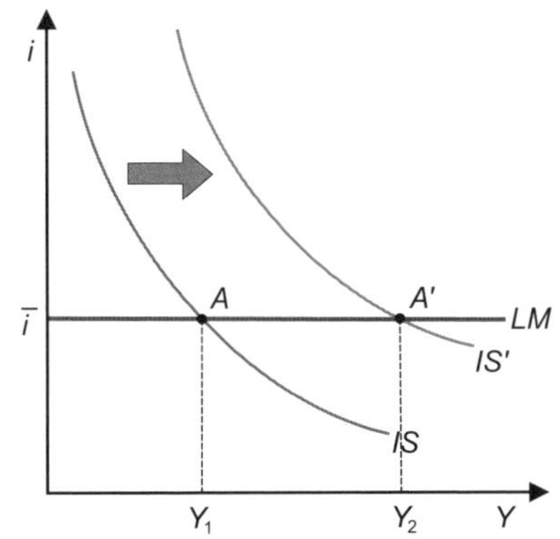

Abbildung 5.5: Expansive Fiskalpolitik bei Zinssteuerung

Bei einer **Geldmengensteuerung** sieht das Ergebnis expansiver Geldpolitik anders aus (▶*Abbildung 5.6*). Wie oben dargestellt, erhöht der Anstieg des Einkommens die Geldnachfrage. Bei konstantem realen Geldangebot steigt der Zinssatz. Da die Investitionen aber negativ vom Zinssatz abhängen, wird die Güternachfrage wieder etwas abgeschwächt. Die Volkswirtschaft bewegt sich zum neuen Gleichgewicht A'', dem Schnittpunkt der neuen *IS*-Kurve mit der alten *LM*-Kurve mit einem höheren Zinssatz i_2 und einem gestiegenen Einkommen Y_3. Der höhere Zinssatz schwächt den positiven Effekt von $G\uparrow$ bzw. $T\downarrow$ auf die Güternachfrage ab, kann ihn jedoch nicht vollständig konterkarieren. Man spricht in diesem Zusammenhang von einem **Crowding-Out** der Investitionen. Der Gesamteffekt auf die Investitionen, die annahmegemäß vom Einkommen positiv und vom Zinssatz negativ abhängen, ist jedoch theoretisch unbestimmt, da beide Effekte gegenläufig sind.

Die Komponenten des BIP bei **Geldmengensteuerung** verändern sich also wie folgt, wobei wieder vereinfachend angenommen wird, dass sich die expansive Fiskalpolitik aus einem isolierten Anstieg der Staatsausgaben (ΔG) ergibt.

$$Y\uparrow = C\uparrow(Y\uparrow - \overline{T}) + I?(Y\uparrow, i\uparrow) + G\uparrow$$

T ist unverändert, *G* steigt und *Y* steigt. Der Anstieg von *Y* führt zu einem Anstieg des verfügbaren Einkommens $(Y - T)$ und damit des Konsums *C*. Die Auswirkungen auf die Investitionen sind nun der Nettoeffekt zweier gegenläufiger Effekte: Der Anstieg des Absatzes *Y* erhöht die Investitionen *I*, der Anstieg des Zinses *i* reduziert die Investitionen *I*. Das Vorzeichen des Nettoeffekts auf *I* ist theoretisch unbestimmt. Durch den Anstieg des Zinssatzes und dem damit verbundenen Crowding-Out ist der Multiplikatoreffekt der Fiskalpolitik bei Geldmengensteuerung geringer als bei Zinssteuerung.

In Bezug auf das private Sparen zeigen beide Ansätze (Kapitalmarktgleichgewicht und Sparfunktion), dass das Ergebnis theoretisch unbestimmt ist: Da die Auswirkungen auf die privaten Investitionen unbestimmt sind, ist dies auch bzgl. des privaten Sparens der Fall $S? = I? - \overline{T} + G\uparrow$. Wenn *I* um mehr als den Anstieg der Staatsausgaben sinkt, wäre der Effekt auf *S* negativ. Dann könnte auch *Y* weniger steigen als C, sodass auch gemäß der Sparfunktion die Auswirkungen auf S unbestimmt wären $S? = Y\uparrow - \bar{T} - C\uparrow$.

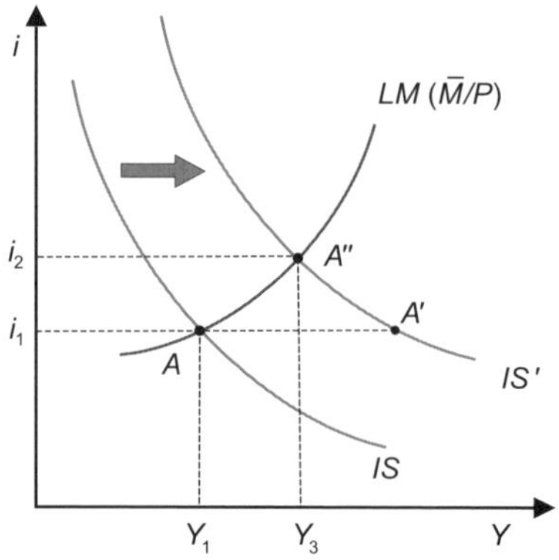

Abbildung 5.6: Expansive Fiskalpolitik bei Geldmengensteuerung

b) Mit einer kontraktiven Geldpolitik bezeichnet man im Fall einer Zinssteuerung eine Erhöhung des Zinssatzes $i\uparrow$ und im Fall einer Geldmengensteuerung eine Verringerung des realen Geldangebots $(M/P)\downarrow$. Beide Fälle hängen jedoch zusammen, da die Zentralbank $i\uparrow$ durch $(M/P)\downarrow$ erreicht. Unter der Annahme eines fixen Preisniveaus führt eine Verringerung von M zu einer Verringerung der realen Geldmenge M/P. Die Geldmenge ist in der Gleichgewichtsbedingung des Gütermarkts nicht enthalten und somit bleibt die *IS*-Kurve von einer kontraktiven Geldpolitik unberührt. Die Geldmenge ist jedoch in der Gleichgewichtsbedingung des Geldmarkts enthalten. Damit der Geldmarkt nach einer Verringerung der Geldmenge im Gleichgewicht bleibt, muss der Zinssatz ansteigen. Für jedes gegebene Einkommensniveau ist der Zinssatz nun höher und die *LM*-Kurve verschiebt sich nach oben, was schlicht einen Anstieg auf den Zinssatz $\bar{i}\,'$ bedeutet (Punkt A' in ▸*Abbildung 5.7*). Der Zinsanstieg wirkt negativ auf die Investitionsnachfrage und durch den Multiplikatorprozess verringert sich die Produktion. Die Volkswirtschaft bewegt sich entlang der *IS*-Kurve von Punkt A auf Punkt A'. Im neuen gesamtwirtschaftlichen Gleichgewicht (Punkt A'), dem Schnittpunkt der neuen *LM*-Kurve mit der alten *IS*-Kurve, ist die Produktion geringer und der Zinssatz höher. Die Investitionen gehen eindeutig zurück, da Y sinkt und i steigt – beides wirkt sich negativ auf die Investitionen aus.

Die Auswirkungen auf die Komponenten des BIP sind wie folgt: neben den Investitionen (siehe oben), nimmt auch der Konsum eindeutig ab.

$$Y\downarrow = C\downarrow(Y\downarrow - \bar{T}) + I\downarrow(Y\downarrow, i\uparrow) + \bar{G}$$

Genauso wie die Auswirkungen auf die Investitionen eindeutig sind, sind auch die Effekte auf das privaten Sparen eindeutig: $S\downarrow = I\downarrow - \bar{T} + \bar{G}$. Dies gilt auch für die Sparfunktion $S\downarrow = Y\downarrow - \bar{T} - C\downarrow$, weil Y stärker zurückgeht als C, da bei konstantem G gelten muss $\Delta Y = \Delta C + \Delta I$.

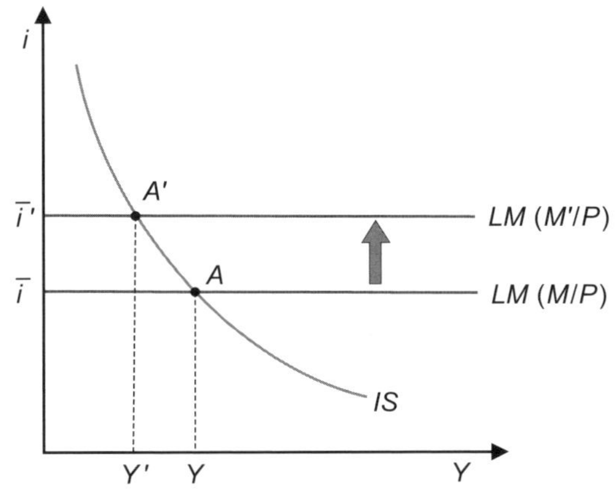

Abbildung 5.7: Kontraktive Geldpolitik

c) Eine Möglichkeit, im *IS-LM*-Modell den Zinssatz zu senken und gleichzeitig die Produktion konstant zu halten, ist ein Policy-Mix aus expansiver Geldpolitik und kontraktiver Fiskalpolitik. Eine expansive Geldpolitik führt zu einer Verschiebung der *LM*-Kurve nach unten, also einer Senkung des Zinssatzes. Daraus resultieren eine Erhöhung der Investitionsnachfrage und ein Produktionsanstieg. Der in der Aufgabenstellung nicht erwünschte Anstieg der Produktion kann durch eine simultane kontraktive Fiskalpolitik konterkariert werden. Durch eine kontraktive Fiskalpolitik (Senkung der Staatsausgaben bzw. Steuererhöhung) kommt es zu einer Linksverschiebung der *IS*-Kurve. Der Produktionsanstieg kann somit verhindert werden.

d) Die negative Steigung der *IS*-Kurve erklärt sich aus der Tatsache, dass die Investitionen negativ vom Zins abhängig sind. Je höher der Zinssatz, desto unrentabler werden viele Investitionsprojekte und somit sinken die Investitionen. Umgekehrt gilt: Je geringer der Zinssatz, desto rentabler werden viele Investitionsprojekte. Verantwortlich dafür, ob die *IS*-Kurve eher flach oder steil verläuft, ist die sogenannte Zinsreagibilität der Investitionen. Je stärker die Investitionen auf Zinsvariationen reagieren, desto flacher ist die *IS*-Kurve und je schwächer die Investitionen auf Zinsvariationen reagieren, desto steiler ist die *IS*-Kurve. Dies kann auch mit Hilfe der Zinselastizität der Investitionen ausgedrückt werden:

$$\eta_{I,i} = \frac{dI/I}{di/i} = \frac{dI}{di}\frac{i}{I}$$

Je höher die Zinselastizität der Investitionen, desto flacher ist die *IS*-Kurve und umgekehrt. Im Extremfall kann die Steigung der *IS*-Kurve unendlich werden (senkrechte *IS*-Kurve). Dies ist der Fall, wenn die Investitionen völlig zinsunelastisch sind. In einer solchen Situation spricht man von einer „Investitionsfalle", da die Investitionen nicht auf Zinsänderungen reagieren und expansive Geldpolitik wirkungslos wäre. Für die Wirksamkeit wirtschaftspolitischer Interventionen kommt der Zinselastizität der Investitionen eine entscheidende Bedeutung zu. Diese wird im Folgenden analysiert.

– *Expansive Geldpolitik*

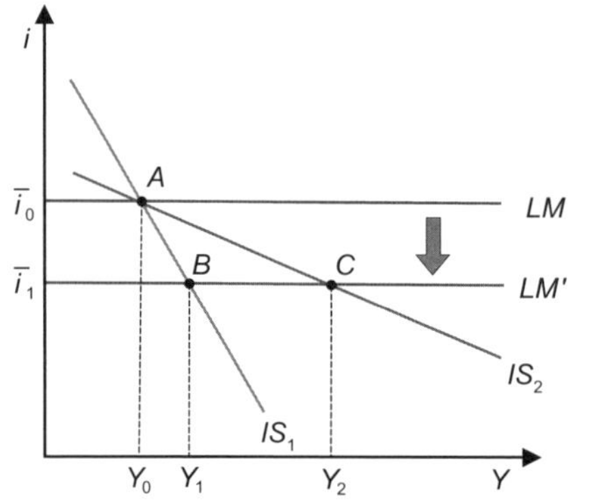

Abbildung 5.8: Expansive Geldpolitik bei Zinssteuerung

In der Ausgangssituation in Punkt *A* in ▶*Abbildung 5.8* ist das gesamtwirtschaftliche Gleichgewicht sowohl im Fall einer schwächer zinsreagiblen *IS*-Kurve (IS_1) als auch im Fall einer stärker zinsreagiblen *IS*-Kurve (IS_2) erreicht. Durch die expansive Geldpolitik wird die *LM*-Kurve nach unten verschoben (*LM'*). Die neuen Gleichgewichte für die unterschiedlich steilen *IS*-Kurven sind durch die Punkte *B* und *C* gekennzeichnet. Es ist zu erkennen, dass im neuen Gleichgewicht bei der flachen *IS*-Kurve das Einkommen höher ist als bei der steilen *IS*-Kurve. Der Grund liegt darin, dass im Fall einer flachen *IS*-Kurve die Investitionen stärker positiv auf die Zinssenkung reagieren und somit im Endeffekt ein höheres gleichgewichtiges Einkommen erreicht wird.

– *Expansive Fiskalpolitik*

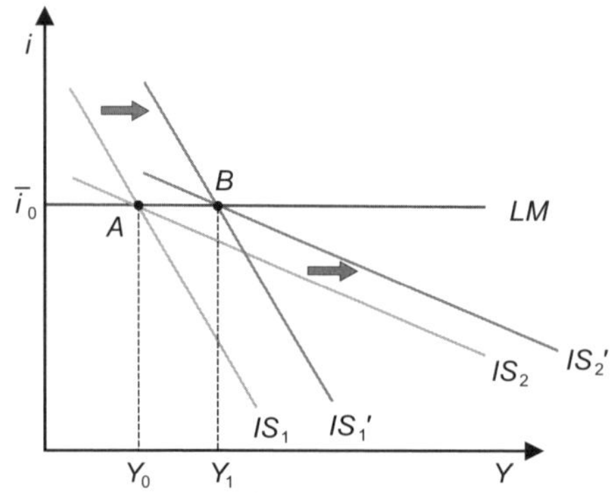

Abbildung 5.9: Expansive Fiskalpolitik bei Zinssteuerung

Punkt *A* in ▶*Abbildung 5.9* markiert das gesamtwirtschaftliche Gleichgewicht bei Zinssteuerung sowohl für den Fall einer flachen als auch einer steilen *IS*-Kurve. Nun wird eine expansive Fiskalpolitik durchgeführt. Dadurch wird die *IS*-Kurve horizontal um den Betrag der Erhöhung der Staatsausgaben multipliziert mit dem Multiplikator des Gütermarkts nach rechts verschoben. In der

Grafik verschieben sich also beide *IS*-Kurven (IS_1 und IS_2) um dieselbe Strecke nach rechts. Da dies im Fall einer **Zinssteuerung** nicht mit einer Veränderung des Zinssatzes einhergeht (dieser bleibt konstant bei $\bar{i}_0$, was die Zentralbank durch eine Erhöhung der Geldmenge sicherstellt), kommt es nicht zu einer Beeinflussung der Investitionen und somit spielt die Zinsreagibilität keine Rolle. Unabhängig von der Steigung der *IS*-Kurve wird das neue Gleichgewicht in Punk *B* erreicht.

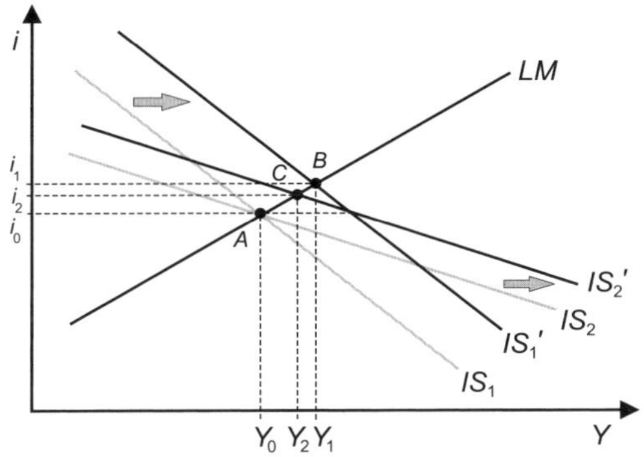

Abbildung 5.10: Expansive Fiskalpolitik bei Geldmengensteuerung

▸*Abbildung 5.10* zeigt die entsprechende Analyse der expansiven Fiskalpolitik für die Geldmengensteuerung. In der Grafik verschieben sich wieder beide *IS*-Kurven (IS_1 und IS_2) um dieselbe Strecke nach rechts. In ▸*Abbildung 5.10* ist zu erkennen, dass im Fall einer flachen *IS*-Kurve das Einkommen im neuen Gleichgewicht (Punkt *C*) geringer ist als im Fall einer steilen *IS*-Kurve (Punkt *B*). Der Grund liegt darin, dass im Fall einer flachen *IS*-Kurve die Investitionen stärker aufgrund des Zinsanstiegs zurückgedrängt werden. Das Investitions-Crowding-Out ist also umso stärker, je zinsreagibler die Investitionen sind.

Wirtschaftspolitische Implikation:

- Für den Fall, dass die Investitionen relativ stark auf Zinsvariationen reagieren (flache *IS*-Kurve), ist eine expansive Geldpolitik besonders wirksam.
- Wenn die Zentralbank eine Zinssteuerung betreibt, spielt die Zinsreagibilität der Investitionen für die Wirksamkeit der Fiskalpolitik keine Rolle.
- Wenn die Zentralbank eine Geldmengensteuerung betreibt, ist eine expansive Fiskalpolitik bei relativ schwach auf Zinsvariationen reagierenden Investitionen (steile *IS*-Kurve) besonders wirksam.

5.2 Übungsaufgaben

1. Für die bessere Übersicht sind alle numerischen Ergebnisse dieser Übungsaufgabe in ▶ *Tabelle 5.1* dargestellt.

   a) Ausgeglichenes Staatsbudget bedeutet: $G = T \Rightarrow T = 100$.

   Bestimmung der *IS*-Kurve (zuerst mit allgemeinen Parametern und Variablen):

   Für ein Gleichgewicht auf dem Gütermarkt gilt: Die Güternachfrage (Z) entspricht der Produktion (Y) $\Rightarrow Y = Z$ bzw. $Y = C + I + G$. Einsetzen für C und I gemäß Angaben ergibt:

$$Y = c_0 + c_1(Y - T) + b_0 + b_2 i + G \Leftrightarrow Y = \frac{1}{1-c_1}(c_0 + b_0 + G - c_1 T) - \frac{b_2}{1-c_1} i$$

   bzw. umgestellt nach dem Zinssatz $i = \frac{1}{b_2}(c_0 + b_0 + G - c_1 T) - \frac{1-c_1}{b_2} Y$

   wobei der erste Term den Achsenabschnitt der *IS*-Kurve im *i-Y*-Diagramm darstellt und der zweite Term die negative Steigung. Mit den Modelldaten der Aufgabe (inkl. der Information $T = G = 100$) ergibt sich somit:

$$Y = \frac{1}{1-0,8}(80 + 150 + 100 - 0,8 \cdot 100) - \frac{1.000}{1-0,2} i \Leftrightarrow Y = 1.250 - 5.000 i$$

   bzw. $i = 0,25 - 0,0002 \cdot Y$

   Der Achsenabschnitt der *IS*-Kurve liegt im *i-Y*-Diagramm somit bei einem Zinssatz von 0,25, die Steigung der *IS*-Kurve beträgt –0,0002.

   Die *LM*-Kurve bei Zinssteuerung lautet schlicht $i = i_0 = 10\%$. Es handelt sich also um eine horizontale Gerade. Die Produktion im Gleichgewicht wird berechnet, indem $i = i_0 = 10\%$ in die *IS*-Gleichung eingesetzt wird, also $Y = 1.250 - 5.000 \cdot 10\% = 750$. Dies entspricht grafisch dem Schnittpunkt aus *IS*- und *LM*-Kurve. Die *IS*-Kurve ist der geometrische Ort aller Kombinationen von Zins und Einkommen, bei denen sich der Gütermarkt im Gleichgewicht befindet. Die *LM*-Kurve ist analog der geometrische Ort aller Kombinationen von Zins und Einkommen, bei denen sich der Geldmarkt im Gleichgewicht befindet. Grafisch ist ein Gleichgewicht auf beiden Märkten durch den Schnittpunkt der beiden Kurven beschrieben. Bei dem angestrebten Zinssatz $i_0 = 10\%$ muss die Zentralbank das Geldangebot folgendermaßen wählen, damit das reale Geldangebot (M^s/P) der realen Geldnachfrage (M^d/P) bei $Y = 750$ entspricht, wobei $P = 1$ gilt und daher vernachlässigt werden kann:

$$M^s = M^d(i_0) = 0,2Y - 1.000 i_0 \Leftrightarrow M^s = 0,2 \cdot 750 - 1.000 \cdot 10\% = 50$$

   Für die grafische Darstellung des Geldmarkts wird die (reale) Geldnachfragefunktion noch nach i aufgelöst, wobei weiterhin $P = 1$ gilt

   $M^d = 0,2 \cdot 750 - 1.000 i \Leftrightarrow i = 0,15 - 0,001 M^d$

Grafisch:

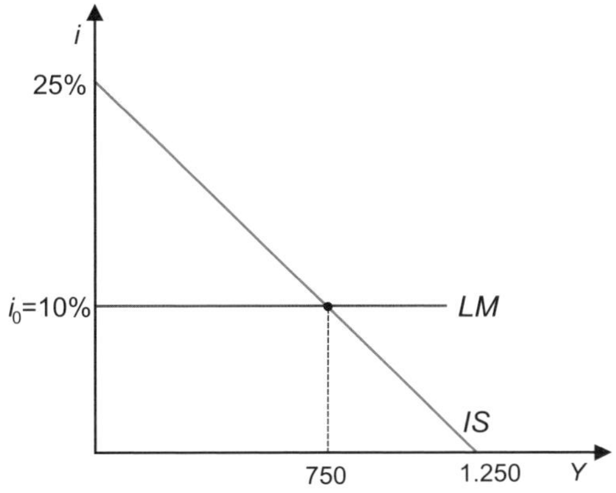

Abbildung 5.11: *IS*- und *LM*-Kurve

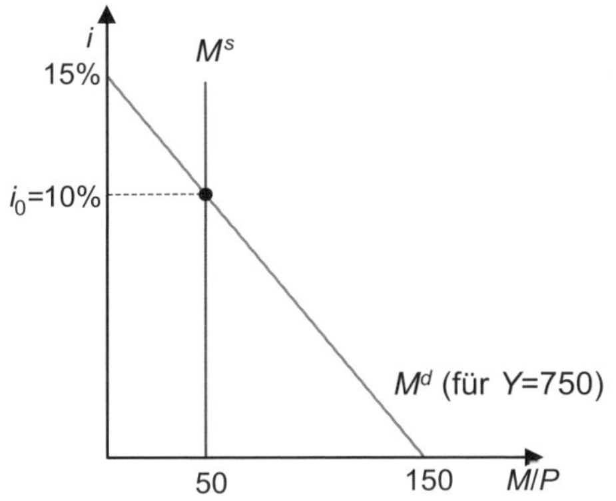

Abbildung 5.12: M^d- und M^s-Kurve

	G	T	Y	Y_v	M	C	I	S
a) + b) Ausgangssituation	100	100	750	650	50	600	50	50
c) Staatsausgaben-erhöhung	250	100	1.500	1.400	200	1.200	50	200
d) Steuerfinanzierte Staatsausgabenerhöhung	250	250	900	650	80	600	50	50

Tabelle 5.1: Übersicht über die Ergebnisse von Übungsaufgabe 1

b) Verfügbares Einkommen: $Y_v = Y - T = 750 - 100 = 650$
Konsum: $C = 80 + 0{,}8 \cdot Y_v = 80 + 0{,}8 \cdot 650 = 80 + 520 = 600$
Investitionen: $I = 150 - 1.000i = 150 - 1.000 \cdot 0{,}1 = 150 - 100 = 50$

Für das Gleichgewicht am Kapitalmarkt gilt die Bedingung, dass die Investitionen der Summe aus privatem und staatlichem Sparen, d.h. dem gesamtwirtschaftlichen Sparen, entsprechen müssen:

$$I = S + (T - G)$$

Berechnung des privaten Sparens: $S = Y_v - C \Leftrightarrow S = 50$

Einsetzen der Teilergebnisse in die Bedingung für das Gütermarktgleichgewicht sowie das Kapitalmarktgleichgewicht zeigt, dass diese erfüllt ist:

$$Y = Z = C + I + G \Leftrightarrow 750 = 600 + 50 + 100$$

$$I = S + (T - G) \Leftrightarrow 50 = 50 + (100 - 100)$$

c) Erhöhung der Staatsausgaben (kreditfinanziert) auf $G' = 250$. Die Steuern bleiben unverändert bei $T = 100$.

Neue *IS*-Kurve (*IS'*):

$$Y = \frac{1}{1-c_1}\left(c_0 + b_0 + G' - c_1 T\right) - \frac{b_2}{1-c_1} i$$

$$\Leftrightarrow Y = \frac{1}{1-0,8}\left(80 + 150 + 250 - 0,8 \cdot 100\right) - \frac{1.000}{1-0,8} i$$

$$\Leftrightarrow Y = 2.000 - 5.000i$$

bzw. $i = 0,4 - 0,0002 \cdot Y$

Grafisch verschiebt sich die *IS*-Kurve nach rechts. Im Vergleich zur *IS*-Kurve aus Teilaufgabe a) ist der Achsenabschnitt nun größer, die Steigung jedoch unverändert.

Die *LM*-Kurve, d.h. der Zinssatz, bleibt unverändert.

Durch Einsetzen des Zinssatzes in die *IS*-Gleichung ermittelt man nun das Einkommen im neuen Gleichgewicht:

$$\Leftrightarrow Y' = 2.000 - 5.000 \cdot 10\% = 1.500$$

Um zu gewährleisten, dass der Zinssatz konstant bei $i = 10\%$ bleibt, erhöht die Zentralbank das Geldangebot auf

$$M^{s'} = M^d\left(i_0\right) = 0,2Y - 1.000 i_0 \Leftrightarrow M^{s'} = 0,2 \cdot 1.500 - 1.000 \cdot 10\% = 200$$

Für die Investitionen im neuen Gleichgewicht gilt weiterhin:

$$I' = 150 - 1.000i' = 150 - 1.000 \cdot 10\% = 50$$

Das private Sparen nach der Staatsausgabenerhöhung wird ermittelt durch Einsetzen des neuen Einkommens, der unveränderten Steuern und des neuen Konsums in die Sparfunktion $S' = (Y' - T) - C'$.

Für den Konsum nach der Staatsausgabenerhöhung ergibt sich:

$$C' = 80 + 0,8(Y' - T) = 80 + 0,8 \cdot (1.500 - 100) = 1.200$$

Somit ergibt sich für das private Sparen nach der Staatsausgabenerhöhung:

$$S' = 1.500 - 100 - 1.200 = 200 \text{ (davor: } S = 50)$$

Budgetsaldo nach der Staatsausgabenerhöhung: $G' - T = 250 - 100 = 150$

Die Überprüfung ergibt, dass der Kapitalmarkt ebenfalls im Gleichgewicht ist:

$$I' = S' - (G' - T) \Leftrightarrow 50 = 200 - 150$$

Zusammenfassung der Ergebnisse dieser Aufgabe (siehe auch ▶ *Tabelle 5.1*):

- Erhöht der Staat seine Nachfrage durch ein kreditfinanziertes Budgetdefizit, steigt durch den Multiplikatoreffekt das Einkommen.
- Steigt das Einkommen, steigt allerdings auch die Nachfrage nach Geld aus dem Transaktionsmotiv. Die Wirtschaftssubjekte verkaufen Wertpapiere, um mehr Geld für Transaktionszwecke zur Verfügung zu haben. Dadurch gibt es ein Überschussangebot an Wertpapieren. Um zu verhindern, dass es nun zu einer Preissenkung bei Wertpapieren und somit einem steigenden Zinssatz kommt, kauft die Zentralbank Wertpapiere und erhöht somit die Geldmenge. Der Zinssatz bleibt konstant auf dem von der Zentralbank angestrebten Niveau (10%).
- Diese akkommodierende, den Zinssatz konstant haltende Geldpolitik sorgt dafür, dass das Budgetdefizit nicht die privaten Investitionen reduziert (kein Crowding-Out). (Dieses wäre der Fall bei einer Geldmengensteuerung).
- Das private Sparen steigt, da die Haushalte von jeder zusätzlichen Einheit an verfügbarem Einkommen nur den Anteil c_1 konsumieren und den Anteil $(1 - c_1)$ sparen.
- Das Kapitalangebot der Volkswirtschaft besteht hier nur aus dem Sparen der privaten Haushalte, da es kein positives staatliches Sparen gibt. Das Kapitalangebot (Sparen der privaten Haushalte) wird vom Staat nachgefragt, der damit sein Budgetdefizit finanziert, sowie von den Unternehmen für deren private Investitionen.

d) Die Staatsausgabenerhöhung wird nun mit Steuern in gleicher Höhe finanziert: $G' = T' = 250$.

Analoges Vorgehen wie in Teilaufgaben b) und c). Einsetzen der neuen Werte für die Staatsausgaben und Steuern ergibt folgende Werte für das Einkommen und die Geldmenge im neuen Gleichgewicht:

$$Y'' = \frac{1}{1-c_1}\left(c_0 + b_0 + G' - c_1 T'\right) - \frac{b_2}{1-c_1} i$$

$$\Leftrightarrow Y'' = \frac{1}{1-0{,}8}(80 + 150 + 250 - 0{,}8 \cdot 250) - \frac{1.000}{1-0{,}8} i$$

$$\Leftrightarrow Y'' = 1.400 - 5.000i$$

$$\Leftrightarrow Y'' = 1.400 - 5.000 \cdot 10\% = 900$$

$$M^{s''} = M^d(i_0) = 0{,}2Y - 1.000i_0 \Leftrightarrow M^{s''} = 0{,}2 \cdot 900 - 1.000 \cdot 10\% = 80$$

Berechnung des neuen privaten Sparens $S = Y_v - C$ mit

$Y_v'' = Y'' - T' = 900 - 250 = 650$ und $C'' = 80 + 0{,}8 \cdot 650 = 600$
ergibt $S'' = 50$.

Im Vergleich zur Ausgangssituation vor der steuerfinanzierten Staatsausgabenerhöhung bleibt das private Sparen der Volkswirtschaft nun konstant auf 50. Zwar steigt das Einkommen, aber durch die höheren Steuern bleibt das verfügbare Einkommen im Vergleich zur Ausgangssituation unverändert. Im Endergebnis ändern sich Konsum und privates Sparen nicht.

Da die Investitionen hier nur vom Zinssatz abhängen und dieser von der Zentralbank bei Zinssteuerung konstant gehalten wird, verändern sich diese nicht.

Der Anstieg von Y (= 750) auf Y'' (= 900) entspricht exakt dem Anstieg der Staatsausgaben und Steuern (um 150), mathematisch $\Delta Y = \Delta G = \Delta T = 150$ (siehe ▶*Tabelle 5.1*). Bei Zinssteuerung entspricht das Ergebnis einer steuerfinanzierten Staatsausgabenerhöhung also dem Haavelmo-Theorem, das in ▶*Kapitel 3* betrachtet wurde.

2. Aus der Information über ein ausgeglichenes Budget in der Ausgangssituation folgt: $G = T = 1.000$.

   a) Die Gleichgewichtsbedingung für den Gütermarkt lautet $Y = Z$ bzw.

   $Y = c_0 + c_1 (Y - T) + d_0 - d_1 i + G$ (*IS*-Gleichung)

   Die Gleichgewichtsbedingung für den Geldmarkt lautet $\frac{M^s}{P} = \frac{M^d}{P}$ (*LM*-Gleichung)

   $\frac{M}{P} = e_1 Y - e_2 i$ mit $i = i_0 = 34\%$

   Mögliche Vorgehensweise zur Ermittlung des gesamtwirtschaftlichen Gleichgewichts:

   Einsetzen von i_0 in die *IS*-Gleichung, danach auflösen nach Y.

   $$\Rightarrow \quad Y = c_0 + c_1 (Y - T) + d_0 - d_1 i_0 + G$$

   $$\Leftrightarrow Y_0 = \frac{1}{1 - c_1}(c_0 - c_1 T + d_0 - d_1 i_0 + G)$$

   Der Term vor der Klammer stellt den Ausgabenmultiplikator dar, der Term in der Klammer beinhaltet die exogen gegebenen Variablen und Parameter. Das so ermittelte Y_0 eingesetzt in die Gleichgewichtsbedingung am Geldmarkt für $i = i_0$ ergibt die reale Geldmenge:

   $$\frac{M}{P} = e_1 Y_0 - e_2 i_0$$

   Einsetzen der in der Aufgabenstellung angegebenen Parameter und Werte der exogenen Variablen in diese beiden Ausdrücke ergibt: $Y_0 = 5.900$ und $(M/P) = 1.000$ bzw. $M = 2.000$.

Daraus ergibt sich für den privaten Konsum:

$$C = c_0 + c_1(Y - T) = 1.000 + 0{,}8(5.900 - 1.000) = 4.920$$

b) Steuersenkung um 600, d.h. $dT = -600$.

Alternative I: Die Steuersenkung wird kreditfinanziert

Bildung des partiellen Differentials des Ausdrucks für die gleichgewichtige gesamtwirtschaftliche Produktion nach T.

$$\Leftrightarrow dY_T = -\frac{c_1}{1-c_1} \cdot dT$$

Daraus folgt:

$$dY_T = -\frac{0{,}8}{0{,}2}(-600) = 2.400$$

Die Produktion erhöht sich bei Alternative I um 2.400. Somit ergibt sich im neuen Gleichgewicht für die Produktion und den Konsum:

$$Y_I = Y_0 + dY_I = 5.900 + 2.400 = 8.300$$

$$C_I = c_0 + c_1(Y_I - T) = 1.000 + 0{,}8 \cdot (8.300 - 400) = 7.320$$

Alternative II: Gegenfinanzierung der Steuersenkung durch gleich hohe Senkung der Staatsausgaben $\Rightarrow dT = dG = -600$

Analoge Vorgehensweise wie bei Alternative I ergibt für die Änderung der Produktion, wobei $dG = dT$ gesetzt wird:

$$dY_{\text{II}} = -\frac{c_1}{1-c_1} dT + \frac{1}{1-c_1} dT = \frac{1-c_1}{1-c_1} dT = dT$$

$$\Leftrightarrow \quad dY_{\text{II}} = -600$$

Die Produktion verringert sich bei Alternative II um 600. Dies entspricht exakt der Senkung der Staatsausgaben (siehe dazu das Haavelmo-Theorem in ▶ *Kapitel 3*). Somit ergibt sich im neuen Gleichgewicht für die Produktion und den Konsum:

$$Y_{\text{II}} = Y_0 + dY_{\text{II}} = 5.900 - 600 = 5.300$$

$$C_{\text{II}} = c_0 + c_1(Y_{\text{II}} - T) = 1.000 + 0{,}8(5.300 - 400) = 4.920$$

c) *Annahme:* Alternative II soll durchgeführt werden, d.h. eine staatsausgabenfinanzierte Steuersenkung

Einkommen als Wohlfahrtsmaß:

Erhöht sich das Einkommen durch die staatsausgabenfinanzierte Steuersenkung? Betrachten Sie das Einkommen vor und nach der fiskalpolitischen Operation!

Einkommen davor: $Y_0 = 5.900$

Einkommen danach: $Y_{II} = 5.300$

$\Rightarrow$ Das Einkommen ist gesunken; wenn das Einkommen als Wohlfahrtsmaß betrachtet wird, ist die vorgeschlagene staatsausgabenfinanzierte Steuersenkung abzulehnen!

Privater Konsum als Wohlfahrtsmaß:

Privater Konsum davor: $C = 4.920$

Privater Konsum danach: $C_{II} = 4.920$

$\Rightarrow$ Der private Konsum ist konstant geblieben; wenn der private Konsum als Wohlfahrtsmaß betrachtet wird, ist die vorgeschlagene staatsausgabenfinanzierte Steuersenkung irrelevant!

d) Die Zentralbank muss den Zinssatz so verändern, dass sich das Einkommen durch die staatsausgabenfinanzierte Steuersenkung nicht verändert. Man bildet das totale Differential des Ausdrucks für die Produktion im gesamtwirtschaftlichen Gleichgewicht:

$$dY = \frac{1}{1-c_1}\left(dc_0 - c_1 dT + dd_0 - d_1 di + dG\right)$$

Da vorausgesetzt wird, dass sich das Einkommen nicht ändern soll, gilt: $dY = 0$. Da der autonome Konsum und die autonomen Investitionen unverändert bleiben, gilt: $dc_0 = dd_0 = 0$. Des Weiteren gilt bei einer staatsausgabenfinanzierten Steuersenkung: $dT = dG$. Somit reduziert sich obiges totale Differential zu:

$$\frac{1}{1-c_1}\left(-c_1 dT - d_1 di + dT\right) = 0 \Leftrightarrow dT - \frac{d_1}{1-c_1} di = 0$$

Einsetzen der Parameterwerte und für $dT = -600$ ergibt:

$$-600 - 15.000 di = 0$$

$$\Leftrightarrow \quad di = -0{,}04$$

Wenn die Zentralbank den Zinssatz um 4 Prozentpunkte senkt, dann kommt es bei einer staatsausgabenfinanzierten Steuersenkung in diesem Fall zu keiner Veränderung des Einkommens. Dies entspricht einer Erhöhung der realen Geldmenge um 160 und somit der nominalen Geldmenge um 320.

$$d\left(\frac{M}{P}\right) = -e_2 \cdot di = -4.000 \cdot (-0{,}04) = 160$$

e) Die Staatsausgaben werden nun in Abhängigkeit vom Einkommen getätigt:

$$G = g_0 + g_1 Y, \text{ wobei gilt: } -1 < g_1 < 1$$

Der Ausdruck zur Ermittlung des gleichgewichtigen Einkommens aus Teilaufgabe a) unter Berücksichtigung dieser Modifikation:

$$Y = c_0 + c_1 (Y - T) + d_0 - d_1 i_0 + g_0 + g_1 Y$$

$$\Leftrightarrow Y_1 = \frac{1}{1 - c_1 - g_1} (c_0 - c_1 T + d_0 - d_1 i_0 + g_0)$$

Mit prozyklischer Fiskalpolitik ist gemeint, dass die Staatsausgaben erhöht werden, wenn das Einkommen bzw. die Produktion steigt. Dies ist der Fall, wenn für die zyklische Komponente g_1 gilt: $0 < g_1 < 1$. Analog zur Definition der Konsumneigung der privaten Haushalte bedeutet dies, dass die Staatsausgaben um g_1 erhöht werden, wenn das Einkommen um eine Einheit steigt. Mit antizyklischer Fiskalpolitik ist gemeint, dass die Staatsausgaben gesenkt werden, wenn das Einkommen bzw. die Produktion steigt. Dies ist der Fall, wenn für die zyklische Komponente g_1 gilt: $-1 < g_1 < 0$. Um eine Aussage darüber treffen zu können, ob eine antizyklische ($-1 < g_1 < 0$) oder eine prozyklische Fiskalpolitik ($0 < g_1 < 1$) größere Konjunkturschwankungen verursacht, muss untersucht werden, bei welcher Politik der Multiplikator größer bzw. kleiner ist. Wie zu erkennen ist, taucht die zyklische Komponente g_1 im Nenner des Multiplikators auf. Gilt für die zyklische Komponente $0 < g_1 < 1$, so wird der Nenner kleiner und der Multiplikator größer. Gilt $-1 < g_1 < 0$, so wird der Nenner größer und der Multiplikator kleiner.

Mathematisch ist dies anhand der partiellen Ableitung des Multiplikators nach g_1 zu erkennen:

$$\frac{\partial[1/(1 - c_1 - g_1)]}{\partial g_1} = \frac{1}{(1 - c_1 - g_1)^2} > 0$$

Der Multiplikator hängt somit positiv von der zyklischen Komponente ab. Das bedeutet, dass prozyklische ($0 < g_1 < 1$) Fiskalpolitik größere Schwankungen im Konjunkturverlauf induziert als antizyklische ($-1 < g_1 < 0$) Fiskalpolitik.

3. Berechnung der gleichgewichtigen Produktion:
   a) Einsetzen der Verhaltensgleichungen für Konsum und Investitionen in die Bedingung für ein Gütermarktgleichgewicht und Auflösen nach *Y*:

$$Y = c_0 + c_1 (Y - T) + b_0 + b_1 Y - b_2 i + G$$

$$\Leftrightarrow \quad Y = \frac{1}{1 - c_1 - b_1} (c_0 - c_1 T + b_0 - b_2 i + G)$$

Der Multiplikator im Fall mit exogenen Investitionen ($b_1 = b_2 = 0$) lautet (siehe ▸*Kapitel 3*):

$$\frac{1}{1 - c_1}$$

Im Fall mit einkommensabhängigen Investitionen:

$$\frac{1}{1-c_1-b_1}$$

Der Unterschied der beiden Multiplikatoren liegt im Parameter b_1, der Reagibilität der Investitionen in Bezug auf das Einkommen bzw. den Absatz. Es wird angenommen, dass $0 < b_1 < 1$ und $c_1 + b_1 < 1$. Diese Annahme muss getroffen werden, damit der Multiplikator nicht negativ oder der Nenner null wird und mathematisch ein Gleichgewicht erreicht werden kann. Empirische Untersuchungen stützen die Annahme, dass gilt $c_1 + b_1 < 1$. Aus dieser Annahme folgt, dass der Nenner des Multiplikators bei einkommensabhängigen Investitionen kleiner wird, und der Multiplikator insgesamt größer:

$$\frac{1}{1-c_1-b_1} > \frac{1}{1-c_1}$$

Der Effekt einer Staatsausgabenerhöhung ist also in diesem Fall größer. Begründung: Das durch die Staatsausgabenerhöhung generierte zusätzliche Einkommen (über höhere Nachfrage und damit höhere Produktion) führt im Fall einer einkommensabhängigen Investitionsnachfrage neben der Erhöhung der privaten Konsumnachfrage auch zu einer Ausweitung der Investitionsnachfrage der Unternehmen. Die gesamte Nachfrage steigt also stärker an, wodurch sich ein höherer Anstieg für Produktion und Einkommen ergibt.

b) Bedingung für das Gütermarktgleichgewicht: $Y = Z$ bzw. $Y = C + I + G$

Einsetzen der Verhaltensgleichungen für Konsum und Investitionen sowie Einsetzen der exogen gegebenen Variablen ergibt das gleichgewichtige Einkommen:

$$Y_0 = \frac{1}{1-0{,}6-0{,}2}\left(200-0{,}6\cdot 100+200-150\cdot 10{,}79\%+100\right)$$

$$Y_0 = 2.119{,}075 \approx 2.119$$

Durch Einsetzen in das Geldmarktgleichgewicht ergibt sich die reale Geldmenge:

$$\frac{M^S}{P} = \frac{M^D}{P}\left(Y_0, i_0\right) \Leftrightarrow \frac{M}{P} = Y_0 - 15.000 i_0 = 2.119 - 15.000\cdot 10{,}79\% \approx 500$$

sowie die nominale Geldmenge $M = 1.000$.

c) Der Zinssatz wird auf $i_1 = 9{,}52\%$ gesenkt. Eingesetzt in die *IS*-Gleichung ergibt sich:

$$Y_1 = \frac{1}{1-0{,}6-0{,}2}\left(200-0{,}6\cdot 100+200-150\cdot 9{,}52\%+100\right) = 2.128{,}6 \approx 2.129$$

Daraus ergibt sich die reale Geldmenge

$$\frac{M}{P} = Y_1 - 15.000 i_1 = 2.129 - 15.000 \cdot 9{,}52\% \approx 701$$

und die nominale Geldmenge $M = 1.402$.

d) Die Auswirkungen der Änderungen des Preisniveaus hängen wieder ganz entscheidend davon ab, ob die Zentralbank eine Zinssteuerung oder eine Geldmengensteuerung betreibt. Im Fall einer **Zinssteuerung** ist es sehr einfach: Eine Erhöhung des Preisniveaus P um π% würde die Zentralbank veranlassen auch die nominale Geldmenge M um π% zu erhöhen, sodass die reale Geldmenge M/P und somit der Zinssatz i konstant bleibt, da die jeweiligen Wachstumsfaktoren einfach gekürzt würden: $M(1 + \pi) / P(1 + \pi)$. Eine Erhöhung des Preisniveaus von 2 auf 4 (also um 100%) würde demnach auch die nominale Geldmenge von 1.000 auf 2.000 verdoppeln. Der Zinssatz würde weiterhin $i = i_0 = 10{,}79\%$ und die Produktion unverändert $Y_0 = 2.119$ betragen.

Im Fall einer **Geldmengensteuerung**, also einer konstanten nominalen Geldmenge von $M = 1.000$, ergäben sich reale Auswirkungen. Nach einer Erhöhung des Preisniveaus von 2 auf 4 würden die reale Geldmenge M/P statt 500 nur noch 250 betragen, was den Zinssatz erhöhen würde. Eine derartige Verringerung der realen Geldmenge durch das Preisniveau ist in seiner Wirkung im *IS-LM*-Modell gleichbedeutend mit einer kontraktiven Geldpolitik. Grafisch würde sich die *LM*-Kurve nach oben verschieben und ein neues Gleichgewicht mit einem geringeren Einkommen und einem höheren Zinssatz erreicht werden. Die rechnerische Überprüfung bestätigt dies. Dazu wird die nach i aufgelöste *LM*-Gleichung (Geldmarktgleichgewicht)

$$\frac{M^d}{P} = \frac{M^s}{P} \Leftrightarrow \frac{M}{P} = Y - 15.000 i \Leftrightarrow i = \frac{1}{15.000}\left(Y - \frac{M}{P}\right)$$

in die *IS*-Gleichung (Gütermarktgleichgewicht)

$$Y = \frac{1}{1 - c_1 - b_1}\left(c_0 - c_1 T + b_0 - b_2 i + G\right)$$

substituiert und die Parameter sowie die exogenen Variablen eingesetzt, wobei die reale Geldmenge M/P statt 500 nur noch 250 beträgt.

$$Y = 200 + 0{,}6\left(Y - 100\right) + 200 + 0{,}2Y - 150\left(\frac{1}{15.000}Y - \frac{1}{15.000}250\right) + 100$$

aufgelöst nach Y ergibt:

$$Y_2 = 2.107{,}14 \approx 2.107$$

$$i_2 = 0{,}1238 \approx 12{,}4\%$$

Zusammenfassend kann man also sagen: Wenn eine Zentralbank eine Zinssteuerung betreibt und die Veränderung des Preisniveaus völlig ignoriert (was ziemlich unwahrscheinlich ist), haben Änderungen des Preisniveaus keinerlei Auswirkungen auf die Produktion und den Zinssatz, da die nominale Geldmenge immer so angepasst wird, dass die reale Geldmenge konstant bleibt. Wenn eine Zentralbank eine Geldmengensteuerung betreibt, dann bedeutet ein Anstieg des Preisniveaus bei konstanter nominaler Geldmenge im *IS-LM*-Modell eine kontraktive Geldpolitik, da dies mit einem Rückgang der realen Geldmenge und einem Anstieg des Zinssatzes verbunden ist.

4. Da es sich um Schocks auf dem Gütermarkt handelt, wird die *IS*-Kurve verschoben. Da es sich um negative Schocks handelt, wird bei gegebenem Zinssatz die Nachfrage reduziert, d.h. die *IS*-Kurve parallel nach links verschoben. ▸*Abbildung 5.13* zeigt die Auswirkungen auf dem Geldmarkt und im *IS-LM*-Modell bei **Zinssteuerung**. Der mit der Linksverschiebung der *IS*-Kurve symbolisierte Rückgang des Einkommens von Y_0 auf Y_1 reduziert die Geldnachfrage (Linksverschiebung der M^d-Kurve). Daraufhin kommt es nicht zu einem Rückgang des Zinssatzes, da die Zentralbank den Zinssatz bei i_0 halten will und daher das reale Geldangebot reduziert (Linksverschiebung der M^s-Kurve).

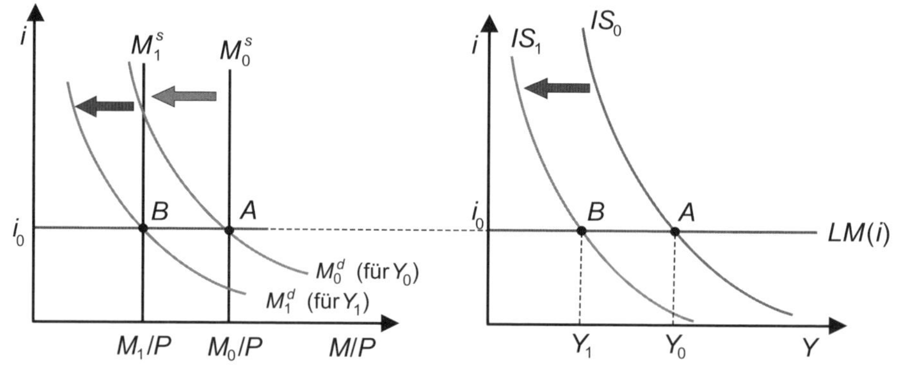

Abbildung 5.13: Die Reaktion auf Gütermarktschocks bei Zinssteuerung

▸*Abbildung 5.14* zeigt im Gegensatz dazu die Auswirkungen des negativen Gütermarktschocks bei **Geldmengensteuerung**. Die Linksverschiebung der *IS*-Kurve reduziert wieder die Geldnachfrage. Da diesmal jedoch das reale Geldangebot auf M_0/P fixiert ist, sinkt der Zinssatz. Dies wiederum stimuliert die Investitionen, sodass im Endeffekt der Gleichgewichtspunkt *D* erreicht wird, bei dem der Zinssatz niedriger ist als i_0, damit aber die Produktion mit Y_3 höher ist als Y_1. Hält die Zentralbank die Geldmenge konstant, wirkt diese Geldpolitik im Vergleich zur Zinssteuerung also quasi als automatischer Stabilisator von Schocks im Gütermarkt. Allerdings kann die Zentralbank auch bei Zinssteuerung im Fall eines rechtzeitig antizipierten bzw. diagnostizierten Güternachfrageschocks reagieren, indem sie den angestrebten Zinssatz senkt.

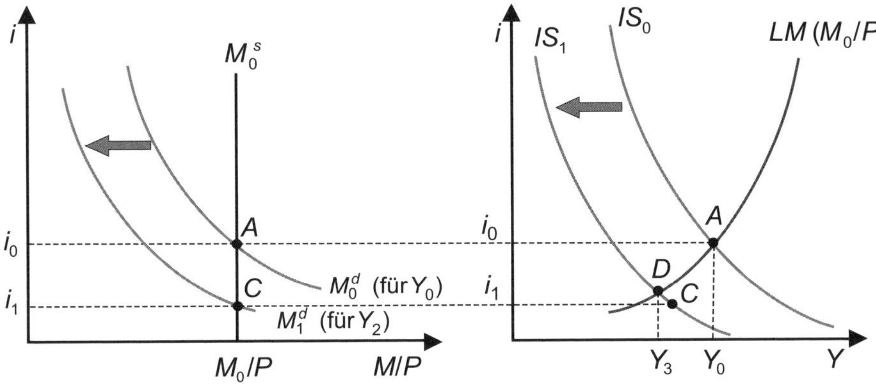

Abbildung 5.14: Die Reaktion auf Gütermarktschocks bei Geldmengensteuerung

6 Finanzmärkte II: Das erweiterte *IS-LM*-Modell

6.1 Wissen- und Verständnistests

Multiple Choice

1. Der Realzins gibt an,
   a) auf wie viele Einheiten Konsum wir in einem Jahr verzichten müssen, um heute eine zusätzliche Einheit konsumieren zu können.
   b) auf wie viele Euro wir in einem Jahr verzichten müssen, um heute eine zusätzliche Einheit konsumieren zu können.
   c) wie viele Euro wir heute aufgeben müssen, um in einem Jahr eine zusätzliche Einheit Konsum zur Verfügung zu haben.
   d) auf wie viele Einheiten Konsum wir heute verzichten müssen, um in einem Jahr eine zusätzliche Einheit konsumieren zu können.

2. Gehen Sie von der folgenden Bankbilanz aus:

Aktiva		**Passiva**	
Kassenbestände	25	Einlagen	150
Kredite an Unternehmen	115	Schuldverschreibungen bei anderen Banken	50
Verbriefte Forderungen	100	Eigenkapital	40
Summe	240	Summe	240

   Der Hebel (Leverage) und die Eigenkapitalquote der Bank betragen
   a) 5 und 1/5.
   b) 6 und 1/6.
   c) 5 und 1/6.
   d) 10 und 8%.

3. Ausgehend von der Situation in Aufgabe 2 kommt es zu einem Preisverfall am Immobilienmarkt, dessen Ende nicht absehbar ist. Der Bilanzwert der verbrieften Forderungen sinkt in der Folge um 20. Hebel und Eigenkapitalquote betragen nun
   a) 11 und 1/10.
   b) 10 und 1/10.
   c) 5,5 und 1/11.
   d) 11 und 1/11.

4. Ausgehend von der Situation in Aufgabe 2 kommt es als Folge der Immobilienkrise zu einer schweren Rezession. In der Folge können einige Unternehmen, denen die Bank aus Aufgabe 2 Kredite verschafft hat, diese nicht zurückzahlen. Ab welchen Verlusten im Kreditportfolio erleiden die Fremdkapitalgeber (Einleger und andere Banken) erste finanzielle Einbußen?
   a) Wenn der Wert des Kreditportfolios um 15 Einheiten sinkt.
   b) Wenn der Wert des Kreditportfolios auf einen Wert von 100 fällt.
   c) Wenn der Wert des Kreditportfolios auf einen Wert unter 95 fällt.
   d) Wenn der Wert des Kreditportfolios um mehr als 25 Einheiten sinkt.
5. Ausgehend von der Situation in Aufgabe 2 kommt es als Folge der Immobilienkrise zu einer schweren Rezession. In der Folge können einige Unternehmen, denen die Bank aus Aufgabe 2 Kredite verschafft hat, diese nicht zurückzahlen. Besorgt um die Situation der Bank entscheiden sich die Einleger der Bank, 1/3 ihrer Einlagen abzuziehen, noch bevor die Bank die Verschlechterung am Immobilienmarkt und in der Realwirtschaft in der Bilanz berücksichtigt hat (ihre offizielle Bilanzsumme beträgt also immer noch 240 und ihr Eigenkapital 40). Mit welchem Problem sieht sich die Bank konfrontiert?
   a) Ihre Kassenbestände decken nur die Hälfte der Verbindlichkeiten, die die Bank kurzfristig bedienen muss.
   b) Um der kurzfristigen Nachfrage nach Liquidität nachkommen zu können, muss die Bank unter Umständen Aktiva verkaufen, deren Marktwert unter dem in der Bilanz eingetragenen Wert liegt.
   c) Der Versuch der Bank, sich durch Ausgabe neuer Aktien oder Verkauf neuer Schuldverschreibungen bei anderen Banken zusätzliche Liquidität zu verschaffen, dürfte aufgrund der eigenen Bilanzrisiken und der angespannten gesamtwirtschaftlichen Situation äußerst kostenträchtig oder sogar unmöglich sein.
   d) Alle der vorangegangenen Antworten sind korrekt.
6. Die Finanzmarktkrise, die im Sommer 2007 begann, verschärfte sich im Herbst des Jahres 2008 erheblich, nachdem die Investmentbank Lehman Brothers Insolvenz anmelden musste. Auch wenn die Folgen dieses Konkurses vielschichtig waren, erklärt vor allem ein Aspekt diese extreme Verschärfung.
   a) Unternehmen, die zuvor Kunden bei Lehman Brothers waren, verloren für eine gewisse Zeit den Zugang zum Kapitalmarkt.
   b) Kleinanleger in der ganzen Welt büßten durch den Konkurs einen erheblichen Teil ihrer Ersparnisse ein.
   c) Bis zum Zusammenbruch von Lehman Brothers gingen die Finanzmarktakteure davon aus, dass die Verbindlichkeiten großer Finanzinstitute durch implizite Staatsgarantien abgesichert seien. Der Konkurs von Lehman zeigte, dass dies nicht der Fall war und dass auch Fremdkapitalgeber mit Einbußen rechnen mussten.
   d) Der Fall des Aktienkurses von Lehman Brothers führte zu Verlusten bei anderen großen Banken.

7. Wie lassen sich das Ausmaß der Zuspitzung einer Finanzkrise und die Intensität der Probleme bei der Kreditvergabe annäherungsweise bestimmen?
   a) Indem man für die gleiche Laufzeit die Differenz zwischen dem Zinssatz, den Banken für Geschäfte untereinander verlangen, und dem Zinssatz auf sichere Staatspapiere ermittelt.
   b) Indem man die Differenz zwischen dem aktuellen Zentralbankzins und dem Zentralbankzins in drei Monaten ermittelt.
   c) Indem man die Differenz zwischen dem aktuellen Zentralbankzins und dem Zentralbankzins vor Beginn der Krise ermittelt.
   d) Indem man die Differenz zwischen Euribor und LIBOR ermittelt.

Wahr/Falsch: Welche der jeweiligen Aussagen sind wahr, welche falsch?

8. Wenn der Nominalzins auf der vertikalen Achse steht, wird die *LM*-Kurve nach unten verschoben durch einen Anstieg
   a) der nominalen Geldmenge.
   b) der realen Geldmenge.
   c) des nominalen Zinssatzes.
   d) der Inflationserwartungen.

9. Wenn Anleger sich zwischen Geld und Anleihen entscheiden wollen, reicht es, wenn sie folgende Größe kennen:
   a) den Realzins.
   b) den Nominalzins.
   c) die erwartete Inflation.
   d) den Realzins und die erwartete Inflation.

10. Für einen gegebenen Nominalzins i verursacht ein Anstieg der erwarteten Inflationsrate
   a) einen niedrigeren Realzins.
   b) einen Rückgang der Geldnachfrage.
   c) einen Anstieg der Investitionen.
   d) einen Anstieg des Geldangebots.

11. Wenn eine Bank ihren Leverage, also das Verhältnis von Bilanzsumme zu Eigenkapital, erhöht,
   a) steigt ihre Eigenkapitalquote.
   b) nimmt ihre Fähigkeit, Verluste durch eine Reduktion des Eigenkapitals temporär abzufedern, ab.
   c) vergrößert sie die Eigenkapitalrendite, die bei einem gegebenen Wertgewinn ihres Wertpapierportfolios erzielt werden kann.
   d) erhöht sich die Gefahr, dass sie bei Verlusten Wertpapierpositionen überstürzt auflösen muss.

12. Die Verbriefung von Hypothekenkrediten trug zur Finanzkrise 2007/2008 bei,
    a) weil sie üblicherweise die Streuung von Risiken verringert.
    b) weil sie Anreize zur effektiven Auswahl und Überwachung von Kreditnehmern verringerte.
    c) weil sie aufgrund von Anreizverzerrungen dazu beitrug, dass Immobilienkredite auch an solche Haushalte vergeben wurden, die nicht in der Lage waren, diese zu bedienen.
    d) weil sie im Vorfeld der Krise die Zinskosten, die bei einem Immobilienkauf anfallen, stark in die Höhe trieb.

Basiswissen

13. Ursachen und Verlauf der Finanzkrise der Jahre 2007/2008
    a) Schildern Sie knapp Hauptursachen, die zum Entstehen der Krise beigetragen haben!
    b) In welcher Weise kam es während der Krise zu sich selbst verstärkenden Abwärtsspiralen?
14. Krise im Euroraum
    a) Viele Beobachter sehen in den massiven Kapitalströmen, die in Folge der Euro-Einführung einsetzten, eine der Hauptursachen für die Krise im Euroraum. Erläutern Sie!
    b) Als wesentliche Antriebsfeder der Krise im Euroraum wird häufig der Zusammenhang zwischen Problemen bei Banken und Problemen der Staatsverschuldung gesehen. Wie lässt sich dieser Zusammenhang möglichst knapp erläutern?
    c) Wie wirken sich die Probleme von Banken und Staaten auf die Realwirtschaft aus? Argumentieren Sie mit Hilfe eines erweiterten *IS-LM*-Modells!
15. Finanzkrisen im erweiterten *IS-LM*-Modell
    a) Welche Auswirkungen hat eine abrupte Erhöhung der Risikoaufschläge im Rahmen des erweiterten *IS-LM*-Modells?
    b) Welche weiteren Effekte von Finanzkrisen können in einem erweiterten *IS-LM*-Modell auftreten?
    c) Mit welchen Herausforderungen muss eine Zentralbank im Rahmen des erweiterten *IS-LM*-Modells rechnen, wenn sie versucht, die Folgen einer Finanzkrise abzumildern?
16. Zinssätze im erweiterten *IS-LM*-Modell
    a) Von welchem Zinssatz hängt die *LM*-Funktion ab? Warum?
    b) Von welchem Zinssatz hängt die *IS*-Funktion ab? Warum?
    c) Was bewirkt ein Anstieg der Inflationserwartungen im *IS-LM*-Diagramm im (r, Y)-Raum sowie im (i, Y)-Raum?
    d) Bedeutet das Ergebnis in c), dass ein Anstieg von π^e immer positiv ist? *Hinweis:* Denken Sie über das *IS-LM*-Modell hinaus!

6.2 Übungsaufgaben

1. Beziehung zwischen Realzins, Nominalzins und erwarteter Inflation

   Gehen Sie davon aus, Sie hätten einen Geldbetrag V zur Verfügung, den Sie entweder in mit i nominalverzinste Anleihen oder in Kapitalgüter investieren können, die einen Realertrag von r abwerfen.

   a) Stellen Sie für beide Anlageformen die erwartete nominale Auszahlung in einer Periode dar.

   b) Leiten Sie nun anhand eines einfachen Arbitragekalküls die Beziehung her. Gehen Sie davon aus, dass Sie sich risikoneutral verhalten.

   c) Berechnen Sie für alle folgenden Kombinationen von Nominalzins und erwarteter Inflationsrate den Realzins einmal mit der Approximation (r_{appr}) und einmal mit der exakten Definition (r_{exakt}).

i	π^e	r_{appr}	r_{exakt}
3%	0%		
5%	2%		
10%	7%		
15%	12%		
20%	17%		
50%	47%		
100%	97%		

   d) Wie verändert sich die Güte der Approximation von r mit steigendem i und π^e?

2. Nullzinsgrenze

   a) Erläutern Sie, welcher Zinssatz – Nominal- oder Realzins – nicht negativ werden kann.

   b) Warum gilt dies für den anderen Zinssatz nicht?

3. Das erweiterte *IS-LM*-Modell – grafische Darstellung

   Aufgabe 5 aus Kapitel 6 des Lehrbuchs von Blanchard/Illing behandelt das um komplexere Finanzmärkte erweiterte *IS-LM*-Modell. Stellen wir nun die dort aufgeführten Veränderungen grafisch dar, wobei die Darstellungen sowohl im (r, Y)-Raum als auch im (i, Y)-Raum erfolgen sollen. Konkret zeichnen und erklären Sie bitte Folgendes:

   a) Für die Situation, dass der von der Zentralbank gesetzte nominale Leitzins 5% und die erwartete Inflationsrate 3% beträgt, sollen beide Grafiken erstellt werden.

   b) Nun soll angenommen werden, dass die erwartete Inflationsrate auf 2% sinkt. Dabei soll unterschieden werden, dass die Zentralbank die *LM*-Kurve im (r, Y)-Raum (Fall 1) oder die *LM*-Kurve im (i, Y)-Raum (Fall 2) nicht bewegt.

c) Die Risikoprämie steige von 5% auf 6%. Was ändert sich in beiden Darstellungsformen?

d) Wie sieht eine Fiskalpolitik grafisch aus, die den durch den Anstieg der Risikoprämie ausgelösten Produktionseinbruch verhindert?

e) Wie sieht eine entsprechende Geldpolitik grafisch aus, die den durch den Anstieg der Risikoprämie ausgelösten Produktionseinbruch verhindert?

f) Wie verändern sich die Grafiken, wenn die Zentralbank an die effektive Zinsuntergrenze stößt? Gehen Sie dabei einmal von einer erwarteten Inflationsrate von 2% und einmal von einer erwarteten Inflationsrate von –1% (also einer erwarteten Deflation) aus. Zeigen Sie zunächst, wie es überhaupt zu einer solchen Situation kommen kann. Gehen Sie vereinfachend davon aus, dass die Risikoprämie x in der Ausgangssituation null betrage und dann mit dem Anstieg auf 4% eine tiefe Rezession auslöse.

4. Inflationsindexierte Anleihen

EXTRAS ONLINE

Gehen Sie auf die Website zu diesem Buch und laden Sie sich die Datei `Aufgabe_6_4.xls` herunter. In ihr befinden sich die Zeitreihen mit den Zinssätzen der zehnjährigen Staatsanleihen der USA und der zehnjährigen inflationsindexierten US-Staatsanleihe, die im Juli 2013 ausgelaufen ist.

a) Erstellen Sie eine Grafik, die die Entwicklung der durchschnittlichen Inflationserwartungen über die kommenden zehn Jahre auf dem Anleihemarkt abbildet.

b) Haben Sie mit den Ihnen zur Verfügung stehenden Daten einen Fehler gemacht?

5. Prozess des Deleveraging

Ein Finanzintermediär mit einem Eigenkapital $EK = 50$ setzt einen Hebel (Leverage) von 5 ein.

a) Welcher Hebel ergibt sich, wenn sich der Wert der Aktiva des Intermediärs um 5, 10, bzw. 15% verringert?

b) Gehen Sie davon aus, dass die Kreditgeber des Intermediärs darauf beharren, dass ein Hebel von maximal 5 eingehalten wird. Wenn keine Möglichkeit besteht, neues Eigenkapital zu beschaffen: Um welchen Betrag muss die Summe der Aktiva reduziert werden, wenn der Wert der Aktiva des Intermediärs um 5, 10, bzw. 15% sinkt?

c) Wie verändern sich Ihre Ergebnisse aus Teilaufgabe b), wenn die Fremdkapitalgeber zusätzlich verlangen, dass der Intermediär den Hebel auf einen Wert von 4 verringert?

d) Wie verändern sich Ihre Ergebnisse in Teilaufgabe c) für den Fall eines Wertverlustes von 5%, wenn ursprünglich ein Hebel von 11 angesetzt war (weiterhin gilt $EK = 50$)?

e) Welche zusätzlichen Effekte ergäben sich, wenn eine größere Zahl von Intermediären gleichzeitig in die beschriebene Lage kommt?

Lösungen zu Kapitel 6

6.1 Wissens- und Verständnistests

Multiple Choice

1. a)
2. b)
3. d)
4. c)
5. d)
6. c)
7. a)

Wahr/Falsch:

8. W, W, F, F
9. F, W, F, W
10. W, F, W, F
11. F, W, W, W.
12. F, W, W, F.

Basiswissen

13. Ursachen und Verlauf der Finanzkrise der Jahre 2007/2008

a) Bei der Analyse der Krisenursachen ist es sinnvoll, zwischen makroökonomischen Problemen und Problemen in der Organisation und Regulierung des Finanzsektors zu unterscheiden.

Im Bereich der *Makroökonomie* kommt besonders dem anhaltend niedrigen Zinsniveau in den Jahren vor Ausbruch der Krise eine entscheidende Bedeutung zu. In einem Umfeld sehr niedriger Zinsen entstehen Anreize für Finanzinstitutionen, übergroße Risiken einzugehen und den eigenen Hebel *(leverage)* anzuheben. Gleichzeitig befeuerte das niedrige Zinsniveau den starken Anstieg von Vermögenspreisen, speziell im Immobilienbereich.

Im Bereich der Organisation und Regulierung des Finanzsektors lässt sich eine Vielzahl von Problemen identifizieren. Zu den wesentlichen Aspekten zählen:

- Verfehlte Anreize im *Verbriefungsprozess:* Die Tendenz, Kreditrisiken vermehrt aus den Bilanzen von Banken zu nehmen und in Form von komplexen Wertpapieren zu bündeln, führte dazu, dass die Anreize zu einer kritischen Überprüfung der Kreditqualität abnahmen. Dies ist insbesondere bei sogenannten Subprime-Krediten offensichtlich, also Hypotheken, die an Kreditnehmer mit geringer Bonität vergeben wurden.
- *Mangelnde Transparenz und überhöhte Komplexität* von Finanzinnovationen, speziell im Verbriefungsbereich, aber auch im Bereich des Kreditrisikotransfers (das heißt der Absicherung von Kreditrisiken, beispielsweise durch sogenannte Credit Default Swaps): Mangelnde Transparenz und überhöhte Komplexität führten dazu, dass sich die Halter von Wertpapieren nur eingeschränkt über die Risiken bewusst waren, die sie hielten. Darüber hinaus entstehen Probleme bei der Bewertung von entsprechenden Wertpapieren.
- Der Aufbau von erheblichen Risiken in sogenannten *Schattenbanken*, also Finanzinstituten, die oft bewusst zur Umgehung von Regulierungsvorschriften gegründet wurden: Die Auslagerung von Liquiditäts- und Solvenzrisiken führte nicht zuletzt dazu, dass die hinter den Schattenbanken stehenden Institute unzureichende Risikovorsorge betrieben.

b) Sich selbst verstärkende Abwärtsspiralen sind ein wichtiges Charakteristikum von Finanzkrisen. In der Krise, die im Sommer 2007 begann, lässt sich dies besonders gut an den folgenden beiden Beispielen demonstrieren:

- *Fehlende Bodenbildung an den Immobilienmärkten:* Der Preisverfall an den Immobilienmärkten verursachte Verluste bei den Haltern der Wertpapiere, die mit den Immobilien besichert waren. Diese Verluste reduzierten die Bereitschaft und Fähigkeit der Halter, neue Immobilienkredite zu vergeben. Aufgrund der hieraus resultierenden Kreditverknappung sinkt die Nachfrage nach Immobilien weiter, was den Preisverfall noch verstärkt. Gleichzeitig steigen mit dem Preisverfall die Anreize, die einmal aufgenommene Hypothek nicht zurückzuzahlen, was zu weiteren Verlusten bei Banken und anderen Finanzintermediären führt.

– *Deleveraging:* Wenn Finanzinstitutionen Verluste auf ihre Anlagen erleiden, sinkt hierdurch ihr Eigenkapital, das üblicherweise als Risikopuffer dient (bevor Fremdkapitalgeber Verluste erleiden, wird zunächst der Wert des Eigenkapitals reduziert). Regulierungsvorgaben und die Interessen der Kreditgeber einer Finanzinstitution implizieren, dass ein gewisses Verhältnis von Fremd- zu Eigenkapital nicht überschritten werden kann. Stößt eine Finanzinstitution an eine Grenze, muss sie sich entweder mit neuem Eigenkapital eindecken (beispielsweise durch die Herausgabe neuer Aktien) oder sie muss Aktiva verkaufen und Fremdkapital tilgen. Da die erste Option in einer Krise kostenträchtig und oft unmöglich ist, kommt es simultan zu Panikverkäufen von Wertpapieren. Hierdurch sinkt der Preis der entsprechenden Papiere weiter, was zu erneuten Verlusten und einer Verstärkung des Verkaufsdrucks führt.

14. Krise im Euroraum

a) Durch die Einführung des Euro entfiel das Wechselkursrisiko, das Anleger bisher berücksichtigen mussten, wenn sie außerhalb ihres Heimatlands (beispielsweise Deutschland) investieren wollten (beispielsweise in Spanien). Die Erwartung, bei Anlagen in den unterschiedlichen Ländern des Euroraums gehe man nahezu identische Risiken ein, führte zu massiven Kapitalzuflüsse in Länder, die bis dato als eher riskant eingestuft waren. Diese Kapitalzuflüsse wurden zur Finanzierung von Immobilienprojekten, Staatsausgaben und zu vielen anderen Zwecken genutzt. Die damit verbundenen hohen Ausgaben führten zum Aufbau hoher Leistungsbilanzdefizite, Vermögenspreisblasen und einem deutlichen Anstieg von Löhnen und Preisen. In Folge der Finanzkrise kam es zu einer abrupten Umkehr der Kapitalströme.

b) Im Zuge der Finanzkrise stützten viele der betroffenen Länder ihre angeschlagenen Banken mit Garantien und Eigenkapital. Hierzu mussten die Staaten sich verschulden. Die gestiegene Staatsverschuldung machte Investoren skeptisch, ob die Länder in Zukunft ihre Rückzahlungsfähigkeit aufrechterhalten können. Sie verlangten deshalb höhere Zinsen als Kompensation für das höhere Risiko, die Preise der Staatsanleihen fielen. Da die Banken der entsprechenden Länder in erheblichem Maße in Staatsanleihen investiert hatten, deren Preise (Kurse) bei steigenden Zinsen fallen, kam es bei diesen Banken zu weiteren Verlusten. Dies wiederum erhöhte die Wahrscheinlichkeit, dass der bereits angeschlagene Staat noch einmal Rettungsmaßnahmen ergreifen musste. Daraufhin fielen die Preise der Staatsanleihen weiter, was wiederum die Bankbilanzen belastete. Ein Teufelskreis entstand.

c) Die Probleme der Banken führten zu einem Einbruch der Kreditvergabe, der die Investitionstätigkeit erheblich schwächte. Dies lässt sich durch einen Anstieg der Risikoprämie x modellieren. Dies führt zu einer Verschiebung der *IS*-Kurve nach links (siehe Abschnitt 6.5.4 des Lehrbuchs von Blanchard/Illing). Außerdem wurden die angeschlagenen Staaten mehr und mehr vom Kapitalmarkt abgeschnitten. Um den immer weiter steigenden Zinsen zu entgehen, liehen sie sich im Rahmen von international vereinbarten makroökonomischen Anpassungsprogrammen Geld von anderen EU-Ländern und vom International Währungsfonds. Diese Programme sahen jedoch vor, dass im Gegenzug Staatsausgaben gesenkt und Steuern erhöht werden müssten (weitere Verschiebung der *IS*-Kurve nach links). Darüber hinaus führte all dies zu einem Vertrauensverlust bei Konsumenten und Unternehmen (siehe Abschnitt 6.5.3 des Lehrbuchs von Blanchard/Illing), was sich als ein Rückgang des autonomen Konsums (c_0) und der autonomen Investitionsnachfrage (b_0 in der Aufgabe 1 von ▶*Abschnitt 5.2* dieses Buchs) modellieren lässt. Auch dies verschiebt die *IS*-Kurve nach links.

15. Finanzkrisen im erweiterten *IS-LM*-Modell

   a) Die *IS*-Kurve verschiebt sich nach links, da sich durch den Anstieg der Risikoprämie x die Finanzierungskosten der Unternehmen erhöhen. Folglich sinkt die Nachfrage der Unternehmen nach Investitionsgütern bei konstantem realen Leitzins r.

   b) Durch die Verschlechterung der Konjunkturaussichten können sich weitere Verschiebungen der *IS*-Kurve nach links ergeben, beispielsweise dadurch, dass Konsumenten aus Vorsichtsmotiven vermehrt sparen (Rückgang des Konsumentenvertrauens) oder Unternehmen selbst bei niedrigen Zinsen keine Investitionen tätigen (Rückgang der Geschäftserwartungen).

   c) Zunächst muss berücksichtigt werden, dass die Zentralbank (mit konventioneller Geldpolitik) lediglich den nominalen Leitzins i und nicht die Risikoprämie x und somit nicht den nominalen Kreditzins $i+x$ beeinflusst. Die Investitionen (und somit die gesamtwirtschaftliche Nachfrage) hängen jedoch vom realen Kreditzins, also $r+x=i-\pi^e+x$ ab. Wenn nun im Zuge der Krise die Inflationserwartungen π^e negativ werden, kann ein nominaler Leitzins von $i=0$ immer noch zu hoch sein, um den Anstieg der Risikoprämie auszugleichen und somit die Wirtschaft zurück ins Gleichgewicht zu bringen. Die Zentralbank ist durch die effektive Zinsuntergrenze von $i=0$ im Rahmen ihrer (konventionellen) Geldpolitik begrenzt.

16. Zinssätze im erweiterten *IS-LM*-Modell

   Vorbemerkung: Man muss zum einen zwischen nominalen und realen Zinsen unterscheiden und zum anderen zwischen Leitzins, den die Zentralbank kontrolliert, und dem Kreditzins (Marktzins), den Schuldner bei der Kreditaufnahme zahlen müssen. Die Differenz zwischen dem Marktzins und dem Leitzins ist (in diesem Kapitel) die Risikoprämie x.

   a) Die *LM*-Kurve wird über die Geldnachfragefunktion hergeleitet. Für diese sind die Opportunitätskosten der Geldhaltung relevant, d.h. die Kosten der Haltung von Geld anstelle von sicheren Anleihen (mit $x=0$). Relevant ist also zunächst einmal der **nominale Leitzins** i. Bei Inflation bestehen die Opportunitätskosten der Geldhaltung darin, dass man sowohl die reale Rendite r der sicheren Anleihe als auch einen Kaufkraftverlust in Höhe von π erleidet – in der Summe also den nominalen Zins i. Damit eine grafische Darstellung im (r, Y)-Raum möglich ist, wird in Kapitel 6 des Lehrbuchs von Blanchard/Illing jedoch die Vereinfachung vorgenommen, dass die Zentralbank zwar den nominalen Leitzins i steuert, diesen aber immer genau so hoch (i_0) setzen kann, dass sich der gewünschte **reale Leitzins** r_0 einstellt, wobei $r_0=i_0-\pi^e$ und die Inflationserwartungen π^e (zunächst) als konstant angenommen werden.

b) Die *IS*-Kurve gibt das Gleichgewicht auf dem Gütermarkt an, bei dem Investitions- und Sparentscheidungen übereinstimmen. Da die Unternehmen Güter produzieren und für Investitionen einen aus Sicht der Kreditgeber riskanten Kredit aufnehmen müssen, wollen sie wissen, wie viel sie in Gütereinheiten, also real zurückbezahlen müssen. Dies impliziert die Relevanz des **realen Kreditzins** $r+x$.

   In der grafischen Darstellung der *IS*-Kurve im (r, Y)-Raum, bedeutet eine Veränderung von r bei gegebener Risikoprämie x eine Bewegung auf der *IS*-Kurve. Bei gegebenem r bedeutet ein Anstieg von x eine Linksverschiebung der *IS*-Kurve.

   Soll die *IS*-Kurve im (i, Y)-Raum dargestellt werden, verdeutlicht man dies, indem diese nun eine Funktion von $i+x=r+\pi^e+x$ ist. Bei gegebenen Inflationserwartungen π^e und Risikoprämie x bedeutet eine Veränderung von r eine Bewegung auf der *IS*-Kurve. Bei gegebenen r und x bedeutet ein Anstieg von π^e eine Verschiebung der *IS*-Kurve nach oben. Bei gegebenen r und π^e bedeutet ein Anstieg von x eine Linksverschiebung der *IS*-Kurve.

c) Dazu müssen zwei Fälle unterschieden werden:

   Fall 1: Die Zentralbank ist bestrebt, einen bestimmten realen Leitzins r_0 zu realisieren. Dies ist der relevante Fall, der auch im Lehrbuch adressiert wird.

   Fall 2: Die Zentralbank ist bestrebt, einen bestimmten nominalen Leitzins i_0 zu realisieren.

   Zu Fall 1: Wenn es der Zentralbank darum geht, dass sich die *LM*-Kurve im (r, Y)-Raum nicht verschiebt, d.h. r_0 unverändert bleibt, dann muss sie den nominalen Leitzins i_0 erhöhen. Dies bedeutet in ▶*Abbildung 6.1* rechts (im (i, Y)-Raum), dass die *LM*-Kurve parallel nach oben auf *LM′* und auch die *IS*-Kurve nach oben auf *IS′* verschoben werden, ohne dass die Produktion Y_0 geändert wird, sodass der Gleichgewichtspunkt *B* erreicht wird. Im (r, Y)-Raum ergäbe sich keinerlei Änderung, da der Realzins r und der reale Kreditzins $r+x$ konstant bleiben.

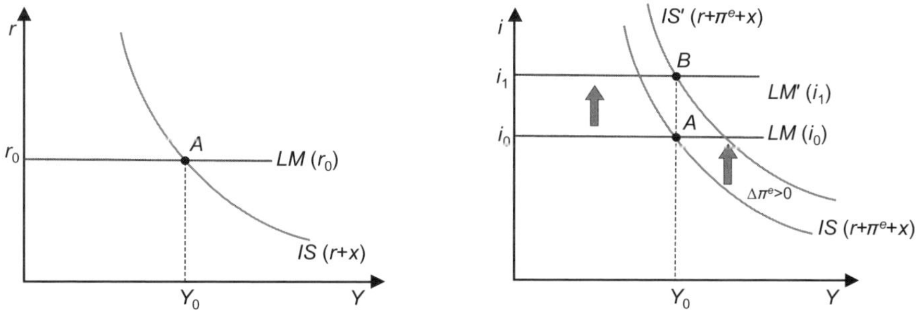

Abbildung 6.1: Real- und Nominalzins bei einem realen Zielwert des Leitzinses und steigenden positiven Inflationserwartungen

Zu Fall 2: Wenn es der Zentralbank im Gegensatz dazu darum geht, dass sich die *LM*-Kurve im (i, Y)-Raum nicht verschiebt, d.h. i_0 unverändert bleibt, dann würde der reale Leitzins auf r_1 sinken, wobei r_1 genau um den Betrag des Anstiegs der Inflationserwartungen $\Delta\pi^e$ unterhalb von r_0 liegt. ▶*Abbildung 6.2* zeigt, dass sich die *LM*-Kurve im (r, Y)-Raum nach unten verschiebt, wodurch sich die gleichgewichtige Produktion auf Y_1 erhöht. Im (i, Y)-Raum bleibt zwar die $LM(i_0)$-Kurve stabil, jedoch verschiebt sich die *IS*-Kurve parallel nach oben, was wiederum die Produktion auf Y_1 erhöht. In beiden Darstellungsformen wird das neue Gleichgewicht im Punkt *B* erreicht.

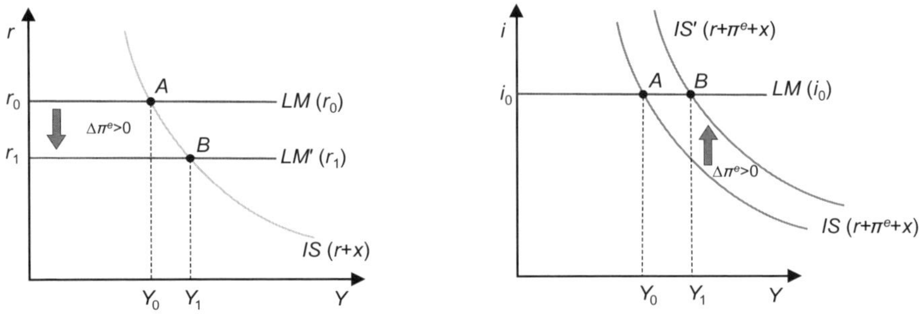

Abbildung 6.2: Real- und Nominalzins bei einem nominalen Zielwert des Leitzinses und steigenden positiven Inflationserwartungen

d) Im Rahmen des hier betrachteten erweiterten *IS-LM*-Modells sorgt ein Anstieg der Inflationserwartungen nur in dem Fall, dass die Zentralbank einen konstanten nominalen Leitzins i_0 anstrebt für einen Produktionsanstieg. In späteren Kapiteln wird klar, dass ein Anstieg von π^e komplexere Folgen hat. So ist denkbar, dass ein Anstieg von π^e dazu führen kann, dass auch die Inflationsrate selber ansteigt, was wiederum die Zentralbank dazu motivieren könnte, den realen Leitzins anzuheben.

6.2 Übungsaufgaben

1. Beziehung zwischen Realzins, Nominalzins und erwarteter Inflation

   a) Die *nominale* Auszahlung der Anleihe in einer Periode für einen Anlagebetrag von *V* beträgt $(1+i)V$.

   Mit *V* Geldeinheiten können Sie heute *V*/*P* Einheiten Realkapital kaufen. Die erwartete *nominale* Auszahlung für eine Investition in dieses Realkapital in einer Periode beträgt dann $(V/P_t)\cdot(1+r)P_{t+1}^e$.

Arbitrage

Als Arbitragefreiheit bezeichnet man die Forderung, dass die erwartete Rendite zweier Finanzanlagen gleich sein muss. Diese Forderung geht von risikoneutralen Anlegern aus. Bei Risikoaversion gilt die um eine Risikoprämie modifizierte Arbitragebedingung.

b) Im Gleichgewicht müssen beide Anlageformen denselben Ertrag abwerfen:

$$(1+i)V = (V/P_t)\cdot(1+r)P_{t+1}^e \qquad (1.)$$

Nach Kürzen von V und der Definition der erwarteten Inflationsrate als $\pi_t^e = (P_{t+1}^e - P_t)/P_t$ folgt aus (1.):

$$1+i = (1+\pi_t^e)\cdot(1+r)$$

und damit

$$1+i = 1+\pi_t^e + r + \pi_t^e \cdot r$$

Für niedrige Zinssätze und/oder kleine Zeitintervalle gilt $\pi_t^e \cdot r \to 0$ und folglich

$$i \approx r + \pi^e$$

c) Wenn Sie die Tabelle in Excel übertragen, berechnet sich r_{appr} einfach mit `=A1-B1` und r_{exakt} mit `=(1+A1)/(1+B1)-1`.

i	π^e	r_{appr}	r_{exakt}
3%	0%	3%	3,00%
5%	2%	3%	2,94%
10%	7%	3%	2,80%
15%	12%	3%	2,68%
20%	17%	3%	2,56%
50%	47%	3%	2,04%
100%	97%	3%	1,52%

d) Wenn die erwartete Inflationsrate ansteigt, sinkt die Güte der Approximation deutlich. Für i = 100% und π^e = 97% wird der Realzins sogar um fast 100% überschätzt.

2. Nullzinsgrenze

a) Der Nominalzins kann nicht negativ werden bzw. zumindest nicht allzu stark unter null sinken, weil sonst niemand mehr bereit wäre, Anleihen zu halten (also Kredite zu vergeben), sondern nur noch Bargeld.

b) Da der Realzins gleich dem Nominalzins abzüglich der erwarteten Inflationsrate ist, besteht durchaus die Möglichkeit, dass der Realzins negativ wird. Ein Beispiel: Bei einem Nominalzins von 3%, gleichzeitig aber Inflationserwartungen von $\pi^e = 4\%$, liegt der Realzins ungefähr bei -1%.

3. Das erweiterte *IS-LM*-Modell – grafische Darstellung

a) Auf der vertikalen Achse im (r, Y)-Raum steht der Realzins r in Prozent und im (i, Y)-Raum der Nominalzins i in Prozent. Der reale Leitzins beträgt $r_0 = i_1 - \pi^e = 2\%$. Entsprechend gilt $r_0 = i_0 = 2\%$ bei $\pi^e = 0$. Veränderungen der Inflationserwartungen π^e und damit einhergehend des nominalen Leitzinses i (gegeben der angestrebte reale Leitzins r_0) haben keinen Einfluss auf den (r, Y)-Raum, da hier nur reale Größen abgetragen sind. Das Gleichgewicht befindet sich für π^e=0 in Punkt A in ▸*Abbildung 6.3*. Die Formeln für *IS*- und *LM*-Kurve im (r, Y)-Raum lauten:

IS-Kurve: $Y = C\,(Y - T) + I\,(Y, r{+}x) + G$

LM-Kurve: $r = r_0 = i_0 - \pi^e$

Anders dagegen im (i, Y)-Raum: Da die Zentralbank den nominalen Leitzins auf 5% setzt, um r_0 = 2% zu erreichen, verläuft die *LM*-Kurve bei *LM'* anstatt bei *LM*, wo sie bei $\pi^e = 0$ und somit $i_0 = r_0$ liegen würde. Da auch die Lage der *IS*-Kurve, wie die folgenden Formeln zeigen, von π^e abhängt, verläuft diese im Fall von π^e = 3% bei *IS'* anstatt bei *IS*, die den Fall $\pi^e = 0$ repräsentiert. Das Gleichgewicht liegt bei π^e = 3% in Punkt B statt in Punkt A.

IS-Kurve: $Y = C\,(Y - T) + I\,(Y, i - \pi^e + x) + G$

LM-Kurve: $i = i_0$

In beiden Graphen in ▸*Abbildung 6.3* ist zu erkennen, dass positive Inflationserwartungen (bzw. deren Änderungen) keine Änderungen der Gleichgewichtsproduktion Y_0 zur Folge haben, wenn die Zentralbank einen bestimmten realen Leitzins r_0 (= 2%) anstrebt.

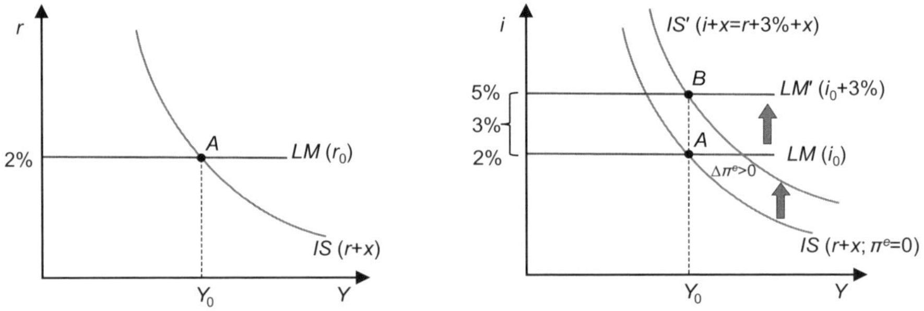

Abbildung 6.3: Real- und Nominalzins bei Zinssteuerung und positiven Inflationserwartungen

b) Im Folgenden werden zwei Fälle unterschieden:

Fall 1: Die Zentralbank ist bestrebt, einen bestimmten realen Leitzins r_0 zu realisieren. Dies ist der relevante Fall, der auch im Lehrbuch adressiert wird.

Fall 2: Die Zentralbank ist bestrebt, einen bestimmten nominalen Leitzins i_0 zu realisieren.

Zu Fall 1: Wenn es darum geht, dass sich die *LM*-Kurve im (r, Y)-Raum nicht verschiebt, d.h. r_0 = 2% erhalten bleibt, dann muss die Zentralbank den nominalen Leitzins i von 5% auf 4% senken. Dies bedeutet in ▸*Abbildung 6.4* rechts ((i, Y)-Raum), dass die *LM*-Kurve und die *IS*-Kurve um 1 Prozentpunkt parallel nach unten verschoben werden, ohne dass die Produktion Y_0 geändert würde, sodass der Gleichgewichtspunkt B erreicht wird. Im (r, Y)-Raum ergibt sich keine Änderung, da der Realzins nicht verändert wurde.

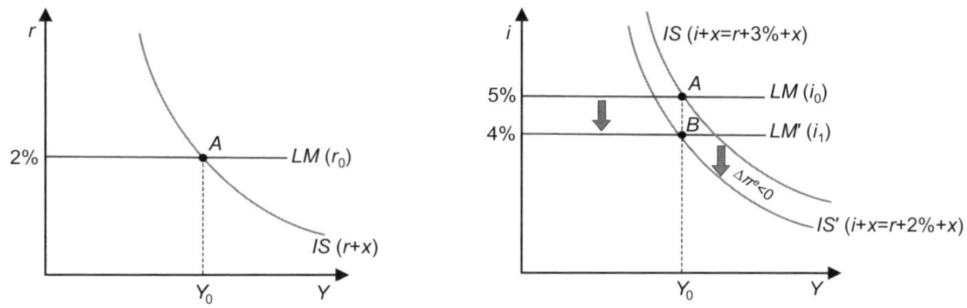

Abbildung 6.4: Real- und Nominalzins bei einem realen Zielwert des Leitzinses und sinkenden positiven Inflationserwartungen

Zu Fall 2: Wenn es darum geht, dass sich die *LM*-Kurve im (i, Y)-Raum nicht verschiebt, d.h. $i_0 = 5\%$ erhalten bleibt, dann würde der reale Leitzins auf $r_1 = 3\%$ ansteigen, mit den in ▸*Abbildung 6.5* dargestellten Folgen: Im (r, Y)-Raum (links) verschiebt sich die *LM*-Kurve nach oben auf *LM′* mit einem realen Leitzins von 3%, wodurch sich die gleichgewichtige Produktion auf Y_1 verringert. Im (i, Y)-Raum bleibt zwar die $LM(i_0)$-Kurve stabil, dafür verschiebt sich aber die *IS*-Kurve parallel nach unten, was wiederum die Produktion auf Y_1 verringert. In beiden Darstellungsformen wird das neue Gleichgewicht im Punkt *C* erreicht.

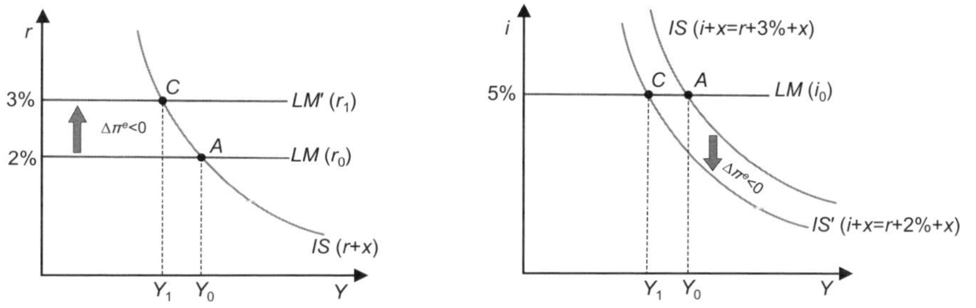

Abbildung 6.5: Real- und Nominalzins bei einem nominalen Zielwert des Leitzinses und sinkenden positiven Inflationserwartungen

c) Ein Anstieg der Risikoprämie x hat in beiden Darstellungsformen keinen Einfluss auf die *LM*-Kurve, da die Zentralbank den Zins für sichere Anleihen steuert. Weil ein Anstieg der Risikoprämie auch bei konstantem Zins für sichere Anlagen aber die effektiven Kreditkosten der Unternehmen erhöht, verschiebt sich die *IS*-Kurve in beiden Darstellungsformen nach links auf *IS′*, was zu einem Rückgang der Produktion auf Y_1 führt, sodass der Gleichgewichtspunkt *D* erreicht wird (siehe ▸*Abbildung 6.6*).

d) In ▸*Abbildung 6.6* würde eine expansive Fiskalpolitik mit $\Delta G > 0$ bzw. $\Delta T < 0$ im Idealfall die *IS*-Kurve nach rechts auf ihre Ausgangsposition verschieben, sodass wieder der Gleichgewichtspunkt *A* erreicht würde. Der durch den Anstieg von x ausgelöste Rückgang zunächst der Investitionen I und dann der Produktion Y würde durch einen Anstieg der Staatsausgaben G bzw. einen Rückgang der Steuern T (der wiederum den Konsum C erhöht) gerade kompensiert.

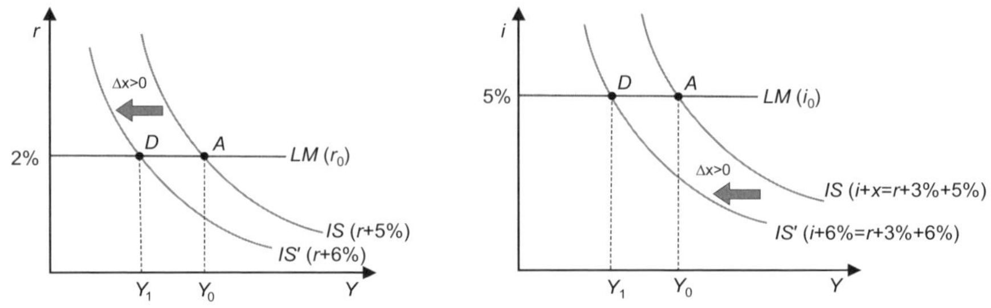

Abbildung 6.6: Real- und Nominalzins bei einem Anstieg der Risikoprämie von 5% auf 6%.

e) In ▶*Abbildung 6.7* würde eine expansive Geldpolitik im Idealfall die *LM*-Kurve in dem Maße nach unten verschieben (in beiden Darstellungsformen), dass der Gleichgewichtspunkt *E* mit dem Ausgangsproduktionsniveau Y_0, aber niedrigeren realen bzw. nominalen Leitzinsen erreicht würde.

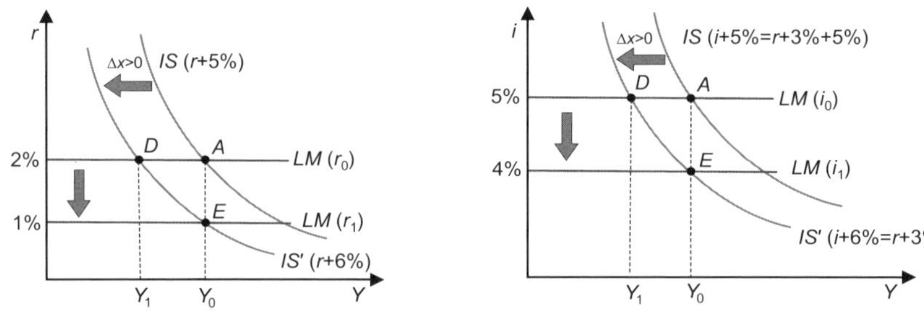

Abbildung 6.7: Real- und Nominalzins bei einer expansiven Geldpolitik, um einen Produktionseinbruch bei einem Anstieg der Risikoprämie von 5% auf 6% zu vermeiden.

f) Der starke Anstieg der Risikoprämie *x* (von 0% auf 4%) verschiebt die *IS*-Kurve weit nach links (▶*Abbildung 6.8* und ▶*Abbildung 6.9*). Bei unverändertem Leitzinssatz (egal ob i_0 oder r_0) bedeutet dies einen starken Rückgang der Produktion auf Y_1 im neuen Gleichgewichtspunkt *B*. Die Geldpolitik wird nun darauf reagieren, indem sie den Leitzins senkt, was die *LM*-Kurve nach unten verschiebt. Die effektive Zinsuntergrenze bezieht sich auf den nominalen Leitzins *i*. Die Auswirkungen hängen nun ganz entscheidend von den Inflationserwartungen ab.

Die Situation $\pi^e > 0$ (= 2%) ist in der ▶*Abbildung 6.8* dargestellt. Die Zentralbank senkt den nominalen Leitzins auf $i_1 = 0\%$, was mit einem negativen realen Leitzinssatz von $r_1 = -2\%$ einhergeht. Dieser kann zwar zu einer Stimulierung der Produktion auf Y_2 im neuen Gleichgewichtspunkt *C* führen. Dieser geldpolitische Impuls reicht aber nicht aus, um die Produktion wieder auf das Ausgangsniveau Y_0 zu bringen, was an der effektiven Zinsuntergrenze von null und den „zu geringen" Inflationserwartungen liegt.

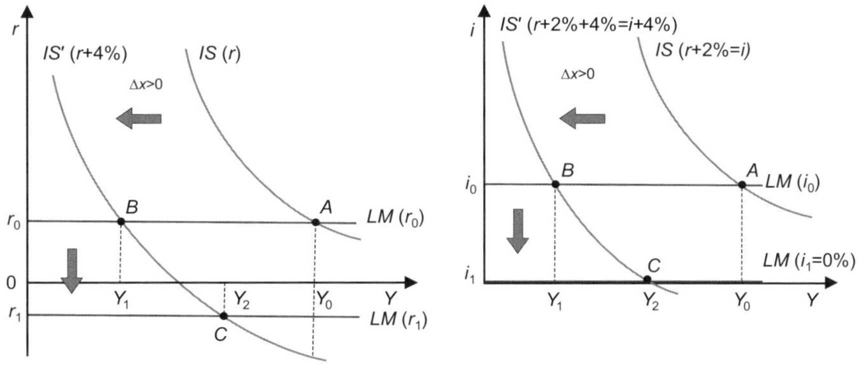

Abbildung 6.8: Real- und Nominalzins bei einer effektiven Zinsuntergrenze von null und positiven Inflationserwartungen.

Die Situation $\pi^e < 0$ $(= -1\%)$ ist in der ▶*Abbildung 6.9* dargestellt. Da die Inflationserwartungen negativ sind, liegt in der Ausgangssituation i_0 unterhalb des angestrebten r_0. Genauso wie in ▶*Abbildung 6.8* kommt es wieder zu einer Linksverschiebung der *IS*-Kurve, wodurch der neue Gleichgewichtspunkt *B* erreicht wird. Wenn jedoch jetzt die Geldpolitik versucht, die Nachfrage durch eine Zinssenkung zu stimulieren, ist der Abstand bis zur effektiven Zinsuntergrenze geringer und die Zinssenkung muss geringer ausfallen. Darüber hinaus bleibt der reale Leitzins positiv. Dies führt dazu, dass im neuen Gleichgewichtspunkt *D* die Produktion nur geringfügig erhöht werden kann.

Die (konventionelle) Geldpolitik stößt also an ihre Grenzen, da eine ausreichende Senkung des realen Leitzinses nicht erreicht wird. Ein Anstieg der Inflationserwartungen könnte jedoch wie eine Realzinssenkung wirken und somit dafür sorgen, dass die Situation aus ▶*Abbildung 6.9* sich der von ▶*Abbildung 6.8* annähert.

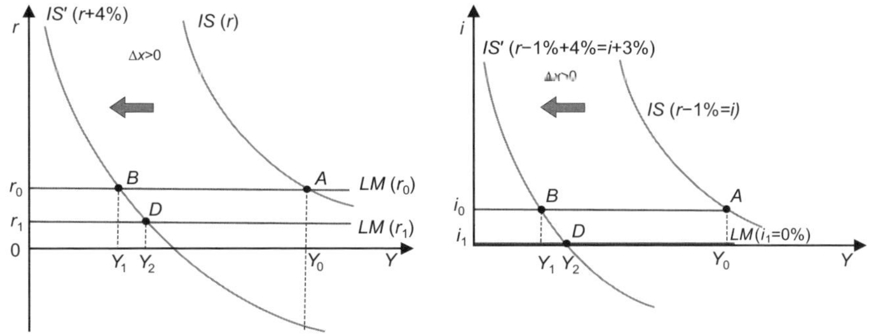

Abbildung 6.9: Real- und Nominalzins bei einer effektiven Zinsuntergrenze von null und negativen Inflationserwartungen.

4. Inflationsindexierte Anleihen

a) Der Zins der inflationsindexierten Anleihe ist ein Maß für den durchschnittlichen Realzins über die nächsten zehn Jahre. Die Differenz zum Zins der nicht-indexierten Anleihe (= Nominalzins) entspricht nach der Fisher-Gleichung gerade den durchschnittlichen Inflationserwartungen über die nächsten zehn Jahre.

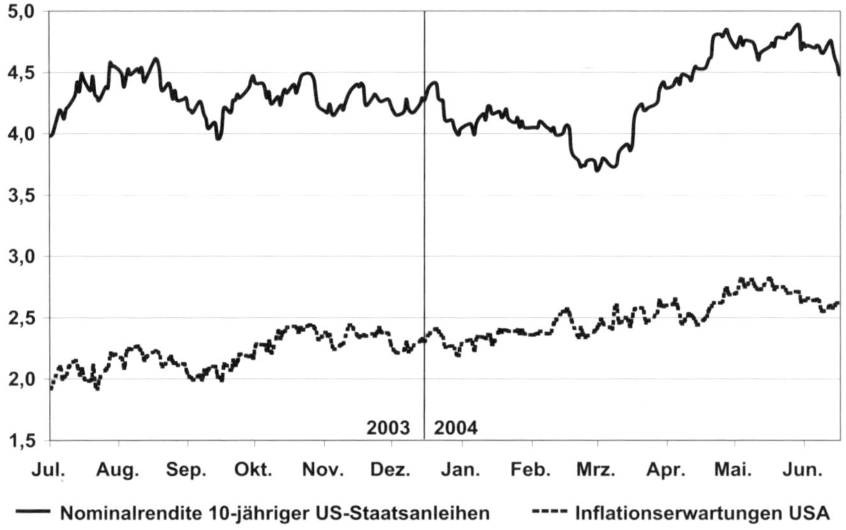

Abbildung 6.10: Durchschnittliche Inflationserwartungen über die nächsten zehn Jahre in den USA

Sie können einen Anstieg der Inflationserwartungen im Laufe des letzten Jahres von unter 2% auf kurzzeitig über 2,8% beobachten. Beachten Sie, dass die Fed trotzdem den kurzfristigen Zinssatz bis zum 30.6.2004 auf dem damals historisch niedrigen Niveau von 1% belassen hat. Daran können Sie abschätzen, wie expansiv die Geldpolitik der USA in der ersten Hälfte 2004 gewesen ist.

b) Ja. Während die nicht-inflationsindexierte Zeitreihe auf einer konstanten Restlaufzeit von zehn Jahren beruht, reduziert sich die Restlaufzeit der indexierten Anleihe mit jedem Tag, weil der Ablauftag fix ist. Damit bewegen wir uns auf der Zinsstrukturkurve (▶ *Kapitel 14*) jeden Tag einen kleinen Schritt nach links. Wenn wir vom normalen (steigenden) Verlauf der Zinsstrukturkurve ausgehen, bedeutet dies, dass der Zinssatz dieser Anleihe im Verhältnis zur Anleihe mit einer konstanten Restlaufzeit von zehn Jahren jeden Tag ein bisschen kleiner werden sollte. Dadurch überschätzen wir die Inflationserwartungen ein wenig. Für unsere Zwecke reicht diese Approximation aber aus.

5. Prozess des Deleveraging

Der Leverage Ratio *(LR)* ist definiert als Verhältnis der Bilanzsumme *(BS)* zu Eigenkapital *(EK)*. Die *BS* beträgt also 250.

a) Bei einem Wertverlust von 5% steigt der Hebel auf 6,6, bei einem Wertverlust von 10% (15%) auf 9 (17).

b) Bei einem Wertverlust von 5% müssen Aktiva in Höhe von 60 verkauft werden, um damit Fremdkapital zu tilgen. Bei einem Wertverlust von 10% (15%) müssen Aktiva in Höhe von 100 (150) verkauft werden.

c) Bei einem Wertverlust von 5% müssen Aktiva in Höhe von 97,5 verkauft werden. Bei einem Wertverlust von 10% (15%) müssen Aktiva in Höhe von 125 (162,5) verkauft werden.

d) Es müssen Aktiva in Höhe von 432,5 liquidiert werden, um den Leverage auf 4 zu reduzieren und Fremdkapital entsprechend zu tilgen.

e) Die simultane Liquidierung von Vermögenspositionen wird die Preise für entsprechende Vermögenswerte drücken. Dies zieht erneute Verluste nach sich, die den Prozess des Deleveraging weiter verstärken.

7 Der Arbeitsmarkt

7.1 Wissens- und Verständnistests

Multiple Choice

1. Die Bevölkerung im erwerbsfähigen Alter sei 60 Millionen. Die Zahl der Erwerbspersonen sei 40 Millionen, die Zahl der Beschäftigten 37 Millionen. Welchen Wert nimmt die Arbeitslosenquote an?
   a) 5%
   b) 7,5%
   c) 14,3%
   d) Die Arbeitslosenquote lässt sich nicht ermitteln, da hierzu die Zahl der Arbeitslosen angegeben sein müsste.

2. Gehen Sie von den Zahlen in Aufgabenteil a) aus. Welchen Wert nimmt die Erwerbsquote an?
   a) 2/3
   b) 62%
   c) Einen Wert über 90%
   d) Die Erwerbsquote lässt sich nicht ermitteln, da hierzu die Zahl der Arbeitslosen angegeben sein müsste.

3. Die Bevölkerung im erwerbsfähigen Alter sei 50 Millionen. Die Zahl der Erwerbspersonen sei 35 Millionen, die Zahl der Beschäftigten 30 Millionen. Die Nicht-Beschäftigungs-Rate beträgt
   a) 60%.
   b) 40%.
   c) 30%.
   d) 70%.

4. Im Monatsdurchschnitt finden 200.000 Beschäftigte einen neuen Arbeitsplatz, 100.000 geben die Suche nach einem Arbeitsplatz auf. Im Durchschnitt sind 600.000 Personen arbeitslos. Die Durchschnittsdauer der Arbeitslosigkeit beträgt
   a) 0,5 Monate.
   b) 2 Monate.
   c) 3 Monate.
   d) 6 Monate.

5. Es wird ermittelt, dass der Anteil der Arbeitslosen, die in einem Monat ein neues Beschäftigungsverhältnis finden, angestiegen ist. Es ist zu erwarten, dass gleichzeitig
   a) die Arbeitslosenquote angestiegen ist.
   b) die Arbeitslosenquote gleich geblieben ist.
   c) die Arbeitslosenquote gefallen ist.
   d) Keine Aussage möglich.
6. Das natürliche Produktionsniveau eines Landes ist das Produktionsniveau,
   a) das sich einstellt, wenn die betrachtete Volkswirtschaft eine Rezession erlebt.
   b) das sich einstellt, wenn das erwartete und das tatsächliche Preisniveau unterschiedliche Werte annehmen.
   c) das sich einstellt, wenn die Arbeitslosenquote ihr natürliches Niveau erreicht.
   d) das realisiert wird, wenn alle zur Verfügung stehenden Produktionsfaktoren eingesetzt werden.
7. Gehen Sie von einem gleichgewichtigen Reallohn in Höhe von 0,75 pro Arbeitseinheit N aus. Die Produktionsfunktion sei $Y = N$ und die Unternehmen haben einen Preissetzungsspielraum. Im Durchschnitt verlangen die Unternehmen dann einen Aufschlag auf die Grenzkosten in Höhe von
   a) 2/3.
   b) 25%.
   c) 1/3.
   d) 75%.

Wahr/Falsch: Welche der jeweiligen Aussagen sind wahr, welche falsch?

8. Situationen, in denen die Beziehung zwischen Arbeitgebern und Arbeitnehmern durch asymmetrische Informationsverteilung charakterisiert ist, lassen sich durch die sogenannte Effizienzlohntheorie beschreiben. Welche der folgenden Aussagen können durch diese Theorie gestützt werden?
   a) Wenn es dem Arbeitgeber nur begrenzt möglich ist, den Arbeitseinsatz eines Mitarbeiters effektiv zu überwachen, wird er durch niedrige Löhne die Anreize zu Fehlverhalten begrenzen.
   b) Da ein Arbeitgeber nicht perfekt zwischen unterschiedlich qualifizierten Kandidaten unterscheiden kann, sollte er einen Lohn anbieten, der einfach der durchschnittlichen Qualifikation aller Kandidaten entspricht.
   c) Mit Löhnen, die oberhalb des Reservationslohns liegen, lässt sich moralisches Risiko unter gewissen Umständen vermeiden.
   d) Adverse Selektion ist besonders dann ein Problem, wenn unterschiedliche Kandidaten für eine offene Stelle ähnlich gut qualifiziert sind.

9. Es wird ermittelt, dass der Anteil der Arbeitslosen, die in einem Monat ein neues Beschäftigungsverhältnis finden, gefallen ist. Es ist zu erwarten, dass gleichzeitig
   a) die Wahrscheinlichkeit, von der Arbeitslosigkeit in die Erwerbstätigkeit zu wechseln, gestiegen ist.
   b) die Separationsrate gestiegen ist.
   c) die Arbeitslosenquote gefallen ist.
   d) die Verhandlungsmacht von Arbeitnehmern gestiegen ist.

10. Gehen Sie von einer Situation mit vollständiger Konkurrenz aus. Benutzen Sie die *WS*- und die *PS*-Beziehung, um die folgenden Aussagen zu bewerten.
    a) Der Mark-up-Faktor μ in der Preissetzungsgleichung nimmt in diesem Fall einen Wert größer 0 an.
    b) Es gilt die Bedingung Preis = Grenzkosten.
    c) Der Reallohn nimmt einen Wert von 1 an.
    d) Würde μ auf einen Wert größer 0 ansteigen, würde der Preis unter den Grenzkosten liegen.

11. Die Erwerbsbevölkerung L ist 50 Millionen. Im mittelfristigen Arbeitsmarktgleichgewicht sind 5 Millionen Erwerbspersonen arbeitslos. Die Produktionsfunktion sei $Y = A$.
    a) Die natürliche Arbeitslosenquote beträgt 10%.
    b) Das natürliche Beschäftigungsniveau beträgt 45 Millionen.
    c) Das natürliche Produktionsniveau beträgt 45 Millionen.
    d) Die natürliche Beschäftigungsquote beträgt 90%.

Basiswissen

12. Lohnverhandlungen und Effizienzlohntheorie
    a) „Üblicherweise werden Nominallöhne gezahlt, die oberhalb des Reservationslohns liegen." Erläutern Sie in Stichworten!
    b) Erläutern Sie in wenigen Stichworten den Zusammenhang zwischen Arbeitslosenquote, Verhandlungsmacht der Arbeitnehmer und Lohnhöhe!
    c) Erläutern Sie in wenigen Stichworten, unter welchen Bedingungen asymmetrische Information bzgl. des Arbeitseinsatzes eines Arbeitnehmers zu einer höheren Entlohnung führen kann!
    d) Erläutern Sie in wenigen Stichworten, warum mangelnde Information bzgl. der Qualität eines Kandidaten zu einem höheren Lohnabschluss führen kann!

13. Lohnsetzung und Preissetzung

    Gehen Sie von der Lohnsetzungsgleichung $W = P^e \cdot F(u, z)$ und der Preissetzungsgleichung $P = (1+\mu)W$ aus.
    a) Erläutern Sie in wenigen Stichworten, aus welchen Gründen das erwartete Preisniveau die Lohnsetzung beeinflusst!
    b) Erläutern Sie kurz, welchen Effekt ein Anstieg der Arbeitslosenquote auf den Reallohn hat!

c) Begründen Sie in Stichworten den fallenden Verlauf der *WS*-Kurve!

d) Aus welchen Gründen kann sich die *WS*-Kurve verschieben? Geben Sie drei Beispiele!

e) Erläutern Sie, wie und warum sich der Reallohn verändert, wenn der Preisaufschlag μ zunimmt!

f) Erläutern Sie in Stichworten, warum bei vollständiger Konkurrenz der Preis einer Produktionseinheit genau den Kosten entspricht!

14. Gleichgewicht am Arbeitsmarkt

a) Definieren Sie das Gleichgewicht am Arbeitsmarkt! Erläutern Sie kurz die ökonomische Intuition der verwendeten Gleichgewichtskonzeption!

b) Wie kann es zu einer Veränderung der natürlichen Arbeitslosenquote kommen? Geben Sie ein Beispiel, bei dem eine Veränderung der Wettbewerbsintensität die gleichgewichtige Arbeitslosenquote senkt!

c) Welche Entwicklungen können zu einer Abweichung der Arbeitslosenquote von ihrem natürlichen Niveau führen?

7.2 Übungsaufgaben

Stromgrößen am Arbeitsmarkt

In Abschnitt 7.1 des Lehrbuchs von Blanchard/Illing wird gezeigt, wie man den Arbeitsmarkt durch die Untersuchung von Stromgrößen besser verstehen kann. Die Größen, die bei der Darstellung verwendet werden, sind monatliche Durchschnittswerte. Natürlich schwankt die Zahl derer, die in jedem Monat ein neues Beschäftigungsverhältnis annehmen, den Arbeitsplatz verlieren oder die Gruppe der Erwerbspersonen verlassen. Um die ökonomische Bedeutung der Stromgrößenbetrachtung besser zu verstehen, ist es jedoch sinnvoll, zunächst den Fall zu betrachten, in dem der Anteil der Arbeitslosen, die in jedem Monat einen Arbeitsplatz finden, und der Anteil der Beschäftigten, die ihren Arbeitsplatz verlieren, konstant sind (Aufgabenteile a) bis d)). Aufbauend auf dieser Analyse kann man dann besser verstehen, wie sich die Schwankungen der Anteile auswirken (Aufgabenteile e) und f)).

1. Stromgrößen am Arbeitsmarkt

Die statistische Abteilung der Bundesagentur für Arbeit hat folgende Daten zusammengetragen: In jedem Monat werden $s = 5\%$ aller Beschäftigungsverhältnisse aufgelöst und $g = 10\%$ der Arbeitslosen beginnen ein neues Beschäftigungsverhältnis. Der Anteil der Erwerbspersonen, die in jedem Monat die Gruppe der Erwerbspersonen verlässt, ist $v = 0\%$.

a) Angenommen, diese Zahlen bleiben über einen längeren Zeitraum konstant. Welche Arbeitslosenquote ergibt sich langfristig?

b) Eine Kommission schlägt Maßnahmen zur beschleunigten Vermittlung von Arbeitslosen vor und schätzt, dass damit jeden Monat 15% der Arbeitslosen eine

Beschäftigung finden. Wie groß wäre der Anteil der Arbeitslosen an der gesamten Erwerbsbevölkerung?

c) Wie groß ist im vorliegenden Modell die Wahrscheinlichkeit, nach zwei, vier bzw. sechs Monaten noch arbeitslos zu sein? Wie ändert sich diese Wahrscheinlichkeit, wenn s auf 15% steigt bzw. g auf 5% fällt? Ist Ihre Berechnung realistisch (kurze Begründung)?

d) Ermitteln Sie die durchschnittliche Dauer der Arbeitslosigkeit in Monaten! Wie verändert sich Ihre Antwort, wenn in jedem Monat ein Anteil $v_1 = 2\%$ aller Arbeitslosen aus der Erwerbsbevölkerung ausscheidet?

e) Es kommt zu einer Rezession. Welche Auswirkungen hat dies auf die Größen s, g und v?

f) Nennen Sie Faktoren, die die Wahrscheinlichkeit, dass ein Beschäftigungsverhältnis aufgelöst bzw. eingegangen wird, beeinflussen. Unterscheiden Sie zwischen strukturellen und konjunkturellen Faktoren!

Preissetzer und Preisnehmer

Das Arbeitsmarktgleichgewicht, das in den meisten makroökonomischen Analysen verwendet wird, unterscheidet sich deutlich von dem aus der Mikroökonomie bekannten Standard-Modell des Arbeitsmarkts. Letzteres geht davon aus, dass alle Akteure **Preisnehmer** sind. Dies bedeutet, dass Unternehmen und Arbeitnehmer aufgrund vollständiger Konkurrenz keinerlei Spielräume haben, Preise oberhalb der Grenzkosten zu verlangen. Würden sie dies tun, würden alle Nachfrager sofort den Anbieter wechseln. Bevor wir uns einem Modell zuwenden, in dem unvollständige Konkurrenz Lohn- und Preissetzungsspielräume eröffnet, ist es sinnvoll, sich die Grundlagen des Standard-Modells in Erinnerung zu rufen.

2. Standardtheorie des Arbeitsangebots und der Arbeitsnachfrage (die Aufgabe geht über den Stoff des Lehrbuchs hinaus)

   Die Nutzenfunktion eines Haushalts sei $U(c,l) = c(4 - l)$, wobei c den Konsum des Haushalts und l die für Arbeit aufgewendete Zeit pro Periode repräsentieren. Das Güterpreisniveau sei $p = 1$. Der Haushalt verfüge über ein Kapitaleinkommen von T.

   a) Bestimmen Sie das Arbeitsangebot des Haushalts als Funktion von Lohnsatz w und Kapitaleinkommen T!

   Gehen Sie nun davon aus, dass der Haushalt keine Kapitaleinkünfte hat. Stattdessen ist er berechtigt, Sozialhilfe zu beziehen, sofern sein Einkommen unter dem Sozialhilfesatz von $S = 4$ liegt.

   b) Wie hoch ist das Nutzenniveau des Haushalts, wenn er nicht arbeitet?

   c) Wie hoch muss der Lohn mindestens sein, damit der Haushalt Arbeit anbietet?

   Gehen Sie in der Folge davon aus, dass das Arbeitsangebot stets 200 betrage. Die Technologie einer Volkswirtschaft sei beschrieben durch die Produktionsfunktion

$$Y = K^{1/2}N^{1/2}$$

Die Volkswirtschaft verfüge über 200 Einheiten Kapital, die stets voll eingesetzt werden.

d) Ermitteln Sie die Arbeitsnachfragefunktion der Volkswirtschaft!

e) Bei welchem Reallohn ist der Arbeitsmarkt im Gleichgewicht? Wie hoch sind im Gleichgewicht Produktion und reale Lohnsumme?

f) Welche Situation entsteht, wenn der Gesetzgeber einen realen Mindestlohn von 1 festsetzt? Hat der Gesetzgeber mit seinem Anliegen, Arbeitnehmern mehr Einkommen zu verschaffen, Erfolg?

Lohnsetzung und Preissetzung

Das hier verwendete Modell des Arbeitsmarkts beruht auf der Einsicht, dass Arbeitnehmer und Unternehmen Preise und Löhne setzen. Beide Gruppen orientieren sich hierbei am Reallohn. Wir müssen beachten, dass das Preissetzungsverhalten der Unternehmen vom Lohnsetzungsverhalten abhängt, dieses jedoch wieder vom erwarteten Preissetzungsverhalten der Unternehmer. Zunächst analysieren wir das mittelfristige Gleichgewicht am Arbeitsmarkt unter der Annahme, dass das erwartete Preisniveau dem tatsächlichen entspricht: $P = P^e$.

3. Lohn- und Preissetzung

Gehen Sie von folgenden Gleichungen aus:

$$Y = AN \quad \text{(Produktionsfunktion)}$$

$$P = (1+\mu)\cdot W \quad \text{(Preissetzung)}$$

$$W = P^e \cdot F(u,z) = P^e \cdot z \cdot [(1-u)L]^2 \quad \text{(Lohnsetzung)}$$

Sei $A = 1$, $\mu = 0{,}25$, $z = 3{,}2$ und $L = 0{,}6$.

a) Erläutern Sie kurz die ökonomische Bedeutung der Gleichungen!

b) Bestimmen Sie Lohn- und Preissetzungskurve (*WS* und *PS*) und zeichnen Sie Ihr Ergebnis in ein Diagramm ein, in dem N auf der Abszisse, W/P auf der Ordinate abgetragen ist!

c) Ermitteln Sie den gleichgewichtigen Reallohn, die natürliche Beschäftigung sowie die natürliche Arbeitslosenquote!

d) Zeigen Sie anhand des Modells, welche Folgen eine Absenkung des Kündigungsschutzes für das mittelfristige Gleichgewicht hätte! Erläutern Sie Ihr Ergebnis! Geben Sie weitere Beispiele, die das Gleichgewicht in ähnlicher Weise beeinflussen!

e) In Internet existieren viele Web-Seiten, die Preisvergleiche für unterschiedliche Produkte anbieten und so zu einer besseren Vergleichbarkeit der Anschaffungskosten beitragen. Zeigen Sie anhand des Modells, welche Folgen dies für das mittelfristige Gleichgewicht hätte! Erläutern Sie Ihr Ergebnis! Geben Sie weitere Beispiele, die das Gleichgewicht in ähnlicher Weise beeinflussen!

Lösungen zu Kapitel 7

7.1 Wissens- und Verständnistests

Multiple Choice

1. b)
2. a)
3. b)
4. b)
5. c)
6. c)
7. c)

Wahr/Falsch:

8. F, F, W, F
9. F, W, F, F
10. F, W, W, F
11. W, W, W, W

Basiswissen

12. Lohnverhandlungen und Effizienzlohntheorie
    a) Reservationslohn: Der Lohn, zu dem ein Arbeiter gerade indifferent zwischen Arbeiten und Nicht-Arbeiten ist. Gründe, warum üblicherweise Löhne über dem Reservationslohn gezahlt werden:
    - **Verhandlungsmacht:** Arbeitnehmer verfügen üblicherweise über ein gewisses Ausmaß an Verhandlungsmacht, entweder, weil sie an kollektiven Lohnverhandlungen teilhaben oder weil sie nur unter Aufwand von Kosten ersetzt werden können. Je schwerer ein Mitarbeiter zu ersetzen ist und je mehr Möglichkeiten er hat, einen anderen Arbeitsplatz zu finden, desto größer ist seine Verhandlungsmacht.

- **Effizienzlöhne:** Unterschiedliche Gründe führen dazu, dass es von Unternehmerseite Sinn macht, einen Aufschlag auf den Reservationslohn zu zahlen. Insbesondere kann so eine bessere Mitarbeitermotivation erreicht werden. Außerdem lässt sich unter Umständen die Zahl der Arbeitskräfte, die ein Unternehmen pro Periode verlässt (Mitarbeiterfluktuation), senken. Besonders relevant sind Reservationslöhne bei asymmetrischer Information zwischen Arbeitgeber und Arbeitnehmer: Das Unternehmen ist bereit, höhere Löhne zu zahlen, um qualifizierte Mitarbeiter mit guten Ausweichmöglichkeiten zu binden und die Wahrscheinlichkeit von Fehlverhalten von Seiten des Arbeitnehmers zu reduzieren.

Beide Theorien zeigen, dass die Höhe der Löhne sowohl von der Art der Beschäftigung als auch von der Lage am Arbeitsmarkt abhängen. Im Rahmen der ersten Theorie spielt auch die Organisation des Lohnbildungsprozesses eine wesentliche Rolle.

b) Bei niedriger Arbeitslosenquote ist die Wahrscheinlichkeit, den Arbeitsplatz zu verlieren, klein. Gleichzeitig ist die Wahrscheinlichkeit, einen neuen Arbeitsplatz zu finden, groß. Bei niedriger Arbeitslosenquote steigt deshalb die Verhandlungsmacht der Arbeitnehmer (bzw. die ihrer gewerkschaftlichen Vertreter). Außerdem muss ein Unternehmen besonders darauf achten, über genügend hohe Löhne Mitarbeiter an sich zu binden und zu motivieren, da Arbeitnehmer mit ihren Alternativen ein entsprechendes Drohpotenzial aufbauen können. Beide Effekte erhöhen den Lohn.

c) Wenn der Einsatz eines Mitarbeiters nicht perfekt beobachtet werden kann, liegt es im Interesse des Arbeitgebers, die erwarteten Kosten eines Arbeitnehmers bei Fehlverhalten möglichst so hoch zu gestalten, dass sich ein solches nicht lohnt. Die erwarteten Kosten setzen sich aus der Wahrscheinlichkeit, bei Fehlverhalten entdeckt zu werden, und den Lohneinbußen nach einer eventuellen Entdeckung zusammen. Kann die Entdeckungswahrscheinlichkeit nicht oder nur begrenzt erhöht werden, können Lohnerhöhungen dazu dienen, die Kosten bei Entdeckung und damit die erwarteten Kosten des Fehlverhaltens soweit zu erhöhen, bis sich dieses nicht mehr lohnt.

d) Der Arbeitgeber würde es vorziehen, Mitarbeiter entsprechend ihrer Fähigkeiten zu entlohnen. Ist dies aufgrund von asymmetrischer Information nicht möglich, würde eine Entlohnung gemäß der Durchschnittsqualität dazu führen, dass besonders qualifizierte Mitarbeiter mit entsprechenden Alternativangeboten den Arbeitsplatz rasch wechseln – übrig bleiben die wenig Qualifizierten.

13. Lohnsetzung und Preissetzung

a) Für Arbeitnehmer und Unternehmen ist die entscheidende Größe der Reallohn (W/P), der angibt, wie viele Güter die Arbeitnehmer erwerben können bzw. wie hoch die Produktionskosten relativ zum Preis der Produktion sind. Da Löhne in nominalen Einheiten (also bspw. in Euro) für einen gewissen Zeitraum festgelegt werden, zum Zeitpunkt der Lohnsetzung das relevante Preisniveau jedoch nicht bekannt ist, müssen Erwartungen bzgl. des zukünftigen Preisniveaus gebildet werden:

- Wird erwartet, dass P in Zukunft ansteigt, würde W/P bei gegebenem W sinken ⇒ Arbeitnehmer wären zum nun niedrigeren erwarteten Reallohn nicht mehr bereit, ihre Arbeitskraft in ausreichendem Maße anzubieten. Gleichzeitig akzeptieren Unternehmen bei höheren Preisen auch einen Lohnkostenanstieg ⇒ W steigt.
- Wird erwartet, dass P in Zukunft sinkt, würde W/P bei gegebenem W steigen ⇒ Arbeitnehmer wollen zum höheren erwarteten Reallohn mehr Arbeitskraft anbieten. Allerdings sinkt die Arbeitsnachfrage der Unternehmen ⇒ W sinkt.

b) Anstieg der Arbeitslosenquote ⇒ Wahrscheinlichkeit steigt, den Arbeitsplatz zu verlieren/Wahrscheinlichkeit sinkt, einen neuen Arbeitsplatz zu finden ⇒ Verhandlungsmacht der Arbeitnehmer sinkt/auch bei niedrigem Lohnniveau ist kein Motivationsverlust zu befürchten ⇒ W sinkt.

c) Je höher die Arbeitslosenquote, desto schlechter ist die Verhandlungsposition der Arbeitnehmer, desto niedriger ist der geforderte Reallohn.

d) Veränderungen der *WS*-Kurve müssen ihren Grund in einer Veränderung der Sammelvariablen z haben, die alle anderen Größen repräsentiert, die bei gegebener Arbeitslosenquote und gegebenem erwarteten Preisniveau den Reservationslohn oder die Verhandlungsmacht der Arbeitnehmer beeinflussen. Ändert sich z, so verschiebt sich *WS*. *Beispiele:*

- Eine Senkung der Leistungen der Arbeitslosenversicherung ⇒ Reservationslohn sinkt ⇒ Gegeben P, sinkt W/P ⇒ *WS* verschiebt sich nach unten.
- Eine Abnahme des gewerkschaftlichen Organisationsgrads ⇒ Verhandlungsmacht der Arbeitnehmer sinkt ⇒ *WS* verschiebt sich nach unten.
- Verbesserter Kündigungsschutz ⇒ Verhandlungsmacht der Arbeitnehmer steigt ⇒ *WS* verschiebt sich nach oben.

e) Eine Veränderung des Gewinnaufschlags μ verändert bei gegebenem Nominallohn das Preisniveau ⇒ Der Reallohn sinkt.

f) Bei vollständiger Konkurrenz sind die Unternehmen nicht mehr Preissetzer, sondern Preisnehmer. Würde ein Unternehmen den Preis über die Grenzkosten setzen, würde dies die Nachfrager dazu veranlassen, zu einem anderen Anbieter zu wechseln. Je elastischer die Nachfrage auf Preisänderungen reagiert, umso schwieriger wird es für den Unternehmer, Preise oberhalb der Grenzkosten zu verlangen. Wenn der Preis (hier P) den Grenzkosten (hier W) entspricht, ist der Gewinn (hier μ) gleich null.

14. Gleichgewicht am Arbeitsmarkt

a) Ein (mittelfristiges) Gleichgewicht stellt sich ein, wenn der Reallohn, der im Rahmen der Lohnsetzung (*WS*) festgelegt wird ($W/P = F(u, z)$), dem Reallohn entspricht, der durch die Preissetzung (*PS*) impliziert wird ($W/P = 1/(1+\mu)$). Da die Lohnsetzer den Nominallohn W auf Basis des erwarteten Preisniveaus P^e bilden, der Nominallohn W jedoch in die Preissetzung eingeht, muss im (mittelfristigen) Gleichgewicht $P = P^e$ gelten. Die gleichgewichtige Arbeitslosenquote wird natürliche (oder strukturelle) Arbeitslosenquote (u_n) genannt.

b) Die natürliche Arbeitslosenquote wird allein durch die Parameter μ und z bestimmt. Verändern sich diese, so verändert sich u_n. *Beispiel:* Strengere Gesetzgebung gegen Wettbewerbsbeschränkungen bzw. Preisabsprachen unter Unternehmen $\Rightarrow \mu\downarrow \Rightarrow P\downarrow$ bei gegebenem $W \Rightarrow PS$ verschiebt sich nach oben und somit $(W/P)\uparrow \Rightarrow u_n \downarrow$, da beim nun höheren Reallohn eine geringere Arbeitslosenquote erforderlich ist, um ein Gleichgewicht zu gewährleisten. Die geringe natürliche Arbeitslosenquote lässt sich durch die Gleichgewichtsbedingung verdeutlichen, dass der Reallohn im Rahmen der Lohnsetzung (*WS*) gleich dem Reallohn impliziert durch die Preissetzung (*PS*) entsprechen muss:

$$F(u_n, z) = \frac{1}{(1+\mu)}$$

Ein sinkendes μ (welches die gesamte rechte Seite der Gleichung und somit den Reallohn erhöht) erfordert, dass u_n sinkt, sodass auch die linke Seite der Gleichung wächst.

c) Damit die Arbeitslosenquote u von ihrem natürlichen Niveau abweichen kann, müssen Preisniveau P und erwartetes Preisniveau P^e unterschiedliche Werte annehmen. Entscheidend ist also, wie Preiserwartungen gebildet werden und wie es zu Preisänderungen kommt. In späteren Kapiteln wird klar, dass unter bestimmten Bedingungen $P > P^e$ mit $u < u_n$ einhergeht und $P < P^e$ mit $u > u_n$. Dies kann jedoch nur kurzfristig der Fall sein. Mittelfristig gilt wieder $P = P^e$ mit $u = u_n$.

7.2 Übungsaufgaben

1. Stromgrößen am Arbeitsmarkt

a) Wir nennen die Zahl der Erwerbspersonen L. Sie setzt sich zusammen aus Erwerbstätigen N und Arbeitslosen U, sodass gilt:

$$L = N + U \qquad (1.)$$

Die Annäherung an den stationären Zustand

Was passiert, wenn die Wahrscheinlichkeit, einen Arbeitsplatz zu finden, und die Wahrscheinlichkeit, den Arbeitsplatz zu verlieren, konstant gegeben sind? Ist die Arbeitslosenzahl relativ zur Zahl der Erwerbstätigen sehr hoch (bspw. $U = 150$ und $N = 100$), ist die absolute Zahl derer, die einen Job finden, relativ zur absoluten Zahl derer, die ihren Job verlieren, hoch. In den ersten drei Monaten ergibt sich folgendes Bild:

	Monatsende 0	**Monatsende 1**	**Monatsende 2**	**Monatsende 3**
Entlassungen		5	5,5	5,925
Einstellungen		15	14	13,15
N	100	110	118,5	125,725
U	150	140	131,5	124,275

Dieser Prozess setzt sich fort, bis die Zahl der Arbeitslosen, die in einem Monat erwerbstätig werden, gleich der Zahl der Erwerbstätigen ist, die arbeitslos werden. Heben sich monatlich die gegenläufigen Ströme genau auf, sagen wir, dass die Wirtschaft in einem stationären Zustand verbleibt.

Beachten Sie, dass die verzögerte Wiederanstellung arbeitslos gewordener Erwerbspersonen eine positive Arbeitslosenquote bedingt. Sie kommt zustande, weil zu jedem gegebenen Zeitpunkt ein Teil der Erwerbspersonen eine Anstellung sucht. Das Modell erklärt nicht, warum eine Wiederanstellung arbeitslos gewordener Erwerbspersonen nicht erfolgt oder wovon die Wahrscheinlichkeit abhängt, einen Job zu finden. Es zeigt lediglich auf, auf welchem Niveau sich die Arbeitslosigkeit einstellt, wenn die Wahrscheinlichkeiten für das Ausscheiden aus Arbeitsverhältnissen und die Wiederanstellung konstant gegeben sind.

Die Arbeitslosenquote verändert sich nicht mehr, wenn die Zahl der Arbeitslosen, die eine neue Beschäftigung finden, der Zahl derer entspricht, die ihre Beschäftigung verlieren:

$$s \cdot N = g \cdot U \tag{2.}$$

Um den Anteil der Arbeitslosen an der Erwerbsbevölkerung, U/L, zu bestimmen, drücken wir alle Variablen in Gleichung (2.) so aus, dass nur noch L und U enthalten sind. Mit Gleichung (1.) folgt:

$$s \cdot (L - U) = g \cdot U$$
$$s \cdot L = (g + s) \cdot U$$
$$u = \frac{U}{L} = \frac{s}{g + s}$$

Einsetzen der Werte ergibt:

$$\frac{U}{L} = \frac{0{,}05}{0{,}15} = 0{,}33$$

Langfristig beträgt die Arbeitslosenquote also 33%.

b) Steigt die Wahrscheinlichkeit, dass ein Arbeitsloser in einem Monat eine Beschäftigung findet, auf 15%, würde die Arbeitslosigkeit in unserem Beispiel von 33% auf 25% sinken:

$$\frac{U}{L} = \frac{0{,}05}{0{,}2} = 0{,}25$$

c) Die Wahrscheinlichkeit g, in einem Monat einen Job zu finden, beträgt 10%. Mit einer Wahrscheinlichkeit von 90% ist man also nach einem Monat noch arbeitslos. Nach zwei, vier bzw. sechs Monaten beträgt die Wahrscheinlichkeit:

$$0{,}9 \cdot 0{,}9 = 0{,}81$$

$$0{,}9^4 = 0{,}65$$

$$0{,}9^6 = 0{,}53$$

Realitätsnähe: Für den einzelnen Arbeitslosen ist nicht zu erwarten, dass die Wahrscheinlichkeit, einen Arbeitsplatz zu finden, über die Zeit konstant bleibt. Mögliche Gründe hierfür sind:

- Existiert eine Arbeitslosenversicherung mit begrenzter Laufzeit, dann ist der Anreiz, in den ersten Monaten intensiv zu suchen, geringer. Dies senkt die Wahrscheinlichkeit zu Beginn und steigert sie, nachdem die Arbeitslosenversicherung die Zahlungen einstellt bzw. verringert hat.
- Eine lange Spanne der Arbeitslosigkeit könnte von potenziellen Arbeitgebern als negatives Qualitätssignal gewertet werden. Einerseits fragt er sich, warum der Arbeitssuchende bisher keine Arbeit finden konnte, andererseits befürchtet er, dass der Kandidat während seiner beschäftigungslosen Zeit Qualifikationen eingebüßt hat. Je länger ein Arbeitssuchender ohne Beschäftigung ist, desto kleiner werden also seine Chancen am Arbeitsmarkt.

d) Die durchschnittliche Dauer der Arbeitslosigkeit ergibt sich als Kehrwert des Anteils der Arbeitslosen, die in jedem Monat die Gruppe der Arbeitslosen verlassen. Die Arbeitslosigkeit kann man verlassen, indem man entweder einen Job findet oder aus der Erwerbsbevölkerung ausscheidet. Ist $v_1 = 0\%$, erhalten wir

$$d = 1/g = 1/0{,}1 = 10 \text{ Monate}$$

als durchschnittliche Dauer der Arbeitslosigkeit. Ist $v_1 = 2\%$, erhalten wir

$$d = 1/(g + v_1) = 1/(0{,}1 + 0{,}02) = 8{,}33 \text{ Monate}$$

als durchschnittliche Dauer der Arbeitslosigkeit.

e) In einer Rezession steigt die Arbeitslosenquote an. Demzufolge steigt die Wahrscheinlichkeit s, die Beschäftigung zu verlieren, die Wahrscheinlichkeit g, eine neue Beschäftigung zu finden, nimmt ab. Die Auswirkungen auf v sind zunächst unklar. Insgesamt ist jedoch ein Anstieg zu erwarten. v setzt sich aus zwei Komponenten zusammen: einem Anteil v_1 der Arbeitslosen, die die Erwerbsbevölkerung verlassen, und einem Anteil v_2 der Erwerbstätigen, die die Erwerbsbevölkerung verlassen, also z.B. in Rente gehen. In der Rezession werden einerseits viele Arbeitslose entmutigt die Suche nach einem Job aufgeben: v_1 steigt. Durch Maßnahmen wie Frühverrentung könnte auch v_2 steigen.

f) Unter **strukturellen Faktoren** verstehen wir all jene Faktoren, die

- den Anreiz, einen Arbeitsplatz zu suchen, erhöhen oder senken (bspw. Ausgestaltung der Arbeitslosenversicherung und der Sozialhilfe).
- die Effizienz der Arbeitsvermittlung verändern.
- die Bereitschaft von Unternehmen erhöhen oder senken, bei einem gegebenen Anstieg bzw. Fall der Nachfrage zusätzliche Arbeitnehmer einzustellen bzw. zu entlassen (bspw. Ausmaß des Kündigungsschutzes).

– die Preissetzungsmacht der Unternehmen und damit die Höhe des Preisniveaus und des Reallohns beeinflussen.

Unter **konjunkturellen Faktoren** verstehen wir all jene Faktoren, die über ein Schwanken der Nachfrage nach Gütern auch die Nachfrage nach Arbeitskräften beeinflussen. Auch wenn strukturelle und konjunkturelle Faktoren strikt zu trennen sind, müssen wir beachten, dass sie in einem wichtigen Aspekt interagieren: Ob sich Konjunkturschwankungen überhaupt auf die Arbeitsnachfrage auswirken, ist zunächst nicht selbstverständlich. Nur wenn kurzfristig Preise und Preiserwartungen auseinanderfallen, kommt es zu den entsprechenden Effekten. Da sich strukturelle Faktoren auf die Reaktion des Preisniveaus und der Nominallöhne auswirken und so die Entwicklung des Reallohns beeinflussen, entscheiden sie mit über die Reaktion der Arbeitslosigkeit auf Nachfrageschwankungen.

Preissetzer und Preisnehmer

Das Arbeitsangebot bestimmt sich aus der Abwägung der Haushalte zwischen Freizeit- und Güterkonsum (Aufgabenteile a) bis c)). Zusätzlicher Arbeitseinsatz ermöglicht eine Ausdehnung des Güterkonsums auf Kosten wertvoller Freizeit. Je besser ein Haushalt für Freizeitverzicht entschädigt wird (je höher der Reallohn), desto höher fällt das Arbeitsangebot aus. Die Arbeitsnachfrage der Unternehmen wird üblicherweise aus ihrem Gewinnmaximierungsverhalten abgeleitet (Aufgabenteile d) bis f)). Ein repräsentatives Unternehmen stellt solange Arbeiter ein, bis der durch den letzten Arbeiter erzielte Gewinn genau den Kosten dieses Arbeiters entspricht. Die Arbeitsnachfrage fällt mit dem Reallohn.

2. Standardtheorie von Arbeitsangebot und Arbeitsnachfrage

   a) Der Haushalt maximiert seine Nutzenfunktion $U(c,l) = c\,(4 - l)$ über c und l unter der Nebenbedingung $pc \leq T + wl$. (Die Bedingung besagt, dass die nominalen Konsumausgaben höchstens der Gesamtsumme der nominalen Einkünfte entsprechen können. Sie muss im Optimum mit Gleichheit erfüllt sein, da der Haushalt sein gesamtes Einkommen für Güter verbrauchen und nichts verschwenden wird. Da im vorliegenden Modell nur eine Periode betrachtet wird, gibt es keine Möglichkeit zum Transfer von Ressourcen über die Zeit). Einsetzen der Nebenbedingung in die Nutzenfunktion liefert, da $p = 1$:

$$U(l) = (T + wl)(4 - l) \qquad (3.)$$

Durch Maximierung nach l erhält man:

$$\frac{\partial U}{\partial l} = w(4 - l) - T - wl = 0 \qquad (4.)$$

Hieraus folgt:

$$l = 2 - \frac{1}{2}\frac{T}{w} \qquad (5.)$$

Das Arbeitsangebot steigt also im Lohnsatz w und fällt im exogen gegebenen Kapitaleinkommen T.

b) Wenn der Haushalt nicht arbeitet, ist $l = 0$. Da $p = 1$ und $S = 4$, ist $c = 4$. Der Nutzen des Haushalts ist damit $U = 4 \cdot (4 - 0) = 16$.

c) Der Haushalt muss durch Arbeit mindestens auf ein Nutzenniveau von 16 kommen, sonst wird er keine Arbeit anbieten. Es muss also gelten: $wl(4-l) \geq 16$ bzw.:

$$w \geq \frac{16}{4l - l^2} \qquad (6.)$$

Aus Gleichung (5.) wissen wir, dass $l = 2$, falls $T = 0$. Ersetzt man T durch S, erhält man nach Einsetzen in Gleichung (6.):

$$w \geq \frac{16}{8-4} = 4 \qquad (7.)$$

sonst würde der Haushalt keine Arbeit anbieten. Der Haushalt könnte bereits bei einem Lohnsatz $w > 2$ ein höheres Einkommen erreichen, als er durch Sozialhilfe erhält, wenn er nicht arbeiten würde. Da er dann allerdings weniger Freizeit hätte, entschließt er sich, nicht zu arbeiten.

d) Die Arbeitsnachfrage wird aus dem Gewinnmaximierungsverhalten eines repräsentativen Unternehmens abgeleitet. Der Gewinn G ergibt sich als Erlös pY abzüglich der Kosten für den Einsatz von Kapital und Arbeit (den eingesetzten Mengen K und L multipliziert mit ihren Preisen, dem Lohnsatz w und dem Zins r):

$$\max_N G = pY - wN - rK = pK^{1/2}N^{1/2} - wN - rK \qquad (8.)$$

G wird maximiert, wenn die Kosten der letzten eingesetzten Arbeitseinheit genau dem durch sie ermöglichten Ertrag entsprechen. Ableitung der Gewinnfunktion nach N ergibt (da K annahmegemäß konstant ist):

$$\frac{1}{2}pK^{1/2}N^{-1/2} = \frac{1}{2}p\left(\frac{K}{N}\right)^{1/2} = w$$

$$\frac{1}{2}\left(\frac{K}{N}\right)^{1/2} = \frac{w}{p} \qquad (9.)$$

Die linke Seite der Gleichung ist der Betrag, den ein zusätzlicher Arbeiter erwirtschaftet, die rechte Seite sind die Kosten des zusätzlichen Arbeiters. Auflösen von Gleichung (9.) nach N ergibt die Arbeitsnachfragefunktion. Sie fällt im Reallohn:

$$N^{-1/2} = 2\frac{w}{p}K^{-1/2}$$

$$N^d = \frac{1}{4}\left(\frac{w}{p}\right)^{-2} K \qquad (10.)$$

e) Die Volkswirtschaft ist im Gleichgewicht (Markträumung), wenn alle 200 Arbeitnehmer beschäftigt sind und alle 200 Kapitaleinheiten eingesetzt werden. Außerdem muss die Anstellung der 200 Arbeitnehmer zum gegebenen Reallohn der Optimalitätsbedingung des Unternehmens genügen. Aus (9.) ergibt sich der Reallohn:

$$\frac{w}{p}=\frac{1}{2}\left(\frac{200}{200}\right)^{1/2}=\frac{1}{2}$$

Die Produktion im Gleichgewicht beträgt:

$$Y=200^{1/2}200^{1/2}=200$$

Die reale Lohnsumme ist:

$$\frac{w}{p}N=\frac{1}{2}200=100$$

f) Wird ein Mindestlohn von 1 festgesetzt, ergibt sich als Arbeitsnachfrage aus (10.)

$$N^d=\frac{1}{4}(1)^{-2}\,200=50$$

Von den 200 Arbeitnehmern werden nun also 150 arbeitslos und erhalten keinen Lohn mehr. Die Produktion sinkt auf 100. Die 50 Erwerbstätigen bekommen insgesamt eine reale Lohnsumme von 50 ausbezahlt. Die Mindestlohn-Politik führt dazu, dass 50 glückliche Erwerbstätige mehr verdienen als zuvor, während die 150 Arbeitslosen ihr Einkommen verlieren. Kann eine Arbeitslosenversicherung von den Arbeitenden auf die Arbeitslosen genug umverteilen, sodass die 150 Arbeitslosen weiterhin einen Reallohn von 1/2 bekommen? Nein: Durch die Arbeitslosigkeit ist auch die Gesamtproduktion gesunken – die insgesamt zu verteilende Gütermenge hat also abgenommen.

3. Lohn- und Preissetzung

a) Siehe ▸*Abschnitt 7.1*, Aufgabe 13.

b) Die Preissetzungskurve (*PS*) ergibt sich als:

$$\frac{W}{P}=\frac{1}{1+\mu}=\frac{1}{1,25}=0,8 \qquad (PS)$$

Die Lohnsetzungskurve ist:

$$\frac{W}{P^e}=3,2\cdot[(1-u)L]^2=3,2\cdot N^2 \qquad (WS)$$

Grafisch erhalten wir:

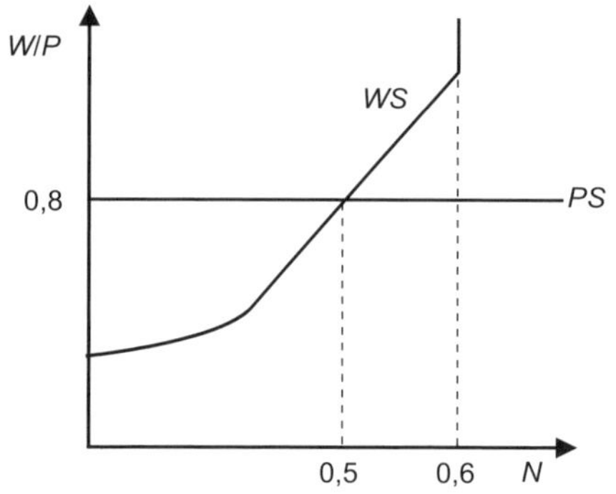

Abbildung 7.1: *WS*-Kurve im Beispiel

c) In der mittleren Frist gilt $P = P^e$. Gleichsetzen von *WS* und *PS* ergibt die gleichgewichtige Beschäftigung:

$$3{,}2 \cdot N_n^{\,2} = 0{,}8 \;\Rightarrow\; N_n = \sqrt{\frac{0{,}8}{3{,}2}} = 0{,}5$$

Die natürliche Arbeitslosenquote ist:

$$u_n = 1 - \frac{N_n}{L} \approx 16\%$$

Der Reallohn ist:

$$\frac{W}{P} = 0{,}8 = 3{,}2 \cdot 0{,}5^2$$

d) Eine Absenkung des Kündigungsschutzes wird zu niedrigeren Lohnforderungen führen, da die Verhandlungsmacht der Arbeiter sinkt; der Wert der Sammelvariablen z nimmt ab. Grafisch verschiebt sich die *WS*-Kurve nach unten, das natürliche Beschäftigungsniveau steigt:

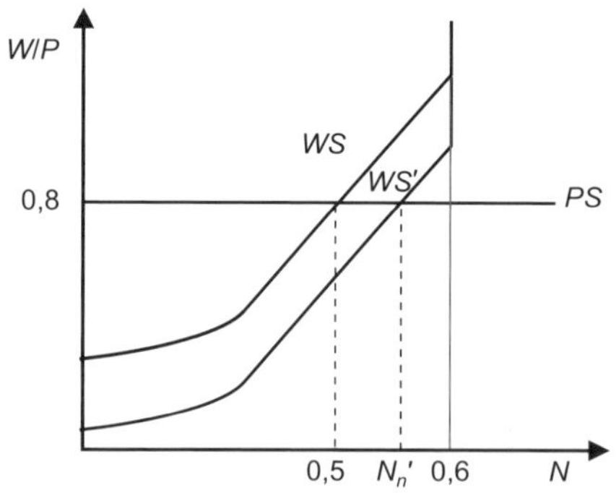

Abbildung 7.2: Verschiebung der *WS*-Kurve im Beispiel

Der Anstieg der natürlichen Beschäftigung bzw. der Rückgang der natürlichen Arbeitslosenquote lässt sich über die Gleichgewichtsbedingung erklären:

$$F(u_n, z) = \frac{1}{(1+\mu)}$$

Ein sinkendes z würde die linke Seite der Gleichung reduzieren. Da jedoch die rechte Seite der Gleichung konstant bleibt (der Reallohn hängt nur von μ ab), muss u_n sinken, sodass die linke Seite der Gleichung ebenfalls konstant bleibt.

e) Erhöhte Preistransparenz: Lassen sich die Preise unterschiedlicher Anbieter besser vergleichen, steigt die Preiselastizität der Nachfrage $\Rightarrow$ Es wird schwieriger, einen hohen Preisaufschlag zu verlangen $\Rightarrow \mu\downarrow \Rightarrow P\downarrow$ bei gegebenem $W \Rightarrow (W/P)\uparrow$, d.h. *PS* verschiebt sich nach oben $\Rightarrow u_n\downarrow$ (bzw. $N_n\uparrow$), da beim nun höheren Reallohn eine geringere Arbeitslosenquote erforderlich ist, um ein Gleichgewicht zu gewährleisten. Letzteres lässt sich erklären über die Gleichgewichtsbedingung:

$$F(u_n, z) = \frac{1}{(1+\mu)}$$

Ein sinkendes μ (welches die gesamte rechte Seite der Gleichung und somit den Reallohn erhöht) erfordert, dass u_n sinkt, sodass auch die linke Seite der Gleichung wächst.

8 Die Phillipskurve

8.1 Wissens- und Verständnistests

Multiple Choice

1. Die aus dem Phillipskurvenzusammenhang $\pi_t = \pi_t^e + (\mu + z) - \alpha u_t$ ermittelte natürliche Arbeitslosenquote
   a) steigt, wenn der Gewinnaufschlag der Unternehmen zunimmt oder der Kündigungsschutz gelockert wird.
   b) fällt, wenn die Inflationsrate steigt und gleichzeitig über der erwarteten Inflationsrate liegt.
   c) steigt, wenn der Gewinnaufschlag der Unternehmen abnimmt oder der Kündigungsschutz gelockert wird.
   d) fällt, wenn der Gewinnaufschlag der Unternehmen abnimmt oder der Kündigungsschutz gelockert wird.
2. Der aus der Phillipskurve ermittelte Zusammenhang $\pi_t - \pi_{t-1} = -\alpha(u_t - u_n)$
   a) besagt, dass es zu einem Anstieg der Inflationsrate kommt, wenn der Parameter α positiv ist und die Arbeitslosenquote unter ihrem natürlichen Niveau liegt.
   b) besagt, dass es zu einem Anstieg der Inflationsrate kommt, wenn der Parameter α negativ ist und die Arbeitslosenquote unter ihrem natürlichen Niveau liegt.
   c) besagt, dass es zu einem Fall der Inflationsrate kommt, wenn der Parameter α positiv ist und die Arbeitslosenquote unter ihrem natürlichen Niveau liegt.
   d) lässt sich nur ableiten, wenn rationale Erwartungen bezüglich der Inflationsrate unterstellt werden.
3. In welchen Fällen kommt es gemäß des Phillipskurvenzusammenhangs zu einem Anstieg von π_t?
   a) π_t steigt lediglich dann an, wenn π_t^e ansteigt.
   b) π_t steigt lediglich dann an, wenn z oder μ ansteigen oder u_t sinkt.
   c) π_t steigt an, sofern π_t^e, z oder μ ansteigen.
   d) Ein Anstieg von π_t wird immer von einer Erhöhung der Arbeitslosenquote ausgelöst.
4. Gehen Sie von folgendem Phillipskurvenzusammenhang aus:

$$\pi_t - \pi_t^* = 12 - 2u_t$$

a) Die natürliche Arbeitslosenquote beträgt 12%.

b) Die natürliche Arbeitslosenquote beträgt 6%.

c) Die natürliche Arbeitslosenquote beträgt 5,5%.

d) Die Antwort hängt davon ab, welche Inflationserwartungen vorliegen.

5. Sei $u_n = 7\%$ und $\pi_{t-1} = 4\%$. Die aktuelle Arbeitslosenquote beträgt $u_t = 6\%$.

   a) In diesem Fall wird die Inflationsrate um 1 Prozentpunkt fallen.

   b) In diesem Fall wird die Inflationsrate um 1 Prozentpunkt steigen.

   c) In diesem Fall wird die Inflationsrate genau 5% sein.

   d) Die Antwort hängt davon ab, welcher exakte Phillipskurvenzusammenhang unterstellt wird.

6. Sei $u_n = 7\%$ und $\pi_t^e = 4\%$. Die aktuelle Arbeitslosenquote beträgt $u_t = 6\%$.

   a) In diesem Fall wird die Inflationsrate im Jahre *t* geringer als 4% sein.

   b) In diesem Fall wird die Inflationsrate im Jahre *t* größer als 4% sein.

   c) In diesem Fall wird die Inflationsrate im Jahre *t* genau 4% sein.

   d) Ohne Angabe des exakten Phillipskurvenzusammenhangs ist keine Antwort möglich.

7. Ist der Anteil der indexierten Arbeitsverträge in einer Volkswirtschaft gering, führt eine Verringerung der Arbeitslosenquote

   a) zu einem Anstieg der Inflationsrate, der größer ist als in der Situation mit einem höheren Anteil indexierter Arbeitsverträge.

   b) zu einem Anstieg der Inflationsrate, der kleiner ist als in der Situation mit einem höheren Anteil indexierter Arbeitsverträge.

   c) zu einem Sinken der Inflationsrate, das größer ist als in der Situation mit einem höheren Anteil indexierter Arbeitsverträge.

   d) zu einem Sinken der Inflationsrate, das kleiner ist als in der Situation mit einem höheren Anteil indexierter Arbeitsverträge.

Gehen Sie für die verbleibenden Aufgaben von folgendem Phillipskurvenzusammenhang aus:

$$\pi_t = \pi_t^e + 0{,}04 - (u_t)^2$$

In Periode $t-1$ betrug die Arbeitslosenquote 20%, bei einer Inflationsrate von $\pi_{t-1} = 5\%$.

8. Die natürliche Arbeitslosenquote beträgt

   a) 4%.

   b) 8%.

   c) 20%.

   d) 2%.

9. Unterstellen Sie Inflationserwartungen der Form $\pi_t^e = \pi_{t-1}$. Welcher Wert ergibt sich für die Inflationsrate in Periode t, wenn die Regierung versucht, die Arbeitslosenquote um 25% (=1/4) zu senken?
   a) 8,75%
   b) 6,75%
   c) 4%
   d) 20%

10. Bezugnehmend auf die vorherige Aufgabe: Nehmen Sie an, die Regierung möchte die Arbeitslosenquote auch in allen Folgeperioden (t+1, t+2, ...) auf dem Niveau der Vorperiode halten. Um welchen Betrag muss die Inflationsrate in diesem Fall pro Periode ansteigen?
    a) 0,75 Prozentpunkte
    b) 4,75 Prozentpunkte
    c) 1,75 Prozentpunkte
    d) 6,75 Prozentpunkte

11. Aufgrund der ständig steigenden Inflationsraten ändern die Wirtschaftssubjekte ihre Erwartungsbildung. Ab der Periode $t + n$ unterstellen sie, dass die Inflationsrate des nächsten Jahres um 1,75 Prozentpunkte über der Inflationsrate des letzten Jahres liegt. Ohne die geänderte Erwartungsbildung zu berücksichtigen, beauftragt die Regierung die Zentralbank, die Inflationsrate weiterhin im alten Ausmaß ansteigen zu lassen.
    a) In diesem Fall wird die Arbeitslosenquote auf ihr natürliches Niveau ansteigen, obwohl die Inflationsrate erhöht wird.
    b) In diesem Fall wird die Arbeitslosenquote über ihr natürliches Niveau ansteigen.
    c) In diesem Fall wird es der Zentralbank nicht gelingen, die Inflationsrate zu beeinflussen.
    d) Keine der Antworten ist korrekt.

Wahr/Falsch: Welche der jeweiligen Aussagen sind wahr, welche falsch?

12. Der Phillipskurvenzusammenhang sei beschrieben durch

$$\pi_t - \pi_{t-1} = 0{,}12 - 2u_t$$

Ausgehend von einer Situation, in der die Arbeitslosenquote u genau ihrem natürlichen Niveau entspricht, versucht die Regierung, u um 2 Prozentpunkte zu senken.
    a) Die Inflationsrate steigt um 4%.
    b) Die Inflationsrate steigt mit Sicherheit auf 4%.
    c) Die Inflationsrate steigt auf 4%, falls die Inflationsrate der Periode t–1 0% betragen hat.

d) Die Inflationsrate steigt um 4%, falls die Inflationsrate der Periode t–1 8% betragen hat.

13. Wenn die Zentralbank die natürliche Arbeitslosenquote überschätzt, besteht die Gefahr,

a) dass eine Politik durchgeführt wird, die zu unnötig hoher Arbeitslosigkeit führt.

b) dass eine Politik durchgeführt wird, bei der die Inflationsrate das Niveau übersteigt, das nötig ist, um die Arbeitslosenquote auf ihrem natürlichen Niveau zu stabilisieren.

c) dass eine Politik durchgeführt wird, bei der die Inflationsrate fällt, obwohl dies zur Stabilisierung der Arbeitslosenquote auf ihrem natürlichen Niveau gar nicht nötig ist.

d) dass eine Politik durchgeführt wird, bei der die Inflationsraten ständig weiter steigen.

14. Mögliche Erklärungen für das Verschwinden der ursprünglichen Phillipskurve in den 1970er- und 1980er-Jahren sind,

a) dass in vielen Volkswirtschaften Inflation als persistentes Phänomen nicht mehr existierte.

b) dass die Lohnsetzer ihre Erwartungsbildung veränderten.

c) dass es zu einem Anstieg der Ölpreise kam, der sich auf den Gewinnaufschlag μ auswirkte.

d) dass die Wirtschaftspolitik versuchte, den ursprünglichen Phillipskurvenzusammenhang systematisch zur Senkung der Arbeitslosenquote unter ihr natürliches Niveau auszunutzen.

15. In Land A beträgt die aktuelle Arbeitslosenquote $u_t^A = 6\%$, in Land B $u_t^B = 5\%$. Es gilt die modifizierte Phillipskurve mit $\pi_t^e = \pi_{t-1}$.

a) Es ist davon auszugehen, dass die natürliche Arbeitslosenquote in Land A größer ist als in Land B, falls in beiden Ländern konstante Inflationsraten beobachtet werden.

b) Es ist davon auszugehen, dass die natürliche Arbeitslosenquote in Land A kleiner ist als in Land B, falls in beiden Ländern konstante Inflationsraten beobachtet werden.

c) Es ist mit Sicherheit davon auszugehen, dass die natürliche Arbeitslosenquote in Land A größer ist als in Land B, falls in Land A und in Land B fallende Inflationsraten beobachtet werden.

d) Es ist davon auszugehen, dass die natürliche Arbeitslosenquote in Land A größer ist als in Land B, falls in Land A konstante, in Land B jedoch fallende Inflationsraten beobachtet werden.

16. Wenn der Anteil der indexierten Arbeitsverträge in einer Volkswirtschaft einen Wert nahe 100% annimmt, ist zu erwarten,
    a) dass relativ kleine Änderungen der Arbeitslosenquote zu relativ starken Veränderungen der Inflationsrate führen.
    b) dass es sich um eine Volkswirtschaft handelt, in der die Inflationsrate relativ hoch ist.
    c) dass es sich um eine Volkswirtschaft handelt, in der die Inflationsrate relativ niedrig ist.
    d) dass sich eine Veränderung der erwarteten Inflationsrate nicht auf die aktuelle Inflationsrate auswirkt.
17. Welche der folgenden Aussagen zur Phillipskurve ist wahr, welche falsch?
    a) Die Phillipskurve beschreibt einen stabilen kausalen Zusammenhang zwischen Inflationsrate und Arbeitslosenquote.
    b) Der Phillipskurvenzusammenhang zeigt, dass Arbeitslosigkeit durch inflationäre Geldpolitik bekämpft werden sollte.
    c) Der Phillipskurvenzusammenhang zeigt, dass das gleichzeitige Auftreten von hoher Arbeitslosigkeit und hohen Inflationsraten ausgeschlossen werden kann.
    d) Gemäß der Argumentation von Friedman und Phelps besteht kein langfristiger Zielkonflikt zwischen Arbeitslosigkeit und Inflation.
18. Die Non-Accelerating Inflation Rate of Unemployment (NAIRU)
    a) ist die Inflationsrate, bei der die Preise stabil sind.
    b) ist die Inflationsrate, bei der es zu keinem Anstieg der Arbeitslosigkeit kommt.
    c) beschreibt die Arbeitslosenquote, ab der eine weitere konjunkturelle Belebung des Arbeitsmarkts in erster Linie zu einer Erhöhung der Inflation führt.
    d) fällt, wenn Unternehmen aufgrund einer Zunahme des Wettbewerbs geringere Gewinnaufschläge verlangen.
19. Die empirische Regelmäßigkeit, dass Nominallöhne kaum sinken, impliziert, dass
    a) es immer einer (gewissen) Inflation bedarf, wenn ein Sinken der Reallöhne (etwa zur Verbesserung der internationalen Wettbewerbsfähigkeit) möglich sein soll.
    b) trotz tiefer konjunktureller Krisen mit hoher Arbeitslosenquote, die Inflationsraten höher ausfallen als von dem Phillipskurvenzusammenhang zu erwarten.
    c) die Effekte von negativen Nachfrageschocks auf Inflation und Arbeitslosigkeit nicht einfach spiegelbildlich zu denen positiver Nachfrageschocks sind.
    d) sich die Phillipskurve nach rechts verschiebt.

20. Die Covid-Krise und der Ukrainekonflikt lösten einen starken Anstieg der Rohstoffpreise aus. Wenn die Rohstoffpreise steigen, geben die Unternehmen die höheren Kosten über die Preise weiter. Dies führt zu einem Anstieg des Preisniveaus bei gegebenen Löhnen und damit zu einem Anstieg von μ. Ein Anstieg in μ gegeben z und α lässt die natürliche Arbeitslosenquote ansteigen. Dies lässt die Inflationsrate ansteigen, da

a) π_t^e in $\pi_t = \pi_t^e + (\mu + z) - \alpha u_t$ steigt

b) μ in $\pi_t = \pi_t^e + (\mu + z) - \alpha u_t$ steigt

c) u_n in $\pi_t - \pi_t^e = -\alpha(u_t - u_n)$ steigt

d) u_t in $\pi_t - \pi_t^e = -\alpha(u_t - u_n)$ steigt

Basiswissen

21. Grundverständnis und historische Entwicklung des Phillipskurvenzusammenhangs

Aus dem Zusammenhang zwischen Preisniveau, dem erwarteten Preisniveau und der Arbeitslosenquote kann die Phillipskurve in der folgenden Form abgeleitet werden:

$$\pi_t = \pi_t^e + (\mu + z_1) - \alpha u_t$$

wobei μ den Gewinnaufschlag und z_1 die strukturellen Bedingungen am Arbeitsmarkt repräsentiert. Der Parameter α erfasst ebenfalls strukturelle Bedingungen und gibt an, wie stark die Nominallöhne auf Veränderungen der Arbeitslosenquote reagieren.

a) Welcher Zusammenhang besteht zwischen der **ursprünglichen** Phillipskurve und der obenstehenden Formel? Welche Aussagen macht die ursprüngliche Phillipskurve zum Zusammenhang zwischen Inflation und Arbeitslosenquote? Welche Annahmen verbergen sich hinter dem ursprünglichen Phillipskurvenzusammenhang?

b) Welcher Zusammenhang besteht zwischen der **modifizierten** Phillipskurve und der der obenstehenden Formel? Welche Aussagen macht die modifizierte Phillipskurve zum Zusammenhang zwischen Inflation und Arbeitslosenquote? Welche Annahmen verbergen sich hinter dem modifizierten Phillipskurvenzusammenhang?

c) Häufig wird argumentiert, dass sich die modifizierte Phillipskurve aus der ursprünglichen Phillipskurve entwickelt habe, als die Inflationsraten dauerhaft positive Werte annahmen. Erläutern Sie die Grundidee dieser Argumentation!

d) Die moderne Makroökonomik verwendet neben der ursprünglichen und der modifizierten Phillipskurve noch ein weiteres Konzept – die **Phillipskurve bei rationalen Erwartungen**. Erläutern Sie, welche Grundidee sich hinter diesem Konzept verbirgt! Hinweis: Rationale Erwartungen werden erst in Kapitel 16 behandelt.

22. Determinanten der natürlichen Arbeitslosenquote
    a) Nennen Sie aufbauend auf der allgemeinen Formulierung der Phillipskurve in Aufgabe 20 Gründe, die zu einer Veränderung der natürlichen Arbeitslosenquote führen!
    b) Nennen Sie mögliche Gründe, warum die natürliche Arbeitslosenquote je nach Land unterschiedlich hoch sein kann!
    c) Welcher Zusammenhang besteht zwischen der Stromgrößenanalyse des Arbeitsmarkts in ▶ *Kapitel 7* und der natürlichen Arbeitslosenquote?

8.2 Übungsaufgaben

1. Ableitung und Interpretation der Phillipskurve

   Die Beziehung zwischen Preisniveau, erwartetem Preisniveau und Arbeitslosenquote sei gegeben durch

$$P_t = P_t^e(1+\mu)F(u_t, z),$$

   wobei μ einen Wert von 0 bis 1 annimmt. Der Zusammenhang zwischen Nominallohn, Arbeitslosenquote und sonstigen strukturellen Faktoren sei:

$$F(u,z) = 1 - \alpha u_t + z_1,$$

   wobei α einen Wert von 2 und z_1 einen Wert von 0,05 annimmt.
   a) Leiten Sie die Phillipskurve allgemein ab!
   b) Leiten Sie die Phillipskurve für das konkrete Zahlenbeispiel ab!
   c) Interpretieren Sie die Phillipskurve aus Teilaufgabe b) möglichst exakt!
   d) Diskutieren Sie, wie sich eine Erhöhung des Parameters α auswirkt! Verändert sich die natürliche Arbeitslosenquote? Wenn ja: warum?

2. Phillipskurve bei unterschiedlichen Erwartungsbildungshypothesen

   Die Phillipskurve sei

$$\pi_1 = \pi_t^e + 0{,}1 - 2 \cdot u_t$$

   a) Wie hoch ist die sogenannte natürliche Arbeitslosenrate?
   b) Nehmen Sie an, in der Vergangenheit und bis zu Periode $t = 0$ habe die Arbeitslosenrate stets $u_0 = 5\%$ und die Inflationsrate $\pi = 0\%$ betragen. Wie hoch müsste die Inflation in den Perioden $t = 1, 2, 3$ sein, um die Arbeitslosigkeit dauerhaft auf 3% zu reduzieren, wenn die Inflationserwartungen der privaten Wirtschaftssubjekte folgende Form annehmen:
      i. $\pi_t^e = 0$
      ii. $\pi_t^e = \theta \cdot \pi_{t-1} + (1 - \theta \cdot \pi^*)$ mit $\pi^* = 0$
      iii. $\pi_t^e = \pi_{t-1}$

c) Wie plausibel sind die verschiedenen Annahmen zur Erwartungsbildung im Zusammenhang mit der beschriebenen Politik?

d) Angenommen, ein Anteil λ aller Arbeitsverträge werde durch Indexierung an das aktuelle Preisniveau gekoppelt. Bestimmen Sie die veränderte Gleichung für die kurzfristige Phillipskurve!

e) Welchen Effekt hat ein steigender Anteil indexierter Tarifverträge auf die Möglichkeiten, Arbeitslosigkeit durch Geldpolitik zu bekämpfen? Unterscheiden Sie zwischen kurzer und mittlerer Frist!

3. Phillipskurve bei rationalen Erwartungen

In einer Volkswirtschaft gelte folgender kurzfristiger Zusammenhang zwischen Inflation und Arbeitslosigkeit:

$$\pi_t = \pi_t^e + 0{,}3 - 3u_t$$

a) Ermitteln Sie die natürliche Arbeitslosenquote und erläutern Sie in Stichworten, was man unter dem Konzept der NAIRU versteht!

b) Die aktuelle Inflationsrate beträgt 4% und ist seit mehreren Jahren konstant. Die Zentralbank gibt bekannt, dass sie die Arbeitslosenquote im nächsten Jahr um 2 Prozentpunkte senken möchte. Sie unterstellt dabei adaptive Erwartungen der Wirtschaftssubjekte ($\pi_t^e = \pi_{t-1}$). Bestimmen Sie die Inflationsrate, die sich bei Durchführung der Maßnahme einstellen würde, und zeichnen Sie die von der Zentralbank unterstellte kurzfristige Phillipskurve in ein Diagramm ein!

c) Tatsächlich bilden 20% der Beschäftigten ihre Erwartungen auf rationale Art. Sie basieren deshalb ihre Nominallohnforderungen auf eine Abwägung aller Informationen bezüglich der zukünftigen Inflationsrate, inklusive der Ankündigungen der Zentralbank. Die übrigen 80% legen ihren Lohnabschlüssen die Inflation des Vorjahres zu Grunde. Wie hoch ist die tatsächlich erreichte Arbeitslosenquote, wenn die Zentralbank eine Inflationsrate von 10% ankündigt und durchsetzt? Kommentieren Sie das Ergebnis kurz! Hinweis: Wenn die Lohnsetzung auf rationalen Erwartungen basiert, dann lässt sich dies wie Lohnindexierung modellieren. Die erwartete Inflationsrate für das aktuelle Jahr entspricht dann der tatsächlichen Inflationsrate für das aktuelle Jahr. λ repräsentiert dann den Anteil der Beschäftigten mit rationalen Erwartungen.

d) Wie verändert sich die Phillipskurve grafisch, wenn ein immer größerer Anteil der Nominallohnforderungen unter Verwendung von rationaler Erwartungsbildung zustande kommt (verbale Erläuterung)? Zeichnen Sie eine Phillipskurve für den Fall, dass alle Wirtschaftssubjekte rationale Erwartungen bilden! Welche Konsequenzen ergeben sich für die Zentralbank?

e) „Viele Zentralbanken geben als vorrangiges Ziel ihrer Politik die Gewährung von Preisstabilität an. Zur Durchsetzung dieses Ziels wird der Zentralbank oft ein erhebliches Maß an politischer Unabhängigkeit zugestanden.“ Erläutern Sie die Aussage in wenigen Sätzen unter Verwendung Ihrer Ergebnisse aus den vorangegangenen Teilaufgaben!

4. Alternative Formulierung adaptiver Erwartungen

Die Phillipskurve einer Volkswirtschaft sei gegeben durch:

$$\pi_t = \pi_t^e + 0{,}3 - 4u_t$$

Die Wirtschaftssubjekte bilden ihre Inflationserwartungen gemäß:

$$\pi_t^e = \pi_{t-1}^e + \theta \cdot (\pi_{t-1} - \pi_{t-1}^e) \text{ mit } 0 \le \theta \le 1$$

a) Ermitteln Sie die natürliche Arbeitslosenquote!

b) Erläutern Sie die Gleichung zur Erwartungsbildung!

c) Sei $\theta = 0{,}7$. In der Ausgangsperiode $t = 0$ schätzten die Wirtschaftssubjekte die Inflationsrate auf $\pi_0^e = 2\%$, die tatsächliche Inflationsrate lag jedoch bei $\pi_0 = 3\%$. Wie hoch muss die Inflationsrate in den beiden Folgeperioden sein, wenn die Zentralbank eine Arbeitslosenquote von $u_1 = u_2 = 6\%$ erreichen möchte?

d) Welche Arbeitslosenquote wurde in der Periode $t = 0$ realisiert?

5. Schätzung der Phillipskurve

Zur Beantwortung der folgenden Fragen benötigen Sie Daten zur Arbeitslosenquote und Inflationsrate in Deutschland. Sie finden diese Daten (`Aufgabe_8_5.xls`) auf der Website zu diesem Buch. EXTRAS ONLINE

a) Schätzen Sie den ursprünglichen Phillipskurvenzusammenhang für den Zeitraum 1960 bis 2003 mit Hilfe der Kleinste-Quadrate-Methode! Interpretieren Sie Ihr Ergebnis und bewerten Sie die Aussagekraft Ihrer Resultate.

b) Erstellen Sie ein Diagramm, in dem die Kombinationen von Arbeitslosenquote und Inflationsrate für unterschiedliche Zeiträume unterschiedlich markiert sind. Verwenden Sie für jeden der folgenden Zeiträume ein anderes Symbol: 1960–1970, 1971–1980, 1981–1990 und 1991–2003. Schätzen Sie für jeden Zeitraum separat den ursprünglichen Phillipskurvenzusammenhang und fügen Sie die entsprechenden Regressionsgeraden in das Diagramm ein! Diskutieren Sie die Verwendbarkeit der Ergebnisse und bewerten Sie Ihre Schätzung aus Teilaufgabe a) unter Verwendung der erzielten Ergebnisse.

c) Schätzen Sie die Parameter θ und α der modifizierten Phillipskurve mit adaptiven Erwartungen

$$\pi_t = \theta\pi_{t-1} + (\mu + z_1) - \alpha u_t$$

für den Gesamtzeitraum und diskutieren Sie Ihre Ergebnisse!

Lösungen zu Kapitel 8

8.1 Wissens- und Verständnistests

Multiple Choice

1. d)
2. a)
3. c)
4. b)
5. d)
6. b)
7. b)
8. c)
9. b)
10. c)
11. a)

Wahr/Falsch

12. F, F, W, F,
13. W, F, W, F
14. F, W, W, W
15. W, F, F, W
16. W, W, F, F
17. F, F, F, W
18. F, F, W, W
19. W, W, W, F
20. F, W, W, F

Basiswissen

21. Grundverständnis

a) Die **ursprüngliche** Phillipskurve kann aus der Formel abgeleitet werden, wenn angenommen wird, dass die Lohnsetzer im Durchschnitt eine konstante Inflationsrate von π^* erwarten:

$$\pi_t = \pi^* + (\mu + z_1) - \alpha u_t$$

Die Gleichung macht eine Aussage zum Verhältnis zwischen Arbeitslosenquote und dem **Niveau** der Inflationsrate: Eine hohe Arbeitslosenquote verringert die Nominallöhne (bzw. die Nominallohnsteigerungen) und damit die Preise (und damit die Inflationsrate). Eine niedrige Arbeitslosenquote erhöht die Nominallöhne (bzw. die Nominallohnsteigerungen) und damit die Preise (und damit die Inflationsrate).

b) Die **modifizierte** Phillipskurve kann aus der Formel abgeleitet werden, wenn angenommen wird, dass die Lohnsetzer im Durchschnitt eine Inflationsrate erwarten, deren Höhe von der Inflationsrate der Vorperiode abhängt

$$\pi_t = (1-\theta)\pi^* + \theta\pi_{t-1} + (\mu + z_1) - \alpha u_t\,,$$

wobei $\theta = 1$.

Die Gleichung macht eine Aussage zum Verhältnis zwischen Arbeitslosenquote und der **Veränderung** der Inflationsrate pro Periode. Bei $\theta = 1$ gilt

$$\pi_t - \pi_{t-1} = (\mu + z_1) - \alpha u_t\,.$$

War die Inflationsrate der Vorperiode positiv, spiegelt sich dies in einer höheren aktuellen Inflationsrate wider: Da die Lohnsetzer höhere Preise erwarten, wird dies zu höheren Nominallohnforderungen führen, die die Preise (und damit die Inflationsrate) bereits in der aktuellen Periode ansteigen lassen. Eine hohe Arbeitslosenquote verringert nun lediglich den Anstieg der Nominallöhne und damit den Anstieg des Preisniveaus (und damit den Anstieg der Inflationsrate). Eine niedrige Arbeitslosenquote erhöht den Anstieg der Nominallöhne und damit den Anstieg der Inflationsrate.

Die Phillipskurve kann alternativ als Beziehung zwischen der Abweichung der Arbeitslosenquote von ihrem natürlichen Niveau und der Abweichung der Inflationsrate von der erwarteten Inflationsrate dargestellt werden:

$$\pi_t - \pi_t^e = -\alpha\left(u_t - \frac{\mu + z_1}{\alpha}\right) = -\alpha\left(u_t - u_n\right)$$

Wenn $u_t < u_n$ ($u_t > u_n$), wird die Inflationsrate höher (niedriger) sein als erwartet. Wenn $u_t = u_n$, entspricht die Inflationsrate der erwarteten Inflation.

c) Wenn die Inflationsrate im Durchschnitt immer einen Wert von π^* annimmt, kommt es im Durchschnitt nicht zu größeren Reallohneinbußen, wenn die Inflationsentwicklung unterschätzt wird. In den 1970er-Jahren kam es jedoch durch den starken Anstieg der Ölpreise zu dauerhaft positiven und zum Teil steigenden Inflationsraten: Wird nun die Inflationsentwicklung unterschätzt, steigen die Löhne dauerhaft langsamer als die Preise, der Reallohn *W/P* fällt. Die Lohnsetzer werden deshalb ihre Inflationserwartungen nach oben revidieren und bspw. an der Inflationsentwicklung der Vorperiode ausrichten.

Die Rolle der Wirtschaftspolitik

Ein weiterer Grund, warum es möglicherweise zu veränderten Inflationserwartungen kam, könnte im Versuch der Wirtschaftspolitik bestehen, den Phillipskurvenzusammenhang systematisch auszunutzen: Wenn die Wirtschaftspolitik davon ausgeht, dass die Inflationserwartungen sich nicht ändern, könnte sie der Versuchung erliegen, durch Inflation die Reallöhne und damit die Arbeitslosenquote zu senken. Auch hierdurch würde sich eine dauerhaft positive Inflationsrate ergeben. Sobald die Lohnsetzer den anhaltenden Anstieg der Inflationsrate bemerken (oder sobald sie die Politik der Regierung durchschauen), wird sich die Erwartungsbildung ändern.

d) Das Konzept der **Phillipskurve bei rationalen Erwartungen** geht davon aus, dass die Lohnsetzer alle ihnen zur Verfügung stehenden Informationen, die die zukünftige Inflationsrate beeinflussen, effizient berücksichtigen, wenn sie ihre Inflationserwartungen bilden. Die erwartete Inflationsrate ergibt sich dann als der mathematische Erwartungswert der zukünftigen Inflation. Die Phillipskurvenrelation nimmt dann folgende Form an:

$$\pi_t = E\left[\pi_t \middle| \Omega_t\right] + (\mu + z_1) - \alpha u_t$$

Die zum Zeitpunkt t verfügbaren Informationen Ω_t umfassen insbesondere die Kenntnis des zugrunde liegenden Modells. In die Erwartungen gehen also Einschätzungen bezüglich zu erwartender Politikmaßnahmen, bezüglich der zu erwartenden Änderungen der gesamtwirtschaftlichen Situation etc. ein. In einem Modell ohne Unsicherheit (ohne unerwartete Schocks) kann die Zukunft dann exakt vorhergesagt werden, wenn alle notwendigen Informationen zur Verfügung stehen – die Inflationsrate wird korrekt prognostiziert. In einem solchen Modellrahmen kann die Wirtschaftspolitik die Arbeitslosenquote nur schwerlich beeinflussen, da ein erwarteter Anstieg der Inflationsrate sofort entsprechende Nominallohnsteigerungen auslöst; der Reallohn ist konstant und die Arbeitslosenquote u_t verharrt auf ihrem mittelfristigen Niveau u_n.

$$\pi_t = \pi_t + (\mu + z_1) - \alpha u_t$$

Da $u_t = u_n = \dfrac{\mu + z_1}{\alpha}$ gilt: $\pi_t = \pi_t + (\mu + z_1) - \alpha \dfrac{\mu + z_1}{\alpha}$

$$\Leftrightarrow \pi_t = \pi_t$$

Der Zusammenhang zwischen Arbeitslosigkeit und Inflation existiert nicht mehr. Die Phillipskurve ist keine Kurve mehr, sondern eine vertikale Gerade, die die Abszisse auf Höhe der natürlichen Arbeitslosenquote schneidet.

22. Determinanten der natürlichen Arbeitslosenquote

a) Die natürliche Arbeitslosenquote ist:

$$u_n = \frac{\mu + z_1}{\alpha}$$

sie kann sich ändern, wenn sich der Gewinnaufschlag μ, die sonstigen Faktoren z_1 oder der Parameter α ändern:

Ein Anstieg von μ (bspw. aufgrund eines erhöhten Gewinnaufschlags der Unternehmen) verschiebt die *PS*-Kurve nach unten, der Reallohn sinkt. Bei gegebener Arbeitslosenquote sind die Arbeitnehmer nicht bereit, zum geringeren Reallohn Arbeitsleistungen im gewünschten Umfang zu erbringen, u_n steigt an.

Ein Anstieg von z_1 erhöht die Verhandlungsmacht der Arbeitnehmer, die *WS*-Kurve verschiebt sich nach oben, der zur bestehenden Arbeitslosenquote geforderte Reallohn steigt. Da die Unternehmen gegeben den aktuellen Gewinnaufschlag nicht bereit sind, diesen Reallohn zu zahlen, muss u_n ansteigen, damit die Arbeitnehmer zum alten Reallohn bereit sind, Arbeit anzubieten.

Ein Anstieg von α erhöht die Reagibilität der Nominallöhne auf Veränderungen der Arbeitslosenquote, die *WS*-Kurve wird steiler, die natürliche Arbeitslosenquote fällt. Wenn die Arbeitnehmer empfindlicher auf die Bedingungen am Arbeitsmarkt reagieren, ist eine geringere Arbeitslosenquote erforderlich, um bei gegebenem Reallohn Arbeitsangebot und Arbeitsnachfrage ins Gleichgewicht zu bringen. Hinter dem Parameter α verbergen sich ebenfalls strukturelle Bedingungen am Arbeitsmarkt. In der allgemeinen Formulierung $F(u, z)$ sind seine Einflussfaktoren in der Sammelvariablen z erfasst. Bspw. dürften die Löhne stärker auf eine höhere Arbeitslosenquote reagieren, wenn die Sozialversicherungsleistungen gering sind – aufgrund mangelnder Alternativen ziehen es die Arbeitnehmer vor, zu einem geringeren Reallohn zu arbeiten, anstatt mit einer nur spärlichen Sozialleistung zurechtzukommen.

Die Funktion $F(u, z)$ und die Größe α

Die Funktion $F(u, z)$ beschreibt, wie der geforderte Nominallohn mit der Arbeitslosenquote und mit den strukturellen Bedingungen am Arbeitsmarkt verknüpft ist. Sie enthält Faktoren wie das Ausmaß an Sozialversicherungsleistungen für Arbeitslose, die Rolle der Gewerkschaften oder die Gestaltung der Arbeitsmarktregulierung, bspw. in Form von Regeln zum Kündigungsschutz. Häufig bietet es sich an, eine konkrete Funktionsform für $F(u, z)$ zu unterstellen, bspw.:

$$F(u, z) = 1 - \alpha u + z_1$$

Die Sammelvariable z findet ihren Niederschlag in den beiden Größen α und z_1. α gibt an, wie die strukturellen Bedingungen am Arbeitsmarkt die Reagibilität der Löhne auf Änderungen der Arbeitslosenquote beeinflussen. z_1 erfasst Zusammenhänge, die nicht im direkten Zusammenhang mit der Höhe der Arbeitslosenquote stehen.

b) Internationale Unterschiede in der Höhe der natürlichen Arbeitslosenquote sind im Kontext des unterstellten Modells Folge unterschiedlicher Gewinnaufschläge der Unternehmen, unterschiedlicher Formen von Lohnverhandlungsprozessen (insbesondere der relativen Verhandlungsmacht von Arbeitnehmern und Arbeitgebern) und/oder weiterer Faktoren, die das Verhalten der Tarifpartner bei Veränderungen im makroökonomischen Umfeld beeinflussen (beispielsweise in Form unterschiedlicher sozialer Sicherungssysteme).

c) Auch die Stromgrößenanalyse des Arbeitsmarkts in ▸*Abschnitt 7.2* (Aufgabe 1) erlaubt die Ableitung einer natürlichen Arbeitslosenquote. Unter Verwendung der Größen g (der Anteil der Arbeitslosen, die in einer Periode einen neuen Arbeitsplatz finden) und s (der Anteil der Beschäftigten, die in einer Periode ihren Arbeitsplatz verlieren) hatten wir folgende strukturelle (natürliche) Arbeitslosenquote abgeleitet:

$$u_n = \frac{U}{L} = \frac{s}{g+s}$$

Ist eine in dieser Form abgeleitete Arbeitslosenquote vereinbar mit der hier diskutierten Herangehensweise? Ja, da die Größen s und g eng mit der Höhe der Arbeitslosenquote und den strukturellen Bedingungen am Arbeitsmarkt verknüpft sind. So werden – wie in Aufgabe 1 in ▸*Abschnitt 7.2* diskutiert – s und g durch institutionelle Faktoren (Sammelvariable z) wie die Arbeitslosenversicherung, die Sozialhilfe und den Kündigungsschutz sowie die Preissetzung der Unternehmen (Gewinnaufschlag μ) und somit den Reallohn beeinflusst.

8.2 Übungsaufgaben

1. Ableitung und Interpretation der Phillipskurve

a) Einsetzen der Funktion F ergibt:

$$P_t = P_t^e(1+\mu)(1-\alpha u_t + z_1) \qquad (1.)$$

Die Phillipskurve betrachtet die Wachstumsrate des Preisniveaus (die Inflationsrate). Dividiere beide Seiten von (1.) durch P_{t-1}:

$$\frac{P_t}{P_{t-1}} = \frac{P_t^e}{P_{t-1}}(1+\mu)(1-\alpha u_t + z_1) \qquad (2.)$$

Die beiden Brüche in der Gleichung können folgendermaßen umgeformt werden:

$$\frac{P_t}{P_{t-1}} = \frac{P_t - P_{t-1} + P_{t-1}}{P_{t-1}} = 1 + \frac{P_t - P_{t-1}}{P_{t-1}} = 1 + \pi_t$$

$$\frac{P_t^e}{P_{t-1}} = \frac{P_t^e - P_{t-1} + P_{t-1}}{P_{t-1}} = 1 + \frac{P_t^e - P_{t-1}}{P_{t-1}} = 1 + \pi_t^e$$

Ersetzen der beiden Brüche in Gleichung (2.) ergibt:

$$(1+\pi_t) = (1+\pi_t^e)(1+\mu)(1-\alpha u_t + z_1) \quad (3.)$$

Wir können Gleichung (3.) vereinfachen, indem wir beide Seiten mit

$$\frac{1}{(1+\pi_t^e)(1+\mu)}$$

multiplizieren:

$$\frac{(1+\pi_t)}{(1+\pi_t^e)(1+\mu)} = 1-\alpha u_t + z_1$$

und die Regeln zum approximativen Umgang mit Wachstumsraten (siehe Anhang B des Lehrbuchs von Blanchard/Illing) beachten:

$$1+\pi_t - \pi_t^e - \mu = 1-\alpha u_t + z_1$$

Auflösen nach π_t ergibt:

$$\pi_t = \pi_t^e + (\mu + z_1) - \alpha u_t$$

b) Einsetzen der Zahlenwerte aus der Angabe ergibt:

$$\pi_t = \pi_t^e + 0{,}15 - 2u_t$$

c) Ein Anstieg der Arbeitslosenquote um einen Prozentpunkt führt (bei gegebenen Inflationserwartungen) zu einer Senkung der Inflationsrate um zwei Prozentpunkte (*Grund:* Es kommt zu einem geringeren Nominallohnanstieg, der sich preisdämpfend auswirkt).

Ein Anstieg der Inflationserwartungen führt zu einer Erhöhung der Inflationsrate in gleichem Ausmaß (*Grund:* Um den erwarteten Reallohn zu stabilisieren, werden höhere Lohnsteigerungen vereinbart; diese führen zu Preiserhöhungen).

Ein Anstieg von μ oder z_1 führt zu einem Anstieg der Inflationsrate, wenn alle anderen Größen sich nicht verändern (*Grund:* Die natürliche Arbeitslosenquote steigt, die aktuelle Arbeitslosenquote ist dann relativ zum natürlichen Niveau zu niedrig $\Rightarrow W$ steigt $\Rightarrow P$ steigt). *Beachte:* Im mittelfristigen Arbeitsmarktgleichgewicht kommt es nicht zu einem Anstieg der Inflationsrate, da sich die Arbeitslosenquote auf das natürliche Niveau erhöht). Die natürliche Arbeitslosenquote im Beispiel beträgt:

$$u_n = \frac{0{,}15}{2} = 7{,}5\%$$

d) Ein Anstieg von α hat zur Folge, dass sich die Lohnentwicklung (und damit die Entwicklung der Inflationsrate) stärker an der Entwicklung der Arbeitslosenquote ausrichtet. Dies hat zwei Konsequenzen:

- Kurzfristig führt ein Anstieg der Arbeitslosenquote zu einer stärkeren Reduktion der Inflationsrate.
- Mittelfristig sinkt die natürliche Arbeitslosenquote. Dies ist kein überraschendes Resultat, da auch α als Komponente von z ein struktureller Parameter ist. Er bestimmt die Steigung der *WS*-Kurve. Steigt α nimmt die Steigung der *WS*-Kurve zu, da nun W (und damit, gegeben P, auch W/P) stärker auf veränderte Bedingungen am Arbeitsmarkt reagiert. Wenn aber die Arbeitnehmer empfindlicher auf die Bedingungen am Arbeitsmarkt reagieren, ist eine geringere Arbeitslosenquote erforderlich, um bei gegebenem Reallohn Lohnsetzung und Preissetzung ins Gleichgewicht zu bringen.

2. Phillipskurve bei unterschiedlichen Erwartungsbildungshypothesen
   a) Für $\pi_t^e = \pi_t$ erhalten wir:

$$u_n = \frac{0,1}{2} = 5\%$$

   b) Üblicherweise fragt die Phillipskurvenrelation, welchen Effekt eine gegebene Veränderung der Arbeitslosenquote auf die Inflationsrate hat. Hier fragen wir: Welche Inflationsrate würde sich ergeben, wenn Wirtschaftspolitik die Arbeitslosenquote (bspw. durch den Einsatz von Geldpolitik) verändern könnte.
      i. Für $\pi_t^e = 0$ ergibt sich als Phillipskurve:

$$\pi_1 = \pi_2 = \pi_2 = ... = 0 + 0,1 - 2 \cdot 0,03 = 4\%$$

      Wenn die Inflationserwartungen dauerhaft bei 0 verharren (statische Erwartungen), wäre eine jährliche Inflationsrate von 4% nötig.
      ii. Für $\pi_t^e = \theta \cdot \pi_{t-1}$ ergibt sich als Phillipskurve:

$$\pi_t = \theta\pi_{t-1} + 0,1 - 2 \cdot u_t$$

      Und somit (da $\pi_{t-1} = \pi_0 = 0$):

$$\pi_1 = 0 + 0,1 - 2 \cdot u_1 = 0 + 0,1 - 2 \cdot 0,03 = 4\%$$

$$\pi_2 = \theta \cdot \pi_1 + 0,1 - 2 \cdot u_2 = \theta \cdot 0,04 + 0,1 - 2 \cdot 0,03 = 0,04(1+\theta)$$

$$\pi_3 = \theta \cdot \pi_2 + 0,1 - 2 \cdot u_3 = \theta \cdot (0,04 + \theta \cdot 0,04) + 0,1 - 2 \cdot 0,03 = 0,04(1+\theta+\theta^2)$$

$$\pi_4 = \theta \cdot \left[0,04(1+\theta+\theta^2)\right] + 0,04 = 0,04(1+\theta+\theta^2+\theta^3)$$

      ...

      Allgemein erhalten wir:

$$\pi_t = 0,04 \cdot (1+\theta^1+\theta^2+...+\theta^{t-1}) = \sum_{t=0}^{t-1} 0,04 \cdot \theta^t$$

Die Inflationsrate muss also kontinuierlich ansteigen, damit eine Arbeitslosenquote von 3% aufrechterhalten werden kann. Das Ausmaß des Anstiegs nimmt allerdings ab, da $\theta < 1$.

iii. Für $\pi_t^e = \pi_{t-1}$ ist $\theta = 1$. Somit erhalten wir:

$$\pi_t = \sum_{t=0}^{t-1} 0{,}04 \cdot 1^t$$

Die Inflationsrate muss in jeder Periode um 4 Prozentpunkte ansteigen, damit die Arbeitslosenquote dauerhaft auf 3% gesenkt werden kann.

c) Bei i. werden die Erwartungen nicht an die tatsächliche Inflationsrate angepasst, sodass die tatsächliche Preisentwicklung keine Rolle in den Lohnverhandlungen spielt („**statische Erwartungen**"). Dies ist nicht besonders plausibel, da die Wirtschaftssubjekte Anreize zum Lernen haben: Irgendwann sollten sie erkennen, dass sie aufgrund ihrer konstanten Inflationserwartungen Reallohneinbußen hinnehmen müssen.

Bei ii. und iii. wird als Grundlage der Inflationserwartungen (auch) die tatsächliche Preisentwicklung der Vorperiode verwendet („**adaptive Erwartungen**"). Diese erhält bei ii. ein Gewicht θ, bei iii. ein Gewicht 1. Für $\theta < 1$ ist die Anpassung langsamer. Die Annahme adaptiver Erwartungen ist wesentlich plausibler, da hier die Arbeitnehmer die ihnen bekannte Preisentwicklung der Vorperiode in ihre Lohnforderung einbeziehen. Sowohl bei ii. als auch bei iii. wird vorhergesagt, dass die Inflationsrate immer weiter ansteigen muss, damit die Arbeitslosenquote dauerhaft gesenkt werden kann. Der durch Inflation begründete Anstieg des Preisniveaus führt zu höheren Lohnforderungen (bzw. einem höheren Nominallohnanstieg), diese wiederum zu höheren Kosten und höheren Inflationsraten.

Lohnindexierung

Lohnindexierung ist ein insbesondere in Ländern mit hoher (und damit stark variabler) Inflation benutztes Instrument, um starke Reallohneinbußen der Arbeitnehmer (bei steigender Inflation) bzw. Kostenexplosion auf Seiten der Unternehmer (bei fallender Inflation) vorzubeugen. Die Betrachtung hier geht von einer automatischen Anpassung der aktuellen Löhne um die **aktuelle** Inflationsrate aus. Die in der Realität zu beobachtenden Indexierungsklauseln müssen natürlich mit dem Problem fertig werden, dass Inflationsraten erst mit einer gewissen Verzögerung bekannt werden; dieser Umstand wird hier vernachlässigt.

d) Ableitung der Phillipskurve bei Lohnindexierung: Bei den indexierten Arbeitsverträgen wird die tatsächliche Inflationsrate zugrunde gelegt, sodass für diese Verträge gilt:

$$\pi_t^{ei} = \pi_t$$

Bei den anderen Arbeitsverträgen wird die Inflationsrate der Vorperiode zugrunde gelegt:

$$\pi_t^{en} = \pi_{t-1}$$

Die erwartete Inflationsrate ergibt sich als gewichtetes Mittel der beiden Größen:

$$\pi_t^e = \lambda\pi_t^{ei} + (1-\lambda)\pi_t^{en} = \lambda\pi_t + (1-\lambda)\pi_{t-1}$$

Einsetzen in die Phillipskurvenbeziehung:

$$\pi_t = \lambda\pi_t + (1-\lambda)\pi_{t-1} + 0{,}1 - 2u_t$$

Bei Indexierung entwickelt sich die Inflationsrate demzufolge gemäß:

$$\pi_t - \pi_{t-1} = \frac{0{,}1 - 2u_t}{(1-\lambda)} = -\frac{2}{(1-\lambda)}(u_t - \frac{0{,}1}{2}) = -\frac{\alpha}{(1-\lambda)}(u_t - u_n)$$

e) Die letzte Gleichung in Aufgabenteil d) besagt, dass der Effekt eines Anstiegs (einer Reduktion) der Arbeitslosenquote über (unter) ihr natürliches Niveau umso stärker ist, je größer das Ausmaß der Indexierung. Je mehr Indexierung, desto höher ist also der Anstieg der Inflationsrate, den eine Zentralbank für die Reduktion der Arbeitslosenquote tolerieren muss. Da ein Anstieg der Inflationsrate meist den Zielen der Zentralbank widerspricht, sind ihre Möglichkeiten mit steigender Indexierung immer begrenzter.

3. Phillipskurve bei rationalen Erwartungen

a) Das Gleichsetzen der tatsächlichen und der erwarteten Inflation und das Auflösen nach der Arbeitslosenquote ergibt: $u_n = 10\%$

NAIRU = **N**on-**A**ccelerating **I**nflation **R**ate of **U**nemployment; bezeichnet die Arbeitslosenquote, bei der sich die Inflationsrate nicht verändert. Liegt die Arbeitslosenquote darüber, fällt die Inflationsrate, liegt sie dagegen darunter, steigt die Inflationsrate an.

b) $\pi_t = 0{,}04 + 0{,}3 - 3 \cdot 0{,}08 = 10\%$

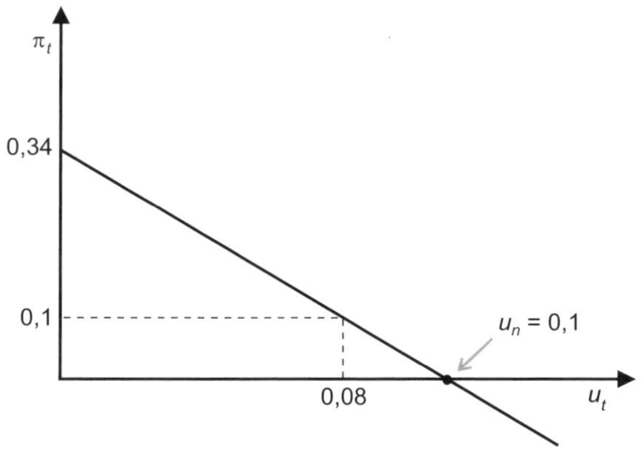

Abbildung 8.1: Zeichnung der Phillipskurve

c) Die Phillipskurvenrelation ist nun:

$$\pi_t = \lambda\pi_t + (1-\lambda)\pi_{t-1} + 0{,}3 - 3u_t = 0{,}2\pi_t + 0{,}8\pi_{t-1} + 0{,}3 - 3u_t$$

Es ergibt sich eine Arbeitslosenquote entsprechend

$$\pi_t - \pi_{t-1} = -\frac{\alpha}{(1-\lambda)}(u_t - u_n)$$

Die Wirtschaftssubjekte, die die Politik der Zentralbank korrekt antizipieren, fordern eine höhere Nominallohnsteigerung, dadurch geht der durchschnittliche Reallohn weniger stark zurück als von der Zentralbank erwartet. Aus diesem Grund ist die Reduktion der Arbeitslosenquote weniger ausgeprägt.

d) Phillipskurve wird steiler: Zur Reduktion der Arbeitslosenquote um 1 Prozentpunkt ist nun ein stärkerer Anstieg der Inflationsrate in Kauf zu nehmen. Bei $\lambda = 1$ verläuft die Phillipskurve senkrecht und die Zentralbank verliert ihren Einfluss auf die Arbeitslosenquote.

Die Parameter α und λ

Die Gleichung aus Aufgabe 2d) ist äußerst hilfreich, um den Zusammenhang zwischen Erwartungsbildung und Inflationsentwicklung aus Aufgabe 3d) zu verstehen:

$$\pi_t - \pi_{t-1} = -\frac{\alpha}{(1-\lambda)}(u_t - u_n)$$

Strebt λ gegen den Wert 1, wird der Bruch sehr groß, eine Abweichung der Arbeitslosenquote von ihrem natürlichen Niveau ruft sehr starke Änderungen der Inflationsrate hervor, da die Lohnsetzer jegliche erwartete Preissteigerung bereits in veränderte Lohnforderungen (und damit veränderte Inflationsraten) umsetzen. Nominallohn, Preisniveau und Reallohn müssen sich nicht erst umständlich über veränderte Arbeitslosenquoten anpassen. Sie passen sich sofort an neue Bedingungen an, da Letztere bereits in der erwarteten Inflationsrate zusammengefasst werden. Es ist deshalb nicht verwunderlich, dass der Parameter α, der die Reaktionsstärke der Inflation auf eine gegebene Veränderung der Arbeitslosenquote misst und somit in die Steigung der Phillipskurve eingeht, an Bedeutung verliert, je größer der Anteil der Wirtschaftssubjekte mit rationalen Erwartungen ist.

e) Bei statischen und adaptiven Erwartungen hat die Regierung möglicherweise einen Anreiz, die Arbeitslosenquote kurzfristig zu senken, um bspw. ihre Wiederwahlchancen zu erhöhen. Antizipieren (erkennen) die Wirtschaftssubjekte, dass dieser Anreiz vorliegt, werden sie ihre Lohnforderungen erhöhen: Die Inflationsrate steigt, die Arbeitslosenquote fällt jedoch nicht. Schlimmer noch: Hält die Regierung die Inflation wider Erwarten konstant, steigt die Arbeitslosenquote sogar, da die Nominallöhne dann stärker steigen als das Preisniveau $\Rightarrow (W/P)\uparrow \Rightarrow u\uparrow$. Um dieses Problem zu vermeiden, kann es sinnvoll sein, die Geldpolitik (also die Kontrolle der Inflationsrate) in die Hand eines Agenten zu geben, der glaubwürdig versichern kann, dass er nur an einer niedrigen Inflationsrate interessiert ist.

4. Alternative Formulierung adaptiver Erwartungen

a) Die natürliche Arbeitslosenquote beträgt:

$$u_n = \frac{0,3}{4} = 7,5\%$$

b) Bei der vorliegenden Erwartungsbildungshypothese

$$\pi_t^e = \pi_{t-1}^e + \theta \cdot (\pi_{t-1} - \pi_{t-1}^e) \qquad (4.)$$

handelt es sich um eine abgewandelte Form adaptiver Erwartungen. Die Wirtschaftssubjekte verändern ihre letzte Prognose bzgl. der Inflationsrate um einen Teil des Fehlers, den sie in der letzten Periode gemacht haben. Wurde die Inflationsrate der letzten Periode unterschätzt, so werden die Inflationserwartungen um einen Teil der Unterschätzung nach oben korrigiert. Wurde die Inflationsrate überschätzt, so werden die Inflationserwartungen um einen Teil der Überschätzung nach unten korrigiert. Die Wirtschaftssubjekte „lernen aus ihren Fehlern".

Bei den bereits bekannten Formen der statistischen und adaptiven Erwartungen handelt es sich um Spezialfälle von Gleichung (4.). Wird für θ ein Wert von 1 eingesetzt, entfällt die erwartete Inflationsrate der Vorperiode; die Wirtschaftssubjekte bilden Erwartungen, indem sie die tatsächliche Inflation der Vorperiode als Schätzer für die erwartete Inflationsrate benutzen. Wird für θ in Gleichung (4.) ein Wert $\theta = 0$ eingesetzt, entfallen die erwartete Inflationsrate der Vorperiode und die tatsächliche Inflation der Vorperiode; einmal gebildete Inflationserwartungen werden beibehalten und die erwartete Inflationsrate ist konstant.

c) Zunächst müssen die Inflationserwartungen für die Periode $t = 1$ ermittelt werden. Einsetzen in Gleichung (4.) ergibt:

$$\pi_1^e = \pi_0^e + \theta \cdot (\pi_0 - \pi_0^e) = 2\% + 0,7 \cdot (3\% - 2\%) = 2,7\%$$

Einsetzen von $u_1 = 6\%$ und $\pi_1^e = 2,7\%$ in die vorgegebene Phillipskurve ergibt:

$$\pi_1 = 2,7\% + 0,3 - 4 \cdot 6\% = 8,7\%$$

Für die Inflationserwartungen der Periode $t = 2$ wird analog vorgegangen. Einsetzen der Werte für Inflationsrate und Inflationserwartungen der Vorperiode ergibt:

$$\pi_2^e = 2,7\% + 0,7 \cdot (8,7\% - 2,7\%) = 6,9\%$$

Die Inflationsrate in $t = 2$ beträgt:

$$\pi_2 = 6,2\% + 0,3 - 4 \cdot 6\% = 12,9\% .$$

d) Die Arbeitslosenquote in Periode $t = 0$ lässt sich durch Auflösen der Phillipskurve nach u_t und Einsetzen der Werte für Inflation und Inflationserwartungen in der entsprechenden Periode ermitteln:

$$u_0 = \frac{1}{4}\left(\pi_0^e - \pi_0 + 0{,}3\right) = \frac{1}{4}\left(2\% - 3\% + 0{,}3\right) = 7{,}25\%$$

5. Schätzung der Phillipskurve

a) Für den Zeitraum 1960–2003 ergibt sich für die ursprüngliche Phillipskurve:

	Koeffizienten	**Standardfehler**	**t-Statistik**	**P-Wert**
Achsenabschnitt	0,041	0,004	10,022	1,052E-12
α	–0,256	0,080	–3,186	0,003

mit den folgenden Regressions-Statistiken:

Regressions-Statistik	
Multipler Korrelationskoeffizient	0,441
Bestimmtheitsmaß	0,195
Adjustiertes Bestimmtheitsmaß	0,175
Standardfehler	0,016
Beobachtungen	44

Würde die Phillipskurve tatsächlich gemäß der Schätzung verlaufen, würde sie folgende Form annehmen (in Klammern die entsprechende t-Statistik):

$$\pi_t = \underset{(10{,}02)}{0{,}04} - \underset{(-3{,}19)}{0{,}25}\, u_t$$

Allerdings weist schon der äußerst niedrige Wert für das Bestimmtheitsmaß darauf hin, dass wir bei der Interpretation der Ergebnisse äußerste Vorsicht walten lassen sollten. Der ermittelte Zusammenhang sollte deshalb nicht vorschnell als „Phillipskurve" bezeichnet werden. Einen von mehreren wichtigen Gründen, die uns zur Vorsicht mahnen, lernen wir in der nächsten Teilaufgabe kennen.

b) Zur Darstellung beschränken wir uns auf die zu erstellende Grafik:

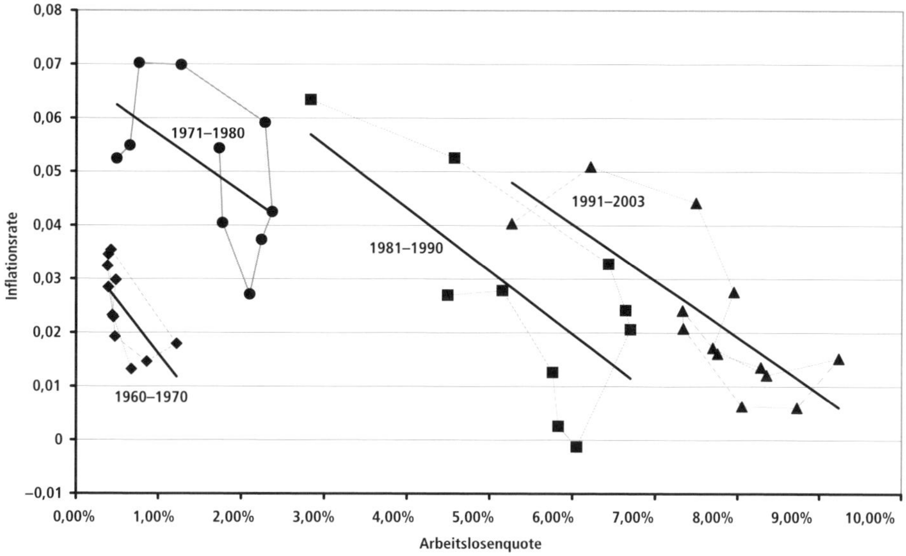

Abbildung 8.2: Kombinationen von Arbeitslosenquote und Inflationsrate für Deutschland, 1960 bis 2003

Die entsprechenden Schätzgleichungen sind

$\pi_t = 0{,}036 - 1{,}96u_t$ (1960 bis 1970),

$\pi_t = 0{,}067 - 1{,}08u_t$ (1971 bis 1980),

$\pi_t = 0{,}09 - 1{,}17u_t$ (1981 bis 1990) und

$\pi_t = 0{,}10 - 1{,}05u_t$ (1991 bis 2003).

Sowohl die grafische Darstellung als auch die ermittelten Regressionsgeraden zeigen, dass wir unsere erste Schätzung nicht als den tatsächlichen Zusammenhang zwischen Inflationsrate und Arbeitslosenquote fehlinterpretieren sollten. Untersuchen wir unterschiedliche Zeiträume, ergeben sich ja jeweils ganz andere Zusammenhänge. In den 1970er-Jahren erscheint es so, als ob sich der ursprüngliche Zusammenhang stark nach oben verschiebt (u.a. als Resultat der hohen Inflationsraten als Folge des Ölpreisanstiegs in diesem Zeitraum), danach verlagert er sich nach rechts unten: Der in Teilaufgabe a) ermittelte Zusammenhang erweist sich als nicht stabil.

Sollten wir die Schätzungen aus dieser Teilaufgabe als Phillipskurvenrelation für die einzelnen Zeiträume interpretieren? Mit Sicherheit nicht! Hierfür sprechen viele Gründe, von denen zwei sehr offensichtlich sind:

- Erstens haben wir die Schätzzeiträume willkürlich gewählt. Bei Verwendung von anderen Zeitspannen ergäben sich sicherlich ganz andere Zusammenhänge. Wir können jedoch nicht davon ausgehen, dass wir „korrekte“ Zeiträume ermitteln können, da uns keinerlei Ansatzpunkte für eine Auswahl vorliegen. Eine willkürliche Bestimmung der Zeiträume öffnet allerdings der Manipulation von Forschungsergebnissen Tür und Tor und ist in der empirischen Forschung deshalb nicht gern gesehen.

- Zweitens umfassen die einzelnen Zeiträume nur sehr wenige Datenpunkte. Die erzielten Ergebnisse verlieren somit an Aussagekraft, da sie auf purem Zufall beruhen könnten: Greife ich willkürlich nur zwei Kombinationen von Arbeitslosenquote und Inflationsrate heraus, ist die Gefahr sehr groß, dass ich einen negativen Zusammenhang zwischen beiden Größen beobachte, der unter Umständen nur in diesen beiden Jahren bestand. Erst wenn ich die Zahl der Beobachtungen entsprechend erhöhe, kann ich meine Ergebnisse absichern. Eine Erhöhung auf zehn Jahre ist jedoch keinesfalls ausreichend, um gesicherte Erkenntnisse zu sammeln.

c) Bei der Schätzung der Parameter θ und α kann folgendermaßen vorgegangen werden: Aus der vorgegebenen Gleichung ist bereits ersichtlich, dass θ ermittelt werden kann, indem die Inflationsrate des Vorjahres als erklärende Variable in die Regression mit aufgenommen wird. Der ermittelte Koeffizient für die Inflationsrate der Vorperiode ist dann ein Schätzer für θ, der ermittelte Koeffizient für die Arbeitslosenquote ein Schätzer für α. Wir erhalten folgendes Ergebnis (in Klammern die entsprechende t-Statistik):

$$\pi_t = \underset{(9{,}11)}{0{,}75}\,\pi_{t-1} + \underset{(3{,}39)}{0{,}013} - \underset{(-2{,}89)}{0{,}14}\,u_t$$

Das Bestimmtheitsmaß nimmt einen Wert von $\overline{R}^2 = 0{,}73$ an, es wird also ein deutlich größerer Teil der Veränderung der abhängigen Variable durch die Veränderungen der unabhängigen Variablen erklärt. Auch wenn dies auf eine deutliche Verbesserung der Anpassungsgüte hindeutet, müssen wir weiterhin äußerst vorsichtig agieren. Von den vielen Gründen, die hierfür sprechen, seien an dieser Stelle wieder nur zwei angesprochen:

- Auch für den in dieser Teilaufgabe ermittelten Zusammenhang müsste zunächst überprüft werden, ob er sich als stabil erweist. Tatsächlich wissen wir nach der Lektüre dieses Kapitels, dass die modifizierte Phillipskurve keineswegs immer den Zusammenhang zwischen Arbeitslosenquote und Inflationsrate beschrieben hat. Außerdem wurde diskutiert, dass sich die natürliche Arbeitslosenquote im Zeitverlauf ändern kann (und sich in Deutschland im Verlauf der Jahrzehnte wohl auch geändert hat).
- Weiterhin haben wir die Schätzung dieser Teilaufgabe unter der Annahme durchgeführt, dass die Inflationserwartungen tatsächlich gemäß der Gleichung

$$\pi_t^e = \theta \pi_{t-1}$$

gebildet werden. Dies muss jedoch nicht zwangsläufig der Fall sein. Wie wir bspw. in Aufgabe 3 sahen, müssen wir unsere Analyse beträchtlich anpassen, wenn ein Teil der Lohnsetzer rationale Erwartungen bildet.

9 Das *IS-LM-PC*-Modell

9.1 Wissens- und Verständnistests

Multiple Choice

1. Eine positive Output-Lücke lässt die Inflation ansteigen, da
   a) die aggregierte Nachfrage nicht durch das aggregierte Angebot gedeckt ist.
   b) eine positive Output-Lücke mit einer Arbeitslosenquote unterhalb ihrer natürlichen Rate einhergeht, was wiederum zu höheren Nominallohnsteigerungen, höheren Kostensteigerungen und damit höheren Preisen und letztlich höherer Inflation führt.
   c) die Zentralbank gezwungen ist, die Zinsen zu senken.
   d) die Zinsen steigen.
2. Sind die Inflationserwartungen fest verankert bei einer positiven Zielinflationsrate der Zentralbank, dann bedeutet eine negative Output-Lücke
   a) eine Deflation.
   b) eine immer weiter sinkende Inflationsrate.
   c) ein sinkendes Preisniveau.
   d) eine Inflationsrate unterhalb der erwarteten Inflationsrate.
3. Sind die Inflationserwartungen fest verankert bei einer Zielinflationsrate der Zentralbank von null, dann bedeutet eine negative Output-Lücke
   a) eine Deflation.
   b) eine immer weiter sinkende Inflationsrate.
   c) ein konstantes Preisniveau.
   d) eine Inflationsrate entsprechend der erwarteten Inflationsrate.
4. Entsprechen die Inflationserwartungen immer denen für das letzte Jahr beobachteten Inflationsraten bei einer Zielinflationsrate der Zentralbank von null, dann bedeutet eine negative Output-Lücke
   a) eine Inflation.
   b) eine immer weiter sinkende Inflationsrate.
   c) ein konstantes Preisniveau.
   d) eine Inflationsrate entsprechend der erwarteten Inflationsrate.

5. Ausgehend von einer Produktion in Höhe des Produktionspotentials führt eine Politik der Haushaltskonsolidierung
   a) im kurzfristigen Gleichgewicht zu einer Expansion.
   b) im mittelfristigen Gleichgewicht zu einer Expansion.
   c) kurzfristig zu einer Deflation.
   d) kurzfristig zu einem Rückgang von Konsum- und Investitionsausgaben.
6. Ausgehend von einer Produktion in Höhe des Produktionspotentials, führt eine Politik der Haushaltskonsolidierung mittels einer Senkung von Staatsausgaben im mittelfristigen Gleichgewicht im Vergleich zur Ausgangssituation
   a) zu einem Anstieg des realen Leitzinses.
   b) zu einem Anstieg der Investitionsausgaben, der betragsmäßig dem Rückgang der Staatsausgaben entspricht.
   c) zu einer gesunkenen Inflationsrate.
   d) zu einem Rückgang der Konsumausgaben.
7. Ausgehend von einer Produktion in Höhe des Produktionspotenzials, kann eine Politik der Haushaltskonsolidierung für den Fall, dass der nominale Leitzins bereits bei der effektiven Zinsuntergrenze liegt,
   a) zu einer Deflationsspirale führen.
   b) den realen Leitzins senken.
   c) zu einem Anstieg des Konsums führen.
   d) das Produktionspotenzial erhöhen.
8. Ausgehend von einer Produktion in Höhe des Produktionspotenzials, kann eine Politik der Haushaltskonsolidierung, die mit einer Senkung des realen Leitzinses einhergeht,
   a) zu Inflation führen.
   b) die Output-Lücke steigern.
   c) zu einem Anstieg des Konsums führen.
   d) eine Rezession vermeiden, wenn die effektive Zinsuntergrenze keine Restriktion darstellt.
9. Bedeutung des realen Ölpreises
   a) In der täglichen Wirtschaftspresse wird stets der reale Ölpreis genannt.
   b) Der nominale Ölpreis ist höher als der reale.
   c) Wenn die Inflationsrate höher liegt als die Steigerungsrate des nominalen Ölpreises, dann sinkt der reale Ölpreis.
   d) Relevant für ökonomische Entscheidungen ist der nominale Ölpreis.
10. Ein positiver Angebotsschock
   a) führt ceteris paribus zu einer Verkleinerung einer positiven Output-Lücke bzw. Vergrößerung einer negativen Output-Lücke.
   b) löst kurzfristig einen Boom aus.

c) verschiebt die Phillipskurve nach oben.

d) erhöht den natürlichen Realzins.

11. Eine Senkung des gesetzlichen Kündigungsschutzes,

a) verschiebt die *WS*-Kurve nach rechts.

b) verschiebt die *PS*-Kurve nach oben.

c) verschiebt die Phillipskurve nach unten.

d) erhöht den natürlichen Realzins.

Wahr/Falsch: Welche der jeweiligen Aussagen sind wahr, welche falsch?

12. Gesetz von Okun: Gehen Sie von der Beziehung $u_t - u_{t-1} = -\beta(g_{Yt} - g_{Yn})$ aus.

a) Für den Fall, dass $g_{Yn} = 0$ und $\beta > 0$, geht positives Produktionswachstum stets mit einem Anstieg der Arbeitslosigkeit einher.

b) Für den Fall, dass $g_{Yn} = 0$ und $\beta > 0$, geht negatives Produktionswachstum stets mit einem Anstieg der Arbeitslosigkeit einher.

c) Wenn es selbst bei hohen Wachstumsraten der Produktion zu einem Anstieg der Arbeitslosigkeit kommt, kann dies unter anderem an einem besonders ausgeprägten Bevölkerungswachstum liegen.

d) Wenn es selbst bei hohen Wachstumsraten der Produktion zu einem Anstieg der Arbeitslosigkeit kommt, kann dies unter anderem daran liegen, dass vermehrt der Faktor Arbeit durch den Faktor Kapital ersetzt wird.

13. Entsprechen die Inflationserwartungen immer denen für das letzte Jahr beobachteten Inflationsraten bei einer Zielinflationsrate der Zentralbank von 2%, dann führt eine negative Output-Lücke

a) zu Disinflation (=Rückgang der Inflationsrate).

b) nach einiger Zeit zu einer Deflation.

c) zu immer höheren negativen Inflationsraten.

d) zu Arbeitslosigkeit.

14. Ein kurzfristiges Gleichgewicht im *IS-LM-PC*-Modell

a) liegt grafisch im Schnittpunkt von *IS*- und *LM*-Kurve und kann ohne Betrachtung der Phillipskurve ermittelt werden.

b) impliziert, dass der reale Leitzins r dem natürlichen Zinssatz r_n entspricht.

c) ist die notwendige Bedingung für ein mittelfristiges Gleichgewicht.

d) ist mittelfristig nicht stabil, falls der reale Leitzins nicht dem natürlichen Realzins entspricht, da die Abweichung der Inflationsrate vom Inflationsziel die Zentralbank irgendwann zu einer geldpolitischen Maßnahme bewegen wird.

15. Das mittelfristige Gleichgewicht ist bei konstanten Y_n, r_n sowie π^* ist durch fünf Bedingungen charakterisiert
    a) Die Produktion entspricht dem Produktionspotenzial $Y = Y_n$.
    b) Die Arbeitslosenquote entspricht der natürlichen Arbeitslosenquote $u = u_n$.
    c) Der reale Leitzins r entspricht dem natürlichen Realzinssatz r_n, bei dem die Produktion Y dem Produktionspotenzial Y_n entspricht.
    d) Die tatsächliche Inflationsrate π entspricht der erwarteten Inflationsrate π^e.
    e) Der Nominalzinssatz i ist die Summe aus natürlichem Realzinssatz r_n und der Wachstumsrate der nominalen Geldmenge g_M.
16. Der Anpassungspfad im *IS-LM-PC*-Modell von einem kurzfristigen Gleichgewicht mit einer Output-Lücke hin zu einem mittelfristigen Gleichgewicht
    a) erfolgt, da Preise mittelfristig flexibel sind.
    b) erfolgt, da die Zentralbank mittelfristig den realen Leitzins r auf die Höhe des natürlichen Realzinses r_n setzen wird.
    c) ist mit einer Rezession verbunden, falls die Output-Lücke im ursprünglichen kurzfristigen Gleichgewicht positiv ist.
    d) ist in jedem Fall mit einer Annährung der Inflationsrate an ihren Zielwert verbunden.
17. Für Zentralbanken ist es eine komplexe und fehleranfällige Aufgabe, den realen Leitzins r auf Höhe des natürlichen Realzinses r_n zu setzen,
    a) da es schwierig ist, das Produktionspotenzial korrekt zu identifizieren.
    b) was eine Erklärung dafür ist, dass Zentralbanken den Leitzins nur langsam anpassen und dann abwarten, wie sich die Wirtschaft entwickelt.
    c) da auch die Prognosen von Inflationserwartungen danebenliegen können, sodass ein basierend auf diesen Prognosen gesetzter nominaler Leitzins nicht zum angestrebten realen Leitzins führt.
    d) weil sie einen permanenten Anreiz hat, einen zu geringen Realzins zu setzen.
18. Die Erwartungsbildung wird durch die Formel $\pi_t^e = (1-\theta)\pi^* + \theta\pi_{t-1}$ zusammengefasst.
    a) Falls $\theta = 0$, sind die Inflationserwartungen fest verankert, d.h., die Inflationserwartungen entsprechen dem Inflationsziel der Zentralbank $\pi_t^e = \pi^*$.
    b) Falls $\theta = 1$, entsprechen die Inflationserwartungen der im vergangenen Jahr beobachteten Inflation, d.h. $\pi_t^e = \pi_{t-1}$.
    c) Falls $\theta = 0$, steht auf der Ordinate der Phillipskurve $\pi_t - \pi^*$.
    d) Falls $\theta = 1$, steht auf der Ordinate der Phillipskurve $\pi_t - \pi_{t-1}$.
19. Umso glaubwürdiger die Verpflichtung der Zentralbank zur Realisierung des Inflationsziels ist
    a) desto eher gilt $\theta = 0$
    b) desto eher gilt $\pi_t^e = \pi^*$

c) desto wahrscheinlicher sind Zweitrundeneffekte

20. Die Analyse der Pandemie im *IS-LM-PC*-Modell

   a) zeigt, dass die Pandemie zu höherer Inflation führt, wenn es keine Spillover-Effekte zwischen Sektoren gibt und die Zentralbank den realen Leitzins unverändert lässt.

   b) zeigt, dass die Pandemie in beiden Szenarien im neuen mittelfristigen Gleichgewicht zu einem geringeren aggregierten Einkommen führt.

   c) zeigt, dass es es zum Rückgang des natürlichen Realzinses kommt, falls es keine Spillover-Effekte zwischen Sektoren gibt.

   d) im Szenario 2 zeigt, dass die Deflationsgefahr durch die Tatsache, dass der Nominalzins vor der Pandemie bereits bei ca. 0% lag, verstärkt wird.

21. Im Falle eines negativen Angebotsschocks in Form höherer Ölpreise sollte die Zentralbank ihren realen Leitzins dann nicht ändern, wenn

   a) der Ölpreis nur vorübergehend ansteigt und schnell wieder auf sein ursprüngliches Niveau sinkt.

   b) und die Arbeitnehmer den dadurch verursachten vorübergehenden Reallohnverlust akzeptieren und somit u_n unverändert bleibt.

   c) und weiterhin gilt, dass $\pi_t^e = \pi^*$

Basiswissen

22. Okun'sches Gesetz und Phillipskurve

   a) In seiner allgemeinen Form ist das Okun'sche Gesetz definiert als

$$u_t - u_{t-1} = -\beta\left(g_{Yt} - g_{Yn}\right)$$

      i. Welcher Spezialfall des Okun'schen Gesetzes wird in Kapitel 9 des Lehrbuchs von Blanchard/Illing außerhalb der Fokus-Box „Das Gesetz von Okun" betrachtet? Wodurch zeichnet sich dieser Spezialfall ökonomisch aus?

      ii. Interpretieren Sie die allgemeine Form des Okun'schen Gesetzes ökonomisch!

      iii. Diskutieren Sie Einflussgrößen auf den Koeffizienten β. Ist sein empirisch ermittelter (ökonometrisch geschätzter) Wert unabhängig von der untersuchten Periodenlänge (Jahres-, Quartals-, Monatsdaten)?

   b) Welche Einflussfaktoren bestimmen die Höhe der natürlichen Arbeitslosenquote? Wie reagiert die Inflationsrate, wenn die tatsächliche Arbeitslosenquote über (unter) ihrem natürlichen Niveau liegt?

23. Phillipskurve, Produktionspotenzial und Inflationsdruck

Zeigen Sie basierend auf der Phillipskurve $\pi - \pi^e = (\alpha / L)\,(Y - Y_n)$ (Formel (9.3) im Lehrbuch von Blanchard/Illing) mathematisch, dass einer Output-Lücke von null mit einer stabilen Inflationsrate sowie einer Arbeitslosenquote gemäß der natürlichen Rate und einer Beschäftigung gemäß des natürlichen Niveaus einhergeht. Darauf aufbauend: Beschreiben Sie den Wirkungsmechanismus (keine Grafik), der dazu führt, dass eine Senkung des realen Leitzinses unterhalb des natürlichen Realzinses zu Inflationsdruck führt. Unterscheiden Sie bei der Erläuterung des Begriffs „Inflationsdruck“ zwischen der Erwartungsbildung mit $\theta = 0$ und mit $\theta = 1$ basierend auf $\pi_t^e = (1 - \theta)\pi^* + \theta\pi_{t-1}$.

24. Geldpolitik im *IS-LM-PC*-Modell

    Stellen Sie für die kurze Frist sowie für den Anpassungsprozess zum Gleichgewicht in der mittleren Frist im Rahmen eines grafischen *IS-LM-PC*-Modells dar, was passiert, wenn die Zentralbank den „wahren“ natürlichen Zinssatz unterschätzt. Nehmen Sie an, die mittelfristige angestrebte Zielinflationsrate der Zentralbank betrage $\pi^* = 2\%$. Gehen Sie davon aus, dass die Zentralbank im Ausgangszustand „richtig lag“ und es dann zu einer geldpolitischen Maßnahme aufgrund der Fehleinschätzung kommt.

    a) Nehmen Sie für die Erwartungsbildung $\pi_t^e = (1 - \theta)\pi^* + \theta\pi_{t-1}$ mit $\theta = 0$ an.
    b) Nehmen Sie für die Erwartungsbildung $\pi_t^e = (1 - \theta)\pi^* + \theta\pi_{t-1}$ mit $\theta = 1$ an.
    c) Stellen Sie nun für die beiden Fälle in weiteren Diagrammen dar, wie der zeitliche Verlauf der Inflationsrate ist. In dem Diagramm ist die Inflationsrate auf der Ordinate abgetragen und die Zeit auf der Abszisse.
    d) Zeigen Sie anhand des in dieser Aufgabe analysierten Beispiels, warum es vorteilhaft ist, wenn es der Zentralbank gelingt, die Inflationserwartungen zu „verankern“? Was kann man aus diesem Beispiel in Bezug auf die Herausforderungen der Geldpolitik lernen?

25. Natürlicher Zinssatz, Nominalzins, Geldmengenwachstum und Inflation

    a) Erklären Sie, wie man zu dem Ergebnis kommt, dass die Inflationsrate der Wachstumsrate der nominalen Geldmenge entsprechen muss, wenn Y_n, r_n sowie π^* konstant sind.
    b) Wie ändert sich das Ergebnis aus a), wenn Y_n jährlich um die Rate g_{Yn} wächst, aber r_n sowie π^* weiterhin konstant sind?
    c) Erklären Sie, wie der Nominalzins in der mittleren Frist (bei konstanten Y_n, r_n sowie π^*) von der Wachstumsrate der nominalen Geldmenge abhängt.
    d) Was haben diese Ergebnisse mit der „Neutralität des Geldes“ zu tun?

26. Inflationsdynamik im *IS-LM-PC*-Modell – numerisches Beispiel

    Die *IS*-Kurve sei gegeben durch $Y_t = C_t(Y_t - T) + I_t\,(Y_t, r{+}x) + G$ mit $C_t = c_0 + c_1(Y_t - T) = 2 + 0{,}3(Y_t - T)$, $I_t = d_1 Y_t - d_2(r{+}x) = 0{,}4Y_t - 3(r{+}x)$ und $T = 1$ sowie $G = 4$.

    Die Phillipskurve laute $\pi_t - \pi_t^e = 0{,}05(Y - Y_n)$ mit $\pi_t^e = \pi_{t-1}$. Das Produktionspotenzial betrage $Y_n = 18$. Der Risikoaufschlag sei $x = 5\%$. Das Inflationsziel der Zentralbank sei $\pi^* = 2\%$. Stellen Sie die Ergebnisse der folgenden Berechnungen auch in einer Tabelle dar, in der für die folgenden Variablen jeweils eine Spalte genutzt werden soll: Periode ($t = 1,\ldots,18$), realer Leitzins, realer Kreditzins, natürlicher Realzins, Output-Lücke, Inflationsrate, Inflationserwartung und nominaler Leitzins.

a) In der Ausgangssituation (t = 1) entspricht die Produktion ihrem Potenzial und das Inflationsziel wird realisiert. Wie hoch ist der natürliche Realzins? Leiten Sie allgemein und mit den konkreten Werten her! Leiten Sie zunächst einen Ausdruck für die gleichgewichtige Produktion her und zeigen Sie dann, dass die Produktion beim natürlichen Realzins dem Produktionspotenzial entspricht!

b) Aufgrund eines Anstiegs des Vertrauens der Finanzinvestoren in die Stabilität der Volkswirtschaft und die Kreditwürdigkeit der Unternehmen fällt der Risikoaufschlag auf $x = 1\%$ zu Beginn von $t = 2$. Die Zentralbank lässt den realen Leitzins konstant. Wie hoch ist der natürliche Realzins? Ergibt sich eine Output-Lücke? Wie hoch ist diese?

c) Wie entwickelt sich die Inflationsrate über die Zeit $t = 1,\ldots,5$, wenn die Zentralbank den realen Leitzins weiterhin unverändert lässt und auch sonst keinerlei exogenen Veränderungen auftreten?

d) Wenn die Zentralbank zu Beginn von $t = 6$ endlich den Realzins in Höhe des neuen natürlichen Realzinses setzt: Wie entwickelt sich die Inflation bis $t = 8$?

e) Zum Ende von $t = 8$ beschließt die Zentralbank, dass sie das Inflationsziel mittelfristig wieder erreichen möchte. Konkret möchte sie zu Beginn von $t = 9$ einen realen Leitzins setzen, der die Volkswirtschaft innerhalb von acht Perioden wieder zum Inflationsziel bringt. Wie hoch muss der reale Leitzins in den acht Perioden sein? Wie hoch muss der reale Leitzins *nach* Erreichung des Inflationsziels sein?

9.2 Übungsaufgaben

1. Deflationsspirale und Zinsuntergrenze im *IS-LM-PC*-Modell

a) Wie kommt es überhaupt zu der Situation, dass die Zinsuntergrenze relevant ist und die Gefahr einer Deflationsspirale herrscht? Zeigen Sie dies grafisch für die kurze Frist! Gehen Sie davon aus, dass sich die Volkswirtschaft in der Ausgangssituation in einem mittelfristigen Gleichgewicht befindet. [*Hinweis:* Die *IS*-Kurve wird verschoben!]

b) Nehmen Sie für die Erwartungsbildung $\theta = 1$ an und zeigen Sie, was mittelfristig passiert, wenn die Wirtschaftspolitik *nicht* reagiert und auch sonst keine exogenen Änderungen von Variablen auftreten! Nehmen Sie an, dass die Zentralbank den *nominalen* Leitzins konstant hält.

c) Nehmen Sie nun an, die Zentralbank versuche, die Situation zu „verbessern", nachdem es zu der Deflationsspirale gekommen ist. Was passiert kurz- und mittelfristig? Nehmen Sie für die Erwartungsbildung $\theta = 1$ an und zeichnen Sie ein Diagramm!

d) Bezugnehmend auf die letzten Fragen: Nehmen Sie für die Erwartungsbildung alternativ $\theta = 0$ an und zeichnen Sie ein Diagramm!

e) Lehren für die Geldpolitik: Warum ist es hier vorteilhaft, wenn es der Zentralbank gelingt, die Inflationserwartungen zu „verankern". Nehmen Sie Bezug auf die Folgen der Finanzkrise 2008 im Vergleich zur Weltwirtschaftskrise 1929.

f) Warum kann Fiskalpolitik in der Situation einer (drohenden) Deflationsspirale besonders effektiv sein?

g) Im Unterschied zu der oben diskutierten Situation: Was ändert sich, wenn es anfangs nur zu relativ „kleinen“ negativen Schocks auf die *IS*-Kurve kommt?

2. Fiskalpolitik im *IS-LM-PC*-Modell und die kurz- und mittelfristigen Auswirkungen auf die Komponenten des BIP

   Stellen Sie für die kurze Frist sowie für den Anpassungsprozess zum Gleichgewicht in der mittleren Frist im Rahmen eines grafischen *IS-LM-PC*-Modells die Effekte einer expansiven Fiskalpolitik (Steuersenkung) dar. Gehen Sie davon aus, dass sich die Volkswirtschaft in der Ausgangssituation im Produktionspotenzial Y_n befand. Welche Auswirkungen ergeben sich kurz- und mittelfristig auf die Komponenten des BIP (die Zusammensetzung der Produktion)? Erklären Sie die Wirkungsmechanismen!

3. Haushaltskonsolidierung im *IS-LM-PC*-Modell und die mittelfristigen Auswirkungen auf die privaten Investitionen

   In der vorherigen Aufgabe zeigt sich, dass expansive Fiskalpolitik mittelfristig keine Auswirkungen auf die Produktion hat. Dasselbe gilt für kontraktive Fiskalpolitik, d.h. Haushaltskonsolidierung. Aus welchem Grund könnte Haushaltskonsolidierung *langfristig* trotzdem positive makroökonomische Effekte haben? Vergleichen Sie das Ergebnis mit dem, zu dem das kurzfristige *IS-LM*-Modell mit Zinssteuerung aus ▶*Kapitel 5* kommt.

4. Angebotsschocks im *IS-LM-PC*-Modell

   a) Was sind Angebotsschocks? Wie wirken sich diese *kurzfristig* im hier betrachteten Modellrahmen aus? Zeigen Sie dies am Beispiel eines negativen Angebotsschocks auch grafisch. Erklären Sie die Kurvenverschiebungen.

   b) Was würde nun *mittelfristig* mit dieser Volkswirtschaft passieren, wenn die Zentralbank ihren Leitzins nicht ändern würde, d.h. nicht auf einen negativen Angebotsschock reagiert? Unterscheiden Sie zwischen einer Erwartungsbildung mit $\theta = 1$ und einer mit $\theta = 0$.

   c) Wenn nun die Zentralbank reagiert, um ihr Inflationsziel zu erreichen: Wie sieht, differenziert nach $\theta = 1$ und $\theta = 0$, der Anpassungspfad vom kurzfristigen zum mittelfristigen Gleichgewicht aus?

   d) Wie entwickelt sich kurz- und mittelfristig die Arbeitslosigkeit?

5. Erwartungsbildung, Geldpolitik und die Variabilität der Zinsen

   Volkswirtschaften werden ständig von Angebots- und Nachfrageschocks getroffen. Nehmen Sie im Folgenden an, das einzige Ziel der Zentralbank bestünde in der Realisierung einer stabilen Inflationsrate in Höhe des Inflationsziels. Bei welcher Form der Erwartungsbildung ($\theta = 0$ oder $\theta = 1$) erwarten Sie eine höhere Variabilität

   a) des realen Leitzinses,

   b) des nominalen Leitzinses,

   c) des realen Kreditzinses?

6. Steigung der Phillipskurve im *IS-LM-PC*-Modell

Nehmen Sie im Rahmen eines *IS-LM-PC*-Modells für die Phillipskurve $\pi - \pi^e = (\alpha / L)(Y - Y_n)$ alternativ an, dass der Wert von α „gering" ist und dass α „groß" ist. Gehen Sie davon aus, dass die Wirtschaft in der Ausgangssituation in einem mittelfristigen Gleichgewicht ist. Welche Effekte ergeben sich kurz- und mittelfristig auf die Produktion und die Inflation

a) bei expansiver Geldpolitik?

b) bei einer Verbesserung des Konsumentenvertrauens?

Veranschaulichen Sie mit Hilfe von Diagrammen.

Lösungen zu Kapitel 9

9.1 Wissens- und Verständnistests

Multiple Choice

1. b)
2. d)
3. a)
4. b)
5. d)
6. b)
7. a)
8. d)
9. c)
10. a)
11. c)

Wahr/Falsch

12. F, W, W, W
13. W, W, W, W
14. W, F, W, W
15. W, W, W, W, W
16. F, W, W, F
17. W, W, W, F
18. W, W, W, W
19. W, W, F
20. W, W, F, W
21. W, W, W

Basiswissen

22. Okun'sches Gesetz und Phillipskurve

a) Okun'sches Gesetz

i. Im Lehrbuch von Blanchard/Illing wird unterstellt $Y_t - Y_{t-1} = N_t - N_{t-1} = -L(u_t - u_{t-1})$, da die Zahl der Erwerbspersonen L als konstant angenommen wird und die Produktionsfunktion vereinfachend lautet $Y_t = AN_t$, wobei für die Arbeitsproduktivität A der konstante Wert 1 angenommen wird. Dies wird in der *Fokusbox* im Lehrbuch approximiert durch $u_t - u_{t-1} = -g_{Yt}$

Veränderungen in der Wachstumsrate der Produktion (g_{Yt}) führen zu einer gleichstarken und gleichgerichteten Veränderung der Beschäftigung und damit zu einer entgegengerichteten und (approximativ) gleichstarken Veränderung von u. Ein Anstieg der Produktion um 1% führt zu einem Beschäftigungsanstieg von 1%, was einen Rückgang der Arbeitslosenquote um einen Prozentpunkt zur Folge hat.

Dabei blieb unberücksichtigt, dass die Arbeitsproduktivität A steigt (technischer Fortschritt) und dass die Zahl der Erwerbspersonen L oftmals zunimmt.

ii. Dies wird durch folgende Neuformulierung berücksichtigt:

$$u_t - u_{t-1} = -\beta(g_{Y_t} - g_{Yn})$$

g_{Yn} stellt hierbei die Wachstumsrate dar, die erreicht werden muss, damit die Arbeitslosenquote konstant bleibt („normal growth rate“ bzw. Potenzialwachstum). Diese ergibt sich als Summe aus dem Wachstum der Arbeitsproduktivität und der Erwerbsbevölkerung. Die Veränderung der Arbeitslosenquote ist genau dann null, wenn $g_{Yt} = g_{Yn}$. Ist $g_{Yt} > g_{Yn}$ ($g_{Yt} < g_{Yn}$), dann werden die Unternehmen zusätzliche Arbeitskräfte einstellen (entlassen). Aufgrund der Hortung von Arbeitskräften, Veränderung der Partizipationsrate etc. besteht hier allerdings keine 1:1-Beziehung, was durch den Parameter $\beta < 1$ ausgedrückt wird.

iii. Die Höhe des Koeffizienten β hängt davon ab, wie Unternehmen die Beschäftigung bei einer Änderung des Produktionswachstums anpassen (Unternehmensorganisation und Arbeitsmarktregulierung) und wie sich die Zahl der dem Arbeitsmarkt zur Verfügung stehenden Personen im Konjunkturverlauf ändert (Entwicklung der stillen Reserve in Reaktion auf veränderte Bedingungen am Arbeitsmarkt). Je einfacher es ist, momentan nicht benötigte Arbeitnehmer zu entlassen bzw. zusätzlich benötigte Arbeitnehmer einzustellen (Kündigungsschutz, Schulungskosten, Kosten der Auswahl von Arbeitnehmern), desto höher wird β sein. Je stärker die stille Reserve auf Verbesserungen der Arbeitsmarktsituation reagiert, desto kleiner wird β sein.

Da die Anpassungsmöglichkeiten auf ein Jahr größer als in Quartals- oder Monatsfrist sind (z.B. wegen Kündigungsfristen), steigt β mit der betrachteten Periodenlänge. Eine Schätzung mit Monatsdaten sollte deshalb einen kleineren Wert für β liefern als eine Schätzung mit Jahresdaten.

b) Die in Kapitel 8 des Lehrbuchs von Blanchard/Illing abgeleitete Phillipskurve lautet (Formel (8.3)): $\pi_t = \pi_t^e + (\mu + z) - \alpha u_t$

Die natürliche Arbeitslosenquote u_n lässt sich ermitteln, indem die tatsächliche und die erwartete Inflation in Gleichung (8.3) gleichgesetzt werden $\pi_t = \pi_t^e$: $0 = \mu + z - \alpha u_n$

Auflösen nach u_n ergibt: $u_n = \frac{\mu + z}{\alpha}$

Die Höhe der natürlichen Arbeitslosenquote ist bestimmt durch die strukturellen Bedingungen am Güter- und Arbeitsmarkt. Diese Bedingungen werden durch den Preisaufschlagsfaktor μ (Preissetzungsspielraum der Unternehmen, Ausmaß an unvollständiger Konkurrenz), die Sammelvariable z (Arbeitsmarktregulierung etc.) und die Größe α (gibt an, wie stark der Lohn auf Veränderungen der Arbeitslosenquote reagiert) repräsentiert.

Gemäß dieser Darstellungsform der Phillipskurve $\pi_t = \pi_t^e - \alpha \cdot (u_t - u_n)$ (Formel (9.3)) im Lehrbuch gilt:

- Wenn die tatsächliche Arbeitslosenquote u_t über ihrem natürlichen Niveau u_n liegt, fällt die Inflationsrate π_t unter die erwartete Rate π_t^e.
- Wenn die tatsächliche Arbeitslosenquote u_t unter ihrem natürlichen Niveau u_n liegt, steigt die Inflationsrate π_t über die erwartete Rate π_t^e.

23. Phillipskurve, Produktionspotenzial und Inflationsdruck

Eine Output-Lücke von null bedeutet, dass die Produktion Y dem Produktionspotenzial Y_n entspricht und somit $(Y - Y_n) = 0$. Dies bedeutet wiederum gemäß Gleichung (9.3), dass $\pi - \pi^e = 0$, d.h., es herrscht kein „Inflationsdruck" (die Bedeutung des Begriffs wird unten diskutiert). Die tatsächliche Inflation entspricht der erwarteten. Eine Output-Lücke von null impliziert außerdem, dass $(N - N_n) = 0$ (die Beschäftigung N entspricht ihrem natürlichen Niveau N_n), da die einfache Produktionsfunktion $Y = N$ unterstellt wurde und damit auch gilt $Y_n = N_n$. Wenn nun $(N - N_n) = 0$ gilt, folgt auch $(u - u_n) = 0$ (die Arbeitslosenquote u entspricht ihrem natürlichen Niveau u_n), da $N = L(1 - u)$ bzw. $N_n = L(1 - u_n)$.

Der Wirkungsmechanismus, der beschreibt, warum eine Senkung des realen Leitzinses unterhalb des natürlichen Realzins $(r < r_n)$ zu Inflationsdruck führt, lässt sich folgendermaßen zusammenfassen: $r\downarrow \Rightarrow I\uparrow \Rightarrow Z\uparrow \Rightarrow Y\uparrow$, was wiederum den Konsum $(Y_v\uparrow \Rightarrow C\uparrow)$ sowie die Investitionen $(Y\uparrow \Rightarrow I\uparrow)$ zusätzlich erhöht, welche dann immer wieder Y steigern (Multiplikatoreffekt). Dies entspricht einer Bewegung auf der *IS*-Kurve. Die Bewegung auf der *PC*-Kurve wird durch folgenden Mechanismus erklärt $Y\uparrow \Rightarrow (Y - Y_n) > 0 \Rightarrow (N - N_n) > 0 \Rightarrow (u - u_n) < 0 \Rightarrow W\uparrow \Rightarrow \pi\uparrow$ mit $\pi > \pi^e$.

Das Ergebnis $\pi\uparrow$ mit $\pi > \pi^e$ lässt sich als „Inflationsdruck" bezeichnen.

Wenn in der Erwartungsbildung $\theta = 0$ gilt, dann wird die allgemeine Form $\pi_t^e = (1 - \theta)\pi^* + \theta\pi_{t-1}$ zum Ausdruck $\pi_t^e = \pi^*$. Im Folgenden wird auf den Zeitindex t verzichtet. Für $\theta = 0$ gilt also $\pi^e = \pi^*$ *(statische Erwartungen)*, d.h., die Inflationserwartungen sind „verankert". In diesem Fall wird die Inflationsrate auf dem „zu hohen Niveau" $(\pi > \pi^e)$ so lange verharren, bis es zu einer exogenen Änderung, wie einem

Anheben des realen Leitzinses r auf r_n durch die Zentralbank, kommt. Bis dahin ist der oben dargestellte Wirkungsmechanismus abgeschlossen.

Wenn in der Erwartungsbildung $\theta = 1$ gilt, dann wird die oben dargestellte allgemeine Form zum Ausdruck $\pi_t^e = \pi_{t-1}$ *(adaptive Erwartungen)*. Die Inflationserwartungen entsprechen immer der in der vorherigen Periode realisierten Inflationsrate. Die Phillipskurve lautet nun $\pi_t - \pi_{t-1} = (\alpha / L)\,(Y - Y_n)$ (Formel (9.5) im Lehrbuch), d.h., die Output-Lücke impliziert nun nicht die Höhe der Inflationsrate, sondern die Veränderung der Inflationsrate. Nun schließen sich dem oben dargestellten Wirkungsmechanismus **Zweitrundeneffekte** an:

$$\pi > \pi^e \Rightarrow \pi^e\uparrow \Rightarrow W\uparrow \Rightarrow \pi\uparrow \text{ mit } \pi > \pi^e \Rightarrow \pi^e\uparrow \ldots$$

Diese setzen sich fort, solange $(Y - Y_n) > 0$ bzw. $r < r_n$. „Inflationsdruck" bedeutet also bei $\theta = 1$ nicht nur eine Inflationsrate oberhalb des angestrebten Niveaus ($\pi > \pi^*$), sondern darüber hinaus stetig steigende Inflationsraten $(\pi_t - \pi_{t-1}) > 0$. Die Zentralbank muss dabei den nominalen Leitzins i mit steigenden π^e immer weiter erhöhen, um den realen Leitzins r konstant zu halten. Hielte sie den nominalen Leitzins i konstant, würde r (= $\bar{i} - \pi^e$) mit steigendem π^e sinken, die Nachfrage zusätzlich stimulieren, die positive Output-Lücke weiter vergrößern und den Inflationsdruck zusätzlich steigern.

24. Geldpolitik im *IS-LM-PC*-Modell

a) Wenn in der Erwartungsbildung $\theta = 0$ gilt, dann wird die allgemeine Form $\pi_t^e = (1 - \theta)\pi^* + \theta\pi_{t-1}$ zum Ausdruck $\pi_t^e = \pi^*$. Sind die Erwartungen also „verankert", dann ist $\pi_t^e = \pi^* = 2\%$. Damit ergibt sich die Phillipskurve (*PC*-Kurve) mit statischen Erwartungen und im zweiten Schritt mit eingesetztem Wert für π^*

$$\pi_t - \pi^* = (\alpha / L)\,(Y_t - Y_n) \;\Leftrightarrow\; \pi_t - 2\% = (\alpha / L)\,(Y_t - Y_n).$$

Der Schnittpunkt mit der Abszisse, also das Produktionspotenzial Y_n ist gegeben, wenn $\pi_t = \pi_t^e = 2\%$. Das ist wiederum genau dann der Fall, wenn $Y_t = Y_n$. Mit anderen Worten: Die *PC*-Kurve schneidet die Abszisse beim Produktionspotenzial (siehe ▶*Abbildung 9.1*). Im Folgenden wird aus Gründen der Vereinfachung auf den Zeit-Index t verzichtet.

Wenn die Zentralbank den „wahren" natürlichen Zinssatz r_n unterschätzt, dann wird sie den realen Leitzins r zu gering ($r_1 < r_n$) setzen. Grafisch bedeutet dies, dass die *LM*-Kurve „zu weit unten" auf *LM′* liegt, d.h., dass das kurzfristige Gleichgewicht durch Punkt *B* anstatt durch Punkt *A* repräsentiert wird. Die erhöhte Produktion auf Y_1 bzw. die positive Output-Lücke $(Y_1 - Y_n)$ erklärt sich durch den Rückgang des realen Zinssatzes im Vergleich zu Punkt *A*: Dieser stimuliert die Investitionsnachfrage, was die aggregierte Nachfrage, die Produktion und das verfügbare Einkommen erhöht, was gemäß Multiplikatorprozess wiederum zu einem weiteren Anstieg der Investitionen und des Konsums und letztendlich der Produktion führt (siehe ▶*Kapitel 3*). Der Wirkungsmechanismus ist (wieder) wie folgt: $r\downarrow \Rightarrow I\uparrow \Rightarrow Z\uparrow \Rightarrow Y\uparrow$, was wiederum den Konsum ($Y_v\uparrow \Rightarrow C\uparrow$) sowie die Investitionen ($Y\uparrow \Rightarrow I\uparrow$) zusätzlich erhöht, welche dann wieder Y steigern (Multiplikatoreffekt). Dies entspricht einer Bewegung auf der *IS*-Kurve. Die Bewegung auf der *PC*-Kurve wird durch folgenden Mechanismus erklärt $Y\uparrow \Rightarrow (Y_1 - Y_n) > 0 \Rightarrow (N - N_n) > 0 \Rightarrow (u - u_n) < 0 \Rightarrow W\uparrow \Rightarrow \pi\uparrow$ mit $\pi_1 > \pi^e$.

Im kurzfristigen Gleichgewicht in Punkt *B* ist die Wirtschaft überhitzt. Aus $Y_1 > Y_n$ folgt, dass die Inflationsrate größer ist als die Inflationserwartungen $\pi_1 > 2\%$ (Inflationsdruck). Darauf wird nun die Zentralbank reagieren (gewissermaßen ihren Fehler „erkennen“) und den Zinssatz auf das Niveau r_n erhöhen. Die *LM*-Kurve verschiebt sich nach oben, sodass mittelfristig der Gleichgewichtspunkt *A* erreicht wird, d.h. die Produktion wieder ihrem natürlichen Niveau entspricht und die Inflationsrate konstant bei $\pi_t = \pi^* = 2\%$ liegt. Dieser Anpassungsprozess von *B* nach *A* bzw. π_1 nach π^* wird als *Disinflation* (= Reduktion der Inflationsrate) bezeichnet.

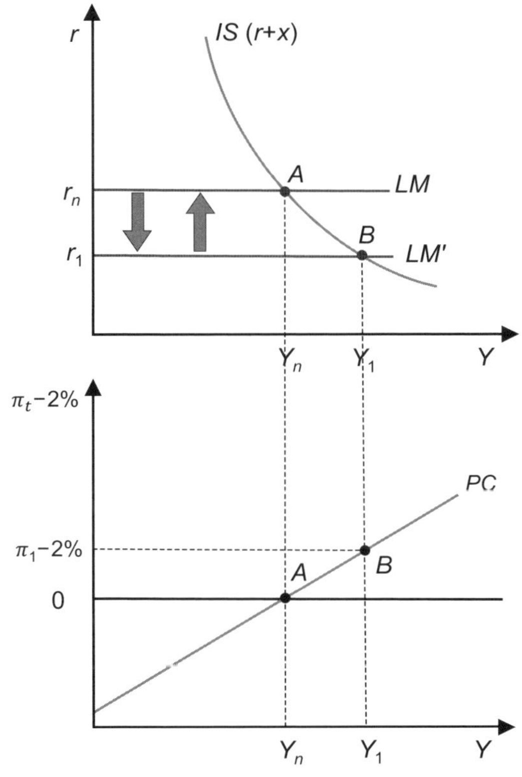

Abbildung 9.1: Das *IS-LM-PC*-Modell mit $\theta = 0$ und zunächst zu geringem realen Leitzins

b) Wenn in der Erwartungsbildung $\theta = 1$ gilt, dann wird die oben dargestellte allgemeine Form zum Ausdruck $\pi_t^e = \pi_{t-1}$. In Worten: Die in diesem Jahr erwartete Inflation entspricht der im vergangenen Jahr beobachteten Inflation. Damit ergibt sich die Phillipskurve mit adaptiven Erwartungen

$$\pi_t - \pi_{t-1} = (\alpha / L)\,(Y_t - Y_n)$$

Während in ▸*Abbildung 9.1* die Inflationsrate π_t abzüglich der Konstante π^* auf der Ordinate stand, ist in der nun relevanten ▸*Abbildung 9.2* die Veränderung der

Inflationsrate $\Delta\pi_t = \pi_t - \pi_{t-1}$ auf der Ordinate. Im Folgenden wird aus Vereinfachungsgründen wieder auf den Zeit-Index t verzichtet.

Die Zentralbank strebt ein $\Delta\pi = 0$ bei $\pi = \pi^* = 2\%$ an. Wenn die Zentralbank nun analog zu Aufgabe a) den realen Leitzins zu gering setzt ($r_1 < r_n$), kommt es im Gleichgewichtspunkt B zu einer Überhitzung der Wirtschaft und Inflationsdruck. Dieser besteht nicht nur in einer zu hohen Inflationsrate ($\pi > \pi^*$), sondern in einer immer weiter steigenden Inflationsrate $\Delta\pi > 0$. Dies erklärt sich durch **Zweitrundeneffekte**: $\pi > \pi^e \Rightarrow \pi^e\uparrow \Rightarrow W\uparrow \Rightarrow \pi\uparrow$ mit $\pi > \pi^e \Rightarrow \pi^e\uparrow$... . Die Inflationsrate π könnte bspw. von 2% auf 3%, dann auf 4% steigen etc. Die Zentralbank muss dabei den nominalen Leitzins i mit steigenden π^e immer weiter erhöhen, um den realen Leitzins r konstant zu halten.

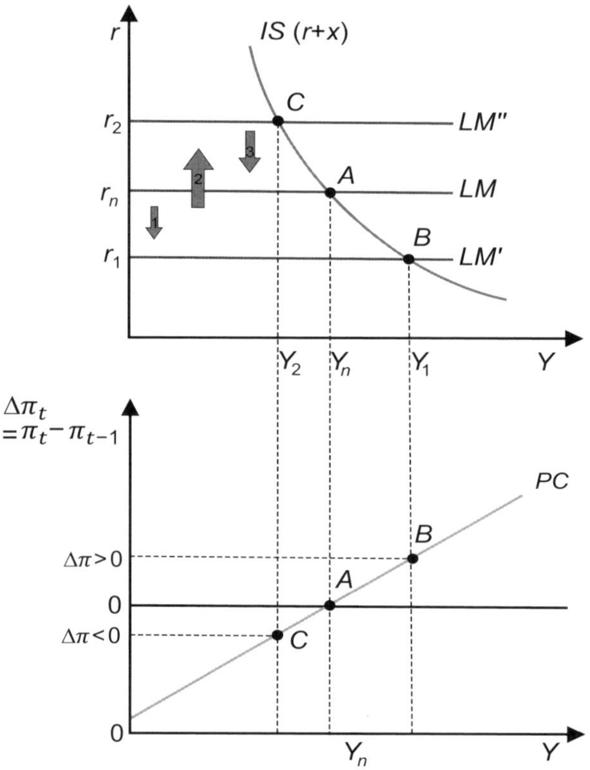

Abbildung 9.2: Das *IS-LM-PC*-Modell mit $\theta = 1$ und zunächst zu geringem realen Leitzins

Wenn nun die Zentralbank gegensteuert, um nicht nur $\Delta\pi = 0$, sondern auch $\pi^* = 2\%$ zu erreichen, reicht es nicht aus, die *LM*-Kurve von *LM'* auf *LM* zu verschieben, d.h. den Zinssatz auf r_n zu erhöhen. Dies würde zwar die Inflationsrate auf hohem Niveau stabilisieren ($\Delta\pi = 0$). Diese wäre aber immer noch höher als die angestrebte Zielinflationsrate ($\pi > \pi^*$) von 2%. Damit π^* bei nicht verankerten Erwartungen ($\theta = 1$) wieder erreicht wird, es also auch zu einer Disinflation kommt, bedarf es für einen gewissen Zeitraum eines Zinssatzes r_2, der oberhalb von r_n liegt. Diese kontraktive Geldpolitik führt nun für diesen Zeitraum zu einer negativen Output-Lücke $(Y_2 - Y_n) < 0$ und damit verbunden einem Anstieg der Arbeitslosigkeit über die natürliche Arbeitslosenquote $(u_2 - u_n) > 0$, was wiederum ein $\Delta\pi < 0$ ermöglicht. Die Geldpolitik muss gewissermaßen ein „Überschießen" des realen Leitzinses und damit verbunden eine Rezession bewusst herbeiführen. Wenn dann $\pi^* = 2\%$ erreicht ist, kann die Zentralbank den realen Leitzins schließlich auf r_n senken.

c) ▶*Abbildung 9.3* zeigt den zeitlichen Verlauf der Inflationsrate für $\theta = 0$. Diese steigt auf π_1 und verharrt (kurz) auf diesem Niveau, bis die Zentralbank die Politikänderung, also die Erhöhung des realen Leitzinses, durchführt. Dies senkt die Inflationsrate π mittelfristig dann wieder auf $\pi = \pi^* = 2\%$, womit eine Situation wie im Ausgangsgleichgewicht (vor der Fehleinschätzung) erreicht wird (Punkt A).

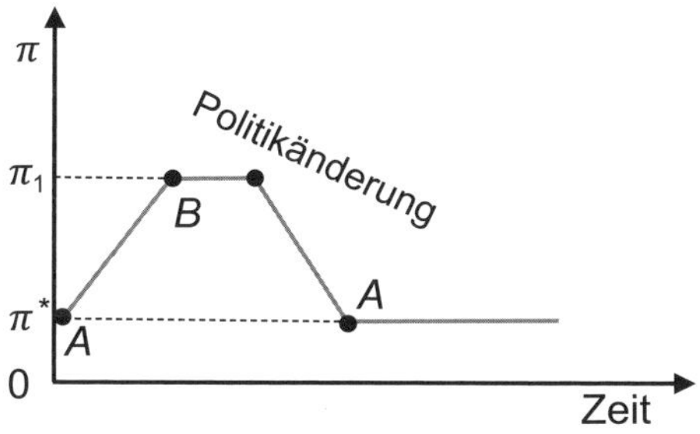

Abbildung 9.3: Zeitlicher Verlauf der Inflationsrate im *IS-LM-PC*-Modell mit $\theta = 0$ und zunächst zu geringem realen Leitzins

In ▶*Abbildung 9.4* ist der zeitliche Verlauf der Inflationsrate für $\theta = 1$ dargestellt. Zu erkennen ist, dass die Inflationsrate möglicherweise auf einen höheren Wert als π_1 steigt; zumindest dann, wenn die Zentralbank nicht schneller reagiert. Der Punkt B in ▶*Abbildung 9.2* entspricht nun einer Strecke B in ▶*Abbildung 9.4*, nämlich steigenden Inflationsraten $(\Delta\pi > 0)$. Mit der Politikänderung sinken dann die Inflationsraten auf der Strecke C wieder $(\Delta\pi < 0)$, bis die Zielinflationsrate (π^*) erreicht wird.

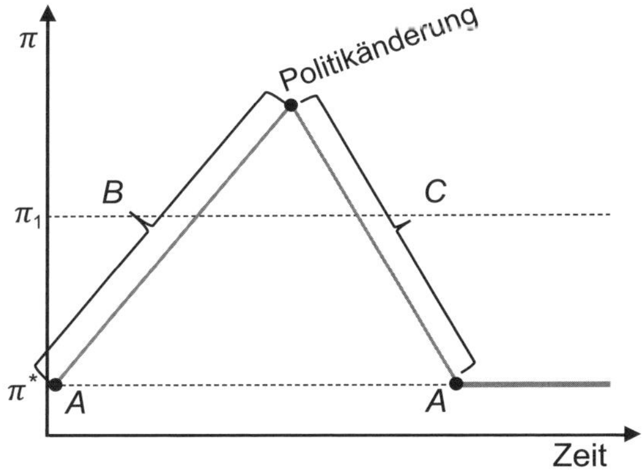

Abbildung 9.4: Zeitlicher Verlauf der Inflationsrate im *IS-LM-PC*-Modell mit $\theta = 1$ und zunächst zu geringem realen Leitzins

d) Wenn es der Zentralbank gelingt, die Inflationserwartungen auf Höhe der Zielinflationsrate zu verankern, d.h. eine Situation mit $\theta = 0$ und somit $\pi_t^e = \pi^*$ zu erzeugen, haben Abweichungen der tatsächlichen Inflationsrate von der Zielinflationsrate und die dann erforderlichen geldpolitischen Maßnahmen weniger starke Auswirkungen auf die Inflationsrate, die Output-Lücke und die Arbeitslosigkeit. Im Folgenden wird dies durch einen Vergleich mit $\theta = 1$ verdeutlicht:

- Für $\theta = 0$ impliziert $\pi > \pi^*$ (aufgrund eines realen Leizinses r unterhalb von r_n) eine positive Output-Lücke $(Y - Y_n)$ und eine Arbeitslosigkeit unterhalb ihrer natürlichen Rate. Würden die Erwartungen stabil bleiben und die Zentralbank nicht eingreifen, könnte diese Situation auch mittelfristig stabil sein, d.h. die Inflation zwar „zu hoch" sein, aber nicht weiter steigen. Es ist jedoch ebenso unwahrscheinlich, dass die Erwartungen in einer solchen Situation mittelfristig unverändert bleiben, wie auch, dass die Zentralbank nicht eingreift.
- Für $\theta = 1$ impliziert $\pi > \pi^*$ (aufgrund von $r < r_n$) eine steigende Inflationsrate $\Delta\pi > 0$ bei gleichbleibender positiver Output-Lücke und Arbeitslosigkeit unterhalb der natürlichen Rate. Solange sich die Art der Erwartungsbildung nicht ändert und die Zentralbank nicht eingreift, würde die Inflationsrate immer weiter ansteigen und somit würden sich die damit verbundenen negativen Wohlfahrtseffekte ergeben.
- Für $\theta = 0$ impliziert eine Erhöhung des realen Leitzinses r zum gleichgewichtigen Realzins r_n mittelfristig, dass die positiven Differenzen $(\pi - \pi^*)$ und $(Y - Y_n)$ sowie die negative Differenz $(u - u_n)$ wieder gegen null gehen. Ein Anstieg der Arbeitslosigkeit über ihre natürliche Rate bzw. ein Rückgang der Produktion unter das natürliche Niveau ist nicht notwendig.
- Für $\theta = 1$ führt eine Erhöhung des realen Leitzinses r zum gleichgewichtigen Realzins r_n nur dazu, dass $\Delta\pi = 0$, jedoch nicht zu einer Inflationsrate, die der Zielgröße entspricht. Um mittelfristig $\pi = \pi^*$ zu erreichen, muss die Zentralbank den realen Leitzinssatz temporär oberhalb von r_n ansetzen. Durch dieses „Überschießen" werden temporär eine negative Output-Lücke $(Y - Y_n) < 0$ sowie ein Anstieg der Arbeitslosigkeit über das natürliche Niveau hinaus $(u - u_n) > 0$ ausgelöst. Das Wiedererreichen einer Inflationsrate in Höhe der Zielinflation wird also durch eine Rezession „erkauft". Wenn die Inflationserwartungen nicht fest verankert sind, gibt es keinen Anpassungspfad hin zum mittelfristigen Gleichgewicht mit $\pi = \pi^*$, der ohne eine temporäre Rezession auskommt.

Zusammenfassend lässt sich sagen, dass bei $\theta = 1$ ein $r \neq r_n$ mittelfristig deutlich stärkere Schwankungen von π, Y und u und somit gesellschaftliche Kosten zur Folge hat. Daraus folgt, dass eine Zentralbank, die die gesellschaftliche Wohlfahrt maximieren möchte, ein Interesse an „verankerten" Inflationserwartungen ($\theta = 0$) haben dürfte. Dies bedeutet aber im Kern nichts anderes, als dass die Ankündigung der Zentralbank, mittelfristig π^* zu erreichen, glaubhaft für die Wirtschaftssubjekte (hier: die Lohn- und Preissetzung) sein muss. Dies ist Thema in ▶ *Kapitel 21*.

25. Natürlicher Zinssatz, Nominalzins, Geldmengenwachstum und Inflation

a) Wie in *Kapitel 6* dargestellt, entspricht der Realzins r dem Nominalzins i abzüglich der erwarteten Inflationsrate π^e, umgestellt nach dem Nominalzins also $i = r + \pi^e$. Im mittelfristigen Gleichgewicht gilt $r = r_n$ und $\pi = \pi^e$. Ist die Zentralbank mittelfristig erfolgreich in dem Sinne, dass die tatsächliche Inflationsrate π dem Inflationsziel π^* entspricht, dann gilt auch $i = r_n + \pi^*$. Dies zeigt, dass die Differenz zwischen Nominalzins und Realzins im Durchschnitt (in der mittleren Frist) umso größer ist, desto höher das Inflationsziel ist.

In *Kapitel 5* wurde die Gleichgewichtsbedingung für den Geldmarkt dargestellt. Das reale Geldangebot M/P muss gleich der realen Geldnachfrage $YL(i)$ sein, d.h. $M/P = YL(i)$. Weil im mittelfristigen Gleichgewicht $Y = Y_n$ und (wie oben dargestellt) $i = r_n + \pi^*$ gilt, lautet die Gleichgewichtsbedingung für den Geldmarkt im mittelfristigen Gleichgewicht $M/P = Y_nL(r_n + \pi^*)$.

Wenn nun Y_n, r_n sowie π^* konstant sind (was im Lehrbuch von Blanchard/Illing als „Steady State" bezeichnet wird), dann bleibt die reale Geldnachfrage (rechte Seite) konstant, womit auch das reale Geldangebot M/P (linke Seite) konstant bleiben muss. Im Falle einer positiven Wachstumsrate der Geldmenge $g_M > 0$, bleibt allerdings die reale Geldmenge nur dann konstant, wenn das Preisniveau mit derselben Rate wächst, d.h. für die Inflationsrate muss gelten $\pi = g_M$.

$$\text{Mathematisch: } \frac{M(1+g_M)}{P(1+\pi)} = \frac{M}{P} = \text{konstant}$$

b) Ausgangspunkt ist wieder die Gleichgewichtsbedingung für den Geldmarkt im mittelfristigen Gleichgewicht: $M/P = Y_nL(r_n + \pi^*)$. Wenn man diese unter Anwendung vom Proposition 7 und 8 aus *Anhang B* des Lehrbuchs von Blanchard/Illing in Wachstumsraten umwandelt, dann ergibt sich: $g_M - \pi = g_{Yn}$, da $L(r_n + \pi^*)$ konstant ist. Umgeformt ergibt sich $\pi = g_M - g_{Yn}$, d.h. die Inflationsrate entspricht mittelfristig der Differenz aus der Wachstumsrate der nominalen Geldmenge und der Wachstumsrate des Produktionspotenzials.

c) Bei konstanten Y_n, r_n sowie π^* gilt wie in a) abgeleitet $\pi = g_M$. Weil im mittelfristigen Gleichgewicht außerdem gilt $\pi = \pi^e = \pi^*$, lässt sich die Gleichgewichtsbedingung für den Geldmarkt im mittelfristigen Gleichgewicht umformulieren zu $M/P = Y_nL(r_n + g_M)$. Der Nominalzins ergibt sich im mittelfristigen Gleichgewicht also als $i = r_n + g_M$.

d) Der Ausdruck „Neutralität des Geldes" bezieht sich auf die mittlere Frist und besagt, dass alle realen Variablen – das reale BIP Y (= Y_n in der mittleren Frist), die Arbeitslosenquote u (= u_n in der mittleren Frist), der reale Zinssatz r (= r_n in der mittleren Frist) – nicht von der Geldpolitik bestimmt werden. Ein Wachstum der nominalen Geldmenge M bzw. eine höhere Wachstumsrate g_M von M führt mittelfristig nur zu einem höheren Preisniveau P bzw. einer höheren Inflationsrate π und höherem Nominalzins i.

26. Inflationsdynamik im *IS-LM-PC*-Modell – numerisches Beispiel

a) Wenn die Ausdrücke für die Konsum- und die Investitionsfunktion in die *IS*-Kurve eingesetzt werden, ergibt sich: $Y_t = c_0 + c_1(Y_t - T) + d_1 Y_t - d_2(r + x) + G$. Im Gütermarktgleichgewicht bei einem realen Leitzins r ist die Produktion gegeben durch

$$Y_t = \frac{1}{1 - c_1 - d_1}\left[c_0 - c_1 T - d_2 r - d_2 x + G\right].$$

Wenn dieser Ausdruck nach r aufgelöst wird, ergibt sich

$$r = \frac{1}{d_2}\left[(c_1 + d_1 - 1)Y_t + c_0 + G - c_1 T\right] - x.$$

Der natürliche Realzins r_n ist der Realzins, bei dem das Produktionspotenzial Y_n realisiert wird. Einsetzen der Werte der Parameter und des Produktionspotenzials sowie der exogenen Variablen führt zu

$$r_n = \frac{1}{3}\left[(0{,}3 + 0{,}4 - 1)18 + 2 + 4 - 0{,}3 \cdot 1\right] - 0{,}05 = 0{,}05 = 5\%.$$

Dieses $r_n = 5\%$ oben in den Ausdruck für die Produktion Y_t in Periode 1 eingesetzt ergibt:

$$Y_1 = \frac{1}{1 - 0{,}3 - 0{,}4}\left[2 - 0{,}3 \cdot 1 - 3 \cdot 5\% - 3 \cdot 5\% + 4\right] = 18 = Y_n.$$

Somit wurde gezeigt, dass die Produktion beim natürlichen Realzins dem Produktionspotenzial entspricht.

t	r	$r+x$	r_n	$Y_t - Y_n$	π_t	π_t^e	i
1	5%	10%	5%	0	2%	2%	7%
2	5%	6%	9%	0,4	4%	2%	7%
3	5%	6%	9%	0,4	6%	4%	9%
4	5%	6%	9%	0,4	8%	6%	11%
5	5%	6%	9%	0,4	10%	8%	13%
6	9%	10%	9%	0	10%	10%	19%
7	9%	10%	9%	0	10%	10%	19%
8	9%	10%	9%	0	10%	10%	19%
9	11%	12%	9%	–0,2	9%	10%	21%
10	11%	12%	9%	–0,2	8%	9%	20%
11	11%	12%	9%	–0,2	7%	8%	19%
12	11%	12%	9%	–0,2	6%	7%	18%
13	11%	12%	9%	–0,2	5%	6%	17%
14	11%	12%	9%	–0,2	4%	5%	16%
15	11%	12%	9%	–0,2	3%	4%	15%
16	11%	12%	9%	–0,2	2%	3%	14%

t	r	$r+x$	r_n	$Y_t - Y_n$	π_t	π_t^e	i
17	9%	10%	9%	0	2%	2%	11%
18	9%	10%	9%	0	2%	2%	11%

Tabelle 9.1: Übersicht über die Ergebnisse der Aufgabe – Entwicklung der Variablen über die Zeit

b) Einsetzen von $x = 1\%$ in die Gleichung für Y_t ergibt:

$$Y_2 = \frac{1}{1-0,3-0,4}\left[2-0,3\cdot 1-3\cdot 5\%-3\cdot 1\%+4\right]=18,4.$$

Es entsteht eine positive Output-Lücke in Höhe von $(Y_2 - Y_n) = 0{,}4$. Der neue natürliche Realzins bei $x = 1\%$ beträgt

$$r_n' = \frac{1}{3}\left[(0,3+0,4-1)18+2+4-0,3\cdot 1\right]-0,01=9\%.$$

Da der reale Leitzins r immer noch bei 5% liegt, ist die Geldpolitik expansiv.

c) Gemäß der Aufgabenstellung entspricht die Inflationsrate in $t = 1$ ihrem Zielwert, sodass $\pi_1 = 2\%$. Für $t = 2$ ergibt sich die positive Output-Lücke von 0,4 und somit $\pi_2 - \pi_1 = 0{,}05(Y_2 - Y_n)$, d.h. $\pi_2 = 2\% + 0{,}05(18{,}4 - 18) = 4\%$. Die Inflationserwartungen betragen in $t = 2$ also $\pi_2^e = \pi_1 = 2\%$. Die Entwicklung setzt sich entsprechend fort (siehe ▶ *Tabelle 9.1*).

d) Wenn die Zentralbank $r = r_n' = 9\%$ setzt, ergibt sich (wieder) eine Produktion in Höhe des Produktionspotenzials:

$$Y_t = \frac{1}{1-0,3-0,4}\left[2-0,3\cdot 1-3\cdot 9\%-3\cdot 1\%+4\right]=18=Y_n$$

für $t = 6,\ldots,8$. Bei einer Output-Lücke von null ändert sich nun die Inflationsrate nicht mehr. Somit ergibt sich eine stabile Inflationsrate von $\pi_t = 10\%$ für $t = 6,\ldots,8$ (siehe ▶ *Tabelle 9.1*).

e) Die Zentralbank muss den realen Leitzins vorrübergehend (also für acht Perioden) auf $r > r_n'$ setzen, um eine negative Output-Lücke und damit sinkende Inflationsraten zu erreichen. Wenn die Zentralbank in acht Perioden von 10% auf 2% Inflation kommen möchte, dann bedeutet das eine Reduktion der Inflationsrate um 1 Prozentpunkt pro Periode. Dazu bedarf es in jeder Periode einer Output-Lücke von $-0{,}01 = 0{,}05(Y_t - Y_n) \Leftrightarrow (Y_t - Y_n) = -0{,}2$. Da $Y_n = 18$, muss $Y_t = 17{,}8$ für $t = 9,\ldots,16$ betragen. Um den notwendigen realen Leitzins zu berechnen, kann man die obige Gleichung verwenden:

$$r_t = \frac{1}{3}\left[(0,3+0,4-1)17,8+2+4-0,3\cdot 1\right]-0,01=11\%$$

für $t = 9,\ldots,16$. Mit diesem realen Leitzins entwickelt sich die Inflationsrate nun wie in ▶ *Tabelle 9.1* dargestellt. Sobald das Inflationsziel dann wieder erreicht ist (also nach acht Perioden; zu Beginn von $t = 17$), kann sie den realen Leitzins auf $r = r_n' = 9\%$ setzen, was wieder zu einem Schließen der Output-Lücke und einer stabilen Inflationsrate in Höhe von 2% führt.

9.2 Übungsaufgaben

1. Deflationsspirale und Zinsuntergrenze im *IS-LM-PC*-Modell

   a) Das Ausgangsgleichgewicht wird durch Punkt *A* in ▶*Abbildung 9.5* symbolisiert. Im Schnittpunkt der IS_0-Kurve und der *LM*-Kurve auf Höhe des natürlichen Realzinses $r_{n,0}$ befindet sich die Volkswirtschaft in einem mittelfristigen Gleichgewicht, bei dem die Produktion dem Produktionspotenzial Y_n entspricht und somit gilt $\pi = \pi^e = \pi^*$. Zu einer Deflationsspirale kann es im Fall exogener Verschiebungen der *IS*-Kurve „weit nach links" kommen. Diese können bspw. durch den starken Rückgang des Konsumentenvertrauens (c_0) oder der autonomen Investitionen (des Geschäftsklimas) verursacht sein. Auch ein Anstieg der Risikoprämie x kann die Ursache sein. Im Fall einer Finanzkrise können die drei Gründe gleichzeitig auftreten. Der zentrale Aspekt hier ist, dass die *IS*-Kurve so weit nach links geschoben wird (von IS_0 auf IS_1) und somit die Produktion so weit fällt (hier von Y_n auf Y_1), dass der neue natürliche Realzins, der für die Realisierung des Produktionspotenzials Y_n nötig wäre, negativ wird ($r_{n,1} < 0$). Die Volkswirtschaft im neuen Gleichgewicht *B* weist nun beim unveränderten realen Leitzins $r_{n,0}$ eine negative Output-Lücke ($Y_1 - Y_n < 0$) auf und die Inflation sinkt ($\pi - \pi^e < 0$) und kann mit der Zeit auch negativ werden (*Deflation*, d.h. $\pi < 0$).

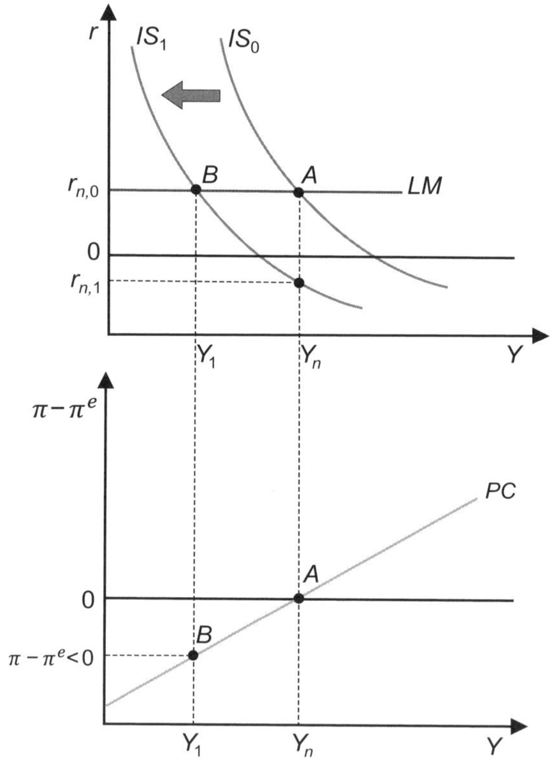

Abbildung 9.5: Tiefe Rezession im *IS-LM-PC*-Modell kurzfristig

b) Eine Erwartungsbildung mit $\theta = 1$ impliziert $\pi_t^e = \pi_{t-1}$ (siehe Aufgabe 21 in ▶*Abschnitt 9.1*). Wenn ausgehend von der negativen Output-Lücke in Punkt *B* in ▶*Abbildung 9.6*, eine sinkende Inflationsrate nun zu sinkenden Inflationserwartungen führt (was bei $\theta > 0$ der Fall ist), hat dies zur Folge, dass bei unverändertem nominalen Leitzins der Zentralbank i_0 der tatsächliche reale Leitzins der Zentralbank r_0 auf r_0' steigt, da $r \approx i - \pi^e$ gilt. Wenn die Wirtschaftssubjekte gar eine Deflation erwarten ($\pi^e < 0$), ist $r_0 > i_0$. Mit steigendem realen Leitzins gehen die Nachfrage und die Produktion immer weiter zurück (bspw. auf das Niveau Y_2 in Punkt *C* in ▶*Abbildung 9.6*). Dies führt im nächsten Schritt wiederum zu einem weiteren Rückgang der Inflationserwartungen, was auf der *PC*-Kurve mit dem Pfeil nach links unten ab Punkt *C* dargestellt wird. Dies erhöht den realen Zinssatz weiter, was auf der Kurve IS_1 mit dem Pfeil nach links oben über Punkt *C* verdeutlicht wird. Die Produktion geht also stetig zurück; die Inflationsraten und -erwartungen verringern sich und werden immer stärker negativ (Deflation).

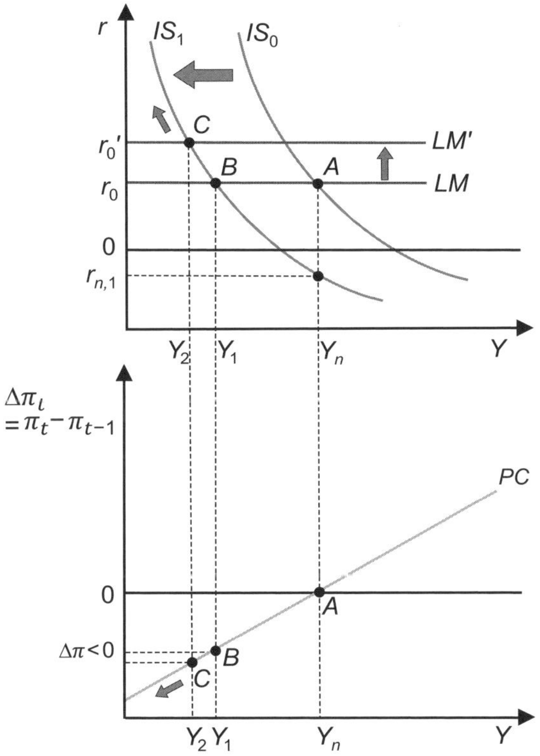

Abbildung 9.6: Tiefe Rezession im *IS-LM-PC*-Modell mittelfristig ohne Geldpolitik mit $\theta = 1$

c) Bei $\theta = 1$ gilt $\pi_t^e = \pi_{t-1}$. Eine „Verbesserung" der Situation bedeutet, dass die Zentralbank ein Ende der Deflationsspirale sowie $\pi = \pi^e = \pi^*$ anstrebt, was auch $\Delta\pi = 0$ impliziert. Die Zentralbank wird den nominalen Leitzinssatz i_1 auf null senken. Der neue reale Leitzins ergibt sich als $r_1 \approx 0 - \pi^e$. Da aber $\pi^e < 0$, ergibt sich ein $r_1 > 0 > r_{n,1}$. Die neue Geldpolitik wird durch die *LM''*-Kurve in ▶*Abbildung 9.7* symbolisiert. Im neuen kurzfristigen Gleichgewicht in Punkt *D* herrscht weiterhin eine negative Output-Lücke ($Y_3 - Y_n < 0$) und die Inflationsrate sinkt weiter. Mittelfristig wird sich die Volkswirtschaft also wieder in Richtung der Punkte *B* und *C* bewegen und die Deflationsspirale beschleunigt sich wieder. Bei $\theta = 1$ ist demnach ein nominaler Leitzinssatz von null nicht ausreichend niedrig, um eine einmal begonnene Deflationsspirale zu überwinden. Die konventionelle Geldpolitik stößt an ihre Grenzen – es bedarf unkonventioneller Maßnahmen oder aber expansiver Fiskalpolitik.

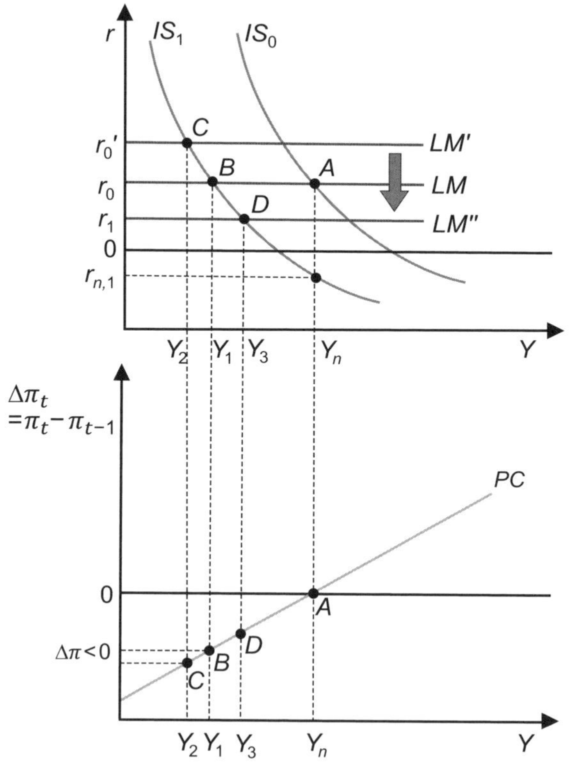

Abbildung 9.7: Geldpolitik nach Beginn einer Deflationsspirale im *IS-LM-PC*-Modell

d) Für $\theta = 0$ gilt $\pi_t^e = \pi^*$. Die Inflationserwartungen sind „verankert". In diesem Fall würde es ohne wirtschaftspolitische Maßnahmen und Schocks auch mittelfristig in der durch den Punkt *B* in ▶*Abbildung 9.8* beschriebenen Situation bleiben. Eine negative Output-Lücke mit einer negativen Inflationsrate würde herrschen – die Situation würde sich aber im Zeitablauf nicht weiter verstärken, da $\pi_t^e = \pi^*$. Die *LM*-Kurve verschiebt sich nicht. Allerdings ist es unrealistisch anzunehmen, dass die Erwartungsbildung nicht reagiert, wenn über einen längeren Zeitraum $\pi \neq \pi^*$.

Wenn die Zentralbank nun die Deflation überwinden möchte, sodass $\pi = \pi^*$ gilt, wird sie den nominalen Leitzinssatz i_1 auf null senken. Der neue reale Leitzins ergibt sich als $r_1 \approx 0 - \pi^e$. Da weiterhin gilt $\pi^e = \pi^*$, ergibt sich ein $r_1 < 0$. Dieser könnte negativ genug sein, dass damit $r_{n,1}$ erreicht wird. Hier wird genau dies angenommen. Die neue Geldpolitik wird durch die *LM*′-Kurve in ▶*Abbildung 9.8* symbolisiert. Die Output-Lücke kann im neuen Gleichgewicht *C* geschlossen werden und $\pi = \pi^*$. Die Bedingung für die hier dargestellte Überwindung der Deflation ist jedoch, dass $\pi^e > |r_{n,1}|$ (in Worten: die Inflationserwartungen sind betragsmäßig größer als der negative natürliche Realzins). Ist dies nicht der Fall, dann ist ein nominaler Leitzinssatz von null nicht ausreichend gering.

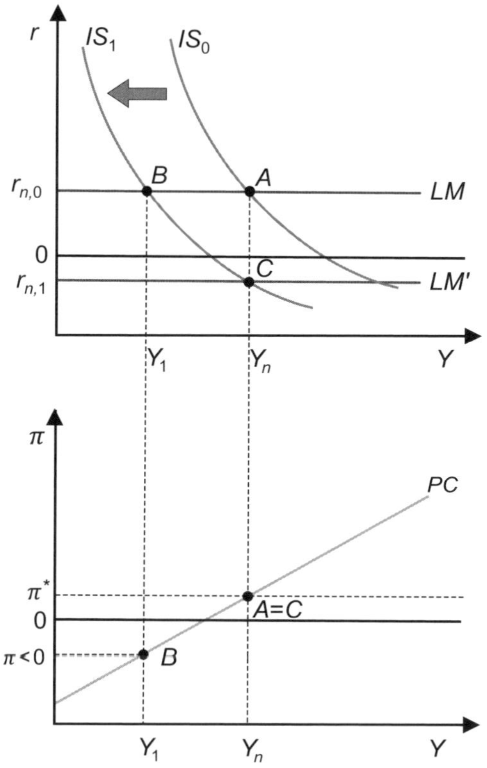

Abbildung 9.8: Tiefe Rezession im *IS-LM-PC*-Modell mittelfristig ohne Geldpolitik (Punkt *B*) und mit Geldpolitik (*LM*′-Kurve) mit verankerten Erwartungen $\theta = 0$

e) Wie im Lehrbuch von Blanchard/Illing dargestellt, stellt der Fall mit Inflationserwartungen $\theta = 1$ eine gute Beschreibung der Situation in der Weltwirtschaftskrise in den USA von 1929 bis 1933 dar. Die Deflation wurde immer stärker, der Realzins stieg dadurch stetig an; Nachfrage und Produktion brachen immer stärker ein. Die expansive Geldpolitik war nicht in der Lage, den Anstieg des Realzinses zu verhindern. Dagegen kann man die Ereignisse nach der jüngsten Finanzkrise im Jahr 2008 so interpretieren, dass es zwar zu einer tiefen Rezession kam, aber eben nicht zu einer Deflationsspirale. Im Rahmen des *IS-LM-PC*-Modells lässt sich das so erklären, dass die Inflationserwartungen möglicherweise fest verankert waren, d.h. $\theta = 0$ und somit $\pi^e = \pi^*$ galt. Die Tatsache, dass die Inflationserwartungen auch in der Krise relativ „verankert“ blieben, lässt sich auch empirisch nachweisen (siehe dazu Abbildung 6.2 in Kapitel 6 von Blanchard/Illing). Bei verankerten Inflationserwartungen führt niedrige Produktion zwar zu einem Rückgang der Inflation und manchmal auch zu geringer Deflation, nicht aber zu einem stetig steigenden Deflationsprozess, wie er während der Weltwirtschaftskrise herrschte. Dies gibt der Zentralbank zumindest in begrenztem Umfang die Möglichkeit, durch sehr geringe nominale Leitzinsen einen realen Leitzins in den Bereich des natürlichen Realzinses zu setzen und somit die Deflation zu überwinden.

f) Fiskalpolitik ist in der Situation einer (drohenden) Deflationsspirale aus mehreren Gründen besonders effektiv:

- Wenn die Regierung den negativen Nachfrageschock im Gütermarkt unverzüglich antizipiert, kann sie im Idealfall die *IS*-Kurve durch möglichst sofort wirkende expansive Fiskalpolitik auf ihrer Ursprungsposition halten, sodass auch der Gleichgewichtspunkt *A* in ▸*Abbildung 9.5* erhalten bleibt. Es kommt weder zu einer Output-Lücke noch zu einer Deflation oder einem Rückgang des gleichgewichtigen Realzinses. Aufgrund der Verzögerungen, die sich bei der Wirtschaftspolitik und insbesondere der Fiskalpolitik ergeben, ist dies jedoch unrealistisch (vgl. Abschnitt 3.5 im Lehrbuch von Blanchard/Illing).
- Wenn die fiskalpolitischen Maßnahmen erst wirksam werden, wenn die Wirtschaft in eine Deflation geraten ist (z.B. Gleichgewichtspunkt *B* in ▸*Abbildung 9.5*), dann kann sich die Regierung zum, durch die *LM*-Kurve und die Inflationserwartungen bestimmten, nominalen Leitzins verschulden, ohne dass sie befürchten muss, dass die Zentralbank auf die Schließung der Output-Lücke und die Erhöhung der Inflationsrate mit einer Zinserhöhung reagiert, da die Inflationsraten weiterhin unterhalb der Zielmarke liegen ($\pi < \pi^*$). Somit kann sich die Regierung relativ günstig verschulden und es besteht nicht die Gefahr der Verdrängung privater Investitionen durch steigende Zinsen (crowding out). Das Gegenteil ist der Fall: Da expansive Fiskalpolitik zu einer Belebung der Inflationserwartungen führt, kann der reale Leitzins bei einem nominalen Leitzins von null sinken.
- Generell hängt die Effektivität von Fiskalpolitik nicht von der Höhe der Inflationserwartungen ab. Während negative Inflationserwartungen dazu führen können, dass die Zentralbank wegen der Zinsuntergrenze von null bzgl. ihrer konventionellen Instrumente machtlos wird, haben diese keinen Einfluss auf die Effektivität der Fiskalpolitik.

g) Wenn der anfängliche negative Schock auf die *IS*-Kurve nur gering ist, dann wird der natürliche Realzins weniger stark sinken und wahrscheinlich positiv bleiben. Die Inflationsrate wird zwar sinken, aber es wird nicht (sofort) zu einer Deflation kommen. Die Inflationserwartungen werden auch für den Fall $\theta = 1$ positiv bleiben. Somit kann eine Senkung des nominalen Leitzinses den realen Leitzins auf das Niveau des natürliche Realzinses bringen und damit die Voraussetzungen dafür schaffen, dass die Rezession mittelfristig überwunden wird.

2. Fiskalpolitik im *IS-LM-PC*-Modell und die kurz- und mittelfristigen Auswirkungen auf die Komponenten des BIP

Eine expansive Fiskalpolitik bedeutet eine Erhöhung des Budgetdefizits $(G - T)$ bzw. eine Senkung des staatlichen Sparens $(T - G)$ – in dieser Aufgabe über eine Senkung der Steuer T. **Kurzfristig** ergibt sich nun ausgehend von Punkt A in ▶*Abbildung 9.9* der folgende Wirkungsmechanismus: $T\downarrow \Rightarrow Y_v\uparrow \Rightarrow C\uparrow \Rightarrow Z\uparrow \Rightarrow Y\uparrow$, was wiederum über den Konsum $(Y_v\uparrow \Rightarrow C\uparrow \Rightarrow Z\uparrow \Rightarrow Y\uparrow)$ sowie über die Investitionen $(Y\uparrow \Rightarrow I\uparrow \Rightarrow Z\uparrow \Rightarrow Y\uparrow)$ die Produktion zusätzlich erhöht (Multiplikatoreffekt). Dies verschiebt die *IS*-Kurve nach rechts auf *IS′* und bei konstantem realen Leitzins auf Höhe des natürlichen Niveaus r_n wird das kurzfristige Gleichgewicht in Punkt A' erreicht. Die positive Output-Lücke $(Y' - Y_n)$ führt zu Inflationsdruck $(\pi > \pi^e)$: Abhängig von der Form der Erwartungsbildung bedeutet dies „nur“ eine Inflationsrate oberhalb des angestrebten Niveaus $\pi > \pi^*$ (bei verankerten Erwartungen $\theta = 0$) oder aber eine steigende Inflationsrate $\Delta\pi_t = \pi_t - \pi_{t-1} > 0$ (bei nicht verankerten Erwartungen $\theta = 1$). Bei steigender Inflation muss die Zentralbank den nominalen Leitzins erhöhen, um den realen Leitzins konstant zu halten. Wie oben dargestellt, ist der Anstieg von Y auf einen Anstieg von C und von I zurückzuführen; G ist unverändert, d.h. $\Delta Y = \Delta C + \Delta I$.

Wenn nun die Zentralbank den Inflationsdruck bekämpfen möchte, kann sie den realen Leitzins auf das Niveau des neuen natürlichen Realzinses (r_n') anheben – die *LM*-Kurve wird nach *LM′* verschoben. Bei nicht verankerten Erwartungen $(\theta = 1)$ muss die Zentralbank den realen Leitzins temporär über r_n' hinaus anheben, wenn sie nicht nur konstante Inflationsraten, sondern auch eine Inflationsrate in Höhe des Inflationsziels anstrebt (siehe dazu Aufgabe 22 in ▶*Abschnitt 9.1*). Die Volkswirtschaft bewegt sich auf ihrem Anpassungspfad vom kurzfristigen Gleichgewicht in Punkt A' hin zum mittelfristigen Gleichgewicht in Punkt A''. Der Wirkungsmechanismus ist $r\uparrow \Rightarrow I\downarrow \Rightarrow Z\downarrow \Rightarrow Y\downarrow$, was wiederum zusätzlich I sowie C senkt. Im mittelfristigen Gleichgewicht in Punkt A'' entspricht die Produktion wieder dem ursprünglichen Produktionspotenzial Y_n und die Inflationsrate ist stabil. Der reale Leitzins r ist jedoch erhöht auf dem Niveau des neuen natürlichen Realzinses r_n'. Auch hier muss wieder gelten $\Delta Y = \Delta C + \Delta I$, wobei $\Delta Y = 0$. I sinkt, da Y unverändert und r gestiegen ist. Über das Ausmaß des Rückgangs von I kann man sagen $\Delta I = -\Delta C$, d.h., in dem gleichen Maße, in dem der Konsum bedingt durch die Steuersenkung wächst, schrumpfen die Investitionen. Mittelfristig führt diese expansive Fiskalpolitik also zu einem Verdrängen privater Investitionen.

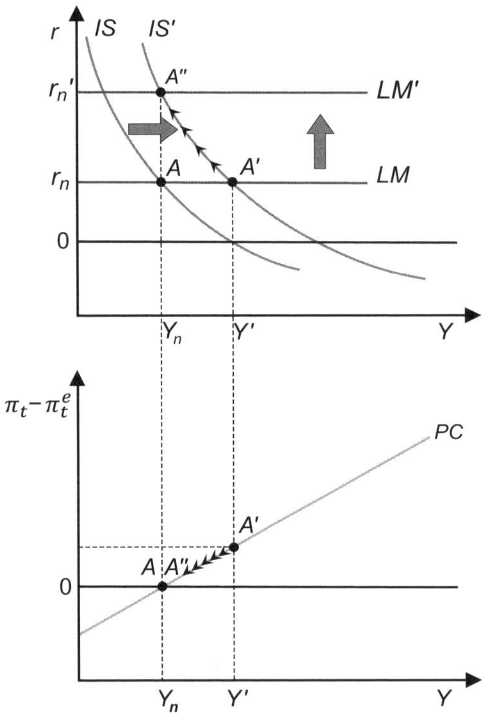

Abbildung 9.9: Expansive Fiskalpolitik im *IS-LM-PC*-Modell – kurz- und mittelfristiges Gleichgewicht

3. Haushaltskonsolidierung im *IS-LM-PC*-Modell und die mittelfristigen Auswirkungen auf die privaten Investitionen

Haushaltskonsolidierung (Senkung des Budgetdefizits) kann erfolgen durch eine Erhöhung von T und/oder eine Senkung von G. Dies verschiebt die *IS*-Kurve nach links, löst eine Rezession aus, senkt den natürlichen Realzins und führt zu sinkender Inflation (kurzfristiges Gleichgewicht). Mittelfristig, nachdem die Zentralbank den realen Leitzins auf das Niveau des niedrigeren natürlichen Realzinses gesenkt hat, entspricht die Produktion wieder dem ursprünglichen Produktionspotenzial, da es zu einem Anstieg privater Investitionsausgaben kommt. Falls die Haushaltskonsolidierung über eine Steuererhöhung erfolgt, entspricht der Anstieg der Investitionen genau dem durch die Steuererhöhung ausgelösten Konsumrückgang $\Delta I = -\Delta C$. Falls sie über eine Senkung der Staatsausgaben erfolgt, gilt $\Delta I = -\Delta G$.

Eine Haushaltskonsolidierung (Anstieg des gesamten Sparens als Summe des privaten und des öffentlichen Sparens) führt also in der mittleren Frist zu einem Anstieg der privaten Investitionen. Ein *Anstieg* der Investitionen erhöht den gesamtwirtschaftlichen Kapitalstock, was langfristig zu höherer Produktivität und Produktion führen kann (vgl. Kapitel 10 des Lehrbuchs von Blanchard/Illing).

Das kurzfristige *IS-LM*-Modell aus ▸*Kapitel 5* kommt zu einem Ergebnis, das dem kurzfristigen Gleichgewicht im *IS-LM-PC*-Modell nach einer Haushaltskonsolidierung entspricht. Eine Senkung des Budgetdefizits führt zu einer Linksverschiebung der *IS*-Kurve und somit zu einer Rezession. Da das Preisniveau als konstant angenommen wird, spielt Inflation keine Rolle. Die Zentralbank greift in der kurzen Frist nicht ein und mit dem Rückgang der Produktion geht bei konstantem Zinssatz ein Rückgang privater Investitionen einher. Kurzfristig ist also Haushaltskonsolidierung mit einer Rezession (geringerem Einkommen und höherer Arbeitslosigkeit) und einem *Rückgang* privater Investitionen verbunden.

4. Angebotsschocks im *IS-LM-PC*-Modell

   a) Allgemein sind Schocks Änderungen von exogenen Variablen (wie etwa der autonomen Konsum- oder Investitionsnachfrage, des Risikoaufschlags, des Ölpreises, von Politikmaßnahmen), die eine Verschiebung der aggregierten Nachfrage oder des aggregierten Angebots auslösen.

   Das aggregierte Angebot wird im Rahmen des *IS-LM-PC*-Modells durch die Phillipskurve (*PC*), die wiederum aus dem *WS-PS*-Arbeitsmarktmodell abgeleitet wurde, repräsentiert. Positive Angebotsschocks erhöhen das Produktionspotenzial Y_n; negative Angebotsschocks reduzieren es.

   Das Produktionspotenzial errechnet sich aus der natürlichen Arbeitslosenquote u_n durch $Y_n = L(1 - u_n)$. u_n ergibt sich aus dem Schnittpunkt der *WS*- und *PS*-Kurven bzw. der in Kapitel 8 des Lehrbuchs von Blanchard/Illing abgeleiteten Phillipskurve $\pi_t = \pi_t^e + (\mu + z) - \alpha u_t$. Die natürliche Arbeitslosenquote u_n stellt sich im Rahmen dieser Phillipskurve dann ein, wenn die tatsächliche der erwarteten Inflation entspricht $\pi_t = \pi_t^e \Rightarrow 0 = \mu + z - \alpha u_n$. Auflösen nach u_n zeigt die Determinanten der natürlichen Arbeitslosenquote

   $$u_n = \frac{\mu + z}{\alpha}$$

   und somit auch des Produktionspotenzials Y_n.

   Mit der Gleichung $\pi - \pi^e = (\alpha / L)\ (Y - Y_n)$ (Gleichung (9.3) aus dem Lehrbuch von Blanchard/Illing) wird die Phillipskurve im *IS-LM-PC*-Modell beschrieben. Da $Y_n = L(1 - u_n)$, gilt

   $$Y_n = L\left(1 - \frac{\mu + z}{\alpha}\right).$$

   Dies eingesetzt in die Phillipskurve und ausmultipliziert ergibt $\pi - \pi^e = (\alpha / L)Y - (\alpha - \mu - z)$.

   Der erste Term zeigt, dass $\pi - \pi^e$ mit Y steigt, wobei (α / L) die positive Steigung darstellt. Der zweite Term $-(\alpha - \mu - z)$ ist der negative Achsenabschnitt der Phillipskurve. Ein Anstieg von μ und z führt also zu einer Parallelverschiebung der Phillipskurve nach oben (Verringerung von Y_n). Ein Anstieg von α erhöht die Steigung und das Produktionspotenzial Y_n und verschiebt somit die Phillipskurve nach rechts.

   Dies impliziert (siehe dazu auch Aufgabe 20 in ▸*Abschnitt 8.1*):

   – Ein Anstieg von μ (Gewinnaufschlag der Unternehmen, Maß für Wettbewerbsintensität, Ölpreis) erhöht die natürliche Arbeitslosenquote u_n und senkt das Produktionspotenzial Y_n. Es handelt sich also um einen negativen Angebotsschock. Grafisch bedeutet dies im Rahmen des Arbeitsmarktmodells, dass die *PS*-Kurve nach unten verschoben wird und der gleichgewichtige Reallohn gesenkt und u_n gesteigert wird. Für die Phillipskurve bedeutet dies eine Parallelverschiebung nach oben.

- Ein Anstieg von z (Sammelvariable, die institutionelle Faktoren des Arbeitsmarkts wie Arbeitslosenversicherung, Mindestlohn und Kündigungsschutz enthält) erhöht die natürliche Arbeitslosenquote u_n und senkt das Produktionspotenzial Y_n. Es handelt sich also um einen negativen Angebotsschock. Grafisch bedeutet dies im Rahmen des Arbeitsmarktmodells, dass die *WS*-Kurve nach rechts verschoben wird, der gleichgewichtige Reallohn konstant bleibt und u_n gesteigert wird. Die Phillipskurve wird parallel nach oben verschoben.
- Ein Anstieg von α senkt u_n und erhöht Y_n. α ist ein Maß für die Reagibilität der Nominallöhne (und damit des Preisniveaus und der Inflationsrate) auf Änderungen der Arbeitslosenquote. Bei der Herleitung der Phillipskurve in Kapitel 8 des Lehrbuchs von Blanchard/Illing wurde für die *WS*-Kurve die Funktion $F(u, z) = 1 - \alpha u + z$ unterstellt. Wenn Arbeitnehmer in Bezug auf ihre Lohnforderungen empfindlicher auf einen Anstieg der Arbeitslosenquote reagieren (also α wächst), dann führt dies zu geringeren Lohnsteigerungen und einer geringeren natürlichen Arbeitslosenquote u_n. Es handelt sich also um einen positiven Angebotsschock. Die Höhe von α ist ebenfalls von strukturellen Bedingungen am Arbeitsmarkt (wie Sozialleistungen im Fall der Arbeitslosigkeit) beeinflusst. Grafisch im Rahmen des Arbeitsmarktmodells bedeutet ein Anstieg von α, dass die *WS*-Kurve steiler verläuft und u_n bei konstantem Reallohn sinkt. Ein Anstieg von α erhöht die Steigung der Phillipskurve und verschiebt diese nach rechts.

Im Rahmen des grafischen *IS-LM-PC*-Modells wird nun die Phillipskurve $\pi - \pi^e = (\alpha / L)\,(Y - Y_n)$ (Formel (9.3) im Lehrbuch) genutzt. Im Folgenden wird ein negativer Angebotsschock betrachtet. Dabei wird in ▸*Abbildung 9.10* unterstellt, dass sich die Volkswirtschaft in der Ausgangssituation in einem mittelfristigen Gleichgewicht (Punkt A) befindet, d.h., der reale Leitzins r entspricht r_n, die Produktion Y_0 ist Y_n und die Inflationsrate ist stabil auf Höhe der Zielinflation.

Bei gegebener tatsächlicher Produktion Y_0 bedeutet ein negativer Angebotsschock nun, dass sich die *PC*-Kurve nach oben auf PC' verschiebt, Y_n auf Y_n' schrumpft und somit auch der Schnittpunkt der *PC*-Kurve mit der Abszisse nach links wandert. Bei unverändertem realen Leitzins $r_0 = r_n$ und unveränderter Produktion Y_0 ergibt sich damit eine positive Output-Lücke $(Y_0 - Y_n')$. Die positive Output-Lücke führt nun zu einem Anstieg der Inflationsrate über das erwartete Niveau hinaus ($\pi - \pi^e > 0$), was mit dem kurzfristigen Gleichgewicht in Punkt A' dargestellt wird.

Der neue natürliche Zinssatz r_n', bei dem das neue Produktionspotenzial Y_n' realisiert würde und die Inflationsrate somit wieder stabil wäre, liegt oberhalb des aktuell geltenden realen Leitzinses r_0.

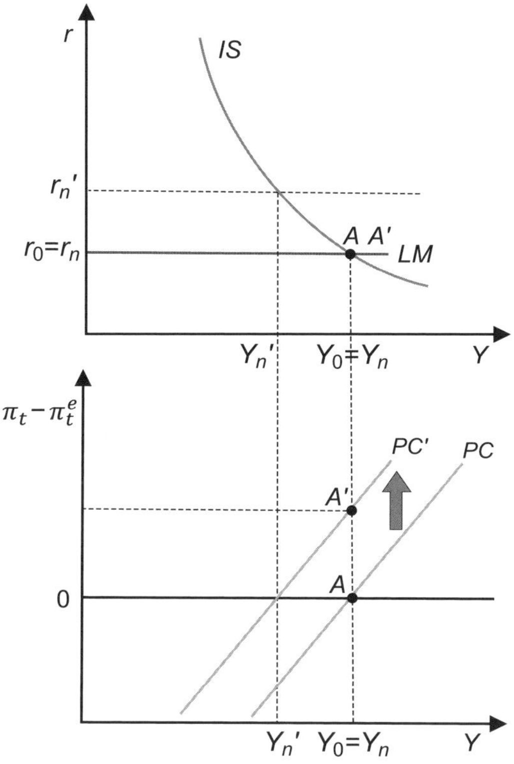

Abbildung 9.10: Negativer Angebotsschock im *IS-LM-PC*-Modell – kurzfristiges Gleichgewicht

b) Wenn für die Erwartungsbildung $\theta = 0$ angenommen wird, dann wird die allgemeine Form $\pi_t^e = (1 - \theta)\pi^* + \theta\pi_{t-1}$ zum Ausdruck $\pi_t^e = \pi^*$. Die Erwartungen sind „verankert". Damit ergibt sich die Phillipskurve (*PC*-Kurve) mit statischen Erwartungen $\pi_t - \pi^* = (\alpha / L)(Y_t - Y_n)$. Auf der Ordinate steht in ▶*Abbildung 9.10* dann die Differenz zwischen der tatsächlichen und der angestrebten Inflationsrate $(\pi_t - \pi^*)$. Die Volkswirtschaft würde nun in dem in ▶*Abbildung 9.10* dargestellten kurzfristigen Gleichgewicht in Punkt *A'* auch in der mittleren Frist verharren. Dies ist jedoch kein realistisches Szenario, da es bedeutet, dass die Zentralbank es tolerieren würde, dass die Inflationsrate π_t dauerhaft oberhalb ihres Inflationsziels π^* liegt. Zudem ist es unrealistisch anzunehmen, dass die Wirtschaftssubjekte nicht irgendwann ihre Erwartungen ändern, wenn sie mittelfristig falsch liegen.

Wird für die Erwartungsbildung $\theta = 1$ angenommen, dann wird die oben dargestellte allgemeine Form zum Ausdruck $\pi_t^e = \pi_{t-1}$. Damit ergibt sich die Phillipskurve mit adaptiven Erwartungen $\Delta\pi_t = (\alpha / L)(Y_t - Y_n)$ mit $\Delta\pi_t = \pi_t - \pi_{t-1}$. Auf der Ordinate in ▶*Abbildung 9.10* steht dann die Veränderung der Inflationsrate $\Delta\pi_t$. Nun kommt es nach dem negativen Angebotsschock wieder zu **Zweitrundeneffekten**, wenn die Zentralbank nicht sofort reagiert. Die Tatsache, dass die tatsächliche Inflation höher ist als die erwartete $(\pi_t > \pi_t^e = \pi_{t-1})$, führt dazu, dass die Inflationserwartungen nach oben angepasst werden, was zu höheren Nominallohnsteigerungen und damit höherer Inflation führt (siehe Aufgabe 21 in ▶*Abschnitt 9.1*). Es kommt zu einer sogenannten Lohn-Preis-Spirale. Die positive Output-Lücke, aufgrund des negativen Angebotsschocks, ist mit immer weiter steigender Inflation verbunden, wenn die Zentralbank nicht mittels einer Erhöhung des realen Leitzinses gegensteuert. (Den nominalen Leitzins i muss sie bereits immer weiter steigern, um bei steigendem π_t^e den realen Leitzins bei r_0 zu halten.) Es ist aber sehr wahrscheinlich, dass die Zentralbank eingreift und den realen Leitzins in Richtung r_n' erhöht. Darum geht es im Folgenden.

c) Möchte die Zentralbank erreichen, dass sich die Inflationsrate stabilisiert ($\Delta\pi_t = 0$) auf dem Niveau der Zielinflationsrate ($\pi_t = \pi^*$), muss sie im Fall der verankerten Erwartungen ($\theta = 0$) „einfach nur" den realen Leitzins r_1 auf das Niveau des neuen natürlichen Realzinses r_n' anheben. Dies würde die positive Output-Lücke auf null reduzieren. Bei $\theta = 0$ steht in ▶*Abbildung 9.11* die Differenz zwischen der tatsächlichen und der angestrebten Inflationsrate ($\pi_t - \pi^*$) auf der Ordinate. Der Anpassungspfad vom kurzfristigen Gleichgewicht A' zum mittelfristigen Gleichgewicht A'' ist mit einer Rezession (sinkendem Y) verbunden.

Schwieriger für die Zentralbank und „schmerzhafter" für die Volkswirtschaft ist es wieder, wenn $\theta = 1$ bei der Erwartungsbildung gilt. Auf der Ordinate der Phillipskurve in ▶*Abbildung 9.11* steht nun $\Delta\pi_t = \pi_t - \pi_{t-1}$. Wie in Aufgabe 21 im ▶*Abschnitt 9.1* dargestellt, bedarf es nun wieder eines temporären „Überschießens" der Geldpolitik, bspw. auf einen realen Leitzins r_B, der dem Punkt B entspricht. Macht das die Zentralbank nicht, d.h., erhöht sie bei $\theta = 1$ den realen Leitzins nur auf r_n', kann sie zwar die Inflation stabilisieren ($\Delta\pi_t = 0$), diese liegt aber immer noch oberhalb der Zielinflationsrate ($\pi_t > \pi^*$).

Mit einem temporär realen Leitzins r_B oberhalb von r_n' wird eine noch tiefere Rezession ausgelöst, da die Produktion sogar temporär unterhalb des neuen Produktionspotenzials (Y_n') gedrosselt wird. Sobald sich die Inflationsrate im Bereich der Zielgröße befindet, kann die Zentralbank den realen Leitzins auf r_n' senken. Der Anpassungspfad verläuft bei $\theta = 1$ vom kurzfristigen Gleichgewicht in Punkt A' zu Punkt B („Überschießen") und dann zum mittelfristigen Gleichgewicht in Punkt A''. Da der Anpassungspfad zunächst mit steigender Inflation und sinkender Produktion einhergeht, wird diese Situation als **Stagflation** bezeichnet.

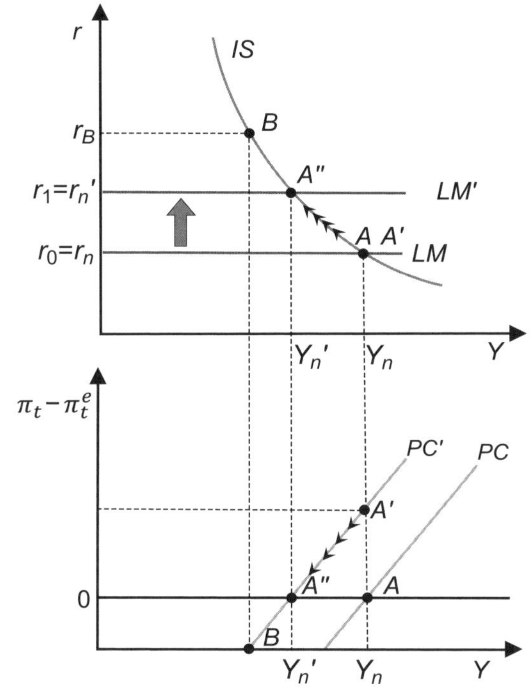

Abbildung 9.11: Negativer Angebotsschock im *IS-LM-PC*-Modell – Anpassungspfad vom kurzfristigen zum mittelfristigen Gleichgewicht

d) Die dem ursprünglichen Produktionspotenzial Y_n in Punkt *A* entsprechende natürliche Arbeitslosenquote ist u_n. Kurzfristig nach dem Angebotsschock und vor der Reaktion der Zentralbank (Punkt *A′*) bleibt die tatsächliche Arbeitslosenquote *u* konstant bei u_n. Mittelfristig ist ein negativer Angebotsschock immer mit einem Anstieg der Arbeitslosenquote verbunden: Das Sinken des Produktionspotenzials geht mit einem Anstieg der natürlichen Arbeitslosenquote einher. Dieser Zusammenhang wurde bereits in Aufgabe a) gezeigt. Im Rahmen des Arbeitsmarktmodells liegt das entweder daran, dass sich die *PS*-Kurve nach unten verschoben hat ($\mu\uparrow$) oder dass die *WS*-Kurve nach rechts gewandert ist ($z\uparrow$, $\alpha\uparrow$). Mittelfristig (Punkt *A″*) kommt es also zu einem Anstieg der Arbeitslosenquote *u* auf das neue natürliche Niveau $u_n'(> u_n)$.

Falls für die Erwartungsbildung $\theta = 1$ gilt, die Erwartungen also nicht verankert sind, muss die Zentralbank die Arbeitslosenquote temporär sogar über u_n' hinaus erhöhen auf das Niveau u_B $(> u_n')$, bis die Zielinflationsrate realisiert wird (Punkt *B*). Dann senkt die Zentralbank den realen Leitzins wieder auf r_n', wodurch mittelfristig u_n' und Y_n' realisiert werden (Punkt *A″*).

5. Erwartungsbildung, Geldpolitik und die Variabilität der Zinsen

Um eine stabile Inflationsrate zu realisieren, muss die Zentralbank den realen Leitzins *r* stets auf das Niveau des natürlichen Realzinses r_n bringen. Abgesehen von geldpolitischen Maßnahmen (die ebenfalls als Nachfrageschock interpretiert werden können), führen Nachfrageschocks zu Verschiebungen der *IS*-Kurve. Beispiele sind Änderungen des Konsumentenvertrauens (c_0), der autonomen Investitionen (Geschäftsklima), der Staatsausgaben (G) oder Steuern (T). Auch Finanzmarktschocks (Änderungen der Risikoprämie x) sind im Rahmen des Modells Nachfrageschocks, da sie die Investitionsnachfrage und somit die *IS*-Kurve betreffen. Negative (positive) Nachfrageschocks verschieben die *IS*-Kurve nach links (rechts). Ein negativer (positiver) Nachfrageschock senkt (erhöht) den natürlichen Realzins r_n, bei dem eine Produktion Y in Höhe des Produktionspotenzials Y_n realisiert wird und sich somit eine Inflationsrate in Höhe der Erwartungen ergibt. Daraus resultiert die Notwendigkeit einer Zinssenkung (Zinserhöhung) durch die Zentralbank.

Angebotsschocks betreffen das Produktionspotenzial Y_n (und die natürliche Arbeitslosenquote u_n) und somit die Phillipskurve (siehe Aufgabe 4 in ▸*Abschnitt 9.2*). Negative (positive) Angebotsschocks erhöhen (reduzieren) u_n, reduzieren (erhöhen) Y_n und verschieben die Phillipskurve nach oben (unten). Dies wiederum erhöht (senkt) r_n, was eine Zinserhöhung (Zinssenkung) notwendig macht, um steigenden (sinkenden) Inflationsraten aufgrund der entstandenen positiven (negativen) Output-Lücke entgegenzusteuern.

a) Wie in Kapitel 6 des Lehrbuchs von Blanchard/Illing diskutiert, steuert die Zentralbank eigentlich den nominalen Leitzins i. In Kombination mit den von ihr beobachteten Inflationserwartungen π^e, ergibt sich der reale Leitzins r $(= i - \pi^e)$, sodass man vereinfachend davon sprechen kann, dass die Zentralbank den realen Leitzins steuert. Die Möglichkeiten dazu sind durch die effektive Zinsuntergrenze bei nominalen Zinsen (i kann kaum negativ werden) sowie die Deflation begrenzt (siehe Aufgabe 1 in ▸*Abschnitt 9.2*).

   Bei nicht verankerten Erwartungen ($\theta = 1$) sind häufigere und stärkere Änderungen des realen Leitzinses nötig als bei verankerten ($\theta = 0$). Wie bspw. in Aufgabe 21 von ▸*Abschnitt 9.1* dargestellt, bedarf es im Fall von $\theta = 1$ bei der Änderung des realen Leitzinses r in Richtung r_n eines temporären „Überschießens der Geldpolitik", damit die Inflationsrate nicht nur stabilisiert wird ($\Delta\pi_t = \pi_t - \pi_{t-1} = 0$), sondern auch wieder die Zielinflationsrate ($\pi_t = \pi^*$) erreicht wird. Bei $\theta = 1$ gilt:

   – Wenn $r < r_n$, muss die Zentralbank r nicht nur anheben, sondern temporär $r > r_n$ setzen und somit vorübergehend eine negative Output-Lücke erzeugen.
   – Wenn $r > r_n$, muss die Zentralbank r nicht nur senken, sondern temporär $r < r_n$ setzen und somit vorübergehend eine positive Output-Lücke erzeugen.

   Dies ist nicht der Fall bei verankerten Inflationserwartungen ($\theta = 0$). Dort besteht „die Kunst" der Zentralbank im *IS-LM-PC*-Modell „einfach" nur darin, r stets auf Höhe des durch Schocks sich veränderndem r_n zu halten. Somit ist die Variabilität von r im Fall von $\theta = 1$ höher.

b) Das in a) abgeleitete Ergebnis gilt in verstärktem Maße für den nominalen Leitzins:

   – Bei konstanten π^e entwickelt i sich parallel zu r. Da in Aufgabe a) festgestellt wurde, dass r bei nicht verankerten Erwartungen ($\theta = 1$) stärker variiert als bei verankerten Erwartungen ($\theta = 0$), ist das auch für i der Fall.
   – π^e ist aber nur konstant ($\pi^e = \pi^*$) im Fall von verankerten Erwartungen ($\theta = 0$). Bei nicht verankerten Erwartungen ($\theta = 1$) entsprechen die Inflationser-

wartungen immer der für die letzte Periode beobachteten Inflation ($\pi_t^e = \pi_{t-1}$). Wenn nun die Zentralbank bei $\theta = 1$ und einer positiven (negativen) Output-Lücke den realen Leitzins r konstant halten möchte, dann muss sie bei steigenden (sinkenden) π^e den nominalen Leitzins i erhöhen (senken). Variable Inflationserwartungen erhöhen also die Variabilität des nominalen Leitzinses.

c) Der reale Kreditzins ist definiert als der reale Leitzins r zuzüglich der Risikoprämie x. Da nun r im Fall $\theta = 1$ stärker schwankt, ist auch die Variabilität von $r + x$ im Fall $\theta = 1$ höher. Denkbar (aber nicht in Kapitel 9 des Lehrbuchs von Blanchard/Illing angesprochen) ist zudem, dass stärkere Schwankungen von π^e und π die Risikoprämie x erhöhen und variabler machen, da auch Finanzinvestoren für das Inflationsrisiko kompensiert werden möchten. Falls also bei $\theta = 1$ die Variabilität von x höher ist, würde das die Variabilität von $r + x$ zusätzlich erhöhen.

6. Steigung der Phillipskurve im *IS-LM-PC*-Modell

(α / L) ist die Steigung der Phillipskurve, wobei L als konstant angenommen wird. Je höher α und somit die Steigung, desto stärker reagiert die Inflationsrate auf die Output-Lücke $(Y - Y_n)$. Zudem bedeutet ein höheres α auch ein höheres Produktionspotenzial (siehe Aufgabe 4 in ▶*Abschnitt 9.2*), was aber im Folgenden vernachlässigt wird, da es nur um den Effekt der Steigung geht.

a) Expansive Geldpolitik bedeutet ausgehend vom mittelfristigen Gleichgewicht in Punkt A eine Senkung des realen Leitzinses auf r' und verschiebt die *LM*-Kurve nach unten (▶*Abbildung 9.12*). Somit wird ein neues kurzfristiges Gleichgewicht in Punkt A' erreicht, bei dem die Produktion erhöht ist, d.h. eine positive Output-Lücke $(Y' - Y_n) > 0$ entsteht. Damit verbunden ist jedoch ein Anstieg der Inflationsrate $\left(\pi_t - \pi_t^e\right) > 0$. Abhängig von der Steigung der Phillipskurve fällt dieser Anstieg nun nur sehr gering (links) oder sehr stark aus (rechts). Auf den Anstieg der Inflation wird die Zentralbank damit reagieren, dass sie den realen Leitzins wieder auf das natürliche Niveau anhebt, d.h. die *LM*-Kurve wieder auf die Ursprungsposition verschiebt. Im Fall nicht verankerter Erwartungen ($\theta = 1$) bedarf es eines „Überschießens" der Geldpolitik, d.h. einer temporären Anhebung des realen Leitzinses über r_n hinaus (siehe Aufgabe 21 in ▶*Abschnitt 9.1*). Das neue mittelfristige Gleichgewicht (A'') entspricht der Ausgangssituation (A).

Anders als in ▶*Abbildung 9.12* dargestellt, ist anzunehmen, dass bei der steil verlaufenden Phillipskurve (rechts) bereits eine relativ kleine Output-Lücke, aufgrund des damit einhergehenden starken Anstiegs der Inflationsrate, die Zentralbank zu einer raschen Reaktion bewegen würde. Somit wäre auch die Output-Lücke im kurzfristigen Gleichgewicht geringer.

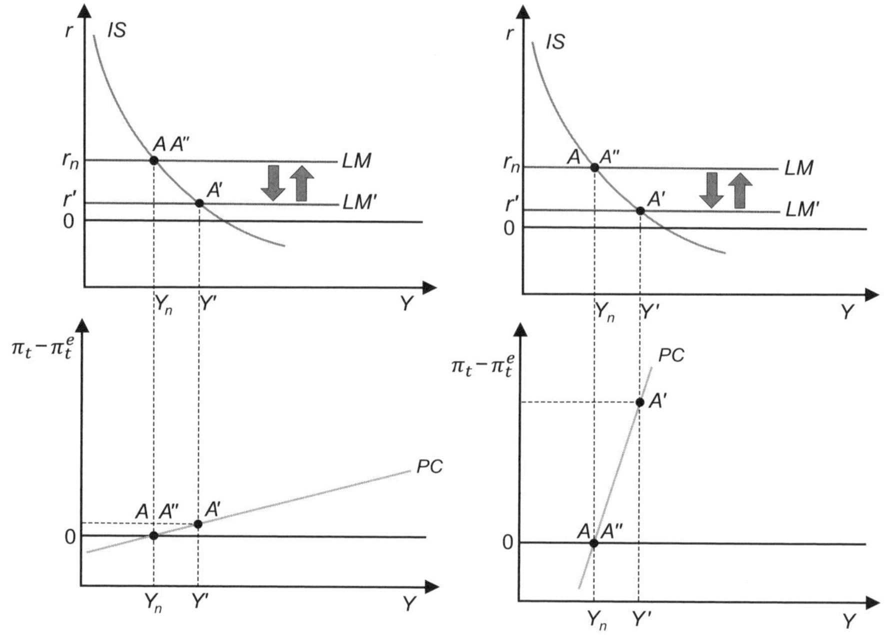

Abbildung 9.12: Expansive Geldpolitik bei einer Phillipskurve mit geringem α (links) und hohem α (rechts)

b) Eine Verbesserung des Konsumentenvertrauens ($c_0\uparrow$) bedeutet ausgehend vom mittelfristigen Gleichgewicht in Punkt A eine Rechtsverschiebung der *IS*-Kurve (▶*Abbildung 9.13*). Wie in Teilaufgabe a) wird ein neues kurzfristiges Gleichgewicht in Punkt A' erreicht, bei dem die Produktion erhöht ist, d.h. eine positive Output-Lücke $(Y' - Y_n) > 0$ entsteht. Der natürliche Realzins steigt auf r_n', sodass der aktuell geltende reale Leitzins darunter liegt ($r = r_n < r_n'$). Damit verbunden ist ein Anstieg der Inflationsrate $(\pi_t - \pi_t^e) > 0$, der von der Steigung der Phillipskurve abhängt (links versus rechts in ▶*Abbildung 9.13*). Auch hier wird die Zentralbank irgendwann reagieren und die *LM*-Kurve so nach oben verschieben, dass der reale Leitzins r dem neuen natürlichen Realzins r_n' entspricht. Im neuen mittelfristigen Gleichgewicht (A'') ist die Produktion auf dem Niveau der Ausgangssituation (A) und die Inflationsrate ist stabil.

Auch hier ist wieder anzunehmen, dass bei der steil verlaufenden Phillipskurve (rechts) bereits eine relativ kleine Output-Lücke, aufgrund des damit einhergehenden starken Anstiegs der Inflationsrate, die Zentralbank zu einer raschen Reaktion bewegen würde.

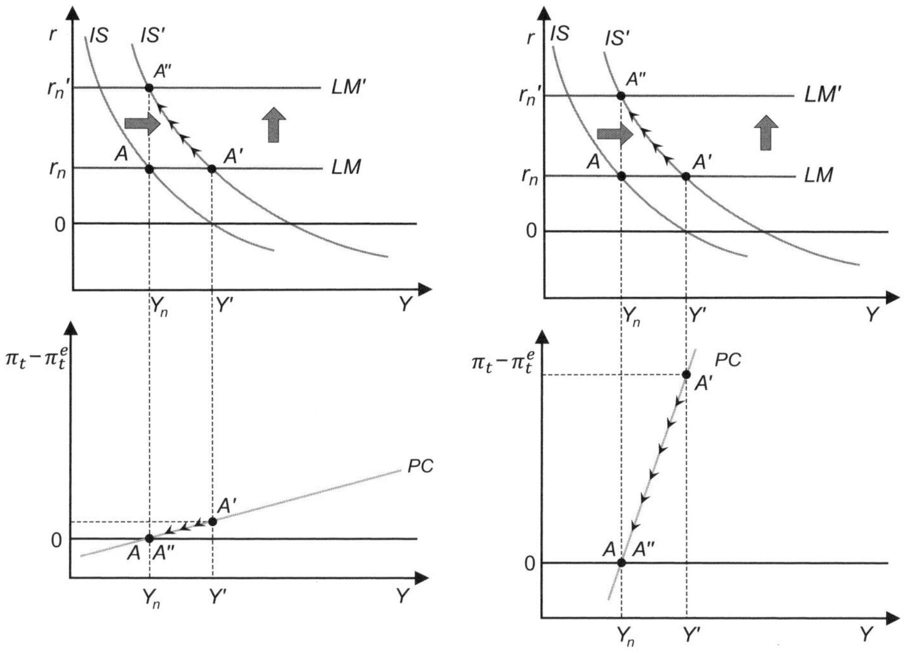

Abbildung 9.13: Expansive Fiskalpolitik bei einer Phillipskurve mit geringem α (links) und hohem α (rechts)

10 Wachstum – stilisierte Fakten

10.1 Wissens- und Verständnistests

Multiple Choice

1. Ein internationaler Vergleich des Wachstums der Pro-Kopf-Produktion in den letzten Jahrzehnten zeigt,
   a) dass es generell zu einer Angleichung (Konvergenz) der Pro-Kopf-Produktion gekommen ist.
   b) dass es generell zu einem Auseinanderlaufen (Divergenz) der Pro-Kopf-Produktion gekommen ist.
   c) dass es in vielen asiatischen Ländern zu einer Annäherung der Pro-Kopf-Produktion an das Niveau der großen Industrienationen gekommen ist.
   d) dass es in vielen afrikanischen Volkswirtschaften zu einer Annäherung der Pro-Kopf-Produktion an das Niveau der Industrienationen kam.
2. Welche der folgenden Aussagen ist korrekt?
   a) Internationale Konvergenz der Pro-Kopf-Produktion impliziert, dass eine negative Beziehung zwischen der ursprünglichen Pro-Kopf-Produktion und der Wachstumsrate der Pro-Kopf-Produktion besteht.
   b) Internationale Konvergenz der Pro-Kopf-Produktion impliziert, dass eine positive Beziehung zwischen der ursprünglichen Pro-Kopf-Produktion und der Wachstumsrate der Gesamtproduktion besteht.
   c) Internationale Konvergenz der Pro-Kopf-Produktion impliziert, dass eine negative Beziehung zwischen der ursprünglichen Pro-Kopf-Produktion und der Wachstumsrate der Gesamtproduktion besteht.
   d) Internationale Konvergenz der Pro-Kopf-Produktion impliziert, dass eine positive Beziehung zwischen der ursprünglichen Gesamtproduktion und der Wachstumsrate der Gesamtproduktion besteht.
3. Welche Folgen wird ein Anstieg des Einsatzes von K und N um jeweils 5% bei konstanten Skalenerträgen haben?
   a) Es kommt zu einem Anstieg von Y um mehr als 5%.
   b) Es kommt zu einem Anstieg von K/N um genau 5%.
   c) Die Produktion pro Kapitaleinheit sowie die Produktion pro Kopf sind konstant.
   d) Keine der drei vorangegangenen Antworten ist korrekt.

4. Welche Folgen wird ein Anstieg des Kapitaleinsatzes K um 10% haben, falls fallende Grenzerträge des Kapitals vorliegen und die Arbeitseinsatzmenge konstant ist?
   a) Es kommt zu einer Senkung der Kapitalintensität K/N um 10%.
   b) Es kommt zu einer Senkung der Pro-Kopf-Produktion Y/N.
   c) Die Kapitalintensität steigt an, aber um weniger als 10%.
   d) Die Produktion steigt an, aber um weniger als 10%.
5. Welche Verzerrungen sind zu erwarten, wenn zum Vergleich der Pro-Kopf-Einkommen zwischen Weißrussland und Deutschland statt der Methode der Kaufkraftparität eine einfache Umrechnung auf Basis aktueller Wechselkurse erfolgt?
   a) Der relative Lebensstandard in Weißrussland wird überschätzt.
   b) Der aktuelle Wechselkurs wird unterschätzt.
   c) Das Einkommen pro Kopf in Deutschland relativ zum Einkommen pro Kopf in Weißrussland wird überschätzt.
   d) Keine der drei vorangegangenen Antworten ist korrekt.
6. Eine Gerade mit positiver Steigung auf einer linearen Skala wird auf einer logarithmischen Skala zu
   a) einer Geraden mit positiver Steigung.
   b) einer Kurve mit positiver Steigung, wobei die Steigung kontinuierlich abnimmt.
   c) einer Kurve mit positiver Steigung, wobei die Steigung kontinuierlich zunimmt.
   d) einer horizontalen Gerade.
7. Das Easterlin-Paradox besagt unter anderem
   a) dass die Lebenszufriedenheit in Ländern mit höherem Einkommen zwar höher ist als in Ländern mit niedrigem Einkommen, dieser Effekt heute jedoch schwächer ist als früher.
   b) dass innerhalb eines Landes Menschen mit höherem Einkommen zwar eine höhere Lebenszufriedenheit aufweisen als Menschen mit niedrigerem Einkommen, dass jedoch die durchschnittliche Lebenszufriedenheit in sehr reichen Ländern nicht höher ist als in etwas ärmeren Ländern.
   c) dass zwischen Einkommen und Lebenszufriedenheit kein Zusammenhang besteht.
   d) dass der Zusammenhang zwischen Einkommen und Lebenszufriedenheit umso stärker ist, je höher das Einkommen in einem Land ist.

Wahr/Falsch: Welche der jeweiligen Aussagen sind wahr, welche falsch?

8. Die Untersuchung von Daten zum Wachstum der Produktion pro Kopf lässt folgende Schlussfolgerungen zu:
   a) Ausgeprägtes wirtschaftliches Wachstum ist ein Phänomen, das in allen Phasen der letzten 2000 Jahre zu beobachten war.

b) Die Erfahrung Europas in der Zeit zwischen dem Jahr 500 und dem Jahr 1500 nach Christus zeigt, dass wirtschaftliches Wachstum und Bevölkerungsentwicklung zwei völlig unabhängige Phänomene sind.

c) Während der industriellen Revolution im 18. und 19. Jahrhundert wurde ein Rekordwachstum der Produktion pro Kopf beobachtet.

d) In den beiden Dekaden nach dem zweiten Weltkrieg wuchs die Produktion pro Kopf nur schwach.

9. Die Untersuchung von Daten zum Wachstum der Produktion pro Kopf lässt folgende Schlussfolgerungen zu:

   a) Seit Mitte der 1970er-Jahre kam es in den größten Industrienationen zu einer deutlichen Abschwächung des Wachstums der Produktion pro Kopf.

   b) Die Volkswirtschaften, die im Jahre 1950 eine hohe (niedrige) Produktion pro Kopf aufwiesen, verzeichneten in den darauffolgenden Jahrzehnten ein relativ zum Durchschnitt höheres (niedrigeres) Wachstum der Produktion pro Kopf.

   c) Die Volkswirtschaften, die im Jahre 1950 eine hohe (niedrige) Produktion pro Kopf aufwiesen, verzeichneten in den darauffolgenden Jahrzehnten ein relativ zum Durchschnitt niedrigeres (höheres) Wachstum der Produktion pro Kopf.

   d) Im Laufe der letzten Jahrzehnte ist für einen Teil der Volkswirtschaften eine Angleichung der Lebensstandards zu beobachten, bei einem anderen Teil nahm der Abstand zu den großen Industrienationen sogar zu.

10. Zwischen 1950 und 1973 wuchsen die fünf größten Industrienationen um durchschnittlich 4,3%, zwischen 1974 und 2000 nur um 1,8%. Die Produktion pro Kopf 1973 sei mit Y_0 bezeichnet, die Produktion pro Kopf 2000 sei $Y_1 = 23.500$.

    a) Trotz des Rückgangs der Wachstumsraten hat sich die Produktion zwischen 1974 und 2000 mehr als verdoppelt.

    b) Hätte die durchschnittliche Wachstumsrate auch nach 1973 4,3% betragen, hätte sich die Produktion zwischen den Jahren 1974 und 2005 vervierfacht.

    c) Die Produktion pro Kopf wäre im Jahr 2000 nahezu doppelt so hoch gewesen, wenn die durchschnittliche Wachstumsrate ihr hohes Niveau beibehalten hätte.

    d) Verharrt die Wachstumsrate auf ihrem niedrigen Niveau, wird die Produktion pro Kopf im Jahr 2020 33.575 betragen. Kehrt sie auf ihr altes Niveau zurück, nimmt sie einen Wert von 35.500 an.

    e) Verharrt die Wachstumsrate auf ihrem niedrigen Niveau, wird die Produktion pro Kopf im Jahr 2020 33.575 betragen. Kehrt sie auf ihr altes Niveau zurück, nimmt sie einen Wert von 54.545 an.

11. Eine Produktionsfunktion weist konstante Skalenerträge auf. Die ursprüngliche Produktionsmenge sei mit Y_0 bezeichnet.

    a) Es ist ausgeschlossen, dass die Produktionsfunktion gleichzeitig fallende Grenzerträge für einen Faktor aufweist.

    b) Für die einzelnen Faktoren wird die Produktionsfunktion immer fallende Grenzerträge aufweisen.

c) Wird der Einsatz aller Produktionsfaktoren um den Faktor $(1 + \lambda)$ erhöht, ergibt sich eine Produktionsmenge Y_1 in Höhe von $Y_0\,(1 + \lambda)$.

d) Wird die Einsatzmenge aller Produktionsfaktoren mit dem Faktor $0 < \lambda < 1$ multipliziert, sinkt die Produktionsmenge auf $Y_1 = Y_0 \cdot \lambda$.

e) Ein Beispiel für eine Produktionsfunktion mit konstanten Skalenerträgen ist $Y = K^a \cdot L^b$, sofern die Parameter α und β größer 0 sind und die Bedingung $\alpha + \beta = 1$ erfüllt ist.

12. Angenommen, Sie stellen die Entwicklung einer Variablen über die Zeit dar, die in jeder Periode kontinuierlich um 5% wächst.

a) Wird bei der Darstellung eine lineare Skala verwendet, ergibt sich eine Gerade mit positiver Steigung.

b) Wird bei der Darstellung eine logarithmische Skala verwendet, ergibt sich eine Gerade mit positiver Steigung.

c) Wird bei der Darstellung eine lineare Skala verwendet, ergibt sich eine Kurve mit positiver Steigung, wobei die Steigung kontinuierlich abnimmt.

d) Wird bei der Darstellung eine lineare Skala verwendet, ergibt sich eine Kurve mit positiver Steigung, wobei die Steigung kontinuierlich zunimmt.

e) Wird die Entwicklung der Wachstumsrate auf einer linearen Skala abgebildet, ergibt sich eine horizontale Linie.

13. Welche der folgenden Aussagen zum Zusammenhang zwischen materiellem Wohlstand und Lebenszufriedenheit ist wahr, welche falsch?

a) Studien zum Zusammenhang zwischen Einkommen und Lebenszufriedenheit zeigen, dass in reichen Ländern zusätzliches Wachstum der Einkommen über die Zeit nicht unbedingt zu einem Anstieg der Lebenszufriedenheit führt.

b) Frühe Studien zum Zusammenhang zwischen Einkommen und Lebenszufriedenheit zeigen, dass der Zusammenhang zwischen Einkommen und Lebenszufriedenheit innerhalb eines Lands relativ stark, im Vergleich unterschiedlicher Länder hingegen schwach bis nicht messbar ist.

c) Frühe Studien zum Zusammenhang zwischen Einkommen und Lebenszufriedenheit zeigen, dass der Zusammenhang zwischen Einkommen und Lebenszufriedenheit im Vergleich unterschiedlicher Länder relativ stark, innerhalb eines Lands jedoch eher schwach bis nicht messbar ist.

d) Neue Studien zum Zusammenhang zwischen Einkommen und Lebenszufriedenheit kommen zwar im Vergleich zwischen unterschiedlichen Ländern zu dem Ergebnis, dass materieller Wohlstand und Lebenszufriedenheit einen relativen engen Zusammenhang aufweisen; dennoch wecken sie Zweifel, ob im Zeitverlauf steigende Einkommen tatsächlich glücklicher machen.

Basiswissen

14. Stilisierte Fakten

a) Gehen Sie von den Daten in der folgenden Tabelle aus:

	Durchschnittliche jährliche Wachstumsraten BIP pro Kopf (%)		**Reales BIP pro Kopf bewertet in $ zu Preisen von 2017**		
	1950–1980	**1980–2019**	**1950**	**1980**	**2019**
Deutschland	4,7	1,5	7.202	28.580	51.634
Frankreich	3,8	1,3	8.749	26.810	44.014
Großbritannien	2,1	1,8	12.161	22.637	44.014
Japan	6,4	1,7	3.237	21.033	40.188
Vereinigte Staaten	2,3	1,8	15.854	31.726	62.491

Tabelle 10.1: Quelle: Blanchard/Illing (2025)

i. Welche Aussagen lassen sich aus den Werten der ersten beiden Spalten bezüglich der Wachstumsgeschwindigkeit in Industrienationen herausarbeiten?

ii. Welche Aussagen lassen sich aus den Werten der ersten beiden Spalten bezüglich der Entwicklung des Lebensstandards in Industrienationen herausarbeiten?

iii. Ermitteln Sie, um welchen Faktor das BIP in den unterschiedlichen Ländern zwischen 1950 und 2019 gestiegen ist und erläutern Sie in diesem Zusammenhang den Begriff der „Konvergenz des Produktionsniveaus pro Kopf"!

b) Beantworten Sie die folgenden Fragen möglichst knapp:

i. Für welche Gruppen von Ländern kann in den letzten Jahrzehnten eine Konvergenz des BIP pro Kopf zum Niveau der Vereinigten Staaten festgestellt werden?

ii. Wie könnte man ökonometrisch untersuchen, ob in den letzten Jahrzehnten Konvergenz stattgefunden hat?

iii. In welchen Phasen der letzten 2000 Jahre kam es zu einem ausgeprägten Wachstum der Pro-Kopf-Produktion und der Lebensstandards?

15. Die aggregierte Produktionsfunktion: theoretische Grundlagen und Eigenschaften

a) Erläutern Sie anhand einer Cobb-Douglas-Produktionsfunktion

$$Y = AF(K,N) = AK^{\alpha}N^{1-\alpha} \quad \text{mit } 0 < \alpha < 1$$

den Begriff konstante Skalenerträge verbal und formal!

b) Erläutern Sie anhand einer Cobb-Douglas-Produktionsfunktion den Begriff „fallende Grenzerträge" grafisch, verbal und formal!

c) Bei Verwendung einer Cobb-Douglas-Produktionsfunktion kommt es unter bestimmten Bedingungen zu einem wichtigen Ergebnis: Der Anteil der Lohneinkommen (Kapitaleinkommen) an der Gesamtproduktion entspricht genau den entsprechenden Exponenten in der Produktionsfunktion, α und $(1 - \alpha)$. Zeigen Sie, unter welchen Bedingungen man zu diesem Ergebnis gelangt!

10.2 Übungsaufgaben

1. Die Methode der Kaufkraftparität beim internationalen Vergleich von Lebensstandards

   Gehen Sie von der folgenden Tabelle aus. Sie gibt die Mengen und Preise der zwei Güter an, die der durchschnittliche Konsument in Deutschland bzw. Rumänien kauft:

	Grundnahrungsmittel		Pauschalreisen	
Land [Währung]	**Preis**	**Menge**	**Preis**	**Menge**
Deutschland [€]	2	4.000	4	8.000
Rumänien [Leu]	2	2.000	20	1.000

Tabelle 10.2: Warenkörbe in Deutschland und Rumänien

   a) Berechnen Sie den Konsum pro Kopf in Deutschland und Rumänien in der jeweiligen Landeswährung!

   b) Nehmen Sie an, der Wechselkurs zwischen Euro und Leu ist

   $$10\ [L/€]$$

   Ermitteln Sie den Konsum pro Kopf in Rumänien als Anteil des Konsums pro Kopf in Deutschland. Welche Schlüsse können bezüglich des relativen Lebensstandards in beiden Volkswirtschaften gezogen werden?

   c) Benutzen Sie die Methode der Kaufkraftparität zur Ermittlung des relativen Lebensstandards!

   d) Vergleichen Sie Ihr Ergebnis aus Teilaufgabe c) mit den Ergebnissen aus Teilaufgabe b) und kommentieren Sie knapp!

   e) Ermitteln Sie den Wechselkurs auf Basis der Kaufkraftparitäten und erläutern Sie Ihr Ergebnis kurz!

   f) Bei der hier gestellten Aufgabe handelt es sich um ein stilisiertes Beispiel. Nennen Sie eine zentrale Modifikation, die bei der Ermittlung von Kaufkraftparitäten in der Realität angewendet werden sollte!

   g) Welche Kritikpunkte können gegen die Methode der Kaufkraftparität vorgebracht werden? Beschränken Sie sich auf einen wesentlichen Kritikpunkt!

2. Die Neoklassische Produktionsfunktion

   Gehen Sie von einer Produktionsfunktion der Form

   $$Y = K^{0,5}\, N^{0,5}$$

   aus.

   a) Bestimmen Sie die Gesamtproduktion für eine Ökonomie mit Kapital $K = 63$ und Arbeit $N = 21$! Welche Werte nehmen die Kapitalintensität, die Produktion pro Kopf sowie die Produktion pro Einheit eingesetzten Kapitals an?

   b) Bestimmen Sie die Größen aus Teilaufgabe a), wenn sich die Ausstattung der Ökonomie mit Kapital und Arbeit verdoppelt! Zeichnet sich die Produktionsfunktion durch konstante Skalenerträge aus?

c) Erläutern Sie ökonomisch und verbal die Begriffe steigende Skalenerträge, fallende Skalenerträge und konstante Skalenerträge!

d) Bestimmen Sie die Höhe der Produktion, wenn der Einsatz von nur einem Faktor bei Konstanz des anderen Faktors um 10, 20 bzw. 30 Einheiten vermehrt wird! Weist die vorgegebene Produktionsfunktion

   i. ein fallendes Grenzprodukt der Arbeit

   ii. ein fallendes Grenzprodukt des Kapitals

   auf? Bei welchem Faktor ist die zusätzliche Produktion jeweils größer? Erläutern Sie Ihr Ergebnis!

e) Formulieren Sie die Produktionsfunktion so um, dass sie den Zusammenhang zwischen Pro-Kopf-Output und Pro-Kopf-Kapitaleinsatz beschreibt. Ermitteln Sie den Pro-Kopf-Output für das Zahlenbeispiel aus a). Wie verändert sich Ihr Ergebnis, wenn pro Arbeitnehmer doppelt so viel Kapital eingesetzt wird?

f) Nehmen Sie an, die Effizienz einer Arbeitsstunde verdoppelt sich aufgrund von technischem Fortschritt.

   i. Wie könnte die Produktionsfunktion angepasst werden, um technischen Fortschritt zu berücksichtigen?

   ii. Gehen Sie wiederum von einer Ökonomie mit Kapital $K = 63$ und Arbeit $N = 21$ aus! Welche Werte nehmen die Gesamtproduktion, die Kapitalintensität, die Produktion pro Kopf sowie die Produktion pro Einheit eingesetzten Kapitals im Vergleich zu Teilaufgabe a) an?

   iii. Wie verändert sich die Produktion pro Arbeitseffizienzeinheit?

   iv. Wie verändert arbeitsvermehrender technischer Fortschritt die Pro-Kopf-Produktionsfunktion grafisch?

Lösungen zu Kapitel 10

10.1 Wissens- und Verständnistests

Multiple Choice

1. c)
2. a)
3. c)
4. d)
5. c)
6. b)
7. b)

Wahr/Falsch

8. F, F, F, F
9. W, F, W, W
10. F, W, W, F, W
11. F, F, W, W, W
12. F, W, F, W, W
13. W, W, F, W

Basiswissen

14. Stilisierte Fakten
    a) Wachstum in Industrienationen
       i. In der zweiten Hälfte des 20. Jahrhunderts kam es zu einem dauerhaften Anstieg der Produktion pro Kopf. Zwischen 1950 und 1980 wuchs die Produktion pro Kopf jedoch wesentlich schneller als in der Periode ab Anfang der 1980er-Jahre.
       ii. Unter der Bedingung, dass das BIP ein geeignetes Maß für Lebensstandards ist, ist der Lebensstandard in Industrienationen stetig gestiegen.

iii. Die Berechnung zeigt, wie stark die Produktion pro Kopf relativ zum Ausgangsniveau gestiegen ist. Es fällt auf, dass Länder mit anfänglich niedrigem BIP pro Kopf einen überdurchschnittlichen Anstieg der Produktion erlebten, Länder mit anfänglich hohem BIP pro Kopf einen unterdurchschnittlichen. Hieraus folgt, dass sich die Lebensstandards angenähert haben: Es kam zu einer „Konvergenz des Produktionsniveaus pro Kopf".

b) Wachstum und Konvergenz der Lebensstandards

i. Innerhalb der OECD sowie bei vielen asiatischen Volkswirtschaften ist Konvergenz zu beobachten. Für die Länder Lateinamerikas ergibt sich kein einheitliches Ergebnis; viele afrikanische Länder weisen sowohl ein ursprünglich niedriges Produktionsniveau als auch niedrige Wachstumsraten auf.

ii. Im Rahmen einer Regressionsanalyse und unter Verwendung der Produktion pro Kopf zu einem früheren Zeitpunkt (bspw. 1960) als erklärender Variable und der durchschnittlichen Wachstumsrate als abhängiger Variable. Ist der Koeffizient des ursprünglichen Produktionsniveaus negativ, wachsen Länder mit ursprünglich hoher Produktion langsamer und die Länder mit ursprünglich niedrigem Einkommen können aufschließen.

iii. Zwischen dem Ende des Römischen Reichs und dem Beginn der Neuzeit kam es zu nahezu keinem Wachstum der Produktion pro Kopf. Selbst danach (und auch während der industriellen Revolution) waren die Wachstumsraten im Vergleich zum 20. Jahrhundert sehr gering.

15. Die aggregierte Produktionsfunktion: Theoretische Grundlagen und Eigenschaften

a) Wir nehmen zunächst an, dass die totale Faktorproduktivität A konstant ist und somit auf 1 normiert werden kann. Die Produktionsfunktion

$$Y = F(K,N) \qquad (1.)$$

weist konstante Skalenerträge auf, wenn für jede positive Zahl z gilt:

$$zY = F(zK,zN) \qquad (2.)$$

Ökonomisch verbirgt sich hierhinter die Vorstellung, dass ein vermehrter bzw. verminderter Einsatz aller Produktionsfaktoren im gleichen Verhältnis zu einer Erhöhung bzw. Verminderung der Produktion in gleichem Ausmaß führt (z.B. Verdoppelung von K und $N \rightarrow$ Verdoppelung von Y).

Im vorliegenden Fall, also bei Verwendung der Cobb-Douglas-Produktionsfunktion, gilt:

$$Y = F(K,N) = K^{\alpha} N^{1-\alpha} \text{ mit } 0 < \alpha < 1 \qquad (3.)$$

$$\begin{aligned} F(zK,zN) &= (zK)^{\alpha}(zN)^{1-\alpha} \\ &= z^{\alpha} z^{1-\alpha} K^{\alpha} N^{1-\alpha} \\ &= zK^{\alpha} N^{1-\alpha} \\ &= zY \end{aligned}$$

Die Produktionsfunktion (3.) weist also konstante Skalenerträge auf.

b) Die Änderung der Produktion bei einer marginalen Änderung eines Produktionsfaktors (bei Konstanz aller anderen Faktoren), wird als partielles (physisches) Grenzprodukt bzw. als Grenzertrag bezeichnet. Erhöht sich der Output bei Steigerung eines Inputs, ist das Grenzprodukt positiv. Nimmt der zusätzlich erzielte Output ab, spricht man von einem positiven, fallenden, im umgekehrten Fall von einem positiv steigenden Grenzprodukt.

Ein positives, fallendes Grenzprodukt (fallende Grenzerträge) liegt vor, wenn die erste Ableitung der Produktionsfunktion nach einem Faktor positiv, die zweite Ableitung negativ ist. Im vorliegenden Fall liegt ein positives Grenzprodukt für Kapital und Arbeit vor. Die partielle Ableitung der Produktionsfunktion (3.) beträgt:

$$GPN = \frac{\partial Y}{\partial N} = (1-\alpha)K^{\alpha}N^{-\alpha} > 0$$

$$GPK = \frac{\partial Y}{\partial K} = \alpha K^{\alpha-1}N^{1-\alpha} > 0$$

und ist positiv. Aus den Gleichungen ist bereits zu ersehen, dass das Grenzprodukt mit steigendem K bzw. N sinkt, da $-\alpha$ bzw. $(\alpha - 1)$ negativ sind. Partielles Ableiten von GPK und GPN liefert wegen $0 < \alpha < 1$:

$$\frac{\partial^2 Y}{\partial N^2} = -\alpha(1-\alpha)K^{\alpha}N^{-\alpha-1} < 0$$

$$\frac{\partial^2 Y}{\partial K^2} = \alpha(\alpha-1)K^{\alpha-2}N^{1-\alpha} < 0$$

Ökonomisch verbirgt sich hinter der Annahme eines fallenden Grenzertrags die Annahme, dass der zusätzliche Einsatz eines Faktors zunächst zu großen Produktionssteigerungen verhilft. Die erste Säge erlaubt der Schreinerei mit drei Schreinern eine äußerst große Produktionssteigerung; je stärker allerdings die Einsatzmenge eines Faktors relativ zum Einsatz anderer Faktoren ansteigt, desto geringer sind die erzielbaren Produktionssteigerungen; die hundertste Säge erlaubt der Schreinerei mit drei Schreinern eine äußerst kleine Produktionssteigerung.

Grafisch liegen fallende Grenzerträge vor, wenn die Steigung der partiellen Produktionsfunktion (die Steigung der Tangente an die Produktionsfunktion) mit zunehmendem Faktoreinsatz abnimmt:

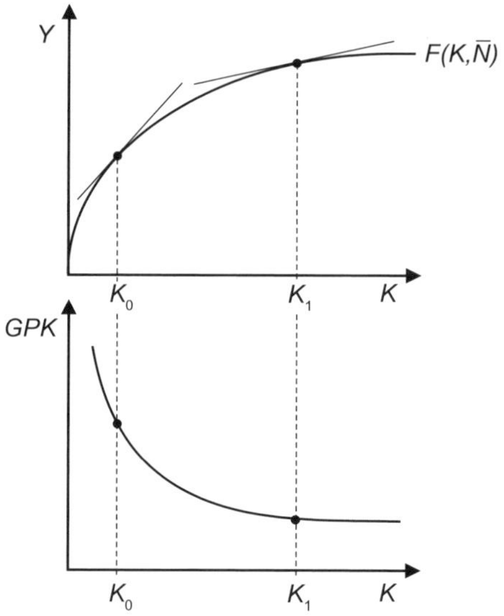

Abbildung 10.1: Fallende Grenzerträge

c) Für diese Aufgabe verwenden wir die ursprüngliche Produktionsfunktion

$$Y = AF(K,N)$$

Die Grenzerträge von Kapital und Arbeit sind:

$$GPN = \frac{\partial Y}{\partial N} = (1-\alpha)AK^{\alpha}N^{-\alpha} \quad (4.)$$

$$GPK = \frac{\partial Y}{\partial K} = \alpha AK^{\alpha-1}N^{1-\alpha} \quad (5.)$$

Multiplikation beider Gleichungen mit N (Gleichung (4.)) bzw. K (Gleichung (5.)) ergibt:

$$GPN \cdot N = (1-\alpha)AK^{\alpha}N^{-\alpha}N = (1-\alpha)AK^{\alpha}N^{1-\alpha} = (1-\alpha)Y \quad (6.)$$

$$GPK \cdot K = \alpha AK^{\alpha-1}N^{1-\alpha}K = \alpha AK^{\alpha}N^{1-\alpha} = \alpha Y \quad (7.)$$

Wenn eine Arbeitseinheit (eine Kapitaleinheit) jeweils mit ihrem Grenzprodukt entlohnt wird, gilt, dass die gesamte Lohnsumme (die Summe der Kapitaleinkommen) dem Produkt aus Grenzertrag und eingesetzter Arbeitsmenge (eingesetzter Kapitalmenge) entspricht:

$$\text{Lohnsumme} = GPN \cdot N$$

$$\text{Kapitaleinkünfte} = GPK \cdot K$$

Unter dieser Bedingung ergibt sich aus den Gleichungen (6.) und (7.), dass (1 – α) bzw. α tatsächlich den Anteil der Lohneinkommen (bzw. Kapitaleinkommen) an der Gesamtproduktion erfassen:

$$(1-\alpha) = \frac{GPN \cdot N}{Y}$$

$$\alpha = \frac{GPK \cdot K}{Y}$$

Werden die beiden Faktoren mit ihrem Grenzprodukt entlohnt? Unter den Bedingungen vollständiger Konkurrenz ist dies tatsächlich der Fall, wie eine Betrachtung des Optimierungskalküls eines repräsentativen Unternehmens zeigt (vgl. ▶*Abschnitt 6.2*, Aufgabe 2).

10.2 Übungsaufgaben

1. Die Methode der Kaufkraftparität beim internationalen Vergleich von Lebensstandards

   a) Der Konsum pro Kopf in Deutschland beträgt:

   $$2\ € \cdot 4.000 + 4\ € \cdot 8.000 = 40.000\ €$$

   Der Konsum pro Kopf in Rumänien beträgt:

   $$2\ L \cdot 2.000\ € + 20\ L \cdot 1.000 = 24.000\ L$$

   b) Multipliziert man den Konsum pro Kopf in Rumänien mit dem entsprechenden Wechselkurs (*Achtung:* Da der Wechselkurs aus der Sicht von Rumänien in Preisnotierung angegeben ist, muss der Kehrwert verwendet werden), erhält man als Konsum pro Kopf in €:

   $$24.000\ L \cdot 0{,}1\ [€/L] = 2.400\ €$$

   Und als relativen Konsum:

   $$2.400\ € \,/\, 40.000\ € = 6\%$$

   Bei der Bewertung des relativen Lebensstandards ist dieses Maß allerdings nur eingeschränkt sinnvoll, da die Berechnungsmethode nicht berücksichtigt, dass Grundnahrungsmittel in Rumänien wesentlich billiger sind: Ein deutscher Konsument könnte bei Verwendung aller Konsumausgaben für Grundnahrungsmittel 40.000 € / 2 € = 20.000 Nahrungsmittel kaufen, ein rumänischer hingegen 24.000 L / 2 L = 12.000. In Bündeln Grundnahrungsmittel ist der Unterschied zwischen Rumänien und Deutschland also wesentlich geringer. Dies gilt umso mehr, da Grundnahrungsmittel einen wesentlich größeren Teil des rumänischen Warenkorbs ausmachen.

c) Soll die Methode der Kaufkraftparität verwendet werden, müssen die rumänischen Mengen mit den entsprechenden Europreisen gewichtet werden:

$$2\ € \cdot 2.000\ € + 4\ € \cdot 1.000 = 8.000\ €$$

Der relative Konsum ist dann:

$$8.000\ € \,/\, 40.000\ € = 20\%$$

d) Der Unterschied zwischen den beiden Berechnungsmethoden ist gravierend. Vertraut man den Ergebnissen aus Teilaufgabe b), ist der durchschnittliche deutsche Konsument etwa 17-mal besser gestellt als der durchschnittliche rumänische. Bei Verwendung der Ergebnisse aus Teilaufgabe c) reduziert sich dieser Wert auf den Faktor 5.

e) Als PPP-Kurs ergibt sich:

$$\frac{24.000\ \mathrm{L}}{8.000\ €} = 3\left[\frac{\mathrm{L}}{€}\right]$$

Der PPP-Kurs gibt also an, zu welchem Wechselkurs sich das gleiche Konsumgüterbündel im Verhältnis 1:1 tauschen ließe. Bewertet man die rumänischen Konsumausgaben (in Leu) mit diesem Wechselkurs

$$24.000\ \mathrm{L} \cdot 0{,}33\ [€/\mathrm{L}] = 8.000\ €$$

ergibt sich der relative Konsum wie in Teilaufgabe c).

f) In der Realität werden nicht die Preise nur eines Landes (im Beispiel Deutschland) zur Bewertung der Konsumausgaben herangezogen. Vielmehr benutzt man Durchschnittspreise aus verschiedenen Ländern, die als „internationale Dollarpreise" bezeichnet werden.

g) Einer der wesentlichen Kritikpunkte an der Methode der Kaufkraftparität ist, dass sie unter der Annahme durchgeführt wird, die Warenkörbe in unterschiedlichen Ländern seien adäquat vergleichbar. Dahinter verbirgt sich beispielsweise die Annahme, dass das gleiche Gut in unterschiedlichen Volkswirtschaften die gleiche Qualität aufweist.

2. Die Neoklassische Produktionsfunktion

a) Die Gesamtproduktion beträgt:

$$Y = 63^{0,5} \cdot 21^{0,5} = 36{,}37$$

Die Kapitalintensität beträgt:

$$K\,/\,N = 63\,/\,21 = 3$$

Die Produktion pro Kopf ist:

$$Y\,/\,N = 36{,}37\,/\,21 = 1{,}73 = (K\,/\,N)^{0,5}$$

die Produktion pro Einheit eingesetzten Kapitals

$$Y\,/\,K = 36{,}37\,/\,63 = 0{,}58 = (N\,/\,K)^{0,5}$$

b) Die Gesamtproduktion erhöht sich auf:

$$Y = 126^{0,5} \cdot 42^{0,5} = 72{,}75 = 2 \cdot 36{,}37$$

Alle anderen Größen bleiben gleich. Es liegen konstante Skalenerträge vor, da

$$Y = F(2K, 2N) = (2 \cdot 63)^{0,5}(2 \cdot 21)^{0,5} = 2 \cdot K^{0,5}N^{0,5} = 2 \cdot Y_0$$

c) Konstante Skalenerträge: siehe Aufgabe 13 in ▶*Abschnitt 10.1*. Steigende Skalenerträge liegen vor, wenn die Erhöhung bzw. Senkung aller Produktionsfaktoren um einen Faktor z zu einer überproportionalen Erhöhung bzw. Senkung der Produktion führt (die Produktion steigt um einen Faktor größer z). Fallende Skalenerträge liegen vor, wenn die Erhöhung bzw. Senkung aller Produktionsfaktoren um einen Faktor z zu einer unterproportionalen Erhöhung bzw. Senkung der Produktion führt (die Produktion steigt um einen Faktor kleiner z).

d) Erläuterung: siehe Aufgabe 13b) in ▶*Abschnitt 10.2*. Im vorliegenden Fall liegt ein fallendes Grenzprodukt vor. Steigt der Arbeitseinsatz um 10, 20 bzw. 30 Einheiten, steigt die Produktion von 36,4 auf 44,2, 50,8 bzw. 56,7 Einheiten – die jeweilige Zunahme beträgt 7,8, 6,6 bzw. 5,9 Einheiten.

Steigt der Kapitaleinsatz um 10, 20 bzw. 30 Einheiten, steigt die Produktion von 36,4 auf 39,2, 41,7 bzw. 44,2 Einheiten – die jeweilige Zunahme beträgt 2,8, 2,6 bzw. 2,4 Einheiten.

Es liegen demnach fallende Grenzerträge für beide Faktoren vor. Die Zuwächse sind beim Faktor Kapital kleiner als beim Faktor Arbeit, da die Einsatzmenge des Kapitals relativ zum Faktor Arbeit bereits hoch ist.

e) Unter der Annahme konstanter Skalenerträge können wir alle Größen relativ zur Höhe des Arbeitsvolumens ausdrücken. Sei $z = 1 / N$:

$$y = zY = \frac{Y}{N} = (zK)^{\alpha}(zN)^{1-\alpha} = \left(\frac{K}{N}\right)^{\alpha}\left(\frac{N}{N}\right)^{1-\alpha} = \left(\frac{K}{N}\right)^{\alpha} \cdot 1 = \left(\frac{K}{N}\right)^{\alpha} = f(k) = F(k,1)$$

Die Produktion pro Kopf beträgt:

$$Y / N = (K / N)^{0,5} = 3^{0,5} = 1{,}73$$

Das Grenzprodukt des Kapitals ergibt sich dann als:

$$MPK = \frac{\partial y}{\partial k} = \alpha\left(\frac{K}{N}\right)^{\alpha-1} = \alpha k^{\alpha-1}$$

wobei $k = K / N$. Es ist positiv und fallend.

f) Die Berücksichtigung des technischen Fortschritts

i. Der technische Fortschritt ermöglicht es, dass bei unveränderter Kapitalintensität mehr produziert wird. Im vorliegenden Fall kann der technische Fortschritt berücksichtigt werden, indem man den Produktionsfaktor Arbeit mit einer Größe multipliziert, die den technischen Stand der Volkswirtschaft misst. Wird der Stand der Technik mit A bezeichnet, erhält man:

$$Y = F(K, AN) = K^{0,5}(AN)^{0,5}$$

Da eine Erhöhung von A dazu führt, dass man mit einem geringeren Arbeitseinsatz die gleiche Produktion erzielen kann, nennt man diese Form der Berücksichtigung von technischem Fortschritt „arbeitsvermehrend". Alternativ kann man sich die Größe AN auch als Menge an effektiver Arbeit vorstellen.

ii. In Teilaufgabe a) war $A = 1$. Bei einer Verdoppelung der Arbeitseffizienz gilt nun $A = 2$. Die Gesamtproduktion beträgt dann:

$$Y = 63^{0,5}(2 \cdot 21)^{0,5} = 51,4$$

Die Kapitalintensität verändert sich nicht, die Produktion pro Kopf ist:

$$Y / N = 51,4 / 21 = 2,45$$

die Produktion pro Einheit eingesetzten Kapitals

$$Y / K = 51,4 / 63 = 0,82$$

iii. Die Produktion pro Arbeitseffizienzeinheit betrug vorher 1,73, nun beträgt sie 1,22.

iv. Die Pro-Kopf-Produktionsfunktion verschiebt sich nach oben.

11 Produktion, Sparen und der Aufbau von Kapital

Notationshinweis

Für alle Fragen gilt: Kleingeschriebene Buchstaben für *Y*, *K*, *C* und *I* geben die entsprechende Größe pro Kopf wieder:

$$\frac{Y}{N} = y, \ \frac{K}{N} = k, \ \frac{C}{N} = c \text{ und } \frac{I}{N} = i$$

Steady-State-Werte werden durch einen Stern gekennzeichnet. Die Begriffe pro Kopf, pro Beschäftigtem und pro Arbeitseinheit werden synonym verwendet.

11.1 Wissens- und Verständnistests

Multiple Choice

1. Wenn der Kapitalstock der aktuellen Periode über dem Kapitalstock der vorangegangenen Periode liegt, wissen wir,
   a) dass die Ersparnisse pro Kopf größer sind als die Investitionen pro Kopf.
   b) dass die Ersparnisse pro Kopf größer sind als die Abschreibungen pro Kopf.
   c) dass die Ersparnisse pro Kopf kleiner sind als die Abschreibungen pro Kopf.
   d) dass die Sparquote in der vergangenen Periode gefallen ist.
2. Es kommt zu einer Reduktion der Sparquote in Periode t.
   a) In Periode t wird die Produktion abnehmen.
   b) In Periode t werden die Investitionen geringer sein als die Abschreibungen.
   c) In Periode t wird der Konsum abnehmen.
   d) Alle vorangegangenen Antworten sind korrekt.
3. Im Ausgangspunkt befindet sich die Volkswirtschaft im Wachstumsgleichgewicht. Die Sparquote sinkt. Wir können mit Sicherheit sagen,
   a) dass es in der langen Frist zu einem Anstieg von C/N kommt.
   b) dass es in der langen Frist zu einer Reduktion von C/N kommt.
   c) dass es in der langen Frist zu keiner Änderung von C/N kommt.
   d) Ohne zusätzliche Information kann keine der drei vorangegangenen Antworten als mit Sicherheit richtig bezeichnet werden.

4. In welcher Beziehung **unterscheiden** sich die allermeisten Modelle mit endogenem Wachstum von dem hier verwendeten Modell?
   a) Die Sparquote kann die Wachstumsrate der Produktion langfristig beeinflussen.
   b) Die Sparquote kann die Produktion pro Beschäftigtem langfristig beeinflussen.
   c) Die Abschreibungsrate ist irrelevant.
   d) Die Sparquote kann den Konsum pro Kopf langfristig beeinflussen.

Für die verbleibenden Aufgaben verwenden Sie bitte die folgenden Angaben:

$$Y = \frac{2}{3} K^{(1/3)} N^{(2/3)}$$

Die Sparquote sei $s = 60\%$, die Abschreibungsrate $\delta = 10\%$.

5. Die Kapitalintensität im Steady State ist:
   a) 6.
   b) 4.
   c) 8.
   d) 2,52.

6. Die Produktion pro Kopf im Steady State ist:
   a) 3/4.
   b) 4/3.
   c) 1.
   d) 2/3.

7. Die Investitionen pro Kopf im Steady State sind:
   a) 4/5.
   b) 5/4.
   c) 3/2.
   d) 1/3.

Wahr/Falsch:
Welche der jeweiligen Aussagen sind wahr, welche falsch?

8. In einer Volkswirtschaft ohne Bevölkerungswachstum und technischen Fortschritt
   a) ist die Wachstumsrate der Produktion immer 0.
   b) ist die Wachstumsrate der Produktion im Wachstumsgleichgewicht (Steady State) immer 0.
   c) ist die Wachstumsrate der Produktion immer positiv, wenn sich die Volkswirtschaft auf das Wachstumsgleichgewicht zu bewegt.
   d) ist die Wachstumsrate der Produktion immer negativ, wenn sich die Volkswirtschaft auf das Wachstumsgleichgewicht zu bewegt.

9. Es kommt zu einem Anstieg der Sparquote in Periode t.
   a) In Periode t werden der gesamtwirtschaftliche Konsum und der Konsum pro Kopf sinken.
   b) In Periode t kommt es zu keiner Änderung von Y/N.
   c) In Periode t kommt es zu keiner Änderung von K/N.
   d) In Periode t wird zwar der Konsum pro Kopf, nicht jedoch der gesamtwirtschaftliche Konsum fallen.
10. Betrachten Sie zwei Länder A und B. Land A weist eine im Vergleich zu Land B höhere Sparquote auf. Ansonsten sind beide Länder vollständig identisch.
    a) Im Wachstumsgleichgewicht weist Land A eine höhere Wachstumsrate der Produktion auf.
    b) Im Wachstumsgleichgewicht weist Land A eine höhere Produktion pro Kopf auf.
    c) Im Wachstumsgleichgewicht weist Land A einen niedrigeren Kapitalstock pro Kopf auf.
    d) Im Wachstumsgleichgewicht weist Land A immer einen höheren Konsum pro Kopf auf.
11. Im Wachstumsmodell mit Humankapital
    a) ist die Produktion pro Kopf eine Funktion des physischen Kapitals pro Kopf und des Humankapitals pro Kopf.
    b) führen höhere Investitionen in Bildung und/oder eine höhere Sparquote zu einer langfristig höheren Produktion pro Kopf.
    c) könnte die Rate des technischen Fortschritts mit der Sparquote zusammenhängen, da eine bessere Bildung den technischen Fortschritt beschleunigen könnte.
    d) spielt die Aufteilung der Investitionen in Investitionen in Bildung und Investitionen in physisches Kapital keine Rolle, da beide ein fallendes Grenzprodukt aufweisen.

Für die verbleibenden Teilaufgaben gilt:

$$y = f(k) = k^{\alpha}$$

mit $0 < \alpha < 1$. In jeder Periode wird ein Betrag $i = sy$ investiert. Die Sparquote ist $s < \alpha$.

12. Im Wachstumsgleichgewicht
    a) ist der Kapitalstock pro Kopf $\left(\frac{s}{\delta}\right)^{\frac{1}{1-\alpha}}$
    b) ist die Produktion pro Kopf $\frac{s}{\delta}$, sofern $\alpha = 0{,}5$
    c) ist die Produktion pro Kopf $\left(\frac{s}{\delta}\right)^{\frac{1}{2}}$, sofern $\alpha = 0{,}5$
    d) ist die Produktion pro Kopf $\left(\frac{s}{\delta}\right)^{\frac{1}{2}}$, sofern $(1 - \alpha) = 2/3$

13. Die Regierung möchte die Sparquote so beeinflussen, dass der Konsum pro Kopf im Wachstumsgleichgewicht maximal wird (Goldene Regel).
    a) Um zur Goldenen Regel zu kommen, muss die Regierung Maßnahmen ergreifen, die die Sparquote so weit wie möglich erhöhen.
    b) Um zur Goldenen Regel zu kommen, muss die Regierung Maßnahmen ergreifen, die die Investitionen pro Kopf erhöhen.
    c) Um zur Goldenen Regel zu kommen, muss die Regierung Maßnahmen ergreifen, die die Sparquote so lange erhöhen bis gilt: $s = \alpha$.
    d) Um zur Goldenen Regel zu kommen, muss die Regierung Maßnahmen ergreifen, die den Kapitalstock pro Kopf so beeinflussen, dass die Grenzproduktivität des Kapitals steigt.

14. Die Regierung ergreift Maßnahmen, die die Sparquote so beeinflussen, dass der Konsum pro Kopf im Wachstumsgleichgewicht maximal wird.
    a) Die Bevölkerung wird diese Maßnahme mit Begeisterung aufnehmen, da nun alle jederzeit mehr konsumieren können.
    b) Die aktuelle Konsumentengeneration könnte sich den Plänen der Regierung entgegenstellen, da der Konsum pro Kopf zunächst sinkt.
    c) Der Konsum pro Kopf wird erst im neuen Wachstumsgleichgewicht größer sein als in der Ausgangsposition.
    d) Der Konsum pro Kopf wird zunächst steigen, dann fallen.

15. Ansätze, die mittels „Nudging“ versuchen, die Ersparnisbildung zu erhöhen
    a) nutzen Ergebnisse der Verhaltensforschung aus, um Entscheidungsträger in aus Sicht der Politik wünschenswerte Verhaltensweisen zu „stupsen“.
    b) gehen unter anderem davon aus, dass man sich eher für die Sache entscheidet, die man ansonsten aktiv ablehnen müsste.
    c) sind noch nie erprobt worden.
    d) sind kritisch zu hinterfragen, da hier Menschen zu Entscheidungen bewegt werden, die sie nicht vollständig selbst überblicken.

Basiswissen

16. Kapitalstock und Produktionswachstum und das Wachstumsgleichgewicht
    a) Erstellen Sie für eine Volkswirtschaft mit konstanter Bevölkerung und konstanter Arbeitseffizienz eine Grafik, die den Zusammenhang zwischen
       i. Produktion und Kapitalintensität
       ii. Ersparnis und Kapitalintensität
       iii. Investitionen und Kapitalintensität
       iv. Abschreibungen und Kapitalintensität

       beschreibt! Erklären Sie knapp den Verlauf jeder Kurve!

b) Charakterisieren Sie in Ihrer Grafik den Kapitalstock im Wachstumsgleichgewicht und erläutern Sie ökonomisch, welche Eigenschaften das Wachstumsgleichgewicht aufweist. Zeigen Sie, wie sich in der Grafik die Höhe von Konsum, Investitionen und Ersparnis pro Kopf ermitteln lässt!

c) Schildern Sie knapp, wie und warum die Volkswirtschaft immer dem Wachstumsgleichgewicht zustrebt!

17. Sparquote und Wachstum

a) Beschreiben Sie ausgehend von einem Steady State die Wirkungen einer Erhöhung der Sparquote auf die Kapitalintensität, die Produktion und das Produktionswachstum! Erläutern Sie anhand einer Grafik!

b) Wie entwickeln sich der Konsum pro Kopf und die Investitionen pro Kopf nach einem Anstieg der Sparquote?

c) Angenommen, ausgehend von einem Wachstumsgleichgewicht steigt die Abschreibungsrate δ. Die Regierung des Lands möchte die Produktion pro Kopf jedoch konstant halten. Welche Maßnahmen müsste sie ergreifen?

18. Die Goldene Regel

a) Erläutern Sie möglichst knapp, was man unter dem Golden-Rule-Kapitalstock versteht!

b) Stellen Sie den Zusammenhang zwischen Konsum pro Kopf und Sparquote grafisch dar, erläutern Sie den Verlauf der Kurve und kennzeichnen Sie die Sparquote der Goldenen Regel!

c) Gehen Sie von einer Situation aus, in der der Kapitalstock pro Kopf unter dem Niveau der Goldenen Regel liegt. Die Regierung ergreift Maßnahmen, um zur Goldenen Regel zu gelangen. Beschreiben Sie die Entwicklung des Konsums pro Kopf über die Zeit!

d) Gehen Sie von einer Situation aus, in der der Kapitalstock pro Kopf über dem Niveau der Goldenen Regel liegt. Die Regierung ergreift Maßnahmen, um zur Goldenen Regel zu gelangen. Beschreiben Sie die Entwicklung des Konsums pro Kopf über die Zeit!

e) In der Goldenen Regel entspricht die Sparquote genau dem Exponenten des Faktors Kapital in der Produktionsfunktion (α). Erläutern Sie anhand einer Grafik, warum dies so sein muss!

11.2 Übungsaufgaben

1. Grundlagen der Wachstumstheorie

Gehen Sie von einer Produktionsfunktion der Form

$$Y = K^{\alpha} N^{1-\alpha}$$

mit $0 < \alpha < 1$ aus.

a) Welche Eigenschaften weist diese Produktionsfunktion auf?

b) Formulieren Sie die Produktionsfunktion so um, dass sie den Zusammenhang zwischen Pro-Kopf-Output und Pro-Kopf-Kapitaleinsatz beschreibt.

c) Leiten Sie für gegebene Sparquote s und gegebene Abschreibungsquote δ die Kapitalintensität K/N im Wachstumsgleichgewicht („Steady State") ab.

d) Wie hoch ist die Produktion pro Kopf im Steady State, wenn $\alpha = 0{,}5$ $s = 0{,}24$ und $\delta = 0{,}06$. Wie verändert sich Ihr Ergebnis, wenn sich die Sparquote halbiert?

e) Beschreiben Sie verbal, welche Prozesse einsetzen, wenn durch ein Erdbeben weite Teile des Kapitalstocks der betrachteten Ökonomie zerstört werden, Sparquote und Abschreibungsrate aber konstant bleiben.

2. Wachstumstheorie

Die Produktionsfunktion einer Volkswirtschaft (Land A) sei gegeben durch:

$$Y = K^{\alpha} N^{1-\alpha}$$

mit $\alpha = 0{,}5$. Gehen Sie zunächst von einer Situation ohne technischen Fortschritt und ohne Bevölkerungswachstum aus!

a) Leiten Sie allgemein die Kapitalintensität im Wachstumsgleichgewicht her. Bestimmen Sie dann sowohl die Kapitalintensität als auch die Produktion je Beschäftigtem im Wachstumsgleichgewicht von Land A für eine Abschreibungsrate $\delta = 0{,}1$ und eine Sparquote $s = 0{,}25$!

b) Nehmen Sie an, dass ein Erdbeben Land A erschüttert und große Zerstörungen anrichtet. 10% der Bevölkerung verliert bei der Katastrophe ihr Leben und der Kapitalstock wird zu 20% zerstört. Welche Konsequenzen hat das Erdbeben für die Volkswirtschaft aus wachstumstheoretischer Sicht? Verdeutlichen Sie die Situation anhand einer geeigneten Grafik und erläutern Sie in Stichworten!

c) Das Nachbarland B unterscheidet sich von Land A nur in einer Hinsicht. Während in Land A die Bevölkerung konstant ist, wächst die Bevölkerung in Land B kontinuierlich um 2% pro Jahr. Wie unterscheiden sich die Wachstumsgleichgewichte in den beiden Ländern? Argumentieren Sie verbal und grafisch!

3. Wachstumstheorie und Goldene Regel I

Die Produktionsfunktion einer Volkswirtschaft sei gegeben durch:

$$Y = K^{\alpha} N^{1-\alpha}$$

mit $\alpha = 1/3$. Gehen Sie von einer Situation ohne technischen Fortschritt und ohne Bevölkerungswachstum aus!

a) Bestimmen Sie die Kapitalintensität und die Produktion je Beschäftigtem im Wachstumsgleichgewicht (Steady State), wenn die Sparquote s einen Wert von 1/3 und die Abschreibungsrate δ einen Wert von 0,1 annimmt!

b) Angenommen, die Volkswirtschaft befindet sich in einer Situation, in der der Kapitalstock pro Kopf größer ist als im Wachstumsgleichgewicht. Erläutern Sie in wenigen Stichworten, warum die Volkswirtschaft vorübergehend eine Phase sinkender Pro-Kopf-Produktion und sinkender Kapitalintensität erleben wird!

c) Gehen Sie davon aus, dass bei einer Sparquote von $s = 1/3$ der Golden-Rule-Kapitalstock erreicht wird. Erläutern Sie in Stichworten, warum eine Erhöhung der Sparquote nicht zu einer Erhöhung des Steady-State-Konsums führt, obwohl die Produktion pro Kopf ansteigt!

4. Wachstumstheorie und Goldene Regel II

Gehen Sie von einer Produktionsfunktion der Form

$$Y = 0{,}5K^{\alpha}N^{1-\alpha}$$

mit $\alpha = 1/3$ aus.

a) Leiten Sie die Kapitalintensität K/N, die Pro-Kopf-Produktion und den Pro-Kopf-Konsum im Steady State in Abhängigkeit der Sparquote s und der Abschreibungsquote δ ab!

b) Sei $\delta = 0{,}05$. Wie lautet die Gleichung für den Pro-Kopf-Konsum im Steady State? Ermitteln Sie Kapitalstock und Sparquote, bei denen der Pro-Kopf-Konsum maximal ist!

c) Zeigen Sie formal, wie Steady-State-Kapitalstock k^* und Steady-State-Konsum c^* von der Sparquote abhängen!

d) Die Regierung der Volkswirtschaft Sowosamma-Land möchte die Sparquote so beeinflussen, dass auf lange Sicht das Golden-Rule-Niveau des Kapitalstocks erreicht wird. Sie beauftragt deshalb eine Expertengruppe, die Auswirkungen einer solchen Maßnahme auf Output, Konsum und Investitionen zu untersuchen. Als Mitarbeiter der Expertengruppe sollen Sie die Entwicklung dieser Variablen über die Zeit beschreiben, wenn der Kapitalstock in der Ausgangsperiode

i. größer

ii. kleiner

ist, als es die Goldene Regel erforderlich macht.

5. Wachstumstheorie bei Kapitalzuflüssen aus dem Ausland

Die Regierung von Solovenien rechnet mit einem anhaltenden Zustrom von Auslandskapital in Höhe von

$$b \cdot y$$

wobei b ein Maß für das Leistungsbilanzdefizit ist. Gehen Sie von einer Produktionsfunktion der Form

$$y = f(k) = k^{\alpha}$$

mit $0 < \alpha < 1$ aus. Gehen Sie auch davon aus, dass die Bevölkerung und die Arbeitseffizienz konstant sind.

a) Ermitteln Sie allgemein die Gleichung, die die Veränderung des Kapitalstocks pro Kopf über die Zeit beschreibt.

b) Leiten Sie die Kapitalintensität K/N, den Pro-Kopf-Output und den Pro-Kopf-Konsum im Steady State in Abhängigkeit von der Sparquote s und der Abschreibungsquote δ ab!

c) Angenommen, ab einem gewissen Zeitpunkt versiegt der Zustrom von Auslandskapital, das bereits im Land befindliche Kapital verbleibt jedoch dort. Charakterisieren Sie das Wachstumsgleichgewicht, zu dem sich die Volkswirtschaft begibt, möglichst knapp!

d) Ist die in Teilaufgabe a) und b) beschriebene Situation realistisch? Diskutieren Sie!

Lösungen zu Kapitel 11

11.1 Wissens- und Verständnistests

Multiple Choice

1. b)
2. b)
3. d)
4. a)
5. c)
6. b)
7. a)

Wahr/Falsch

8. F, W, F, F
9. W, W, W, F
10. F, W, F, F
11. W, W, W, F
12. W, W, F, W
13. F, W, W, W
14. F, W, F, F
15. W, W, F, W

Basiswissen

16. Kapitalstock und Produktionswachstum und das Wachstumsgleichgewicht

a) Grafische Darstellung:

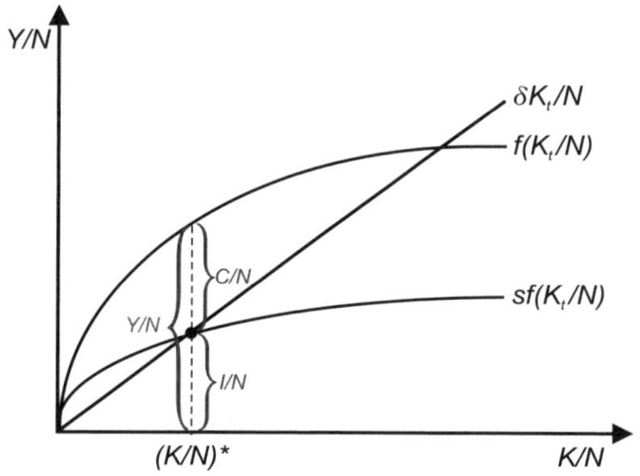

Abbildung 11.1: Grafische Darstellung des Grundmodells

Im Einzelnen ergeben sich folgende Zusammenhänge:

i. Die Beziehung zwischen Y/N und K/N ist durch die Produktionsfunktion $f(K/N)$ gekennzeichnet. Aufgrund der Annahme fallender Grenzerträge wächst Y/N bei einem Anstieg von K/N mit einer fallenden Rate.

ii. Die Beziehung zwischen Ersparnis und K/N ist durch die Investitionsfunktion $sf(K/N)$ gekennzeichnet, da die Ersparnis S ein konstanter Teil s des Einkommens Y ist und sich somit parallel zur Pro-Kopf-Produktionsfunktion entwickelt.

iii. Da $S = I$ gelten für die Beziehung zwischen Investitionen und Kapitalintensität die gleichen Aussagen wie unter (ii.).

iv. Die Beziehung zwischen Abschreibungen δ und K/N ist linear und durch die Gerade $\delta K/N$ mit positiver Steigung gekennzeichnet, da in jeder Periode ein konstanter Anteil des Kapitalstocks verschleißt.

b) Die Volkswirtschaft befindet sich im Wachstumsgleichgewicht, wenn K/N konstant ist. Dies ist der Fall, wenn die Investitionen pro Kopf ($sf(K/N)$) den Abschreibungen ($\delta K/N$) entsprechen, wenn also die Investitionsfunktion die Abschreibungsfunktion schneidet (beim Kapitalstock K^*/N). Der Konsum im Wachstumsgleichgewicht ist durch die obere geschweifte Klammer gekennzeichnet, Investitionen und Ersparnis durch die untere geschweifte Klammer.

c) Wenn sich die Volkswirtschaft links vom Steady State befindet ($K_t/N < K^*/N$):

- Die Investitionen sind größer als die Abschreibungen; deshalb nimmt der Kapitalstock pro Kopf zu.
- Ein Anstieg von K/N geht mit einem Anstieg von Y/N einher.
- K/N und Y/N steigen an, bis die Investitionen gerade ausreichen, um den verschlissenen Kapitalstock zu ersetzen (bei K^*/N).

Wenn sich die Volkswirtschaft rechts vom Steady State befindet ($K_t/N > K^*/N$):

- Die Investitionen sind kleiner als die Abschreibungen; deshalb nimmt der Kapitalstock pro Kopf ab.
- Sinkt K/N, sinkt auch Y/N.
- K/N und Y/N sinken, bis die Investitionen gerade ausreichen, um den verschlissenen Kapitalstock zu ersetzen (bei K^*/N).

17. Sparquote und Wachstum

a) Wenn die Sparquote s ansteigt:

- Die Investitionsfunktion verschiebt sich nach oben; beim anfänglichen Niveau der Kapitalintensität $(K_0/N)^*$ sind die Investitionen größer als die Abschreibungen → Kapitalstock pro Kopf wächst.
- K/N wird ansteigen, bis das neue Wachstumsgleichgewicht $(K_1/N)^*$ erreicht ist; steigt K/N, steigt auch Y/N (die Wachstumsrate der Produktion ist positiv).
- Langfristig nehmen K/N und Y/N höhere Werte an.
- Die Wachstumsrate der Produktion nimmt langfristig nicht zu.

Grafisch:

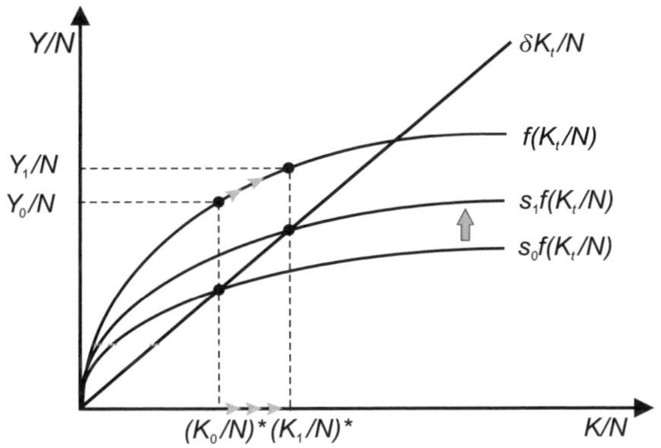

Abbildung 11.2: Anstieg der Sparquote von s_0 auf s_1

b) Da die Produktion und das Einkommen zunächst unverändert sind, wird der Konsum zunächst einen niedrigeren Wert annehmen, da vom gleichen Einkommen nun mehr gespart (und weniger konsumiert) wird. Wie sich der Konsum langfristig entwickelt, hängt von der Ausgangssituation ab (vgl. Aufgabe 17).

c) Wenn δ steigt, dreht sich die Abschreibungsgerade im Ursprung gegen den Uhrzeigersinn (sie wird steiler). Bei konstanter Sparquote fällt der Kapitalstock pro Kopf im Steady State. Soll dieser konstant gehalten werden, muss die Regierung die Sparquote erhöhen: Die Investitionsfunktion muss sich so weit nach oben verschieben, dass sie die neue Gerade $\delta K/N$ bei der ursprünglichen Kapitalintensität schneidet.

Golden Rule: Die Fragestellung

Wenn ein wohlfahrtsmaximierender Planer einfach wählen könnte, wie hoch die gesamtwirtschaftliche Sparquote sein soll, welches s würde er wählen? Naiv könnte man zunächst sagen: „Da die Produktion bei höherer Sparquote immer ansteigt, sollte $s = 1$ gesetzt werden." Der Bevölkerung in einer solchen Volkswirtschaft würde es aber nicht sonderlich gut gehen, da sie keinerlei Konsum tätigen kann. Um herauszufinden, wie der Output in outputsteigerndes Sparen und nutzenstiftenden Konsum aufgeteilt werden soll, müsste man eigentlich von den (intertemporalen) Präferenzen der Bevölkerung ausgehen. Hier beschränken wir uns darauf, die Sparquote zu ermitteln, bei der der Steady-State-Konsum maximal ist.

18. Die Goldene Regel

a) Der Golden-Rule-Kapitalstock ist der Kapitalstock, bei dem der Konsum langfristig (im Wachstumsgleichgewicht) maximiert wird.

b) Grafisch ergibt sich folgender Zusammenhang zwischen C/N und s:

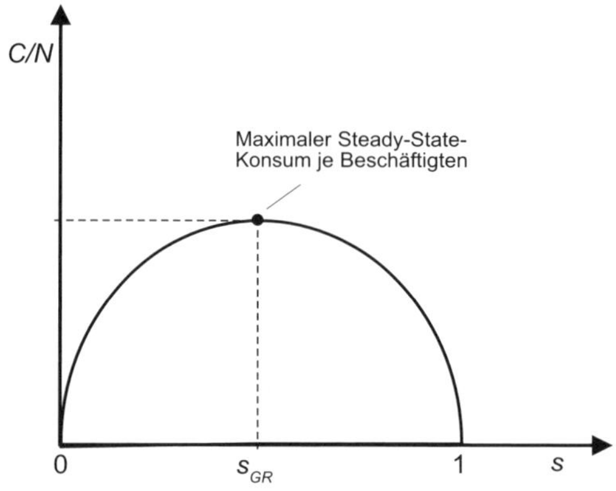

Abbildung 11.3: Der Zusammenhang zwischen Konsum und Sparquote im Wachstumsgleichgewicht

Ist die Sparquote gleich 0, ist auch der Konsum gleich 0: Da bei $s = 0$ keine Investitionen zur Verfügung stehen, ist der Kapitalstock, die Produktion und damit der Konsum gleich 0. Steigt s an, steigt C/N zunächst, erreicht bei s_{GR} ein globales Maximum und fällt dann wieder. Die ökonomische Erklärung dieses Verlaufs erfolgt folgendermaßen: Für niedrige Werte von s (und damit niedrige Werte von K/N) ist die Grenzproduktivität des Kapitals sehr hoch (die Steigung der Produktionsfunktion nimmt einen großen Wert an). In dieser Situation macht es Sinn, durch zusätzliches Sparen den Kapitalstock zu erhöhen, da diese Erhöhung einen großen Produktionszuwachs nach sich zieht. Insbesondere ist der Produktionszuwachs größer als die zusätzlichen Ersatzinvestitionen, die bei einem Anstieg des Kapitalstocks aufgebracht werden müssen und die den Konsum schmälern. Je höher s (und damit K/N), desto geringer werden die Produktionszuwächse bei einem weiteren Anstieg der beiden Größen. Ab einem gewissen Niveau s_{GR} sind die

Produktionszuwächse bei einem Anstieg der Sparquote so gering, dass sie nicht mehr ausreichen, um sowohl einen höheren Konsum als auch den höheren Investitionsbedarf zu decken: Der Konsum pro Kopf nimmt ab.

c) In diesem Fall müsste s erhöht werden: Der Verschleiß des Kapitals (zunächst nahezu unverändert) wird vom nun gestiegenen Investitionsvolumen überkompensiert – der Kapitalstock wächst. $\rightarrow$ C/N nimmt zunächst sprunghaft ab: Die Produktion hat sich noch nicht wesentlich verändert, allerdings wird jetzt ein größerer Teil der Produktion für Investitionszwecke zurückgelegt (siehe ▶*Abbildung 11.4*).

Mit anwachsendem K/N steigt Y, damit C/N und I/N. Alle Größen nähern sich ihrem neuen stationären Wert an, der für alle Größen oberhalb des Werts der Ausgangssituation ist.

Fazit: Zunächst sinkt der Konsum, um sich dann graduell einem höheren Niveau anzunähern.

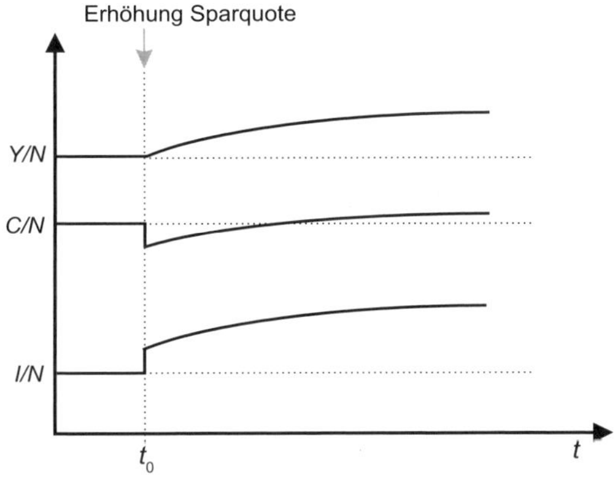

Abbildung 11.4: Erhöhung der Sparquote von einem Niveau $s < s_{GR}$

d) In diesem Fall müsste s gesenkt werden: Es ist dann nur noch eingeschränkt möglich, verschlissenes Kapital zu ersetzen (das potenzielle Investitionsvolumen sinkt entsprechend) $\rightarrow$ C/N nimmt zunächst sprunghaft zu: Die Produktion hat sich noch nicht wesentlich verändert, allerdings wird jetzt ein geringerer Teil für Investitionszwecke zurückgelegt (siehe ▶*Abbildung 11.5*).

I/N sinkt sprunghaft. Da K/N noch sein altes Niveau hat (und in den Folgejahren auch nur graduell verschlissen wird), sind die Abschreibungen nun höher als die Investitionen – wir haben den stationären Zustand verlassen und der Kapitalstock schrumpft $\rightarrow$ Mit sinkendem K/N sinkt Y/N, damit C/N und I/N. Diese Entwicklung erfolgt graduell und ist umso schneller, je schneller der Kapitalstock sich abbaut (je größer d).

Wie stark sinkt der Konsum? Da wir wissen, dass wir uns vorher in einer Situation befunden haben, in der der Golden-Rule-Konsum nicht erreicht war, verharrt er im neuen Steady State auf einem höheren Niveau: Sowohl in der Übergangsphase als auch im neuen Steady State konnte also mehr konsumiert werden.

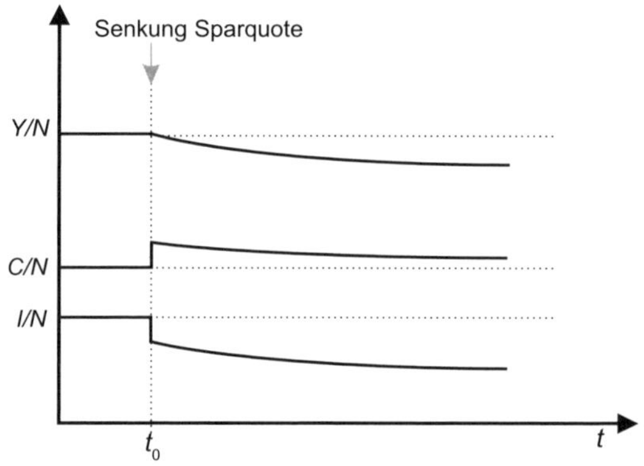

Abbildung 11.5: Senkung der Sparquote von einem Niveau $s > s_{GR}$

e) Der Pro-Kopf-Konsum ist genau dann maximal, wenn die Differenz zwischen Grenzertrag des Kapitals und Abschreibungsrate 0 ist. Beim Kapitalstock der Goldenen Regel k_{GR} muss also die Steigung der Tangente an die Produktionsfunktion genau der Steigung δ der Abschreibungsfunktion entsprechen (siehe ▸*Abbildung 11.6*). Wenn die Steigung der Produktionsfunktion größer ist als die Abschreibungsrate, dann kann der Teil der Produktionssteigerung, der nicht zum Ersatz von verschlissenen Kapitalien benötigt wird, konsumiert werden. Wenn die Steigung der Produktionsfunktion kleiner ist als die Abschreibungsrate, dann wird die Produktionssteigerung zu gering sein, um die bei höherem Kapitalstock notwendigen Ersatzinvestitionen ohne Konsumverzicht zu ermöglichen.

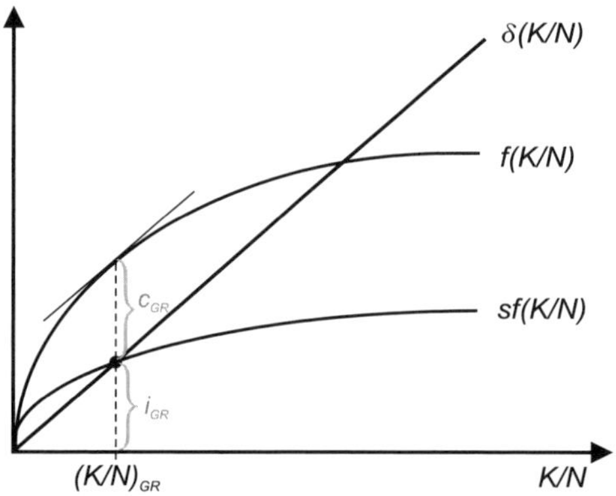

Abbildung 11.6: Grenzproduktivität des Kapitals und Goldene Regel

11.2 Übungsaufgaben

1. Grundlagen der Wachstumstheorie
   a) Konstante Skalenerträge sowie fallende Grenzerträge von Kapital und Arbeit (siehe ▶ *Kapitel 10*).
   b) Unter der Annahme konstanter Skalenerträge können wir alle Größen relativ zur Höhe des Arbeitsvolumens ausdrücken. Sei $z = 1/N$:

$$y = zY = \frac{Y}{N} = (zK)^{\alpha}(zN)^{1-\alpha} = \left(\frac{K}{N}\right)^{\alpha}\left(\frac{N}{N}\right)^{1-\alpha}$$

$$= \left(\frac{K}{N}\right)^{\alpha} \cdot 1 = k^{\alpha} = f(k) = F(k,1)$$

Das Grenzprodukt des Kapital ergibt sich dann als:

$$\frac{\partial y}{\partial k} = \alpha\left(\frac{K}{N}\right)^{\alpha-1} = \alpha k^{\alpha-1} \qquad (1.)$$

Es ist positiv und nimmt mit zunehmender Kapitalintensität ab.

   c) Die Güternachfrage setze sich aus Konsum und Investitionen zusammen:

$$y = c + i \qquad (2.)$$

Die Haushalte sparen einen konstanten Teil s des Einkommens:

$$c = (1-s)y \qquad (3.)$$

In einer Periode wird ein Anteil δ des Kapitalstocks verschlissen. Die Veränderung des Kapitalstocks ergibt sich dann als:

$$\Delta k = i - \delta k = sf(k) - \delta k \qquad (4.)$$

Auf den Kapitalstock wirken also zwei entgegenwirkende Kräfte ein: Das im Sparen der Haushalte begründete Investitionsvolumen erhöht den Kapitalstock, der Verschleiß senkt ihn. Diese beiden Kräfte gleichen sich genau dann aus, wenn:

$$\Delta k = sf(k) - \delta k = 0 \qquad (5.)$$

Die Höhe des Kapitalstocks, bei der $\Delta k = 0$ gilt, wird durch k^* repräsentiert und als „Steady State"-Kapitalstock bezeichnet. Bei k^* stellt sich ein langfristiges Gleichgewicht ein: Immer, wenn die Kapitalintensität kleiner ist als k^*, sind die Investitionen größer als die Abschreibungen und man nähert sich k^*. Immer wenn die Kapitalintensität über k^* liegt, sind die Abschreibungen größer als die Investitionen: k sinkt bis zum Wert k^*. Nur wenn $k = k^*$, werden keinerlei Anpassungsmechanismen ausgelöst und man verharrt in der entsprechenden Situation.

Für unser Beispiel ergibt sich folgendes k^*: Aus Gleichung (5.) folgt:

$$sf(k^*) = \delta k^*$$

und damit:

$$\frac{k^*}{f(k^*)} = \frac{s}{\delta}$$

Unter Verwendung von $f(k) = k^\alpha$ ergibt sich:

$$\frac{k^*}{k^{*\alpha}} = \frac{s}{\delta}$$

und nach Umstellen:

$$k^* = \left(\frac{s}{\delta}\right)^{\frac{1}{1-\alpha}}$$

d) Bei den gegebenen Werten ergibt sich ein Steady-State-Kapitalstock von:

$$k^* = \left(\frac{0{,}24}{0{,}06}\right)^{\frac{1}{1-0{,}5}} = 4^2 = 16$$

Aus der Produktionsfunktion erhält man:

$$y = f(16) = 16^{0{,}5} = 4$$

Wenn die Sparquote sich halbiert, erhält man

$$k^* = \left(\frac{0{,}12}{0{,}06}\right)^{\frac{1}{1-0{,}5}} = 2^2 = 4$$

und

$$y = f(4) = 4^{0{,}5} = 2$$

e) Die Zerstörung des Kapitalstocks verursacht eine geringere Kapitalintensität der Produktion (sofern der Kapitalstock stärker schrumpft als die Bevölkerung) $\rightarrow$ Es kommt zu einer Reduktion der Produktion pro Beschäftigtem.

Da s und δ konstant sind, setzt folgender Anpassungsmechanismus ein: Bei niedrigem Kapitalstock sind die Abschreibungen entsprechend niedrig und liegen unter den Investitionen pro Periode, die durch eine exogen vorgegebene Sparquote und die Höhe von y determiniert sind. Da die Investitionen mehr Kapital aufbauen als die Abschreibungen zerstören, wird eine Periode positiver Wachstumsraten einsetzen, die erst dann endet, wenn die gleichgewichtige Kapitalintensität k^* erreicht ist.

2. Wachstumstheorie

   a) Die allgemeine Ableitung der Kapitalintensität erfolgt äquivalent zu Aufgabe 1. Zur Verdeutlichung werden an dieser Stelle lediglich noch einmal die entscheidenden Schritte ohne Verwendung von Kleinbuchstaben und unter Verwendung von Zeitindizes zusammengefasst.

   Der Kapitalbestand entwickelt sich im Zeitablauf gemäß:

$$K_{t+1} = K_t + I_t - \delta K_t \qquad (6.)$$

   Mit Pro-Kopf-Größen:

$$\frac{K_{t+1}}{N} = (1-\delta)\frac{K_t}{N} + s\frac{Y_t}{N} \qquad (7.)$$

$$\frac{K_{t+1}}{N} - \frac{K_t}{N} = s\frac{Y_t}{N} - \delta\frac{K_t}{N}$$

   (keine Zeitindizes bei N, da N konstant).

   Im Wachstumsgleichgewicht verändern sich Produktion pro Kopf und Kapitalstock pro Kopf nicht:

$$\frac{K_{t+1}}{N} - \frac{K_t}{N} = 0 \quad \Leftrightarrow \quad s\frac{Y^*}{L} = \delta\frac{K^*}{L}$$

   Produktionsfunktion aus der Angabe einsetzen und auflösen ergibt:

$$\frac{K^*}{N} = \left(\frac{s}{\delta}\right)^{\frac{1}{1-\alpha}}$$

   Mit den vorgegebenen Werten ergibt sich im Steady State eine Kapitalintensität von

$$\frac{K^*}{N} = \left(\frac{0{,}25}{0{,}1}\right)^{\frac{1}{1-0{,}5}} = 6{,}25$$

   und eine Produktion pro Kopf von:

$$\frac{Y^*}{N} = \left(\frac{0{,}25}{0{,}1}\right)^{\frac{0{,}5}{1-0{,}5}} = 2{,}5$$

   b) Da K stärker sinkt als N, nimmt auch die Kapitalintensität K/N ab. Grafisch befinden wir uns links vom Steady State (bei $(K/N)'$):

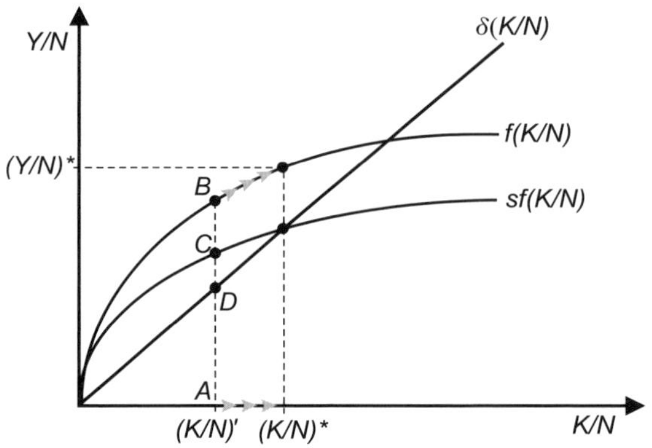

Abbildung 11.7: Situation nach einem Sinken der Kapitalintensität

In dieser Situation sind die Investitionen pro Kopf (Strecke AC) größer als die Abschreibungen (Strecke AD) $\rightarrow$ K/N nimmt zu und Y/N wächst, bis das alte Wachstumsgleichgewicht erreicht wird (der Anpassungsprozess folgt dem gestrichelten Pfeil).

c) Während in Land A die Investitionen ausschließlich benötigt werden, um verschlissenes Kapital zu ersetzen, muss in Land B zusätzliches Kapital aufgebracht werden, um die neu eintreffenden Beschäftigten mit Kapital zu bestücken. Bei gegebener Sparquote sinkt deshalb der Kapitalstock pro Kopf im Wachstumsgleichgewicht. Grafisch dreht sich die Gerade, die die notwendigen Investitionen kennzeichnet, im Ursprung gegen den Uhrzeigersinn:

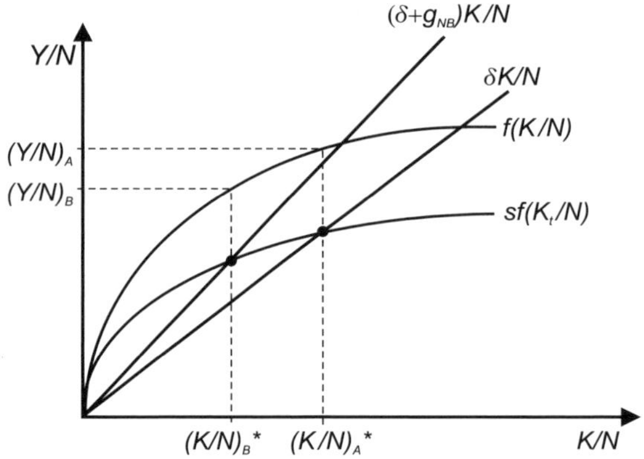

Abbildung 11.8: Vergleich zwischen Land A und Land B

3. Wachstumstheorie und Goldene Regel I

a) Im Steady State gilt:

$$\frac{K^*}{N} = \left(\frac{(1/3)}{(1/10)}\right)^{\frac{1}{(2/3)}} = \left(\frac{10}{3}\right)^{\frac{3}{2}} = 6{,}09$$

$$\frac{Y^*}{N} = \left(\frac{10}{3}\right)^{\frac{1}{2}} = 1{,}83$$

b) Siehe ▶*Abschnitt 11.1*, Aufgabe 15c).

c) Siehe ▶*Abschnitt 11.1*, Aufgabe 17b) und e).

4. Wachstumstheorie und Goldene Regel II

a) Kapitalintensität: Vorgehensweise wie bei Aufgabe 1, wobei:

$$y = f(k) = 0{,}5k^{\alpha} = 0{,}5k^{1/3}$$

Hieraus folgt:

$$k^* = \left(\frac{s}{2\delta}\right)^{\frac{1}{1-\alpha}} = \left(\frac{s}{2\delta}\right)^{\frac{3}{2}} \qquad (8.)$$

Pro-Kopf-Produktion:

$$y^* = f(k^*) = 0{,}5\left[\left(\frac{s}{2\delta}\right)^{\frac{1}{1-\alpha}}\right]^{\alpha} = 0{,}5\left(\frac{s}{2\delta}\right)^{\frac{\alpha}{1-\alpha}} = 0{,}5\left(\frac{s}{2\delta}\right)^{0{,}5} \qquad (9.)$$

Aus $c = y - i$ und $i = \delta k^*$ folgt:

$$c^* = f(k^*) - \delta k^* \qquad (10.)$$

Ein größerer Kapitalstock hat zwei Effekte auf den Konsum: Er ermöglicht eine höhere Produktion, andererseits muss ein größerer Teil des Outputs verwendet werden, um verschlissenes Kapital zu ersetzen.

Einsetzen der Werte aus Gleichung (8.) und (9.) liefert:

$$c^* - 0{,}5\left(\frac{s}{2\delta}\right)^{\frac{1}{2}} - \delta\left(\frac{s}{2\delta}\right)^{\frac{3}{2}} \qquad (11.)$$

Umstellen:

$$c^* = (1-s)0{,}5\left(\frac{s}{2\delta}\right)^{0{,}5} \qquad (12.)$$

b) Einsetzen von $\delta = 0{,}05$ ergibt in Gleichung (12.):

$$c^* = (1-s)0{,}5\left(\frac{s}{0{,}1}\right)^{0{,}5}$$

Der Pro-Kopf-Konsum ist genau dann maximal, wenn die Differenz zwischen Grenzertrag des Kapitals und Abschreibungsrate 0 ist (vgl. ▶*Abschnitt 11.1* Aufgabe 17, Teilaufgabe e)). Für das Grenzprodukt des Kapitals (*GPK*) erhalten wir:

$$GPK = \frac{\partial y}{\partial k} = 0{,}5\alpha k^{\alpha-1} = \frac{1}{2}\frac{1}{3}k^{(\frac{1}{3}-1)} = \frac{1}{6}k^{(-\frac{2}{3})}$$

Es muss also gelten:

$$GPK - \delta = \frac{1}{6}k^{-(2/3)} - 0{,}05 = 0$$

Das konsummaximale Niveau des Kapitalstocks k_{GR} errechnet sich dann als:

$$k_{GR} = (0{,}05 \cdot 6)^{-(3/2)} = 6{,}0858$$

Die Sparquote s_{GR}, bei der der Golden-Rule-Konsum erreicht wird, kann unter Verwendung von

$$k^* = \left(\frac{s}{2\delta}\right)^{\frac{3}{2}}$$

ermittelt werden:

$$k_{GR} = \left(\frac{s_{GR}}{0{,}1}\right)^{\frac{3}{2}} \Rightarrow 0{,}1^{(3/2)} k_{GR} = s_{GR}{}^{(3/2)} \Rightarrow s_{GR} = 0{,}1 \cdot k_{GR}{}^{(2/3)}$$

Einsetzen von 6,0858 für k_{GR} liefert schließlich:

$$s_{GR} = 0{,}1 \cdot 6{,}0858^{(2/3)} = 1/3$$

Die Sparquote entspricht genau dem Parameter α.

c) Partielle Ableitung von

$$k^* = \left(\frac{s}{2\delta}\right)^{\frac{3}{2}}$$

nach s:

$$\frac{\partial k^*}{\partial s} = \frac{1{,}5}{(2\delta)^{1{,}5}} s^{0{,}5} = \frac{1{,}5}{0{,}1^{1{,}5}} s^{0{,}5} > 0$$

Der Steady-State-Kapitalstock steigt mit der Sparquote, da durch vermehrtes Sparen mehr verschlissenes Kapital ersetzt werden kann.

Aus Aufgabe 17 in ▶*Abschnitt 11.1* wissen wir bereits, dass der Konsum bei zunehmender Sparquote zunächst ansteigt (die Steigung der Produktionsfunktion, d.h. das Grenzprodukt des Kapitals, ist größer als die der Abschreibungsrate δ – die Erhöhung der Produktion übersteigt die Erhöhung der notwendigen Abschreibungen), dann ein globales Maximum bei $s = \alpha = 1/3$ erreicht, um schließlich wieder zu fallen, weil ein zunehmender Kapitalstock immer größere Ersatzinvestitionen erforderlich macht (die Erhöhung der Produktion ist kleiner als die Erhöhung der Abschreibungen). Formal kann die Bedingung erster Ordnung unter Verwendung von Gleichung (11.) ermittelt werden:

$$c^* = 0{,}5\left(\frac{s}{0{,}1}\right)^{0{,}5} - 0{,}05\left(\frac{s}{0{,}1}\right)^{\frac{3}{2}} = \frac{0{,}5}{0{,}1^{0{,}5}} s^{0{,}5} - \frac{0{,}05}{0{,}1^{1{,}5}} s^{1{,}5}$$

$$\frac{\partial c^*}{\partial s} = \frac{0{,}5 \cdot 0{,}5}{0{,}1^{0{,}5}} s^{-0{,}5} - \frac{0{,}05 \cdot 1{,}5}{0{,}1^{1{,}5}} s^{0{,}5} = \frac{0{,}25}{0{,}1^{0{,}5}} s^{-0{,}5} - \frac{0{,}075}{0{,}1^{1{,}5}} s^{0{,}5} = 0$$

$$\frac{0{,}25}{0{,}1^{0{,}5}} s^{-0{,}5} = \frac{0{,}075}{0{,}1^{1{,}5}} s^{0{,}5} \qquad \Big| \cdot \frac{1}{s^{-0{,}5}}, \cdot \frac{0{,}1^{1{,}5}}{0{,}075}$$

$$\frac{s^{0{,}5}}{s^{-0{,}5}} = s = \frac{0{,}25 \cdot 0{,}1^{1{,}5}}{0{,}075 \cdot 0{,}1^{0{,}5}} = \frac{0{,}25 \cdot 0{,}1}{0{,}075} = \frac{0{,}025}{0{,}075} = \frac{1}{3}$$

d) Vgl. Aufgabe 17 in ▶*Abschnitt 11.1*, Teilaufgaben c) und d).

5. Wachstumstheorie bei Kapitalzuflüssen aus dem Ausland

a) Die Änderung des Kapitalstocks pro Kopf beträgt:

$$\Delta k = \dot{k} = (s+b) \cdot f(k) - \delta k = 0$$

b) Im Steady State gilt:

$$k^* = \left(\frac{(s+b)}{\delta}\right)^{\frac{1}{1-\alpha}}$$

$$y^* = \left(\frac{(s+b)}{\delta}\right)^{\frac{\alpha}{1-\alpha}}$$

$$c^* = (1-s) \cdot \left(\frac{(s+b)}{\delta}\right)^{\frac{\alpha}{1-\alpha}}$$

c) Die Volkswirtschaft strebt dem Wachstumsgleichgewicht zu, das sich eingestellt hätte, wenn es nie einen Zustrom von ausländischem Kapital gegeben hätte.

d) Kein Land kann für immer ein Leistungsbilanzdefizit aufweisen. Die Kapitalströme müssten sich deshalb zwangsläufig einmal umkehren.

12 Wachstum und technischer Fortschritt

Notationshinweis

Für alle Fragen gilt: Kleingeschriebene Buchstaben für Y, K, C und I geben die entsprechende Größe pro Kopf bzw. pro Arbeitseffizienzeinheit wieder:

$$\frac{Y}{N} = y,\ \frac{K}{N} = k,\ \frac{C}{N} = c \text{ und } \frac{I}{N} = i \text{ bzw.}$$

$$\frac{Y}{AN} = y,\ \frac{K}{AN} = k,\ \frac{C}{AN} = c \text{ und } \frac{I}{AN} = i$$

Steady-State-Werte werden durch einen Stern gekennzeichnet.

12.1 Wissens- und Verständnistests

Multiple Choice

1. Die Profitabilität des Forschungsprozesses
   a) nimmt zu, wenn die Entdeckung eines neuen Produkts schnell zur Entdeckung eines noch besseren Produkts führt.
   b) nimmt ab, wenn die Entdeckung eines neuen Produkts schnell zur Entdeckung eines noch besseren Produkts führt.
   c) kann manchmal zu gering sein, um sozial wünschenswerte Innovationen zu erzeugen.
   d) kann auch in hochproduktiven Forschungsfeldern niedrig sein.
   e) Die Antworten b) bis d) sind richtig.

2. Welche der folgenden Gleichungen stellt das Investitionsniveau je effektiver Arbeitseinheit dar, das nötig ist, um den Kapitalbestand je effektiver Arbeitseinheit konstant zu halten?
   a) $(\delta + g_A + g_N)K$
   b) $(\delta + g_A + g_N)\frac{K}{N}$
   c) $(\delta + g_A + g_N)\frac{K}{AN}$

d) $(g_A + g_N - \delta)\dfrac{K}{AN}$

3. Wenn K und NA jeweils um 5% ansteigen, wissen wir:
   a) Y steigt um exakt 5% an.
   b) Y steigt um weniger als 5% an.
   c) Y steigt um mehr als 5% an.
   d) Y steigt um exakt 0% an.

Für die verbleibenden Teilaufgaben gelten die folgenden Angaben: Die Abschreibungsrate sei $\delta = 10\%$, die Wachstumsrate der Bevölkerung $g_N = 5\%$ und die Wachstumsrate der Arbeitseffizienz sei $g_A = 5\%$. Der Exponent des Faktors Kapital in der Produktionsfunktion ist $\alpha = 0{,}5$. Der Exponent von (AN) ist $(1 - \alpha)$.

4. Wenn die Sparquote $s = 10\%$ beträgt, ist der Kapitalstock je effektiver Arbeitseinheit im Wachstumsgleichgewicht:

   a) $\dfrac{K^*}{AN} = 0{,}5$

   b) $\dfrac{K^*}{AN} = 0{,}25$

   c) $\dfrac{K^*}{AN} = 0{,}2$

   d) $\dfrac{K^*}{AN} = 1$

5. Wenn die Sparquote $s = 10\%$ beträgt und die Abschreibungsquote auf $\delta = 15\%$ steigt, ist die Produktion je effektiver Arbeitseinheit im Wachstumsgleichgewicht:

   a) $\dfrac{Y^*}{AN} = 0{,}4$

   b) $\dfrac{Y^*}{AN} = 0{,}6$

   c) $\dfrac{Y^*}{AN} = 0{,}16$

   d) $\dfrac{Y^*}{AN} = 0{,}25$

6. Sei $K/NA = 9$. Die Volkswirtschaft befindet sich im Wachstumsgleichgewicht. Die Sparquote beträgt:
   a) $s = 50\%$
   b) $s = 20\%$
   c) $s = 60\%$
   d) $s = 40\%$

Wahr/Falsch: Welche der jeweiligen Aussagen sind wahr, welche falsch?

7. Bei der Konzeption des Patentrechts
   a) sollten immer besonders strenge Regeln aufgenommen werden, die dafür sorgen, dass neu entdecktes Wissen für andere Unternehmen unzugänglich bleibt.
   b) ist ein schwerwiegender Zielkonflikt zu berücksichtigen: Zu wenig Patentschutz senkt die Anreize zu Investitionen in Forschung und Entwicklung, zu viel Patentschutz könnte dem F&E-Prozess schaden, da nicht auf bestehenden Forschungsergebnissen aufgebaut werden kann.
   c) ist zu berücksichtigen, dass ein Problem der Zeitinkonsistenz vorliegt: Sobald ein neues Produkt entdeckt wurde, besteht ein Anreiz, es öffentlich zugänglich zu machen.
   d) bevorzugen weniger fortgeschrittene Länder häufig weniger strenge Regeln.
8. Gehen Sie davon aus, dass die Wachstumsrate der Produktion je Beschäftigten größer ist als die Wachstumsrate der Arbeitseffizienz.
   a) Es ist davon auszugehen, dass kein Wachstumsgleichgewicht vorliegt.
   b) Es ist davon auszugehen, dass das Wachstum der Pro-Kopf-Produktion durch Kapitalakkumulation ausgelöst wurde.
   c) Es ist davon auszugehen, dass die Wachstumsrate der Produktion je Beschäftigten zukünftig fallen wird.
   d) Es ist davon auszugehen, dass die Wachstumsrate der Produktion je Beschäftigten weiter ansteigen wird.
9. Der Rückgang des technischen Fortschritts seit 1973 wird häufig erklärt durch
   a) eine Reduktion der Sparquote.
   b) Messfehler.
   c) den größeren Anteil des Dienstleistungssektors am BIP.
   d) die Verringerung von Investitionen in F&E.
10. Bei Vorliegen von technischem Fortschritt und Bevölkerungswachstum
   a) ist der Konsum je effektiver Arbeitseinheit immer konstant.
   b) ist der Konsum je effektiver Arbeitseinheit im Wachstumsgleichgewicht konstant.
   c) entspricht der Gesamtkonsum einem festen Anteil $(1 - s)$ der Gesamtproduktion.
   d) nehmen die Investitionen je Beschäftigten im Zeitablauf zu.
11. Ausgehend von einem Wachstumsgleichgewicht führt eine Erhöhung der Sparquote immer
   a) zu einem höheren Konsum je effektiver Arbeitseinheit im neuen Wachstumsgleichgewicht.
   b) zu einem niedrigeren Konsum je effektiver Arbeitseinheit im neuen Wachstumsgleichgewicht.

c) zu keiner Änderung des Konsums je effektiver Arbeitseinheit im neuen Wachstumsgleichgewicht.

d) zu einem höheren Konsum je effektiver Arbeitseinheit in der Periode, in der die Sparquote erhöht wird.

12. Das Solow-Residuum ist definiert als:

a) $g_Y - \left[\alpha g_K - (1-\alpha) g_N\right]$

b) $g_Y - \left[\alpha g_K + (1-\alpha) g_N\right]$

c) Differenz zwischen der Wachstumsrate der Gesamtproduktion und den Beiträgen von Kapitalakkumulation und Beschäftigungswachstum zum Produktionsanstieg.

d) $g = \left[\alpha g_K + (1-\alpha) g_N\right]$

Basiswissen

13. Wachstumstheoretisches Grundmodell mit technischem Fortschritt

a) Erläutern Sie die Bedingung, unter der es in einem Wachstumsmodell mit technischem Fortschritt und Bevölkerungswachstum zu einem Wachstumsgleichgewicht kommt, formal, grafisch und verbal!

b) Ordnen Sie in der folgenden Tabelle den einzelnen Größen die entsprechende Wachstumsrate zu:

Größe	Definition	Wachstumsrate
K/AN	Kapital je effektiver Arbeit/je effektiver Arbeitseinheit	
Y/AN	Produktion je effektiver Arbeit/je effektiver Arbeitseinheit	
C/AN	Konsum je effektiver Arbeit/je effektiver Arbeitseinheit	
I/AN	Investitionen je effektiver Arbeit/je effektiver Arbeitseinheit	
K/N	Kapital je Beschäftigtem (pro Kopf)	
Y/N	Produktion je Beschäftigtem (pro Kopf)	
C/N	Konsum je Beschäftigtem (pro Kopf)	
I/N	Investitionen je Beschäftigtem (pro Kopf)	
K	Kapitalstock	
Y	Produktionsniveau	
C	Konsumniveau	
I	Investitionsniveau	

Wie beeinflusst eine Erhöhung der Sparquote das Wachstumsgleichgewicht? Erläutern Sie anhand einer Grafik!

14. Das Solow-Residuum und die Triebkräfte des Wachstums
    a) Im Wachstumsmodell mit technischem Fortschritt kann zwischen zwei Quellen des Wachstums der Pro-Kopf-Produktion unterschieden werden. Nennen Sie diese beiden Quellen und erläutern Sie, wie man identifizieren könnte, welche der beiden Quellen für ein aktuell beobachtetes Wachstum verantwortlich ist!
    b) Ermitteln Sie das Solow-Residuum, wenn die Produktionsfunktion folgende Form annimmt:

$$Y = AF(K,N) = AK^{\alpha}N^{1-\alpha}$$

    wobei A ein Maß für die totale Faktorproduktivität darstellt.
    c) Wie erklären viele Ökonomen die Phase hoher Wachstumsraten zwischen 1950 und 1973?

12.2 Übungsaufgaben

1. Rechenbeispiel

   Die Sparquote einer Volkswirtschaft betrage $s = 11\%$. Die Bevölkerung wächst mit einer Rate von $g_N = 3\%$, die Arbeitseffizienz mit einer Rate von $g_A = 1\%$. Die Abschreibungsrate ist $\delta = 7\%$ und die Produktionsfunktion lautet:

$$Y = K^{\alpha}(AN)^{1-\alpha}$$

   mit $\alpha = 0{,}4$.
   a) Ermitteln Sie den Kapitalstock pro Arbeitseffizienzeinheit im Wachstumsgleichgewicht!
   b) Ermitteln Sie die Produktion pro Arbeitseffizienzeinheit im Wachstumsgleichgewicht!
   c) Ermitteln Sie den Konsum pro Arbeitseffizienzeinheit sowie die Wachstumsrate des Konsums pro Kopf im Wachstumsgleichgewicht!
   d) Ermitteln Sie die Wachstumsrate der Investitionen im Wachstumsgleichgewicht!
   e) Erläutern Sie knapp (und unter Angabe des neuen Werts für die Produktion pro Arbeitseffizienzeinheit), wie sich folgende Änderungen auswirken:
      i. ein Anstieg der Sparquote auf $s = 30\%$.
      ii. ein Rückgang des Bevölkerungswachstums auf $g_N = 2\%$.
      iii. ein Anstieg des Wachstums der Arbeitsproduktivität auf $g_A = 2\%$.
      iv. ein Rückgang der Abschreibungsrate auf $\delta = 5\%$.

2. Wirkungen des technischen Fortschritts: formale Herangehensweise

   Die Produktionsfunktion einer Volkswirtschaft lautet

$$Y = K^{\alpha}(AN)^{1-\alpha}$$

   mit $\alpha = 0{,}5$. Die Abschreibungsquote δ beträgt 0,05. Die Sparquote liegt bei 20%. Die Bevölkerung wachse um 10% pro Jahr. A stellt eine Größe dar, die das Ausmaß des technischen Fortschritts bzw. die Arbeitseffizienz misst. Sie ist zunächst konstant (kein technischer Fortschritt).

   a) Wie groß sind im Steady State, also bei konstanter Kapitalintensität, die Pro-Kopf-Investitionen? Ermitteln Sie Ihr Ergebnis formal, indem Sie die Ableitung der Größen nach der Zeit verwenden!
   b) Vergleichen Sie mit einer identischen Volkswirtschaft ohne Bevölkerungswachstum und erläutern Sie, warum sich die Ergebnisse unterscheiden!
   c) Gehen Sie nun davon aus, dass die Arbeitseffizienz um 2% pro Jahr wächst.
   d) Wie groß sind nun im Steady State die Pro-Kopf-Investitionen (formale Ableitung)? Vergleichen Sie mit dem Ergebnis aus Teilaufgabe a)!
   e) Wie hoch ist die Wachstumsrate der Produktion pro Beschäftigtem, falls die Arbeitseffizienz um 0% (wie in Teilaufgabe a) und b)) bzw. um 2% (wie in Teilaufgabe c)) wächst?
   f) Wie entwickeln sich die anderen zentralen Größen des Modells im Wachstumsgleichgewicht von Teilaufgabe c)? Unterscheiden Sie jeweils zwischen Niveaugrößen, Pro-Kopf-Größen und Größen, die in Arbeitseffizienzeinheiten gemessen werden!

3. Gehen Sie von den Angaben in Aufgabe 1 aus. Im Unterschied zu Aufgabe 1 produziert die hier betrachtete Volkswirtschaft jedoch ausschließlich unter Verwendung des Faktors Kapital. Die Produktion Y sei eine lineare Funktion des Kapitaleinsatzes K, multipliziert mit der Grenzproduktivität des Kapitals A_k.

   a) Welche Wachstumsrate ergibt sich für den Kapitalstock, wenn die Grenzproduktivität des Kapitals A_k einen konstanten Wert von 0,5 annimmt?
   b) Ermitteln Sie die Wachstumsrate der Produktion!
   c) Ermitteln Sie die Wachstumsrate der Produktion,
      i. wenn die Grenzproduktivität des Kapitals auf $A_k = 0{,}25$ fällt!
      ii. wenn die Grenzproduktivität des Kapitals weiterhin einen Wert von $A_k = 0{,}5$ annimmt, die Sparquote jedoch auf $s = 0{,}05$ fällt!
      iii. wenn die Abschreibungsrate auf $\delta = 0$ fällt.
   d) Welcher Zusammenhang besteht zwischen Produktionswachstum, Sparquote, Grenzproduktivität des Kapitals und Abschreibungsrate? Erläutern Sie Ihr Ergebnis ökonomisch und vergleichen Sie mit Aufgabe 1!
   e) Diskutieren Sie möglichst knapp die Plausibilität der unterstellten Produktionsfunktion!

4. Sparquote und Wachstum bei Vorliegen von technischem Fortschritt

   Gehen Sie von folgender Produktionsfunktion aus:

$$Y = K^{\alpha}(AN)^{1-\alpha}$$

   mit $\alpha = 1/3$. Die Abschreibungsquote δ beträgt 0,05. Die Sparquote liegt bei 20%. A wächst mit einer Rate von 5%, N mit einer Rate von 2%.

   a) Ermitteln Sie den Konsum pro Arbeitseffizienzeinheit im Steady State, wenn die Sparquote 0,1; 0,2; 0,3; 0,4 bzw. 0,5 beträgt.

   b) Zeigen Sie grafisch und anhand einer Gleichung, unter welchen Bedingungen der Konsum im Wachstumsgleichgewicht maximiert wird! Erläutern Sie in Stichworten!

   c) Ermitteln Sie die Sparquote, bei der im vorliegenden Modell der Konsum im Wachstumsgleichgewicht maximiert wird!

Lösungen zu Kapitel 12

12.1 Wissens- und Verständnistests

Multiple Choice

1. e)
2. c)
3. a)
4. b)
5. a)
6. c)

Wahr/Falsch

7. F, W, W, W
8. W, W, W, F
9. F, W, W, W
10. F, W, W, W
11. F, F, F, F
12. F, W, W, F

Basiswissen

13. Wachstumstheoretisches Grundmodell mit technischem Fortschritt

    a) Im Wachstumsgleichgewicht muss der Kapitalstock je effektiver Arbeitseinheit konstant sein:

$$\Delta\left(\frac{K}{AN}\right) = k = 0$$

Dies ist genau dann der Fall, wenn sich der Zähler exakt in dem Ausmaß verändert, in dem sich der Nenner des Bruchausdrucks verändert. Die Veränderung des Nenners setzt sich zusammen aus dem Anstieg der Arbeitseffizienz (g_A) und dem

Bevölkerungswachstum (g_N). Sind diese beiden Wachstumsraten positiv, muss auch K ansteigen, damit k konstant ist. Aus dem Kapitel zu den mathematischen Grundlagen wissen wir, dass die Wachstumsrate des Produkts zweier Variablen näherungsweise der Summe der Wachstumsraten der beiden Variablen entspricht. Der Kapitalstock muss also mindestens mit der Rate $g_{AN} = g_A + g_N$ wachsen. Allerdings wird in jeder Periode auch ein Anteil des Kapitals δ verschlissen. Da dieses Kapital ersetzt werden muss, muss das Investitionsniveau genau um δK steigen. Um den Kapitalstock je effektiver Arbeitseinheit konstant zu halten, wird also ein Investitionsniveau in Höhe von

$$\frac{I}{AN} = (\delta + g_A + g_N)\frac{K}{AN} = (\delta + g_A + g_N)k$$

benötigt. Die Höhe der Investitionen ergibt sich gemäß der folgenden Gleichung:

$$\frac{I}{AN} = s\frac{Y}{AN} = sy = sf(k)$$

wobei $f(k)$ die in Arbeitseffizienzeinheiten umgeformte Produktionsfunktion darstellt. Ein fester Anteil s der Produktion (bzw. der Produktion je effektiver Arbeitseinheit) wird gespart und investiert. Im Gleichgewicht gilt also:

$$sf(k) = (\delta + g_A + g_N)k$$

Grafisch muss die Gerade, die das Ausmaß der für einen konstanten Kapitalstock benötigten Investitionen wiedergibt (mit einer Steigung von $\delta + g_A + g_N$), die Investitionsfunktion $sf(k)$ schneiden:

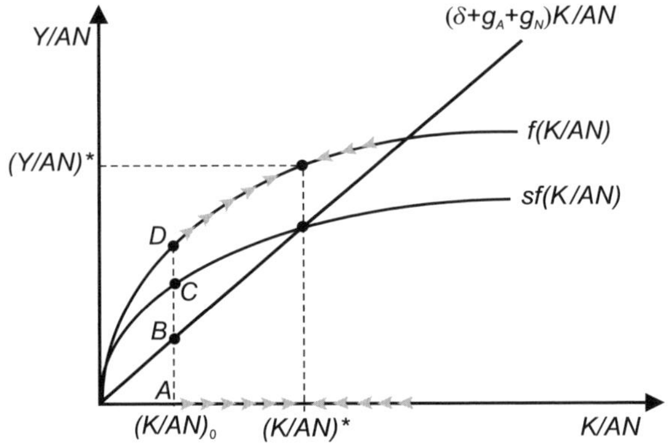

Abbildung 12.1: Das Wachstumsgleichgewicht mit technischem Fortschritt und Bevölkerungswachstum

In einer Situation links vom Wachstumsgleichgewicht (bspw. bei $(K/AN)_0$) sind die Investitionen (Strecke AC) größer als der Betrag, der notwendig ist, um den Kapitalstock je effektiver Arbeitseinheit konstant zu halten (Strecke AB): K/AN steigt auf $(K/AN)^*$.

b) Wachstumsraten der einzelnen Größen:

Größe	**Definition**	**Wachstums-rate**
K/AN	Kapital je effektiver Arbeit/je effektiver Arbeitseinheit	0
Y/AN	Produktion je effektiver Arbeit/je effektiver Arbeitseinheit	0
C/AN	Konsum je effektiver Arbeit/je effektiver Arbeitseinheit	0
I/AN	Investitionen je effektiver Arbeit/je effektiver Arbeitseinheit	0
K/N	Kapital je Beschäftigtem (pro Kopf)	g_A
Y/N	Produktion je Beschäftigtem (pro Kopf)	g_A
C/N	Konsum je Beschäftigtem (pro Kopf)	g_A
I/N	Investitionen je Beschäftigtem (pro Kopf)	g_A
K	Kapitalstock	$g_A + g_N$
Y	Produktionsniveau	$g_A + g_N$
C	Konsumniveau	$g_A + g_N$
I	Investitionsniveau	$g_A + g_N$

c) Steigt die Sparquote (die Investitionsfunktion in ▶*Abbildung 12.2* verschiebt sich nach oben), sind die Investitionen höher als der Betrag, der nötig ist, um den Kapitalstock konstant zu halten → K/NA und Y/NA steigen an, bis ein neues Wachstumsgleichgewicht erreicht wird.

Während der Übergangsphase wachsen K und Y mit einer Rate größer $g_A + g_N$, K/N und Y/N mit einer Rate größer g_A.

Nach Erreichen des Steady State nehmen alle Wachstumsraten ihr altes Niveau an → Langfristig hat die Sparquote keinen Einfluss auf die Wachstumsraten.

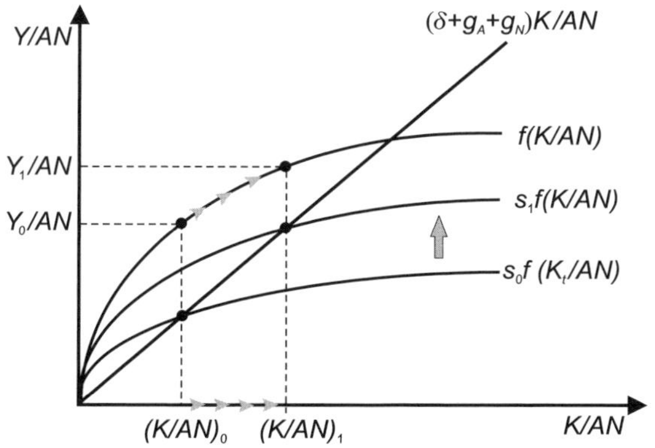

Abbildung 12.2: Anstieg der Sparquote

14. Das Solow-Residuum und die Triebkräfte des Wachstums

a) Die Pro-Kopf-Produktion kann wachsen,

- aufgrund von technischem Fortschritt,
- durch einen Anstieg des Kapitals pro Arbeitseffizienzeinheit.

Der erste Effekt tritt sowohl im Wachstumsgleichgewicht als auch in Übergangsphasen auf, der zweite Effekt nur außerhalb des Steady State. Wenn die Produktion pro Kopf also ausschließlich aufgrund des technischen Fortschritts wächst, sollte Y/N mit der Rate g_A wachsen, bei Vorliegen von durch Kapitalakkumulation verursachtem technischem Fortschritt mit einer Rate größer als g_A.

b) Zunächst ermitteln wir den Beitrag der Faktoren Arbeit und Kapital zum Wachstum der Produktion. Hierzu setzen wir zunächst $A = 1$. Wenn sich die Einsatzmenge des Faktors Kapital (des Faktors Arbeit) um eine Einheit erhöht, steigt die Produktion genau um das Grenzprodukt der beiden Faktoren:

$$GPK = \frac{\partial Y}{\partial K} = \alpha K^{\alpha-1} N^{1-\alpha}$$

$$GPN = \frac{\partial Y}{\partial N} = (1-\alpha) K^{\alpha} N^{-\alpha}$$

Die gesamte Veränderung der Produktion ergibt sich für beide Faktoren als Produkt aus Grenzertrag und der Veränderung des Faktoreinsatzes. Die Summe der beiden Produkte ist der Beitrag von zusätzlichem Kapital und zusätzlicher Arbeit zum Produktionswachstum:

$$\Delta Y = (GPK \cdot \Delta K) + (GPN \cdot \Delta N)$$

Division durch Y und Erweiterung der beiden Terme mit K/K bzw. N/N ergibt:

$$\frac{\Delta Y}{Y} = \left(\frac{GPK \cdot K}{Y}\right)\frac{\Delta K}{K} + \left(\frac{GPN \cdot N}{Y}\right)\frac{\Delta N}{N}$$

Die Wachstumsrate der Produktion ergibt sich also als Summe der Wachstumsraten von Kapital und Arbeit, gewichtet mit den beiden Klammerausdrücken. Diese Klammerausdrücke haben eine ökonomische Bedeutung. Sie stellen jeweils den Anteil der beiden Faktoren am Gesamteinkommen dar, also das Verhältnis von Kapital- bzw. Arbeitseinkommen am Gesamteinkommen. Wie in ▸*Abschnitt 10.1* (Aufgabe 13) gezeigt, entspricht dieses Verhältnis bei konstanten Skalenerträgen genau den Exponenten α und $(1-\alpha)$ in der Produktionsfunktion, wenn die Faktoren mit ihrem Grenzprodukt entlohnt werden. Damit gilt:

$$\frac{\Delta Y}{Y} = g_Y^{AN} = \alpha\frac{\Delta K}{K} + (1-\alpha)\frac{\Delta N}{N} = \alpha g_K + (1-\alpha) g_N$$

Das Solow-Residuum (bzw. das Wachstum der totalen Faktorproduktivität A) kann dann ermittelt werden, indem von der tatsächlichen Wachstumsrate der Produktion g_Y der Anteil abgezogen wird, der durch ein Wachstum der Beschäftigten bzw. Kapitalakkumulation verursacht wurde (g_Y^{AN}):

$$g_A = g_Y - \left[\alpha g_K + (1-\alpha) g_N\right]$$

c) Die hohen Wachstumsraten werden meist mit technischem Fortschritt und nicht mit Kapitalakkumulation erklärt.

12.2 Übungsaufgaben

1. Rechenbeispiel

Die Sparquote einer Volkswirtschaft betrage $s = 11\%$. Die Bevölkerung wächst mit einer Rate von $g_N = 3\%$, die Arbeitseffizienz mit einer Rate von $g_A = 1\%$. Die Abschreibungsrate ist $\delta = 7\%$ und die Produktionsfunktion lautet:

$$Y = K^{\alpha}(AN)^{1-\alpha}$$

mit $\alpha = 0{,}4$.

a) Der Kapitalstock pro Arbeitseffizienzeinheit im Wachstumsgleichgewicht ist:

$$\left(\frac{K}{AN}\right)^* = k^* = \left(\frac{s}{\delta + g_A + g_N}\right)^{\frac{1}{1-\alpha}} = \left(\frac{0{,}11}{0{,}07+0{,}01+0{,}03}\right)^{\frac{1}{0{,}6}} = 1$$

b) Die Produktion pro Arbeitseffizienzeinheit im Wachstumsgleichgewicht ist:

$$\left(\frac{Y}{AN}\right)^* = y^* = \left(\frac{s}{\delta + g_A + g_N}\right)^{\frac{\alpha}{1-\alpha}} - \left(\frac{0{,}11}{0{,}07+0{,}01+0{,}03}\right)^{\frac{2}{3}} = 1$$

c) Der Konsum pro Arbeitseffizienzeinheit im Wachstumsgleichgewicht ist:

$$\left(\frac{C}{AN}\right)^* - c^* = (1-s)\left(\frac{s}{\delta + g_A + g_N}\right)^{\frac{\alpha}{1-\alpha}} = 0{,}89$$

Die Wachstumsrate des Konsums pro Kopf entspricht der Wachstumsrate der Produktion pro Kopf, die wiederum der Wachstumsrate der Arbeitseffizienz entspricht: $g_{C/N} = 1\%$.

d) Die Wachstumsrate der Investitionen entspricht der Wachstumsrate der Produktion, die wiederum der Summe aus g_N und g_A entspricht: ($g_I = 4\%$).

e) Ergebnisse:

i. Die Produktion pro Arbeitseffizienzeinheit steigt auf $y^{*\prime} = 1{,}95$, da bei höherer Sparquote mehr Investitionen zur Verfügung stehen, um den Kapitalstock pro Arbeitseffizienzeinheit konstant zu halten. Die Wachstumsrate der Gesamtproduktion steigt beim Übergang zum neuen Steady State zunächst an, ist nach Abschluss des Anpassungsprozesses im Vergleich zur Ausgangssituation jedoch unverändert ($g_Y = 4\%$).

ii. Die Produktion pro Arbeitseffizienzeinheit steigt auf $y^{*\prime} = 1{,}07$. Die Wachstumsrate der Gesamtproduktion ist nach Abschluss des Anpassungsprozesses im Vergleich zur Ausgangssituation geringer ($g_Y = 3\%$).

iii. Die Produktion pro Arbeitseffizienzeinheit fällt auf $y^{*\prime} = 0{,}94$. Die Wachstumsrate der Gesamtproduktion ist nach Abschluss des Anpassungsprozesses im Vergleich zur Ausgangssituation höher ($g_Y = 5\%$).

iv. Die Produktion pro Arbeitseffizienzeinheit steigt auf $y^{*\prime\prime} = 1{,}14$. Die Wachstumsrate der Gesamtproduktion ist nach Abschluss des Anpassungsprozesses im Vergleich zur Ausgangssituation unverändert ($g_Y = 4\%$).

2. Wirkungen des technischen Fortschritts: formale Herangehensweise

a) In dieser Teilaufgabe liegt lediglich Bevölkerungswachstum vor. Wir können deshalb die Größe A auf einen Wert von 1 normieren und mit Pro-Kopf-Größen (anstelle von Größen, die pro Arbeitseffizienzeinheiten gemessen werden) arbeiten. Die Produktionsfunktion der Volkswirtschaft wird umgeformt zu:

$$\frac{Y}{N} = y = k^{0,5}$$

Im Wachstumsgleichgewicht muss die Veränderung der Kapitalintensität über die Zeit 0 sein. Um zu ermitteln, wie sich K/N über die Zeit verändert, leiten wir die Kapitalintensität nach der Zeit ab. Zu beachten ist nun, dass Zähler und Nenner des Ausdrucks über die Zeit veränderlich sind. Durch folgenden Ausdruck wird berücksichtigt, dass K/N sich aufgrund einer Änderung von K und von N ändern kann:

$$\frac{dk}{dt} = \frac{\partial k}{\partial K}\frac{dK(t)}{dt} + \frac{\partial k}{\partial N}\frac{dN(t)}{dt} = \frac{dK}{dt}\frac{1}{N} - \frac{dN}{dt}\left(\frac{K}{N^2}\right) = \frac{1}{N}\left(\frac{dK}{dt} - k\frac{dN}{dt}\right) = 0 \qquad (1.)$$

Die Veränderung des Kapitalstocks entspricht den Investitionen abzüglich der Abschreibungen:

$$\frac{dK}{dt} = I - \delta K$$

Die Bevölkerungswachstumsrate ist:

$$g_n = \frac{dN}{dt}\frac{1}{N}$$

Einsetzen der beiden Ausdrücke in Gleichung (1.) liefert:

$$\frac{dk}{dt} = \frac{1}{N}\left(I - \delta K - g_n K\right) = i - \left(\delta + g_n\right)k = sf(k) - \left(\delta + g_n\right)k = 0$$

Einsetzen der Werte aus der Angabe ($s = 20\%$, $\delta = 0,05$ und $g_n = 0,1$)

$$\frac{dk}{dt} = 0,2k^{0,5} - 0,15k = 0$$

Auflösen nach k und i ergibt:

$$k^* = \frac{16}{9} \quad \text{und} \quad i^* = \frac{4}{15}$$

b) Vergleich mit $g_n = 0$:

$$\frac{dk}{dt} = sf(k) - (0,05)k = 0,2\sqrt{k} - 0,05k = 0$$

Auflösen nach k und i ergibt:

$$k^* = 16 \quad \text{und} \quad i^* = 0,8$$

Bevölkerungswachstum verringert also die Kapitalintensität im Wachstumsgleichgewicht.

c) Im Folgenden werden alle Größen relativ zur Menge an Arbeitseffizienzeinheiten gemessen (nicht mehr pro Beschäftigtem bzw. pro Kopf). Als Notation gilt nun:

$$y = \frac{Y}{AN} \quad \text{und} \quad k = \frac{K}{AN}.$$

Die Wachstumsrate der Arbeitseffizienz

$$\frac{dA}{dt}\frac{1}{A}$$

wird mit g_A bezeichnet und beschreibt den sogenannten arbeitsvermehrenden technischen Fortschritt.

Im Wachstumsgleichgewicht muss der Kapitalstock pro Arbeitseffizienzeinheit konstant sein. Formal:

$$\frac{dk}{dt} = \frac{d\left(\frac{K}{AN}\right)}{dt} = \frac{\partial k}{\partial K}\frac{dK}{dt} + \frac{\partial k}{\partial (AN)}\frac{d(AN)}{dt} = \frac{dK}{dt}\frac{1}{AN} - \frac{d(AN)}{dt}\frac{K}{(AN)^2} \qquad (2.)$$

Beachte:

$$\frac{d(AN)}{dt} = \frac{\partial (AN)}{\partial N}\frac{dN}{dt} + \frac{\partial (AN)}{\partial A}\frac{dA}{dt} = \frac{dN}{dt}A + \frac{dA}{dt}N$$

Einsetzen in Gleichung (2.):

$$\frac{dk}{dt} = \frac{dK}{dt}\frac{1}{AN} - \frac{K}{(AN)^2}\left(\frac{dN}{dt}A + \frac{dA}{dt}N\right) = \frac{1}{AN}\left(\frac{dK}{dt} - \frac{K}{(AN)}\frac{dN}{dt}A - \frac{K}{(AN)}\frac{dA}{dt}N\right)$$

Ausklammern sowie Kürzen von A und N im Klammerterm ergibt:

$$\frac{dk}{dt}=\frac{1}{AN}\left(\frac{dK}{dt}-\frac{K}{N}\frac{dN}{dt}-\frac{K}{A}\frac{dA}{dt}\right)=\frac{1}{AL}\left(\frac{dK}{dt}-K\frac{1}{N}\frac{dN}{dt}-K\frac{1}{A}\frac{dA}{dt}\right)$$

Beachte, dass gilt:

$$\frac{dK}{dt}=I-\delta K \qquad \rightarrow \text{1. Klammerterm}$$

$$\frac{dN}{dt}\frac{1}{N}=g_N \qquad \rightarrow \text{2. Klammerterm}$$

$$\frac{dA}{dt}\frac{1}{A}=g_A \qquad \rightarrow \text{3. Klammerterm}$$

Einsetzen ergibt:

$$\frac{dk}{dt}=\frac{1}{AN}(I-\delta K-g_N K-g_A K)=i-\delta k-g_N k-g_A k=i-(\delta+g_N+g_A)k$$

Im Wachstumsgleichgewicht gilt die Bedingung:

$$\frac{dk}{dt}=i-(\delta+g_N+g_A)k=sf(k)-(\delta+g_N+g_A)k=0$$

Um k konstant zu halten, müssen nun Investitionen

- zum Ersatz des in einer Periode verschlissenen Kapitalstocks,
- zur Kapitalausstattung von durch Bevölkerungswachstum neu hinzugekommenen Arbeitseinheiten
- und zur Ausstattung von durch technischen Fortschritt neu hinzugekommenen Effizienzeinheiten

bereitgehalten werden.

Einsetzen der Produktionsfunktion

$$sf(k)=s\left(\frac{K}{AN}\right)^{0,5}=sk^{0,5}=(\delta+g_N+g_A)k$$

Auflösen nach k und Einsetzen der vorgegebenen Werte ergibt:

$$k^*=\left(\frac{0,2}{0,17}\right)^2=1,38$$

Für die Investitionen pro Arbeitseffizienzeinheit (i^*) erhält man:

$$i^*=0,2\cdot\sqrt{\left(\frac{0,2}{0,17}\right)^2}=\frac{4}{17}$$

d) Die Wachstumsrate der Produktion pro Kopf wird ermittelt durch:

$$\frac{d\left(Y/N\right)}{dt}\frac{1}{(Y/N)}=\frac{d\left(AY/AN\right)}{dt}\frac{1}{(Y/N)}=\frac{d(yA)}{dt}\frac{1}{(Y/N)}=\frac{N}{Y}\left(\frac{dy}{dt}A+\frac{dA}{dt}y\right)=\frac{N}{Y}\left(\frac{dy}{dt}A+\frac{dA}{dt}\frac{1}{A}\frac{Y}{N}\right)$$

Da im Wachstumsgleichgewicht der Kapitalstock pro Arbeitseffizienzeinheit konstant ist, bleibt auch die Produktion pro Arbeitseffizienzeinheit konstant $(dy/dt) = 0$. Damit gilt:

$$\frac{d\left(Y/N\right)}{dt}\frac{1}{(Y/N)}=\frac{N}{Y}g_A\frac{Y}{N}=g_A$$

Die Produktion pro Kopf wächst also in Teilaufgabe a) und b) nicht, in Teilaufgabe c) mit einer Rate von 2%.

e) Alle Größen, die in Arbeitseffizienzeinheiten gemessen werden ($K/AN \rightarrow Y/AN \rightarrow C/AN$ bzw. I/AN) sind im Wachstumsgleichgewicht konstant.

Die Wachstumsraten aller Pro-Kopf-Größen ($K/N \rightarrow Y/N \rightarrow C/N$ bzw. I/N) entsprechen der Rate des technischen Fortschritts $g_A = 2\%$.

Die Wachstumsraten aller Niveaugrößen ($K/AN \rightarrow Y/AN \rightarrow C/AN$ bzw. I/AN) entsprechen der Summe aus Bevölkerungswachstum und Rate des technischen Fortschritts ($g_A + g_N = 12\%$).

3. Wachstum bei konstanten Grenzerträgen

a) Wiederum wächst der Kapitalstock, wenn die Summe der Investitionen $I = sY$ die Menge verschlissener Kapitalgüter übersteigt:

$$dK = sY - \delta K \qquad (3.)$$

Die Produktionsfunktion nimmt nun folgende Form an:

$$Y = AK = 0{,}5 \cdot K \qquad (4.)$$

Die Wachstumsrate ergibt sich nach Division durch K. Einsetzen in Gleichung (3.) unter Berücksichtigung der Parameterwerte ergibt:

$$\frac{dK}{K}=\frac{sAK-\delta K}{K}=sA-\delta=0{,}2\cdot 0{,}5-0{,}05=5\%$$

b) Ist die Grenzproduktivität des Kapitals konstant, entspricht die Wachstumsrate der Produktion genau der Wachstumsrate des Kapitals:

$$\frac{dY}{Y}=\frac{dK}{K}=0{,}2\cdot 0{,}5-0{,}05=5\%$$

c) Es ergeben sich Werte von:

i. $\frac{dY}{Y} = 0{,}2 \cdot 0{,}25 - 0{,}05 = 0\%$

ii. $\frac{dY}{Y} = 0{,}05 \cdot 0{,}5 - 0{,}05 = -2{,}5\%$

iii. $\frac{dY}{Y} = 0{,}2 \cdot 0{,}5 - 0 = 10\%$

d) Die Produktion wächst mit einer konstanten Rate, solange das Produkt aus Sparquote und Grenzproduktivität größer ist als die Abschreibungsrate. Eine Erhöhung der Sparquote kann also zu dauerhaftem Wachstum führen, auch wenn kein technischer Fortschritt vorliegt (im Gegensatz zu Aufgabe 1, wo die Ökonomie unabhängig von der Sparquote immer einem Steady State zustrebt, in dem ohne technischen Fortschritt und ohne Bevölkerungswachstum keine Produktionssteigerung zu Stande kommt). Der wesentliche Grund liegt in der Neuformulierung der Produktionsfunktion, die jetzt konstante Grenzerträge unterstellt. Sind die mit der Produktivität gewichteten Investitionen größer als der Kapitalverschleiß, steigt in beiden Modellen die Produktion zunächst an. Im Modell mit fallendem Grenzprodukt wird die Produktionszunahme jedoch immer kleiner, bis die zusätzlichen Investitionen, die sich aus dem Produktionsanstieg bewältigen lassen, kleiner sind als der zusätzliche Verschleiß bei wachsendem Kapitalstock. Im Modell mit konstantem Grenzprodukt hingegen steigt die Produktion mit konstanter Rate an. Da dies auch für die Investitionshöhe gilt, kommt es in jeder Periode von neuem zu einer Situation, in der die Investitionen die Abschreibungen übersteigen. Der Kapitalstock wächst immer weiter und damit auch die Produktion.

e) Für physisches Kapital (Maschinen, Produktionsanlagen etc.) scheint es wenig sinnvoll, von einem konstanten Grenzprodukt auszugehen: Ab einem gewissen Punkt wird ein Arbeitnehmer zusätzliche Kapitalausstattung nur in geringe Produktionszuwächse umsetzen können. Für Humankapital ist das Vorliegen konstanter Grenzerträge weniger unplausibel. Die empirische Evidenz bzgl. des Grenzertrags von Humankapital ist jedoch gemischt.

4. Sparquote und Wachstum bei Vorliegen von technischem Fortschritt

a) Der Konsum pro Arbeitseffizienzeinheit im Wachstumsgleichgewicht ist:

$$c^* = (1-s) \cdot \left(\frac{s}{\delta + g_A + g_N} \right)^{\frac{\alpha}{1-\alpha}} = (1-s) \cdot \left(\frac{s}{0{,}05 + 0{,}05 + 0{,}02} \right)^{0{,}5}$$

Für die entsprechenden Sparquoten von 0,1; 0,2; 0,3; 0,4 bzw. 0,5 ergeben sich Konsumwerte von 0,82; 1,03; 1,11; 1,09 und 1,02.

b) Der Konsum wird maximiert, wenn das Grenzprodukt des Kapitals (*GPK*) der Summe aus Bevölkerungswachstum, Rate des technischen Fortschritts und Abschreibungsquote entspricht:

$$GPK = \delta + g_A + g_N \qquad (5.)$$

Die linke Seite entspricht der zusätzlichen Produktion, die bei einer Erhöhung des Kapitalstocks im Steady State (durch eine Erhöhung der Sparquote) erzielt werden kann. Die rechte Seite entspricht den zusätzlichen Investitionen (welche dann nicht mehr für Konsumzwecke zur Verfügung stehen), die bei einer Erhöhung des Kapitalstocks aufgebracht werden müssen. Ist die Sparquote (und damit der Kapitalstock) im Vergleich zum Golden-Rule-Niveau zu klein, sind die durch eine Steigerung erzielbaren Produktionsgewinne sehr groß, da die Grenzproduktivität des Kapitals entsprechend groß ist. Die Produktionssteigerung reicht dann aus, um die zusätzlich notwendigen Investitionen und einen Zuwachs an Konsum zu decken. Im Fall einer sehr hohen Sparquote (eines sehr großen Kapitalstocks) übersteigen die notwendigen Investitionen den Zuwachs an Produktion. Der Konsum muss eingeschränkt werden.

Grafisch muss der Kapitalstock (die Sparquote) so gewählt werden, dass die Steigung der Tangente an die Produktionsfunktion beim entsprechenden Kapitalstock genau der Steigung der Gerade der benötigten Investitionen $(\delta + g_A + g_N)$ entspricht:

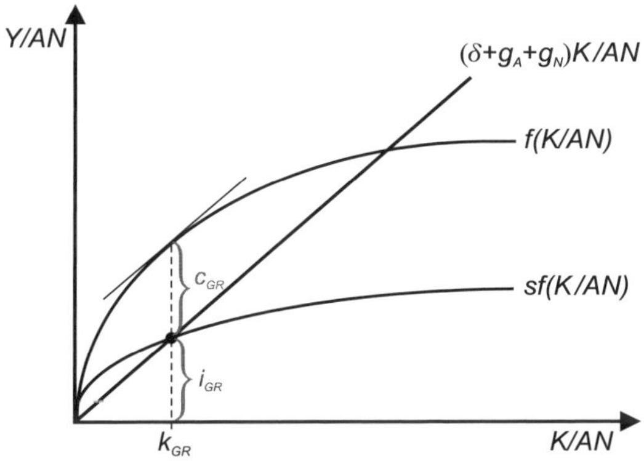

Abbildung 12.3: Goldene Regel bei Bevölkerungswachstum und technischem Fortschritt

c) Ausgangspunkt ist die Bestimmungsgleichung für den Konsum im Steady State:

$$c^* = (1-s)\cdot\left(\frac{s}{\delta + g_A + g_N}\right)^{0,5}$$

Die Bedingung erster Ordnung lautet:

$$\frac{\partial c^*}{\partial s} = 0,5s^{-0,5}\frac{1}{(\delta + g_A + g_N)^{0,5}} - 1,5s^{0,5}\frac{1}{(\delta + g_A + g_N)^{0,5}} = 0$$

bzw.

$$0,5s^{-0,5} = 1,5s^{0,5}$$

Auflösen nach s ergibt:

$$\frac{s^{0,5}}{s^{-0,5}} = s = \frac{0,5}{1,5} = \frac{1}{3}$$

Die Sparquote, bei welcher der Konsum pro Arbeitseffizienzeinheit im Wachstumsgleichgewicht maximiert wird, ist $s = 1/3$. Sie entspricht dem Exponenten des Faktors Kapital in der Produktionsfunktion.

13 Herausforderungen des Wachstums

13.1 Wissens- und Verständnistests

Multiple Choice

1. Das gemessene Produktivitätswachstum der Vereinigten Staaten hat sich seit der Jahrtausendwende im Vergleich zu früheren Jahrzehnten
   a) verdoppelt.
   b) leicht erhöht.
   c) stabilisiert.
   d) verringert.
2. Welche der folgenden Konsequenzen kann von technischem Fortschritt ausgehen?
   a) Die gleiche Menge an Gütern kann nun mit einem geringeren Arbeitseinsatz hergestellt werden.
   b) Bei konstantem Arbeitseinsatz kann nun eine größere Produktionsmenge hergestellt werden.
   c) Es kommt zu einer Verlangsamung des gemessenen Produktivitätswachstums.
   d) Bestimmte Güter werden nicht mehr produziert.
   e) In Erwartung höherer Einkommen beginnen Konsumenten und Unternehmen bereits heute, ihre Nachfrage auszudehnen.
   f) Alle der vorangegangenen Antworten sind korrekt.
3. Innovationen von Basistechnologien sind solche, die
   a) ein hohes Produktivitätswachstum auslösen.
   b) das Beschäftigungsniveau reduzieren.
   c) in vielen Bereichen und vielen Produkten Anwendung finden.
   d) aus Grundlagenforschung resultieren.
4. Messfehler können die Diskrepanz zwischen dem rasanten technologischen Wandel durch Digitalisierung und der nur schleppend wachsenden Produktivität
   a) zum Teil erklären.
   b) gar nicht erklären.
   c) vollständig erklären.
   d) konterkarieren.

5. Die neuen Möglichkeiten der Automatisierung von Produktionsprozessen durch künstliche Intelligenz und Roboter
   a) sollten vor dem Hintergrund der historischen Erfahrung völlig unbedenklich sein.
   b) erfordern eine intensivere Auseinandersetzung mit Fragen der Verteilungspolitik.
   c) werden zwangsläufig zu steigenden Arbeitslosenquoten führen.
   d) sind aufgrund eines nur schleppenden Produktivitätswachstums unerheblich.
6. Die historische Erfahrung für die Vereinigten Staaten zeigt, dass in den letzten 130 Jahren
   a) eine, wenn auch schwache, positive Korrelation zwischen Produktivitätswachstum und Arbeitslosenquote bestand.
   b) eine, wenn auch schwache, negative Korrelation zwischen Produktivitätswachstum und Arbeitslosenquote bestand.
   c) keine Korrelation zwischen Produktivitätswachstum und Arbeitslosenquote bestand.
   d) eine stark positive Korrelation zwischen Produktivitätswachstum und Arbeitslosenquote bestand.
7. Aktuelle Prognosen über den Anstieg der globalen Durchschnittstemperatur zeigen, dass
   a) die bis ins Jahr 2020 von den Ländern der Welt gemachten Zusagen zur Emissionsreduktion ausreichen, um den Anstieg der globalen Temperatur auf etwa 2 °C zu beschränken.
   b) die bis ins Jahr 2020 von den Ländern der Welt bereits ergriffenen Maßnahmen ausreichen, um den Anstieg der globalen Temperatur auf etwa 2,5 °C zu beschränken.
   c) die Treibhausgasemissionen pro Jahr in den zwanzig Jahren bis 2040 mehr als halbiert werden müssen, damit sich die Temperatur um lediglich 1,5 °C erhöht.
   d) die bis ins Jahr 2020 von den Ländern der Welt gemachten Zusagen bis ins Jahr 2100 zu einer im Vergleich zu 1990 spürbaren Reduktion der Treibhausgasemissionen führen werden.
8. Was versteht man unter „unausgewogenem" (skill-biased) technologischem Fortschritt?
   a) Technologischer Fortschritt, der zu einer Verlagerung von Arbeitsplätzen ins Ausland führt.
   b) Technologischer Fortschritt, der die Produktivität von qualifizierten Arbeitnehmern stärker erhöht als die Produktivität von weniger qualifizierten Arbeitnehmern.
   c) Technologischer Fortschritt, der in ausgewählten Sektoren zu einer Verschiebung der Nachfrage nach unterschiedlich qualifizierten Arbeitnehmern führt.
   d) Technologischer Fortschritt, der die Löhne von Arbeitnehmern ohne Hochschulabschluss relativ zu den Löhnen von Arbeitnehmern mit Hochschulabschluss erhöht.

Wahr/Falsch: Welche der jeweiligen Aussagen sind wahr, welche falsch?

9. Selbst in dem unwahrscheinlichen Szenario einer Weltwirtschaft, in der Automatisierung und Digitalisierung menschliche Arbeit weitgehend überflüssig machen, muss dies nicht zu einer Verschlechterung der Lebensbedingungen der Mehrheit der Bevölkerung führen, sofern
   a) die eingesparte Arbeitszeit über Arbeitszeitreduktionen bei vollem Lohnausgleich an die Arbeitnehmer weitergegeben wird.
   b) die Eigentumsverhältnisse an den Produktionsmitteln so gestaltet sind, dass alle einen ungefähr gleich hohen Anteil an den Firmen haben, in denen die automatisierte Produktion stattfindet.
   c) Gewerkschaften stark genug sind, um die Produktivitätsfortschritte in Arbeitszeitverkürzungen und Lohnsteigerungen zu übersetzen.
   d) Unternehmen die eingesparte Arbeitskraft dazu nutzen, mehr zu exportieren.

10. Untersuchungen zur Lohnspreizung in den letzten Jahrzehnten
   a) vergleichen üblicherweise den Durchschnittslohn von Beschäftigten mit unterschiedlichem Ausbildungsstand mit dem Durchschnittslohn aller Beschäftigten.
   b) zeigen, dass die Lohnspreizung in Deutschland weniger stark zugenommen hat als in den Vereinigten Staaten.
   c) vergleichen üblicherweise den Durchschnittslohn von Beschäftigten mit unterschiedlichem Ausbildungsstand mit dem Durchschnittslohn von Geringqualifizierten.
   d) zeigen für Deutschland eine nur schwache Lohnspreizung.

11. Die Entwicklung der Gini-Koeffizienten für die Verteilung von Erwerbseinkommen in den USA und in Deutschland zeigt
   a) dass die verfügbaren Einkommen in Deutschland heute in etwa so gleich oder ungleich verteilt sind wie vor 40 Jahren.
   b) dass die Markteinkommen in Deutschland nicht, in den Vereinigten Staaten aber sehr deutlich ungleicher verteilt sind als vor 40 Jahren.
   c) dass Umverteilungsmaßnahmen zu einer Verstärkung der zunehmenden Ungleichverteilung beitragen.
   d) dass die Markteinkommen heute in beiden Volkswirtschaften ungleicher verteilt sind als vor 40 Jahren.

12. Empirisch beobachtet man, dass eine enge positive Beziehung zwischen Produktions- und Produktivitätswachstum vorliegt. Die Produktionszuwächse liegen zudem meist über den Produktivitätszuwächsen.
   a) Aus dieser Beobachtung können wir schließen, dass das Produktivitätswachstum die Produktion stärker steigen lässt, als notwendig wäre, um negative Beschäftigungseffekte zu vermeiden.

b) Aus dieser Beobachtung können wir schließen, dass Produktivitätswachstum nicht zu Arbeitslosigkeit führt.

c) Aus dieser Beobachtung können wir schließen, dass Produktivitätswachstum zur Entlassung von Arbeitnehmern und damit zu Arbeitslosigkeit führt.

d) Da aufgrund von „Labor Hoarding" die kausale Beziehung auch vom Produktionswachstum zum Produktivitätswachstum verlaufen könnte, ist keine eindeutige Aussage möglich.

13. Welche Nebenwirkungen hätte eine Politik, die in der Europäischen Union den Preis für Treibhausgasemissionen in den nächsten fünf Jahren auf das Niveau anheben würde, das den sozialen Kosten der Emissionen entspricht.

a) Die Emissionen in der Europäischen Union würden stark zurückgehen.

b) Es käme zu einer erheblichen finanziellen Belastung vulnerabler Bevölkerungsgruppen.

c) Andere Länder hätten einen eindeutigen Anreiz, den Preis für CO_2 ebenfalls stark anzuheben.

d) Ohne weitere Maßnahmen würde es zu einem starken Anstieg der Exporte energieintensiver Produkte in Länder mit niedrigem CO_2-Preis kommen.

e) Die Aktienkurse von Unternehmen der Energiewirtschaft würden stark ansteigen.

14. Welche wirtschaftspolitischen Maßnahmen werden aktuell als Ergänzung zu einer noch stärkeren Erhöhung des Preises für CO_2 diskutiert?

a) Niedrigere Einfuhrzölle für Waren aus Ländern, die keinen hohen Preis für CO_2 einführen.

b) Massive öffentliche Investitionen zur Förderung einer klimaneutralen Energiewirtschaft.

c) Ausgleichszahlungen für Haushalte, die besonders unter den Folgen eines hohen CO_2-Preises zu leiden haben.

d) Regulierungen, die einen Ausstieg aus bestimmten klimaschädlichen Technologien bis zu einem gewissen Zeitpunkt erzwingen.

15. Neben dem Klimawandel erzwingen weitere dringliche ökologische Probleme einen kurzfristigen radikalen Umbau der Wirtschaftsweise. Hierzu zählen

a) die dramatische Reduktion der biologischen Vielfalt („Artensterben").

b) die Zerstörung von Ökosystemen durch Stickstoff und Phosphor.

c) die Zerstörung der Ozonschicht durch Treibgase wie Fluorchlorkohlenwasserstoff.

d) der hohe globale Süßwasserverbrauch.

16. Welche der folgenden Aussagen zur Lohnspreizung ist wahr, welche falsch?

a) In Deutschland und Europa war die Lohnspreizung in den letzten Jahrzehnten wesentlich weniger ausgeprägt als in den Vereinigten Staaten.

b) Die Lohnspreizung zeigt, dass technologischer Fortschritt und internationaler Handel zu einer generellen Verschlechterung der wirtschaftlichen Situation führen können.

c) Die Lohnspreizung zeigt, dass technologischer Fortschritt und internationaler Handel zu einer relativen Verschlechterung bei ausgewählten Gruppen in einer Volkswirtschaft führen können.

d) Das starke Ausmaß der Lohnspreizung in den Vereinigten Staaten ist zu einem großen Teil darauf zurückzuführen, dass die Nachfrage nach hoch qualifizierten Arbeitskräften relativ zu niedrig qualifizierten Arbeitskräften zurückgegangen ist.

e) Das Zusammenwirken von zunehmender internationaler Arbeitsteilung und einer Form von technischem Fortschritt, die die Nachfrage nach hoch qualifizierten Arbeitnehmern stark erhöht, kann einen Großteil der zunehmenden Lohnspreizung erklären.

17. Welche der folgenden Aussagen werden von Studien zum Zusammenhang zwischen Einkommenseinbußen und Arbeitsplatzverlust gestützt (sind „wahr“), welche nicht (sind „falsch“)?

a) Erfolgen Entlassungen in einer Rezession, sind die Einkommensverluste zu Beginn zwar größer als in einer Expansion, nach einer gewissen Zeit gleichen sich die Löhne jedoch wieder an.

b) Direkt nach der Kündigung kommt es nach Massenentlassungen zwar zu einer starken Reduktion des Einkommens; nach einer gewissen Zeit verdienen die Beschäftigten aber wieder ein ähnliches Einkommen wie vorher.

c) Nach Massenentlassungen verschlechtern sich die Lebensbedingungen der Betroffenen nachhaltig und oft über mehrere Jahrzehnte.

d) Direkt nach Massenentlassungen verschlechtern sich die Einkommen der Betroffenen eher wenig, langfristig sind jedoch erhebliche Beeinträchtigungen festzustellen.

18. Welche Aussagen zu Generativer KI sind wahr, welche falsch?

a) Generative KI betrifft wahrscheinlich eher Arbeitnehmer mit niedrigen Qualifikationen und Bildung.

b) Generative KI kann dazu führen, dass gerade besonders qualifizierte Arbeitnehmer niedrigere Löhne akzeptieren oder sogar den Beruf wechseln müssen.

c) Die Frage, welche Folgen Generative KI für unser Leben und unsere Wirtschaft haben wird hängen wesentlich von der Art ihrer Regulierung ab. Insbes. können Regulierungen dazu beitragen, dass aktuelle Tendenzen zu vermehrter Überwachung von Arbeitnehmern und zur Automatisierung abgeschwächt werden.

d) Die Frage, welche Folgen Generative KI für unser Leben und unsere Wirtschaft ist im Wesentlichen eine Machtfrage. Deshalb ist bedenklich, dass aktuelle Anwendungen von demokratisch nicht oder nur wenig kontrollierten Akteuren betrieben werden.

19. Betrachten Sie das folgende Schaubild, entnommen aus der folgenden Publikation: Chancel, L., Bothe, P., Voituriez, T. (2023) Climate Inequality Report 2023, World Inequality Lab Study 2023/1 (verfügbar unter *https://agritrop.cirad.fr/611813/1/611813.pdf*, letzte Überprüfung am 4. Mai 2025). Sie stellt, abhängig von der Vermögensverteilung, die relativen Wohlfahrtseinbußen durch den Klimawandel (der je-

weils linke Balken), den Beitrag zu klimaschädlichen Emissionen (der jeweils mittlere Balken) sowie die Fähigkeit, die Klimapolitik mitzufinanzieren (der jeweils rechte Balken) dar. Welche der folgenden Aussagen zum Zusammenhang zwischen Globaler Ungleichheit und Klimawandel sind wahr, welche falsch?

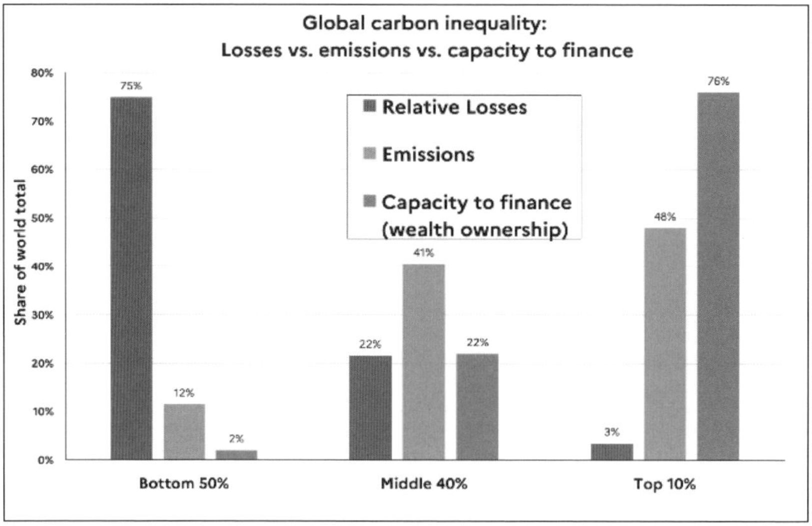

a) Besonders vermögende Menschen tragen besonders stark zum Klimawandel bei.
b) Die gemessen an ihrem Vermögen ärmsten 50 Prozent der Menschheit tragen fasst nicht zum Klimawandel bei.
c) Besonders vermögende Menschen werden besonders stark unter den Folgen des Klimawandels leiden.
d) Nur die reichsten 10 Prozent der Weltbevölkerung verfügen über ausreichende finanzielle Möglichkeiten, um zur Bewältigung der Klimakrise beizutragen.

Basiswissen

20. Produktivität im *AS-AD*-Modell

Gehen Sie von einer Produktionsfunktion des Typs $Y = AN$ aus.

a) Bestimmen Sie die Ausdrücke für die Arbeitsproduktivität, die Beschäftigung und die Arbeitslosenquote! Erläutern Sie jeweils in einem Satz die Grundeinsicht der jeweiligen Ausdrücke!
b) Erläutern Sie ausführlich, wie sich technologischer Fortschritt auf die Lage der *AS*-Kurve auswirkt! Leiten Sie hierzu die *AS*-Beziehung aus Lohn- und Preissetzungsgleichung ab!
c) Erläutern Sie in Stichworten, unter welchen Bedingungen technologischer Fortschritt kurzfristig zu einem Anstieg der Arbeitslosenquote führt!
d) Erläutern Sie in Stichworten, unter welchen Bedingungen technologischer Fortschritt die *AD*-Kurve nach rechts verschiebt!

21. Klimapolitik und Makroökonomie
    a) Klimawandel und Makroökonomie sind auf vielfältige Weise miteinander verbunden. Nennen Sie zentrale und besonders wichtige Wirkmechanismen, die einen Zusammenhang zwischen diesen Bereichen herstellen, und erläutern Sie stichpunktartig!
    b) Der Klimawandel wirkt sich auf die Stabilität von Finanzsystemen aus. Recherchieren Sie mögliche Wirkungsmechanismen und wirtschaftspolitische Gegenmaßnahmen.
    c) Welchen Beitrag könnten Geld- und Fiskalpolitik zur Bewältigung des Klimawandels leisten? Nennen Sie Argumente, die für und gegen das Ergreifen entsprechender Maßnahmen sprechen.

13.2 Übungsaufgaben

1. Auswirkungen von Produktivitätsänderungen im *AS*-*AD*-Modell

   Gehen Sie von einer Produktionsfunktion des Typs $Y = AN$ aus.
    a) Gehen Sie zunächst von einer konstanten Produktion in Höhe von $Y_0 = 2.000$ aus. Wie viele Arbeitnehmer werden benötigt, wenn A einen Wert von 1; 1,25; 1,5 bzw. 2 annimmt?
    b) Gehen Sie nun davon aus, dass die Zahl der Arbeiter $N_0 = 100$ konstant ist. Wie hoch ist die Produktion, wenn A einen Wert von 1; 1,2; 1,4 bzw. 1,6 annimmt? Wie verändert sich die Arbeitsproduktivität?
    c) Gehen Sie davon aus, dass die Produktion um $dY = 1$ gesteigert werden soll. Wie viele zusätzliche Arbeitnehmer werden hierzu benötigt, wenn A einen Wert von 0,5; 0,75; 1 bzw. 1,5 annimmt? Wie entwickeln sich die Kosten der zusätzlichen Produktionseinheit, wenn der Nominallohn konstant ist?
    d) Gehen Sie davon aus, dass die Produktivität A um 5% steigt. Wie entwickelt sich N, wenn Y um 2%; 4%; 5%; 6%, bzw. 7%, steigt? Unter welchen Bedingungen führt technischer Fortschritt zu einer erhöhten Arbeitslosenquote?

2. Produktivitätsänderungen im *AS*-*AD*-Modell

   Betrachten Sie eine Volkswirtschaft, bei der die Produktion durch folgende Funktion gegeben ist:

   $Y = AN$

   Nehmen Sie an, dass Preissetzungsfunktion und Lohnsetzungsfunktion festgelegt sind als

$$\text{Preissetzung: } P = (1+\mu)\left(\frac{W}{A}\right)$$

$$\text{Lohnsetzung: } W = A^e P^e (1-u)$$

   a) Leiten Sie die *AS*-Kurve formal her!

b) Ermitteln Sie die Auswirkung eines Anstiegs der tatsächlichen Produktivität A auf die Lage der *AS*-Kurve, wenn die erwartete Produktivität A^e in gleichem Maße ansteigt (sodass A^e/A gleich 1 bleibt)! Erklären Sie!

c) Nehmen Sie nun an, dass die tatsächliche Produktivität A ansteigt, die erwartete Produktivität A^e sich jedoch nicht verändert. Vergleichen Sie Ihr Ergebnis mit den Schlussfolgerungen aus b). Erklären Sie den Unterschied.

d) Gehen Sie von der Situation in Teilaufgabe c) aus. Der Produktivitätsanstieg führt zu einem Boom an den Aktienmärkten, der das Konsumentenvertrauen und das Investitionsklima stark verbessert. Schildern Sie die Auswirkungen des Produktivitätsanstiegs auf Preisniveau, Produktionsniveau und Arbeitslosenquote im *AS-AD*-Modell grafisch und verbal.

e) Aus Furcht vor den inflationären Folgen des Produktivitätsanstiegs entscheidet sich die Zentralbank, restriktive Geldpolitik zu betreiben. Die Konsumenten und Investoren vermuten, dass sich hinter der Politik der Zentralbank eine pessimistische Einschätzung der Zukunftsaussichten der Volkswirtschaft verbirgt. Der Anstieg des Konsumentenvertrauens und des Investitionsklimas wird hierdurch vollständig neutralisiert. Beschreiben Sie die Folgen dieser Politik im *AS-AD*-Modell.

3. Klimawandel und Klimapolitik in Wachstumsmodellen

a) Tsigaris und Wood (2016) haben ein einfaches erweitertes Solow-Modell entwickelt, mit dessen Hilfe sich einige Grundmechanismen der Klimapolitik abbilden lassen (siehe Tsigaris, Panagiotis and Wood, Joel, A Simple Climate-Solow Model for Introducing the Economics of Climate Change to Undergraduate Students, available at SSRN: *https://ssrn.com/abstract=2637558* or *http://dx.doi.org/10.2139/ssrn.2637558*). Skizzieren Sie die Grundzüge dieses Modells!

b) Das Modell von Tsigaris und Wood (2016) lässt sich auch im Rahmen eines Excel-Files abbilden. Folgen Sie den Instruktionen im Appendix des Papiers und erstellen Sie ein Schaubild, das das Pro-Kopf-Einkommen im Zeitverlauf mit und ohne klimabedingte Schäden darstellt. Verwenden Sie hierzu unterschiedliche Einschätzungen im Hinblick auf die Höhe der zu erwartenden Schäden.

c) Welche Aspekte des Klimawandels bildet das Modell von Tsigaris und Wood (2016) nicht ab? Diskutieren Sie kritisch!

4. Geld- und Fiskalpolitik vor dem Hintergrund des Klimawandels

a) Die Europäische Zentralbank (EZB) hat im Jahr 2021 beschlossen, im Rahmen einer neuen Strategie auch den Klimawandel in ihre Politik miteinzubeziehen. Informieren Sie sich auf der Website der EZB über die Maßnahmen, die hierzu ergriffen werden sollen!

b) Manche Ökonomen vertreten die These, die Klimapolitik könne sogar einen positiven Beitrag zur Wirtschaftsentwicklung leisten, da sie der in den letzten Jahren spürbaren Tendenz zu einer „säkularen Stagnation" entgegenwirke. Erläutern Sie!

Lösungen zu Kapitel 13

13.3 Wissens- und Verständnistests

Multiple Choice

1. d)
2. f)
3. c)
4. a)
5. b)
6. a)
7. c)
8. b)

Wahr/Falsch

9. W, W, W, F
10. F, W, W, F
11. F, F, F, W
12. F, F, F, W
13. W, W, F, F, F
14. F, W, W, W
15. W, W, F, F
16. W, F, W, F
17. F, F, W, F
18. F, W, W, W
19. W, W, F, W

Basiswissen

20. Produktivität im *AS-AD*-Modell

a) Die Arbeitsproduktivität, also die Produktion pro Arbeitseinheit, ergibt sich als:

$$A = Y/N \qquad (1.)$$

A kann also gleichermaßen als Stand der Technik und als Produktivitätsmaß verstanden werden. Die Beschäftigung ist gleich der Produktion geteilt durch die Produktivität:

$$N = Y/A \qquad (2.)$$

Ist der prozentuale Anstieg der Produktion größer als der prozentuale Anstieg der Produktivität, steigt die Beschäftigtenzahl an. Die Arbeitslosenquote ergibt sich als:

$$u = \frac{L-N}{L} = 1 - \frac{N}{L} = 1 - \frac{(Y/A)}{L} \qquad (3.)$$

Die Arbeitslosenquote fällt, sofern die Produktion schneller wächst als die Produktivität und sofern das Verhältnis von *Y* zu *A* stärker ansteigt als die zur Verfügung stehende Arbeitsmenge *L*.

b) Technologischer Fortschritt (ein Anstieg der Produktivität *A*) verschiebt die *AS*-Kurve nach unten: Für jedes gegebene Produktionsniveau wird ein niedrigeres Preisniveau realisiert. Das Ausmaß der Verschiebung der *AS*-Kurve hängt davon ab, ob sich die Erwartungen bezüglich der Produktivitätsentwicklung als korrekt erweisen. Dies wird aus der Formulierung der *AS*-Kurve deutlich, die sich durch Einsetzen von Gleichung (3.) in die *WS*-Relation und Ersetzen des Nominallohns *W* aus der *WS*-Relation in die *PS*-Relation ergibt:

$$P = P^e(1+\mu) \cdot \left(\frac{A^e}{A}\right) F\left(1 - \frac{Y}{AL}, z\right) \qquad (4.)$$

Ein Anstieg von *A* hat zwei Auswirkungen:

- Effekt 1: Ist $A^e = A$, verschiebt sich die *AS*-Kurve nur nach unten, weil sich bei gestiegener Produktivität jedes beliebige Produktionsniveau mit weniger Arbeitseinsatz produzieren lässt; die Arbeitslosenquote steigt, damit sinken die Nominallöhne und damit das Preisniveau.
- Effekt 2: In dem Ausmaß, in dem $A^e < A$ (bspw. weil die Lohnsetzer nur langsam realisieren, dass *A* gestiegen ist), nimmt auch der Ausdruck A^e/A einen kleineren Wert an: Die *AS*-Kurve verschiebt sich weiter nach unten.

c) Technologischer Fortschritt (ein Anstieg der Produktivität *A*) erhöht die Arbeitslosenquote in der kurzen Frist nur dann, wenn die prozentuale Veränderung von *Y* kleiner ist als die prozentuale Veränderung von *A*. Die prozentuale Veränderung von *Y* nach einem Anstieg von *A* hängt wiederum davon ab, wie stark Effekt 1 aus Teilaufgabe b) relativ zu Effekt 2 ist und wie sich die aggregierte Nachfrage *AD* entwickelt.

d) Bei den Auswirkungen eines Anstiegs von A auf AD sind zwei Fälle zu unterscheiden:
   - *Fall 1:* Konsumenten und Investoren reagieren auf den Produktivitätsanstieg, indem sie ihre Erwartungen bzgl. zukünftiger Einkommensströme und Gewinne erhöhen → sie erhöhen deshalb ihre aktuellen Ausgaben für Konsum und Investitionen → AD verschiebt sich nach rechts.
   - *Fall 2:* Eine effizientere Verwendung bestehender Technologien erlaubt es den Unternehmen, Kosten durch Entlassung von Arbeitnehmern einzusparen → die Unsicherheit bezüglich zukünftiger Einkommensströme sinkt → Konsumenten schränken die Nachfrage ein, bspw. um aus Vorsichtsgründen zu sparen → AD verschiebt sich nach links.

21. Klimapolitik und Makroökonomie

a) Der Klimawandel hat sowohl unmittelbare als auch mittelbare Auswirkungen auf makroökonomische Größen. Zu den unmittelbaren Auswirkungen zählen wir jene, die direkte Folgen des globalen Temperaturanstiegs (und nicht der als Reaktion auf diesen Anstieg ergriffenen Politikmaßnahmen) sind, beispielsweise:
   - Klimatische Veränderungen und damit einhergehende Extremwetterereignisse beeinflussen Wachstums- und Entwicklungsbedingungen weit über die Landwirtschaft hinaus. Sie können zur Zerstörung von Produktionsstätten und Infrastrukturen führen und so das gesamtwirtschaftliche Produktionspotenzial direkt beeinflussen. Sie stellen Investitionsrisiken dar und beeinflussen auch die Konsumentscheidungen, bspw. weil entsprechende Ereignisse einen plötzlichen Liquiditätsbedarf verursachen oder zu Einkommenseinbußen führen. Vor allem jedoch stellen sie einen erheblichen Unsicherheitsfaktor dar (siehe hierzu *Kapitel 16*), und Unsicherheit hat direkte Auswirkungen auf Investitionen und Konsum.
   - Auch wenn diese vergleichsweise überschaubar sind, sind in diesem Zusammenhang auch mögliche positive Effekte zu nennen, wie die Erschließung neuer, bisher zu kalter Regionen für die Landwirtschaft oder die Schifffahrt. Mit diesen Effekten gehen vergleichsweise geringe Wachstumspotenziale, aber auch weitere Risiken einher, wie geopolitische Konflikte um neue Handelsrouten.
   - Mit steigenden globalen Temperaturen geraten auch andere ökologische Probleme leichter außer Kontrolle, insbesondere wenn sogenannte Kipppunkte erreicht werden. Hierzu zählen unter anderem die Verschlechterungen der Bodenqualität, die Gefahr von Waldbränden oder die Beeinflussung der biologischen Vielfalt. Auch von diesen Entwicklungen gehen erhebliche Risiken für die Wirtschaftsentwicklung aus.
   - Eine bisher noch wenig berücksichtigte, aber in Zukunft immer wichtiger werdende Auswirkung des Klimawandels besteht in den Maßnahmen, die zur Anpassung an steigende Temperaturen ergriffen werden müssen. Vor allem Kommunen, vermehrt aber auch Länder, Staaten, Haushalte und Unternehmen müssen bereits jetzt erhebliche Summen aufbringen, um mit steigenden Temperaturen, einem steigenden Meeresspiegel oder auch dem Risiko von Unwettern zurechtzukommen. Sie bauen Deiche, installieren Schutzmaßnahmen zur

Kühlung von Infrastrukturen etc. Dies verursacht eine erhöhte Investitionstätigkeit, kann aber auch zu einer erheblichen finanziellen Belastung für die entsprechenden Akteure führen.

Zu den mittelbaren Auswirkungen zählen insbesondere die Folgen der wirtschaftspolitischen Maßnahmen, die als Reaktion auf den Klimawandel ergriffenen werden, unter anderem:

- Die Erhöhung des CO_2-Preises durch entsprechende Steuern und den Emissionshandel sowie andere Politikmaßnahmen zur Internalisierung ökologischer Externalitäten haben Auswirkungen auf die Preis- und damit auch Inflationsentwicklung. Dies wiederum erfordert Maßnahmen der Zentralbanken und verursacht anderweitige Anpassungsreaktionen, die sich gesamtwirtschaftlich auswirken.
- Ziel der Maßnahmen ist die Einleitung eines fundamentalen Strukturwandels, bei dem die produktiven Ressourcen sogenannten braunen Sektoren entzogen und grünen Sektoren zugeführt werden. In einem solchen Strukturwandel entstehen Anpassungskosten, insbesondere für die Beschäftigten und die Eigner der „alten" Industrien sowie die Regionen, in denen sich diese Industrien befinden. Diese sind wirtschaftspolitisch abzufedern, indem bspw. sichergestellt wird, dass die Verluste bestimmter Industrien nicht zu einer Finanzkrise führen (siehe Teilaufgabe b)), indem neue Industrien und Beschäftigungsfelder in betroffenen Regionen aufgebaut und indem die Arbeitnehmer finanziell unterstützt und weitergebildet werden.
- Insgesamt ist die Verteilungspolitik im Rahmen einer so grundsätzlichen Transformation der Wirtschaft in erheblichem Maße gefordert, weit stärker als in anderen Zeiten. Dabei sind schwierige Fragen zu klären. So verursachen vermögende Haushalte einen viel größeren Teil der CO_2-Emissionen, und auch zwischen den bereits industrialisierten Staaten und den sich noch entwickelnden Volkswirtschaften stellt sich die Frage, wer welche Anpassungslasten tragen sollte und kann.
- Von herausragender Bedeutung sind schließlich die Investitionssummen, die notwendig sind, um von einer fossilen in eine post-fossile Wirtschaft zu kommen und auch andere Bereiche der Übernutzung ökologischer Ressourcen zu bewältigen. Die entsprechenden Investitionssummen aufzubringen ist eine große Herausforderung, sowohl für öffentliche als auch für private Akteure. Wenn sie bewältigt wird, ergibt sich aber auch die Chance zu einer Phase sehr hoher Investitionen und damit einer äußerst dynamischen Wirtschaftsaktivität. Einige Beobachter fürchten gar, dass die entfachte Dynamik so ausgeprägt sein könnte, dass sie wiederum in Widerspruch zu den Erfordernissen einer ökologisch begrenzten Welt gerät.
- Neben den genannten Wirkungsmechanismen spielen insbesondere die Auswirkungen des Klimawandels im Finanzsystem eine entscheidende Rolle (siehe Teilaufgabe b)). Schließlich stellt sich die Frage, auf welche Weise makroökonomische Politik einen Beitrag zur Bewältigung des Klimawandels leisten kann. Diese wird in Teilaufgabe c) besprochen.

b) Einen guten Überblick über die entsprechenden Zusammenhänge liefert der Beitrag von Patrick Bolton, Morgan Després, Luiz Awazu Pereira da Silva, Frédéric Samama and Romain Svartzman „The Green Swan“ (Bolton, P., Després, M. Pereira da Silva, L., Samama, F. und Svartzman, R. (2020), *The Green Swan: Central banking and financial stability in the age of climate change*, Bank for International Settlement, abrufbar unter *https://www.bis.org/publ/othp31.pdf*). An dieser Stelle kann nicht auf alle relevanten Aspekte eingegangen werden, lediglich auf einige der zentralen Begriffe. Zu unterscheiden sind bspw. Nachfrage- und Angebotsschocks durch den Klimawandel, und zwar sowohl als Folge einer graduellen und einigermaßen kontrollierten Erderwärmung als auch als Folge von extremen Ereignissen, die mit katastrophalen Folgen für die Wirtschaft und damit auch entsprechenden Belastungen für Finanzintermediäre und Finanzmärkte einhergehen. Eine besondere Rolle spielen hierbei sogenannte „**stranded assets**“, gestrandete Aktiva: Investitionen in Technologien, die sich vor dem Hintergrund des Klimawandels als nicht tragbar erweisen und deshalb massiv an Wert verlieren. Dies reißt Löcher in die Bilanzen von Unternehmen der Real- und Finanzwirtschaft, mit entsprechenden Folgen für die Eigenkapitalausstattung und finanzielle Stabilität. Dabei spielen **redistributive Effekte** (also Umverteilung innerhalb und zwischen unterschiedlichen Volkswirtschaften), **monetäre Instabilitäten** (insbesondere Auswirkungen der Klimapolitik auf die Preisstabilität und Konjunkturentwicklung und damit auf die Zentralbankpolitik) und **finanzielle Instabilitäten** eine entscheidende Rolle. Letztere wirken sich über zwei Hauptkanäle aus, **physische Risiken** (die aus Wechselwirkungen klimabedingter Veränderungen mit verwundbaren sozialen und natürlichen Systemen resultieren) und **Übergangsrisiken** (ungewisse finanzielle Auswirkungen, die sich aus einem schnellen Übergang zu einer kohlenstoffarmen Wirtschaft ergeben). Diesen Übergangsrisiken stehen allerdings auch die Chancen gegenüber, die im Rahmen der Umstellung von Produktionsweisen entstehen. So erhoffen sich viele Akteure im Finanzsystem Erträge im Bereich von „**Green Finance**“ oder auch „**Sustainable Finance**“. Allerdings sind auch die **Konzentrationsrisiken** nicht zu unterschätzen, die im Zusammenhang mit korrelierten Risiken, bspw. im Bereich erneuerbarer Energien, entstehen.

c) Geld- und Fiskalpolitik sind auf vielfältige Weise gefordert. So sind im Bereich der Fiskalpolitik viele der **unmittelbaren Auswirkungen** zu verorten, die mit den Maßnahmen zur Bekämpfung des Klimawandels einhergehen, von der Erhebung entsprechender CO_2-Steuern und Abgaben bis hin zur Verwendung der entsprechenden Einnahmen. Auch die von vielen für notwendig erachteten Begleitmaßnahmen zu einer Erhöhung der Emissionspreise sind im Normalfall fiskalischer Natur. Sie reichen von den Maßnahmen zur Abfederung sozialer Härten bis hin zu Maßnahmen der Besteuerung von CO_2-intensiven Importen.

   Neben diesen klimapolitischen Maßnahmen müssen Geld- und Fiskalpolitik die **mittelbaren Auswirkungen** berücksichtigen. So ergeben sich neue Konjunktur- und Inflationsrisiken, die sowohl in der Formulierung geldpolitischer Strategien als auch in der Fiskalpolitik zu berücksichtigen sind. Zudem müssen die in Teilaufgabe b) beschriebenen Risiken im Finanzsystem kontrolliert werden, neue Regulierungsmaßnahmen und Aufsichtsstrukturen sind hierfür ebenso notwendig wie neue Regeln im Hinblick auf die Frage, wann eine Investition als „grün" oder „nachhaltig" zu bezeichnen ist.

Während die fiskal- und geldpolitischen Implikationen der genannten unmittelbaren und mittelbaren Folgen inzwischen weitgehend akzeptiert sind, ergeben sich bezüglich der Frage, wie die Politik sich im Hinblick auf die **Finanzierung von Klimainvestitionen** verhalten soll, sehr unterschiedliche Meinungen. Im Bereich der *Fiskalpolitik* wird kontrovers diskutiert, welche Rolle **öffentliche Investitionen im Vergleich zu privaten Investitionen** spielen sollten. Einige Wirtschaftswissenschaftler argumentieren, dass ein Großteil der benötigten Kapitalgüter öffentliche Infrastrukturen sind. Da zudem eine sehr schnelle und koordinierte Reaktion notwendig ist, sollte der Staat den Großteil der Maßnahmen verantworten. Dem entgegnen die Befürworter von privaten Investitionen, dass eine Ausweitung der Staatsquote auch Nachteile hat und nicht ausreichend berücksichtigt, wie wichtig die private Initiative und Innovationskraft von Unternehmern ist, die besser zur Grundidee einer freien Marktwirtschaft passen. Im Bereich der *Geldpolitik* ergeben sich andere Fragen, die mindestens ebenso schwierig zu beantworten sind. So ist es einerseits offensichtlich, dass die Geldpolitik über äußerst wirkungsvolle Instrumente verfügt, um private und öffentliche Investitionen in Klimaneutralität und Umweltschutz zu unterstützen: Sie kann grüne Finanzprodukte im Rahmen ihrer Operationen bevorzugen oder sogar direkt finanzieren. Zudem übt sie häufig die Kontrolle im Bereich der Finanzmarktregulierung aus. Kritiker merken allerdings an, dass die Klimapolitik nicht zu den Kernaufgaben der Geldpolitik gehöre und die Gefahr bestünde, dass das Hauptziel, also eine stabile Preis- und Konjunkturentwicklung, aus dem Blick geraten könnte.

13.4 Übungsaufgaben

1. Auswirkungen von Produktivitätsänderungen im *AS-AD*-Modell
   a) N wird folgende Werte annehmen: 2.000, 1.600, 1.333,3 bzw. 1.000.
   b) Y wird folgende Werte annehmen: 100, 120, 140 bzw. 160. Die Arbeitsproduktivität steigt, da sie genau A entspricht.
   c) dN wird folgende Werte annehmen: 2, 1,33, 1 bzw. 0,67. Wenn A ansteigt, werden weniger Arbeitnehmer benötigt, um eine zusätzliche Produktionseinheit zu erzeugen → bei konstantem Nominallohn sinken die Grenzkosten.
   d) Die prozentuale Änderung von N entspricht der prozentualen Veränderung von Y abzüglich des Produktivitätswachstums. N wird deshalb bei den jeweiligen Werten für die Produktionsänderung um 3% fallen, um 1% fallen, konstant bleiben, um 1% bzw. um 2% ansteigen. Technischer Fortschritt führt also (bei Konstanz der Erwerbsbevölkerung L) nur dann zu Arbeitslosigkeit, wenn der prozentuale Anstieg der Produktion geringer ist als der prozentuale Anstieg der Produktivität.

2. Produktivitätsänderungen im *AS-AD*-Modell

a) Ausgangspunkt für die Ableitung der *AS*-Kurve ist die Beziehung zwischen Beschäftigung N, der Erwerbsbevölkerung L und der Arbeitslosenquote u:

$$N = (1-u)L \quad \rightarrow \quad u = \frac{L-N}{L}$$

Da $N = Y/A$, ergibt sich:

$$u = \frac{L - Y/A}{L}$$

Einsetzen dieser Beziehung in die *WS*-Relation ergibt:

$$W = A^e P^e \left(1 - \frac{L - Y/A}{L}\right) = A^e P^e \left(\frac{Y/A}{L}\right)$$

Einsetzen dieser Beziehung für W in die *PS*-Relation ergibt:

$$P = P^e(1+\mu) \cdot \left(\frac{A^e}{A}\right) \cdot \left(\frac{Y}{L}\right) \cdot \left(\frac{1}{A}\right) \qquad (5.)$$

b) Sofern die Bedingung $A^e/A = 1$ erfüllt ist (eine Änderung der Produktivität wird vollständig antizipiert), führt ein Anstieg von A zu einem Sinken von P, gegeben ein Produktionsniveau Y. Dies wird aus dem letzten Klammerterm in Gleichung (5.) ersichtlich. Der Grund hierfür ist, dass sich bei gestiegener Produktivität jedes beliebige Produktionsniveau mit weniger Arbeitseinsatz produzieren lässt; die Arbeitslosenquote steigt, damit sinken die Nominallöhne und damit das Preisniveau.

Grafisch verschiebt sich die *AS*-Kurve nach unten.

c) Steigt die Produktivität stärker als von den Lohnsetzern erwartet, kommt es im Vergleich zu Teilaufgabe b) zu einem zusätzlichen Effekt. Der erste Bruchausdruck in Klammern in Gleichung (5.), A^e/A, sinkt, was ein zusätzliches Sinken des Preisniveaus auslöst. Dieser zusätzliche Effekt basiert auf der folgenden Überlegung: Würden A und A^e in gleichem Ausmaß steigen (so wie in Teilaufgabe b)), würde der durch die Preissetzung implizierte Reallohn um den Faktor A steigen (die *PS*-Kurve verschiebt sich nach oben), der durch die Lohnsetzung implizierte Reallohn ebenfalls (die *WS*-Kurve verschiebt sich in gleichem Maße nach oben). Unterschätzen die Lohnsetzer die Produktivitätsentwicklung ($A^e < A$), ist ihr Reallohnanstieg geringer als der, der durch den Produktivitätsanstieg gerechtfertigt wäre. Verglichen zu b) sind die Nominallöhne deshalb geringer, was wiederum für jedes Produktionsniveau Y zu einem niedrigeren Preisniveau P führt.

Grafisch verschiebt sich die *AS*-Kurve im Vergleich zu b) weiter nach unten.

d) Durch die Verbesserung der Zukunftsaussichten erhöht sich die gesamtwirtschaftliche Nachfrage (durch erhöhte Konsum- und Investitionsnachfrage): *AD* verschiebt sich nach rechts (auf *AD'*), nachdem sich *AS* aufgrund des Produktivitätsanstiegs nach unten verschoben hat. Niedrige Kosten treffen auf eine hohe Nachfrage und lösen einen Wirtschaftsaufschwung aus. Die Produktion Y steigt.

Die Auswirkungen auf das Preisniveau sind hingegen unklar und hängen sowohl von der Steigung der Kurven als auch vom Ausmaß der Verschiebung ab: Ist die *AS*-Kurve sehr steil (bzw. die *AD*-Verschiebung besonders ausgeprägt), kommt es zu einem Anstieg des Preisniveaus, im gegenteiligen Fall zu einem Sinken. Es kann nur festgehalten werden, dass bei einem Anstieg der Produktivität ein gegebener Anstieg der Nachfrage zu geringeren Preiseffekten führt.

Auch die Auswirkungen auf die Arbeitslosenquote sind unklar. Ist der prozentuale Anstieg der Produktion (g_Y) größer als der prozentuale Anstieg der Produktivität (g_A), sinkt die Arbeitslosenquote; im umgekehrten Fall ($g_Y < g_A$) steigt sie. Wovon hängt die kurzfristige Entwicklung der Arbeitslosenquote ab? Wir müssen zwei Effekte berücksichtigen:

- In dem Ausmaß, in dem A^e der Variable A hinterherhinkt, fällt A^e/A. Dieser Effekt reduziert die Arbeitslosenquote, da der von der Preissetzung implizierte Reallohn über dem von den Lohnsetzern geforderten Reallohn liegt.
- Allerdings kann nun ein gegebenes Produktionsniveau mit weniger Arbeitskräften erzielt werden. Dieser Effekt erhöht die Arbeitslosenquote.

e) Die *AD*-Kurve verschiebt sich nun nach links, da die Geldpolitik die Nachfrage künstlich senkt. P sinkt; die Auswirkungen auf die Produktion können entweder positiv (AD'), negativ (AD'') oder neutral sein.

3. Klimawandel und Klimapolitik in Wachstumsmodellen

a) Das Modell von Tsigaris und Wood (2016) beschäftigt sich vor allem mit den intergenerativen Aspekten des Klimawandels. Es zeigt auf, dass es auch um die Frage geht, ob zukünftige Generationen (die bei weiterem Wirtschaftswachstum erwartungsgemäß eigentlich bessergestellt sind) auf Kosten der aktuellen Generation von den Lasten des Klimawandels befreit werden sollten. Dazu wird die Standard-Produktionsfunktion des Solow-Modells um eine sogenannte Schadenfunktion erweitert, die einen negativen Zusammenhang zwischen erhöhten globalen Temperaturen und der Arbeitsproduktivität herstellt. Je nachdem, welcher Temperaturanstieg unterstellt wird und wie stark der Zusammenhang zwischen einem gegebenen Anstieg und der Arbeitsproduktivität ist, ergeben sich unterschiedliche Wachstumspfade, solche mit in der Zukunft höherem, aber im Vergleich zu einer Welt ohne Klimawandel reduziertem Einkommen und solche, in denen die zukünftigen niedriger sind als die aktuellen. Berücksichtigt werden dabei auch die erwartete Bevölkerungsentwicklung, ein Anstieg der totalen Faktorproduktivität sowie die Ressourceneffizienz der Produktion (wie viele CO_2-Emissionen werden durch eine Produktionseinheit verursacht?).

b) Ihre Darstellungen sollten den Abbildungen 1 und 6 in dem Artikel von Tsigaris und Wood (2016) entsprechen.

c) Das Modell bildet lediglich einen kleinen Teilaspekt der Probleme ab, die sich im Zuge des Klimawandels ergeben. Es fokussiert die Verteilungseffekte zwischen der aktuellen und der zukünftigen Generation, vernachlässigt allerdings die allermeisten relevanten Fragen. Um nur einige wenige zu nennen: Welche Schocks können auftreten, wenn der Klimawandel ein Wachstumsgleichgewicht gar nicht erst aufkommen lässt? Ist die Produktionsfunktion auch nur ansatzweise in der

Lage, die Komplexität einer vollständigen Umstellung aller Technologien zu erfassen? Welche Folgen hätte der Klimawandel für die makroökonomische Stabilität? Wie sind die Einkommenseinbußen zwischen und innerhalb der Volkswirtschaften verteilt? Wie wirkt sich der Klimawandel auf Ersparnisbildung und Investitionen aus, wie auf die Finanzmarktstabilität? Welche positiven Auswirkungen könnten mit der Umstellung auf klimaneutrale Produktionsweisen verbunden sein?

4. Geld- und Fiskalpolitik vor dem Hintergrund des Klimawandels
   a) Die Europäische Zentralbank (EZB) will in Zukunft auch den Klimawandel berücksichtigen, allerdings vor allem im Hinblick auf ihr Hauptmandat, der Gewährleistung von Preisstabilität. Dazu hat sie ein Arbeitsprogramm entwickelt, im Rahmen dessen die Auswirkungen des Klimawandels auf makroökonomische Größen und die Finanzstabilität besser verstanden werden sollen. Zudem untersucht die EZB, wie sie die Berichtspflichten, die die Emittenten von Wertpapieren im Hinblick auf die Nachhaltigkeit und Klimawirkungen ihrer Investitionen in Zukunft haben werden, in ihren Offenmarktoperationen und Ankaufprogrammen berücksichtigen kann.
   b) Aus Sicht vieler Ökonomen war die Wirtschaftsentwicklung in den letzten Jahren dadurch geprägt, dass im Vergleich zu einer sehr hohen Ersparnisbildung nur wenig investiert wurde. In der Folge bewegte sich die Wirtschaft, zumindest bis zur Corona-Pandemie, meist in einem eher deflationären Umfeld, nahe der Nullzinsgrenze und mit einem nur verhaltenen Wirtschaftswachstum. Einige Ökonomen hoffen, dass die hohen Investitionen, die im Zusammenhang mit der Bewältigung der mangelnden Nachhaltigkeit unseres Wirtschaftssystems notwendig werden, zu einer Annäherung von I und S und damit zu einer dynamischeren Wirtschaftsentwicklung beitragen könnten.

14 Finanzmärkte und Erwartungen

14.1 Wissens- und Verständnistests

Multiple Choice

1. Eine einjährige Anleihe hat einen Nominalwert von 1.000 € einen Preis von 1.050 € und Kuponzahlungen von 100 €. Damit beträgt die Rendite dieses Wertpapiers
   a) 10%.
   b) 5%.
   c) 4,76%.
   d) 9,52%.
2. Eine zweijährige Anleihe hat einen Nominalwert von 1.000 €, einen Preis von 1.050 € und jährliche Kuponzahlungen von 100 €. Bei einer flachen Zinsstrukturkurve beträgt die Rendite dieses Wertpapiers
   a) 2,35%.
   b) 7,23%.
   c) 4,76%.
   d) 10%.
3. Gehen Sie von der gleichen Anleihe wie in (2.) aus. Am Markt wird daneben eine einjährige Anleihe mit einem Zinssatz von 5% gehandelt. Welcher Zins ergibt sich als i_{2t}?
   a) 15,21%
   b) 7,23%
   c) 10%
   d) 7,34%
4. Eine Anleihe, die eine einmalige Zahlung am Ende ihrer Laufzeit verspricht, heißt
   a) Junk Bond.
   b) Indexierte Anleihe.
   c) Corporate Bond.
   d) Diskontanleihe.
5. Gehen Sie von einer steigenden Zinsstrukturkurve aus. Nun steigt der aktuelle einjährige Zinssatz um 2% an, während der erwartete zukünftige einjährige Zinssatz konstant bleibt. Dadurch verändert sich der Zinssatz zweijähriger Anleihen wie folgt:

a) Er steigt um weniger als 2%.
b) Er steigt um 2%.
c) Er fällt um weniger als 2%.
d) Er fällt um 2%.

6. Wenn der Zins dieses Jahr 4% beträgt und die Finanzmärkte für nächstes Jahr einen Zins von 5% sowie für übernächstes Jahr einen Zins von 6% erwarten, beträgt die Rendite einer dreijährigen Anleihe ungefähr
   a) 4%.
   b) 5%.
   c) 6%.
   d) 7%.
7. Welche der folgenden Anleihen hätte die größte Risikoprämie?
   a) Deutsche Staatsanleihen.
   b) Österreichische Staatsanleihen.
   c) Junk Bonds.
   d) von Moody's mit Aaa bewertete Anleihen.
8. Wenn der Zins einer einjährigen Anleihe 3% beträgt und der einer zweijährigen Anleihe 3,5% beträgt, liegt der erwartete Zins einer einjährigen Anleihe in einem Jahr bei
   a) 3%.
   b) 3,5%.
   c) 4%.
   d) 4,5%.
9. Sie erwarten einen durchschnittlichen realen Dividendenstrom von 2. Welchen realen Kurs impliziert diese Dividendenerwartung, wenn Sie von einem konstanten Realzins von 3% ausgehen?
   a) 100.
   b) 102.
   c) 103.
   d) 66,67.
10. Ein unerwarteter Rückgang des Geldangebots wird tendenziell
   a) einen Anstieg der Aktienkurse bewirken.
   b) einen Rückgang der Aktienkurse bewirken.
   c) keinen Einfluss auf die Aktienkurse haben.
   d) keinen eindeutigen Effekt auf die Aktienkurse haben.

Wahr/Falsch: Welche der jeweiligen Aussagen sind wahr, welche falsch?

11. Das Rating eines großen Versicherungsunternehmens verschlechtert sich. Dadurch
    a) steigen die Kurse seiner Anleihen.
    b) erhöhen sich die Finanzierungskosten des Unternehmens.
    c) sinken die Zinsen der Unternehmensanleihen.
    d) wollen mehr Menschen eine Lebensversicherung bei diesem Unternehmen abschließen.
12. Antizipieren die Finanzmärkte eine Zinserhöhung der europäischen Zentralbank,
    a) ist die Zinserhöhung bereits in den Wertpapierpreisen enthalten.
    b) wird die Durchführung der Zinserhöhung einen zusätzlichen Schub für die Aktienpreise bewirken.
    c) ist sie in den Aktienpreisen bereits enthalten, die Anleihenkurse reagieren aber erst bei Durchführung der Zinserhöhung.
    d) haben sich die Aktienkurse bereits zum Zeitpunkt der Erwartungsänderung angepasst.
13. Ob ein unerwarteter Anstieg der Staatsausgaben die Aktienkurse ansteigen lässt, hängt davon ab,
    a) ob der Staat das Geld für kurzfristige, den Konsum steigernde Projekte oder für Infrastrukturinvestitionen ausgibt.
    b) wie die Staatsausgabenerhöhung finanziert wird.
    c) wie ausländische Investoren diesen Schritt beurteilen.
    d) welche Reaktion der Geldpolitik erwartet wird.
14. Welches der folgenden Ereignisse wird einen Anstieg der aktuellen Aktienkurse bewirken?
    a) Ein Anstieg der erwarteten zukünftigen Dividenden.
    b) Ein Anstieg des heutigen einjährigen Zinssatzes.
    c) Ein Anstieg des erwarteten einjährigen Zinssatzes nächstes Jahr.
    d) Ein Anstieg der Risikoprämie auf Aktien.

Basiswissen

15. Spekulative Blasen
    a) Wann spricht man von einer Überbewertung von Aktien?
    b) Angenommen, Sie wissen, dass eine Aktie überbewertet ist. Kann es für Sie dennoch rational sein, in diese Aktie zu investieren?

c) Erläutern Sie kurz drei Argumente, warum trotz eines historisch niedrigen Dividenden-Kurs-Verhältnisses 1999 und 2000 einige Finanzmarktakteure davon ausgegangen sind, dass die Aktienmärkte nicht überbewertet waren.

d) Erläutern Sie kurz drei Argumente, warum in den USA im Jahre 2006 trotz historisch hoher Immobilienpreise im Verhältnis zu Einkommen oder Mieten einige davon ausgegangen sind, dass die Immobilienmärkte nicht überbewertet waren.

14.2 Übungsaufgaben

1. Zinsstrukturkurve

   a) Welche Typen von Zinsstrukturkurven gibt es? Stellen Sie alle drei grafisch dar!

   b) Wieso ist die Zinsstrukturkurve ökonomisch relevant?

   c) Die zentrale Frage, mit der sich Theorien der Fristigkeitsstruktur der Zinssätze beschäftigen, lautet: Wie kann man den Verlauf der Zinsstrukturkurve und ihre Veränderung im Zeitablauf erklären? Welche Aussagen trifft dazu die klassische Erwartungstheorie?

   d) Gehen Sie davon aus, dass nur zwei Anleihen existieren:

      – Langfristige Anleihe L mit Laufzeit T und Zins i_L.
      – Kurzfristige Anleihe K mit Laufzeit 1 und Zins i_{Kt} (das t im Subindex bezeichnet die jeweilige Periode).

      i. Zeigen Sie mit Hilfe des Arbitragekalküls das Verhältnis von i_K zu i_L, wenn keine Zinsänderungen erwartet werden.

      ii. Welcher Einfluss ergibt sich auf die Zinsstrukturkurve, wenn ein Sinken des Zinsniveaus erwartet wird?

   e) Abweichend von der klassischen Erwartungstheorie argumentiert die Liquiditätsprämientheorie, dass Anleger einen Aufschlag für die Anlage in längere Laufzeiten verlangen. Wie verändern sich dadurch Ihre Antworten zu Aufgabe d)? Gehen Sie zur Vereinfachung von $T = 2$ aus.

   f) Welche Informationen beinhaltet die Zinsstrukturkurve für die Geldpolitik?

   g) Erläutern Sie im Zusammenhang mit der Zinsstrukturkurve, warum häufig von der Notwendigkeit einer „glaubwürdigen und stetigen Geldpolitik“ gesprochen wird.

2. Zinsstrukturkurve im Euroraum

   Die EZB bietet eine interaktive Website mit der täglichen Zinsstrukturkurve im Euroraum für Laufzeiten von drei Monaten bis 30 Jahren. Sie finden sie unter *www.ecb.europa.eu → Statistics → Euro area yield curves.*

   a) Beschreiben Sie die Zinsstrukturkurve für den 2. Mai 2013. Alternativ zur Nutzung der interaktiven Website können Sie sich die Daten auch in ein Tabellenkalkulationsprogramm laden und eine Grafik mit der Zinsstrukturkurve am 2. Mai 2013 erstellen.

Achtung: Die EZB bietet mehrere Datensätze an, die sich in der Berechnungsmethode und der Kreditqualität der zu Grunde gelegten Staatsanleihen unterscheiden. Benutzen Sie für diese Aufgabe die Standardeinstellung („Spot rate", d.h. Kassazinsen, für Staatsanleihen mit AAA-Rating).

b) Ergänzen Sie die Grafik mit den Zinsstrukturkurven für den 1. Juli und den 19. Juli 2013. Wie verändern sich die Kurven?

c) Erklären Sie die Veränderungen vor dem Hintergrund wirtschaftlicher und geldpolitischer Entwicklungen. Unter anderem relevante Stichworte sind „tapering" der amerikanischen Geldpolitik und „forward guidance" der EZB-Geldpolitik.

d) Warum eignet sich die Zinsstrukturkurve, die auf Basis der Staatsanleihen aller Euro-Länder berechnet ist, weniger zur Herleitung von Zinserwartungen als die auf Basis von Staatsanleihen mit AAA-Rating berechnete?

Lösungen zu Kapitel 14

14.1 Wissens- und Verständnistests

Multiple Choice

1. c)
2. b)
3. d)
4. d)
5. a)
6. b)
7. c)
8. c)
9. d)
10. b)

Wahr/Falsch

11. F, W, F, F
12. W, F, F, W
13. W, W, W, W
14. W, F, F, F

Basiswissen

15. Spekulative Blasen

a) Der Fundamentalwert einer Aktie Q_t entspricht dem Gegenwartswert heutiger und künftig erwarteter Dividenden:

$$Q_t = \frac{D^e_{t+1}}{1+i_{1t}} + \frac{D^e_{t+2}}{(1+i_{1t})(1+i^e_{1t+1})} + \dots$$

Von einer Überbewertung spricht man dann, wenn der Aktienkurs über seinem Fundamentalwert Q_t liegt.

b) An sich sollten Sie nicht mehr als Q_t für eine Aktie bezahlen. Wenn Sie aber davon ausgehen, dass der Aktienkurs im nächsten Jahr mit einer hinreichenden Wahrscheinlichkeit weiter ansteigen wird, kann es rational sein, auf diesen Anstieg zu spekulieren und die Aktie zu kaufen.

c) Im Zuge des Schlagworts von der „New Economy" wurde viel über einen Anstieg des Trendwachstums durch das höhere Produktivitätswachstum gesprochen. Dieses sollte einhergehen mit einem stärkeren Gewinnwachstum und damit höheren zukünftigen Dividenden, was bereits heute einen höheren Aktienkurs rechtfertigen würde. (Ein wichtiger Effekt des Internets ist allerdings, dass es Eintrittskosten und damit -barrieren in einzelne Märkte für neue Konkurrenten senkt. Diese Zunahme der Konkurrenz hat aber eine senkende Wirkung auf die Preise und insbesondere die Preis-mark-ups (unser μ aus ▶*Kapitel 7*), was die Gewinne der Unternehmen tendenziell reduziert.)

Eine alternative Erklärung könnte der seit 1990 beobachtete Rückgang des realen Zinssatzes sein: Gegeben der heutigen und zukünftigen Dividenden steigt der Aktienkurs mit einem niedrigeren realen Zinssatz. (Wachstumsmodelle legen jedoch nahe, dass ein höheres Produktivitätswachstum nicht nur höhere Reallöhne bewirkt, wie wir in ▶*Kapitel 13* gesehen haben, sondern auch einen *höheren* Realzins.)

Ein drittes Argument bietet die Einbeziehung einer Risikoprämie auf Aktien in unsere Überlegungen. Empirische Schätzungen legten nahe, dass diese in den USA von ca. 7% in den 1950er-Jahren auf unter 3% gefallen war, was bedeutete, dass Aktien als weniger riskant als früher eingestuft werden. Dieser Rückgang bewirkte einen Anstieg der Aktienkurse relativ zu den heutigen und zukünftigen Dividenden. (Der Rückgang der Risikoprämie war aber nie allein in der Lage, die Aktienkurse von 1999/2000 zu rechtfertigen.)

d) Die hohen Preissteigerungen auf den US-Immobilienmärkten spiegelten eine starke Nachfrage und ein relativ begrenztes Angebot wider. Vor allem Käufer von Häusern erwarteten, dass sich an dieser Situation auf absehbare Zeit nichts ändern würde. Die Nachfrage wurde unter anderem von sinkenden Realzinsen gestützt, die den Gegenwartswert der erwarteten Mieteinnahmen ansteigen ließen. Darüber hinaus bekamen immer mehr Amerikaner günstige und relativ zum Wert des Hauses umfangreichere Kredite (häufig im „subprime"-Segment des Hypothekenmarkts). Weitere Preissteigerungen wurden unter anderem auf Grund einer starken Einwanderung und einem Trend zu Zweitwohnungen erwartet, demgegenüber die Produktivitätssteigerungen beim Bau von Häusern und damit die Möglichkeit zu Angebotssteigerungen vergleichsweise begrenzt wären. Deswegen sei ein gleichzeitiger Immobilienpreisverfall in den ganzen USA (im Unterschied zu Preisschwankungen auf lokalen Märkten) nicht zu erwarten. Die Geschichte hat diese Thesen eindeutig widerlegt.

14.2 Übungsaufgaben

1. Zinsstrukturkurve

a) Die Zinsstrukturkurve stellt die Beziehung zwischen Laufzeit und Rendite von Anleihen dar. Man unterscheidet den **flachen** (gleicher Zins für alle Laufzeiten), **normalen** (Zins steigt mit der Laufzeit) und den **inversen** (Zins fällt mit der Laufzeit) Verlauf der Zinsstrukturkurve.

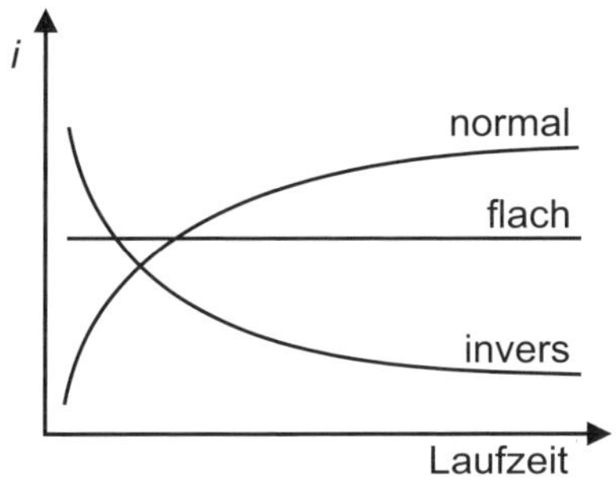

Abbildung 14.1: Typische Verläufe der Zinsstrukturkurve

In der Praxis wird die Zinsstrukturkurve häufig auf die Differenz („**spread**") zwischen zehnjährigen und dreimonatigen (Staats-)Anleihen reduziert. Dadurch verliert man natürlich die Information über die Krümmung der Kurve etc.

b) Die Relevanz der Zinsstrukturkurve hat zwei wesentliche Gründe:

– Für die ökonomische Aktivität ist vor allem der **langfristige Realzins** entscheidend.
– Geldpolitik besitzt unmittelbaren Einfluss nur auf den **kurzfristigen Nominalzins** (mittels Offenmarktgeschäften etc.).

c) Bei der Erwartungstheorie sind die Anleger risikoneutral und deshalb bei gleicher erwarteter Rendite indifferent zwischen kurz- und langfristigen Anleihen. Die unterschiedlichen Anleihen sind perfekte Substitute. Im Durchschnitt sollten wir deshalb eine flache Zinsstrukturkurve beobachten (sofern der Zinssatz keinem langfristigen Trend folgt).

Nach der Erwartungstheorie sollte sich die Zinsstrukturkurve immer dann verändern, wenn sich die Erwartungen über die zukünftigen Nominalzinsen verändern: Steigen die Zinserwartungen an, sollte die Kurve steiler werden, sinken sie, sollte die Kurve flacher werden oder fallen.

d) Nach dem Arbitragekalkül muss die Rendite der langfristigen Anleihe gleich der erwarteten Rendite einer Reihe von kurzfristigen Anleihen sein:

$$(1+i_L)^T = (1+i_{K1})\cdot E\left[(1+i_{K2})\cdot\ldots\cdot(1+i_{KT})\right] \qquad (1.)$$

i. Falls keine Zinsänderungen erwartet werden, gilt $i_{K1} = E\left[i_{K2}\right] = \ldots = E\left[i_{KT}\right]$. Dann folgt aus (1.) offensichtlich, dass $i_L = i_{K1}$ und damit eine *flache* Zinsstrukturkurve vorliegt.

ii. Werden dagegen Zinssenkungen erwartet, bedeutet das $i_{K1} \geq E\left[i_{K2}\right] \geq \ldots \geq E\left[i_{KT}\right]$, wobei mindestens einmal ein striktes > gelten muss. Damit folgt aus (1.), dass $i_L < i_{K1}$ und damit eine *inverse* Zinsstrukturkurve vorliegt.

Liquiditätsprämientheorie

Die Liquiditätsprämientheorie geht davon aus, dass sich sowohl Kapitalgeber als auch Kapitalnehmer risikoavers verhalten. Anleger befürchten vor allem, dass sie einen Kursverlust hinnehmen müssen, wenn sie nach dem Kauf eines langfristigen Wertpapiers ihr Geld vor dem Ende der Anleihenlaufzeit benötigen. Dagegen fürchten Kapitalnehmer, dass ihre Refinanzierung durch einen Zinsanstieg teurer werden könnte, wenn sie sich für kurze Laufzeiten ihrer Kredite entscheiden. Beide Effekte gehen in dieselbe Richtung: Sie senken das Angebot und erhöhen die Nachfrage nach langfristigem Kapital, wodurch der langfristige Zins im Durchschnitt um die Liquiditätsprämie über dem kurzfristigen liegen sollte. Lang- und kurzfristige Anleihen sind nun *keine* perfekten Substitute mehr.

In späteren Kapiteln werden wir das Konzept der Liquiditäts- oder auch Risikoprämien als Zinsaufschlag wiederverwenden.

e) Wenn wir die Liquiditätsprämie mit ρ bezeichnen, ergibt sich als neues Arbitragekalkül im 2-Perioden-Fall

$$(1+i_L)^2 = (1+i_{K1}) \cdot E\left[1+i_{K2}+\rho\right] \qquad (2.)$$

- Falls keine Zinsänderungen erwartet werden ($i_{K1} = E\left[i_{K2}\right]$) folgt aus (2.), dass $i_L > i_{K1}$ und damit eine *normale* Zinsstrukturkurve vorliegt.
- Werden dagegen Zinssenkungen erwartet ($i_{K1} > E\left[i_{K2}\right]$), bestehen drei Möglichkeiten für den Verlauf der Zinsstrukturkurve:

$$i_L \begin{cases} < i_{K1}, & falls\ \left(i_{K1} - E\left[i_{K2}\right]\right) < \rho \\ = i_{K1}, & falls\ \left(i_{K1} - E\left[i_{K2}\right]\right) = \rho \\ > i_{K1}, & falls\ \left(i_{K1} - E\left[i_{K2}\right]\right) > \rho \end{cases}$$

Damit beobachten wir nach der Liquiditätsprämientheorie erst dann eine *inverse* Zinsstrukturkurve, wenn die Zinssenkungserwartungen hinreichend stark sind.

f) Die Zinsstrukturkurve ist ein Indikator für die

- Inflationserwartungen (wegen der Fisher-Gleichung $i = r + \pi^e$)
- erwartete Konjunkturentwicklung:

Erwarteter Boom → Erwartung einer restriktiven Geldpolitik → Erwartung von Zinssteigerungen → relativ stark ansteigende Zinsstrukturkurve.

Erwartete Rezession → Erwartung einer expansiven Geldpolitik → Erwartung von Zinssenkungen → flachere bzw. inverse Kurve.

Zentral ist also die **Rolle der Erwartungen**.

g) Die langfristig glaubwürdige Verpflichtung *(commitment)* der Zentralbank zu einer stabilen Geldpolitik lässt π^e konstant (siehe ▶*Kapitel 23*). Dadurch bewirken Veränderungen des kurzfristigen Nominalzinses direkte Veränderungen des Realzinses. Der Effekt auf die langfristigen Nominal- und Realzinsen wird durch eine stetige, d.h. nicht ständig die Richtung der Zinsänderungen wechselnde Geldpolitik noch verstärkt. Glaubwürdigkeit und Stetigkeit helfen also, eine die Realwirtschaft stabilisierende Geldpolitik zu betreiben.

2. Zinsstrukturkurve im Euroraum

a) Die Zinsstrukturkurve am 2. Mai 2013 ist im kurzfristigen Bereich bis ca. ein Jahr Restlaufzeit leicht invertiert und die nominalen Zinssätze sind sogar leicht negativ. Danach steigt die Kurve monoton an, hat also einen normalen Verlauf. Der „Spread" zwischen zehnjährigen und dreimonatigen Staatsanleihen beträgt 1,5%-Punkte.

b) Sie können die vergleichende Grafik in ▶*Abbildung 14.2* in Excel oder auch direkt auf der EZB-Website durch die Auswahl eines zusätzlichen Datums erstellen. Die Zinsstrukturkurve am 1. Juli 2013 ist deutlich steiler als am 2. Mai, was sich auch am auf 2,1%-Punkte angestiegenen Spread zwischen zehnjährigen und dreimonatigen Staatsanleihen zeigt. Dagegen liegt die Zinsstrukturkurve am 19. Juli 2013 wieder näher an der Kurve vom 2. Mai und der Spread ist auf 1,8%-Punkte gesunken.

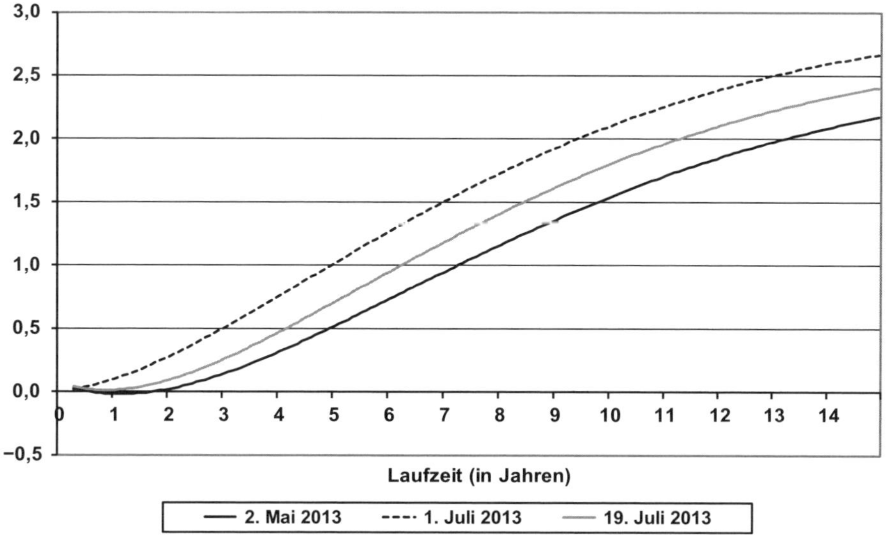

Abbildung 14.2: Zinsstrukturkurve im Euroraum

c) Als Ben Bernanke am 22. Mai 2013 eine mögliche Reduktion („Tapering") der Käufe von amerikanischen Staatsanleihen im Rahmen der quantitativen Lockerung der amerikanischen Zentralbank in den folgenden Monaten andeutete, stiegen die Geldmarkt- und Anleihenzinsen nicht nur in den USA, sondern auch in Europa deutlich an, was sich an der Zinsstrukturkurve vom 1. Juli zeigt. Diese Entwicklung wurde begünstigt durch positive Konjunkturmeldungen und begleitet von einer gestiegenen Zinsvolatilität. Der EZB-Rat wollte der damit verbundenen relativen Straffung der Geldpolitik entgegentreten, um angesichts einer erwarteten gedämpften Preisentwicklung die Anfälligkeit gegenüber mit der Zinsvolatilität verbundenen Schocks zu begrenzen. Der EZB-Rat beschloss daher am 4. Juli die Veröffentlichung seiner sogenannten „Forward Guidance" (die Bundesbank übersetzt dies mit „zukunftsgerichteten Hinweisen"): Der EZB-Rat sagte explizit, dass er „derzeit davon ausgeht, dass die EZB-Leitzinsen für längere Zeit auf dem aktuellen oder einem niedrigeren Niveau bleiben werden". Allerdings sind diese Hinweise an die Bedingung geknüpft, dass keine Risiken für die Preisstabilität erkennbar werden. Im Anschluss an diese Entscheidung gingen die Zinsen wieder deutlich zurück, wie Sie an der Zinsstrukturkurve am 19. Juli sehen können. Allerdings wurde das Niveau vom Anfang Mai nicht wieder erreicht und in den folgenden Monaten stiegen die Zinsen wieder an. Weitere Details zur „Forward Guidance" der EZB können Sie z.B. im EZB-Monatsbericht vom Juli 2013 nachlesen (verfügbar auf *www.ecb.europa.eu* oder in Deutsch auf *www.bundesbank.de*).

d) Um die Zinserwartungen möglichst genau und unverzerrt darzustellen, fokussiert man sich in der Regel auf die spot rates (Kassazinsen) von Staatsanleihen, die ein AAA-Rating haben, also vermeintlich risikolos sind. Vor der Finanz- und Eurokrise, also bis 2007, gab es kaum einen Unterschied zwischen den Renditen europäischer Staatsanleihen. Wie Sie durch einen Vergleich der AAA-Zinsstrukturkurve mit der auf Basis aller europäischen Staatsanleihen berechneten Kurve feststellen können, existiert seither eine deutliche Differenz zwischen diesen beiden Kurven. Die Renditen von Staatsanleihen ohne AAA-Rating unterliegen Kreditrisikoprämien, die im Zeitverlauf stark schwanken können und dadurch die Herleitung von Zinserwartungen entsprechend verzerren und die Interpretation erschweren. Im Übrigen bietet die Website neben den spot rates (Kassazinsen) auch noch weitere Berechnungsmethoden an: (i) die Terminzinsstrukturkurve („instantaneous forward yield curve"), die den erwarteten kurzfristigen Zinssatz zu dem jeweiligen Zeitpunkt in der Zukunft angibt, und (ii) die Pari-Renditen-Kurve („par yield curve"), bei der die Kassazinsen in die Renditen von Kuponanleihen umgewandelt werden, die zum Nennwert („Pariwert") gehandelt werden, damit die Rendite dem Kuponzins entspricht. Mehr Details bietet z.B. der Artikel zu den „Neuen Zinsstrukturkurven des Euro-Währungsgebiets" im EZB-Monatsbericht vom Februar 2008.

15 Erwartungsbildung, Konsum und Investitionen

15.1 Wissens- und Verständnistests

Multiple Choice

1. Was verstehen Sie unter Humanvermögen?
   a) Die Summe aller erwarteten Nettoarbeitseinkommen über alle Lebensperioden.
   b) Der Gegenwartswert des erwarteten Bruttoarbeitseinkommens über alle Lebensperioden.
   c) Der Gegenwartswert des erwarteten Nettoarbeitseinkommens über alle Lebensperioden.
   d) Die Summe aller erwarteten Bruttoarbeitseinkommen über alle Lebensperioden.
2. Wovon hängt der Wert des Humanvermögens nicht ab?
   a) Ausbildungsniveau
   b) Berufserfahrung
   c) Entwicklung der Arbeitslosenquote
   d) Entwicklung der Aktien- und Wertpapiermärkte
3. Zum Gesamtvermögen, außer Humanvermögen, zählt nicht:
   a) Gegenwartswert des Nettoarbeitseinkommens
   b) Immobilienvermögen
   c) Hypothekenkredite
   d) Aktienvermögen
4. Als Gesamtvermögen bezeichnet man
   a) die Summe aus Finanz- und Immobilienvermögen.
   b) die Summe aus Human-, Immobilien- und Sachvermögen.
   c) die Summe aus Immobilien-, Finanz- und Sachvermögen.
   d) die Summe aus Human-, Finanz-, Sach- und Immobilienvermögen.
5. Welches der folgenden Ereignisse verursacht den geringsten Anstieg des gegenwärtigen Konsums?
   a) Ein permanenter Anstieg des verfügbaren Einkommens.
   b) Ein transitorischer Anstieg des verfügbaren Einkommens.
   c) Ein Anstieg des Immobilienvermögens.
   d) Ein Anstieg des Humanvermögens.

6. Ein Unternehmen entschließt sich zum Kauf einer Maschine, wenn Folgendes zutrifft:
   a) Der Gegenwartswert des erwarteten Gewinns ist größer als die Abschreibungsrate.
   b) Der Gegenwartswert des erwarteten Gewinns ist größer als der Realzins.
   c) Der Gegenwartswert des erwarteten Gewinns ist größer als der Anschaffungspreis.
   d) Der Gegenwartswert des erwarteten Gewinns ist größer als null.
7. Unter der Annahme, dass die erwarteten Gewinne und Realzinsen konstant bei ihren gegenwärtigen Niveaus bleiben, trifft Folgendes zu:
   a) Die Investitionen sinken, wenn der Realzins sinkt.
   b) Die Investitionen steigen, wenn die Abschreibungsrate steigt.
   c) Die Investitionen steigen, wenn die Mietkosten des Kapitals steigen.
   d) Die Investitionen sinken, wenn der Gewinn des Unternehmens sinkt.
8. Welchen der folgenden Ausdrücke bezeichnet man als die „Mietkosten des Kapitals“, falls Zinssatz und Gewinn über alle Perioden konstant bleiben?
   a) r_t
   b) $r + \delta$
   c) Π_t
   d) $\Pi / r + \delta$

Wahr/Falsch: Welche der jeweiligen Aussagen sind wahr, welche falsch?

9. Nehmen Sie an, die Immobilienpreise steigen. Welche der folgenden Größen wird dadurch beeinflusst?
   a) Das Immobilienvermögen
   b) Das Gesamtvermögen
   c) Das Finanzvermögen
   d) Das Humanvermögen
10. Welche der folgenden Größen spielen bei der Bestimmung des Humanvermögens eine Rolle?
    a) Das erwartete Bruttoeinkommen
    b) Die erwartete Besteuerung
    c) Die erwarteten Realzinsen
    d) Die erwarteten Wertpapierkurse

11. Was ist zu erkennen, wenn man den Verlauf der relativen Wachstumsraten von Konsum und Investitionen in Deutschland während der letzten 60 Jahre beobachtet?
    a) Die Investitionen sind volatiler als der Konsum.
    b) Die Investitionen und der Konsum bewegen sich gleichgerichtet.
    c) Der Konsum ist volatiler als die Investitionen.
    d) Die Volatilität von Konsum und Investitionen ist in etwa gleich.

12. Welche Rolle spielen aktuelle und zukünftige Gewinne bei der Investitionsentscheidung?
    a) Die Empirie zeigt einen positiven Zusammenhang zwischen aktuellen Gewinnen und Investitionstätigkeit.
    b) Sowohl ein Anstieg des Cashflows als auch der Profitabilität bewirken einen Anstieg der Investitionen.
    c) Aktuelle Gewinne spielen insofern eine Rolle, da Unternehmen sich oft zurückhalten, Kredite aufzunehmen.
    d) Da sich Unternehmen Kredite bei Banken besorgen können, spielt der aktuelle Gewinn bei der Investitionsentscheidung keine Rolle.

13. Welche Aussagen über den Zusammenhang zwischen Investitionstätigkeit und Aktienmarkt treffen zu?
    a) Übersteigt die Bewertung des Aktienmarkts den Einkaufspreis neuer Kapitalgüter, sollte das Unternehmen in neue Kapitalgüter investieren.
    b) Übersteigt die Bewertung des Aktienmarkts den Einkaufspreis neuer Kapitalgüter, sollte das Unternehmen in keine neuen Kapitalgüter investieren.
    c) Tobin's q wird berechnet, indem der Marktwert des eingesetzten Kapitals durch die Wiederbeschaffungskosten des eingesetzten Kapitals dividiert wird.
    d) Je höher Tobin's q, desto geringer schätzen die Finanzmärkte das Gewinnpotenzial des eingesetzten Kapitals ein.

14. Unter der Annahme, dass die Produktion dem Absatz entspricht, kann der Gewinn pro Kapitaleinheit dargestellt werden als: $\Pi_t = \Pi(Y_t/K_t)$. Welche Implikationen lassen sich aus dieser Darstellung ableiten?
    a) Wenn in einer Rezession der Absatz sinkt, dann sinkt auch der Gewinn pro Kapitaleinheit.
    b) Wenn der Kapitalstock schon recht hoch ist, dann ist es wahrscheinlich, dass der Gewinn pro Kapitaleinheit gering ist.
    c) Wenn in einem wirtschaftlichen Aufschwung der Absatz steigt, dann werden die Investitionen sinken.
    d) Der positive Zusammenhang zwischen Y_t und Π_t lässt auf einen positiven Zusammenhang zwischen erwartetem Absatz und erwartetem Gewinn pro Kapitaleinheit schließen.

Basiswissen

15. Konsum und Erwartungen
    a) Erläutern Sie stichpunktartig die Aussagen der „Lebenszyklus-Hypothese" nach Modigliani und der „Permanenten Einkommenshypothese" nach Friedman.
    b) Erläutern Sie, aus welchen Komponenten sich das Gesamtvermögen der Konsumenten zusammensetzt!
    c) Von welchen Größen wird die Konsumentscheidung der Wirtschaftssubjekte beeinflusst?
16. Investitionen und Erwartungen
    a) Erläutern Sie die Determinanten der Investitionsentscheidung unter statischen Erwartungen!
    b) Definieren Sie Tobin's q und erläutern Sie seine ökonomische Intuition!
    c) Erläutern Sie die Bedeutung von Profitabilität und Cashflow bei Investitionsentscheidungen!

15.2 Übungsaufgaben

1. Nehmen Sie an, ein Mensch verfügt über ein Aktienportfolio im Wert von 100.000 € und ein Einfamilienhaus im Wert von 150.000 €. Das jährliche Arbeitseinkommen des Menschen betrage $Y = 60.000$ €. Außerdem liegt eine Verbindlichkeit (Hypothekenkredit) in Höhe von 20.000 € vor. Nehmen Sie des Weiteren an, dass der Mensch in fünf Jahren in den Ruhestand eintritt. Es wird eine Reallohnsteigerung von $a = 5\%$ pro Jahr erwartet und es wird erwartet, dass der Realzins dauerhaft 0% beträgt. Das Arbeitseinkommen des Menschen unterliegt in den nächsten fünf Jahren zudem einem proportionalen Steuersatz von $t = 40\%$. Das Preisniveau sei konstant. (*Hinweis:* Runden Sie auf ganze Zahlen.)
    a) Berechnen Sie das Humanvermögen und das Gesamtvermögen des Menschen!
    b) Berechnen Sie das jährliche Konsumniveau des Menschen, wenn er/sie nach Eintritt in den Ruhestand voraussichtlich noch 20 Jahre leben wird! Nehmen Sie an, dass der Mensch ein konstantes Konsumniveau für den Rest seines/ihres Lebens bevorzugt und eine Erbschaft in Höhe von 50.000 € hinterlassen will.
    c) Berechnen Sie die durchschnittliche jährliche Ersparnis, die der Mensch tätigen muss, solange er/sie noch arbeitet, um das Konsumniveau aus b) im Alter aufrechterhalten zu können! Nehmen Sie dabei an, dass der Konsum über die nächsten fünf Jahre ausschließlich aus dem Arbeitseinkommen finanziert werden soll!
    d) Durch einen wirtschaftlichen Aufschwung im Wohnort des Menschen explodieren die Immobilienpreise und der Wert des Einfamilienhauses beträgt nun 340.000 €. Wie verändert sich dadurch das jährliche Konsumniveau?

2. Ein Unternehmen steht vor der Entscheidung, ob es eine neue Maschine kaufen soll. Gegeben seien folgende Werte, wobei mit δ die Abschreibungsrate, mit r_t^e der erwartete Realzins und mit $\Pi^e{}_t$ der erwartete reale Gewinn in Periode t bezeichnet wird:

   $\delta = 10\%$ $\quad r_t = 4\%$ $\quad r^e{}_{t+1} = 5\%$ $\quad r^e{}_{t+2} = 6\%$

   $\Pi^e{}_{t+1} = 5.000$ $\quad \Pi^e{}_{t+2} = 8.000$ $\quad \Pi^e{}_{t+3} = 10.000$

   Der mögliche Kauf erfolge in Periode t, die Maschine könnte erstmals in Periode t + 1 eingesetzt werden und in Periode t + 2 würde die Maschine erstmals an Funktionsfähigkeit einbüßen. Der Anschaffungspreis beträgt 18.000. (*Hinweis:* Runden Sie auf eine Stelle nach dem Komma.)

   a) Berechnen Sie den Gegenwartswert der erwarteten Gewinne! Würden Sie für den Kauf der Maschine stimmen?

   b) Nehmen Sie an, die erwarteten Realzinsen in den Perioden t + 1 und t + 2 steigen nun auf 7% bzw. 9%. Ändert sich dadurch Ihre Investitionsentscheidung?

   c) Die erwarteten Realzinsen bleiben nun doch auf dem ursprünglichen Niveau, die Abschreibungsrate steigt nun jedoch auf 12%. Berechnen Sie für diesen Fall den Gegenwartswert der erwarteten Gewinne! Wie lautet Ihre Investitionsentscheidung?

   d) Die Erwartungen ändern sich nun derart, dass der reale Zinssatz über alle Perioden konstant bei 4% bleibt und der erwartete Gewinn je Periode konstant bei 8.000. Die Abschreibungsrate beträgt 12%. Berechnen Sie den Gegenwartswert der erwarteten Gewinne in diesem Fall! Ändert sich Ihre Investitionsentscheidung?

Lösungen zu Kapitel 15

15.1 Wissens- und Verständnistests

Multiple Choice

1. c)
2. d)
3. a)
4. d)
5. b)
6. c)
7. d)
8. b)

Wahr/Falsch

9. W, W, F, F
10. W, W, W, F
11. W, W, F, F
12. W, W, W, F
13. W, F, W, F
14. W, W, F, W

Basiswissen

15. Konsum und Erwartungen
    a) Die „Lebenszyklushypothese" nach Modigliani:
       - Franko Modigliani entwickelte Anfang der 1950er-Jahre das Modell des Haushaltsverhaltens von Irving Fisher weiter, um die Konsumfunktion der Haushalte zu untersuchen.
       - Modigliani betonte in seiner Analyse, dass das Einkommen eines Wirtschaftssubjekts während seines Lebens systematisch variiert. Durch die Bil-

dung von Ersparnissen ist es jedoch dem Wirtschaftssubjekt möglich, Einkommen in Zeiten hohen Einkommens in Zeiten niedrigen Einkommens zu transferieren.

- Eine zentrale Aussage der Hypothese von Modigliani ist, dass sich der Verlauf der Ersparnis eines Wirtschaftssubjektes über seinen Lebenszyklus hinweg vorhersagen lässt.
- Zentrales Ergebnis: Die Wirtschaftssubjekte glätten ihren Konsum über ihren Lebenszyklus. Während des Arbeitslebens wird durch Ersparnis Vermögen aufgebaut, im Ruhestand entsparen die Wirtschaftssubjekte und bauen ihr Vermögen ab.

Die „Permanente Einkommenshypothese" nach Milton Friedman:

- Im Gegensatz zur „Lebenszyklushypothese" betont die „Permanente Einkommenshypothese", dass das Einkommen der Wirtschaftssubjekte von Periode zu Periode temporären Veränderungen unterworfen ist.
- Nach Milton Friedman kann das gegenwärtige Einkommen in zwei Komponenten aufgeteilt werden: dem permanenten Einkommen und dem transitorischen Einkommen. Das permanente Einkommen ist der Teil des Einkommens, von dem die Wirtschaftssubjekte erwarten, dass er dauerhaft ist. Das transitorische Einkommen hingegen ist der Teil des Einkommens, von dem die Wirtschaftssubjekte erwarten, dass er nicht dauerhaft ist. Das permanente Einkommen kann auch als das durchschnittliche Einkommen und das transitorische Einkommen als zufällige Abweichungen vom Durchschnittseinkommen verstanden werden.
- Nach Friedmans Ansicht hängt der Konsum der Wirtschaftssubjekte hauptsächlich vom permanenten Einkommen ab. Wenn es zu transitorischen Schwankungen des Einkommens kommt, nutzen die Wirtschaftssubjekte die Möglichkeit des Sparens und Entsparens, um den Zeitpfad des Konsums zu glätten.
- Die permanente Einkommenshypothese argumentiert, dass die Konsumentscheidung der Wirtschaftssubjekte neben dem gegenwärtigen auch vom zukünftig erwarteten Einkommen abhängt. Der Konsum ist also abhängig von Erwartungen über die Zukunft.

b) Komponenten des Gesamtvermögens der Konsumenten:

Zur Ermittlung des Gesamtvermögens muss zunächst eine Aufstellung aller Vermögensgegenstände vorgenommen werden. Zu den Vermögensgegenständen zählt man Finanz-, Sach- und Immobilienvermögen (z.B. Wert eines Aktien- und Wertpapierportfolios, Guthaben auf Sparkonten, Antiquitäten, Schmuck, Verkehrswert einer Wohnimmobilie). Von der Summe dieser Vermögensgegenstände müssen alle Verbindlichkeiten abgezogen werden (z.B. offene Kredite aller Art inklusive Zinszahlungen).

Um zum Gesamtvermögen zu kommen, muss zum Gesamtwert von Finanz-, Sach- und Immobilienvermögen ein Schätzwert des Humanvermögens hinzuaddiert werden. Der Schätzwert des Humanvermögens eines Wirtschaftssubjekts ist der erwartete Barwert des Arbeitseinkommens während des gesamten Arbeitslebens abzüglich des Barwerts der zu erwartenden Zahlungen. Der Schätzwert des Humanvermögens berücksichtigt Aspekte, die sich auf die Verdienstmöglichkeiten auswirken, wie z.B. die Entwicklung der Steuersätze und der Arbeitslosenquote.

c) Das Entscheidungsverhalten der Konsumenten lässt sich folgendermaßen charakterisieren:

$$C_t = C\left(GV_t\right)$$

Der Konsum ist positiv abhängig vom Gesamtvermögen, wobei C_t das Konsumniveau in Periode t und GV_t die Summe aus Finanz-, Sach- und Immobilienvermögen und Humanvermögen zum Zeitpunkt t repräsentieren ($\rightarrow$ zur Ermittlung des Gesamtvermögens siehe Teilaufgabe b). Nimmt man zur Vereinfachung an, dass sich der Wert der Vermögensgegenstände und der Wert der Schulden genau ausgleichen, besteht das Gesamtvermögen GV lediglich aus dem Humanvermögen zum Zeitpunkt t. Das Humanvermögen zum Zeitpunkt t (HV_t) ist der erwartete Gegenwartswert des Arbeitseinkommens, nämlich die erwarteten Nettoverdienste (erwartetes reales Arbeitseinkommen $Y_{Lt}{}^e$ minus erwartete reale Steuerlast $T_t{}^e$) diskontiert mit dem Realzins.

$$HV_t = HV\left(Y_{Lt}^e - T_t^e\right)$$

Da Kreditbeschränkungen häufig und üblich sind, und weil aus diesem Grund das aktuelle Arbeitseinkommen eine wichtige Rolle bei Konsumentscheidungen spielt, kann obige Gleichung um das aktuell verfügbare Einkommen erweitert werden:

$$C_t = C\left(GV_t, Y_{Lt} - T_t\right)$$

Der Konsum ist somit eine steigende Funktion des Gesamtvermögens und des aktuellen verfügbaren Einkommens.

16. Investitionen und Erwartungen

a) Die Determinanten der Investitionsentscheidung unter statischen Erwartungen:

Bei einer Investitionsentscheidung (Beispiel: Kauf einer Maschine) muss zunächst der Gegenwartswert der erwarteten Gewinne unter Berücksichtigung der Abschreibungen und der erwarteten Realzinsen ermittelt werden. Der ermittelte Gegenwartswert der erwarteten Gewinne wird danach mit den Anschaffungskosten der Maschine verglichen. Übersteigt der Gegenwartswert der erwarteten Gewinne die Anschaffungskosten, sollte die Investition durchgeführt werden, im umgekehrten Fall nicht. Daraus ergibt sich folgende Investitionsfunktion:

$$I_t = I\left(V\left(\Pi_t^e\right)\right)$$

Die aggregierte Investitionsnachfrage I_t ist positiv abhängig vom Gegenwartswert der erwarteten Gewinne $V(\Pi_t{}^e)$ pro Kapitaleinheit. Der Gegenwartswert der erwarteten Gewinne wiederum hängt positiv von den aktuellen und zukünftigen Gewinnen und negativ vom aktuellen und zukünftigen Realzins ab.

Unter statischer Erwartungsbildung nehmen die zukünftigen Gewinne pro Kapitaleinheit und die Realzinsen in der Zukunft den heute beobachtbaren Wert an, werden also für alle Perioden als konstant angenommen.

$$\Pi^e_{t+1} = \Pi^e_{t+2} = \ldots = \Pi_t$$

$$r^e_{t+1} = r^e_{t+2} = \ldots = r_t$$

Für den Gegenwartswert der erwarteten Gewinne ergibt sich somit nach Umformungen:

$$V\left(\Pi^e_t\right) = \left(\frac{\Pi_t}{r_t + \delta}\right)$$

Der Gegenwartswert der erwarteten Gewinne entspricht somit dem Verhältnis von Gewinn pro Kapitaleinheit (Profitrate) zur Summe aus Realzins und Abschreibungsrate δ. Daraus ergibt sich als Investitionsfunktion:

$$I_t = I\left(\frac{\Pi_t}{r_t + \delta}\right)$$

Für die Investitionsnachfrage gilt: Wenn der Gewinn steigt (sinkt), dann nehmen die Investitionen zu (ab). Wenn der Realzins bzw. die Abschreibungsrate steigen (sinken), dann nehmen die Investitionen ab (zu). Der Nenner ($r_t + \delta$) wird als Mietkosten des Kapitals bzw. als Opportunitätskosten des Kapitals bezeichnet.

b) Tobin's q und seine ökonomische Intuition:

Tobin's q ist der Wert einer eingesetzten Kapitaleinheit relativ zu ihrem Wiederbeschaffungswert, berechnet als Quotient aus der Summe der Marktkapitalisierungen aller an der Börse gehandelten Unternehmen und dem Wert des Kapitalstocks zu Wiederbeschaffungskosten.

Nimmt Tobin's q einen Wert größer als eins an, dann schätzen die Finanzmärkte das Gewinnpotenzial des eingesetzten Kapitals höher ein als seine Wiederbeschaffungskosten. Die Unternehmen sollten also investieren. Nimmt Tobin's q hingegen einen Wert kleiner als eins an, dann schätzen die Finanzmärkte das Gewinnpotenzial des eingesetzten Kapitals geringer ein als seine Wiederbeschaffungskosten. Die Unternehmen sollten nicht investieren und verschlissene Kapitalbestände nicht ersetzen.

c) Die Bedeutung von Profitabilität und Cashflow bei Investitionsentscheidungen:

Mit dem Begriff „Profitabilität" bezeichnet man den Gegenwartswert der zukünftig erwarteten Gewinne, mit „Cashflow" die aktuellen Nettogewinne. Beide Größen spielen bei der Investitionsentscheidung eine Rolle. Die entscheidende Frage, die sich viele Ökonomen stellen, ist, welche der beiden Größen bei der Investitionsentscheidung eine größere Rolle spielt. Die Empirie zeigt, dass einerseits Unternehmen mit rentablen Investitionsprojekten, aber niedrigen aktuellen Gewinnen tendenziell zu wenig investieren, und dass andererseits Unternehmen mit hohen aktuellen Gewinnen oft in wenig rentable Projekte investieren. Aktuelle Gewinne bzw. der Cashflow scheinen also ein höheres Gewicht bei der Investitionsentscheidung zu haben als die Profitabilität. Ein Grund für dieses Verhalten ist darin zu suchen, dass sich Unternehmen mit aktuell geringem Cashflow, aber hoher Profitabilität verschulden bzw. Kredite aufnehmen müssen. Gründe wie Risikoaversion von Unternehmern oder Probleme bei der Kreditaufnahme bewirken außerdem, dass ein Unternehmen mit aktuell geringerem Cashflow tendenziell weniger investiert als ein Unternehmen mit höherem Cashflow, auch wenn die Profitabilität beider Unternehmen gleich hoch ist. Unter Berücksichtigung der aktuellen Gewinne (Π_t) kann die aggregierte Investitionsnachfrage aus Teilaufgabe a) folgendermaßen erweitert werden:

$$I_t = I\left(V\left(\Pi_t^e\right), \Pi_t\right)$$

15.2 Übungsaufgaben

1. Erwartungen und Konsum

a) Das Humanvermögen des Menschen entspricht dem erwarteten Gegenwartswert der Summe des jährlichen Netto-Arbeitseinkommens während der nächsten fünf Jahre. Das jährliche Brutto-Arbeitseinkommen beträgt $Y = 60.000$ €. Des Weiteren muss der proportionale Steuersatz von $t = 40\%$ und die jährliche Reallohnsteigerung von $a = 5\%$ berücksichtigt werden. Da der Realzins 0% beträgt und keine Unsicherheit über die Lohnentwicklung herrscht, entspricht das Humanvermögen in diesem Fall der Summe der Netto-Arbeitseinkommen der nächsten fünf Jahre:

$$HV_t = \sum_{i=0}^{4} (1-t)Y(1+a)^i$$

$$\leftrightarrow \quad HV_t = \sum_{i=0}^{4} 0{,}6 \cdot 60.000 \text{ € } (1+0{,}05)^i$$

$$\leftrightarrow \quad HV_t = 198922{,}725 \text{ €} \approx 198923 \text{ €}$$

Das Gesamtvermögen ist die Summe aus Humanvermögen und Finanz- und Immobilienvermögen. Das Finanz- und Immobilienvermögen ergibt sich aus der Summe des Werts des Aktienportfolios und des Werts des Einfamilienhauses abzüglich der Hypothek:

Finanz- und Immobilienvermögen (FV):

$$FV_t = 150.000 \text{ €} + 100.000 \text{ €} - 20.000 \text{ €} = 230.000 \text{ €}$$

Für das Gesamtvermögen (GV) ergibt sich somit:

$$GV_t = HV + FV = 198.923 \text{ €} + 230.000 \text{ €} = 428.923 \text{ €}$$

b) Der Mensch lebt nach Eintritt in den Ruhestand noch 20 Jahre, bis zum Eintritt in den Ruhestand vergehen fünf Jahre. Der Mensch lebt also insgesamt noch 25 Jahre. Er/sie bevorzugt ein konstantes jährliches Konsumniveau in dieser Zeit und es soll eine Erbschaft in Höhe von 50.000 € hinterlassen werden. Das Konsumniveau über die nächsten 25 Jahre ergibt sich, indem das Gesamtvermögen abzüglich der Erbschaft E durch 25 geteilt wird:

$$C_t = \frac{GV_t - E}{25}$$

$$\leftrightarrow \quad C_t = \frac{428.923\ € - 50.000\ €}{25} = 15.156{,}92\ € \approx 15.157\ €\ \forall\ t$$

c) Der Mensch arbeitet noch fünf Jahre lang. Das Einkommen über die nächsten fünf Jahre entspricht seinem/ihrem Humanvermögen (siehe Teilaufgabe a)). Um die durchschnittliche jährliche Ersparnis zu berechnen, muss zunächst das durchschnittliche Jahreseinkommen des Wirtschaftssubjekts in den fünf Jahren der Berufstätigkeit berechnet werden. Das Humanvermögen muss durch 5 geteilt werden:

$$\text{Durchschnittliches jährliches Arbeitseinkommen} = \frac{HV}{5} = \frac{198.923\ €}{5} \approx 39.785\ €$$

Das jährliche Konsumniveau aus Teilaufgabe b) beträgt: $C = 15.157$ €

Da der Mensch seinen Konsum über die nächsten fünf Jahre ausschließlich aus dem Arbeitseinkommen finanziert, muss die Differenz aus durchschnittlichem Arbeitseinkommen und Konsumniveau gespart werden. Für die durchschnittliche jährliche Ersparnis (S_t) in den nächsten fünf Jahren ergibt sich somit:

$$S = 39.785\ € - 15.157\ € = 24.628\ €\ \forall\ t = 1,...,5$$

d) Durch den Anstieg der Immobilienpreise erhöht sich das Finanz- und Immobilienvermögen des Menschen. Das neue Finanz- und Immobilienvermögen beträgt nun:

$$FV' = 100.000\ € + 340.000\ € - 20.000\ € = 420.000\ €$$

Unter Berücksichtigung des Anstiegs des Finanz- und Immobilienvermögens ergibt sich als Gesamtvermögen:

$$GV' = HV + FV' = 198.923\ € + 420.000\ € = 618.923\ €$$

Bei einer restlichen Lebenszeit von 25 Jahren und der unverändert geplanten Erbschaft ($E = 50.000$ €) ergibt sich somit für das jährliche Konsumniveau:

$$C_t = \frac{GV' - E}{25} = \frac{618.923\ € - 50.000\ €}{25} \approx 22.757\ €\ \forall\ t$$

2. Erwartungen und Investitionen

a) Der Gegenwartswert der erwarteten Gewinne ergibt sich aus der Summe der einzelnen Gegenwartswerte der Gewinne in jeder Periode:

$$V\left(\Pi_t^e\right)=\frac{1}{1+r_t}\Pi_{t+1}^e+\frac{1}{\left(1+r_t\right)\left(1+r_{t+1}^e\right)}\Pi_{t+2}^e\left(1-\delta\right)+\frac{1}{\left(1+r_t\right)\left(1+r_{t+1}^e\right)\left(1+r_{t+2}^e\right)}\Pi_{t+3}^e\left(1-\delta\right)^2$$

Mit den Werten der Angabe ergibt sich somit für den Gegenwartswert der erwarteten Gewinne:

$$V\left(\Pi_t^e\right)=4.807,7+6.593,4+6.997,7=18.398,8$$

Um eine Investitionsentscheidung treffen zu können, muss nun der Gegenwartswert der erwarteten Gewinne mit den Anschaffungskosten der Maschine zum Zeitpunkt t verglichen werden.

Entscheidungsregel:

Ist der Gegenwartswert der erwarteten Gewinne größer als die Anschaffungskosten, dann sollte die Investition durchgeführt werden.

Ist der Gegenwartswert der erwarteten Gewinne kleiner als die Anschaffungskosten, dann sollte die Investition nicht durchgeführt werden.

Wir wissen: Anschaffungskosten = 18.000 und

$$V\left(\Pi_t^e\right)=18.398,8$$

$\leftrightarrow$ 18.000 < 18.398,8 $\rightarrow$ Die Investition sollte durchgeführt werden!

b) Unter Berücksichtigung der veränderten Erwartungen über die Realzinsen $r_{t+1}^e=7\%$, $r_{t+2}^e=9\%$ ergibt sich für den Gegenwartswert der erwarteten Gewinne:

$$V\left(\Pi_t^e\right)=4.807,7+6.470,2+6.677,9=17.955,8$$

Gemäß der Entscheidungsregel aus Teilaufgabe a) gilt nun bei unveränderten Anschaffungskosten von 18.000:

$\leftrightarrow$ 18.000 > 17.955,8 $\rightarrow$ Die Investition sollte nicht durchgeführt werden!

c) Die erwarteten Realzinsen verändern sich nicht. Unter Berücksichtigung der nun höheren Abschreibungsrate $\delta = 12\%$ ergibt sich für den Gegenwartswert der erwarteten Gewinne mit Hilfe der Formel aus Teilaufgabe a):

$$V\left(\Pi_t^e\right)=4.807,7+6.446,9+6.690,2=17.944,8$$

Gemäß der Entscheidungsregel aus Teilaufgabe a) gilt nun bei unveränderten Anschaffungskosten von 18.000:

$\leftrightarrow$ 18.000 > 17.944,8 $\rightarrow$ Die Investition sollte nicht durchgeführt werden!

d) Nun ändern sich die Erwartungen in der Weise, dass für alle relevanten Perioden sowohl ein konstanter Realzins als auch ein konstanter Gewinn je Periode erwartet wird. Man spricht in diesem Fall von statischen Erwartungen. Der Realzins beträgt nun von Periode t bis $t + 2$: $r_t = r = 4\%$. Der erwartete Gewinn beträgt von Periode $t + 1$ bis $t + 3$ $\Pi_t = \Pi = 8.000$. Die Abschreibungsrate beträgt: $\delta = 12\%$. Die Formel zur Berechnung des Gegenwartswerts der erwarteten Gewinne aus Teilaufgabe a) lässt sich nun angesichts der statischen Erwartungen vereinfachen zu:

$$V(\Pi)=\sum_{i=1}^{3}\Pi\frac{(1-\delta)^{i-1}}{(1+r)^{i}}$$

Einsetzen der gegebenen Werte für r, Π und δ ergibt:

$$V(\Pi)=7.692,3+6.508,9+5.507,5=19.708,7$$

Gemäß der Entscheidungsregel aus Teilaufgabe a) gilt nun bei unveränderten Anschaffungskosten von 18.000:

$\leftrightarrow$ 18.000 < 19.708,7 $\rightarrow$ Die Investition sollte durchgeführt werden!

16 Erwartungen, Wirtschaftsaktivität und Politik

16.1 Wissens- und Verständnistests

Multiple Choice

1. Welche Größen werden in den aggregierten privaten Ausgaben (A) zusammengefasst?
   a) Investitionen und Staatsausgaben
   b) Konsum und Staatsausgaben
   c) Investitionen, Staatsausgaben und Konsum
   d) Konsum und Investitionen
2. Welches der folgenden Ereignisse bewirkt eine Verschiebung der IS-Kurve nach links?
   a) Ein Rückgang der aktuellen Steuern
   b) Ein Rückgang des erwarteten Einkommens
   c) Ein Rückgang des aktuellen realen Zinssatzes
   d) Ein Rückgang des erwarteten realen Zinssatzes
3. Welches der folgenden Ereignisse bewirkt eine Verschiebung der IS-Kurve nach rechts?
   a) Ein Rückgang des erwarteten Einkommens
   b) Ein Rückgang des aktuellen realen Zinssatzes
   c) Ein Rückgang der erwarteten Steuern
   d) Ein Anstieg der aktuellen Steuern
4. Aus welchem Grund ist die Steigung der IS-Kurve unter der Berücksichtigung von Erwartungen steiler als die der IS-Kurve ohne Erwartungen?
   a) Ein Rückgang des aktuellen Realzinses wirkt sich stärker auf die Nachfrage aus.
   b) Ein Rückgang des aktuellen Realzinses wirkt sich weniger stark auf die Nachfrage aus.
   c) Der Multiplikatoreffekt ist unter der Einbeziehung von Erwartungen größer, wenn sich das aktuelle Einkommen verändert.
   d) Ein Anstieg der Staatsausgaben bewirkt einen geringeren Anstieg des Einkommens.
5. Was bewirkt ein Rückgang des zukünftigen realen Zinssatzes in der aktuellen Periode?
   a) Die aggregierten privaten Ausgaben werden zurückgehen und die IS-Kurve verschiebt sich nach links.

b) Die aggregierten privaten Ausgaben werden ansteigen und die *IS*-Kurve verschiebt sich nach rechts.

c) Die *LM*-Kurve verschiebt sich nach oben.

d) Die *LM*-Kurve verschiebt sich nach unten.

6. Von welchem Zinssatz hängt die Geldnachfrage ab?

   a) Aktueller realer Zinssatz

   b) Erwarteter realer Zinssatz

   c) Aktueller nominaler Zinssatz

   d) Erwarteter nominaler Zinssatz

7. Nehmen Sie an, die EZB senkt den Zins in der aktuellen Periode. Nehmen Sie zusätzlich an, dass die Wirtschaftssubjekte aufgrund dessen erwarten, dass der zukünftige Realzins niedriger und das zukünftige Einkommen höher sein werden. Daraus folgt, dass

   a) das aktuelle Einkommen ansteigen wird.

   b) der aktuelle Realzins ansteigen wird.

   c) der aktuelle Realzins sinken wird.

   d) das aktuelle Einkommen unverändert bleiben wird.

8. Unter welcher Voraussetzung bewirkt eine expansive Geldpolitik im *IS-LM*-Modell mit Erwartungen eine Rechtsverschiebung der *IS*-Kurve?

   a) Aktueller und erwarteter realer Zinssatz haben keinen Bezug zueinander.

   b) Aktueller und erwarteter realer Zinssatz haben einen positiven Bezug zueinander.

   c) Aktueller und erwarteter realer Zinssatz haben einen negativen Bezug zueinander.

   d) Es wird erwartet, dass die Zentralbank in Zukunft eine kontraktive Geldpolitik durchführt.

9. Was verstehen Sie unter „rationalen Erwartungen“?

   a) Die Wirtschaftssubjekte bilden ihre Erwartungen aufgrund der Erfahrungen in der Vergangenheit.

   b) Die Wirtschaftssubjekte bilden ihre Erwartungen, indem sie alle verfügbaren Informationen über die Zukunft nutzen.

   c) Die Wirtschaftssubjekte bilden ihre Erwartungen rein zufällig.

   d) Die Wirtschaftssubjekte können die Zukunft präzise vorhersehen.

10. „Die Wirtschaftssubjekte bilden Erwartungen im Einklang mit dem zugrundeliegenden Modell der Volkswirtschaft“. Mit welcher Erwartungsbildungshypothese ist diese Aussage vereinbar?

   a) Adaptive Erwartungen

   b) Animal Spirits

   c) Statische Erwartungen

   d) Rationale Erwartungen

Wahr/Falsch: Welche der jeweiligen Aussagen sind wahr, welche falsch?

11. Welche Rolle spielen Erwartungen im Zusammenhang mit der Geldpolitik im *IS-LM*-Modell?
    a) Berücksichtigt man Erwartungen, verläuft die *LM*-Kurve nicht mehr horizontal.
    b) Eine aktuelle geldpolitische Veränderung kann die Erwartungen über die zukünftigen Realzinsen beeinflussen.
    c) Berücksichtigt man Erwartungen, verschiebt sich die *LM*-Kurve bei einem gegebenen geldpolitischen Impuls stärker.
    d) Erwartungen über die zukünftige Geldpolitik verändern zwar nicht die *LM*-Kurve, können aber die Lage der *IS*-Kurve beeinflussen.

12. Nehmen Sie an, die Zentralbank senkt die Zinsen. Was geschieht im *IS-LM*-Modell unter der Berücksichtigung von Erwartungen?
    a) Die *LM*-Kurve verschiebt sich nach unten. Der Effekt der expansiven Geldpolitik ist größer, wenn die Erwartungen nicht positiv beeinflusst werden.
    b) Die *LM*-Kurve verschiebt sich nach unten und die *IS*-Kurve verschiebt sich nach rechts, wenn erwartet wird, dass der Realzins auch in Zukunft sinken wird. Der Effekt der expansiven Geldpolitik verstärkt sich dadurch.
    c) Der Effekt der expansiven Geldpolitik ist geringer, wenn die Erwartungen nicht beeinflusst werden. Lediglich die *LM*-Kurve verschiebt sich nach unten.
    d) Die *LM*-Kurve verschiebt sich nach unten und die *IS*-Kurve verschiebt sich nach links, wenn erwartet wird, dass das Einkommen auch in Zukunft steigen wird. Der Effekt der expansiven Geldpolitik verringert sich dadurch.

13. Welche Aussage(n) über den Begriff „rationale Erwartungen" treffen zu?
    a) Die Wirtschaftssubjekte versuchen, die zukünftige Entwicklung so gut wie möglich vorherzusagen.
    b) Die Wirtschaftssubjekte können die Zukunft perfekt vorhersehen.
    c) Die Wirtschaftssubjekte beziehen in ihrem Verhalten auch Erwartungen über die zukünftige Wirtschaftspolitik mit ein.
    d) Es wird unterstellt, dass die Wirtschaftssubjekte keine systematischen Fehler begehen.

14. Die Veränderung folgender Größen bewirkt eine Rechtsverschiebung der *IS*-Kurve:
    a) T sinkt.
    b) T^e sinkt.
    c) Y^e steigt.
    d) r^e steigt.

15. Die Veränderung folgender Größen bewirkt eine Linksverschiebung der *IS*-Kurve:
    a) r^e steigt.
    b) Y^e steigt.
    c) T^e sinkt.
    d) T steigt.

16. Welche Aussagen über die *LM*-Kurve unter der Berücksichtigung von Erwartungen treffen zu?
    a) Die Lage der *LM*-Kurve ist lediglich von der aktuellen Geldpolitik abhängig.
    b) Die Lage der *LM*-Kurve ist von der aktuellen und zukünftigen Geldpolitik abhängig.
    c) Die *LM*-Kurve verläuft horizontal.
    d) Die *LM*-Kurve verschiebt sich bei einer expansiven Geldpolitik nach oben.

17. Nehmen Sie an, die Bundesregierung beschließt, aktuell und auch in der Zukunft die Steuern zu erhöhen (T und T^e steigen). Es wird keine Reaktion der Zentralbank erwartet. Nehmen Sie an, dass die Wirtschaftssubjekte nur die **kurzfristigen** Effekte dieser fiskalpolitischen Maßnahme betrachten:
    a) Die dauerhafte Steuererhöhung bewirkt eine Verringerung des aktuellen Konsums und die *IS*-Kurve verschiebt sich tendenziell nach links.
    b) Die Wirtschaftssubjekte erwarten wegen eines Anstiegs von T^e für die Zukunft einen Rückgang des erwarteten Einkommens Y^e und des zukünftigen Realzinses r^e.
    c) Ein geringerer erwarteter Realzins bewirkt einen Anstieg der Investitionen heute und tendenziell eine Rechtsverschiebung der *IS*-Kurve. Dieser Effekt wirkt der Linksverschiebung durch eine Reduktion von Y^e entgegen.
    d) Der Gesamteffekt der betrachteten fiskalpolitischen Maßnahme auf das aktuelle Einkommen und den aktuellen Realzins ist eindeutig.

18. Betrachten Sie dieselbe fiskalpolitische Maßnahme wie in Aufgabe 17 (T und T^e steigen). Die Wirtschaftssubjekte beziehen nun die **langfristigen** Effekte dieser Maßnahme in ihre Erwartungsbildung mit ein:
    a) Ein Anstieg der erwarteten Steuern bewirkt einen Rückgang des zukünftigen Realzinses. Dies bewirkt einen Anstieg der aktuellen Investitionen, die *IS*-Kurve verschiebt sich nach rechts.
    b) Ein Anstieg der erwarteten Steuern bewirkt zusätzlich, dass die zukünftigen Investitionen ansteigen und somit einen Anstieg des Kapitalstocks verursachen.
    c) Ein Anstieg der erwarteten Steuern bewirkt langfristig einen Rückgang des Einkommens.
    d) Ein Anstieg der erwarteten Steuern bewirkt einen Anstieg des erwarteten Einkommens und deshalb bereits heute einen Anstieg des Konsums und der Investitionen. Die *IS*-Kurve verschiebt sich dadurch nach rechts.

19. Betrachten Sie das folgende Schaubild:

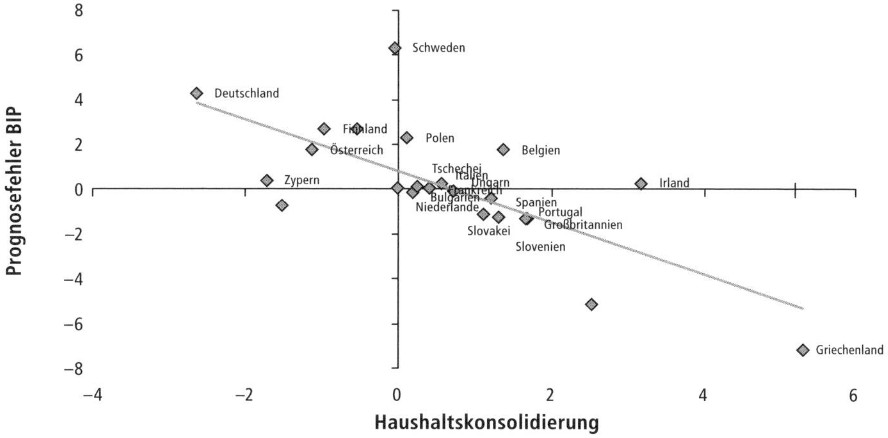

Abbildung 16.1: Prognosefehler und Haushaltskonsolidierung in Europa 2011

a) In den meisten Ländern des Euroraums lag das tatsächliche Wachstum im betrachteten Zeitraum deutlich unter dem prognostizierten Wachstum.

b) In den Ländern des Euroraums, die große Sparprogramme durchgeführt haben, lag das tatsächliche Wachstum im betrachteten Zeitraum deutlich unter dem prognostizierten Wachstum.

c) In den Ländern des Euroraums, die expansive Fiskalpolitik betrieben haben, lag das tatsächliche Wachstum im betrachteten Zeitraum deutlich über dem prognostizierten Wachstum.

d) Die zur Prognose verwendeten Modelle haben die negativen Wachstumswirkungen der Haushaltskonsolidierung offensichtlich unterschätzt.

20. Gehen Sie weiterhin von ▶*Abbildung 16.1* aus:

a) Die empirische Evidenz liefert starke Indizien dafür, dass die Fiskalmultiplikatoren nicht nur positiv waren, sondern wesentlich höher als bei der Erstellung der Wachstumsprognosen unterstellt.

b) Die empirische Evidenz liefert starke Indizien dafür, dass die Erwartungseffekte den direkten negativen Nachfrageeffekt sinkender Ausgaben und höherer Steuern nicht kompensieren konnten.

c) Wirtschaftspolitisch folgt aus dem beobachteten Zusammenhang, dass Forderungen nach drastischen Haushaltskonsolidierungen mit Vorsicht zu genießen sind.

d) Wirtschaftspolitisch folgt aus dem beobachteten Zusammenhang, dass Haushaltskonsolidierungen keinerlei positive Erwartungseffekte auslösen können.

Basiswissen

21. *IS-LM*-Modell mit Erwartungen

   a) Erläutern Sie die Komponenten der *IS*-Gleichung. Welche Komponenten bewirken Verschiebungen der *IS*-Kurve, welche nicht?

   b) Erläutern Sie grafisch und verbal die Wirksamkeit einer restriktiven Geldpolitik. Unterscheiden Sie zwischen den Fällen, bei denen einerseits die Erwartungen unverändert bleiben und andererseits die Erwartungen beeinflusst werden können.

   c) Erläutern Sie verbal die Auswirkungen der Ankündigung eines pandemiebedingten Maßnahmenprogramms, das die erwarteten Einkommen um 20 Prozent sinken lässt. Unterscheiden Sie dabei zwei Szenarien: In Szenario 1 sinken die Einkommen mit Sicherheit um 20 Prozent, danach endet die Pandemie. In Szenario 2 sinken die Einkommen mit einer Wahrscheinlichkeit von zwei Drittel nicht, mit einer Wahrscheinlichkeit von einem Drittel um die Hälfte.

16.2 Übungsaufgaben

1. Abbau des Budgetdefizits bei rationalen Erwartungen

   Die Regierung eines Landes kündigt an, in Zukunft das derzeit hohe Budgetdefizit abzubauen. Daraufhin wird im Parlament ein Budget verabschiedet, das vorsieht, in Zukunft die Staatsausgaben deutlich und in der aktuellen Periode die Staatsausgaben bereits leicht zu senken. Nehmen Sie an, dass die Zentralbank nicht auf die zukünftige Senkung der Staatsausgaben reagiert. Unterstellen Sie für die Teilaufgaben a) und b), dass die Wirtschaftssubjekte nur die kurzfristigen Effekte in ihre Erwartungen mit einbeziehen.

   a) Erläutern Sie, welche Auswirkungen eine für die Zukunft angekündigte Senkung der Staatsausgaben auf die Zinsstrukturkurve der aktuellen Periode hat!

   b) Erläutern Sie die Auswirkungen der angekündigten fiskalpolitischen Maßnahme auf die zukünftige Produktion! Wie verändert sich die aktuelle Produktion?

   c) Erläutern Sie die kurz-, mittel- und langfristigen Effekte einer Haushaltskonsolidierung ohne Berücksichtigung von Erwartungen!

   d) Erläutern Sie die Effekte in der aktuellen Periode, die mit einer angekündigten Haushaltskonsolidierung verbunden sind, wenn die Wirtschaftssubjekte in ihre Erwartungsbildung auch die langfristigen Effekte des Abbaus des Budgetdefizits mit einbeziehen!

2. Kurzfristige Effekte einer angekündigten zukünftigen Staatsausgabenerhöhung bei rationalen Erwartungen

   Nehmen Sie an, es werde erwartet, dass eine angekündigte Staatsausgabenerhöhung nicht mit geldpolitischen Maßnahmen begleitet wird.

   a) Erläutern Sie die Auswirkungen dieser Maßnahme auf den erwarteten Realzins und das erwartete Einkommen!

b) Welche Auswirkungen hat ein Anstieg der künftigen Staatsausgaben auf die Komponenten der aktuellen aggregierten privaten Ausgaben, auf den Verlauf der *IS*- und der *LM*-Kurve, auf den aktuellen Realzins und das aktuelle Einkommen?

Gehen Sie nun davon aus, es werde erwartet, dass die angekündigte Staatsausgabenerhöhung mit geldpolitischen Maßnahmen begleitet wird, sodass die Produktion konstant bleibt.

c) Erläutern Sie die Auswirkungen der fiskalpolitischen Maßnahme auf den erwarteten Realzins und das erwartete Einkommen unter diesen Rahmenbedingungen!

d) Welche Auswirkungen hat nun ein Anstieg der künftigen Staatsausgaben auf die Komponenten der aggregierten privaten Ausgaben, auf den Verlauf der *IS*- und der *LM*-Kurve, auf den aktuellen Realzins und das aktuelle Einkommen?

3. Langfristige Effekte einer Staatsausgabenerhöhung bei rationalen Erwartungen

Die Regierung beschließt, die Staatsausgaben in der aktuellen Periode und auch in Zukunft zu erhöhen. Nehmen Sie für die Beantwortung der folgenden Teilaufgaben an, dass die Wirtschaftssubjekte ausschließlich die langfristigen Auswirkungen in ihre Erwartungsbildung mit einbeziehen.

a) Erläutern Sie, wie sich diese fiskalpolitische Maßnahme auf den künftig erwarteten Realzins und das künftig erwartete Einkommen auswirkt!

b) Erläutern Sie, wie sich diese fiskalpolitische Maßnahme auf das aktuelle Einkommen auswirkt!

c) Ist es möglich, dass die genannte Staatsausgabenerhöhung zu einer Rezession führen kann? Erläutern Sie!

Lösungen zu Kapitel 16

16.1 Wissens- und Verständnistests

Multiple Choice

1. d)
2. b)
3. c)
4. b)
5. b)
6. c)
7. a)
8. b)
9. b)
10. d)

Wahr/Falsch

11. F, W, F, W
12. F, W, W, F
13. W, F, W, W
14. W, W, W, F
15. W, F, F, W
16. W, F, W, F
17. W, W, W, F
18. W, W, F, W
19. F, W, W, W
20. W, W, W, F

Basiswissen

21. *IS-LM*-Modell mit Erwartungen

a) Im ▸*Kapitel 15* wurde bereits erläutert, über welche Kanäle Erwartungen die Konsum- und Investitionsentscheidungen beeinflussen. Erwartungen beeinflussen einerseits bei der Konsumentscheidung das Humanvermögen sowie das Finanz- und Immobilienvermögen. Andererseits beeinflussen Erwartungen den Gegenwartswert der Gewinne nach Steuern bei der Investitionsentscheidung.

In den vorhergehenden Kapiteln (insbesondere in den Kapiteln über die kurze Frist) wurde nicht zwischen Realzins und Nominalzins unterschieden. An dieser Stelle wird angenommen, dass die Investitionsentscheidung vom Realzins (r) abhängt.

Die bekannte *IS*-Gleichung ohne Erwartungen lautet somit:

$$Y = C(Y-T) + I(Y,r) + G$$

Konsum und Investitionen werden der Einfachheit halber zusammengefasst zu:

$$A(Y,T,r) \equiv C(Y-T) + I(Y,r)$$

Für die *IS*-Gleichung folgt somit:

$$Y = A(Y,T,r) + G$$

Diese modifizierte *IS*-Gleichung wird nun um Erwartungen erweitert. Zur Vereinfachung wird angenommen, dass es zwei Perioden gibt: die laufende bzw. aktuelle Periode und die Zukunft, zusammengefasst in einer Periode. Unter der Berücksichtigung, dass die private Nachfrage A von Erwartungen über die Entwicklung makroökonomischer Variablen in der Zukunft abhängt, lässt sich die *IS*-Gleichung formulieren als:

$$Y = A\left(Y,T,r,Y'^e,T'^e,r'^e\right) + G$$

Wie bereits aus dem *IS-LM*-Modell der kurzen Frist bekannt, bewirken Veränderungen des aktuellen (Real-)Zinses oder des aktuellen Einkommens eine Bewegung entlang der *IS*-Kurve. Veränderungen von Variablen außer r und Y bewirken eine Verschiebung der *IS*-Kurve:

$\Delta G > 0$: Verschiebung der *IS*-Kurve nach rechts

$\Delta T > 0$: Verschiebung der *IS*-Kurve nach links

Die Veränderung für die Zukunft erwarteter makroökonomischer Variablen bewirkt ebenfalls eine Verschiebung der *IS*-Kurve:

$\Delta Y'^e > 0$: Verschiebung der *IS*-Kurve nach rechts → Die Wirtschaftssubjekte fühlen sich bereits heute reicher und konsumieren bzw. investieren schon heute mehr!

$\Delta T'^e > 0$: Verschiebung der *IS*-Kurve nach links → Die Wirtschaftssubjekte fühlen sich bereits heute ärmer und konsumieren weniger!

$\Delta r'^{e} > 0$: Verschiebung der *IS*-Kurve nach links $\rightarrow$ Ein höherer erwarteter Realzins dämpft bereits heute die Investitionstätigkeit!

(für den Fall ΔVariable < 0 ist die Verschiebung entgegengesetzt)

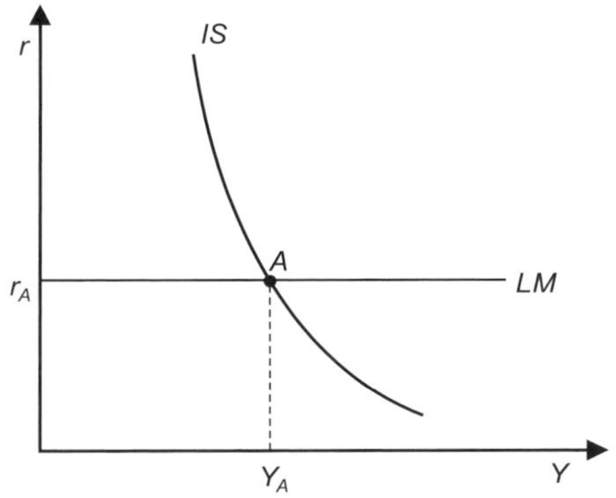

Abbildung 16.2: *IS-LM*-Modell mit Erwartungen

b) Restriktive Geldpolitik (d.h. Erhöhung des Zinses): Verschiebung der *LM*-Kurve nach oben!

Für den Fall, dass die Erwartungen über die zukünftigen makroökonomischen Größen nicht beeinflusst werden, verschiebt sich das gesamtwirtschaftliche Gleichgewicht von Punkt *A* nach Punkt *B* (siehe ▶*Abbildung 16.3*). Durch den steileren Verlauf der *IS*-Kurve ist der Gesamteffekt der restriktiven Geldpolitik auf die Produktion geringer als im *IS-LM*-Modell ohne Erwartungen.

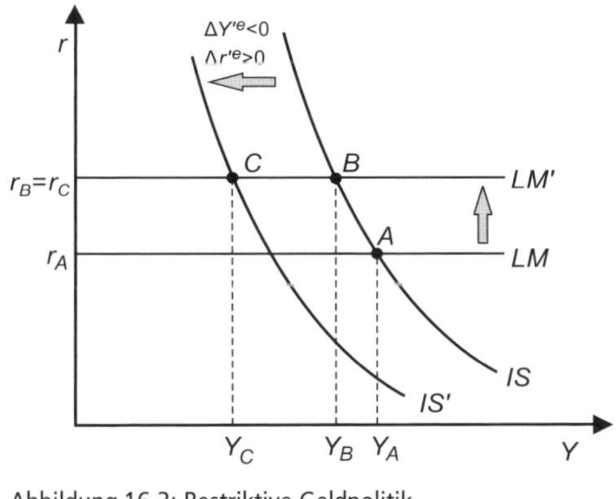

Abbildung 16.3: Restriktive Geldpolitik

Annahme: Restriktive Geldpolitik beeinflusst die Erwartungen der Wirtschaftssubjekte. Diese erwarten auch für die Zukunft einen höheren Realzins und ein geringeres Produktions- bzw. Einkommensniveau. Wenn dies der Fall ist, dann verschiebt sich, wie in Teilaufgabe a) erläutert, die *IS*-Kurve nach links. Falls dies zutrifft, wird bereits heute wegen der künftig erwarteten höheren Zinsen und des geringeren Einkommens die private Nachfrage verringert. Wenn also die Erwartungen beeinflusst werden, verschiebt sich neben der *LM*-Kurve auch die

IS-Kurve und das neue gesamtwirtschaftliche Gleichgewicht liegt in Punkt $C \rightarrow$ der Gesamteffekt auf die Produktion ist größer. Es ist zu erkennen, dass der Gesamteffekt einer restriktiven Geldpolitik entscheidend davon abhängt, ob und wie die Geldpolitik die Erwartungen der Wirtschaftssubjekte beeinflussen kann.

c) In beiden Fällen käme es zu einer Linksverschiebung der IS-Kurve. Die Konsumenten fühlen sich ärmer und möchten schon heute weniger konsumieren. Liegt das zukünftig erwartete Einkommen niedriger, nehmen auch die erwarteten Gewinne ab. Die Investitionsbereitschaft sinkt. Im Vergleich zum ersten Szenario ohne Unsicherheit dürften die Effekte im zweiten Szenario mit Unsicherheit stärker ausfallen.

16.2 Übungsaufgaben

1. Abbau des Budgetdefizits bei rationalen Erwartungen

a) Eine erwartete zukünftige Senkung der Staatsausgaben bedeutet, dass sich die erwartete zukünftige Gesamtnachfrage verringert. Weil dadurch die erwartete zukünftige Nachfrage geringer sein wird, wird für die Zukunft ein Sinken des kurzfristigen Zinssatzes vorhergesehen. Da nun angenommen wird, dass der zukünftige kurzfristige Zins fällt, kommt es in der aktuellen Periode zu einem Rückgang der aktuellen langfristigen Zinssätze. Aus dieser Überlegung folgt, dass die Zinsstrukturkurve flacher wird.

b) Eine erwartete zukünftige Senkung der Staatsausgaben bedeutet, dass die erwartete Gesamtnachfrage zurückgeht. Dadurch verringern sich sowohl die zukünftige erwartete Produktion als auch der zukünftige Zinssatz. Über die Veränderung der aktuellen Produktion ist keine eindeutige Aussage möglich. Ein Rückgang der erwarteten zukünftigen Produktion bewirkt einen Rückgang der aktuellen privaten Nachfrage (Konsum und Investitionen) und somit eine Verschiebung der *IS*-Kurve nach links. Ein Rückgang des erwarteten zukünftigen Zinssatzes hingegen bewirkt einen Anstieg der aktuellen privaten Nachfrage (Investitionen) und somit eine Verschiebung der *IS*-Kurve nach rechts. Der Effekt des gesunkenen zukünftig erwarteten Einkommens bewirkt also tendenziell eine Verringerung der aktuellen Produktion, der Effekt des gesunkenen zukünftig erwarteten Zinssatzes hingegen bewirkt tendenziell einen Anstieg der aktuellen Produktion. Je nachdem, welcher Effekt dominiert, kommt es zu einem Anstieg oder einem Rückgang der Produktion in der aktuellen Periode. Es lässt sich keine eindeutige Aussage treffen.

c) Haushaltskonsolidierung ohne Erwartungseffekte

Kurzfristige Effekte einer Haushaltskonsolidierung:

In der kurzen Frist bewirkt eine Haushaltskonsolidierung, d.h. ein Anstieg der Steuern oder ein Rückgang der Staatsausgaben, einen Rückgang der privaten Nachfrage. Da angenommen wird, dass die fiskalpolitische Maßnahme nicht von einer geldpolitischen Maßnahme begleitet wird, kommt es in der kurzen Frist durch eine Haushaltskonsolidierung zu einem Rückgang der Produktion bzw. zu einer Rezession. Grafisch ergibt sich eine Verschiebung der *IS*-Kurve nach links.

Mittelfristige Effekte einer Haushaltskonsolidierung:

In der mittleren Frist kehrt die Produktion wieder zu ihrem natürlichen Niveau zurück. Der Abbau des Budgetdefizits hat also mittelfristig keinen Einfluss auf die Produktion. Das natürliche Produktionsniveau hängt nur von der Produktivität und der natürlichen Arbeitslosenquote ab.

Langfristige Effekte einer Haushaltskonsolidierung:

In der langen Frist werden die Auswirkungen der Kapitalakkumulation auf die Produktion berücksichtigt. Die zusätzlichen privaten Investitionen aufgrund des Rückgangs des Zinssatzes könnten den Kapitalstock erhöhen (sofern der Staat nicht staatliche Investitionen, sondern staatliche Konsumausgaben einschränkt) und somit langfristig die Produktion positiv beeinflussen. Denn es gilt: Je höher der Kapitalbestand, desto größer ist der langfristige Effekt auf das Produktionsniveau.

d) Langfristig bewirkt eine Haushaltskonsolidierung, bei der die konsumtiven und nicht die investiven Ausgaben des Staates reduziert werden, eine Erhöhung des Kapitalstocks und damit verbunden eine Erhöhung der Produktion. Wenn die langfristigen Effekte einer Haushaltskonsolidierung berücksichtigt werden, kommt es zu einem Anstieg der erwarteten zukünftigen Produktion und zu einem Rückgang des erwarteten zukünftigen Zinssatzes. Beide Effekte bewirken in der aktuellen Periode eine Verschiebung der *IS*-Kurve nach rechts, d.h. einen Anstieg der aktuellen Produktion. Da aber schon in der aktuellen Periode die Staatsausgaben gesenkt werden, bewirkt dies eine Verschiebung der *IS*-Kurve nach links. Es besteht also die Möglichkeit, dass die aktuelle Produktion ansteigt, obwohl die Staatsausgaben gesenkt werden. Dies ist genau dann der Fall, wenn der aktuelle Rückgang der Staatsausgaben relativ klein ist, denn dann ist der negative Effekt auf die Nachfrage umso kleiner. Je größer wiederum der Rückgang der zukünftigen Staatsausgaben ist, desto stärker ist der positive Nachfrageeffekt in der aktuellen Periode.

2. Kurzfristige Effekte einer angekündigten zukünftigen Staatsausgabenerhöhung bei rationalen Erwartungen

   a) Aus der Analyse des *IS-LM*-Modells ohne Erwartungen ist bekannt, dass eine Erhöhung der Staatsausgaben zu einer Verschiebung der *IS*-Kurve nach rechts führt. Die Produktion steigt an. Da sich auch die zukünftigen Staatsausgaben erhöhen, verschiebt sich die zukünftige *IS*-Kurve nach rechts, die erwartete Produktion steigt.

   b) Die Auswirkungen einer zukünftigen Staatsausgabenerhöhung auf die gesamten aggregierten privaten Ausgaben können nicht eindeutig bestimmt werden. Da die zukünftige Produktion bzw. das zukünftige Einkommen ansteigt, verursacht dies einen Anstieg der aggregierten privaten Ausgaben. Sowohl der aktuelle Konsum als auch die aktuellen Investitionen werden dadurch stimuliert und die aktuelle *IS*-Kurve verschiebt sich nach rechts. Der Anstieg des zukünftigen Zinssatzes hat jedoch einen gegenläufigen Effekt. Ein höherer zukünftiger Zinssatz bewirkt einen Rückgang der aktuellen aggregierten Ausgaben und somit eine Verschiebung der *IS*-Kurve nach links. Abhängig davon, welcher Effekt dominiert, kommt es zu einer Erhöhung oder zu einem Rückgang der aktuellen aggregierten privaten Ausgaben. Die *LM*-Kurve bleibt unverändert, da das Geldmarktgleichgewicht nicht von zukünftig erwarteten Größen abhängt.

c) Da die Staatsausgaben in der Zukunft erhöht werden, steigt die Gesamtnachfrage in der Zukunft und die zukünftige *IS*-Kurve verschiebt sich nach rechts. Dadurch käme es zu einem Anstieg sowohl des zukünftigen Einkommens als auch des Zinses. Da die Zentralbank in der Weise reagiert, dass das Einkommen konstant bleibt, muss sie entsprechend die Geldmenge verringern. Dadurch kommt es zu einem weiteren Anstieg des Zinssatzes und zu einem Rückgang der künftigen Investitionen. Die *LM*-Kurve verschiebt sich dadurch nach oben. Daraus resultiert, dass sich die zukünftige Produktion nicht verändert und der Zinssatz ansteigt.

d) Da sich der zukünftige erwartete Zinssatz erhöht und die zukünftig erwartete Produktion konstant bleibt, hat dies einen negativen Effekt auf die aktuellen Konsum- und Investitionsausgaben. Die aktuellen aggregierten Ausgaben sinken und die *IS*-Kurve verschiebt sich nach links. Das Ergebnis ist ein Rückgang sowohl des aktuellen Zinssatzes als auch der aktuellen Produktion.

3. Langfristige Effekte einer Staatsausgabenerhöhung bei rationalen Erwartungen

a) Ein Anstieg der Staatsausgaben in der Zukunft bewirkt einen Anstieg der zukünftigen Zinsen (Verschiebung der *IS*-Kurve in der Zukunft nach rechts). Mittel- und langfristig hat dies zur Folge, dass die Investitionen sinken werden. Daraus folgt wiederum, dass der zukünftige Kapitalstock geringer sein wird und die zukünftige Produktion bzw. das Einkommen geringer ausfällt.

b) Bei der Analyse der Auswirkung einer Staatsausgabenerhöhung (sowohl in der aktuellen als auch in der zukünftigen Periode) auf die aktuelle Produktion müssen mehrere gegenläufige Effekte mit in Betracht gezogen werden. Zum einen bewirkt ein Anstieg der aktuellen Staatsausgaben eine Verschiebung der *IS*-Kurve nach rechts und somit einen Anstieg der aktuellen Produktion bzw. des Einkommens. Wie bereits erläutert wird es zukünftig (langfristig) zu einem Rückgang des Einkommens kommen. Dies wiederum hat zur Konsequenz, dass bereits der aktuelle Konsum und die aktuellen Investitionen sinken werden. Dieser Effekt verschiebt die *IS*-Kurve nach links. Ebenfalls wurde bereits in Teilaufgabe a) erläutert, dass der zukünftige Zinssatz langfristig ansteigen wird. Dies hat ebenfalls einen negativen Effekt auf die aggregierten privaten Ausgaben heute und verschiebt die *IS*-Kurve nach links. Ob es nun zu einem Anstieg oder zu einem Rückgang der aktuellen Produktion kommt, ist davon abhängig, welche Effekte dominieren (Effekte, welche die *IS*-Kurve nach links bzw. nach rechts verschieben).

c) Wie bereits in Teilaufgabe b) angedeutet, kann es trotz einer Staatsausgabenerhöhung in der aktuellen Periode zu einer Rezession bzw. zu einem Rückgang der aktuellen Produktion kommen. Dies ist dann der Fall, wenn die negativen Effekte eines höheren zukünftigen Zinses und eines geringeren zukünftigen Einkommens den Effekt eines Anstiegs der aktuellen Staatsausgaben überwiegen und sich die *IS*-Kurve somit nach links verschiebt.

17 Offene Güter- und Finanzmärkte

17.1 Wissens- und Verständnistests

Multiple Choice

1. Ausgehend von einem $/€-Kurs von 1,2500 kommt es zu einer nominalen Aufwertung des Euro um 3 %. Damit beträgt der neue Wechselkurs des Euro
   a) 0,7767 €/$ und 1,2875 $/€.
   b) 0,8247 €/$ und 1,2125 $/€.
   c) 1,2125 €/$ und 0,8247 $/€.
   d) 0,8247 €/$ und 1,2875 $/€.

2. Nach einem Überschuss im Warenhandel von 371,9 Mrd. € im Jahr 2024 seien 2025 die Warenimporte und -exporte in Deutschland um jeweils 10 % gestiegen. Folglich
   a) blieb der Überschuss im Warenhandel konstant.
   b) stieg der Überschuss im Warenhandel um 10 %.
   c) sank der Überschuss im Warenhandel um 10 %.
   d) ist keine allgemeine Aussage über den Überschuss im Warenhandel 2021 möglich.

3. Deutschland hatte 2024 einen Überschuss im Warenhandel von 371,9 Mrd. € und bei Dienstleistungen von 169,0 Mrd. € (nach jahrelangem Dienstleistungsbilanzdefizit). Im Saldo erwirtschafteten Inländer im Ausland ein Primäreinkommen von 53,5 Mrd. € und bezahlten 168,5 Mrd. € an Sekundäreinkommen (*Quelle: Deutsche Bundesbank, Monatsbericht, April 2025*). Aus diesen Zahlen ergibt sich das deutsche Leistungsbilanzsaldo von
   a) + 424,9 Mrd. €.
   b) + 318,9 Mrd. €.
   c) + 425,9 Mrd. €.
   d) – 655,9 Mrd. €.

4. Bei einer ausgeglichenen Devisenbilanz heißt die Differenz von Leistungsbilanzdefizit und sonstigen Nettokapitalflüssen
   a) Kapitalbilanzüberschuss.
   b) Kapitalbilanzdefizit.
   c) statistisch nicht aufgliederbare Transaktionen.
   d) keines der genannten.

5. Während der € in Frankfurt für 1,2108 $/€ gehandelt wird, steht er gleichzeitig in New York bei 0,8279 €/$. Eine große Investmentbank hat 100 Mio. € für Arbitragegeschäfte zur Verfügung und kann Devisen ohne Transaktionskosten gleichzeitig in Frankfurt und in New York handeln. Wenn die Preise kurzfristig konstant blieben, könnte sie einen Gewinn erwirtschaften von
   a) 146.250 € durch Verkauf von € in Frankfurt und Kauf von € in New York.
   b) 146.250 € durch Verkauf von € in New York und Kauf von € in Frankfurt.
   c) 242.132 € durch Verkauf von € in New York und Kauf von € in Frankfurt.
   d) 242.132 € durch Verkauf von € in Frankfurt und Kauf von € in New York.
6. In Deutschland liegt der Zins bei 4%, in den USA dagegen bei 1,5%. Wenn die Zinsparität gilt, bedeutet dies, dass
   a) die erwartete Rendite in Deutschland um 2,5%-Punkte größer als in den USA ist.
   b) die erwartete Rendite in den USA um 2,5%-Punkte größer als in Deutschland ist.
   c) eine Aufwertung des € um 2,5% erwartet wird.
   d) eine Abwertung des € um 2,5% erwartet wird.
7. Bei einem aktuellen Wechselkurs von 6,15 Real/€ und einem erwarteten Wechselkurs von 6,69 Real/€ ergibt sich aus der exakten Zinsparität bei einem deutschen Zins von 4% ein brasilianischer Zins von
   a) 13,1%.
   b) 12,8%.
   c) 4,6%.
   d) 4%.

Wahr/Falsch: Welche der jeweiligen Aussagen sind wahr, welche falsch?

8. Eine reale Aufwertung bedeutet immer, dass
   a) der nominale Wechselkurs aufgewertet hat.
   b) inländische Güter im Ausland teurer geworden sind.
   c) inländische Güter im Ausland billiger geworden sind.
   d) ausländische Güter im Inland billiger geworden sind.
9. Das BIP in Irland ist größer als das BNE, weil
   a) die Iren Nettoempfänger von Fördergeldern der EU sind.
   b) der Saldo der Primäreinkommen negativ ist.
   c) durch niedrige Steuersätze viele ausländische Unternehmen nach Irland gekommen sind.
   d) die Iren hohe Erwerbseinkommen im Ausland erzielen.

10. Die deutschen Warenexporte betrugen 2024 1.548,3 Mrd. €, die Warenimporte 1.307,8 Mrd. €. Das deutsche BIP lag im gleichen Jahr bei 4.305,3 Mrd. €. (Quelle: *Deutsche Bundesbank, Monatsbericht, April 2025*).
    a) Die deutsche Außenhandelsquote im Jahr 2024 betrug folglich 33,2%.
    b) Die deutsche Außenhandelsquote im Jahr 2024 betrug folglich 66,3%.
    c) Wenn man nicht nur den Warenhandel, sondern auch den Handel von Dienstleistungen berücksichtigt, sinkt die deutsche Außenhandelsquote.
    d) Deutschland als die größte europäische Volkswirtschaft und mehrmaliger „Exportweltmeister" hat auch die höchste Außenhandelsquote in Europa.
11. Die Gültigkeit der Kaufkraftparität impliziert, dass
    a) der nominale und reale Wechselkurs sich immer gleich verhalten.
    b) der nominale Wechselkurs konstant ist.
    c) der reale Wechselkurs konstant ist.
    d) in- und ausländische Güterbündel dasselbe kosten.
12. Der Preis für einen Whopper beträgt in New York 4,00 $; in Frankfurt dagegen beträgt er 4,00 €. Der aktuelle Dollar/Euro-Kurs beträgt 0,80 $/€.
    a) Dem Whopper-Index zufolge ist der US-$ relativ zum Euro um 25% überbewertet.
    b) Der Whopper ist in Frankfurt billiger als in New York.
    c) Wenn der Handel von Whoppern ohne Transaktionskosten möglich wäre, würden Händler, die den Whopper von Frankfurt nach New York exportieren, einen Gewinn von 1,08 $ je Whopper erzielen.
    d) Wenn der Handel von Whoppern ohne Transaktionskosten möglich wäre, würde dies zu einem Überangebot an US-$ führen.
13. Für das Konzept der (ungedeckten) Zinsparität gilt:
    a) Es wird die erwartete Wechselkursänderung, nicht die tatsächliche Wechselkursänderung betrachtet.
    b) Die Zinsparität beruht auf Arbitrageüberlegungen.
    c) Die Zinsparität abstrahiert von Transaktionskosten und von Risikoüberlegungen.
    d) Am Terminmarkt existieren keine Finanzinstrumente, um das Wechselkursrisiko auszuschließen.
14. Die Zinsparitätenbedingung lässt sich darstellen als
    a) $i = i^* - \left(E^e - E\right)/E$.
    b) $E^e = E(1 + i - i^*)$.
    c) $(1 + i^*)E = (1 + i)E^e$.
    d) $E^e = \left(1 - i + i^*\right)E$.

Basiswissen

15. Nominale und reale Wechselkurse
    a) Was ist der Unterschied zwischen nominalen und realen Wechselkursen, wieso ist er wichtig?
    b) Nennen Sie alle Möglichkeiten, die zu einer realen Abwertung des € gegenüber dem US-$ führen können.
16. Zahlungsbilanz
    a) Nennen Sie die zwei Hauptbestandteile der Zahlungsbilanz.
    b) Nennen Sie die einzelnen Bestandteile der Leistungsbilanz.
    c) Warum sollte die Zahlungsbilanz einen Saldo von null haben?
17. Tatsächliche und vermeintliche Anomalien in der Leistungsbilanz
    a) Nehmen Sie Stellung zu der Entwicklung des globalen Leistungsbilanzsaldos seit 1980. Er stellt die Summe der Leistungsbilanzsalden aller Länder der Welt dar.

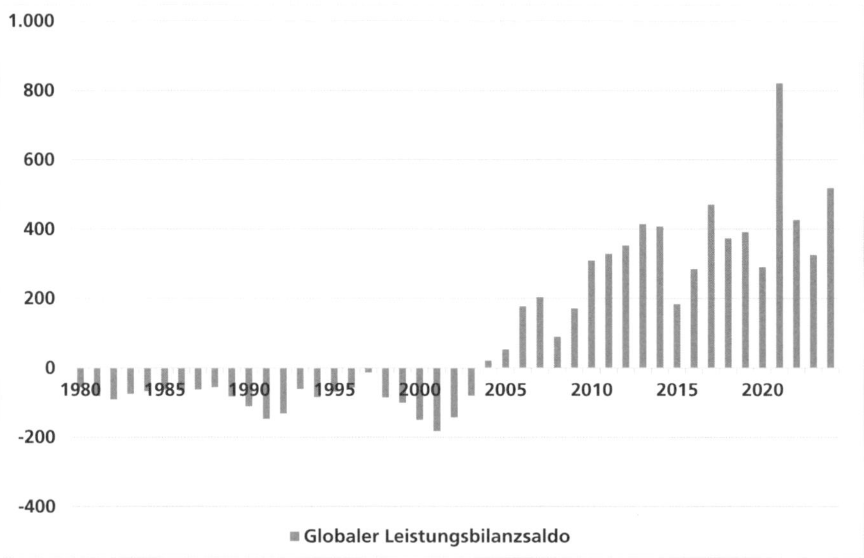

Abbildung 17.1: Entwicklung des globalen Leistungsbilanzsaldos seit 1980 (in Mrd. US-$).
Quelle: IMF, World Economic Outlook, April 2025

    b) Die Außenhandelsquote Singapurs beträgt rund 169,2% (2024). Erläutern Sie aus der Definition der Außenhandelsquote, wie es zu dieser Zahl kommen kann.

17.2 Übungsaufgaben

1. Internationale Transaktionen und die Zahlungsbilanz (I)
   a) Was versteht man unter dem Begriff der Zahlungsbilanz? Welche wesentlichen Unterbilanzen gibt es und welche Vorgänge werden in den jeweiligen Unterbilanzen gebucht?
   b) Buchen Sie die folgenden Transaktionen:
      i. Inländische Unternehmen exportieren Waren im Wert von 200 € ins Ausland. Die Hälfte wird als Kredit gewährt, die andere Hälfte wird sofort bezahlt.
      (*Zur Erläuterung:* Händler erhalten US-$ im Wert von 100 €. Diese tauschen sie bei der Zentralbank (zur Vereinfachung wird ein fester Wechselkurs angenommen) gegen 100 €. Die Auslandsforderungen der Zentralbank steigen daher um 100 €.)
      ii. Für die Versicherung der in Transaktion (1) genannten Warenexporte überweisen die ausländischen Importeure einem inländischen Versicherungsunternehmen 10 €.
      iii. Wie in jedem Jahr liefern inländische Unternehmen im Rahmen eines Entwicklungshilfeabkommens Waren ans Ausland in Höhe von 15 €.
      iv. Inländer führen ausländische Waren im Wert von 130 € gegen sofortige Zahlung ein.
      v. Das Inland leistet Beiträge an internationale Organisationen in Höhe von 15 €.
      vi. Grenzgänger aus dem Ausland erhalten Löhne in Höhe von 6 €.
      vii. Im Rahmen von Auslandsreisen geben Touristen 7 € im Ausland aus.
      viii. Weil ihnen die Erträge zu gering sind, verkaufen Inländer ausländische Wertpapiere und kaufen dafür inländische Wertpapiere in Höhe von 40 €.
      ix. Inländer erhalten aus dem Ausland Zinszahlungen auf Wertpapieranlagen in Höhe von 8 €.
      x. Ein Inländer nimmt im Ausland einen Kredit in Höhe von 5 € auf und kauft dafür ausländische Wertpapiere.
   c) Ermitteln Sie den Leistungsbilanzsaldo, den Kapitalbilanzsaldo und den Zahlungsbilanzsaldo.
   d) Das BIP in diesem Land beträgt 300 €. Welchen Wert nimmt das BNE an?
2. Internationale Transaktionen und die Zahlungsbilanz (II)
   Betrachten Sie die folgenden Transaktionen zwischen Land A (Inland) und Land B (Ausland):
   1. Unternehmen aus Land B kaufen für 600 € Vorprodukte in Land A.
   2. Inländer kaufen für 2.900 € Autos aus Land B.
   3. Ausländische Unternehmen zahlen Zinsen im Wert von 200 € an inländische Halter von Unternehmensanleihen, die dieses Einkommen nicht in ihrer Steuererklärung angeben, aber in Euro am Devisenmarkt umtauschen.

4. Ein Unternehmen aus Land A emittiert Aktien im Wert von 1.300 €. Sie werden allesamt von Investoren aus Land B aufgekauft.
5. Ausländische Investoren kaufen für 300 € umlaufende Aktien von inländischen Aktienbesitzern.
6. Die Bürger von Land A spenden nach einer Naturkatastrophe in Land B 500 € für Wiederaufbauarbeiten, die von dort ansässigen Unternehmen durchgeführt werden.
7. Banken aus Land A verkaufen ausländische Staatsanleihen im Wert von 1.000 €.

a) Stellen Sie die Zahlungsbilanz für Land A auf. Erläutern Sie, in welchem Ausmaß relevante Transaktionen nicht erfasst wurden, und geben Sie einige Beispiele für solche Transaktionen!

b) Erläutern Sie kurz anhand der folgenden Beispiele, warum die Zahlungsbilanz eines Lands A eigentlich immer ausgeglichen sein sollte:

i. Ein inländischer Konsument kauft einen Fernseher beim Vertreter einer Firma aus Land B. Die Zahlung erfolgt per Scheck.

ii. Ein Tourist aus Land A besucht einen Freizeitpark in B und bezahlt per Kreditkarte.

iii. Ein Investor aus Land A kauft Aktien einer Firma aus Land B.

c) Das BIP in Land A beträgt 10.000 €. Welchen Wert nimmt das BNE an?

d) Das BIP in Land B betrage 2.500 € und ist damit geringer als die Summe der Exporte. Erläutern Sie, wie es zu einer solchen Situation kommen kann!

3. Kaufkraftparität und Wechselkursbestimmung

Die Währung im Land A sei Mark, im Land B Schilling. Am 1.1.2024 kostet ein Schilling drei Mark. Die Inflationsrate im Land A beträgt 10%, im Land B 20%.

a) Versetzen Sie sich in einen Menschen aus Land A. Welcher Wechselkurs ergibt sich gemäß der Mengennotierung, welcher gemäß der Preisnotierung?

b) Versetzen Sie sich nun in einen Menschen aus Land B. Es kommt zu einer Abwertung der heimischen Währung. Wie verändert sich der Wechselkurs, wenn die Zentralbank von Land B den Wechselkurs in Preisnotierung angibt?

Für die folgenden Aufgaben versetzen wir uns in ein Wirtschaftssubjekt aus Land A. Verwenden Sie die Mengennotierung.

c) Berechnen Sie den nominalen Wechselkurs am 1.1.2025, wenn die Kaufkraftparität gilt.

d) Am 1.1.2025 bringt eine Mark 0,4 Schilling. Ist die Mark gegenüber dem Schilling real auf- oder abgewertet worden?

4. Big-Mac-Index

Betrachten Sie die folgende Tabelle:

	Nominaler Wechselkurs gegenüber US-Dollar	Preis eines Big-Mac in der Landeswährung
USA	---	$P_{\text{USA}} = 5{,}00$ \$
Euroland	$E = 1{,}25$ \$/€	$P_{\text{EWU}} = 5{,}00$ €
Mexiko	$E = 0{,}04$ \$/Peso	$P_{\text{MEX}} = 50$ Peso

Beantworten Sie folgende Fragen:

a) Welche Währung ist gemäß des Big-Mac-Index im Vergleich zum US-\$ überbewertet, welche unterbewertet? Geben Sie das Ausmaß der Fehlbewertung gegenüber dem Dollar an.

b) Welchen Gewinn bzw. Verlust erzielt ein Händler aus Mexiko, wenn er einen Big-Mac in die Vereinigten Staaten exportiert? Ermitteln Sie den Gewinn in Peso und unterstellen Sie, dass keine Transaktionskosten anfallen.

c) Wie hoch ist der maximale Gewinn, den ein Big-Mac-Exporteur aus Mexiko erzielen kann? Welche Transaktionen muss ein solcher Exporteur durchführen?

5. Zinsparität

Das Zinsniveau in der Schweiz war in der Vergangenheit häufig niedriger als in Deutschland. Mittlerweile haben sich manche Unternehmen darauf spezialisiert, günstige Hypothekenkredite in der Schweiz bzw. in Schweizer Franken an deutsche Hauskäufer zu vermitteln. Nehmen Sie an, Sie haben die Wahl zwischen einem Kredit in Deutschland zu einem Nominalzins von 8% und einem Kredit in der Schweiz zu einem Nominalzins von 5%.

a) Ihr Finanzberater schlägt Ihnen die Finanzierung in der Schweiz vor, wodurch Sie bei Ihrem Finanzierungsbedarf von 200.000 € jährlich 6.000 € einsparen könnten. Sollten Sie ihm blind vertrauen?

b) Angenommen, in der Schweiz und in Deutschland wäre der Realzins gleich groß. Was lässt sich dann – aus Ihrer Kenntnis über die Beziehung zwischen Nominal- und Realzinsen aus ▶ *Kapitel 6* – über die erwartete Inflationsentwicklung in beiden Ländern sagen?

c) Gehen Sie von der Gültigkeit der Zinsparität aus. Was folgt aus dem Zinsunterschied für die erwartete Wechselkursentwicklung?

d) Stehen Ihre Antworten zu den letzten beiden Teilaufgaben in irgendeinem Widerspruch oder sind sie konsistent?

e) Welche Faktoren haben Sie in Ihrer bisherigen Analyse nicht berücksichtigt, die die Gültigkeit Ihrer Antworten beeinträchtigen und evtl. Ihre Entscheidung bezüglich einer Kreditaufnahme in Schweizer Franken beeinflussen könnten?

Lösungen zu Kapitel 17

17.1 Wissens- und Verständnistests

Multiple Choice

1. a)
2. b)
3. c)
4. c)
5. d)
6. d)
7. a)

Wahr/Falsch

8. F, W, F, W
9. F, W, W, F
10. W, F, F, F (nach der Definition der Außenhandelsquote in Blanchard/Illing);
    F, W, F, F (nach der Definition des Statistischen Bundesamtes, www.destatis.de, Stand: April 2025)
11. F, F, W, W
12. W, W, F, W
13. W, W, W, F
14. W, F, W, W

Basiswissen

15. Nominale und reale Wechselkurse
    a) Nominaler Wechselkurs (in Mengennotierung) = Menge ausländischer Währungseinheiten pro €.

       Realer Wechselkurs = Preis deutscher Güter in Einheiten ausländischer Güter.

       Relevant für Kaufentscheidungen etc. ist die Kaufkraft einer Währung, also der reale Wechselkurs. Hier reicht ein bloßer Vergleich der nominalen Wechselkurse von z.B. 1,20 $/€ und 140 Yen/€ nicht aus. Erst über die Berücksichtigung der jeweiligen Preisniveaus kann man beurteilen, ob in Deutschland, Japan oder den USA am günstigsten eingekauft werden kann.

b) Aus der Definition des realen Wechselkurses $\varepsilon = EP / P^*$ ergeben sich folgende Einflussfaktoren, die eine reale Abwertung bewirken können:

Nominale Abwertung des € (= nominale Aufwertung des $); Anstieg des amerikanischen relativ zum europäischen Preisniveau (durch $P^*\uparrow$ oder $P\downarrow$ oder eine entsprechende Kombination von Veränderungen von P^* und P).

16. Zahlungsbilanz

a) Leistungsbilanz und Kapitalbilanz.

b) Warenhandel (Saldo) = Warenexporte – Warenimporte

Dienstleistungen (Saldo) = Dienstleistungsexporte – Dienstleistungsimporte

Primäreinkommen (Saldo) = Nettoerwerbseinkommen + Nettovermögenseinkommen (auch Saldo der Erwerbs- und Vermögenseinkommen genannt)

Sekundäreinkommen (Saldo) = Summe der Nettozahlungen an Entwicklungshilfe sowie an inter- und supranationale Organisationen und der Überweisungen der in Deutschland beschäftigten ausländischen Arbeitnehmer in ihre Heimatländer

Darüber hinaus wird manchmal noch der Außenbeitrag (= Nettoexporte) als Summe der Salden des Warenhandels und der Dienstleistungen genannt.

c) Die Kapitalbilanz ist das Spiegelbild der Leistungsbilanz. Dies deshalb, weil eine Zahlungsverpflichtung gegenüber dem Ausland, wie sie z.B. beim Güterimport entsteht und von der Leistungsbilanz erfasst wird, gleichzeitig auch als Kapitalmarkttransaktion erfasst werden muss. Das ist das Grundprinzip der doppelten Buchführung, wodurch sich diese Transaktionen in der Summe immer gerade aufheben müssen. Die Übungsaufgaben 1 und 2 vertiefen dieses Prinzip mit einer ganzen Reihe von Beispielen.

17. Tatsächliche und vermeintliche Anomalien in der Leistungsbilanz

a) Theoretisch sollten sich die nationalen Leistungsbilanzüberschüsse und -defizite aller Länder der Welt gerade aufheben, da die Welt als Ganzes keinen Außenhandel mit anderen Planeten betreibt. Die Welt hatte mindestens seit den 1980er-Jahren ein Leistungsbilanzdefizit. Seit dem Jahr 2004 aber gibt es einen weltweiten Leistungsbilanzüberschuss.

Ursache für die empirisch beobachteten globalen Leistungsbilanzdefizite bzw. -überschüsse sind **strukturelle** Messfehler. (*Zufällige* Messfehler müssten sich gegenseitig aufheben oder sollten zumindest weniger persistent über die Zeit sein.)

Als Gründe für die ursprünglich lang anhaltenden globalen Leistungsbilanzdefizite wurde vor allem genannt, dass aus Steuergründen häufig ausländische Zinserträge nicht im Heimatland gemeldet werden → negatives globales Nettovermögenseinkommen. Außerdem war ein Großteil der Welthandelsflotte in Staaten registriert, die ihre Einnahmen aus dem Frachtverkehr nicht an den IWF berichteten.

Die Wendung zu einem Leistungsbilanzüberschuss seit den Nullerjahren liegt nach einer IWF-Studie unter anderem daran, dass der Handel von Dienstleistungen zugenommen hat. Um in den offiziellen Statistiken berücksichtigt zu werden, muss der Handelswert der Importe/Exporte Mindestgrößen überschreiten; dies ist tendenziell eher bei den Exporteuren (große Firmen) als den Importeuren solcher Dienstleistungen der Fall. Außerdem hat zum Beispiel die Verfolgung von Steuerflucht zugenommen und die Zinseinnahmen sind durch die weltweite Niedrigzinsphase zurückgegangen. (Vgl. Helbling, Thomas; und Marco E. Terrones, „From Deficit to Surplus: Recent Shifts in Global Current Accounts." in: IMF World Economic Outlook: Sustaining the Recovery, October 2009, S. 35–39).

b) Die Außenhandelsquote ist der Durchschnitt aus der Summe der Warenimporte und Warenexporte, gemessen als Anteil am BIP. Das BIP ist u.a. definiert als der Marktwert aller im Inland produzierten Waren und Dienstleistungen abzüglich der von anderen Wirtschaftseinheiten bezogenen Vorleistungen. Dagegen wird bei den Importen und Exporten der volle Warenwert auch der Zwischenprodukte zu Grunde gelegt. In modernen Produktionsabläufen werden heutzutage so viele Zwischenprodukte aus dem Ausland verwendet, dass in kleinen offenen Volkswirtschaften wie Singapur die Außenhandelsquote über 100% ansteigen kann.

17.2 Übungsaufgaben

1. Internationale Transaktionen und die Zahlungsbilanz (I)

a) Die Zahlungsbilanz erfasst den Wert aller ökonomischen Transaktionen von Gütern und Dienstleistungen sowie Forderungen und Verbindlichkeiten zwischen In- und Ausländern in einer Periode nach dem Prinzip der doppelten Buchführung. Wichtig: Die Zahlungsbilanz enthält Stromgrößen und ist deshalb *zeitraumbezogen*. Sie ist keine Bilanz im eigentlichen Sinne (enthält Bestandsgrößen an einem Stichtag), sondern ist eher mit der Gewinn-und-Verlust-Rechnung vergleichbar. Da jede Transaktion auf Grund der doppelten Buchführung sowohl auf der Aktiv- als auch auf der Passivseite gebucht wird, muss die Zahlungsbilanz immer ausgeglichen, also ihr Saldo gleich 0 sein.

Die beiden Unterbilanzen heißen:

Leistungsbilanz: Erfasst den internationalen Tausch von Waren, Dienstleistungen und Faktoreinkommen sowie unilaterale Transfers wie z.B. Entwicklungshilfe.

Kapitalbilanz: Erfasst die Finanztransaktionen bzw. die Veränderung der Kapitalströme inklusive der Devisenreserven. Hier stehen Veränderungen von Verbindlichkeiten und Forderungen gegenüber dem Ausland im Vordergrund. Auf der Aktivseite stehen damit Kapitalimporte (Zunahme der Verbindlichkeiten gegenüber dem Ausland bzw. Abnahme der Forderungen an das Ausland) und auf der Passivseite Kapitalexporte (Zunahme von Forderungen an das Ausland bzw. Abnahme von Verbindlichkeiten gegenüber dem Ausland).

Zusammenfassung:

Aktivseite (+)	Passivseite (–)	= Saldo des/der	
Warenexporte	Warenimporte	Warenhandels	Leistungsbilanz
Dienstleistungsexporte	Dienstleistungsimporte	Dienstleistungshandels	
Empfangene Erwerbseinkommen	geleistete Erwerbseinkommen	Primäreinkommen	
Empfangene Vermögenseinkommen	geleistete Vermögenseinkommen		
empfangene laufende Übertragungen	geleistete laufende Übertragungen	Sekundäreinkommen	
Direktinvestitionen durch Ausländer im Inland	Direktinvestitionen durch Inländer im Ausland	Direktinvestitionen	Kapitalbilanz
Kauf inländischer Wertpapiere (Aktien, Anleihen, Fondsanteile, Zertifikate) durch Ausländer	Kauf ausländischer Wertpapiere (Aktien, Anleihen, Fondsanteile, Zertifikate) durch Inländer	Wertpapiertransaktionen	
Kapitalimport durch Optionen und Finanztermingeschäften sowie Mitarbeiteraktienoptionen	Kapitalexport durch Optionen und Finanztermingeschäften sowie Mitarbeiteraktienoptionen	Finanzderivate	
Handels- und Finanzkredite sowie Bankeinlagen von Ausländern an Inländer	Handels- und Finanzkredite sowie Bankeinlagen von Inländern an Ausländer	Übriger Kapitalverkehr	
Zunahme der Auslands-verbindlichkeiten der Zentralbank	Zunahme der Auslands-forderungen der Zentralbank	Devisenbilanz	

Tabelle 17.1: Die Posten der Zahlungsbilanz

b) Die Aufgabe lässt sich am übersichtlichsten beantworten, wenn man für jeden Posten der Zahlungsbilanz ein eigenes Konto einführt und in diesem die jeweiligen Transaktionen bucht. Die Nummern in Klammern beziehen sich dabei jeweils auf die Aufgabennummer.

Leistungsbilanz:

Warenhandel			
(1) Warenexporte	200	(4) Warenimporte	130
(3) Warenexporte	15		
		Saldo	85

Dienstleistungen			
(2) Versicherungsexport	10	(7) Auslandsreisen	7
		Saldo	3

Primäreinkommen			
(9) Kapitalerträge	8	(6) Löhne an Ausländer	6
		Saldo	2

Sekundäreinkommen			
		(3) Entwicklungshilfe	15
		(5) Beiträge zu int. Orga.	15
		Saldo	–30

Kapitalbilanz:

Wertpapiertransaktionen			
(8) Verkauf ausl. WP (Abnahme der Forderung ans Ausland)	40	(10) Kauf ausl. WP	5
		Saldo	35

Übriger Kapitalverkehr			
(10) Aufnahme ausl. Bankkredit	5	(1) Handelskredite	100
		Saldo	–95

Devisenbilanz			
(4) Bezahlung Warenimporte	130	(1) Bezahlung Warenexporte	100
(5) Beiträge zu int. Orga	15	(2) Bezahlung Versicherung	10
(6) Bezahlung Grenzgänger	6	(8) Verkauf ausl. WP.	40
(7) Auslandsreisen	7	(9) Zinsen und Dividenden	8
		Saldo	0

Beachten Sie: Da keine Direktinvestitionen oder Geschäfte mit Finanzderivaten getätigt werden, bleiben die jeweiligen Unterkonten der Kapitalbilanz in dieser Aufgabe unberührt. Sie sind deshalb nicht mit eigenen Tabellen aufgeführt.

c) *Leistungsbilanzsaldo:*

Saldo des Warenhandels	85
+ Saldo der Dienstleistungen	3
+ Saldo der Primäreinkommen	2
+ Saldo der Sekundäreinkommen	–30
= Leistungsbilanzsaldo	60
Kapitalbilanzsaldo:	
Saldo der Direktinvestitionen	0
+ Saldo der Wertpapiertransaktionen	35
+ Saldo der Finanzderivate	0
+ Saldo des übrigen Kapitalverkehrs	–95
+ Saldo der Devisenbilanz	0
= Kapitalbilanzsaldo	–60
Zahlungsbilanzsaldo:	
Leistungsbilanzsaldo	60
+ Kapitalbilanzsaldo	–60
= Zahlungsbilanzsaldo	0

d) Das BNE ist definiert als: BNE = BIP + Saldo der Primäreinkommen. Hier ergibt sich BNE = BIP + SP = 300 € + 2 € = 302 €.

2. Internationale Transaktionen und die Zahlungsbilanz (II)

a) Die Buchungen sind wieder in den jeweiligen Unterkonten vorgenommen:

Leistungsbilanz:

Warenhandel			
(1) Warenexporte: Vorprodukte	600	(2) Warenimporte: Autos	2.900
		Saldo	–2.300

Primäreinkommen			
[(3) Zinsen	200]		
(nicht gemeldet, daher nicht gebucht!)			
		Saldo	0

Sekundäreinkommen			
		(6) Spenden	500
		Saldo	–500

Kapitalbilanz:

Wertpapiertransaktionen			
(4) Kapitalimport: Neuemission	1.300	(7) Verkauf ausl. Staatsanleihen (= Reduktion von Auslandsvermögen)	−1.000
(5) Kapitalimport: Aktienkauf umlaufender Aktien	300		
		Saldo	2.600

Devisenbilanz			
(2) Warenimporte: Autos	2.900	(1) Warenexporte: Vorprodukte	600
(6) Entwicklungshilfeprojekt	500	(3) Zinsen	200
		(4) Kapitalimport: Neuemission	1.300
		(5) Kapitalimport: Aktienkauf umlaufender Aktien	300
		(7) Verkauf ausl. Staatsanleihen	1.000
		Saldo	0

Beachten Sie: Da keine (i) Dienstleistungen, (ii) Direktinvestitionen, (iii) Geschäfte mit Finanzderivaten oder (iv) Transaktionen im übrigen Kapitalverkehr getätigt werden, bleiben die jeweiligen Unterkonten der Leistungsbilanz (für Dienstleistungen) und der Kapitalbilanz (für die anderen drei Kategorien) in dieser Aufgabe unberührt. Sie sind deshalb nicht mit eigenen Tabellen aufgeführt.

Leistungsbilanzsaldo:

Saldo des Warenhandels	–2.300
+ Saldo der Dienstleistungen	0
+ Saldo der Primäreinkommen	0
+ Saldo der Sekundäreinkommen	–500
= Leistungsbilanzsaldo	–2.800

Kapitalbilanzsaldo:

Saldo der Direktinvestitionen	0
+ Saldo der Wertpapiertransaktionen	2.600
+ Saldo der Finanzderivate	0
+ Saldo des übrigen Kapitalverkehrs	0
+ Saldo der Devisenbilanz	0
= Kapitalbilanzsaldo	2.600

Zahlungsbilanzsaldo:

Leistungsbilanzsaldo	–2.800
+ Kapitalbilanzsaldo	2.600
+ **Statistisch nicht aufgliederbare Transaktionen**	**200**
= Zahlungsbilanzsaldo	0

Es wurden relevante Transaktionen in Höhe von 200 € nicht erfasst *(Statistisch nicht aufgliederbare Transaktionen)*, da die Zahlungsbilanz ausgeglichen sein muss. In der Realität entsteht diese Diskrepanz durch Messprobleme oder auch beispielsweise durch nicht erfassbare Bestechungsgelder oder Steuerhinterziehung.

b) Beispiele, warum die Zahlungsbilanz eines Lands A ausgeglichen sein muss:

i. Der Kauf des Fernsehers geht als Warenimport in die Leistungsbilanz ein. Der Exporteur der Firma aus Land B hat im Gegenzug einen Scheck erhalten. Dieser legt den Scheck beispielsweise in einer Bank im Land A an und erwirbt so einen Vermögenswert des Lands A. Dem Warenimport steht somit ein Kapitalimport (= Verkauf eines inländischen Vermögenswerts ans Ausland) in gleicher Höhe gegenüber und die Zahlungsbilanz ($LB + KB$) ist ausgeglichen.

ii. Der Besuch des Freizeitparks des Touristen aus A in Land B zählt als Dienstleistungsimport und geht als Import in die Leistungsbilanz ein. Die Bezahlung per Kreditkarte an den Freizeitpark in Land B stellt für Land B den Erwerb eines Vermögenswerts dar, einen Anspruch auf eine künftige Zahlung vom Kreditkartenunternehmen. Dem Import in der Leistungsbilanz steht somit wiederum ein Kapitalimport in gleicher Höhe gegenüber und die Zahlungsbilanz ist wieder ausgeglichen.

iii. Der Kauf der Aktie, also der Kauf eines ausländischen Vermögenswerts, geht als Kapitalexport in die Kapitalbilanz des Lands A ein. Den Kaufpreis der Aktie legt beispielsweise die Firma aus Land B bei einer Bank in Land A an. Somit erwirbt die Firma aus Land B einen Vermögenswert (ein „Asset") in Land A. Folglich fand ein Kapitalimport bzw. der Verkauf eines Assets an Land B statt. In der Kapitalbilanz treten entsprechend ein Kapitalexport und ein Kapitalimport in gleicher Höhe auf. Der Saldo der Kapitalbilanz ist null. Ebenso natürlich der Saldo der Zahlungsbilanz.

c) Das BNE ist definiert als: BNE = BIP + Saldo der Primäreinkommen. Hier ergibt sich

BNE = BIP + SP = 10.000 € – 0 € = 10.000 €

d) Vgl. ▸*Abschnitt 17.1*, Aufgabe 17b).

3. Kaufkraftparität und Wechselkursbestimmung
   a) Aus Sicht von Land A gilt:

      Mengennotierung:

      Preis einer Einheit inländischer Währung in Einheiten ausländischer Währung; hier: Preis einer Mark in Einheiten von Schilling.

      Konkret: $E = 0{,}33$ Schilling/Mark

      Preisnotierung:

      Preis einer Einheit ausländischer Währung in Einheiten inländischer Währung; hier: Preis eines Schilling in Einheiten von Mark.

      Konkret: $\tilde{E} = 3$ Mark/Schilling
   b) Die heimische Währung verliert an Wert. Das heißt, man kann mit einer Einheit inländischer Währung nun weniger ausländische Währungseinheiten kaufen.

      Preisnotierung aus Sicht des Lands B (Währung: Schilling): Schilling/Mark. D.h., man muss nun, nach der Abwertung, mehr Schilling für eine Mark bezahlen. Der Wechselkurs in Preisnotierung muss bei einer Abwertung also *steigen*.

Absolute und relative Kaufkraftparität

Nach der **absoluten** Kaufkraftparität kostet der gleiche Warenkorb in allen Ländern gleich viel, wenn er in derselben Währung gemessen wird. Nach der **relativen** Kaufkraftparität entspricht die prozentuale Veränderung des Wechselkurses innerhalb einer Periode der Differenz der Inflationsraten der beiden Länder in derselben Periode. Absolute Kaufkraftparität impliziert relative Kaufkraftparität, umgekehrt gilt dies nicht. (In Kapitel 17 von Blanchard/Illing wird nur die absolute Kaufkraftparität behandelt; weitere Informationen finden Sie z.B. in Krugman, Obstfeld und Melitz (2015), *Internationale Wirtschaft*, 10. Auflage, Abschnitt 16.2.)

   c) Bei Gültigkeit der (absoluten) Kaufkraftparität stellt sich der Wechselkurs E durch die internationale Güterarbitrage so ein, dass ausländische Preise P^B (Schilling) umgerechnet gleich den inländischen Preisen P^A (Mark) sind, formal also

$$P^A = P^B / E \Rightarrow E = P^B / P^A$$

      Sei im Weiteren der Wechselkurs am 1.1.2024 mit E_0 bezeichnet, der am 1.1.2025 mit E_1.

      Es gilt $\dfrac{E_1}{E_0} = \dfrac{P_1^B / P_1^A}{P_0^B / P_0^A}$.

      Da das allgemeine Preisniveau gemäß der Inflationsrate steigt, gilt:

$$P_1^A = P_0^A (1+\pi_A); P_1^B = P_0^B (1+\pi_B)$$ und somit

$$\frac{E_1}{E_0} = \frac{P_0^B\left(1+\pi_B\right)}{P_0^A\left(1+\pi_A\right)} \cdot \frac{P_0^A}{P_0^B} = \frac{1+\pi_B}{1+\pi_A}$$

Mit den Zahlen im Beispiel:

$$E_1 = E_0 \frac{1+\pi_B}{1+\pi_A} = 0,33 \cdot \frac{1,2}{1,1} = 0,36 \left[\text{Schilling/Mark}\right]$$

d) Da der tatsächliche nominale Wechselkurs (0,4 Schilling/Mark) über dem durch die Kaufkraftparität implizierten (0,36 Schilling/Mark) liegt, ist der reale Wechselkurs von Land A gestiegen. Es sind nun mehr Einheiten ausländischer Güter für den Kauf ausländischer Güter nötig und die Mark bzw. Land A hat real **aufgewertet**.

4. Big-Mac-Index

a) Sind in zwei Ländern die Warenkörbe und das Basisjahr der Preisindizes identisch, so besagt ein realer Wechselkurs von 1, dass die Währung eines Landes weder über- noch unterbewertet im Verhältnis zur Währung des anderen Lands ist und deshalb die Kaufkraftparität (PPP) gilt. Gegeben der jeweiligen Preisniveaus lässt sich aus dieser Bedingung der nominale Wechselkurs bestimmen, der der PPP entspricht. Im Folgenden wird angenommen, dass der Big-Mac repräsentativ für das Preisniveau im jeweiligen Land ist. Aus

$$\varepsilon = E_{\text{Euro}}^{\text{PPP}} \left[\$/€\right] \cdot \frac{P\ [€]}{P^*\ [\$]} = 1$$

folgt

$$E_{\text{Euro}}^{\text{PPP}} = \frac{P^*\ [\$]}{P\ [€]} = \frac{5,00\ \$}{5,00\ €} = 1\,\$/€$$

Gemäß der PPP sollte 1 € genau 1 $ kosten. Tatsächlich kostet 1 € jedoch 1,25 $. Der Euro ist also um 25% überbewertet.

Der durch die Big-Mac-Preise und die PPP implizierte Wechselkurs des Peso beträgt

$$E_{\text{Peso}}^{\text{PPP}} = \frac{P^*\ [\$]}{P\ [\text{Peso}]} = \frac{5,00\ \$}{50\ \text{Peso}} = 0,1\,\$\ /\ \text{Peso}$$

1 Peso sollte also 0,1 $ kosten. Tatsächlich kostet 1 Peso aber 0,05 $, weshalb der Peso um 50% unterbewertet ist.

b) Gewinn/Verlust für Big-Mac-Export von Mexiko nach USA (in Peso):

Kauf eines Big-Mac in Mexiko für 50 Peso.

Verkauf dieses Big-Mac in den USA für 5 $.

Umtausch der $ in Peso ergibt einen Erlös von 5$ / 0,05 $/Peso = 100 Peso.

Der Gewinn beträgt also (100 Peso – 50 Peso) = 50 Peso.

c) Der maximale Gewinn wird erzielt, indem sowohl die Unterbewertung des Peso als auch die Überbewertung des Euro ausgenutzt werden. → Verkaufe Big-Mac in Euroland!

Kauf eines Big-Mac in Mexiko für 50 Peso.

Verkauf dieses Big-Mac in Europa für 5 €.

Umtausch der € in $ bringt einen Erlös von 5 € · 1,25 $/€ = 6,25 $.

Umtausch dieser $ in Peso ergibt 6,25 $ / 0,05 Peso/$ = 125 Peso.

Der Gewinn beträgt dann (125 Peso - 50 Peso) = 75 Peso.

5. Zinsparität

a) Für Ihre Finanzierungsentscheidung sind – ebenso wie bei der Anlage in Anleihen – nicht allein die Nominalzinsen relevant, sondern auch die erwartete Wechselkursentwicklung (die Schweiz ist *nicht* Mitglied des Euroraums!).

b) Aus ▶*Kapitel 6* wissen Sie: $r = i - \pi^e$ und damit $\pi^e = i - r$ in jedem Land. Da r in beiden Ländern per Annahme gleich ist, entspricht die unterschiedliche erwartete Inflation der Differenz der Nominalzinsen, also $\pi_S^e - \pi_D^e = i_S - i_D = 3\%$.

c) Die Zinsparitätentheorie besagt, dass die erwartete Rendite in heimischer Währung (hier: Euro) bei jeder Anlage (z.B. einer Anleihe, aber auch bei Krediten) gleich hoch sein muss, egal ob die Anlage in Euro oder einer Fremdwährung notiert ist (hier: Franken). Äquivalent dazu: Der Zinssatz im Inland i_D muss gleich sein dem Zinssatz im Ausland i_S minus der erwarteten Aufwertungsrate der inländischen Währung: $i_D = i_S + \left(E_{t+1}^e - E_t\right)/E_t$. Damit ergibt sich als erwartete Wechselkursveränderung $\left(E_{t+1}^e - E_t\right)/E_t = i_S - i_D = 8\% - 5\% = 3\%$, also ein Rückgang des nominalen Wechselkurses um 3% und damit eine entsprechende nominale Abwertung des Euro.

d) Die beiden Antworten sind vollkommen konsistent. Der Zinsunterschied spiegelt einerseits die unterschiedlichen Inflationserwartungen und andererseits die erwartete Wechselkursveränderung wider. Wenn die tatsächlichen mit den erwarteten Inflationsraten über eine Periode übereinstimmen, dann impliziert die Kaufkraftparität, dass auch der Wechselkurs am Ende dieser Periode sich wie auf Grund der Inflationsunterschiede vorhergesagt verändert hat.

Dies folgt aus der Beziehung

$$\frac{E_1}{E_0} = \frac{P_1^S / P_1^D}{P_0^S / P_0^D} = \frac{P_0^S\left(1+\pi_S\right)}{P_0^D\left(1+\pi_D\right)} \cdot \frac{P_0^D}{P_0^S} = \frac{1+\pi_S}{1+\pi_D},$$

die sich für kleine Inflationsraten über

$$\frac{E_1}{E_0} - \frac{E_0}{E_0} = \frac{1+\pi_S}{1+\pi_D} - \frac{1+\pi_D}{1+\pi_D} \text{ zu } \frac{E_1 - E_0}{E_0} = \pi_S - \pi_D \text{ vereinfacht.}$$

e) Zunächst könnten Ihre Erwartungen bezüglich Inflation und Wechselkurs natürlich von den durch die Zinsunterschiede implizierten abweichen. Im Gegensatz zu Anleihezinsen muss dies nicht bedeuten, dass sich Ihre Erwartungen von den allgemeinen Markterwartungen unterscheiden: Privatkredite werden nicht an der

Börse gehandelt (kein Sekundärmarkt) und deshalb ist das Arbitrage-Argument nur eingeschränkt gültig, sodass z.B. unterschiedliche Ausmaße von Wettbewerb auf dem jeweiligen Kreditmarkt zu Verzerrungen führen können.

Allerdings sollten Sie auch unbedingt Risikoprämien für die Wechselkursunsicherheit sowie Transaktionskosten in Ihre Berechnungen mit einbeziehen. So hatten z.B. sehr viele Ungarn in den ersten Jahren des 21. Jahrhunderts solche vermeintlich günstigen Fremdwährungskredite unter anderem in der Schweiz aufgenommen, während sie ihr Einkommen ausschließlich in Forint bezogen. Als Folge der Abwertung des ungarischen Forint gegenüber dem Schweizer Franken um rund 60% zwischen 2007 und 2012 hatten viele Ungarn Schwierigkeiten, ihre auf Schweizer Franken lautenden Kredite zurückzuzahlen. Die laufenden Zins- und Tilgungszahlungen hatten sich für sie ja um 60% verteuert! Indes haben mittlerweile mehrere Kreditnehmer erfolgreich bis zum Europäischen Gerichtshof (z.B. im Oktober 2019) gegen ihre jeweilige Bank geklagt. Die Banken hatten aus juristischer Sicht nicht hinreichend über die – ökonomisch offensichtlichen – Fremdwährungsrisiken aufgeklärt oder missbräuchliche Klauseln verwendet.

18 Der Gütermarkt in einer offenen Volkswirtschaft

18.1 Wissens- und Verständnistests

Multiple Choice

1. In einer offenen Volkswirtschaft hat ein Anstieg der inländischen Nachfrage einen
   a) kleineren Effekt auf die Produktion als in einer geschlossenen Volkswirtschaft und einen positiven Effekt auf die Handelsbilanz.
   b) kleineren Effekt auf die Produktion als in einer geschlossenen Volkswirtschaft und einen negativen Effekt auf die Handelsbilanz.
   c) größeren Effekt auf die Produktion als in einer geschlossenen Volkswirtschaft und einen negativen Effekt auf die Handelsbilanz.
   d) größeren Effekt auf die Produktion als in einer geschlossenen Volkswirtschaft und einen positiven Effekt auf die Handelsbilanz.
2. Eine Rezession in den USA und Japan führt in der EU zu
   a) keiner Veränderung der Produktion und der Nettoexporte.
   b) einem Rückgang der Nettoexporte. Die Produktion bleibt aber unverändert, weil die fehlende Auslandsnachfrage durch zusätzliche Inlandsnachfrage substituiert wird.
   c) einer Verschiebung der *ZZ*-Kurve nach unten.
   d) einem Anstieg der Importe aus den USA und Japan.
3. In einer offenen Volkswirtschaft führt ein Anstieg der Staatsausgaben zu
   a) einem Anstieg der inländischen Produktion.
   b) einem Anstieg der Importe.
   c) einem Rückgang der Nettoexporte.
   d) allen genannten Effekten.
4. Wenn innerhalb eines Jahres der nominale $/€-Wechselkurs um 10% gefallen ist und die deutsche Inflationsrate 1%, die amerikanische 3% betrug, ist der reale Wechselkurs aus deutscher Sicht um
   a) 12% gefallen.
   b) 8% gefallen.
   c) 8% gestiegen.
   d) 12% gestiegen.

5. Eine Rückführung des staatlichen Budgetdefizits führt ceteris paribus zu
   a) einem Rückgang der privaten Ersparnis.
   b) einem Anstieg der Investitionen.
   c) einer Verbesserung der Leistungsbilanz.
   d) zu einer Kombination von allen drei Effekten.
6. Ein Anstieg der marginalen Importneigung wird
   a) den Multiplikator ansteigen lassen, wodurch die gleiche Staatsausgabenveränderung einen größeren Effekt auf die inländische Produktion hat.
   b) den Multiplikator ansteigen lassen, wodurch die gleiche Staatsausgabenveränderung einen kleineren Effekt auf die inländische Produktion hat.
   c) den Multiplikator zurückgehen lassen, wodurch die gleiche Staatsausgabenveränderung einen größeren Effekt auf die inländische Produktion hat.
   d) den Multiplikator zurückgehen lassen, wodurch die gleiche Staatsausgabenveränderung einen kleineren Effekt auf die inländische Produktion hat.
7. Die Marshall-Lerner Bedingung besagt,
   a) dass die Handelsbilanzänderung bei Abwertung nie negativ sein kann.
   b) dass die relativen Veränderungen von Exporten und Importen genau der relativen Änderung des Wechselkurses entsprechen.
   c) dass die Handelsbilanz negativ ist, wenn die relative Änderung der Wechselkurse bei einer Abwertung die relative Änderung von Exporten und Importen übersteigt.
   d) dass die Handelsbilanzänderung positiv ist, wenn der Anstieg des Wechselkurses kleiner als der Anstieg der Importe und der Anstieg der Importe kleiner als der Anstieg der Exporte ist.
   e) Keine der Aussagen ist richtig.
8. Der *J*-Kurven-Effekt impliziert,
   a) dass es zu einer Handelsbilanzverschlechterung kommt, weil die Anpassung kurzfristig in Mengen erfolgt.
   b) dass die Handelsbilanz unter Umständen mittelfristig nach einer Aufwertung wieder ausgeglichen ist.
   c) dass sich kurzfristig die Exporte und Importe stark verändern.
   d) dass der Wechselkurs keinen Einfluss auf die Mengen- und Preisentscheidungen hat.

Wahr/Falsch: Welche der jeweiligen Aussagen sind wahr, welche falsch?

9. Eine reale Aufwertung führt zu
   a) einer Abnahme der Exporte.
   b) einem Anstieg des relativen Preises ausländischer Güter.
   c) einer Zunahme der Importe.
   d) einem Anstieg des relativen Preises inländischer Güter.

10. In einer offenen Volkswirtschaft
   a) fällt ein Teil der inländischen Güternachfrage auf ausländische Güter.
   b) ist die *ZZ*-Kurve flacher.
   c) sinkt der Multiplikator.
   d) steigt die Nachfrage nach inländischen Gütern mit dem Welteinkommen.

11. Gegeben sind die folgenden Gleichungen:

$$Z = C + I + G + X - IM / \varepsilon$$

$$C = 20 + 0{,}8(Y - T)$$

$$I = 20,\ G = 10,\ T = 0{,}1 \cdot Y,\ X = 0{,}1 \cdot Y^*,\ IM = 0{,}22 \cdot Y,\ \varepsilon = 1$$

   a) Unter der Annahme, dass das Ausland durch identische Gleichungen beschrieben ist (mit Ausnahme der Exporte, die nun vom Einkommen im Inland abhängen), beträgt das gleichgewichtige inländische Volkseinkommen 125.
   b) Das gleichgewichtige Volkseinkommen im Inland beträgt $Y = 100 + 0{,}1 \cdot Y^*$.
   c) Erhöht das Inland seine Staatsausgaben um 24 Einheiten, dann gilt im Gleichgewicht $Y^* = 143$.
   d) Wenn beide Länder ihre Staatsausgaben verdoppeln, steigt die Summe ihrer Einkommen auf 300.

12. Die Leistungsbilanz verbessert sich durch einen Anstieg der
   a) Investitionen.
   b) Ersparnis.
   c) Staatsausgaben.
   d) Steuern.

13. Nehmen Sie an, die Weltwirtschaft befindet sich in einer Rezession. Die Regierungschefs der OECD-Länder suchen einen gemeinsamen Weg aus der Krise.
   a) Da es allen Ländern gleich schlecht geht, ist es überhaupt kein Problem, zu einer gemeinsamen Politik zu kommen.
   b) Belgien könnte auf Grund seiner sehr hohen Außenhandelsquote besonders von einem weltweiten Aufschwung profitieren. Trotzdem sollte Belgien auch bei kei-

ner Einigung selbstständig eine stark expansive Fiskalpolitik betreiben, weil diese hauptsächlich im Inland wirkt.

c) Die USA sind so groß, dass für sie eine weltweit koordinierte Wirtschaftspolitik nicht oberste Priorität besitzt. Sie können sich viel eher auf eine nationale Wirtschaftspolitik verlassen als kleine offene Volkwirtschaften.

d) Alle Länder vereinbaren eine gemeinsame expansive Fiskalpolitik. Nun besteht für kein Land mehr ein Anreiz, diese nicht durchzuführen.

Basiswissen

14. Grundlagen

a) Erläutern Sie den Zusammenhang zwischen Wechselkurs, Importen, Exporten und Bruttoinlandsprodukt und leiten Sie grafisch den Zusammenhang zwischen Produktion Y und Nettoexporten NX ab.

b) Ermitteln Sie aus der Bedingung für ein Gütermarktgleichgewicht algebraisch die Gleichgewichtsbedingung $NX = S + (T - G) - I$. Gehen Sie dabei davon aus, dass sich Primäreinkommen aus dem Ausland und ins Ausland gerade aufheben.

c) Was verändert sich in Aufgabe b), wenn sich die Primäreinkommen nicht aufheben?

d) Was verstand man in den 1980er-Jahren und seit 2001 unter dem „Zwillingsdefizit" der USA. Wieso wird manchmal argumentiert, dass ein Land über seinen Verhältnissen lebt?

15. Ausländischer Nachfrageanstieg

Zeigen Sie, dass ein Anstieg der ausländischen Nachfrage folgende Wirkungen hat:

a) einen Anstieg der privaten Ersparnis,

b) höhere Investitionen (die Zunahme ist geringer als die der Ersparnis),

c) keine Veränderung des Budgetdefizits,

d) eine Verbesserung der Leistungsbilanz.

18.2 Übungsaufgaben

1. Marshall-Lerner-Bedingung und J-Kurven-Effekt

a) Unter welcher Bedingung führt eine reale Abwertung der heimischen Währung zu einem Handelsbilanzüberschuss ausgehend von einer Situation mit ausgeglichener Handelsbilanz?

b) Erläutern Sie den J-Kurven-Effekt bei einer *Aufwertung*.

c) Betrachten Sie die folgende Tabelle. Welche Reaktionen der Handelsbilanzen der einzelnen Länder sind bei einer realen Abwertung um 10% unmittelbar (innerhalb der ersten sechs Monate nach der Wechselkursänderung), mittelfristig (nach zwölf Monaten) und langfristig (in einer hypothetischen, unendlich langen Anpassungsperiode) zu erwarten?

Land	Elastizität der Exportnachfrage			Elastizität der Importnachfrage		
	Sofortige Wirkung	In mittlerer Frist	In langer Frist	Sofortige Wirkung	In mittlerer Frist	In langer Frist
Deutschland	–	–	1,41	0,57	0,77	0,77
Frankreich	–	–	1,41	0,57	0,77	0,77
Japan	0,20	0,48	1,25	–	0,49	0,60
Österreich	0,59	1,01	1,61	0,16	0,72	0,97
Schweiz	0,39	0,71	1,37	0,03	0,36	0,80
USA	0,28	0,42	0,73	0,25	0,25	0,25

Tabelle 18.1: Geschätzte Preiselastizitäten für den internationalen Handel mit Industrieprodukten
Quelle: Krugman, Obstfeld und Melitz (2012, S. 618)

d) In der folgenden Grafik ist der nominale Wechselkurs einer Volkswirtschaft in Mengennotierung auf der rechten Achse abgetragen (gepunktete Linie). Die Nettoexporte sind auf der linken Achse abgetragen (durchgezogene Linie). Das Preisniveau sei konstant. Gilt die Marshall-Lerner-Bedingung (kurze Begründung)? Gibt es einen *J*-Kurven-Effekt (kurze Begründung)?

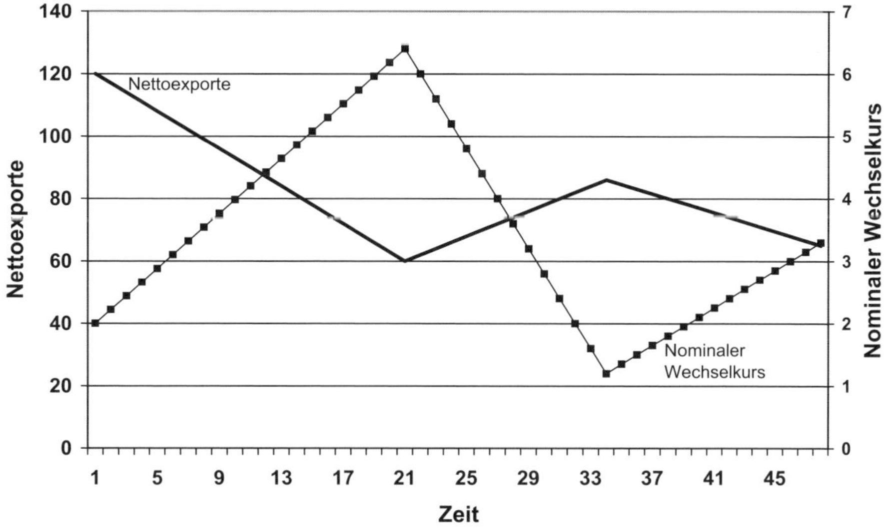

2. Rechenbeispiel zum realen Wechselkurs und der Leistungsbilanz

Gehen Sie von einer kurzfristigen Importnachfragefunktion der Form $IM = \frac{1}{100}\varepsilon^{-0,5} \cdot Y$ und einer langfristigen Importnachfrage von $IM = \frac{1}{100}\varepsilon^{-1,1} \cdot Y$ aus.

Die kurzfristige Exportnachfragefunktion sei dagegen $X = \frac{1}{100}\varepsilon^{0,2} \cdot Y^*$ und die langfristige Exportnachfrage von $X = \frac{1}{100}\varepsilon^{1,3} \cdot Y^*$.

a) Berechnen Sie die kurz- und langfristigen Importelastizitäten.

b) Berechnen Sie die kurz- und langfristigen Exportelastizitäten.

Nehmen Sie nun an, dass $Y = 1.000$ und $Y^* = 1.000$ sowie der reale Wechselkurs $\varepsilon = 1$ ist. Der Saldo der Primäreinkommen sei gleich 0.

c) Wie hoch ist der Saldo der Leistungsbilanz in dieser Situation?

d) Wie entwickeln sich kurz- und langfristige Importe mengenmäßig und wertmäßig, d.h. in inländischen Gütereinheiten, wenn ε um 5% steigt?

e) Wie entwickeln sich kurz- und langfristige Exporte mengenmäßig und wertmäßig, d.h. in inländischen Gütereinheiten, wenn ε um 5% steigt?

f) Wie verändert sich jeweils die Leistungsbilanz?

3. Gütermarktgleichgewicht in der offenen Volkswirtschaft

Die Nachfrage nach heimischen Gütern sei:

$$Z = C + I + G + X - \varepsilon IM$$

Dabei ist ε der reale Wechselkurs. Dieser sei gleich 1 und konstant. Unterstellen Sie folgende Verhaltensgleichungen:
$C = c_0 + c_1(Y - T)$, $I = b_0 + b_1 Y - b_2 i$, $IM = q_1 Y$ und $X = x_1 Y^*$.
Dabei ist Y^* das exogene ausländische Einkommen.

a) Welche Bedingungen müssen in dieser Volkswirtschaft erfüllt sein, damit die Annahme eines konstanten realen Wechselkurses von $\varepsilon = 1$ berechtigt ist?

b) Ermitteln Sie die gleichgewichtige Produktion dieser Volkswirtschaft.

c) Berechnen Sie den Einkommensmultiplikator einer Steueränderung und vergleichen Sie diesen mit dem Multiplikator einer (ansonsten identischen) geschlossenen Volkswirtschaft.

d) Neben den bekannten Einkommensmultiplikatoren bei einer Staatsausgaben- oder einer Steueränderung lässt sich in der offenen Volkswirtschaft auch die Wirkung einer fiskalpolitischen Maßnahme auf die Handelsbilanz bestimmen. Ermitteln Sie den Multiplikatoreffekt auf die Handelsbilanz bei einer Staatsausgabenerhöhung.

e) Worin würden sich im vorliegenden Modell eine kleine offene Volkswirtschaft und eine große offene Volkswirtschaft unterscheiden? In welcher Ökonomie hat eine Veränderung der Staatsausgaben größere Auswirkungen auf Output und Nettoexporte? Warum?

f) Welche Wirkung hat eine Rezession im Ausland auf die inländische Produktion?

4. Gütermarktgleichgewicht in zwei großen offenen Volkswirtschaften

Nehmen Sie an, in der Weltwirtschaft existierten nur zwei relevante Regionen, die EU und die USA, die ausschließlich untereinander Handel treiben. Der reale Wechselkurs sei auf $\varepsilon = 1$ normiert und konstant. Die Güternachfrage sei durch folgende Tabelle beschrieben (Variablen mit * kennzeichnen die USA):

	EU	USA
Konsumfunktion	$C^* = 950 + 0{,}6(Y - T)$	$C^* = 300 + 0{,}8(Y^* - T^*)$
Investitionen	$I = 1.000$	$I^* = 1.100$
Staatsausgaben	$G = 1.000$	$G^* = 1.500$
Budgetdefizit	$G - T = 100$	$G^* - T^* = 300$
Nettoexportfunktion	$NX = 0{,}1 \cdot Y^* - 0{,}1 \cdot Y$	$NX^* = 0{,}1 \cdot Y - 0{,}1 \cdot Y^*$

a) Ermitteln Sie die gleichgewichtige Produktion dieser Volkswirtschaften.

b) Betrachten wir zunächst die Handelsbilanz ein wenig genauer:

   i. Hat eine der beiden Regionen einen Handelsbilanzüberschuss?

   ii. Wie wirkt sich ein Anstieg der marginalen Importneigung der EU auf 0,15 aus?

c) Berechnen Sie die Auswirkungen einer kreditfinanzierten Staatsausgabenerhöhung um 100 jeweils für die EU und die USA (ausgehend von der Situation in der Tabelle).

   i. In welcher Region hat die Staatsausgabenerhöhung einen höheren Einfluss auf die inländische Produktion?

   ii. Wie werden die Nettoexporte beeinflusst?

d) Berechnen Sie die Auswirkungen einer koordinierten kreditfinanzierten Staatsausgabenerhöhung um je 100 in der EU und den USA.

e) Welche Erkenntnisse gewinnen Sie aus Ihren Antworten für die Anreize zu fiskalpolitischen Maßnahmen in der EU und den USA? Was würde sich verändern, wenn man anstatt den USA und der EU eine kleine offene Volkswirtschaft betrachten würde?

f) Was sind die Folgen für die Möglichkeiten einer koordinierten Wirtschaftspolitik in einer Welt mit vielen kleinen Staaten im Vergleich zu zwei großen Wirtschaftsblöcken?

5. Entwicklung des deutschen Außenbeitrags

Der deutsche Außenbeitrag ist Gegenstand zum Teil kontroverser ökonomischer und politischer Diskussionen sowohl innerhalb der Europäischen Union als auch auf globaler Ebene, nicht zuletzt seit der Wahl Donald Trumps zum Präsidenten der USA. Wie sehen die empirischen Fakten aus und was bedeuten sie?

a) Erstellen Sie eine möglichst aussagefähige Grafik über die Entwicklung und die Bedeutung der Exporte und Importe für die deutsche Wirtschaft. Benutzen Sie dafür Daten von der Datenbank „FRED“ (*https://fred.stlouisfed.org*).

b) Berechnen Sie die Entwicklung der deutschen Nettoexporte und vergleichen Sie diese mit der Entwicklung des Euro-Wechselkurses zum Dollar seit der Euro-Einführung (1999). Was fällt Ihnen auf? Können Sie insbesondere die Entwicklung nach dem 1. Quartal 2002 erklären?

c) Wie beurteilen Sie die Nettoexporte Deutschlands in den letzten zehn Jahren, die mit hohen Leistungsbilanzüberschüssen einhergingen? Gehen Sie dabei insbesondere auf das von der Europäischen Union 2011 bei der Reform des Europäischen Stabilitäts- und Wachstumspakts eingeführte Frühwarnsystem für übermäßige makroökonomische Ungleichgewichte ein. Informationen dazu finden Sie zum Beispiel auf der Website der Europäischen Kommission: *http://ec.europa.eu/economy_finance/economic_governance/macroeconomic_imbalance_procedure/index_en.htm.*

Vergleichen Sie dies mit dem gemeinsamen Positionspapier des deutschen Bundesministeriums der Finanzen und des Bundesministeriums für Wirtschaft und Energie vom Mai 2017 über die Hintergründe und Ursachen des deutschen Leistungsbilanzsaldos sowie die wirtschafts- und finanzpolitischen Handlungsspielräume. Dieses Papier wurde wenige Monate nach der Amtsübernahme von US-Präsident Trump vor dem Hintergrund der nationalen und internationalen Kritik an den hohen deutschen Leistungsbilanzüberschüssen veröffentlicht (*https://www.bmwi.de/Redaktion/DE/Downloads/Monatsbericht/Monatsbericht-Themen/2017-05-leistungsbilanzueberschuss.htm*).

Empirisches Arbeiten

Die empirische Analyse ökonomischer Fragen kann man grob in fünf Schritte einteilen: Zunächst müssen Sie die relevanten Daten auf Basis Ihres ökonomischen Wissens identifizieren. Danach müssen Sie diese Daten aus den Ihnen zur Verfügung stehenden Datenbanken beschaffen. Im dritten Schritt müssen Sie Ihre Daten für die Analyse aufbereiten. Erst jetzt können Sie mit der eigentlichen empirischen Analyse beginnen. Abschließend müssen Sie Ihre Ergebnisse natürlich noch interpretieren, indem Sie die Fakten mit den zu Grunde liegenden ökonomischen Prozessen verbinden. Beachten Sie, dass gerade das Beschaffen und Aufbereiten der Daten häufig sehr zeitintensiv ist. Dabei können umfassende und über das Internet kostenlos verfügbare Datenbanken wie die amerikanische „FRED" von der Federal Reserve Bank of St. Louis, die auch sehr viele deutsche Daten anbietet, sehr hilfreich sein. (*https://fred.stlouisfed.org*)

6. Dynamische, mikroökonomisch fundierte Betrachtung der Leistungsbilanz

   Betrachten Sie eine kleine offene Volkswirtschaft mit exogen gegebenem Inlandsprodukt (y_1, y_2) für die Dauer von zwei Perioden. Der repräsentative Haushalt hat die Möglichkeit, sich in der ersten Periode im Ausland zu verschulden bzw. dort Ersparnisse zu bilden. Die Vermögenssalden zu Beginn der ersten Periode und zum Ende der zweiten Periode seien jeweils null. Der exogene Weltzins der Anleihen B sei r.

   a) Leiten Sie die intertemporale Budgetrestriktion des repräsentativen Haushalts ab. (*Hinweis:* In jeder Periode kann der Haushalt sein Einkommen für Konsum verwenden und den Rest über die Anleihen zwischen den Perioden transferieren.)

   b) Der Haushalt maximiere die allgemeine Nutzenfunktion $U = u(c_1) + \beta u(c_2)$, $0 < \beta < 1$. Leiten Sie die Bedingungen erster Ordnung ab und interpretieren Sie sie.

c) Berechnen Sie den Konsum in den Perioden 1 und 2 für die Nutzenfunktion $U = \ln(c_1) + \beta \ln(c_2)$. Unter welchen Bedingungen konsumiert der Haushalt in beiden Perioden gleich viel?

d) Stellen Sie das Maximierungsproblem grafisch dar. Welches Nutzenniveau würde der Haushalt bei Autarkie höchstens erreichen?

e) Es gelte $y_1 = y_2$.

   i. Unter welchen Bedingungen ergibt sich in der ersten Periode ein Leistungsbilanzüberschuss?

   ii. Unter welcher Bedingung ergibt sich verglichen mit dem Autarkiezustand kein zusätzlicher Nutzen aus dem intertemporalen Handel mit dem Rest der Welt?

f) Es gelte $\beta = 1/(1 + r)$ und $y_1 = y_2$. Wie verändert sich die Leistungsbilanz bei einem

   i. permanenten Einkommensschock?

   ii. temporären Einkommensschock?

g) Wie können sich die Sparentscheidung eines Haushalts und sein Konsum in den beiden Perioden mit steigendem Zinssatz verändern, wenn Gegenwarts- und Zukunftskonsum normale Güter sind? (Unterscheiden Sie zwischen einem Haushalt, der beim ursprünglichen Zinssatz gespart hat, und einem Haushalt, der sich ursprünglich verschuldet hat.)

Mikroökonomie in der Makroökonomie

Die moderne Makroökonomie basiert auf mikroökonomisch fundierten Modellen. Die einzelnen Wirtschaftssubjekte werden dabei meist zu einem einzelnen Durchschnittshaushalt, dem **repräsentativen Haushalt**, aggregiert. Dessen Entscheidungen basieren auf einem individuellen Nutzenmaximierungskalkül, wie es aus der Mikroökonomie bekannt ist, und spiegeln das Verhalten der gesamten Volkswirtschaft wider. Vor allem seit der 2008 ausgebrochenen Finanzkrise versucht die Forschung, die mikroökonomisch fundierten makroökonomischen Modelle durch Berücksichtigung z.B. verhaltensökonomischer Erkenntnisse und heterogener Agenten realistischer zu machen.

Lösungen zu Kapitel 18

18.1 Wissens- und Verständnistests

Multiple Choice

Multiple Choice

1. b)
2. c)
3. d)
4. a)
5. d)
6. d)
7. e)
8. b)

Wahr/Falsch

9. W, F, W, W
10. W, W, W, W
11. W, F, F, W
12. F, W, F, W
13. F, F, W, F

Basiswissen

14. Grundlagen

a) Wie üblich: Nominaler Wechselkurs in Mengennotierung: E = ausländische Währung / inländische Währung.

Sei ε der reale Wechselkurs, dann gilt $\varepsilon = (E \cdot P)/P^*$. Das heißt, es kommt nicht nur auf den Wechselkurs an, sondern auch auf die Preisniveaus im In- und Ausland.

- Falls der nominale Wechselkurs fällt (Abwertung), bedeutet dies, dass die ausländische Währung teurer wird. Wenn P^* und P konstant sind, fällt gleichzeitig auch der reale Wechselkurs. Damit werden inländische Produkte für Ausländer billiger. Folglich steigt die Nachfrage aus dem Ausland nach inländischen Produkten an, die Exporte (X) steigen also.
- Außerdem werden die ausländischen Produkte für Inländer teurer, d.h., die Nachfrage nach ausländischen Produkten und damit die Importe (IM) fallen.

  ▸*Abbildung 18.1* stellt beide Mengeneffekte dar, wobei zur Vereinfachung jeweils eine waagrechte Angebotskurve unterstellt wird.

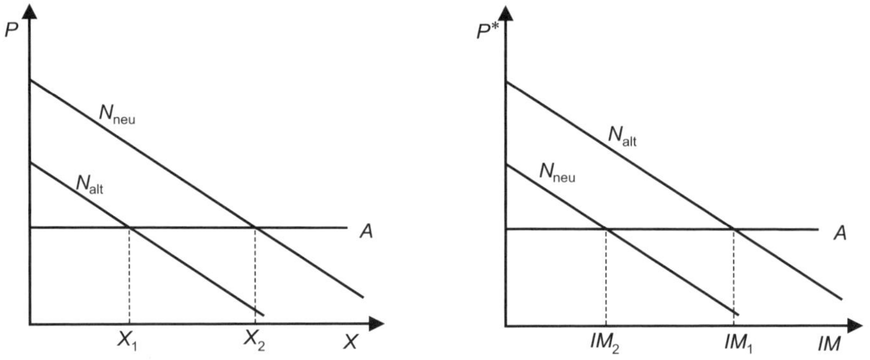

Abbildung 18.1: Mengeneffekte einer Abwertung

- Durch das Fallen von ε steigt der Wert der Importe in heimischen Gütern an, da die Importe in heimische Güter umgerechnet werden müssen.

Zusammenfassend lässt sich daher feststellen, dass die Exporte bei einer Abwertung auf jeden Fall ansteigen, während die Wirkung auf die Importe unklar ist, da Preis- und Mengeneffekte entgegengesetzt verlaufen.

Damit ist auch der Gesamteffekt auf die Nettoexporte ebenso wie auf das BIP, das durch $BIP = C + I + G + X - IM / \varepsilon$ gegeben ist, unklar. Es kommt darauf an, ob Preis- oder Mengenwirkung überwiegen. Die Marshall-Lerner-Bedingung, die in Aufgabe 1 des nächsten Abschnitts mathematisch hergeleitet wird, gibt die formale Bedingung dafür an, dass der Mengeneffekt überwiegt und damit das BIP steigt.

	Wechselkurs	**Exporte**	**Importe**	**BIP**
Abwertung:	↓	↑	unklar	unklar
Aufwertung:	↑	↓	unklar	unklar

Tabelle 18.2: Zusammenfassung der Effekte einer Wechselkursänderung

Der grafische Zusammenhang zwischen Produktion Y und Nettoexporten NX ist in ▸*Abbildung 18.2* dargestellt. Die DD-Kurve zeigt die inländische Güternachfrage $C + I + G$. Zieht man davon die grau schraffierten Importe IM gemessen in inländischen Gütereinheiten, also IM / ε, ab, kommt man zur inländischen Nachfrage nach inländischen Gütern, der AA-Kurve. Beachten Sie, dass der Abstand zwischen *DD*- und *AA*-Kurve mit steigendem Einkommen *Y* zunimmt, weil die Importe positiv von *Y* abhängen. Die gesamte Nachfrage nach inländischen Gütern, die *ZZ*-Kurve, erhalten wir nun, indem wir die Exportnachfrage *X* zur *AA*-Kurve addieren. Hier handelt es sich um eine Parallelverschiebung, weil *X* unabhängig von *Y* ist (lediglich ε und Y^* beeinflussen *X*).

Die Nettoexporte ergeben sich nun offensichtlich aus der Differenz zwischen der Nachfrage nach inländischen Gütern und der inländischen Güternachfrage, also dem Abstand zwischen *ZZ*- und *DD*-Kurve. Für Y_1 ergibt sich also beispielsweise ein Handelsbilanzüberschuss von *BC*, während bei Y_{HB}, dem Schnittpunkt von *ZZ*- und *DD*-Kurve, die Handelsbilanz gerade ausgeglichen ist.

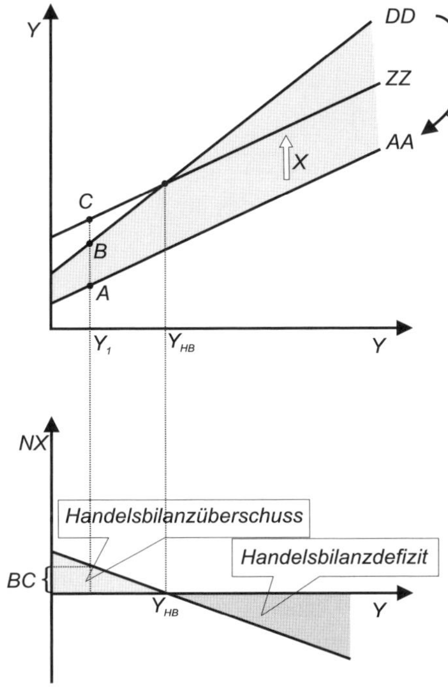

Abbildung 18.2: Nachfrage nach inländischen Gütern und die Nettoexporte

b) Das Gleichgewicht auf dem Gütermarkt impliziert:

$$Y = C + I + G + X - IM / \varepsilon \qquad (1.)$$

Zieht man auf beiden Seiten $C + T$ ab und berücksichtigt, dass die private Ersparnis $S = Y - C - T$, folgt

$$S = I + G - T + X - IM / \varepsilon \qquad (2.)$$

Durch Einsetzen der Definition der Nettoexporte ($NX = X - IM / \varepsilon$) erhält man

$$NX = S + (T - G) - I \qquad (3.)$$

c) Falls der Saldo der Primäreinkommen $SP \neq 0$, muss zwischen Bruttoinlandsprodukt BIP = Y und Bruttonationaleinkommen BNE = $Y + SP$ unterschieden werden. Die private Ersparnis hängt natürlich vom Einkommen, also vom BNE ab: S = BNE $- C - T$ bzw. $S = Y + SP - C - T$. Dagegen muss im Gleichgewicht die Nachfrage nach inländischen Gütern weiterhin gleich der inländischen Produktion (BIP) sein, also Gleichung (1.) gelten. Folglich verändert sich (2.) zu

$$S - SP = I + G - T + X - IM / \varepsilon$$

Durch Einsetzen der Definition des Leistungsbilanzsaldos

$$LB = NX + SP = X - IM / \varepsilon + SP$$

(bei ausgeglichener Dienstleistungsbilanz und ausgeglichenen Sekundäreinkommen) erhält man als neue Gleichung (3.)

$$LB = S + (T - G) - I \tag{4.}$$

Die Summe aus privater Ersparnis S und staatlicher Ersparnis $T - G$ abzüglich der privaten Investitionen I, also die Ersparnis des Landes im Ausland (= Kapitalexport), ist gerade gleich dem Leistungsbilanzsaldo.

d) Mit dem „Zwillingsdefizit" bezeichnen Ökonomen staatliche Budgetdefizite bei gleichzeitigen Leistungsbilanzdefiziten. Hier reicht die private Ersparnis nicht aus, um die privaten Investitionen und das Staatsdefizit zu finanzieren. Der Wert der inländischen Güternachfrage $C + I + G$ (manchmal auch als **Absorption** bezeichnet) liegt über dem Wert des inländischen Einkommens (BNE). Die Differenz (= Leistungsbilanzdefizit) ist gleichbedeutend mit der zusätzlichen Verschuldung eines Landes im Ausland. Insofern lebt ein Land „über seine Verhältnisse", wenn es ein Leistungsbilanzdefizit aufweist.

Ein solches Verhalten muss aber nicht schlecht sein. Vielmehr ermöglicht der Auf- und Abbau von Vermögenspositionen im Ausland eine Glättung des intertemporalen Konsums eines Landes (vgl. Übungsaufgabe 6). Entscheidend ist, dass Leistungsbilanzdefizite heute durch entsprechende Überschüsse in der Zukunft (oder aus der Vergangenheit) ausgeglichen werden müssen.

15. Ausländischer Nachfrageanstieg

a) Ein Anstieg der ausländischen Nachfrage lässt die Exporte ansteigen, wodurch das Einkommen im Inland über den Multiplikatoreffekt ansteigt. Die private Ersparnis steigt gerade um die marginale Sparneigung multipliziert mit der Einkommensveränderung.

b) Sind die Investitionen einkommensunabhängig, bleiben sie vom Einkommensanstieg unberührt und es ist offensichtlich, dass $S - I$ ansteigt. Sind die Investitionen dagegen einkommensabhängig, steigen sie durch das höhere Einkommen an. Dass ihre Zunahme aber geringer als die der Ersparnis ist, lässt sich am einfachsten zeigen, wenn die *gesamte* zusätzliche Nachfrage auf ausländische Güter fallen würde (in der Notation von Übungsaufgabe 3: $q_1 = c_1 + b_1$):

In der ersten Runde des Multiplikatorprozesses führt der Einkommensanstieg durch den Exportanstieg ΔX zu einem Anstieg der Ersparnis von $(1 - c_1)\Delta X$.

Gleichzeitig steigt die inländische Güternachfrage um $(c_1 + b_1)\Delta X = q_1\Delta X$, die komplett aus dem Ausland importiert wird. Der Multiplikatorprozess bricht bereits nach der ersten Runde zusammen, weil kein zusätzliches inländisches Einkommen generiert wird. Da die marginale Investitionsneigung b_1 kleiner als die marginale Sparneigung $(1 - c_1)$ sein muss (vgl. ▶*Kapitel 5*), steigt die private Ersparnis stärker als die Investitionen an.

c) Das Budgetdefizit verändert sich im Grundmodell nicht, weil sowohl Steuern als auch Staatsausgaben exogen gegeben sind. Wirken dagegen die automatischen Stabilisatoren (vgl. z.B. ▶*Kapitel 3*), weil Steuern und/oder Staatsausgaben einkommensabhängig sind, sinkt das Budgetdefizit, d.h. $T - G$ steigt.

d) Die Leistungsbilanz ist definiert als $LB = S - I + (T - G)$. Formal ist aus den bereits genannten Gründen ein Anstieg der rechten Seite der Gleichung und damit auch von LB offensichtlich. Ökonomisch kann man den Anstieg von LB folgendermaßen begründen: Während in der geschlossenen Volkswirtschaft eine Vermögensänderung lediglich über den Aufbau des inländischen Kapitalstocks und damit Investitionen erfolgen konnte, besteht nun auch die Möglichkeit, Vermögensansprüche im Ausland zu erwerben. Diese „Auslandsinvestition" spiegelt sich in einem Anstieg der Leistungsbilanz wider. Das Ausland als Kreditnehmer verwendet diese Ersparnis, um sein eigenes Leistungsbilanzdefizit zu finanzieren, das durch den Anstieg der ausländischen Nachfrage entsteht (als Spiegelbild des inländischen Leistungsbilanzüberschusses).

18.2 Übungsaufgaben

1. Marshall-Lerner-Bedingung und *J*-Kurven-Effekt

a) **Verbal:**

Wenn eine Währung abwertet, ergeben sich sowohl ein Preis- als auch Mengeneffekte.

Preiseffekt: Durch die Abwertung steigen die Importe wertmäßig an, da für die Inländer die ausländische Währung teurer wird. Die Exporte werden in einheimischer Währung gerechnet, weshalb sie wertmäßig unverändert bleiben. Folglich ergibt sich eine Außenhandelsbilanzverschlechterung.

Mengeneffekte: Durch die Abwertung werden für die Ausländer die inländischen Produkte billiger, was eine Erhöhung der Exporte zur Folge hat. Für die Inländer hingegen werden die ausländischen Produkte teurer, was eine Senkung der Importe zur Folge hat. Damit ergibt sich durch den Mengeneffekt eine Außenhandelsbilanzverbesserung. Die Gesamtwirkung auf die Nettoexporte ist damit zunächst nicht eindeutig. Nur wenn der Mengen- den Preiseffekt überwiegt, steigen die Nettoexporte. Dafür ist eine hinreichend starke Reaktion der Export- und Importnachfrage notwendig, die in der Marshall-Lerner-Bedingung zusammengefasst wird. Die genaue Form dieser Bedingung wird im Folgenden hergeleitet.

Formal:

Die Nettoexporte sind definiert als

$$NX = X(Y^*, \varepsilon) - IM(Y, \varepsilon) / \varepsilon \qquad (1.)$$

Um die Reaktion der Nettoexporte auf eine Abwertung zu bestimmen, betrachtet man die partielle Ableitung (1.) nach ε (Quotientenregel bei IM/ε!):

$$\frac{\partial NX}{\partial \varepsilon} = \frac{\partial X}{\partial \varepsilon} - \left(\frac{\frac{\partial IM}{\partial \varepsilon} \cdot \varepsilon - IM}{\varepsilon^2} \right) = \frac{\partial X}{\partial \varepsilon} - \frac{\frac{\partial IM}{\partial \varepsilon}}{\varepsilon} + \frac{IM}{\varepsilon^2}$$

Wann gilt nun $\partial NX / \varepsilon < 0$, ausgehend von einer ausgeglichenen Handelsbilanz, d.h. $NX = 0$ bzw. $X = IM/\varepsilon$?

$$\frac{\partial X}{\partial \varepsilon} - \frac{\frac{\partial IM}{\partial \varepsilon}}{\varepsilon} + \frac{IM}{\varepsilon^2} < 0$$

Multipliziert mit ε/X ergibt sich

$$\frac{\partial X}{\partial \varepsilon} \cdot \frac{\varepsilon}{X} - \frac{\frac{\partial IM}{\partial \varepsilon}}{X} + \frac{IM}{\varepsilon X} < 0$$

Nach Einsetzen der ausgeglichenen Handelsbilanz $X = IM/\varepsilon$ bleibt

$$\frac{\partial X}{\partial \varepsilon} \cdot \frac{\varepsilon}{X} - \frac{\partial IM}{\partial \varepsilon} \cdot \frac{\varepsilon}{IM} + 1 < 0$$

bzw.

$$\underbrace{-\frac{\partial X}{\partial \varepsilon} \cdot \frac{\varepsilon}{X}}_{\eta} + \underbrace{\frac{\partial IM}{\partial \varepsilon} \cdot \frac{\varepsilon}{IM}}_{\eta^*} > 1$$

und damit die *Marshall-Lerner-Bedingung*

$$\eta + \eta^* > 1$$

η und η^* sind dabei die Preiselastizitäten der Export- und der Importnachfrage, wie sie allgemein in der Mathematikeinführung in ▶ *Kapitel 2* definiert sind. Beachten Sie die folgende Box für die Vorzeichen von η und η^*!

Preiselastizität

Die ▶*Tabelle 18.1* im Aufgabenteil enthält die Schätzungen des Internationalen Währungsfonds (IWF) über die Preiselastizitäten gehandelter Industrieprodukte. Die Preiselastizität ist der Betrag der Veränderung der nachgefragten Menge y relativ zur Veränderung des Preises p und damit eine spezielle Form der Punktelastizität, wie sie in ▶*Kapitel 2* eingeführt worden ist. Im konkreten Fall geben die Zahlen also die Veränderung der Export- und Importnachfrage für einen 1%-Anstieg des realen Wechselkurses ε an.

Sie sollten sich über die positiven Werte der Exportnachfrage wundern! Schließlich wissen Sie, dass ein Anstieg von ε, also eine reale Aufwertung, die Exporte zurückgehen lässt; η sollte also negativ sein! Die Erklärung ist einfach: Zur besseren Lesbarkeit wird in der ökonomischen Literatur in der Regel nur der Betrag von η angegeben, weil jeder weiß, dass für **gewöhnliche Güter** die Preiselastizität **negativ** ist. Hier ist die Preiselastizität der Exportnachfrage also definiert als

$$\eta = |(\Delta X/X)/(\Delta\varepsilon/\varepsilon)| = -(\Delta X/X)/(\Delta\varepsilon/\varepsilon)$$

b) Die zentralen Aspekte für die Beantwortung dieser Frage sind:
   - Dynamische Analyse, das heißt: eine Betrachtung der Entwicklung der Handelsbilanz im Zeitverlauf.
   - Zunächst vor allem eine Preis- und weniger eine Mengenreaktion auf Grund längerfristiger Verträge und evtl. Handlungsverzögerungen bei den Wirtschaftssubjekten:

     $\varepsilon\uparrow$ in $NX = X(Y^*, \varepsilon) - IM(Y, \varepsilon)/\varepsilon$ sorgt zunächst dafür, dass der Wert der Importe $IM(Y, \varepsilon)/\varepsilon$ sinkt und sich damit die Nettoexporte erhöhen.
   - Mittelfristig (im Allgemeinen nach sechs bis zwölf Monaten) sind Import- und Exportnachfrage hinreichend elastisch bezüglich ε, sodass die Marshall-Lerner-Bedingung erfüllt ist und die Nettoexporte durch die Aufwertung sinken.

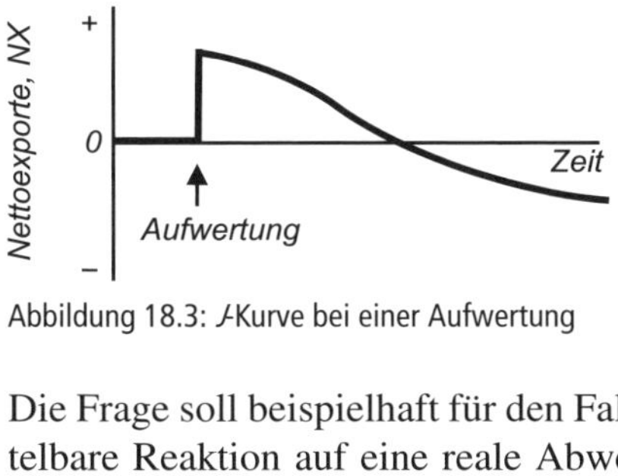

Abbildung 18.3: J-Kurve bei einer Aufwertung

c) Die Frage soll beispielhaft für den Fall Österreich beantwortet werden: Als unmittelbare Reaktion auf eine reale Abwertung um 10% ist zu erwarten, dass innerhalb der ersten sechs Monate die Exporte um 3,9% ansteigen, die Importe um 0,3% fallen. (Die in der Tabelle angegebenen Werte beziehen sich – wie bei empirischen Studien üblich – auf eine 1%-Änderung!) In der Summe reicht diese

Mengenreaktion aber nicht aus, den Preiseffekt der Abwertung zu kompensieren: Da 0,39 + 0,03 < 1, ist die Marshall-Lerner-Bedingung unmittelbar nicht erfüllt und die Nettoexporte werden durch die Abwertung zunächst sinken.

Nach zwölf Monaten reagieren Exporte und Importe deutlich stärker auf die Abwertung. Die Marshall-Lerner-Bedingung ist dank 0,71 + 0,36 = 1,07 erfüllt. Die geschätzten Parameter legen also nahe, dass der Mengeneffekt den Preiseffekt gerade überkompensiert, weshalb die Nettoexporte ansteigen sollten.

Langfristig verstärkt sich diese Tendenz noch: Im Erwartungswert steigt die Exportnachfrage um 13,7%, die Importnachfrage sinkt um 8%.

Die ▶ *Tabelle 18.1* im Aufgabenteil zeigt damit, dass für Österreich wie für die meisten Länder eine reale Abwertung unmittelbar zu einer Verschlechterung der Nettoexporte, kurz- oder zumindest mittelfristig aber zu einem Anstieg der Nettoexporte führt. Sie ist also ein empirischer Beleg für die *J*-Kurve.

d) In der Grafik bewirkt eine Aufwertung (= Anstieg des Wechselkurses in Mengennotierung) eine Verringerung der Nettoexporte und umgekehrt, die Marshall-Lerner-Bedingung ist also erfüllt.

Es gibt keinen *J*-Kurven-Effekt, da keine temporäre Verschlechterung der Handelsbilanz bei einer Abwertung (und umgekehrt) erfolgt. Der Mengeneffekt überwiegt also immer den Preiseffekt.

2. Rechenbeispiel zum realen Wechselkurs und der Leistungsbilanz

a) Die Importelastizität ist definiert als

$$\eta^* = \left| \frac{\partial IM}{\partial \varepsilon} \cdot \frac{\varepsilon}{IM} \right|$$

Wegen $\partial IM/\partial \varepsilon = \frac{1}{100} \cdot (0,5)\varepsilon^{-0,5} Y$ ergibt sich hier also als kurzfristige Elastizität

$$\begin{aligned} \eta_k^* &= \tfrac{1}{100} \cdot (0,5)\varepsilon^{-0,5} Y \cdot \varepsilon / IM \\ &= \tfrac{1}{100} \cdot (0,5)\varepsilon^{0,5} Y \Big/ \left(\tfrac{1}{100} \cdot \varepsilon^{0,5} Y \right) \\ &= 0,5 \end{aligned}$$

Analog berechnet sich die langfristige Importelastizität als

$$\eta_l^* = 1,1$$

b) Die Exportelastizität ist definiert als (vgl. die Box zur Preiselastizität in Aufgabe 1a) dieses Kapitels)

$$\eta = \left| \frac{\partial X}{\partial \varepsilon} \cdot \frac{\varepsilon}{X} \right|$$

Analog zur Berechnung der Importelastizität in a) erhält man unter Berücksichtigung der Beträge $\eta_k = 0,2$ und $\eta_l = 1,3$.

c) Hier gilt $LB = X - IM / \varepsilon$. Unter Verwendung der Exportfunktion $X = \frac{1}{100} \cdot 1^{-1,3} \cdot 1.000 = 10$ und der Importfunktion $IM = \frac{1}{100} \cdot 1^{1,1} \cdot 1.000 = 10$ sowie $\varepsilon = 1$ folgt für den Leistungsbilanzsaldo $LB = 0$.

d) Zunächst kann man durch Einsetzen des neuen realen Wechselkurses $\varepsilon = 1{,}05$ in die jeweilige Importfunktion die *mengenmäßige Reaktion* der Importe bestimmen. Als kurzfristige Reaktion erhält man auf diesem Weg $IM_k = \frac{1}{100} \cdot 1{,}05^{0,5} \cdot 1.000 = 10{,}25$, langfristig $IM_l = 10{,}55$.

Die Menge an importierten Gütern muss nun natürlich noch in inländischen Gütereinheiten ausgedrückt werden, um die *wertmäßige Reaktion* zu bestimmen. Dazu werden die neuen Mengen durch den neuen realen Wechselkurs $\varepsilon = 1{,}05$ geteilt und man erhält $IM_k / \varepsilon = 9{,}76$ sowie $IM_l / \varepsilon = 10{,}05$.

e) Die mengenmäßige Reaktion der Exporte lässt sich entsprechend bestimmen: kurzfristig $X_k = 9{,}90$, langfristig $X_l = 9{,}39$. Hierbei handelt es sich bereits um inländische Güter, sodass die wertmäßige Reaktion identisch ist.

f) Aus den in d) und e) berechneten Werten folgt, dass kurzfristig der Leistungsbilanzsaldo durch die reale Aufwertung von $LB = 0$ auf $LB_k = 9{,}90 - 9{,}76 = 0{,}14$ ansteigt, langfristig verschlechtert er sich dagegen auf $LB_1 = 9{,}39 - 10{,}05 = -0{,}66$.

Dieses Ergebnis ist auch aus der Marshall-Lerner-Bedingung und den berechneten Elastizitäten in a) und b) ersichtlich. Wegen $\eta_k + \eta_k^* = 0{,}2 + 0{,}5 < 1$ ist die Bedingung kurzfristig nicht erfüllt und es kommt durch die reale Aufwertung kurzfristig zu einem Anstieg des Leistungsbilanzsaldos, langfristig aber fällt der Saldo wegen $\eta_l + \eta_l^* = 1{,}3 + 1{,}1 > 1$ ins Negative. Hier zeigt sich wieder der bekannte J-Kurven-Effekt.

3. Gütermarktgleichgewicht in der offenen Volkswirtschaft

In dieser vereinfachten Version des Mundell-Fleming-Modells wird nur der Gütermarkt betrachtet, während der reale Wechselkurs fix ist. In ▸*Kapitel 19* werden die Finanzmärkte in das Modell integriert und der Wechselkurs kann sich verändern.

a) Ein konstanter realer Wechselkurs von $\varepsilon = 1$ bedeutet, dass die Kaufkraftparität ständig erfüllt ist. Dies ist – durch die Definition von ε – genau dann gegeben, wenn das Verhältnis EP / P^* konstant bleibt, was auf verschiedenen Wegen erreicht werden kann; ihnen gemeinsam ist, dass der nominale Wechselkurs Veränderungen des relativen Preisniveaus gerade ausgleichen muss. Eine Alternative, die insbesondere für die kurzfristige Analyse äußerst sinnvoll ist und mit den Annahmen in ▸*Teil II* des Buchs übereinstimmt, liegt in der Annahme von fixen Preisen sowohl im Inland als auch im Ausland. Zusätzlich muss in diesem Fall noch von einem fixen nominalen Wechselkurs ausgegangen werden (mehr dazu in den ▸*Kapiteln 19* und *20*).

b) Durch Einsetzen der Verhaltensgleichungen in die gesamtwirtschaftliche Nachfrage erhält man

$$Z = c_0 + c_1(Y - T) + b_0 + b_1 Y - b_2 i + G + x_1 Y^* - q_1 Y$$

Beachten Sie, dass $\varepsilon = 1$ laut Angabe. Im Gütermarktgleichgewicht gilt $Y = Z$ und durch Auflösen nach Y erhält man in mehreren Schritten das gleichgewichtige Einkommen in dieser Volkswirtschaft:

$$Y = c_0 + c_1 Y - c_1 T + b_0 + b_1 Y - b_2 i + G + x_1 Y^* - q_1 Y$$

$$\Leftrightarrow \quad Y = \frac{1}{1 - c_1 - b_1 + q_1}\left(c_0 - c_1 T + b_0 - b_2 i + G + x_1 Y^*\right) \qquad (1.)$$

c) Die ansonsten identische geschlossene Volkswirtschaft unterscheidet sich nur durch $X = 0$ (bzw. $x_1 = 0$) und $IM = 0$ (bzw. $q_1 = 0$) von der offenen Volkswirtschaft.

Mit Hilfe von (1.) gilt in der geschlossenen Volkswirtschaft:

$$\frac{dY}{dT} = -\frac{c_1}{1 - c_1 - b_1}$$

In der offenen Volkswirtschaft ergibt sich hingegen

$$\frac{dY}{dT} = -\frac{c_1}{1 - c_1 - b_1 + q_1}$$

Damit ist der Multiplikator einer geschlossenen Volkswirtschaft größer

$$\frac{c_1}{1 - c_1 - b_1 + q_1} < \frac{c_1}{1 - c_1 - b_1}$$

weil der Nenner des Multiplikators in der offenen Volkswirtschaft größer ist und für positive x, y gilt, dass $1/x > 1/y$, wenn $x < y$. Der ökonomische Grund liegt darin, dass ein Teil des zusätzlichen Einkommens durch eine Steuersenkung in Form von Importen ins Ausland abgegeben wird und damit aus dem Multiplikatorprozess abfließt. Das Ausmaß dieses Abflusses wird von der marginalen Importneigung q_1 bestimmt.

d) Die Handelsbilanz bzw. die Nettoexporte sind hier bei konstantem ε definiert als

$$NX = X(Y^*) - IM(Y) = x_1 Y^* - q_1 Y$$

Das ausländische Einkommen Y^* bleibt im Falle einer kleinen offenen Volkswirtschaft von inländischen Einkommensentwicklungen vollkommen unberührt, es ist exogen. Der Einfluss einer Staatsausgabenerhöhung auf die Handelsbilanz erfolgt allein über die Auswirkung auf das inländische Einkommen Y (über die Importe):

$$\frac{dNX}{dG} = \frac{dNX}{dY} \cdot \frac{dY}{dG} = -q_1 \cdot \frac{1}{1 - c_1 - b_1 + q_1} \qquad (2.)$$

Folglich verschlechtert sich die Handelsbilanz bei einer Staatsausgabenerhöhung. (Außerdem ist eine Staatsausgabenerhöhung in der offenen Volkswirtschaft weniger effektiv, wie aus dem zweiten Faktor ersichtlich ist. Die Argumentation erfolgt analog zur Steuersenkung in Aufgabe c).)

e) Je größer ein Land ist, desto unabhängiger ist es vom Ausland und desto weniger muss es importieren. Der Unterschied liegt also in den marginalen Importneigungen: $q_{\text{groß}} < q_{\text{klein}}$ (die marginale Importneigung ist in der großen offenen Volkswirtschaft kleiner als in der kleinen offenen Volkswirtschaft).

Damit gilt für den Staatsausgabenmultiplikator

$$\frac{1}{1-c_1-b_1+q_{\text{groß}}} > \frac{1}{1-c_1-b_1+q_{\text{klein}}}$$

Eine Staatsausgabenerhöhung erzeugt also in einer großen Volkswirtschaft einen stärkeren Produktionsanstieg als in einer kleinen.

Nachdem der Quotient in Gleichung (2.) mit einer steigenden Importneigung wegen

$$\frac{\partial \frac{q_1}{1-c_1-b_1+q_1}}{\partial q_1} = \frac{(1-c_1-b_1+q_1)-q_1}{(1-c_1-b_1+q_1)^2} > 0$$

(Quotientenregel!) ansteigt, reagieren die Nettoexporte der kleinen offenen Volkswirtschaft ($q_{\text{groß}} < q_{\text{klein}}$) stärker.

Ergebnis:

- Für das *große Land* (große offene Volkswirtschaft) ist die Wirkung eines Anstiegs von G auf die *Produktion groß* und die Wirkung auf die *Handelsbilanz klein*.
- Für das *kleine Land* (kleine offene Volkswirtschaft) ist die Wirkung eines Anstiegs von G auf die *Produktion klein* und die Verschlechterung der *Handelsbilanz groß*.

Ein möglicher zweiter Effekt einer großen offenen Volkswirtschaft ist bisher ausgeklammert worden: Da ein sehr großes Land wie die USA ein wichtiger Handelspartner für viele Länder ist (obwohl die Außenhandelsquote der USA vergleichsweise niedrig ist), erhöhen sich durch den Einkommensanstieg in den USA die Exporte dieser Länder in die USA und damit ihre Einkommen; Y^* ist also nicht mehr exogen. Dieser Einkommensanstieg erhöht wiederum die Importe dieser Länder aus den USA bzw. die Exporte der USA in diese Länder. Somit verstärken sich durch die Berücksichtigung der Endogenisierung von Y^* die beiden bereits hergeleiteten Wirkungen einer Staatsausgabenerhöhung für eine große offene Volkswirtschaft: Die Produktion wird noch stärker angehoben und die Handelsbilanz verschlechtert sich noch geringer als in einer kleinen offenen Volkswirtschaft, die keinen Einfluss auf Y^* hat.

f) Aus (1.) ergibt sich für eine Veränderung des ausländischen Einkommens

$$\frac{dY}{dY^*} = \frac{x_1}{1-c_1-b_1+q_1}$$

Eine Rezession im Ausland ($Y^*\downarrow$) senkt also das inländische Einkommen. Je größer die ausländische Importneigung x_1, desto größer ist der Multiplikatoreffekt.

4. Gütermarktgleichgewicht in zwei großen offenen Volkswirtschaften

   a) EU:

Aus dem Budgetdefizit $G - T = 100$ und $G = 1.00$ folgt $T = 900$. Im Gleichgewicht muss bekanntlich $Y = C + I + G + NX$ gelten, also hier

$$Y = 950 + 0{,}6(Y - 900) + 1.000 + 1.000 + 0{,}1 \cdot Y^* - 0{,}1 \cdot Y$$

$$\Leftrightarrow \quad (1 - 0{,}6 + 0{,}1)Y = 2.410 + 0{,}1 \cdot Y^*$$

$$\Leftrightarrow \quad Y = 4.820 + 0{,}2 \cdot Y^* \qquad (1.)$$

Etwas schneller geht es mit Gleichung (1.) von Aufgabe 4, wobei $b_1 = b_2 = 0$:

$$Y = \left(\frac{1}{1 - c_1 + q_1}\right)\left(c_0 - c_1 T + b_0 + G + x_1 Y^*\right)$$

$$\Rightarrow \quad Y = \left(\frac{1}{1 - 0{,}6 + 0{,}1}\right)\left(950 - 0{,}6 \cdot 900 + 1.000 + 1.000 + 0{,}1 \cdot Y^*\right)$$

$$\Leftrightarrow \quad Y = 4.820 + 0{,}2 \cdot Y^*$$

USA:

Aus dem Budgetdefizit $G^* - T^* = 300$ und $G^* = 1.500$ folgt $T^* = 1.200$, im Gleichgewicht gilt

$$Y^* = 300 + 0{,}8\left(Y^* - 1.200\right) + 1.100 + 1.500 + 0{,}1 \cdot Y - 0{,}1 \cdot Y^*$$

$$\Leftrightarrow \quad (1 - 0{,}8 + 0{,}1)Y^* = 1.940 + 0{,}1 \cdot Y$$

$$\Leftrightarrow \quad Y^* = 6.466{,}67 + \tfrac{1}{3} \cdot Y \qquad (2.)$$

Aus (1.) und (2.) ergibt sich

$$Y = 4.820 + 0{,}2 \cdot \left(6.466{,}67 + \tfrac{1}{3} \cdot Y\right)$$

$$\Leftrightarrow \quad Y = 6.550$$

$$\Rightarrow \quad Y^* = 6.466{,}67 + \tfrac{1}{3} \cdot 6.550 = 8.650$$

Wenn es Ihnen zu arbeitsaufwendig ist, die einzelnen Veränderungen der Ausgangssituation von Hand zu berechnen, können Sie auch ein Mathematikprogramm wie GeoGebra, Maple oder Mathematica verwenden, das Ihnen diese Arbeit abnimmt. Der entsprechende Code in GeoGebra's Computer Algebra System (CAS) lautet (`e` = EU-BIP, `u` = USA-BIP):

```
Löse({e=950+0.6 (e-900)+1000+1000+0.1 u-0.1e,
u=300+0.8 (u-1200)+1100+1500+0.1e-0.1 u},{e,u})
```

Versuchen Sie aber, mindestens einmal das Gleichgewicht von Hand zu berechnen. So sehen Sie beispielsweise die Größe des Multiplikators, während GeoGebra CAS nur das Ergebnis von $Y =$ `e` und $Y^* =$ `u` angibt.

b) Analyse der Handelsbilanzen:

   i. Die EU erwirtschaftet einen Handelsbilanzüberschuss von

   $$NX = 0{,}1 \cdot Y^* - 0{,}1 \cdot Y = 0{,}1 \cdot 8.650 - 0{,}1 \cdot 6.550 = 210$$

   Entsprechend müssen die USA natürlich ein Handelsbilanzdefizit im gleichen Ausmaß besitzen:

   $$NX^* = 0{,}1 \cdot Y - 0{,}1 \cdot Y^* = -210$$

   ii. Der Anstieg der marginalen Importneigung in der EU (= marginale Exportneigung in den USA) verändert die NX-Funktionen sowohl in der EU als auch in den USA:

   $$NX = 0{,}1 \cdot Y^* - 0{,}15 \cdot Y \text{ und } NX^* = 0{,}15 \cdot Y - 0{,}1 \cdot Y^*$$

   Als neue gleichgewichtige Produktion berechnet sich analog zu Teilaufgabe a):

   $$Y = 6.113{,}33 \text{ und } Y^* = 9.523{,}33$$

   Das europäische BIP reduziert sich also um 436,67, das US-BIP steigt um 873,33. Gleichzeitig sinkt der europäische Handelsbilanzüberschuss auf $NX = -3{,}33$, das US-Defizit reduziert sich entsprechend auf $NX^* = -35{,}33$.

c) Kreditfinanzierte Staatsausgabenerhöhung um 100 in

   i. EU:

   Die gleichgewichtige Produktion steigt auf $Y = 6.764{,}29$ und $Y^* = 8.721{,}43$ (analog zu Aufgabe a)). Der Staatsausgabenmultiplikator berechnet sich als

   $$\frac{dY^*}{dG^*} = \frac{6.764{,}29 - 6.550}{100} = 2{,}14$$

   und ist damit kleiner als in der geschlossenen europäischen Volkswirtschaft, wo $dY/dG = 2{,}5$ wäre ($dY/dG = \Delta Y/\Delta G$, da wir ein lineares Gleichungssystem betrachten). Dafür erhöht sich Y^* um den Faktor $dY^*/dG = 0{,}71$, die Weltproduktion steigt also um $d(Y + Y^*)/dG = 2{,}85$.

USA:

Die gleichgewichtige Produktion steigt auf $Y = 6.621{,}43$ und $Y^* = 9.007{,}14$ (analog zu Aufgabe a)). Der Staatsausgabenmultiplikator berechnet sich als

$$\frac{dY^*}{dG^*} = \frac{9.007{,}14 - 8.650}{100} = 3{,}57$$

und ist damit kleiner als in der geschlossenen amerikanischen Volkswirtschaft, wo $dY^*/dG^* = 5$ wäre. Dafür erhöht sich Y um den Faktor $dY/dG^* = 0{,}71$, die Weltproduktion steigt also um $d(Y + Y^*)/dG^* = 4{,}29$.

Damit hat dieselbe Staatsausgabenerhöhung einen größeren Effekt in den USA als in der EU. Die Ursache hierfür ist der größere Multiplikator der USA auf Grund der deutlich höheren marginalen Konsumneigung. Der in Aufgabe 4e) angesprochene Effekt der Größe der Volkswirtschaft spielt hier keine Rolle, weil die marginalen Importneigungen in der Aufgabe identisch sind.

Beachten Sie: Dass die externen Effekte $(dY^*/dG = dY/dG^* = 0{,}71)$ hier gleich sind, ist Zufall. Das Ausmaß des externen Effekts hängt ab von der Größe des jeweiligen Lands, von der marginalen Konsumneigung und der Nachfrageelastizität der Importe bzw. der marginalen Importneigung. Dies können Sie z.B. überprüfen, indem Sie die Analyse mit $NX = 0{,}1 \cdot Y^* - 0{,}15 \cdot Y$ aus Aufgabe b) ii. wiederholen.

ii. EU-Staatsausgabenerhöhung: Der Handelsbilanzüberschuss der EU sinkt auf $NX = 195{,}71$, entsprechend $NX^* = -195{,}71$.

US-Staatsausgabenerhöhung: Das Handelsbilanzdefizit der USA steigt auf $NX^* = -238{,}57$, entsprechend $NX = 238{,}57$.

Wir sehen hier also das Ergebnis von Aufgabe 4, nämlich $dY/dG > 0$ und $dNX/dG < 0$, für beide Länder bestätigt.

d) Die koordinierte Staatsausgabenerhöhung ($dG = dG^*$) in beiden Ländern bewirkt einen Produktionsanstieg auf $Y = 6.835{,}71$ und $Y^* = 9.078{,}57$.

Also ist $dY/dG\big|_{dG=dG^*} = 2{,}86$ und $dY^*/dG^*\big|_{dG=dG^*} = 4{,}29$, die Weltproduktion steigt mit dem Multiplikator

$$d(Y + Y^*)/d(G + G^*) = 3{,}57$$

e) Zunächst ist festzustellen, dass sich der Multiplikator in der offenen Volkswirtschaft gegenüber der geschlossenen verkleinert (vgl. Aufgabe c)). Gleichzeitig profitieren beide Länder vom externen Effekt einer expansiven Fiskalpolitik des jeweils anderen Lands, ohne dafür Kosten z.B. in Form einer höheren Verschuldung tragen zu müssen (vgl. ebenfalls Aufgabe c)). Beide Effekte senken die Anreize, eine eigenständige expansive Fiskalpolitik in einer Rezession durchzuführen.

Die Tatsache, dass es sich hier um zwei große Volkswirtschaften handelt, sorgt aber auch für einen Rückkopplungseffekt einer eigenen Staatsausgabenerhöhung, weil die jeweilige ausländische Produktion nicht exogen ist. Dieser Effekt erhöht tendenziell den Multiplikator, weil ein Anstieg des Einkommens im Ausland zu einem Anstieg der inländischen Exporte führt. Dieser Rückkopplungseffekt ist in einer kleinen offenen Volkswirtschaft nicht vorhanden.

f) Der Rückkopplungseffekt sorgt dafür, dass der externe Effekt einer eigenen Staatsausgabenerhöhung zumindest teilweise berücksichtigt („internalisiert") wird. Dadurch wird es auch leichter, sich auf eine gemeinsame Wirtschaftspolitik zu koordinieren.

   In einer Welt voller kleiner offener Volkswirtschaften berücksichtigt kein Land seinen Einfluss auf das Welteinkommen. Außerdem sind die marginalen Importneigungen dieser kleinen Volkswirtschaften tendenziell größer (vgl. Aufgabe 4 e)). Aus beiden Gründen ist der Anreiz zum Trittbrettfahren auf Kosten der anderen Staaten hier wesentlich ausgeprägter, sodass das Koordinationsproblem größer ist als bei zwei großen Wirtschaftsblöcken.

5. Entwicklung des deutschen Außenbeitrags

   a) Relevante Zeitreihen und Datencodes in FRED sind die deutschen Exporte und Importe von Gütern und Dienstleistungen (DEUEXPORTQDSMEI, DEUIMPORTQDSMEI), das deutsche BIP (DEUGDPNQDSMEI) sowie der Wechselkurs des Euro (bzw. der DM) zum US-$ (EXUSEU bzw. EXGEUS).

      Die einfachste grafische Darstellung zeigt die beiden Zeitreihen zu den Exporten und Importen ohne weitere Veränderungen. Hier sehen Sie z.B., dass sich sowohl die Exporte als auch die Importe seit 1991 mehr als verdreifacht haben. Sie sollten aber beachten, dass es sich hier um nominale Größen handelt! Dieser Anstieg könnte also allein auf hohe Inflationsraten zurückzuführen sein. Anfang der 1990er-Jahre lag die deutsche Inflationsrate teilweise über 5%, sodass dieser Effekt kumuliert durchaus eine Rolle spielen könnte. Sie könnten nun die Daten deflationieren, d.h. mit Hilfe eines Preisindizes in die Preise eines Basisjahres umrechnen, und hätten so die Entwicklung der realen Exporte und Importe.

      Eine Alternative besteht darin, den Außenhandel relativ zum nominalen BIP zu berechnen. Damit bereinigen Sie die Zeitreihen quasi um die nominale BIP-Wachstumsrate: Steigen z.B. die Exporte genauso stark wie das nominale BIP, bleibt die Exportquote konstant; steigen sie schneller, steigt auch die Exportquote. Auf diese Weise lösen Sie nicht nur das Problem der nominalen Einheiten, sondern Sie können auch gleichzeitig den gestiegenen Anteil von Exporten und Importen relativ zum BIP erkennen. Sie können auch gleich noch die Entwicklung des Außenbeitrags darstellen, also der Differenz von Exporten und Importen relativ zum BIP.

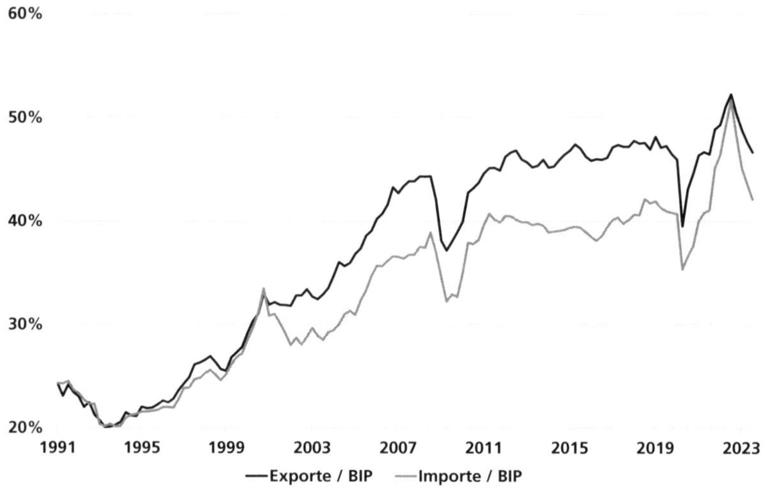

Abbildung 18.4: Deutsche Exporte und Importe als Anteil am BIP

Der Anstieg des Handels seit 1999 ist ein Indiz dafür, dass die Einführung des Euro tatsächlich mit dem Abbau von Handelshemmnissen verbunden war und ist. Eine saubere Analyse müsste aber unbedingt zwischen dem Handel innerhalb der EWU und dem mit Drittländern unterscheiden sowie z.B. hinsichtlich der Einkommensentwicklung der Handelspartner kontrollieren. Beachten Sie auch die starken Einbrüche der Exporte und Importe ab dem 4. Quartal 2008, verbunden mit der globalen Wirtschaftskrise nach der Pleite der US-Bank Lehman Brothers im September 2008, und 2020 im Zuge der Covid-19 Pandemie, sowie die starken Schwankungen nach dem Einmarsch Russlands in die Ukraine 2022. In der 2. Jahreshälfte 2010 übertrafen die deutschen Exporte und Importe sowohl nominal als auch relativ zum BIP wieder das Niveau des 3. Quartals 2008. Allerdings ist die Außenhandelsquote im Laufe dieses Jahrzehnts relativ konstant geblieben. Dies hängt sicherlich mit der schlechten wirtschaftlichen Entwicklung in vielen europäischen Staaten zusammen. Darüber hinaus stellten sich manche Kommentatoren die Frage, ob die Globalisierung und die damit verbundenen stetig steigenden Außenhandelsquoten an (politische) Grenzen gestoßen sind. Diese Befürchtungen haben sich zu Beginn der zweiten Präsidentschaft Donald Trumps verfestigt.

b) Die Nettoexporte berechnen sich hier einfach als Differenz zwischen Exporten und Importen (da beide in Euro). Für die Grafik können Sie entweder die neue Zeitreihe direkt (die deutsche Inflation seit 1999 war sehr niedrig $\longrightarrow$ relativ geringer Fehler) oder besser wieder ihren Anteil am BIP verwenden.

   Die Erstellung der Zeitreihe für den Wechselkurs ist etwas komplizierter, weil FRED hierfür unter EXUSEU Monatsdaten anbietet, während die anderen Zeitreihen zu Importen, Exporten und BIP nur quartalsweise erhältlich sind. Am einfachsten geht das in FRED selbst: Rufen Sie die Zeitreihe auf und klicken Sie dann auf „Edit Graph“. Im Menü „Edit Line 1“ wählen Sie unter „Modify frequency“ dann „Quarterly“. Sie müssen nun lediglich noch festlegen, wie die Daten aggregiert werden sollen. Dafür wählen Sie unter „Aggregation method“ für unseren Zweck am besten „Average“ aus. Nun können Sie einfach die Quartalsdaten herunterladen.

Alternativ können Sie die Monatsdaten z.B. mit Excel mit der folgenden Formel in Quartalsdaten umwandeln (im Beispiel ist die Zeitreihe in Spalte B, der erste Monatswert in Zelle B2): =MITTELWERT(BEREICH.VERSCHIEBEN(B$2;3*ZEILEN(B$2:B2)-3;0;3;1)). Mit FRED-Daten brauchen Sie diesen Weg nicht wirklich, bei anderen Datenbanken ohne eigene Funktion zur Umwandlung der Daten kann die Formel aber sehr nützlich sein.

Sie sehen in ▶*Abbildung 18.5*, dass der Euro zwischen dem Frühjahr 2002 und dem Sommer 2008 stark aufgewertet hat (rechte Achse, in Mengennotierung). Danach blieb der Wechselkurs während der 2007/2008 ausgebrochenen Finanzkrise und der nachfolgenden europäischen Schuldenkrise auf relativ hohem Niveau mit temporären Schwankungen. Im Sommer 2014 wertete der Euro deutlich ab. Die Gründe für diese Abwertung liegen wahrscheinlich vor allem in der etwas weniger expansiven Geldpolitik in den USA (sogenanntes „Tapering“ des Anleihen-Kaufprogramms ab Dezember 2013) und der sich abzeichnenden noch expansiveren Geldpolitik der EZB (Kaufprogramme wurden im September 2014 beschlossen und später wiederholt ausgeweitet).

Trotz der Aufwertung ab 2002 blieben die Nettoexporte – abgesehen von kurzen Rückgängen 2003 und dem Höhepunkt der Finanzkrise 2008/2009 – konstant auf einem hohen Niveau. Mit der Abwertung von 2014 haben sie sich weiter erhöht.

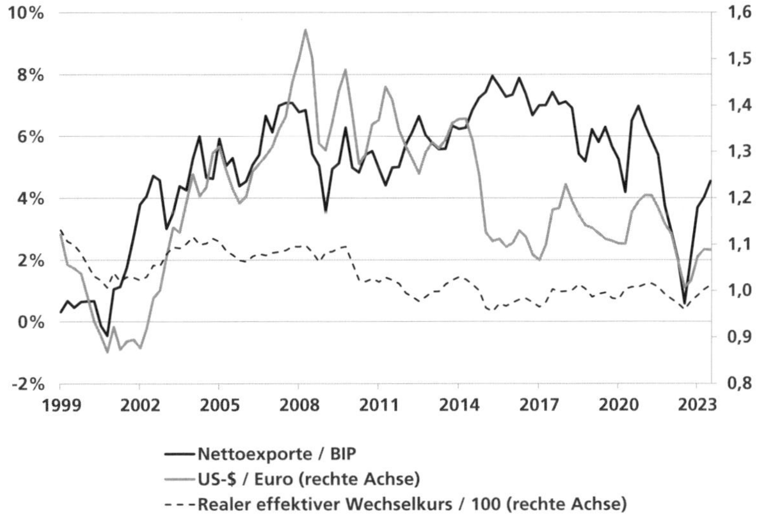

Abbildung 18.5: Deutsche Nettoexporte und der Wechselkurs des Euro

Eine Ursache für den Anstieg der deutschen Nettoexporte im Jahr 2002 könnte der oben besprochene *J*-Kurven-Effekt sein, der bei einer Aufwertung zunächst einen Anstieg der Handelsbilanz erwarten lässt. Allerdings scheint der Zeitraum der hohen Nettoexporte viel zu lange, um die Entwicklung der Nettoexporte auf diese Art zu erklären (vgl. z.B. die hohe Elastizität der deutschen Importnachfrage in ▶ *Tabelle 18.1* des Aufgabenteils).

Relevant für den deutschen Export ist nicht allein der \$/€-Wechselkurs, sondern der reale effektive Wechselkurs (RBDEBIS in FRED), der als nach Handelsanteilen gewichteter Durchschnitt der realen Wechselkurse gegenüber allen Handelspartnern berechnet wird. Dieser hat weit weniger aufgewertet als der € gegenüber dem US-\$. Ein Grund dafür liegt darin, dass ein Großteil der deutschen Exporte in die anderen EWU-Länder geht, gegenüber denen der reale Wechselkurs Deutschlands durch über viele Jahre die niedrigsten Inflationsraten in der EWU sogar abgewertet hat.

Eine weitere Ursache für diese Entwicklung wird aus der Definition der Nettoexporte deutlich: $NX = X(Y^*, \varepsilon) - IM(Y, \varepsilon) / \varepsilon$.

Die Nettoexporte hängen nicht nur vom realen Wechselkurs ab, sondern auch vom ausländischen Einkommen Y^* (positiv) und vom inländischen Einkommen Y (negativ). So können die negativen Effekte der realen Aufwertung überkompensiert werden.

c) Im Zuge der Reform des Europäischen Stabilitäts- und Wachstumspakts beschloss die Europäische Union 2011 ein „Sixpack" von Maßnahmen. Dazu gehört unter anderem ein Frühwarnsystem für übermäßige makroökonomische Ungleichgewichte auf Basis verschiedener Indikatoren. Der Grenzwert des Leistungsbilanzsaldos als ein Indikator für externe Ungleichgewichte ist überschritten, wenn der 3-Jahres-Durchschnitt ein Defizit von mehr als 4% oder einen Überschuss von mehr als 6% des BIP aufweist.

Deutschland war zwischen 2007 und 2012 in jedem Jahr sehr nahe an oder über diesem Grenzwert von 6,0%, zwischen 2013 und 2021 überschritt Deutschland den Grenzwert deutlich, und mit dem Einmarsch Russlands in die Ukraine 2022 und nicht zuletzt den höheren Ausgaben für Energieimporte ging der Wert auf 5.0% im Jahr 2024 zurück. (*Achtung:* Die Daten in dieser Aufgabe zeigen Nettoexporte von rund 6% des BIP im Schnitt seit 2007. Sie berücksichtigen aber nur die Handels- und Dienstleistungsbilanz; Primär- und Sekundäreinkommen müssen noch hinzugerechnet werden, um zum Leistungsbilanzsaldo zu kommen!) Dieses Überschreiten war ein Grund für die Entscheidung der Europäischen Kommission im November 2013, Deutschland einer „eingehenden Untersuchung" als Teil des „Verfahrens bei einem makroökonomischen Ungleichgewicht" zu unterziehen. Diese Analyse kann zu Politikempfehlungen der Kommission führen und in Extremfällen – falls übermäßige Ungleichgewichte die Funktionsfähigkeit der Wirtschafts- und Währungsunion bedrohen – auch zu korrektiven Maßnahmen bis hin zu finanziellen Sanktionen führen. Zwischen 2013 und 2024 wurde Deutschland in jedem Jahr einer solchen „eingehenden Untersuchung" unterzogen, allerdings wurde bisher in keinem Fall der nächste Schritt eines „Verfahrens bei einem übermäßigen Ungleichgewicht" ausgelöst.

In Deutschland wird die Exportstärke Deutschlands in der Regel als ein positives Zeichen für seine Wettbewerbsfähigkeit betrachtet. Einige Ökonomen befürworten in diesem Zusammenhang allerdings Maßnahmen zur Stärkung der deutschen Binnennachfrage, z.B. durch größere private und öffentliche Investitionen oder auch Reallohnsteigerungen, die den deutschen Leistungsbilanzüberschuss und den damit verbundenen Kapitalexport zurückführen könnten. Ihrer Meinung nach würde sich dadurch die Wohlfahrt in Deutschland erhöhen und unter anderem die Nachfrage nach Gütern aus europäischen Krisenländern zumindest ein wenig gestärkt. Andere Ökonomen betonen allerdings, dass es für Deutschland angesichts seines demografischen Wandels hin zu einem steigenden Anteil von Rentnern heute sinnvoll sein kann, über Leistungsbilanzüberschüsse im Ausland Ersparnisse aufzubauen.

In anderen Ländern in Europa oder den USA, v.a. unter Präsident Trump, wird der deutsche Leistungsbilanzüberschuss häufig sehr kritisch gesehen, vor allem weil er zwangsläufig mit Leistungsbilanzdefiziten in anderen Ländern verbunden ist. Ohne statistische Fehler müssen sich alle globalen Leistungsbilanzsalden per Definition aufheben! Die Leistungsbilanzdefizite spiegeln nicht nur eine relativ geringere Nachfrage nach in diesen Ländern produzierten Gütern wider, sondern können auch zu einer relativ geringeren Beschäftigung und, falls sie über einen längeren Zeitraum bestehen, zu Schulden- und Währungskrisen führen.

Die Bundesregierung veröffentlichte im Mai 2017 ein Positionspapier, das den deutschen Leistungsbilanzüberschuss weitgehend als das Ergebnis von marktbasierten Angebots- und Nachfrageentscheidungen von Unternehmen und privaten Verbrauchern auf dem Weltmarkt erklärt (vgl. ▶*Tabelle 18.3*). Wirtschaftspolitische Maßnahmen hätten entweder einen vergleichsweise geringen Effekt auf die Leistungsbilanz oder seien – im Fall der Geldpolitik der EZB – außerhalb der Kompetenz der Bundesregierung. Die kritischen Reaktionen zu diesem Papier bezogen sich unter anderem auf den anscheinenden Widerspruch zur Position der Bundesregierung in den Verhandlungen über Hilfsprogramme in der europäischen Schuldenkrise ab 2010, die auch eine Leistungsbilanzkrise gewesen ist. Hier habe die Bundesregierung immer großen Wert auf die Notwendigkeit wirtschaftspolitischer Reformen in den betroffenen Ländern gelegt.

Faktoren (weitgehend) außerhalb des Einflussbereichs der Wirtschaftspolitik		**Wirtschaftspolitisch beeinflussbare Faktoren**
Temporäre Faktoren	*Fundamentale Faktoren*	
Wechselkurse	Demografische Entwicklung	Öffentliche Investitionen
Rohstoffpreise	Rendite von Auslandsinvestitionen	Rahmenbedingungen für private Investitionen
Lohnentwicklung	Wirtschaftsstruktur, Spezialisierung	Strukturreformen
Globale Konjunktur	Internationale Verflechtung	

Tabelle 18.3: Übersicht Kategorisierung der Erklärungsfaktoren des deutschen Leistungsbilanzüberschusses
Quelle: Bundesministerien für Finanzen bzw. Wirtschaft und Energie, jeweiliger Monatsbericht Mai 2017

6. Dynamische, mikroökonomisch fundierte Betrachtung der Leistungsbilanz

a) Der repräsentative Haushalt kann sein Einkommen in Periode 1 konsumieren oder sparen, d.h. in Anleihen *B* anlegen. Alternativ kann er seinen Konsum in Periode 1 durch Kredite (d.h. $B < 0$) über sein Einkommen hinaus erhöhen. Diese Anleihen entsprechen gesamtwirtschaftlich dem Leistungsbilanzsaldo. Als Budgetrestriktion in Periode 1 ergibt sich:

$$y_1 = c_1 + B \quad \Leftrightarrow \quad B = y_1 - c_1$$

In der 2. Periode steht dem Haushalt wieder ein Einkommen zur Verfügung. Des Weiteren muss er entweder seinen verzinsten Kredit zurückbezahlen oder er erhält seine verzinsten Ersparnisse zurück. Daraus folgt als Budgetrestriktion in Periode 2:

$$c_2 = y_2 + (1+r)B$$

Gesamtwirtschaftlich bedeutet dies: Da nach der 2. Periode der Vermögenssaldo gleich 0 sein soll, muss das Land nach einem Leistungsbilanzdefizit in der 1. Periode in der 2. Periode einen Leistungsbilanzüberschuss in Höhe des ursprünglichen Defizits zuzüglich der Zinszahlung (= Nettovermögenseinkommen) erzielen. Umgekehrtes gilt für einen Leistungsbilanzüberschuss in der 1. Periode.

Einsetzen von *B* aus der Budgetrestriktion der 1. Periode ergibt $y_2 + (1+r)(y_1 - c_1) = c_2$ und nach Umformen die

$$\text{intertemporale Budgetrestriktion:} \quad \underbrace{y_1 + \frac{y_2}{1+r}}_{\substack{\text{Gegenwartswert des} \\ \text{Lebenseinkommens}}} = \underbrace{c_1 + \frac{c_2}{1+r}}_{\substack{\text{Gegenwartswert des} \\ \text{Lebenskonsums}}} \qquad (1.)$$

b) Wie Sie in der Mikroökonomie gelernt haben, erfolgt die Nutzenmaximierung unter Nebenbedingungen mit Hilfe eines Lagrange-Ansatzes. Hier dient die intertemporale Budgetrestriktion (1.) als Nebenbedingung.

$$\max_{c_1, c_2} U(c_1, c_2) \text{ unter der Nebenbedingung } y_1 + \frac{y_2}{1+r} - c_1 - \frac{c_2}{1+r} = 0.$$

$$L = u(c_1) + \beta u(c_2) + \lambda\left(y_1 + \frac{y_2}{1+r} - c_1 - \frac{c_2}{1+r}\right)$$

Als Bedingungen erster Ordnung erhält man

$$\frac{\partial L}{\partial c_1} = u'(c_1) - \lambda = 0 \text{ und} \qquad (2.)$$

$$\frac{\partial L}{\partial c_2} = \beta u'(c_2) - \frac{\lambda}{1+r} = 0 \qquad (3.)$$

Einsetzen von λ aus (2.) in (3.) ergibt $u'(c_1) = (1+r)\beta u'(c_2)$ und nach Umformen die sogenannte **intertemporale Euler-Gleichung**:

$$\left(\frac{\partial U/\partial c_2}{\partial U/\partial c_1} = \right)\frac{\beta u'(c_2)}{u'(c_1)} = \frac{1}{1+r} \tag{4.}$$

Links: Grenzrate der Substitution zwischen Gegenwarts- und Zukunftskonsum, wobei der zukünftige Grenznutzen mit dem persönlichen Diskontfaktor β diskontiert wird.

Rechts: Preisverhältnis zwischen Gegenwarts- und Zukunftskonsum: $1/(1 + r)$ = Preis einer Einheit Zukunftskonsum in Einheiten des Gegenwartskonsums.

Erkennen Sie die Analogie zum normalen Zwei-Güter-Maximierungsproblem der Mikroökonomie? Dort ist die Grenzrate der Substitution zwischen beiden Gütern gleich ihrem Preisverhältnis. Genauso verhält es sich auch in diesem Zwei-Perioden-Modell: Der Unterschied ist lediglich, dass der gleichzeitige Konsum verschiedener Güter durch den Konsum eines Einheitsguts c in unterschiedlichen Zeitperioden ersetzt wird.

c) Der Grenznutzen der Nutzenfunktion $u(c) = \ln c$ ist gegeben durch $u'(c) = 1/c$.
Einsetzen in die intertemporale Euler-Gleichung (4.) ergibt

$$\frac{\beta \cdot \frac{1}{c_2}}{\frac{1}{c_1}} = \frac{\beta \cdot c_1}{c_2} = \frac{1}{1+r} \quad \Leftrightarrow \quad \beta c_1 = \frac{c_2}{1+r}$$

Den Konsum in der 1. Periode erhält man durch Einsetzen in die intertemporale Budgetrestriktion (1.):

$$y_1 + \frac{y_2}{1+r} = c_1 + \beta c_1$$

$$c_1 = \frac{1}{1+\beta}\left[y_1 + \frac{y_2}{1+r}\right]$$

Den Konsum in der 2. Periode kann man durch Einsetzen von c_1 in die Euler-Gleichung (4.) berechnen:

$$c_2 = \beta(1+r)\cdot c_1 = \beta(1+r)\cdot\frac{1}{1+\beta}\left[y_1 + \frac{y_2}{1+r}\right]$$

$$c_2 = \frac{\beta}{1+\beta}\left[(1+r)y_1 + y_2\right]$$

Die Beziehung von Diskontfaktor und Zeitpräferenzrate

In dieser Aufgabe wird der heutige Wert des zukünftigen Konsums mit dem individuellen Diskontfaktor β angegeben, wobei $0 < \beta < 1$; d.h., zukünftiger Konsum ist weniger wert als aktueller Konsum, die Menschen sind ungeduldig. Äquivalent zu dieser Darstellung hätte man auch eine individuelle Zeitpräferenzrate ρ angeben können ($\rho > 0$), die analog zum Marktzins r zu interpretieren ist. Es gilt immer $\beta = 1/(1 + \rho)$.

Unter welcher Bedingung konsumiert der Haushalt in beiden Perioden gleich viel?

Nach der Euler-Gleichung (4.) gilt im Optimum $\beta c_1/c_2 = 1/(1+r)$. Gleicher Konsum in beiden Perioden bedeutet $c_1 = c_2 = \overline{c}$. Es muss also gelten:

$$\beta \cdot \frac{\overline{c}}{\overline{c}} = \frac{1}{1+r} \quad \Leftrightarrow \quad \beta = \frac{1}{1+r}$$

Der Haushalt konsumiert in beiden Perioden gleich viel, wenn der Diskontfaktor β, der Wert des Zukunftskonsums in Einheiten des Gegenwartskonsums, gleich dem Preis $1/(1 + r)$ des Zukunftskonsums in Einheiten des Gegenwartskonsums ist!

d) Die Budgetgerade können Sie im c_1-c_2-Diagramm leichter zeichnen, indem Sie sie nach c_2 auflösen: $c_2 = y_2 + (1+r)y_1 - (1+r)c_1$. Die Steigung beträgt folglich $-(1 + r)$.

Die Achsenschnittpunkte der Budgetgeraden erhalten Sie, indem Sie in der intertemporalen Budgetrestriktion einmal c_1 und einmal c_2 gleich 0 setzen:

Schnittpunkt mit c_2-Achse: $c_2 = y_2 + (1+r)y_1$.

Schnittpunkt mit c_1-Achse: $c_1 = y_2/(1+r) + y_1$.

In ▶*Abbildung 18.6* beschreibt Punkt A den Autarkiezustand und U_A das entsprechende Nutzenniveau, Punkt H den optimalen Konsum in beiden Perioden, wenn intertemporaler Handel zum Zins r möglich ist.

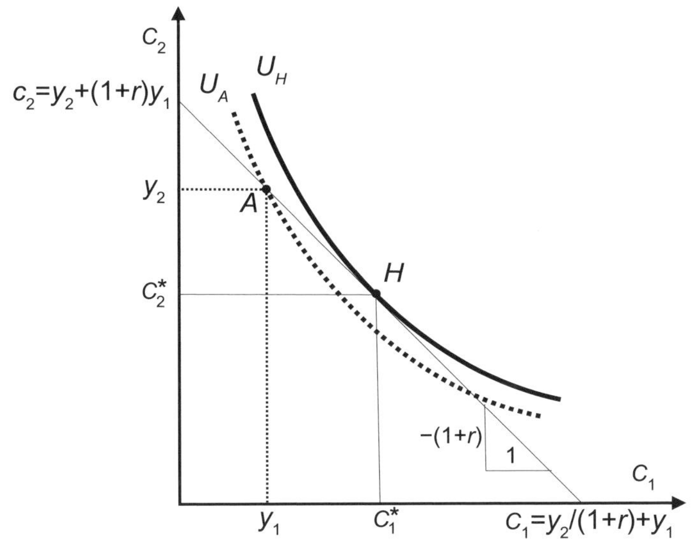

Abbildung 18.6: Intertemporale Nutzenmaximierung

e) Das Einkommen ist in beiden Perioden identisch: $y_1 = y_2 = y$.

i. Ein Leistungsbilanzüberschuss bedeutet $c_1 < y_1$; es wird gespart, d.h. ein Kredit ans Ausland vergeben. Aus Aufgabe c) wissen wir:

$$c_1 = \frac{1}{1+\beta}\left(y_1 + \frac{y_2}{1+r}\right) = \frac{1}{1+\beta}\left(y + \frac{y}{1+r}\right)$$

Wann gilt nun $c_1 < y_1 = y$?

$$\frac{1}{1+\beta}\left(y + \frac{y}{1+r}\right) \overset{?}{<} y$$

$$\Leftrightarrow \quad y + \frac{y}{1+r} < y + \beta y$$

$$\Leftrightarrow \quad \frac{1}{1+r} < \beta$$

Folglich wird der Haushalt einen Kredit ans Ausland vergeben, wenn der Auslandszins sehr hoch ist, d.h., wenn der Preis des Zukunftskonsums $1/(1 + r)$ unter seinem individuellen Wert β liegt.

Mit Hilfe der Definition der Zeitpräferenzrate ρ, nämlich $\beta = 1/(1 + \rho)$, lässt sich zeigen, dass diese Bedingung äquivalent zu $r > \rho$ ist. Der Haushalt spart in Periode 1, wenn der Auslandszins über seiner individuellen Zeitpräferenzrate liegt.

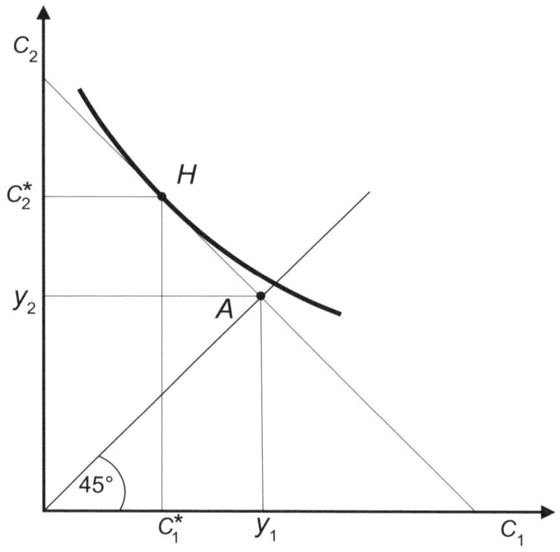

Abbildung 18.7: Konsumverzicht in der 1. Periode

ii. Gegenüber der Autarkie ergibt sich kein zusätzlicher Nutzen, wenn die Leistungsbilanz ausgeglichen ist, also wenn $c_1 = y_1$ und $c_2 = y_2$.

Dies ist hier genau dann der Fall, wenn $1/(1 + r) = \beta$ gilt (Berechnung analog zu vorigem Aufgabenteil). In ▶*Abbildung 18.8* tangiert die Indifferenzkurve die Budgetrestriktion gerade auf der 45°-Linie.

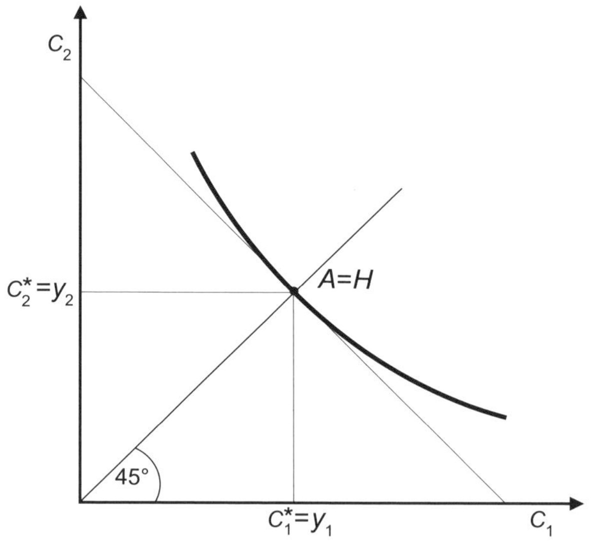

Abbildung 18.8: Kein Nutzengewinn aus der Möglichkeit zum intertemporalen Ressourcentransfer

f) Aus e) wissen wir, dass die Leistungsbilanz ausgeglichen ist, wenn $y_1 = y_2$ und $1/(1 + r) = \beta$.

   i. Ein permanenter Einkommensschock bedeutet, dass sich y_1 und y_2 im gleichen Ausmaß verändern. Grafisch kommt es zu einer Parallelverschiebung der Budgetgeraden. Folglich ändert sich das optimale Konsumverhältnis nicht und die Leistungsbilanz bleibt ausgeglichen.

   ii. Ein temporärer Einkommensschock bedeutet, dass sich nur y_1 verändert, y_2 aber konstant bleibt. Für den Fall, dass y_1 ansteigt, folgt aus der Euler-Gleichung $\beta c_1/c_2 = 1/(1 + r)$ und aus der Vorgabe $1/(1 + r) = \beta$, dass $c_1/c_2 = 1$ und damit konstant ist. Der repräsentative Haushalt möchte also immer in beiden Perioden gleich viel konsumieren. Dafür muss er nun in Periode 1 sparen, die gesamte Ökonomie muss also einen Leistungsbilanzüberschuss erzielen, und in Periode 2 über ein Leistungsbilanzdefizit diese Ersparnis aufbrauchen.

   Für den Fall, dass y_1 fällt, verhält es sich genau umgekehrt: Um die Konsumglättung über die Zeit zu erreichen, nimmt der repräsentative Haushalt in Periode 1 einen Kredit im Ausland auf, die Ökonomie leistet sich also ein Leistungsbilanzdefizit. In Periode 2 muss dieser Kredit über einen Leistungsbilanzüberschuss zurückgezahlt werden.

g) Der steigende Zinssatz bewirkt eine Drehung der Budgetgeraden im Autarkiepunkt ($c_1 = y_1$ und $c_2 = y_2$) im Uhrzeigersinn, da die Budgetgerade stärker fällt. (Zur Erinnerung: Die Steigung beträgt $-(1 + r)$.) Es ist nun wichtig, zwischen dem Substitutions- und dem Einkommenseffekt der Zinserhöhung zu unterscheiden. Da mit steigendem Zins r der Preis des zukünftigen Konsums $1/(1 + r)$ sinkt, steigt durch den **Substitutionseffekt** c_2 immer relativ zur Ausgangssituation, während c_1 immer fällt. Der **Einkommenseffekt** dagegen ist nicht eindeutig, er hängt davon ab, ob der Haushalt in der Ausgangssituation Kreditgeber oder -nehmer gewesen ist.

   – Falls sich in der Ausgangssituation der Haushalt bzw. das Land in der ersten Periode verschuldet hat, steht ihm durch den Zinsanstieg insgesamt weniger Einkommen zur Verfügung, der Einkommenseffekt ist also negativ und der Haushalt sollte deshalb in beiden Perioden weniger konsumieren. Für c_1 laufen damit beide Effekte in dieselbe Richtung, der Konsum in Periode 1 sinkt, die Ersparnis steigt. Für c_2 gehen die beiden Effekte in die entgegengesetzte Richtung, weshalb der Nettoeffekt unklar ist, er hängt von der spezifischen Nutzenfunktion und dem Ausmaß des Zinsanstiegs ab. In der folgenden ▶*Abbildung 18.9* überwiegt der Substitutionseffekt, sodass c_2 ansteigt.

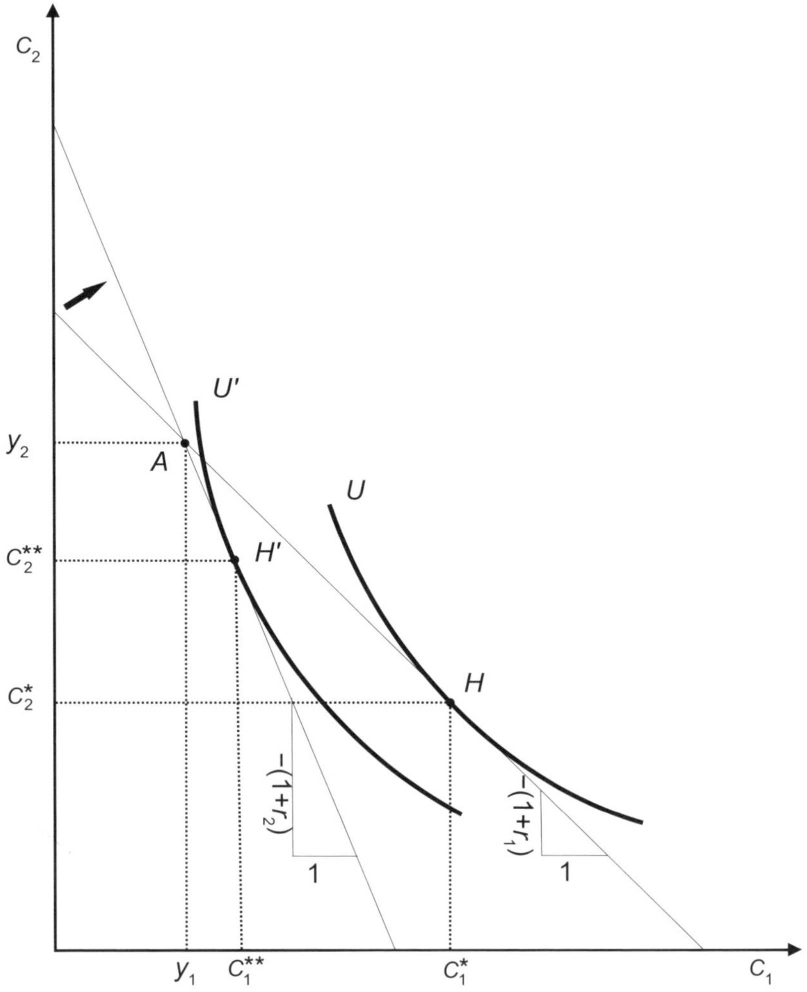

Abbildung 18.9: Auswirkungen einer Zinserhöhung für einen Schuldner in der Anfangsperiode

– Falls in der Ausgangssituation der Haushalt bzw. das Land in der ersten Periode Kreditgeber ist, steht ihm durch den Zinsanstieg insgesamt mehr Einkommen zur Verfügung. Der Einkommenseffekt ist also positiv und der Haushalt sollte deshalb in beiden Perioden mehr konsumieren. Für c_2 laufen damit beide Effekte in dieselbe Richtung, der Konsum in Periode 2 steigt also an. Dagegen gehen für c_1 die beiden Effekte in die entgegengesetzte Richtung, weshalb der Nettoeffekt unklar ist und keine Aussage über den Konsum und die Ersparnis in der 1. Periode möglich ist. (Auf die grafische Darstellung verzichten wir hier; sie entspricht der vorangehenden ▶*Abbildung 18.9*, nur dass *H* und *H′* oberhalb von *A* liegen.)

19 Produktion, Zinssatz und Wechselkurs

19.1 Wissens- und Verständnistests

Multiple Choice

1. Falls sowohl das inländische als auch das ausländische Preisniveau heute und in der Zukunft konstant sind, wissen wir, dass
   a) $Y = Y^*$.
   b) $r = i$.
   c) $NX = 0$.
   d) $E > 1$.
2. In der üblichen grafischen Darstellung der Zinsparitätenbeziehung bewirkt ein Anstieg des ausländischen Zinses i^*
   a) eine Verschiebung der Kurve nach oben.
   b) eine Verschiebung der Kurve nach unten.
   c) eine Bewegung auf der Kurve nach links oben.
   d) eine Bewegung auf der Kurve nach rechts unten.
3. In Japan liegen die Zinsen seit den 1990er-Jahren nahe 0%, während in den USA zumindest bis zur 2007/2008 ausgebrochenen Finanzkrise deutlich höhere Zinserträge von angenommen 4% zu erzielen waren. Ein Investor, der dennoch in Japan investierte, erwartete für den Yen/$-Kurs jährlich
   a) einen Anstieg um höchstens 4%.
   b) einen Anstieg um mindestens 4%.
   c) einen Rückgang um höchstens 4%.
   d) einen Rückgang um mindestens 4%.
4. Argentinien hatte in den 1990er-Jahren einen besonders festen Wechselkurs (ein sogenanntes Currency Board) mit dem US-$ als Leitwährung. Die im Vergleich zu den USA höheren Inflationsraten Argentiniens
   a) sorgten dort für eine reale Aufwertung.
   b) sorgten dort für eine reale Abwertung.
   c) ließen den argentinischen realen Wechselkurs unberührt.
   d) verbesserten die argentinische Wettbewerbsfähigkeit.

5. Aktuell liegt der Franken/€-Kurs bei 1,22 Franken/€, der schweizerische Zins bei 0,2% und der Zins in Euroland bei 1,0%. Bei Gültigkeit der Zinsparität beträgt der vom Markt erwartete Wechselkurs in einem Jahr damit
   a) 1,23 Franken/€.
   b) 1,21 Franken/€.
   c) 1,22 Franken/€.
   d) keiner der genannten Wechselkurse.
6. Im Mundell-Fleming-Modell hängen die Nettoexporte vom nominalen und nicht vom realen Wechselkurs ab, weil
   a) beide Wechselkurse immer identisch sind.
   b) der Wechselkurs als fix angenommen wird.
   c) das inländische und das ausländische Preisniveau als fix angenommen werden.
   d) die Unterscheidung nur für die Zinsparität eine Rolle spielt.
7. Im Mundell-Fleming-Modell sind die Investitionen und damit die *IS*-Kurve eine Funktion des Nominalzinses i, weil angenommen wird, dass
   a) das inländische Preisniveau konstant ist.
   b) die inländischen Inflationserwartungen konstant sind.
   c) a) und b) gelten und somit der Nominal- gleich dem Realzins ist ($i = r$).
   d) die Zinsparität gilt.

Wahr/Falsch: Welche der jeweiligen Aussagen sind wahr, welche falsch?

8. Das ausländische Zinsniveau steigt. Damit die Zinsparität weiterhin erfüllt bleibt, muss zum Beispiel
   a) der Wechselkurs abwerten.
   b) der Wechselkurs aufwerten.
   c) der inländische Zins steigen.
   d) der erwartete Wechselkurs steigen.
9. Die Nettoexporte sind genau dann eine Funktion des nominalen Wechselkurses, wenn
   a) die Preise im Inland konstant sind.
   b) die Preise im Ausland konstant sind.
   c) die Preise im Inland und im Ausland konstant sind.
   d) die Preise im Inland und im Ausland mit der gleichen Inflationsrate wachsen.

10. Im Rahmen des Mundell-Fleming-Modells aus Blanchard/Illing führt unabhängig vom Wechselkursregime
    a) eine expansive Geldpolitik zu einem Produktionsanstieg.
    b) eine expansive Fiskalpolitik zu einem Produktionsanstieg.
    c) eine Senkung des ausländischen Zinsniveaus zu einem Rückgang des inländischen Zinsniveaus.
    d) eine Einschränkung der Kapitalmobilität zu einem Verlust von geldpolitischer Autonomie.
11. Das Europäische Währungssystem (EWS) und die Europäische Währungsunion (EWU) unterscheiden sich
    a) durch den neuen Namen Euro für die bereits vorhandene gemeinsame Währung Ecu.
    b) durch die Einführung einer supranationalen Zentralbank.
    c) in der Möglichkeit der schnellen Veränderung der realen Wechselkurse zwischen den beteiligten Ländern.
    d) nicht besonders in ihren Aufgaben für die nationalen Zentralbanken der beteiligten Länder.
12. Betrachten Sie zwei Volkswirtschaften A und B, die miteinander handeln. Die *IS*-Kurve besitzt einen normalen Verlauf, die Zentralbank betreibt Zinssteuerung, und es gilt die Zinsparität. (Es macht für diese Aufgabe keinen Unterschied, ob die Zentralbank eine Zins- oder Geldmengensteuerung betreibt.)
    a) Expansive Fiskalpolitik in Land B erhöht bei fixen Wechselkursen das gleichgewichtige Volkseinkommen in Land A.
    b) Expansive Geldpolitik in Land A hat bei flexiblen Wechselkursen keine Auswirkung auf das Volkseinkommen in B.
    c) Eine koordinierte Erhöhung der Staatsausgaben in beiden Ländern hat einen größeren Effekt als eine unkoordinierte Erhöhung.
    d) Wenn die Zinsen in beiden Ländern momentan nicht identisch sind, führt eine simultane Erhöhung des Zinssatzes in beiden Ländern zu einer Änderung des Wechselkurses.
13. Das Land XY hat einen festen Wechselkurs zum US-$ und führt eine Tobin-Steuer auf sämtliche Währungstransaktionen in Höhe von 2% ein.
    a) Mit dieser Steuer macht sich das Land wieder unabhängig von den internationalen Kapitalmärkten.
    b) Der Steuersatz ist zu gering, um einen Einfluss auf die internationalen Kapitalströme zu haben.
    c) Da sich das Land in einer schweren Rezession befindet, möchte die Zentralbank den Zins mit Hilfe einer expansiven Geldpolitik von 5% auf 2% senken. Die Tobin-Steuer ermöglicht ihr dies trotz des festen Wechselkursregimes.
    d) Das Land befindet sich in einer leichten Rezession, sodass die glaubwürdige Zentralbank den Zins vorübergehend (für 1 Jahr) von 5% auf 4% senken möchte, um

die Nachfrage zu stimulieren. Sie kann durch die Steuer den festen Wechselkurs beibehalten, ohne ihre Devisenreserven angreifen zu müssen.

Basiswissen

14. *IS*-Kurve der offenen Volkswirtschaft
    a) Wie wirkt sich in der offenen Volkswirtschaft ein Anstieg der marginalen Importneigung auf die Steigung der *IS*-Kurve aus?
    b) Gehen Sie von einer geschlossenen Volkswirtschaft aus. Erklären Sie, wie sich die Öffnung der Volkswirtschaft auf die Steigung der *IS*-Kurve auswirkt.
    c) Wie wirkt sich die Veränderung der Steigung der *IS*-Kurve auf die Wirksamkeit wirtschaftspolitischer Maßnahmen aus, wenn die Zentralbank eine Zinssteuerung betreibt?
    d) Zusatzaufgabe: Wie ändert sich Ihre Antwort zu Aufgabe c), wenn die Zentralbank eine Geldmengensteuerung betreibt?
15. Geldmengenänderungen in der offenen Volkswirtschaft
    a) Zeigen Sie ausgehend von der nachfolgenden vereinfachten Zentralbankbilanz, wie die Zentralbank die Geldmenge in einer offenen Volkswirtschaft um 100 Einheiten verkleinern kann.

Vermögensanlagen/Aktiva		**Verbindlichkeiten/Passiva**	
Währungsreserven	200	Geldbasis	1.000
Wertpapiere aus Offenmarktgeschäften	800		

Tabelle 19.1: Beispiel einer vereinfachten Zentralbankbilanz

    b) Können Sie sich vorstellen, was mit „sterilisierten“ oder „neutralisierten“ Devisenmarktinterventionen gemeint ist?

19.2 Übungsaufgaben

1. Zinsparität und Wechselkursbestimmung

   Die Restlaufzeiten der US-Staatsanleihe A und der deutschen Staatsanleihe B seien jeweils 1 Jahr. Anleihe A verspricht bei Ablauf einen Rückzahlungsbetrag von 1.000 \$, Anleihe B von 1.333,3 €. Heute müssen sie 961,54 \$ für den Kauf der A-Anleihe und 1.269,81 € für die B-Anleihe bezahlen. Der aktuelle \$/€-Wechselkurs sei 1 \$ = 1,05 €.

   a) Erläutern Sie die Zinsparitätentheorie formal und anhand einer Grafik.
   b) Bestimmen Sie den erwarteten Wechselkurs für den Fall, dass die Bedingung der Zinsparität gilt.

2. Mundell-Fleming-Modell (I)

Unterstellen Sie eine kleine offene Volkswirtschaft, die durch folgende Gleichungen charakterisiert ist:

$Y = C(Y - T) + I(Y, i) + G + NX(Y, Y^*, E)$ [*IS*-Kurve (Gütermarktgleichgewicht)]

$i = i_0$ [*LM*-Kurve (Finanzmarktgleichgewicht)]

$E = \frac{(1+i)}{(1+i^*)} \overline{E}^e$ [Zinsparität]

Gehen Sie zunächst von flexiblen Wechselkursen aus und erläutern Sie Ihre Antworten grafisch und verbal.

a) Welche Wirkungen hat eine Reduzierung der Staatsausgaben zum Abbau der Staatsverschuldung? Unterscheiden Sie dabei zwischen einer Situation, in der die Zentralbank den Zinssatz konstant bei i_0 hält, und einer Situation, in der die Zentralbank den Wirkungen der Fiskalpolitik entgegensteuert. Überlegen Sie sich auch, wann welche Reaktion der Zentralbank angemessener erscheint!

b) Welche Wirkungen hat eine expansive Geldpolitik?

c) Wie ändern sich Ihre Antworten zu a) und b) in einem Regime fixer Wechselkurse?

Der fixe Wechselkurs $\overline{E}$ sei 4 und der ausländische Zinssatz $i^* = 5\%$. Das Preisniveau sei $P = 1$. Die *IS*-Kurve sei durch folgende Werte beschrieben:

$$Y = 120 + 0{,}9 \cdot (Y - 100) + 110 - 400i + G + 30 - 0{,}1 \cdot E \cdot Y$$

d) Wie hoch ist die gleichgewichtige Produktion, wenn der Staat Ausgaben in Höhe von 100 tätigt?

e) Welchen Wert nimmt die neue gleichgewichtige Produktion an, wenn der Staat seine Ausgaben kreditfinanziert von 100 auf 150 erhöht? Wie verändern sich E und i?

3. Mundell-Fleming-Modell (II)

Unterstellen Sie eine kleine offene Volkswirtschaft „Latinien", die durch dieselben Gleichungen für das Gütermarktgleichgewicht, das Finanzmarktgleichgewicht und die Zinsparität wie in Aufgabe 2 charakterisiert ist.

Gehen Sie von flexiblen Wechselkursen und einer ursprünglichen Gleichgewichtssituation mit $i = i^*$ aus und erläutern Sie Ihre Antworten verbal und grafisch.

a) Das *gleichgewichtige* Weltzinsniveau sinkt auf $i^{*\prime} < i$, die Weltproduktion Y^* bleibt davon unberührt. Wie verändern sich Produktion Y und Zins i in Latinien?

b) Was verändert sich zu Aufgabe a), wenn das Weltzinsniveau durch eine koordinierte expansive Geldpolitik sowohl im Euroraum als auch in den USA auf $i^{*\prime} < i$ sinkt, während die Zentralbank Latiniens den Zins i konstant hält?

c) Bei Latinien handelt es sich um ein Entwicklungsland, das in der Vergangenheit seine Schulden nicht immer bedient hat. Deshalb verlangen Investoren in diesem Land einen Risikoprämienaufschlag.

   i. Wie wirkt sich diese Risikoprämie auf die Zinsparitätenbedingung aus?

ii. In Latinien stehen Wahlen bevor, deren Ausgang unsicher ist. Internationale Investoren befürchten, ein Bündnis von Parteien, die ausländische Kapitalgeber für die wirtschaftliche Situation des Landes verantwortlich machen, könnte die Mehrheit gewinnen. Welche Konsequenzen ergeben sich für die Risikoprämie, den Zins und das Einkommen Latiniens?

iii. Diskutieren Sie kritisch Ihre Ergebnisse der vorangehenden Teilaufgabe bzgl. der Entwicklung des Einkommens. Welche Faktoren könnten dazu führen, dass sich das Einkommen genau entgegengesetzt entwickelt?

d) Zwei Ökonomen, Balassa und Samuelson, veröffentlichen eine Forschungsarbeit, in der sie behaupten, dass die Wechselkurse von Entwicklungsländern auf Grund des wirtschaftlichen Konvergenzprozesses langfristig aufwerten. Die internationalen Devisenhändler haben zwar die Begründung noch nicht ganz verstanden, sie übernehmen aber das Ergebnis für ihre Anlagestrategie in Latinien. Was sind die kurzfristigen Folgen dieser Erwartungsänderung für Latinien?

e) Ein anderer Ökonom, Fama, schreibt dagegen, dass Märkte immer effizient sind und deshalb der aktuelle Preis eines Assets (= Vermögenswert wie z.B. Aktien, Immobilien oder auch Währungen) die beste Voraussage für den zukünftigen Preis sei. Übertragen in die Darstellungsweise unseres Modells bedeutet das, dass immer $E = E^e$ gilt. Wie wirkt eine expansive Geldpolitik in Latinien auf Produktion Y und Zins i in Latinien?

f) Vergleichen Sie die bisher und im gesamten Blanchard/Illing gemachte Annahme, dass der langfristige Wechselkurs E^e konstant sei, mit der Annahme von Aufgabe e), dass $E = E^e$. Welche Annahme halten Sie für gerechtfertigter?

4. Wirtschaftspolitik in „Transformatien“

Die kleine, offene Volkswirtschaft „Transformatien“ grenzt direkt an die Europäische Währungsunion (EWU). Alle internationalen Güter- und Finanztransaktionen Transformatiens finden nur im Austausch mit der EWU statt. Die Volkswirtschaft weist folgende Gleichgewichtsbedingung auf:

$$Y = C(Y - T) + I(Y, i) + G + NX(Y, Y^*, E)$$

Das Preisniveau sei konstant. Die Marshall-Lerner-Bedingung gilt. Transformatien hat seinen Wechselkurs an die europäische Einheitswährung Euro angebunden (fixe Wechselkurse) und steuert den heimischen Zins.

a) Die Regierungen der Mitglieder der EWU entschließen sich gemeinsam zu einer massiven Steuersenkung in allen Mitgliedsstaaten, um die Konsumnachfrage in der EWU anzukurbeln. Der Weltmarktzins wird hierdurch nicht beeinflusst, da die Europäische Zentralbank (EZB) gleichzeitig expansive Geldpolitik betreibt. Erläutern Sie anhand einer Grafik und in Stichworten, welche Wirkungen diese Maßnahme auf Einkommen, Zinssatz und Nettoexporte von Transformatien hat!

b) Gehen Sie davon aus, dass keine fiskalpolitischen Maßnahmen durchgeführt werden. Die EZB führt eine restriktive Geldpolitik durch. Erläutern Sie die Effekte dieser Aktion auf Produktion und Zinssatz in Transformatien grafisch und in Stichworten, wenn das Fixkursregime beibehalten wird und alle Marktteilnehmer dies erwarten!

c) Aufgrund der 2007/2008 ausgebrochenen Finanzkrise habe sich das Investorenvertrauen Transformatiens erheblich verschlechtert. Analysieren Sie stichwortartig anhand einer Grafik die Auswirkungen eines Rückgangs der autonomen Investitionen auf Einkommen Y und Zinssatz i.

5. Zusatzaufgabe: Mundell-Fleming-Modell mit Geldmengensteuerung – ein Rechenbeispiel

Achtung: Durch die Annahme der Geldmengensteuerung wird die Darstellung des Finanzmarktgleichgewichts deutlich komplexer und die LM-Kurve steigend (vgl. Aufgabe 20 in ▶*Kapitel 5*). Lassen Sie daher diese Aufgabe aus, wenn Sie in Ihrer Vorlesung und Übung ausschließlich die Zinssteuerung behandeln und Sie sich nicht mit den Mechanismen der Geldmengensteuerung befassen möchten.

Das Gütermarktgleichgewicht einer kleinen offenen Volkswirtschaft mit fixen Preisen $P = 1$ sei gegeben durch

$$Y = 1.000 + 0{,}8(Y - T) - 80i + G + 100\,\frac{1}{E}$$

E bezeichne den fixen nominalen Wechselkurs und es gelte $E = 1$ sowie $G = T = 1.500$. Die reale Geldnachfragefunktion des Landes laute

$$M/P = 0{,}4Y - 340i + 200$$

a) Nehmen Sie an, die Zentralbank betreibe eine Geldmengensteuerung und das reale Geldangebot betrage $M/P = 1.000$. Berechnen Sie den gleichgewichtigen Zinssatz i und die gleichgewichtige Produktion Y des Landes!

Gehen Sie im Folgenden davon aus, dass der Weltzinssatz $i^* = 5$ ist.

b) Wie werden Ihre Ergebnisse von Aufgabe a) durch diese neue Information beeinflusst? Wie groß ist die reale Geldmenge M/P der Volkswirtschaft?

c) Die Regierung des Landes beschließt eine Abwertung auf $E = 0{,}8$ und kann den Finanzmärkten diesen Schritt glaubwürdig als einmalige Aktion vermitteln. Berechnen Sie die neue reale Geldmenge M/P und die neue gleichgewichtige Produktion Y. Stellen Sie die Auswirkungen der Abwertung auch grafisch dar.

Betrachten Sie nun eine Situation bei *flexiblen* Wechselkursen, in der der langfristig erwartete Wechselkurs $\bar{E}^e = 1$ sei und das reale Geldangebot $M/P = 500$ betrage. (*Hinweis:* Die folgenden Berechnungen sind ein wenig langwierig, verdeutlichen jedoch die Effekte von Fiskalpolitik in der offenen Volkswirtschaft.)

d) Berechnen Sie den Zins i, den Wechselkurs E und die Produktion Y im Gleichgewicht.

e) Ermitteln Sie, wie sich die drei Variablen bei einer Steuersenkung um 100 verändern, wenn die Staatsausgaben konstant bleiben.

f) Vergleichen Sie Ihr Ergebnis von Aufgabe e) mit der Auswirkung der gleichen Steuersenkung in einer *geschlossenen* Volkswirtschaft. Nehmen Sie zur direkten Vergleichbarkeit an, dass die Nettoexporte $NX\,(E = 1) = 100$ in der geschlossenen Volkswirtschaft zum autonomen Konsum addiert werden.

Lösungen zu Kapitel 19

19.1 Wissens- und Verständnistests

Multiple Choice

1. b)
2. a)
3. d)
4. a)
5. b)
6. c)
7. c)

Wahr/Falsch

8. W, F, W, W
9. F, F, W, W
10. F, W, W, F
11. F, W, W, F
12. W, F, W, W
13. F, F, F, W

Basiswissen

14. *IS*-Kurve der offenen Volkswirtschaft
    a) Ein Anstieg der marginalen Importneigung führt dazu, dass der Multiplikatoreffekt einer Nachfrageerhöhung kleiner wird (vgl. ▸*Abschnitt 18.1*, Aufgabe 6). Die selbe Zinsänderung hat damit einen geringeren Effekt auf die Produktion, die *IS*-Kurve wird also steiler.
    b) In der geschlossenen Volkswirtschaft verläuft die *IS*-Kurve fallend, weil niedrigere Zinsen i die Investitionen I anregen und über den Multiplikatoreffekt die Produktion Y ansteigen lassen. Dieser Wirkungszusammenhang bleibt auch in der

offenen Volkswirtschaft bestehen. Zusätzlich sorgen hier aber niedrigere Zinsen für einen Kapitalabfluss und damit für ein Überangebot an heimischer Währung auf dem Devisenmarkt. Folglich wertet die inländische Währung ab (E sinkt), wodurch (bei Gültigkeit der Marshall-Lerner-Bedingung, was von jetzt an immer angenommen wird) die Nettoexporte NX ansteigen. In der offenen Volkswirtschaft bestehen also zwei Kanäle, über die i auf Y wirken kann, nämlich über I und über NX, weshalb dieselbe Zinsänderung ceteris paribus einen stärkeren Effekt auf Y hat und die IS-Kurve flacher verlaufen sollte.

Die Nettoexporte sind aber nicht allein vom Wechselkurs, sondern auch von Y und der marginalen Importneigung abhängig. Im Vergleich zur geschlossenen Volkswirtschaft steigt diese von 0 auf einen positiven Wert. Wie in Aufgabe a) analysiert, lässt dieser Effekt die IS-Kurve steiler werden.

Der Gesamteffekt der Öffnung der Volkswirtschaft auf die IS-Kurve ist damit unklar. Überwiegt bei den Nettoexporten der Zinseffekt über den Wechselkurskanal, wird die IS-Kurve flacher, überwiegt dagegen der Einkommenseffekt auf die Importe, wird die IS-Kurve steiler. Empirisch kommt dem Zinseffekt eine größere Bedeutung als dem Einkommenseffekt zu, sodass die IS-Kurve in der offenen Volkswirtschaft in der Regel flacher als in der geschlossenen verläuft. Übungsaufgabe 3b) in ►*Abschnitt 20.2* bietet ein Rechenbeispiel zur Steigung der IS-Kurve.

c) Bei **Zinssteuerung** sorgt dieselbe Zinsänderung für dieselbe Verschiebung der horizontalen LM-Kurve wie in der geschlossenen Volkswirtschaft. Damit gilt wie in ►*Abschnitt 5.1*, Aufgabe 20d), dass eine *flachere* IS-Kurve die **Geldpolitik** *wirksamer* werden lässt, die damit einen stärkeren Einfluss auf Y besitzt.

Dagegen hat bei einer horizontalen LM-Kurve die Steigung der IS-Kurve keinen Einfluss auf die Wirksamkeit der **Fiskalpolitik**, da es zu keinen Crowding-Out-Effekten kommt (vgl. ►*Abschnitt 5.1*, Aufgabe 20d).

d) Bei **Geldmengensteuerung** ist die Analyse ein wenig komplexer: Im Mundell-Fleming-Modell wird angenommen, dass nur Inländer inländische Währung halten wollen. Deshalb wird die Geldnachfrage nicht von der Öffnung der Volkswirtschaft beeinflusst. Wie in der geschlossenen Volkswirtschaft in ►*Abschnitt 5.1*, Aufgabe 19d) und e) sowie Aufgabe 20, kommt es bei einem Produktionsanstieg zu einem Anstieg der Geldnachfrage, was bei gegebenem Geldangebot zu einem Zinsanstieg führt, wodurch die LM-Kurve ansteigt. Dieser Zinsanstieg sorgt für ein Crowding-Out der Investitionen und, in der offenen Volkswirtschaft, auch der Nettoexporte (indirekt über den Wechselkurskanal).

Bei Geldmengensteuerung hängt damit die Wirksamkeit der **Fiskalpolitik** von der Steigung der IS-Kurve ab: Fiskalpolitik wird umso *wirksamer*, je *steiler* die IS-Kurve verläuft. Der Grund ist, dass eine steilere IS-Kurve eine relativ geringere Sensitivität der Investitionen und der Nettoexporte gegenüber dem inländischen Zins widerspiegelt. Das bedeutet, dass dieselbe Zinserhöhung, die durch zusätzliches Einkommen ausgelöst wird (unveränderte LM-Kurve), einen geringeren Dämpfungseffekt auf I und NX bewirkt und damit dieselbe fiskalpolitische Maßnahme einen größeren Effekt auf die Produktion hat. Dagegen lässt eine *flachere* IS-Kurve die **Geldpolitik** *wirksamer* werden, unabhängig von Zins- oder Geldmengensteuerung.

15. Geldmengenänderungen in der offenen Volkswirtschaft

a)

Vermögensanlagen/Aktiva		**Verbindlichkeiten/Passiva**	
Währungsreserven	200	Geldbasis	1.000
Wertpapiere aus Offenmarktgeschäften	800		

Tabelle 19.2: Ausgangssituation einer vereinfachten Zentralbankbilanz

Sie wissen ausführlich aus ▶*Kapitel 5*, wie die Zinssteuerung der Zentralbank mit Geldmengenänderungen verbunden ist: Zum Beispiel geht eine restriktive Geldpolitik durch eine Zinserhöhung einher mit einer Reduktion des Geldangebots über Offenmarktgeschäfte. Auch in der offenen Volkswirtschaft kann die Zentralbank die Geldmenge durch den Verkauf von Wertpapieren im Wert von 100 Geldeinheiten im Rahmen eines Offenmarktgeschäfts reduzieren:

Vermögensanlagen/Aktiva		**Verbindlichkeiten/Passiva**	
Währungsreserven	200	Geldbasis	900
Wertpapiere aus Offenmarktgeschäften	700		

Tabelle 19.3: Auswirkung des Verkaufs von Wertpapieren im Rahmen eines Offenmarktgeschäftes auf die Zentralbankbilanz

Als neue Alternative in der offenen Volkswirtschaft steht der Zentralbank auch eine Intervention am Devisenmarkt zur Verfügung: Wenn sie mit ihren Währungsreserven 100 Einheiten eigener Währung aufkauft, reduziert sie die umlaufende Bargeldmenge und damit ebenfalls die Geldbasis:

Vermögensanlagen/Aktiva		**Verbindlichkeiten/Passiva**	
Währungsreserven	100	Geldbasis	900
Wertpapiere aus Offenmarktgeschäften	800		

Tabelle 19.4: Auswirkung des Aufkaufs eigener Währung im Rahmen einer Devisenmarktintervention auf die Zentralbankbilanz

b) Unter „sterilisierten" oder „neutralisierten" Devisenmarktinterventionen versteht man die gleichzeitige Durchführung eines der Devisenmarktintervention entgegengerichteten Offenmarktgeschäfts, sodass die Geldbasis konstant bleibt. Ausgehend von der Situation in a) führt der sterilisierte Verkauf von 100 Einheiten der Währungsreserven zu folgender neuer Zentralbankbilanz:

Vermögensanlagen/Aktiva		**Verbindlichkeiten/Passiva**	
Währungsreserven	100	Geldbasis	1.000
Wertpapiere aus Offenmarktgeschäften	900		

Tabelle 19.5: Auswirkung einer sterilisierten Devisenmarktintervention auf die Zentralbankbilanz

Sterilisierte Devisenmarktinterventionen

Die Idee, die sterilisierten Devisenmarktinterventionen zugrunde liegt, ist das Vorliegen von Friktionen zwischen dem Geldmarkt und dem Devisenmarkt und der Wille der Zentralbank, ein starkes Schwanken des Wechselkurses zu verhindern. Reagiert die Zentralbank z.B. auf einen durch $i^* > i$ ausgelösten Kapitalexport und damit auf einen Abwertungsdruck mit Devisenverkäufen, um den Wechselkurs zu stabilisieren, und sterilisiert sie diese Intervention gleichzeitig über Offenmarktgeschäfte, um den inländischen Zins i und die inländische Geldmenge konstant zu halten, wird dadurch bei perfekten Märkten nur ein weiterer Kapitalexport und somit wieder ein Abwertungsdruck ausgelöst.

⇒ Bei perfekter Kapitalmobilität machen sterilisierte Devisenmarktinterventionen keinen Sinn.

19.2 Übungsaufgaben

1. Zinsparität und Wechselkursbestimmung

   a) Die Zinsparitätentheorie besagt, dass die erwartete Rendite in heimischer Währung (hier: €) bei jeder Anlage (z.B. einer Anleihe) gleich hoch sein muss, egal ob die Anlage in € oder einer Fremdwährung notiert ist (hier: $).

$$(1+i_t) = (1+i_t^*)\frac{E_t}{E_{t+1}^e} \qquad (1.)$$

Als Approximation dieser Gleichung gilt äquivalent (2.): Der Zinssatz im Inland i muss gleich sein dem Zinssatz im Ausland i^* minus der erwarteten Aufwertungsrate der inländischen Währung. Zur Herleitung: (1.) kann geschrieben werden als

$$(1+i_t) = \frac{(1+i_t^*)}{\left[1+(E_{t+1}^e - E_t)/E_t\right]}$$

Nach Logarithmieren und Verwenden der Approximation $\ln(1+x) \approx x$ bleibt

$$i_t = i_t^* - \frac{E_{t+1}^e - E_t}{E_t} \qquad (2.)$$

Dementsprechend passt sich der Wechselkurs so an, dass er den Devisenmarkt ins Gleichgewicht bringt. Angenommen, der für die Zukunft erwartete Wechselkurs sei konstant $\overline{E}^e$, dann lässt sich die vorangegangene Gleichung umstellen zu

$$E = \frac{\overline{E}^e}{1-i+i^*}$$

Positiver Zusammenhang zwischen inländischem Zinssatz und Wechselkurs: Bei gegebenem zukünftig erwartetem Wechselkurs und gegebenem Zinssatz im Ausland führt ein Anstieg des inländischen Zinssatzes zu einer Zunahme des Wechselkurses – äquivalent dazu: zu einer Aufwertung der inländischen Währung. Fällt der Zinssatz im Inland, sinkt der Wechselkurs – die inländische Währung wertet ab. Wenn der inländische Zinssatz (z.B. in Europa) steigt, werden Anlagen in Europa (z.B. im Vergleich zu USA) attraktiver, die Nachfrage nach Euro steigt und der Euro wertet auf. Der Euro muss dabei gerade so stark aufwerten, dass seine dann in Zukunft erwartete Abwertung den Anstieg des europäischen Zinssatzes exakt kompensiert. Wenn dies der Fall ist, sind die Kapitalanleger indifferent und es herrscht wieder Gleichgewicht.

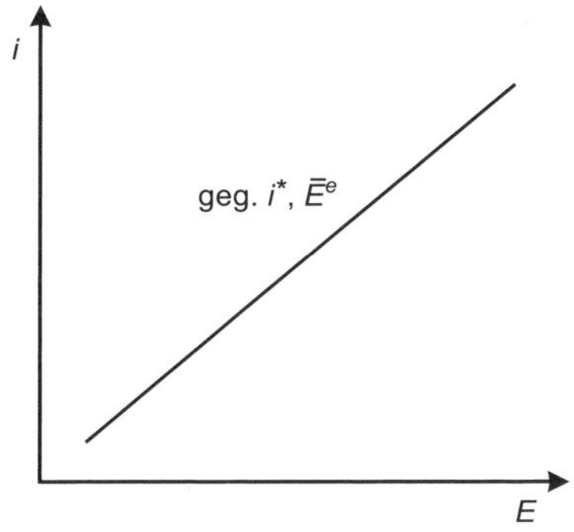

Abbildung 19.1: Zinsparitätenbedingung

b) Verzinsung einer Anleihe nach einer Periode:

$$i = \frac{\text{Kurs der Anleihe zum Zeitpunkt } t+1}{\text{Kurs der Anleihe zum Zeitpunkt } t} - 1$$

Damit ist der Zins der Anleihe A $i_A = \frac{1.000\ \$}{961{,}54\ \$} - 1$ und der Anleihe B

$$i_B = \frac{1.333{,}3\ €}{1.269{,}81\ €} - 1 = 5{,}00\%.$$

Bei Gültigkeit der Zinsparität ergibt sich damit als exakter Wert für den erwarteten Wechselkurs aus Gleichung (1.), wenn man Deutschland als Inland betrachtet und die Mengennotierung \$/€ verwendet:

$$E_1^e = E_0 \frac{(1+i_A)}{(1+i_B)} = 1{,}05 \frac{\$}{€} \cdot \frac{1{,}04}{1{,}05} = 1{,}04 \frac{\$}{€}$$

Verwenden Sie statt der exakten Form (1.) die Approximation der Zinsparität (2.), erhalten Sie als Ergebnis $E_1^e = 1{,}0395\ €/\$$.

Äquivalente Ergebnisse erhalten Sie natürlich, wenn Sie die USA als Inland betrachten und/oder die Preisnotierung des Wechselkurses verwenden.

Probleme der Zinsparität in der Realität

Die Gültigkeit der Zinsparität in der Realität ist aus zwei Gründen eingeschränkt: Zum einen werden Transaktionskosten nicht berücksichtigt, zum anderen werden Risikogesichtspunkte vernachlässigt, obwohl E_1 unsicher ist. Dennoch liefert die Zinsparität eine gute Approximation für reiche Länder mit hoch entwickelten Finanzmärkten. Gleichzeitig sind (starke) Abweichungen möglich, insbesondere bei Kapitalflucht aus Entwicklungs- und Schwellenländern („sudden stops") in Länder mit sicheren Kapitalanlagen („safe havens").

2. Mundell-Fleming-Modell (I)

   a) Ersetzt man in der *IS*-Kurve den Wechselkurs *E* mit Hilfe der Gleichgewichtsbedingung des Devisenmarkts (= Zinsparität), so gelangt man zum „*IS*/*LM*-Modell der offenen Volkswirtschaft" oder kurz zum „*IS*/*LM*/*ZP*-Modell":

IS: $$Y = C(Y - T) + I(Y, i) + G + NX\left(Y, Y^*, \frac{1+i}{1+i^*}\bar{E}^e\right) \quad (1.)$$

LM: $$i = i_0 \quad (2.)$$

Durch eine Reduzierung der Staatsausgaben *G* kommt es zu einem Rückgang der gesamtwirtschaftlichen Nachfrage; die *IS*-Kurve verschiebt sich nach links. Im neuen Gleichgewicht (B) ist der Output *Y* folglich niedriger als im alten Gleichgewicht (A). Solange die Zentralbank nicht reagiert und den Zinssatz bei i_0 konstant hält, ändert sich der Wechselkurs ebenfalls nicht. Mit dem Output sinkt auch das verfügbare Einkommen, was zu einem geringeren Konsum *C* und, bei konstanten Zinsen, zu geringeren Investitionen *I* führt. Dagegen steigen die Nettoexporte *NX* durch die geringere Importnachfrage an, da der Wechselkurs konstant bleibt. Solch eine geldpolitische (Nicht-)Reaktion ist insbesondere dann eher zu erwarten, wenn sich die Wirtschaft vor der Staatsausgabenreduktion über dem Produktionspotenzial befand und die Zentralbank eine steigende Inflation befürchtete.

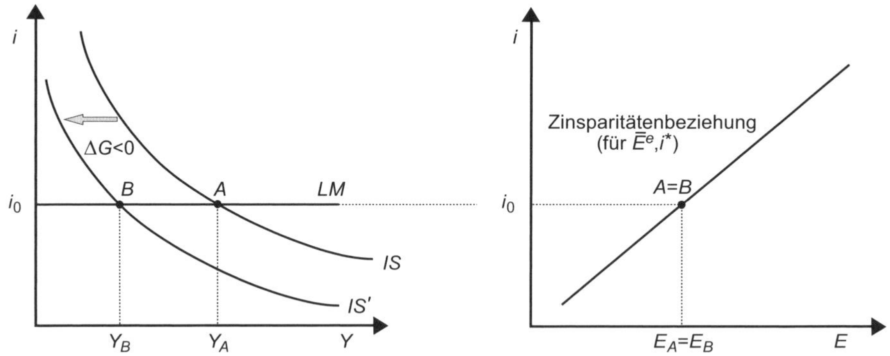

Abbildung 19.2: Auswirkungen einer Staatsausgabenreduktion bei flexiblen Wechselkursen und konstantem Zins

Allerdings könnte die Zentralbank besorgt sein, dass die restriktive Fiskalpolitik zu einem Sinken der Inflationsrate und im Extremfall sogar zu einer gefährlichen Deflationsspirale führen könnte. Dies könnte der Fall sein, wenn sich die Wirtschaft bereits unterhalb des Produktionspotenzials befindet. Dann wird die Zentralbank auf die restriktive Fiskalpolitik mit einer expansiven Geldpolitik in Form einer Zinssenkung auf i' reagieren. Dadurch wird der Rückgang des Outputs von Y gedämpft, da die Zinssenkung den vom Einkommensrückgang ausgelösten Rückgang der Investitionen I abschwächt (oder sogar überkompensiert) und zusätzlich über die Abwertung der inländischen Währung (den Wechselkurskanal) die Nettoexporte NX weiter ansteigen lässt. In ▶*Abbildung 19.3* hebt die Zinssenkung den Outputeffekt der Fiskalpolitik nur teilweise auf (Y_C anstatt Y_B, aber $Y_C < Y_A$).

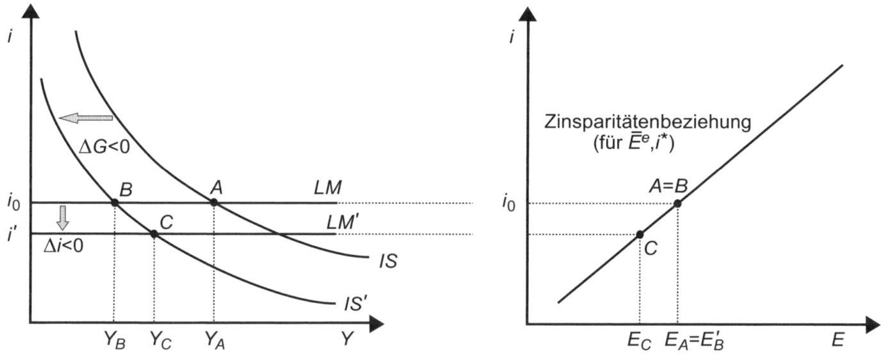

Abbildung 19.3: Auswirkungen einer Staatsausgabenreduktion bei flexiblen Wechselkursen und gleichzeitiger Zinssenkung

b) Durch expansive Geldpolitik verschiebt sich die LM-Kurve von i_0 auf i' nach unten. Der gesunkene Zinssatz i' lässt die Investitionsnachfrage I und somit den Output Y ansteigen, durch das gestiegene Einkommen steigt auch der Konsum C. Gleichzeitig verringert der sinkende Zins den Wechselkurs E, führt also zu einer Abwertung der inländischen Währung. Wie sich die Nettoexporte NX verändern, hängt davon ab, ob der negative Effekt des gestiegenen Einkommens oder der positive Effekt des gesunkenen Wechselkurses überwiegt. Das neue Gleichgewicht wird in Punkt B erreicht.

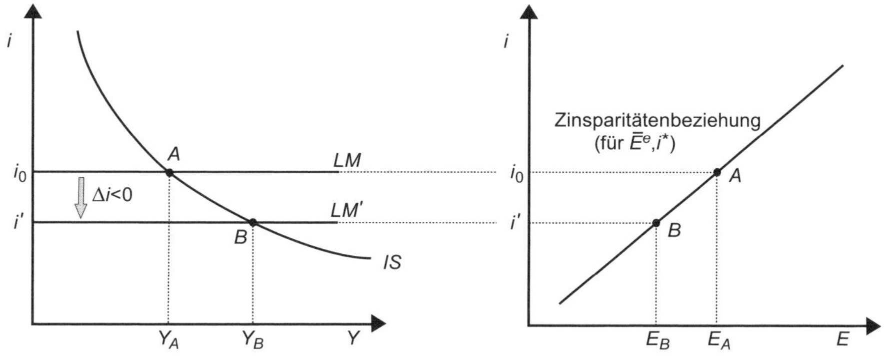

Abbildung 19.4: Auswirkungen einer Zinssenkung bei flexiblen Wechselkursen

c) Hält die Zentralbank mit ihrer Politik den Wechselkurs konstant, so befindet sich die Volkswirtschaft in einem **System fester Wechselkurse**, d.h. $E = \bar{E} = \bar{E}^e$. Damit die Gleichgewichtsbedingung des Devisenmarkts erfüllt ist, muss daher stets $i = i^*$ gelten.

– Durch eine Reduzierung der Staatsausgaben G kommt es zu einem Rückgang der gesamtwirtschaftlichen Nachfrage; die *IS*-Kurve verschiebt sich genauso wie bei flexiblen Wechselkursen und konstantem Zins nach links. Im neuen Gleichgewicht sinken dementsprechend Output Y, Konsum C und Investitionen I, während die Nettoexporte NX steigen. Damit ist der einzige Unterschied zwischen ▸*Abbildung 19.5* und ▸*Abbildung 19.2*, dass jetzt $i = i^*$ und nicht mehr von der Zentralbank auf ein beliebiges i_0 gesteuert werden kann (die *ZP*-Kurve haben wir wegen $E = \bar{E} = \bar{E}^e$ weggelassen).

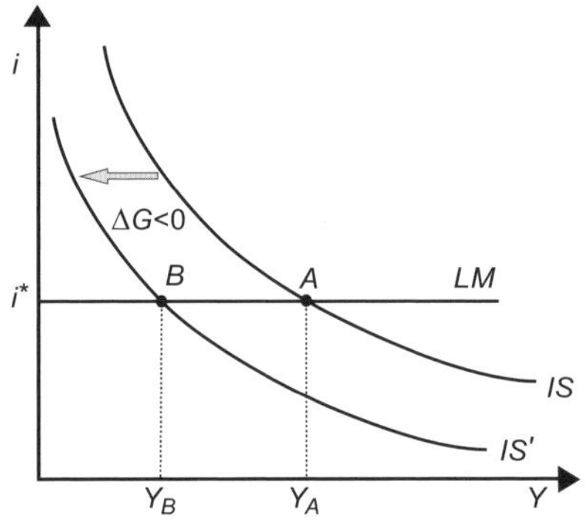

Abbildung 19.5: Auswirkungen einer Staatsausgabenreduktion bei fixen Wechselkursen

– Die Zentralbank kann und darf Geldpolitik nicht als Mittel der Konjunkturpolitik, sondern nur zur Stabilisierung von Zins und Wechselkurs einsetzen, also nur dann, wenn der Zins sonst vom Weltmarktzins i^* abzuweichen droht.

Der Versuch einer expansiven Geldpolitik durch eine Senkung des Zinses i würde nicht funktionieren: Jede Zinssenkung lässt sofort Kapital aus dem Land abfließen, wodurch ein Abwertungsdruck auf den Wechselkurs entstünde. Bei einem fixen Wechselkurs muss die Zentralbank deshalb den Zins sofort wieder auf das ursprüngliche Niveau anheben und Punkt B in ▸*Abbildung 19.6* wird nie erreicht. (Anmerkung: Diese Aussagen gelten in unserem Mundell-Fleming-Modell. Die Einführung von Kapitalverkehrskontrollen erlaubt ein gewisses Maß an monetärer Unabhängigkeit, vgl. Aufgabe 15 in ▸*Kapitel 20*.)

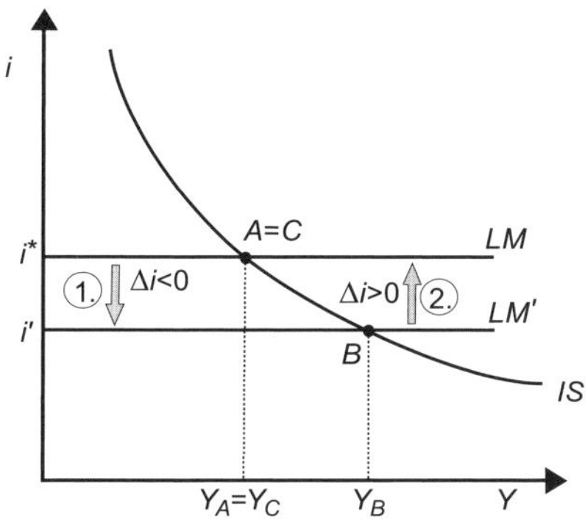

Abbildung 19.6: Auswirkungen einer Zinssenkung bei fixen Wechselkursen

d) Wegen $i = i^*$ und $E = \overline{E} = \overline{E}^e$ bei einem fixen Wechselkursregime, kann man hier $G = 100$, $E = 4$, $i = 5\%$ in die *IS*-Kurve einsetzen und nach Y auflösen:

$$Y = 120 + 0{,}9(Y - 100) + 110 - 400 \cdot 0{,}05 + 100 + 30 - 0{,}1 \cdot 4 \cdot Y$$

$$Y(1 - 0{,}9 + 0{,}4) = 250$$

$$Y = 500$$

e) Statt $G = 100$ nun $G = 150$ in die *IS*-Gleichung einsetzen. E und i ändern sich *nicht*, da der Wechselkurs fixiert ist!

$$Y(1 - 0{,}9 + 0{,}4) = 300$$

$$Y = 600$$

3. Mundell-Fleming-Modell (II)

a) Die ausländische Zinssenkung bewirkt wegen $i > i^{*\prime}$ einen Kapitalzufluss ins Inland und damit eine Überschussnachfrage nach latiniensischer Währung, was zu einem Aufwertungsdruck führt. Bei flexiblen Wechselkursen wird diese Aufwertung auch realisiert. Dadurch verliert Latinien an Wettbewerbsfähigkeit gegenüber dem Ausland und seine Nettoexporte *NX* sowie über den Multiplikatoreffekt auch Y gehen zurück.

In ▸*Abbildung 19.7* verschiebt $i^* \downarrow$ die Zinsparitätenbedingung nach unten (gegeben der jeweiligen erwarteten Aufwertung $\left(\overline{E}^e - E\right)/E$ ist die Bedingung jetzt für einen niedrigeren Zins i bei gleichem E erfüllt). Da die Geldpolitik nicht reagiert (i ist konstant), wirkt sich die Aufwertung allein auf die Nettoexporte und damit die *IS*-Kurve aus. Sie verschiebt sich nach links und es kommt zu einem neuen Gleichgewicht mit niedrigerem Einkommen in Punkt B.

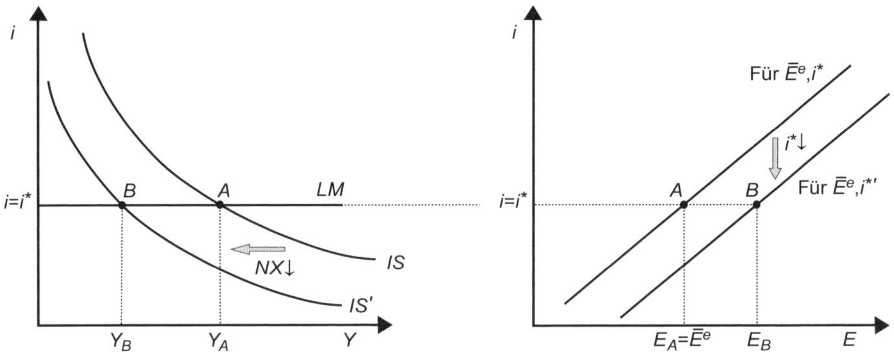

Abbildung 19.7: Auswirkungen einer Senkung von i^* bei flexiblen Wechselkursen

(Beachten Sie: Da sich der exogene Weltmarktzins i^* geändert hat, kommt es zu einer Verschiebung der *IS*-Kurve. Änderungen des inländischen Zinses *i*, zum Beispiel durch eine Reaktion der Geldpolitik, hätten dagegen eine Bewegung auf der *IS*-Kurve bewirkt, weil nur *i, E* und *Y* die endogenen Variablen in unserem Modell sind. Alle anderen Variablen *G, T*, Y^*, $\bar{E}^e$ und eben i^* sind dagegen exogen.)

b) Wie in a) bewirkt $i > i^{*\prime}$ bei flexiblen Wechselkursen eine Aufwertung, die ceteris paribus die *IS*-Kurve nach links verschiebt.

Durch die expansive Geldpolitik verschiebt sich die Welt-*LM*-Kurve nach unten und die Weltproduktion Y^* steigt durch das gesunkene Weltzinsniveau auf $i^{*\prime}$ (in Aufgabe a) war Y^* konstant!). Der Anstieg von Y^* lässt die latiniensischen Exporte *X* und damit auch die Nettoexporte *NX* ceteris paribus ansteigen. Über den Multiplikator steigt auch *Y*, wobei der Anstieg wieder von einer im *IS-LM*-Modell exogenen Variable (Y^*) ausgelöst wird und deshalb die *IS*-Kurve ceteris paribus nach rechts verschiebt.

Wie sich die *NX* insgesamt verändern, hängt davon ab, ob der positive Effekt des gestiegenen Welteinkommens oder der negative Effekt der Aufwertung überwiegt.

c) Die Auswirkungen eines Risikoprämienaufschlags:

i. In der bekannten Form besagt die Zinsparität, dass die Verzinsung im Inland gleich dem Weltzins abzüglich der erwarteten Aufwertung sein muss:

$$i = i^* - \left(\bar{E}^e - E\right)/E$$

Verlangen die internationalen Investoren zusätzlich einen Risikoaufschlag ρ, weil sie sich dem Risiko der Nichtrückzahlung ihrer Kredite ausgesetzt sehen, muss der inländische Zins genau um diesen Risikoaufschlag ansteigen, die Zinsparitätenbedingung heißt nun

$$i = i^* - \left(\bar{E}^e - E\right)/E + \rho$$

und die Zinsparitätenkurve verschiebt sich nach oben.

Ein Anstieg der Risikoprämie ρ hat die entgegengesetzten Effekte wie der Rückgang des gleichgewichtigen Weltzinses i^* in Aufgabe a). Für ein gegebenes Zinsniveau bewirkt er einen Kapitalabfluss und damit ein Überschussangebot an latiniensischer Währung, was zu einem Abwertungsdruck führt. Bei flexiblen Wechselkursen wird diese Abwertung auch realisiert. Dadurch gewinnt Latinien an Wettbewerbsfähigkeit gegenüber dem Ausland und seine Nettoexporte NX steigen. Dadurch steigt die Produktion Y überraschenderweise an.

Dieses Ergebnis überrascht, weil ein Anstieg der Risikoprämie ρ (ausländisches) Kapital teurer macht und deshalb eigentlich ein Rückgang von Y zu erwarten wäre. Der Grund ist, dass die internationalen Investoren für jeden gegebenen Zins i mit einer erwarteten Aufwertung für den Anstieg der Risikoprämie kompensiert werden müssen. Deshalb muss E gegeben i sinken (= Abwertung heute) und dadurch erhöhen sich NX.

Es gibt aber eine Reihe von Gründen, die einen solchen Anstieg der Produktion Latiniens Y in der Realität verhindern: Erstens ist es möglich, dass die Zentralbank Latiniens die starke Abwertung durch eine Zinsanhebung verhindern möchte. Zweitens könnte die Abwertung der Währung Latiniens die Preise der Importgüter plötzlich erhöhen, wodurch sich P erhöht, was wiederum zu einer realen Aufwertung führt (im Mundell-Fleming-Modell haben wir P und P^* als konstant angenommen, wodurch nominale und reale Wechselkursänderungen identisch sind). Drittens sind wir bisher davon ausgegangen, dass die inländische Geldnachfrage $L(i)$ unabhängig von der Risikoprämie ρ ist. Wenn aber Geld im Vergleich zu nicht ausfallsicheren Wertpapieren als sicher angesehen wird, erhöht sich ceteris paribus die Geldnachfrage. Alle drei Fälle lassen tendenziell den Zins i bzw. den Wechselkurs E ansteigen. Beide Effekte sorgen tendenziell für einen Rückgang der Produktion Y, der Gesamteffekt hängt von den exakten Reaktionen ab.

Wenn somit die kurzfristigen konjunkturellen Effekte des Risikoprämienanstiegs nicht eindeutig bleiben, sind gerade für Entwicklungsländer auch die langfristigen Wachstumseffekte zu berücksichtigen. Hier ist der induzierte Zinsanstieg, der die Investitionen und damit die Kapitalakkumulation eindeutig zurückgehen lässt, besonders schädlich. Deshalb sollten Entwicklungsländer keine Erhöhung ihrer Risikoprämie anstreben, im Gegenteil.

d) Die internationalen Devisenhändler erwarten also durch diese Studie plötzlich langfristig eine Aufwertung, d.h. E^e steigt. Dadurch verschiebt sich die Zinsparitätenkurve nach unten: Für jedes gegebene Zinsniveau i wird die notwendige erwartete Aufwertung über die Laufzeit der Anleihen nur durch einen entsprechend höheren (= aufgewerteten) Wechselkurs E heute induziert.

Ökonomisch sorgt $E^e\uparrow$ dafür, dass die Anlage in Latinien attraktiver wird, es kommt zu einem Kapitalzufluss und damit zu einem Aufwertungsdruck. Die Auswirkungen von $E^e\uparrow$ auf Y und i sind also identisch mit denen von $i^*\downarrow$, was in Aufgabe a) bereits analysiert wurde.

Balassa-Samuelson-Effekt

1964 beschrieben Balassa und Samuelson in zwei unabhängigen Arbeiten tatsächlich diesen Effekt. Eine einfache Erklärung finden Sie z.B. in Krugman, Obstfeld und Melitz (2012, S. 542ff.), eine formale Darstellung z.B. in Obstfeld und Rogoff, *Foundations of International Macroeconomics* (1996, S. 210ff).

Die Idee: Es existieren handelbare und nichthandelbare Güter. Entwicklungsländer sind bei der Herstellung handelbarer Güter (z.B. Fernseher) weniger produktiv als reiche Länder, bei den nichthandelbaren Gütern (z.B. Haarschnitte) sind die Produktivitätsunterschiede dagegen vernachlässigbar. Die geringere Produktivität spiegelt sich in einem niedrigeren Lohnniveau wider (vgl. ▸*Kapitel 13*). Durch den wirtschaftlichen Aufholprozess (z.B. durch Technologietransfers) wächst die Produktivität im handelbaren Sektor von Entwicklungsländern schneller als in den reichen Ländern, das Lohnniveau und damit auch das gesamte Preisniveau steigen relativ zu den reichen Ländern. ⇒ Bei gegebenem E führt dies zu einer realen Aufwertung.

e) Mit $E = E^e$ fällt die erwartete Aufwertung aus der Zinsparitätenbedingung heraus und es gilt immer

$$i = i^* - (E^e - E)/E = i^*$$

Der inländische Zins ist also immer vollständig vom ausländischen Zins determiniert. Damit kann Geldpolitik allein über den Wechselkurskanal bzw. direkte Devisenmarktinterventionen wirken!

Wie wirkt nun eine expansive Geldpolitik? Im Unterschied zur Aufgabe 2b) wird der mit dem Versuch einer Zinssenkung einhergehende Kapitalabfluss, der zur Abwertung führt, nicht durch die entstehende erwartete Aufwertung gebremst, weil immer $E = E^e$ ist. Die Zentralbank kann also praktisch keine Zinspolitik mehr durchführen, sondern lediglich den Wechselkurs beeinflussen. In ▸*Abbildung 19.8* verschieben die durch die Abwertungspolitik gestiegenen Nettoexporte die *IS*-Kurve nach rechts (es ändert sich hier auch das „exogene" E^e!).

Zusammengefasst sorgt die expansive Geldpolitik bei flexiblen Wechselkursen und der Annahme $E = E^e$ wie in Aufgabe 2b) für einen Anstieg der Produktion. Im Unterschied zu 2b) entsteht der Anstieg nicht auch über den Zinskanal auf die Investitionen, sondern allein durch die Abwertung und den damit verbundenen Anstieg der Nettoexporte.

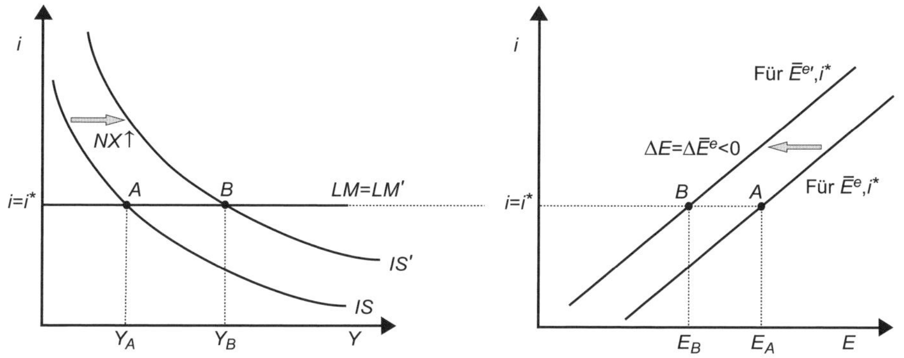

Abbildung 19.8: Auswirkungen einer expansiven Geldpolitik bei flexiblen Wechselkursen und einer Anpassung der Wechselkurserwartungen E^e an E

f) Auf die Bedeutung der Annahme über E^e wird kurz auch in Blanchard/Illing (Abschnitt 19.2.2) eingegangen. Die Begründung für ein konstantes E^e könnte sein, dass die Anleger langfristig den Wechselkurs erwarten, der den Bedingungen der Kaufkraftparität genügt. Bei fixen Preisniveaus im In- und Ausland kann nur ein Wechselkurs diese Bedingung erfüllen.

Dagegen unterstellt die Annahme $E = E^e$, dass die Devisenhändler zukünftige Änderungen des Wechselkurses nicht antizipieren. Sie würden also z.B. die Auswirkungen der expansiven Geldpolitik, die Veränderung des Gleichgewichts von Punkt A zu B in ▶*Abbildung 19.8*, nicht erwarten. Vielmehr würden sie auch in der Übergangsphase den aktuellen Wechselkurs immer für fix halten. Die Annahme $E = E^e$ ist übrigens einer der Unterschiede in der Darstellung des *IS-LM*-Modells der offenen Volkswirtschaft in dem Makroökonomie-Lehrbuch von Gregory Mankiw (2012) im Vergleich zu Blanchard/Illing (2021).

Beide Annahmen sind natürlich ein wenig problematisch, sodass das Mundell-Fleming-Modell auch in einer Mischform mit sogenannten regressiven Erwartungen existiert. Dabei passt sich E^e mit einer bestimmten Geschwindigkeit an E an. Zusammenfassend zeigt sich jedoch, dass sich die Annahme über E^e zwar auf den Wirkungsmechanismus im Modell auswirkt, die grundlegenden Effekte wirtschaftspolitischer Maßnahmen davon aber unbeeinflusst bleiben: Eine expansive Geldpolitik bei flexiblen Wechselkursen führt in beiden Fällen zu einer Abwertung und einem Anstieg der Produktion (vgl. z.B. Hallwood und MacDonald, *International Money and Finance*, 2000).

4. Wirtschaftspolitik in „Transformatien"

a) Veränderungen aufgrund der Steuersenkung **in der EWU**: Die *IS*-Kurve der EWU verschiebt sich nach rechts (größere Konsumnachfrage). Dank der Zinssteuerung der EZB bleibt der Zinssatz konstant, der Weltzinssatz wird hierdurch also nicht beeinflusst, das Einkommen in der EWU steigt. Weil das Einkommen in der EWU gestiegen ist, steigt dadurch auch die EWU-Nachfrage nach Exporten aus Transformatien.

In **Transformatien** verschiebt sich die *IS*-Kurve durch die höheren Exporte nach rechts (größere Auslandsnachfrage nach heimischen Produkten). Bei *fixen* Wechselkursen muss die Zentralbank von Transformatien den Zinssatz konstant auf dem Weltniveau halten, um einen möglichen Wechselkursänderungsdruck aufzuheben. Als Ergebnis steigt das Einkommen, der Zinssatz bleibt auf dem Weltniveau und die Nettoexporte sind gestiegen. (Das gleiche Ergebnis stellt sich auch bei *flexiblen* Wechselkursen ein, wenn die Zentralbank mit einem konstanten Zins auf die gestiegene Nachfrage reagiert.)

Die grafische Darstellung entspricht also genau der umgekehrten Situation wie in ▸*Abbildung 19.5*. Der einzige Unterschied ist, dass sich die *IS*-Kurve nach rechts und nicht nach links verschiebt und damit das Gleichgewicht von Punkt *B* zu Punkt *A*.

b) Durch die restriktive Geldpolitik in der EWU steigt i^*, wodurch I^* und Y^* sinken. Folglich gehen die Importe der EWU IM^* bzw. die Exporte Transformatiens X und damit auch die Nettoexporte NX zurück. Dieser Rückgang senkt über den Multiplikatoreffekt das Einkommen Y und verschiebt die *IS*-Kurve nach links.

Die grafische Darstellung entspricht also genau der umgekehrten Situation wie in ▸*Abbildung 19.7*: Die Zinsparitätenkurve verschiebt sich durch $i^*\uparrow$ nach oben und die *IS*-Kurve nach rechts (also das Gleichgewicht von Punkt *B* zu Punkt *A*).

c) Entscheidend zur Beantwortung der Frage ist der Einfluss der autonomen Investitionen (b_0) auf das Gütermarktgleichgewicht. Für die Investitionsfunktion

$$I = b_0 + b_1 Y - b_2 i$$

bedeutet ein Rückgang von b_0, dass für jeden gegebenen Zins die Investitionsnachfrage sinkt. Dieser Nachfragerückgang führt über den Multiplikatorprozess auch zu einer Einkommenssenkung. Deshalb verschiebt $b_0\downarrow$ die *IS*-Kurve nach links.

Die Konsequenzen dieser *IS*-Kurvenverschiebung auf i und Y sind vollkommen analog zu einer durch eine kontraktive Fiskalpolitik hervorgerufenen Verschiebung. Es gilt wieder ▸*Abbildung 19.5* aus Aufgabe 2c). Im System flexibler Wechselkurse könnte die Zentralbank dagegen durch eine Zinssenkung die negative Outputwirkung des Schocks auf das Investorenvertrauen begrenzen (vgl. ▸*Abbildung 19.3* aus Aufgabe 2a)).

5. Zusatzaufgabe: Mundell-Fleming-Modell mit Geldmengensteuerung – ein Rechenbeispiel

a) Mit den angegebenen Werten ergibt sich als *IS*-Kurve

$$Y = 1.000 + 0{,}8\left(Y - 1.500\right) - 80 \cdot 4 + 1.500 + 100 \qquad (1.)$$

und als *LM*-Kurve

$$1.000 = 0{,}4Y - 340i + 200 \qquad (2.)$$

Auflösen von (2.) nach i und Einsetzen in (1.) führt zu

$$Y = 5.400$$

Daraus berechnet sich als gleichgewichtige Produktion Y

$$Y = \frac{1}{1-0{,}8+\frac{80}{340}\cdot 0{,}4}\left(1.400+\tfrac{80}{340}\cdot 800\right)= 5.400$$

Eingesetzt in (2.) ergibt sich der Zins

$$i = \tfrac{1}{340}\left(0{,}4\cdot 5.400-800\right)= 4$$

b) Bei fixen Wechselkursen und $i^* = 5$ muss nach der Zinsparitätenbedingung auch das inländische Zinsniveau bei $i = 5$ liegen. Gleichzeitig wird die reale Geldmenge M/P endogen. Zunächst ist aber die neue gleichgewichtige Produktion Y durch Einsetzen von $i = 5$ in (1.) zu berechnen:

$$Y = 1.000+0{,}8\left(Y-1.500\right)-80\cdot 5+1.500+100$$

$$\Rightarrow \quad Y = \tfrac{1}{1-0{,}8}1.000 = 5.000$$

Damit ergibt sich aus dem Geldmarktgleichgewicht (2.) als reale Geldmenge in diesem Land

$$M/P = 0{,}4\cdot 5.000-340\cdot 5+200 = 500$$

c) Erfolgt die Abwertung zu einem neuen, langfristig gültigen festen Wechselkurs und wird dies von den Finanzmarktteilnehmern geglaubt, gilt weiterhin $i = i^* = 5$. Beim neuen Wechselkurs von $E = 0{,}8$ erhöhen sich die Nettoexporte von 100 auf 125 und es ergibt sich als neues Y

$$Y = \tfrac{1}{1-0{,}8}1.025 = 5.125$$

Die reale Geldmenge beträgt nun

$$M/P = 0{,}4\cdot 5.125-340\cdot 5+200 = 550$$

Grafisch verschiebt sich die Zinsparitätenkurve parallel nach links, für $i = 5$ gilt nun $E = 0{,}8$ und nicht mehr $E = 1$. Durch die Abwertung erhöhen sich die Nettoexporte und die *IS*-Kurve verschiebt sich nach rechts (Auslöser ist die Veränderung von E und $\bar{E}^e$!). Die Geldpolitik muss bei Geldmengensteuerung auf den Kapitalzufluss und den Aufwertungsdruck reagieren, indem sie die Geldmenge erhöht, wodurch sich die *LM*-Kurve nach unten verschiebt. (Achtung: Dies ist ein fundamentaler Unterschied zur Zinssteuerung, bei der die automatische Geldmengenerhöhung als Konsequenz des Aufwertungsdrucks in der horizontalen *LM*-Kurve „versteckt“ ist, vgl. z.B. den umgekehrten Fall der in ▶ *Abbildung 19.5* dargestellten Staatsausgabenreduktion).

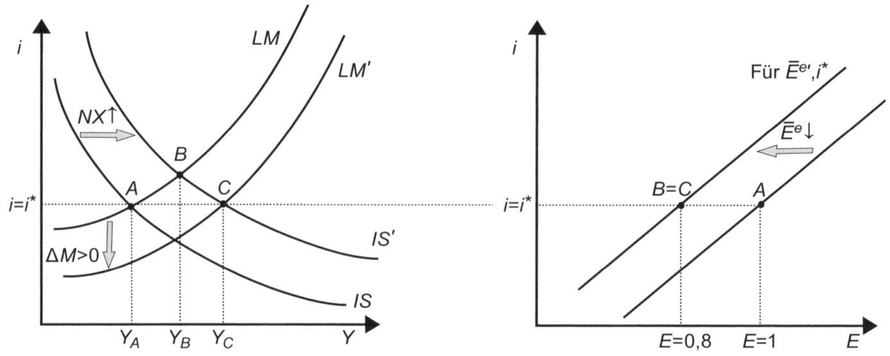

Abbildung 19.9: Auswirkungen einer Abwertung zu einem neuen glaubwürdigen fixen Wechselkurs

d) Bei flexiblen Wechselkursen haben Sie mit der *IS*-Kurve, der *LM*-Kurve und der Zinsparitätenbedingung ein Gleichungssystem mit drei Gleichungen und drei Unbekannten, *i*, *E* und *Y*:

$$Y = 1.000 + 0,8\left(Y - 1.500\right) - 80i + 1.500 + 100\frac{1}{E} \qquad (3.)$$

$$500 = 0,4Y - 340i + 200 \qquad (4.)$$

$$i = i^{*} - \left(\overline{E}^{e} - E\right)/E = 5 - \left(1 - E\right)/E \qquad (5.)$$

(4.) aufgelöst nach *i* und (5.) aufgelöst nach *E* ergeben

$$i = \tfrac{1}{340}\left(0,4Y - 300\right) \quad \text{und} \qquad (6.)$$

$$E = \frac{1}{6-i} = \frac{1}{6 - \frac{1}{340}\left(0,4Y - 300\right)} = \frac{340}{2.340 - 0,4Y} \qquad (7.)$$

(6.) und (7.) eingesetzt in (3.) führt nach Zusammenfassen zu:

$$Y = 1.300 + 0,8Y - \frac{1}{340}\cdot 32Y + \frac{1}{340}\cdot 24.000 + \frac{1}{340}\cdot 234.000 - \frac{1}{340}\cdot 40Y \qquad (8.)$$

Multiplizieren von (8.) mit 340 und weiteres Zusammenfassen führt zu:

$$340Y = 700.000 + 200Y \qquad (9.)$$

Auflösen nach *Y* ergibt:

$$Y = 5.000$$

Den Wert für *E* erhält man durch Einsetzen in (7.):

$$E = \frac{340}{2.340 - 0,4 \cdot 5.000} = 1$$

Für den Zinssatz i folgt durch Einsetzen in (6.):

$$i = \frac{1}{340}\left(0{,}4 \cdot 5.000 - 300\right) = 5$$

Wir befinden uns hier bei flexiblen Wechselkursen also zunächst im gleichen Gleichgewicht wie in Aufgabe b).

e) Durch die Steuersenkung verändert sich das Gütermarktgleichgewicht von (3.) zu

$$Y = 1.000 + 0{,}8\left(Y - 1.400\right) - 80i + 1.500 + 100\frac{1}{E} \qquad (10.)$$

(4.) und (5.) bleiben unverändert. Das Vorgehen für die Berechnung von i, E und Y verläuft vollkommen analog zu d), auf den Rechenweg verzichten wir an dieser Stelle. Im Gleichgewicht steigt Y auf $Y = 5.194{,}29$ und i auf $i = 5{,}23$ und der Wechselkurs wird aufgewertet auf $E = 1{,}2987$.

f) Durch Addition der Nettoexporte zum autonomen Konsum verändert sich (3.) zu

$$Y = 1.100 + 0{,}8\left(Y - 1.500\right) - 80i + 1.500 \qquad (11.)$$

Das Geldmarktgleichgewicht (4.) bleibt unverändert, die Zinsparitätenbedingung (5.) dagegen fällt in der geschlossenen Volkswirtschaft weg. Dadurch ist im Gleichgewicht zunächst $Y = 5.000$ und $i = 5$ wie in b) und d).

Die Steuersenkung verändert (11.) zu

$$Y = 1.100 + 0{,}8\left(Y - 1.400\right) - 80i + 1.500 \qquad (12.)$$

Auflösen von (4.) nach i und Einsetzen in (11.) führt zu

$$Y\left(1 - 0{,}8\right) = 1.480 - 80 \cdot \frac{1}{340}\left(0{,}4Y - 300\right) \text{ und damit}$$

$$Y = 5.272 \text{ sowie } i = 5{,}32.$$

Damit sorgt die Öffnung der Volkswirtschaft dafür, dass die Fiskalpolitik an Wirksamkeit einbüßt. Dieselbe Steuersenkung um 100 lässt die Produktion in der geschlossenen auf 5.272, in der offenen Volkswirtschaft aber nur auf 5.194,29 ansteigen. Gegenüber der alleinigen Betrachtung des Gütermarkts wie in ▶ *Kapitel 18* kommt es hier zu einem doppelten Crowding Out durch den Zinsanstieg: Wie in der geschlossenen Volkswirtschaft dämpft bei Geldmengensteuerung der Zinsanstieg $i\uparrow$ die Investitionen, zusätzlich gehen hier in Aufgabe e) auch die Nettoexporte wegen der mit $i\uparrow$ verbundenen Aufwertung zurück.

Den in der Basiswissensaufgabe 13b) beschriebenen, die Nettoexporte reduzierenden Effekt der steigenden Importe durch den Einkommensanstieg im Inland haben wir in dieser Aufgabe ausgeklammert, weil die Nettoexporte hier nur vom Wechselkurs abhängen. Die *IS*-Kurve ist *in dieser Aufgabe* in der offenen Volkswirtschaft also eindeutig flacher als in der geschlossenen, die Fiskalpolitik ist deshalb bei flexiblen Wechselkursen weniger wirksam.

20 Unterschiedliche Wechselkursregime

20.1 Wissens- und Verständnistests

Multiple Choice

1. Die Analyse der mittleren Frist unterscheidet sich von der kurzen Frist durch
   a) die Betrachtung des realen Wechselkurses.
   b) die Vernachlässigung der Zinsparität.
   c) den Verzicht auf die Annahme der fixen Preise.
   d) keine der genannten Antworten.
2. Der ausländische Zins liegt bei 4% p.a., d.h. per annum. Trotz eines festen Wechselkursregimes rechnen die Marktteilnehmer damit, dass eine Abwertung kurz bevorsteht. Im Marktdurchschnitt erwarten sie innerhalb der nächsten drei Monate eine Abwertung um 10%. Deshalb muss der inländische Zins auf Grund der Zinsparitätenbedingung approximativ
   a) 4% p.a. betragen.
   b) 14% p.a. betragen.
   c) 24% p.a. betragen.
   d) 44% p.a. betragen.
3. Nehmen Sie an, der reale Wechselkurs beträgt 0,9, der inländische Realzins liegt bei 9%, der ausländische bei 5%. Dann ist der erwartete reale Wechselkurs in einem Jahr
   a) 0,97.
   b) 0,87.
   c) 1,03.
   d) 0,93.
4. Hongkong hatte während der Asienkrise 1997/98 einen festen Wechselkurs zum US-\$ von $\bar{E} = 1$. Der amerikanische Tagesgeldzinssatz lag zu dieser Zeit bei 5,5%. Wie hoch musste die Zentralbank von Hongkong den inländischen Zins setzen, wenn die Märkte die Aufgabe des festen Wechselkurses und eine Abwertung von 20% innerhalb eines Monats mit einer Wahrscheinlichkeit von nur 10% erwarteten? (Rechnen Sie approximativ, indem Sie Zinseszinseffekte vernachlässigen!)
   a) 29,5%
   b) 25,5%
   c) 7,5%
   d) 205,5%

5. Ein Land mit einem festen Wechselkurs musste seinen Zinssatz um 20% über den der Ankerwährung anheben. Mit welcher Wahrscheinlichkeit erwartete der Markt die Aufgabe des festen Wechselkurses und eine Abwertung innerhalb eines halben Jahres um 25%?
   a) 20%
   b) 25%
   c) 40%
   d) 80%

Gehen Sie für den Rest der Aufgaben davon aus, dass die Zentralbank eines Landes unerwartet ankündigt, den kurzfristigen Zinssatz auf einjährige Anleihen um 2%-Punkte für die nächsten drei Jahre zu senken.

6. Nach dieser Ankündigung erwarten wir einen Rückgang der Zinsen von
   a) einjährigen Anleihen.
   b) fünfjährigen Anleihen.
   c) zehnjährigen Anleihen.
   d) allen genannten Anleihen.

7. Nach dieser Ankündigung erwarten wir, dass
   a) der langfristige Wechselkurs aufwertet.
   b) der langfristige Wechselkurs abwertet.
   c) der heutige Wechselkurs abwertet.
   d) der heutige Wechselkurs aufwertet.

8. Für die nächsten drei Jahre wird nun erwartet, dass die inländische Währung
   a) aufwertet.
   b) abwertet.
   c) bei ihrem ursprünglichen Niveau bleibt.
   d) gleich ihrem langfristigen Wert bleibt.

Wahr/Falsch: Welche der jeweiligen Aussagen sind wahr, welche falsch?

9. Das Gütermarktgleichgewicht sei durch die Gleichung

$$Y = C(Y-T) + I(Y, i^* - \pi^e) + G + NX(Y, Y^*, EP/P^*)$$

   beschrieben. Ein Anstieg der inländischen Produktion wird hier verursacht durch einen Anstieg
   a) des ausländischen Zinssatzes i^*.
   b) des inländischen Preisniveaus P.
   c) des ausländischen Preisniveaus P^*.
   d) der inländischen Inflationserwartungen π^e.

10. Ökonomische Argumente für die Einführung des Euro waren unter anderem die
    a) Senkung von Transaktionskosten im Handel.
    b) Beseitigung von Wechselkursrisiken.
    c) bessere Möglichkeit der Durchführung von Stabilisierungspolitik in Europa.
    d) Erhöhung der Preistransparenz.
11. Die Vorteile aus einer gemeinsamen Währung steigen mit dem Ausmaß
    a) der Spezialisierung der Wirtschaft in den beteiligten Ländern auf einzelne Sektoren.
    b) der Mobilität der Bürger zwischen den Regionen.
    c) der Korrelation von Schocks, die die einzelnen Länder betreffen.
    d) der Möglichkeiten zu einer gemeinsamen Fiskalpolitik, die Gelder zwischen den beteiligten Ländern umverteilen kann.
12. Die reale Zinsparität impliziert, dass
    a) eine Anlage im In- und Ausland den gleichen erwarteten Ertrag in Gütereinheiten eines Landes erwirtschaften muss.
    b) die Zinsdifferenz $r - r^*$ gleich der erwarteten realen Aufwertung ist.
    c) die Zinsdifferenz $r - r^*$ gleich der erwarteten realen Abwertung ist.
    d) bei Gültigkeit der Kaufkraftparität $r = r^*$ sein muss.

Basiswissen

13. Anpassung des realen Wechselkurses in der mittleren Frist

    Gehen Sie von einer Situation aus, in der die kurzfristige gleichgewichtige Produktion in einer kleinen offenen Volkswirtschaft mit festen Wechselkursen über der natürlichen Produktion liegt und $\pi_t^e = \pi^* = 0$.
    a) Zeichnen Sie ein entsprechendes *IS-LM-PC*-Diagramm.
    b) Wie verändert sich mittelfristig die Situation bei glaubwürdig festen Wechselkursen. Erläutern Sie den Anpassungsprozess.
    c) Wodurch unterscheidet sich dieser Anpassungsprozess von dem in der geschlossenen Volkswirtschaft?
    d) Wie kann man alternativ zu dem langwierigen Prozess in b) schneller zu Y_n gelangen? Ist dies auch optimal?
14. Leistungsbilanz in der langen Frist
    a) Welche Bedingung muss für die Leistungsbilanz langfristig erfüllt sein? Warum?
    b) Was bedeutet dies für den realen und nominalen Wechselkurs?
15. Das Politik-Trilemma in offenen Volkswirtschaften

    Warum sind vollständige internationale Kapitalmobilität, feste Wechselkurse und monetäre Unabhängigkeit inkompatibel? Unterscheiden Sie zur Beantwortung die

Implikationen eines Anstiegs des ausländischen Zinsniveaus i^* in folgenden Situationen:

a) Kapitalmobilität und feste Wechselkurse

b) Kapitalmobilität und monetäre Unabhängigkeit

c) Feste Wechselkurse und monetäre Unabhängigkeit

20.2 Übungsaufgaben

1. Currency Board in Argentinien

Argentinien hatte von 1991 bis Anfang 2002 ein Currency Board, in dem 1 Peso genau 1 US-$ wert war. Die folgende Tabelle enthält die Inflationsraten beider Länder von 1989 bis 2002.

	1989	1990	1991	1992	1993	1994	1995	1996	1997	1998	1999	2000	2001	2002
Argentinien	3.079,8	2.314,0	171,7	24,9	10,6	4,2	3,4	0,2	0,5	0,9	−1,2	−0,9	−1,1	25,9
USA	4,8	5,4	4,2	3,0	3,0	2,6	2,8	2,9	2,3	1,6	2,2	3,4	2,8	1,6

Tabelle 21.1: Jährliche Veränderung des Konsumentenpreisindex in Argentinien und USA
Quelle: IWF

a) Berechnen Sie, wie sich der reale Wechselkurs Argentiniens gegenüber den USA von 1992 bis 1995 entwickelt hat.

b) Was sind die Konsequenzen einer solchen Entwicklung des realen Wechselkurses Argentiniens?

c) Wieso hat Argentinien trotzdem am Currency Board festgehalten?

d) Wie hat sich der reale Wechselkurs gegenüber den USA in der zweiten Hälfte der 1990er-Jahre bis zum Ende des Currency Boards entwickelt?

e) Warum kam es trotzdem zu einer Wirtschaftskrise in Argentinien?

2. Zinsstrukturkurve, erwartete Wechselkurse und reale Zinsparität

Die Zinsstrukturkurve (vgl. ▸*Kapitel 14*) eines Landes sei durch den Zins auf fünfjährige Staatsanleihen $i_{5,t} = 6\%$ und den Zins auf zehnjährige Staatsanleihen $i_{10,t} = 8\%$ gegeben. Im Ausland besteht dagegen eine flache Zinsstrukturkurve mit $i^* = 5\%$, der aktuelle Wechselkurs beträgt $E_t = 0{,}5$. Abstrahieren Sie bei dieser Aufgabe von Liquiditäts- und Risikoprämien.

a) Berechnen Sie den erwarteten Zinssatz auf eine fünfjährige Staatsanleihe in fünf Jahren im In- und Ausland.

b) Ermitteln Sie den erwarteten Wechselkurs in fünf und in zehn Jahren.

c) Berechnen Sie ausgehend von einem konstanten Realzins $r = 3\%$ die durchschnittliche erwartete Inflation im Inland für die nächsten fünf Jahre.

d) Was ergibt sich als durchschnittliche erwartete Inflationsdifferenz $\pi_t^e - \pi_t^{*e}$ zwischen diesen beiden Ländern über die nächsten zehn Jahre, wenn in beiden Ländern ein konstanter Realzins von $r = 3\%$ gilt?

e) Leiten Sie eine zur nominalen Zinsparität $i_t \approx i_t^* - \left(E_{t+1}^e - E_t\right)/E$ analoge Bedingung für die reale Zinsparität her.

f) Für welche durchschnittliche erwartete Inflationsdifferenz $\pi_t^e - \pi_t^{*e}$ impliziert die erwartete nominale Abwertung aus b) auch eine reale Abwertung in zehn Jahren?

g) Sie sind ein risikoneutraler inländischer Investor und erwarten in den nächsten zehn Jahren konstante Inflationsraten von $\pi^e = 4\%$ und $\pi^{*e} = 2\%$. Wo werden Sie gegeben der Zinsstrukturkurven investieren, wenn Sie von einer ständigen Gültigkeit der Kaufkraftparität ausgehen und

   i. einmalig für fünf Jahre anlegen möchten?

   ii. einmalig für zehn Jahre anlegen möchten?

3. Wirksamkeit wirtschaftspolitischer Maßnahmen in der offenen Volkswirtschaft

Eine kleine Volkswirtschaft will ihre Grenzen für den internationalen Handel und internationale Kapitalströme öffnen. Sie sollen die Implikationen dieser Entscheidung hinsichtlich der Wirksamkeit von Geld- und Fiskalpolitik analysieren. Für Ihre Arbeit erwarten Sie folgende Gleichgewichtsbeziehungen nach der potenziellen Öffnung der Volkswirtschaft, wobei alle Parameter positiv definiert sind:

Gütermarktgleichgewicht: $Y = c_0 + c_1(Y - T) + \overline{I} - \beta \cdot i + G + f_1 Y^* - f_2 Y - f_3 E$

Finanzmarktgleichgewicht: $i = i_0$

Devisenmarktgleichgewicht (Zinsparität): $E = \overline{E}^e (1 + i) / (1 + i^*)$

Darüber hinaus gehen Sie von einem konstanten Preisniveau aus.

a) Ermitteln Sie das gesamtwirtschaftliche Gleichgewicht und den Staatsausgabenmultiplikator.

b) Erläutern Sie formal und verbal, wie sich die Öffnung der Volkswirtschaft auf die Steigung der *IS*- und *LM*-Kurve auswirkt.

c) Nehmen Sie Stellung zu folgenden Aussagen:

   i. In einer geschlossenen Volkswirtschaft ist Geldpolitik effektiver als in einer offenen Volkswirtschaft.

   ii. Eine kleine offene Volkswirtschaft kann ihr BIP durch Fiskalpolitik besser beeinflussen als eine geschlossene Volkswirtschaft.

d) Empfehlen Sie der Regierung, sich auf Basis Ihrer Ergebnisse für oder gegen eine Öffnung der Volkswirtschaft zu entscheiden? Wovon sollte diese Entscheidung abhängen?

4. Wirtschaftspolitik in Transformatien (Fortsetzung von Übungsaufgabe 4 aus ▶*Kapitel 19*)

a) Die Regierung von Transformatien möchte, dass Geldpolitik aktiv zur Stabilisierung von Konjunkturschwankungen eingesetzt werden kann. Als Experte für Wechselkursregimes sollen Sie zwei Maßnahmen vorschlagen, mit denen dies ermöglicht werden kann (kurze Erläuterung in Stichworten).

b) Welchen Grund könnte Transformatien haben, an einer Fixierung seines Wechselkurses festzuhalten? Gehen Sie bei Ihrer Antwort davon aus, dass Transformatien eine schmerzvolle Periode hoher Inflationsraten gerade überstanden hat.

5. Schweizer Wechselkurspolitik

EXTRAS ONLINE

Gehen Sie auf die Website zu diesem Buch und laden Sie die Datei `Aufgabe_20_5.xls` herunter. Die Datei enthält Daten zum Wechselkurs des Schweizer Franken zum Euro und zu den Währungsreserven der Zentralbank der Schweiz, der Schweizerischen Nationalbank.

a) Betrachten Sie zunächst den Verlauf des Franken/Euro-Wechselkurses und der schweizerischen Währungsreserven von 1999 bis August 2008. Welches Wechselkursregime vermuten Sie?

b) Was geschah mit dem Wechselkurs und den Währungsreserven zwischen September 2008 und Sommer 2011? Können Sie diese Entwicklung erklären?

Am 6. September 2011 legte die Schweizerische Nationalbank einen Mindestkurs von 1,20 Franken pro Euro fest und kündigte ihre Bereitschaft an, den Mindestkurs mit aller Konsequenz durchzusetzen und unbeschränkt Devisen zu kaufen.

c) Beschreiben Sie die Auswirkungen dieser Ankündigung auf die Wechselkursentwicklung bis Ende 2014. Berücksichtigen Sie bei Ihrer Antwort die Entwicklung der Schweizer Devisenreserven.

Am 15. Januar 2015 hob die Schweizerische Nationalbank völlig überraschend den Mindestkurs von 1,20 Franken pro Euro wieder auf.

d) Diskutieren Sie, warum die Schweizer Nationalbank diese Entscheidung getroffen hat. Sie können sich unter anderem in der Pressemitteilung der Nationalbank informieren (*https://www.snb.ch/de/mmr/reference/pre_20150115/source/pre_20150115.de.pdf*).

e) Haben sich der Wechselkurs und vor allem die Schweizer Währungsreserven nach der Aufhebung des Mindestkurses wieder wie vor 2008 entwickelt? Erläutern Sie die Gründe!

Lösungen zu Kapitel 20

20.1 Wissens- und Verständnistests

Multiple Choice

1. c)
2. d)
3. b)
4. a)
5. c)
6. d)
7. c)
8. a)

Wahr/Falsch

9. F, F, W, W
10. W, W, F, W
11. F, W, W, W
12. W, F, W, W

Basiswissen

13. Anpassung des realen Wechselkurses in der mittleren Frist

a)

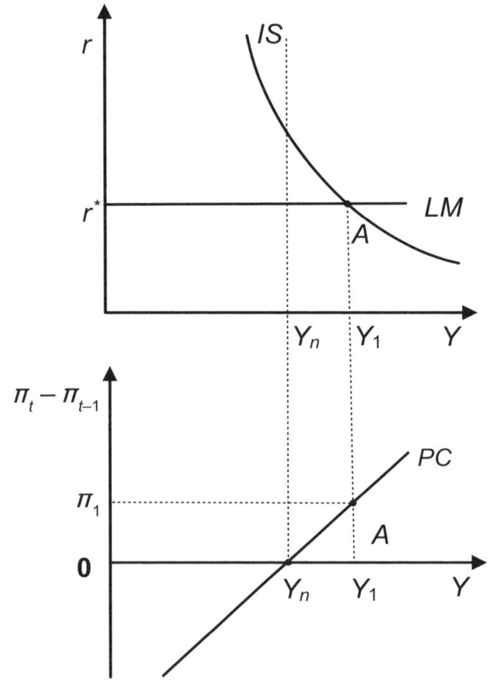

Abbildung 20.1: Das *IS-LM-PC*-Modell in der Ausgangssituation

b) In der kurzfristigen Gleichgewichtssituation liegt die Inflation im Inland über der im Ausland: $\pi > \pi_A^* = \pi^*$. Das bedeutet aber, dass die Preise im Inland schneller steigen als im Ausland. Weil der nominale Wechselkurs konstant ist, steigt damit aber der reale Wechselkurs – es kommt zu einer realen Aufwertung. Als Konsequenz werden im Lauf der Zeit die Nettoexporte und damit auch die Produktion im Inland zurückgehen. Die inländische Inflation ist für eine gewisse Zeit höher als die Inflation im Ausland. Dieser Prozess setzt sich so lange fort, bis auf mittlere Frist wieder das Produktionspotenzial erreicht wird und damit auch die Inflation auf den Wert π^* zurückkehrt. Auf mittlere Frist ist sie wieder gleich hoch wie im Ausland; der reale Wechselkurs bleibt von da an konstant. (Beachten Sie: Implizit wird hier unterstellt, dass das Produktionspotenzial unabhängig vom realen Wechselkurs ist.)

c) Der Anpassungsprozess bezüglich der *PC*-Kurve ist in der geschlossenen und offenen Volkswirtschaft identisch und hängt entscheidend ab von der Erwartungsbildung (θ) bzw. der Glaubwürdigkeit des Inflationsziels/der Wechselkursanbindung. Der Unterschied liegt in der Nachfragewirkung der überschießenden Inflation: In der geschlossenen Volkswirtschaft beeinflusst die Inflation die Produktion nicht über den realen Wechselkurs, sondern durch den Druck auf die Zentralbank, den Zins zu heben.

Dieser Wirkungsmechanismus ist in der offenen Volkswirtschaft bei festen Wechselkursen ausgeschlossen, weil eine Zinserhöhung mit einer nominalen Aufwertung verbunden wäre. An seine Stelle tritt die in b) beschriebene Anpassung des realen Wechselkurses über die steigenden Preise.

d) In Aufgabe b) haben wir gesehen, dass der Anpassungsprozess über den realen Wechselkurs ε läuft. Bekanntlich kann ε über die relativen Preisniveaus oder den nominalen Wechselkurs E beeinflusst werden. Während die Anpassung über P/P^* eine ganze Zeit dauern kann, kann ε über E sehr schnell verändert werden. In diesem Fall würde eine entsprechend große Aufwertung, also $\bar{E}\uparrow$, diesen Anpassungsprozess deutlich verkürzen.

Ob diese Aufwertung auch gewünscht ist, hängt – neben den möglichen unmittelbaren negativen Auswirkungen z.B. auf die Glaubwürdigkeit der Wechselkursanbindung – vom Ausmaß der in der Marktmacht der Unternehmen begründeten strukturellen Ineffizienzen der Volkswirtschaft ab, die im Parameter μ der Preissetzungsgleichung in ▶*Kapitel 7* zusammengefasst werden. Für den Fall vollkommener Konkurrenz, d.h. $\mu = 0$, würde $Y > Y_n$ zu einer Überbeanspruchung der Ressourcen einer Volkswirtschaft führen (die Menschen würden zu viel arbeiten) und eine schnelle Rückkehr zu Y_n wäre wünschenswert. Für $\mu > 0$ ist eine schnelle Rückkehr zum sozial optimalen Y, aber nicht zum natürlichen Produktionsniveau Y_n optimal.

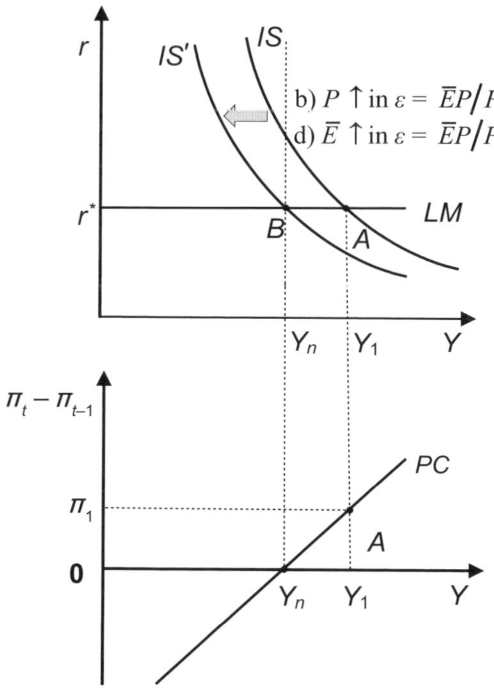

Abbildung 20.2: Anpassung durch reale Aufwertung durch b) steigende Preise oder d) nominale Aufwertung

14. Leistungsbilanz in der langen Frist

a) Aus ▶ *Kapitel 17* wissen wir, dass ein Leistungsbilanzdefizit eine Kreditaufnahme im Ausland ist. Ein Land kann aber nicht bis in alle Ewigkeit Kredite aufnehmen, die es nie zurückzahlt. Ein solches „Ponzi-Spiel" ist bei rationalen Akteuren ausgeschlossen. Umgekehrt wird ein Land auch nicht bis in alle Ewigkeit Kredite vergeben wollen, also einen Leistungsbilanzüberschuss ausweisen. Ein solches Verhalten kann nicht optimal sein, weil es anderen Ländern ein Ponzi-Spiel ermöglichen würde. Die Leistungsbilanzüberschüsse eines Landes sind die -defizite eines anderen Landes! Langfristig muss die Leistungsbilanz also ausgeglichen sein.

b) Da die Handelsbilanz und damit auch die Leistungsbilanz vom realen Wechselkurs abhängen, existiert ein langfristiger realer Wechselkurs, für den die Leistungsbilanz ausgeglichen ist. Weil die Ökonomie langfristig zu diesem Wechselkurs strebt, ist er eine gute Grundlage für die langfristigen Wechselkurserwartungen.

Diesem langfristigen realen Wechselkurs entspricht natürlich auch ein langfristiger nominaler Wechselkurs. Allerdings ist dieser etwas schwieriger zu bestimmen, weil zusätzlich zur Bestimmung von ε über $LB(\varepsilon) = 0$ auch noch Erwartungen hinsichtlich der Preisentwicklung im In- und Ausland gebildet werden müssen.

15. Das Politik-Trilemma in offenen Volkswirtschaften

a) Kapitalmobilität und feste Wechselkurse:

Wenn die Zentralbank des Leitwährungslands beispielsweise den ausländischen Zins i^* anhebt, kommt es zu einem Kapitalabfluss und damit zu einem Abwertungsdruck auf die inländische Währung. Um den festen Wechselkurs zu halten, muss die Zentralbank den eigenen Zins i ebenfalls erhöhen.

$\Rightarrow$ Keine Unabhängigkeit, da die Zentralbank jedem Zinsschritt der Leitwährung folgen muss. Andernfalls entsteht aus Arbitrage-Überlegungen ein Veränderungsdruck auf den Wechselkurs.

b) Kapitalmobilität und monetäre Unabhängigkeit:

$i^* > i \rightarrow$ Kapitalabfluss $\rightarrow$ Abwertungsdruck. Verfolgt die inländische Zentralbank eine unabhängige Geldpolitik, interveniert sie nicht und lässt ihre Währung abwerten.

$\Rightarrow$ Nur mit flexiblen Wechselkursen kann vermieden werden, dass die ausländische Geldpolitik bei vollkommener Kapitalmobilität die inländische reale Geldmenge und damit i beeinflusst.

c) Feste Wechselkurse und monetäre Unabhängigkeit:

$i^* > i \rightarrow$ Abwertungsdruck durch Kapitalabfluss, falls Kapital vollkommen mobil ist $\rightarrow$ Abwertung oder Anhebung von i wären notwendig.

$\Rightarrow$ Kapitalverkehrskontrollen, d.h. gesetzliche Beschränkungen des freien Kapitalimports und/oder -exports, ermöglichen es einem Land, ein festes Wechselkursziel mit geldpolitischer Unabhängigkeit zu kombinieren, indem sie verhindern, dass Kapital auf ausländische Zinsänderungen reagieren kann.

Die Wirksamkeit von Kapitalkontrollen ist unter Ökonomen allerdings umstritten: Zum einen zeigt die Geschichte, dass es findigen Finanzmarktakteuren durchaus gelingen kann, Kapitalkontrollen mit Hilfe neuer Finanzinstrumente zu umgehen. Zum anderen stellen sie einen erheblichen Eingriff in den normalen Wirtschaftskreislauf sowie eine potenzielle Korruptionsquelle dar. Vor allem seit der 2007/2008 ausgebrochenen Finanzkrise finden (begrenzte) Kapitalverkehrskontrollen unter Ökonomen jedoch durchaus prominente Befürworter. Zum Beispiel hat sich der Internationale Währungsfond (IWF), früher ein strikter Verfechter des freien Kapitalverkehrs, im Jahr 2012 auf eine neue Politik geeinigt: Angesichts des Ausmaßes und der Volatilität von Kapitalströmen und der damit verbundenen Risiken vor allem für die Finanzstabilität kam der IWF zu dem Schluss, dass Kapitalverkehrskontrollen unter bestimmten Bedingungen für Länder mit unterentwickelten finanziellen und institutionellen Rahmenbedingungen vorteilhaft sein können.

Die Aussagen des Politik-Trilemmas sind in ▸*Abbildung 20.3* zusammengefasst:

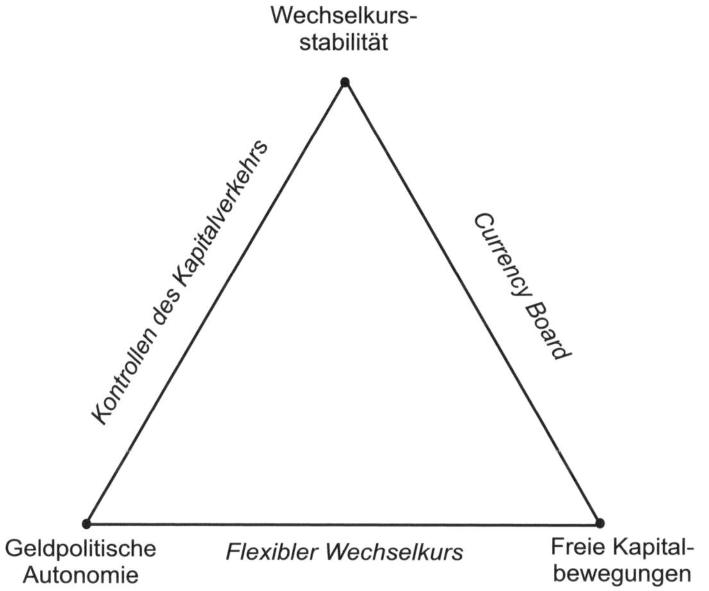

Abbildung 20.3: Das Politik-Trilemma in offenen Volkswirtschaften
Quelle: Krugman, Obstfeld und Melitz, Internationale Wirtschaft, 2012, S. 683

20.2 Übungsaufgaben

1. Currency Board in Argentinien
   a) Da der reale Wechselkurs zu jedem Zeitpunkt $t = \{1992, 1996\}$ definiert ist als $\varepsilon_t = E_t \cdot P_t / P_t^*$ (der Zeitpunkt t stehe hier für den Anfang der Zeitperiode t), gilt für die Entwicklung von Anfang 1992 bis Ende 1995 bei konstantem nominalen Wechselkurs

$$\frac{\varepsilon_{1996}}{\varepsilon_{1992}} = \frac{E_{1996} \cdot P_{1996}^{Arg} / P_{1996}^{US}}{E_{1992} \cdot P_{1992}^{Arg} / P_{1992}^{US}}$$

$$= \frac{\left[P_{1992}^{Arg} \cdot \left(1+\pi_{92}^{Arg}\right)\left(1+\pi_{93}^{Arg}\right)\left(1+\pi_{94}^{Arg}\right)\left(1+\pi_{95}^{Arg}\right)\right] P_{1992}^{US}}{\left[P_{1992}^{US} \cdot \left(1+\pi_{92}^{US}\right)\left(1+\pi_{93}^{US}\right)\left(1+\pi_{94}^{US}\right)\left(1+\pi_{95}^{US}\right)\right] P_{1992}^{Arg}}$$

$$= \frac{(1,249)(1,106)(1,042)(1,034)}{(1,030)(1,030)(1,026)(1,028)} = \frac{1,4884}{1,1190} = 1,3301$$

Der reale Wechselkurs hat also innerhalb dieser vier Jahre um ein Drittel (33%) aufgewertet.

b) Die reale Aufwertung der argentinischen Währung beeinträchtigte die Wettbewerbsfähigkeit der dortigen Unternehmen. Bekanntlich führt eine reale Aufwertung zu einem Rückgang der Nachfrage nach inländischen Gütern, zu einem Rückgang der Produktion und zu einem Anstieg des Handelsbilanzdefizits.

c) Der entscheidende Grund für die Einführung des Currency Board war die Bekämpfung der extrem hohen Inflationsraten Argentiniens (3.079,8% im Jahr 1989, 2.314% 1990). Nur das glaubwürdige Festhalten an diesem Regime schien geeignet, die Inflation weiter einzudämmen, weil ein Currency Board das Geldmengenwachstum eines Lands streng begrenzt. Im Übrigen war diese Strategie zunächst auch sehr erfolgreich, wie der drastische Rückgang der Inflation bei gleichzeitigem starken Produktionswachstum von durchschnittlich 5% in der ersten Hälfte der 1990er-Jahre belegt.

d) Durch die niedrigeren Inflationsraten bzw. die Deflation in Argentinien kam es zu einer realen Abwertung. Nach derselben Berechnungsmethode wie in Aufgabe a) ergibt sich für das Verhältnis der realen Wechselkurse

$$\varepsilon_{2002} / \varepsilon_{1996} = 0,9839/1,1618 = 0,8469$$

und damit von 1996 bis 2002 eine reale Abwertung des Peso gegenüber dem US-$ um 18% (1/0,8469).

e) Das ist eine schwierige Frage, die mitunter heiß diskutiert wird. Bei den Ursachen muss man zwischen dem Currency Board und anderen wirtschaftspolitischen Gründen unterscheiden. Wir wollen uns hier hauptsächlich auf den Einfluss des Currency Board beschränken.

Das Currency Board sorgte zwar für eine reale Abwertung des Peso gegenüber dem US-$, gleichzeitig wertete der US-$ in der zweiten Hälfte der 1990er-Jahre durch den New Economy Boom deutlich auf. Insbesondere zum brasilianischen Real, aber auch gegenüber anderen südamerikanischen Währungen stieg der US-$ und damit auch der Peso um teilweise mehr als 80% an (Jan. 1998 bis Jan. 1999). Insgesamt wurde die Wettbewerbsfähigkeit der argentinischen Wirtschaft durch die Entwicklung des Wechselkurses zwar gegenüber den USA gestärkt, gegenüber den wichtigsten Handelspartnern in der unmittelbaren Nachbarschaft aber wurden argentinische Produkte zu teuer.

Andere Ursachen lagen zum Beispiel darin, dass es Argentinien nicht geschafft hat, die Budgetdefizite insbesondere in den Provinzen oder auch das hohe Ausmaß an Korruption unter Kontrolle zu bringen.

2. Zinsstrukturkurve, erwartete Wechselkurse und reale Zinsparität

a) Aus Arbitragegründen muss die Anlage in die zehnjährige Anleihe die gleiche Rendite erwirtschaften wie eine zweimalige Anlage in fünfjährige Anleihen:

$$\left(1+i_{10,t}\right)^{10}=\left(1+i_{5,t}\right)^{5}\cdot\left(1+i^{e}_{5,t+5}\right)^{5}$$

Im Inland: $\Rightarrow \quad \left(1+i^{e}_{5,t+5}\right)^{5}=(1+0{,}08)^{10}/(1+0{,}06)^{5}$

$$\Rightarrow \quad i^{e}_{5,t+5}=\sqrt[5]{1{,}6133}-1=10{,}04\%$$

Im Ausland: Flache Zinsstruktur $\rightarrow$ alle erwarteten Zinsen i^* sind gleich 5%.

b) Aus

$$E_t=\frac{1+i_t}{1+i_t^*}E^{e}_{t+1}$$

folgt über das rekursive Einsetzen der jeweils einperiodigen Zinsarbitrage für den erwarteten Wechselkurs in fünf Jahren

$$E^{e}_{t+5}=\frac{\left(1+i_t^*\right)^{5}}{\left(1+i_{5,t}\right)^{5}}E_t=\frac{(1+0{,}05)^{5}}{(1+0{,}06)^{5}}\cdot 0{,}5=0{,}4769$$

und für den erwarteten Wechselkurs in zehn Jahren

$$E^{e}_{t+10}=\frac{\left(1+i_t^*\right)^{10}}{\left(1+i_{10,t}\right)^{10}}E_t=\frac{(1+0{,}05)^{10}}{(1+0{,}08)^{10}}\cdot 0{,}5=0{,}3772$$

c) Aus der Definition des Realzinses folgt

$$\left(1+r_t\right)^{5}=\left(1+i_t\right)^{5}/\left(1+\pi^{e}_t\right)^{5}$$

und damit

$$\pi^{e}=(1+0{,}06)^{5}/(1+0{,}03)^{5}-1=2{,}91\%\approx 3\%$$

Die erwartete Inflation im Inland beträgt 3%.

d) $\pi^{e}=(1+0{,}08)^{10}/(1+0{,}03)^{10}-1=4{,}85\%\approx 5\%$ und

$$\pi^{*e}=(1+0{,}05)^{10}/(1+0{,}03)^{10}-1=1{,}94\%\approx 2\%$$

$$\Rightarrow \quad \pi^{e}-\pi^{*e}=4{,}85\%-1{,}94\%=2{,}91\approx 3\%$$

Die erwartete Inflationsdifferenz beträgt 3%.

e) Ausgehend von der nominalen Zinsparitätenbedingung

$$(1+i_t)=(1+i_t^*)\frac{E_t}{E_{t+1}^e}$$

wird in Blanchard/Illing (Kapitel 20, Anhang 2) gezeigt, wie man über die Definition des Realzinses, der Inflationsrate und des realen Wechselkurses zu der Bedingung

$$\varepsilon_t = \frac{1+r_t}{1+r_t^*}\varepsilon_{t+1}^e$$

kommt (Gleichung A20.2 im Lehrbuch). Diese kann man einfach umformen zu

$$1+r_t = (1+r_t^*)\frac{\varepsilon_t}{\varepsilon_{t+1}^e}$$

und damit (da $\varepsilon_t / \varepsilon_{t+1}^e = 1/1+(\varepsilon_{t+1}^e - \varepsilon_t)/\varepsilon_t$)

$$1+r_t = \frac{(1+r_t^*)}{(1+(\varepsilon_{t+1}^e - \varepsilon_t)/\varepsilon_t)}$$

Als Approximation gilt nun

$$r_t \approx r_t^* - \frac{(\varepsilon_{t+1}^e - \varepsilon_t)}{\varepsilon_t}$$

f) Bei einer Inflationsdifferenz von 2,91% implizieren die angegebenen Zinsstrukturkurven eine nominale Abwertung um 32,5% (1/(0,3772/0,5) = 1,3256) aus Aufgabe b), einen identischen Realzins in beiden Ländern und keine Veränderung des realen Wechselkurses.

Bei den gegebenen Nominalzinsen bewirkt eine erwartete Inflationsdifferenz von $\pi_t^e - \pi_t^{*e} < 2{,}91\%$ einen relativen Anstieg des inländischen zum ausländischen Realzins, $r > r^*$ im Vergleich zur Situation $r = r^* = 3\%$. Aus e) wissen wir, dass gemäß der realen Zinsparitätenbedingung der inländische Realzins gleich dem ausländischen Realzins abzüglich der erwarteten realen Aufwertung ist. Umgeformt bedeutet dies

$$(\varepsilon_{t+1}^e - \varepsilon_t)/\varepsilon_t = r_t - r_t^* \text{ bzw. } \frac{\varepsilon_{t+10}^e}{\varepsilon_t} = \frac{(1+r_t)^{10}}{(1+r_t^*)^{10}}$$

Für $r > r^*$, ausgelöst durch $\pi_t^e - \pi_t^{*e} < 2{,}91\%$, impliziert diese Gleichung eine erwartete Abwertung mit $\varepsilon_{t+10}^e > \varepsilon_t$.

g) Ständige Gültigkeit der Kaufkraftparität bedeutet, dass der reale Wechselkurs immer gleich 1 ist, also keine reale Auf- oder Abwertung möglich ist. Dann muss gemäß der realen Zinsparität immer $r = r^*$ gelten. Es reicht hier also, die realen Zinsen der Anlage in beiden Ländern zu vergleichen.

i. Im Inland ergibt sich als Realzins aus

$$\left(1+r_t\right)^5=\frac{\left(1+i_{5,t}\right)^5}{\left(1+\pi_t^e\right)^5}=\frac{\left(1+0,06\right)^5}{\left(1+0,04\right)^5}=1,0999$$

ein Realzins von $r = 1{,}92\%$. Im Ausland dagegen folgt aus

$$\left(1+r_t^*\right)^5=\frac{\left(1+0,05\right)^5}{\left(1+0,02\right)^5}=1,1560$$

und damit $r^* = 2{,}94\%$. Es lohnt sich also, über fünf Jahre das Geld im Ausland zu investieren, weil es einen höheren erwarteten Realzins erwirtschaftet.

ii. Betrachten wir zunächst eine i) entsprechende Einmalanlage für zehn Jahre. Hier ergibt sich aus

$$\left(1+r_t\right)^{10}=\frac{\left(1+i_{10,t}\right)^{10}}{\left(1+\pi_t^e\right)^{10}}=\frac{\left(1+0,08\right)^{10}}{\left(1+0,04\right)^{10}}=1,4585$$

und so ein durchschnittlicher Realzins von $r = 3{,}85\%$. Analog folgt für r^* aus

$$\left(1+r_t^*\right)^{10}=\frac{\left(1+0,05\right)^{10}}{\left(1+0,02\right)^{10}}=1,3363$$

wieder ein Wert von $r^* = 2{,}94\%$. Will der Investor einmalig sein Geld für zehn Jahre anlegen, sollte er dies im Inland tun.

Wie kommen diese unterschiedlichen Anlageempfehlungen zustande? Der Grund ist die steigende Zinsstrukturkurve im Inland, die im Prinzip drei Ursachen haben kann: höhere Liquiditäts- bzw. Risikoprämien bei längeren Laufzeiten, die Erwartung steigender Realzinsen oder die Erwartung steigender Inflationsraten. Unterschiedliche Liquiditätsprämien sind in der Aufgabe per Annahme ausgeschlossen und der betrachtete Investor besitzt im Zeitablauf konstante Inflationserwartungen, sodass sich die höheren langfristigen Nominalzinsen in höheren langfristigen Realzinsen widerspiegeln müssen.

Noch ein ergänzender Hinweis: In der Angabe war explizit nach einer „einmaligen" Anlage gefragt. Bei entsprechendem Vermögen oder Kreditwürdigkeit könnte ein Investor durch Arbitragegeschäfte – gegeben seiner Erwartungen – noch weit höhere erwartete Gewinne erzielen.

3. Wirksamkeit wirtschaftspolitischer Maßnahmen in der offenen Volkswirtschaft

   a) Wie in den Aufgaben zum Mundell-Fleming-Modell in ▶ *Kapitel 19* bestimmen wir das Gleichgewicht auf dem Gütermarkt, indem wir den heutigen Wechselkurs *E* aus der Zinsparität in die *IS*-Kurve einsetzen. Für das gesamtwirtschaftliche Gleichgewicht im „*IS*/*LM*/*ZP*-Modell" setzen Sie auch noch den Zinssatz aus der *LM*-Kurve ein. Anschließend lösen Sie nach dem gleichgewichtigen Einkommen *Y* auf. Als Ergebnis erhalten Sie

$$Y = \frac{1}{1-c_1+f_2}\left[\left(c_0 - c_1 T + \bar{I} + G + f_1 Y^* - \frac{f_3 \bar{E}^e}{1+i^*}\right) - \left(\beta + \frac{f_3 \bar{E}^e}{1+i^*}\right)\cdot i_0\right] \qquad (1.)$$

   Der Staatsausgabenmultiplikator lässt sich mit Hilfe des totalen Differentials bestimmen. Da Sie nur an der Reaktion des endogenen Einkommens *Y* auf eine Veränderung der exogenen Staatsausgaben *G* interessiert sind, lassen Sie alle anderen exogenen Variablen unverändert. Damit sind die Differentiale $dT = d\bar{I} = dY^* = d\bar{E}^e = di^* = di_0 = 0$ und es bleibt

$$\frac{dY}{dG} = \frac{1}{1-c_1+f_2} \text{ als Staatsausgabenmultiplikator.}$$

   Beachten Sie, dass in einer geschlossenen Volkswirtschaft die marginale Importneigung $f_2 = 0$ ist. In einer offenen Volkswirtschaft gilt dagegen $f_2 > 0$. Folglich ist der Staatsausgabenmultiplikator in einer offenen Volkswirtschaft kleiner als in einer geschlossenen, da

$$dY/dG = 1/(1-c_1+f_2) < 1/(1-c_1).$$

   Deshalb löst dieselbe Veränderung der Staatsausgaben in einer offenen Volkswirtschaft eine geringere Verschiebung der *IS*-Kurve aus.

   b) *LM-Kurve:*

   Eine Öffnung der Volkswirtschaft hat keinen Einfluss auf die Kombinationen aus Zins und Einkommen, für die der Finanzmarkt im Gleichgewicht ist. Bei Zinssteuerung bleibt es bei einer unveränderten horizontalen *LM*-Kurve. Allerdings beeinflusst das Wechselkursregime die Höhe des Zinses, bei dem Finanz- und Devisenmarkt im Gleichgewicht sein können (vgl. Aufgabe c)).

   IS-Kurve:

   Die Steigung der *IS*-Kurve erhalten Sie durch Einsetzen der Zinsparität in die Gleichung der *IS*-Kurve und Auflösen nach *i*:

$$i = \frac{c_0 - c_1 T + \bar{I} + G + f_1 Y^* - f_3 \bar{E}^e (1+i^*)^{-1}}{\beta + f_3 \bar{E}^e (1+i^*)^{-1}} - \frac{1-c_1+f_2}{\beta + f_3 \bar{E}^e (1+i^*)^{-1}}\cdot Y$$

   Damit ergibt sich als Steigung der *IS*-Kurve

$$\frac{di}{dY} = -\frac{1-c_1+f_2}{\beta + f_3 \bar{E}^e (1+i^*)^{-1}}$$

Wäre die Volkswirtschaft geschlossen, wären die Parameter $f_2 = f_3 = 0$ und die Steigung einfach $-(1 - c_1) / \beta$. Durch die Öffnung der Volkswirtschaft werden die Parameter $f_2, f_3 > 0$, was zwei gegenläufige Effekte auf die *Steigung* der *IS*-Kurve auslöst:

1. Marginale Importneigung $f_2 > 0$: dieselbe Zinssenkung geht mit einer geringeren Veränderung des Einkommens einher, um den Gütermarkt wieder ins Gleichgewicht zu bringen. Der Grund ist, dass ein Teil der zusätzlichen Nachfrage über die Importe ins Ausland abfließt und damit dem Multiplikatorprozess im Inland nicht zur Verfügung steht. Folglich sorgt $f_2 > 0$für eine tendenziell steilere *IS*-Kurve.
2. Wechselkursreagibilität der Nettoexporte $f_3 > 0$: Zinsänderungen haben in der offenen Volkswirtschaft (bei flexiblen Wechselkursen) einen zusätzlichen Wirkungskanal auf die Nachfrage. Z.B. führt eine Zinssenkung eine Abwertung der inländischen Währung herbei ($E\downarrow$), was wiederum einen Anstieg der Nettoexportnachfrage und damit des Einkommens bewirkt. Dadurch wird die *IS*-Kurve tendenziell flacher.

Damit ist der Gesamteffekt auf die Steigung der *IS*-Kurve durch die Öffnung der Volkswirtschaft nicht eindeutig und hängt vom Verhältnis der Parameter f_2 und f_3 ab: Für $f_3 > f_2$ ist die *IS*-Kurve flacher, für $f_3 < f_2$ ist sie steiler als in der geschlossenen Volkswirtschaft.

c) In Aufgabe 2a) – c) in ▸*Abschnitt 19.2* werden Geldpolitik und Fiskalpolitik in einer offenen Volkswirtschaft analysiert. Hier erfolgt der Vergleich einer geschlossenen mit einer offenen Volkswirtschaft.

i. **Geldpolitik**

Feste Wechselkurse:

In diesem Fall dient die Geldpolitik in der offenen Volkswirtschaft lediglich zur Stabilisierung des Wechselkurses, eine eigenständige Geldpolitik ist nicht möglich.

Die Behauptung ist hier also richtig.

Flexible Wechselkurse:

Hier kann die Geldpolitik in einer offenen Volkswirtschaft eine eigenständige Rolle spielen. Die expansive Geldpolitik senkt den Zinssatz i (wie in der geschlossenen Volkswirtschaft) und führt zu einer Erhöhung der Investitionsnachfrage I und somit zu einer Steigerung des Outputs Y und des Konsums C. Entscheidend ist nun die Entwicklung der Nettoexporte: Diese hängt davon ab, ob der negative Effekt des gestiegenen Einkommens über die marginale Importneigung (f_2) oder der positive Effekt des gesunkenen Wechselkurses (über f_3) überwiegt.

Für $f_2 > f_3$ verläuft die *IS*-Kurve steiler (vgl. auch Teilaufgabe b)) und die Nettoexporte fallen bei einer expansiven Geldpolitik. Deshalb ist in diesem Fall die Wirkung der Geldpolitik kleiner als in der geschlossenen Volkswirtschaft. Steigen die Nettoexporte jedoch, d.h. falls $f_2 < f_3$, gibt es einen zusätzlichen positiven Effekt der Geldpolitik und ihre Wirkung ist in der offenen Volkswirtschaft sogar stärker als in der geschlossenen.

ii. **Fiskalpolitik**

Feste Wechselkurse:

Fiskalpolitik führt wie in der geschlossenen Volkswirtschaft zu einer Veränderung des Outputs. Der veränderte Output führt zu veränderten Nettoexporten, da sich die Importe über die marginale Importneigung (f_2) verändern, die Exporte wegen des fixen Wechselkurses aber konstant bleiben. Dabei führt eine expansive Fiskalpolitik zu niedrigeren Nettoexporten. Dies reduziert tendenziell die Wirksamkeit der Fiskalpolitik in einer offenen Volkswirtschaft, wie Sie bereits am niedrigeren Staatsausgabenmultiplikator in der Teilaufgabe a) gesehen haben.

In unserem Modell gehen wir normalerweise davon aus, dass die Zentralbank den Zins konstant hält. In Übungsaufgabe 2a) in ▸*Abschnitt 19.2* haben wir die Möglichkeit der geldpolitischen Reaktion auf die Fiskalpolitik diskutiert: So kann (und sollte) expansive Geldpolitik einer restriktiven Fiskalpolitik entgegenwirken, wenn sich die Volkswirtschaft bereits unterhalb des Produktionspotenzials befindet. Umgekehrt sollte restriktive Geldpolitik einer Überhitzung der Wirtschaft entgegenwirken, unter anderem wenn diese durch expansive Fiskalpolitik verstärkt wird. Entscheidend ist, dass eine solche stabilisierende geldpolitische Reaktion in der offenen Volkswirtschaft bei fixen Wechselkursen ausgeschlossen ist!

Eine allgemeingültige Antwort auf die Behauptung in der Aufgabe ist deshalb bei fixen Wechselkursen nicht möglich. Die Importneigung f_2 reduziert die Wirksamkeit der Fiskalpolitik im Vergleich zum Szenario eines konstanten Zinses in der geschlossenen Volkswirtschaft. Da der fixe Wechselkurs eine geldpolitische Gegenreaktion auf die Fiskalpolitik unmöglich macht, kann die Fiskalpolitik in solchen Situationen wirksamer als in der geschlossenen Volkswirtschaft sein. Es ist allerdings fraglich, ob dies ein positives Argument ist.

Flexible Wechselkurse:

Die Wirkungen von Fiskalpolitik im Fall flexibler Wechselkurse sind identisch zu dem Fall fixer Wechselkurse, solange der Zinssatz und damit auch der Wechselkurs konstant bleibt. Allerdings hat die Geldpolitik bei flexiblen Wechselkursen weiterhin die Möglichkeit, auf eine Überhitzung oder Unterauslastung der Wirtschaft genauso stabilisierend zu reagieren wie in einer geschlossenen Volkswirtschaft. Damit wird die Wirksamkeit der Fiskalpolitik relativ zur geschlossenen Volkswirtschaft insgesamt eingeschränkt, die Behauptung ist hier also falsch.

d) Geldpolitik und Fiskalpolitik sind potenzielle Mittel zur Stabilisierung konjunktureller Schwankungen. Bei der Öffnung einer Volkswirtschaft für internationale Güter- und Kapitalströme handelt es sich aber um eine strukturelle Entscheidung, die das mittel- und langfristige Wachstum einer Volkswirtschaft beeinflussen kann. Die bestehende Literatur zeigt, dass durch eine Öffnung große Wohlfahrtsgewinne für Volkswirtschaften möglich und wahrscheinlich sind. Deshalb sollte diese grundsätzliche Entscheidung nicht von eventuellen Veränderungen bei kurzfristigen Stabilisierungsmöglichkeiten abhängen. Allerdings sollten diese Stabilisierungsmöglichkeiten eine wichtige Rolle bei der Wahl des Wechselkursregimes einer offenen Volkswirtschaft spielen.

4. Wirtschaftspolitik in Transformatien (Fortsetzung von Übungsaufgabe 4 aus ▶*Kapitel 19*)

   a) Es stehen folgende Maßnahmen zur Verfügung:

      – Flexible Wechselkurse

        Während bei festem Wechselkurs die Zentralbank den inländischen Zins so anpassen muss, dass er dem ausländischen Zinssatz entspricht und deshalb Transformatien die Geldpolitik nicht als Politikinstrument benutzen kann, unterliegt das Land diesem Druck bei flexiblen Wechselkursen nicht.

      – Kapitalverkehrskontrollen

        Wenn durch Kapitalverkehrskontrollen unvollkommene Kapitalmobilität herrscht, gilt die Zinsparitätenbedingung nicht mehr, weil die inländischen Investoren nicht mehr unbegrenzt ausländische Wertpapiere kaufen können, wenn $i < i^*$ ist.

   b) Bei fixen Wechselkursen verliert die Zentralbank die Möglichkeit einer unabhängigen Geldpolitik, die in Transformatien in der Vergangenheit zu hohen Inflationsraten geführt hatte (möglicherweise ausgelöst durch eine monetäre Staatsfinanzierung, vgl. ▶*Kapitel 22*). Die Wechselkursanbindung bindet die Zentralbank an die Geldpolitik des Leitwährungslands (hier die EWU). Dies kann die Glaubwürdigkeit einer Politik niedriger Inflationsraten deutlich erhöhen und die Inflationserwartungen auf dem niedrigen Niveau des Leitwährungslands verankern. Durch die günstigere Lage der Phillipskurve (die *PC*-Kurve liegt niedriger) wird wiederum die Umsetzung einer Politik niedriger Inflationsraten vereinfacht, weil dieselbe Inflationsrate nun mit einer höheren Produktion verbunden ist.

      Allerdings sollte man sich überlegen, ob man wirklich in der Lage ist, z.B. die Fiskalpolitik und die Budgetdefizite dem fixen Wechselkurs angemessen zu gestalten. Auch kann man sich fragen, ob die Glaubwürdigkeitserhöhung durch die Wechselkursfixierung überhaupt notwendig ist, da Transformatien der schwierige Anpassungsprozess für die Reduktion der Inflation („Disinflation", nicht zu verwechseln mit „Deflation", also einem Rückgang des allgemeinen Preisniveaus durch negative Inflationsraten) bereits ohne Wechselkursanbindung gelungen ist.

5. Schweizer Wechselkurspolitik

   a) *Beachten Sie:* Bei dieser Aufgabe ist der Wechselkurs in der Mengennotierung aus Euro-Sicht und damit in Preisnotierung aus schweizerischer Sicht angegeben! Ein Sinken des Wechselkurses bedeutet also eine Abwertung des Euro und eine Aufwertung des Franken.

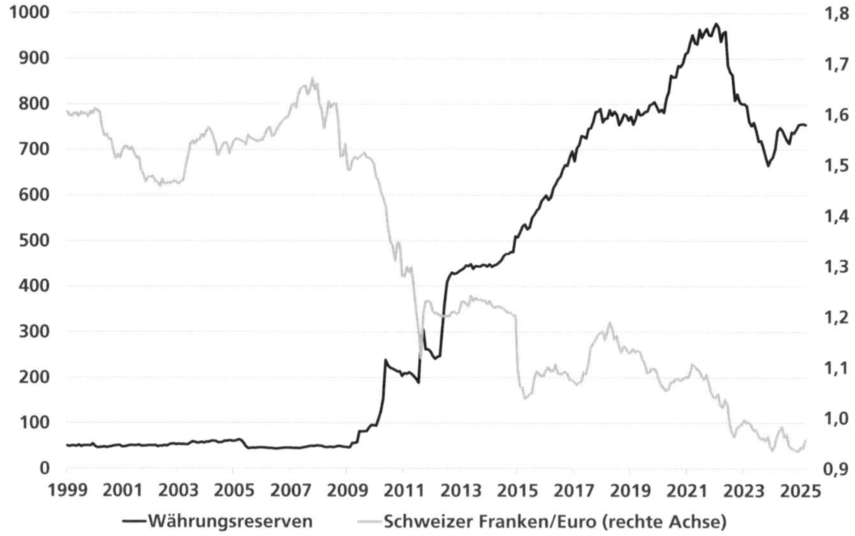

Abbildung 20.4: Entwicklung der Schweizer Währungsreserven (in Milliarden Franken) und des Wechselkurses seit 1999

Über knapp zehn Jahre von 1999 bis August 2008 schwankte der Franken/Euro-Wechselkurs lediglich rund +/– 7% um seinen Mittelwert von 1,56 Franken/Euro. Gleichzeitig blieben die Schweizer Währungsreserven praktisch konstant. Es lässt sich daher vermuten, dass es keine aktive Wechselkurspolitik gab, aber die Geldpolitik in der Schweiz relativ ähnlich zur Geldpolitik im Euroraum verlaufen ist.

Für besonders interessierte Studenten: Der Rückgang der Währungsreserven im Frühjahr 2005 geht auf den Verkauf von aus Goldverkäufen stammenden Fremdwährungsanlagen zurück. Die Erlöse wurden an das Schweizer Finanzministerium überwiesen. Laut der Schweizer Zentralbank hatten die Transaktionen keinen nennenswerten Einfluss auf den Geld- und Devisenmarkt, weil sie unter anderem durch frühzeitig getätigte Wechselkursabsicherungsgeschäfte neutralisiert wurden (vgl. Schweizerische Nationalbank, Geschäftsbericht 2005, S. 42).

b) Von September 2008 bis August 2011 wertete der Schweizer Franken um über 30% ab. Gleichzeitig verfünffachten sich die Devisenreserven der Schweizerischen Nationalbank auf über 250 Milliarden Franken, mehr als 40% des Schweizer BIP.

Nach ihrem gesetzlichen Mandat muss die Schweizerische Nationalbank die Preisstabilität gewährleisten und dabei der konjunkturellen Entwicklung Rechnung tragen. Im Zuge der Finanzkrise nach dem Zusammenbruch von Lehman Brothers kam es zu einer Anlegerflucht in die Sicherheit des Franken. Die Effekte des Kapitalzuflusses in die Schweiz sind dabei äquivalent zu den in Aufgabe 3a) in ▶*Abschnitt 19.2* im Rahmen des Mundell-Fleming-Modells beschriebenen. Der zentrale Unterschied besteht in der Ursache des Kapitalzuflusses: In ▶*Abschnitt 19.2* strömt Kapital durch eine Zinssenkung im Ausland ins Land, im Falle der Schweiz war es eine Flucht in die Qualität schweizerischer Anlagen. Die

Stärke des Franken führte zu einem starken Rückgang der Inflationsrate. Um der Aufwertung des Franken und der Linksverschiebung der *IS*-Kurve entgegenzuwirken, führte die Schweizer Zentralbank eine expansive Geldpolitik durch und kaufte zusätzlich in großem Umfang Devisen. Dennoch wertete der Franken weiter auf. Im August 2011 verstärkte die Schweizer Nationalbank ihre Interventionen, weil sie die Wirtschaftsentwicklung bedroht und das Risiko einer deflationären Entwicklung in der Schweiz erhöht sah.

c) Die Wechselkursentwicklung ab September 2011 lässt sich in drei Phasen einteilen: In der ersten Phase, von September 2011 bis April 2012, wertete der Schweizer Franken zunächst deutlich ab und der Euro kostete sofort wieder über 1,20 Franken. Gleichzeitig gingen die Währungsreserven von ihrem Höchstwert im September 2011 bis April 2012 sogar zurück. Die bloße Ankündigung der Zentralbank, alles zu tun, um eine weitere Aufwertung zu verhindern, hatte also einen starken Effekt, der die Glaubwürdigkeit der Ankündigung widerspiegelte. Übrigens wurde diese Maßnahme von einigen Ökonomen kritisch gesehen; so sprach z.B. Daniel Gros von einem „Währungskrieg" in Europa (*http://www.voxeu.org/article/overlooked-currency-war-europe*). Positivere Bewertungen kamen z.B. vom Schweizer Konjunkturforschungsinstitut KOF (*http://www.oekonomenstimme.org/artikel/2012/11/die-snb-unter-beschuss*).

   In der zweiten Phase, von Mai bis September 2012, blieb der Wechselkurs nur knapp über 1,20 Franken/Euro während gleichzeitig die Devisenreserven in diesem kurzen Zeitraum um 195 Milliarden Franken bzw. um ein Drittel des Schweizer BIP anstiegen. Angesichts der sich weiter verschärfenden Euro-Krise unter anderem mit der Umstrukturierung der griechischen Staatsschulden und einem zweiten Rettungspaket für Griechenland reichte die bloße Ankündigung der Zentralbank, Devisen unbegrenzt zu kaufen, nicht mehr aus, den Aufwertungsdruck auf den Franken zu stoppen.

   In der dritten Phase, ab September 2012 bis Ende 2014, musste die Schweizer Zentralbank keine nennenswerten Devisen mehr kaufen und der Franken wertete sogar etwas ab. Diese Entspannung ist vermutlich eng verbunden mit der Ankündigung des EZB-Präsidenten Mario Draghi, alles zu tun, um den Euro zu erhalten, und der darauf folgenden Einführung eines EZB-Programms zum quantitativ unbeschränkten Ankauf von Staatsanleihen (unter bestimmten Bedingungen). Dieses Programm sorgte für einen deutlichen Rückgang der Risikoprämien auf zahlreichen Finanzmärkten. Erst in der zweiten Jahreshälfte 2014 und vor allem im Dezember 2014 musste die Zentralbank wieder massiv Devisen aufkaufen, um eine Aufwertung unter 1,20 Franken/Euro zu verhindern.

d) Die Aufgabe des Mindestkurses zum Euro am 15. Januar 2015 wurde allgemein als Reaktion auf den wieder steigenden Aufwertungsdruck und die potenziell nahezu unbegrenzt notwendigen Devisenkäufe gewertet. Der Aufwertungsdruck gegenüber dem Euro spiegelte nicht zuletzt die unterschiedliche geldpolitische Entwicklung in den USA (weniger expansiv) und im Euroraum (noch expansiver durch verschiedene Kaufprogramme für Anleihen) wider. Die Märkte erwarteten im Januar 2015 eine massive Ausdehnung der Käufe von Anleihen auch auf öffentliche Anleihen, was der EZB-Rat am 22. Januar 2015 auch beschloss.

Dadurch hatte der Euro zum US-Dollar und damit auch der Franken gegenüber dem US-Dollar bereits deutlich abgewertet.

Durch diese Abwertung, die für einen Teil des schweizerischen Handels relevant war, und durch die relativ niedrigeren Inflationsraten um bzw. unter 0% gegenüber im Durchschnitt rund 2% im Euroraum hatte sich das Ausmaß der Überbewertung des Franken seit 2011 reduziert. Um die geldpolitische Straffung zu begrenzen, senkte die Schweizer Zentralbank ihre Leitzinsen um 0,5%-Punkte weiter in den negativen Bereich (z.B. Einlagenzins auf –0,75%). Gleichzeitig sahen einige Beobachter einen signifikanten Glaubwürdigkeitsverlust der Schweizer Zentralbank, da sie die Bedeutung des Mindestkurses noch wenige Tage vor der Aufhebung betont hatte.

e) Da die Aufhebung des Mindestkurses die Finanzmärkte vollkommen überraschte, wertete der Franken in den ersten Minuten um fast 30% ab. Ende Januar 2015 stand der Franken bei rund 1,05, hatte also rund 12,5% aufgewertet. Übrigens sorgte die Aufwertung im 1. Quartal 2015 für einen Rekordverlust der Zentralbank von 30 Milliarden Franken, da sich der Wert der Devisen auf der Zentralbankbilanz in Franken deutlich reduziert hatte (das ist auch der Grund, warum die Daten in der Datei `Aufgabe_20_5.xls` für Januar 2015 trotz massiver Interventionen keinen Anstieg der in Franken ausgewiesenen Devisenreserven ausweisen).

In den folgenden Monaten stabilisierte sich der Wechselkurs zwischen 1,05 und 1,10, bei einer mit der Zeit vor 2008 vergleichbaren Volatilität. Allerdings hat die Schweizer Zentralbank weiterhin massiv Devisen aufgekauft, um eine weitere Aufwertung zu verhindern. Zum Beispiel schreibt die Zentralbank in ihrem Geschäftsbericht für das Jahr 2016, dass die Interventionen in 2016 von 67,1 Milliarden Franken hauptsächlich in Phasen erhöhter Unsicherheit erfolgt seien, zum Beispiel als der Entscheid Großbritanniens fiel, aus der EU auszutreten („Brexit"-Referendum am 23. Juni 2016). In diesen Phasen sei der Franken als sichere Anlage besonders gesucht gewesen. Nach gut zwei Jahren relativ begrenzter Devisenmarktinterventionen und einer Aufwertung des Franken um rund 10% seit Ende 2017 begann die Schweizer Zentralbank im März 2020 verstärkt am Devisenmarkt zu intervenieren, um dem Aufwertungsdruck auf den Franken entgegenzuwirken und damit zur Stabilisierung in der Covid-19 Krise beizutragen. Im Zuge einer restriktiveren Geldpolitik begann die Zentralbank im Juni 2022 Devisen zu verkaufen. Seit Anfang 2024 tritt sie auch wieder als Käufer auf, der Umfang ihrer Deviseninterventionen ist aber wieder zurückgegangen.

Insgesamt handelt es sich nun also keinesfalls um einen flexiblen Wechselkurs wie vor 2008. Man nennt dieses hybride Währungsregime häufig einen „managed float", wobei der Wechselkurs in diesem Fall recht stark und relativ kontinuierlich gesteuert wird.

21 Sollten Politiker in ihrer Entscheidungsfreiheit beschränkt werden?

21.1 Wissens- und Verständnistests

Multiple Choice

1. Eine geldpolitische Regel des konstanten Geldmengenwachstums
   a) bietet eine Möglichkeit, politischen Entscheidungsträgern Beschränkungen aufzuerlegen und damit Glaubwürdigkeit zu gewinnen.
   b) ermöglicht die Nutzung der Geldpolitik als wirtschaftspolitisches Instrument.
   c) erlaubt eine Zinssenkung zur Vermeidung einer Rezession.
   d) ist in der geldpolitischen Strategie der Europäischen Zentralbank (EZB) enthalten.
2. Die Analyse der strategischen Interaktion von Wirtschaftssubjekten wird von Ökonomen bezeichnet als
   a) Makroökonomie.
   b) Mikroökonomie.
   c) Spieltheorie.
   d) Erwartungstheorie.
3. Die wirkungsvollste Politik zur Verhinderung von Flugzeugentführungen ist,
   a) vorab anzukündigen, keine Verhandlungen zu führen, und dies im Falle einer Entführung auch beizubehalten.
   b) vorab anzukündigen, keine Verhandlungen zu führen, und im Falle einer Entführung trotzdem zu verhandeln.
   c) vorab anzukündigen, Verhandlungen zu führen, und im Falle einer Entführung doch nicht zu verhandeln.
   d) vorab anzukündigen, Verhandlungen zu führen, und dies im Falle einer Entführung auch durchzuführen.

4. Ökonometriker versuchen, empirische Zusammenhänge zu erforschen; ein Beispiel hierfür ist die Phillipskurven-Beziehung. Bei in der Vergangenheit (Ökonometrie beruht zwangsläufig auf Daten aus der Vergangenheit) stabilen und sowohl statistisch als auch ökonomisch signifikanten Beziehungen zwischen Variablen
   a) sollten diese von Wirtschaftspolitikern zum Wohle der Allgemeinheit ausgenutzt werden.
   b) werden diese Beziehungen auch in der Zukunft weiter bestehen.
   c) kann der Versuch des Ausnutzens dieser Beziehung zu einer Verhaltensänderung der Wirtschaftssubjekte führen, die den gemessenen langfristigen Wirkungszusammenhang auflöst.
   d) kann man keine Aussagen über die Zukunft machen, weil die Zukunft unsicher ist.
5. Nach der Theorie des politischen Konjunkturzyklus wird
   a) die Arbeitslosigkeit am Ende einer Wahlperiode besonders niedrig sein und nach der Wahl wieder ansteigen.
   b) die Arbeitslosigkeit am Anfang einer Wahlperiode besonders niedrig sein und vor der Wahl wieder ansteigen.
   c) die Arbeitslosigkeit im Durchschnitt von der natürlichen Arbeitslosenquote abweichen.
   d) die Politik von langfristig orientierten Entscheidungsträgern bestimmt.

Wahr/Falsch: Welche der jeweiligen Aussagen sind wahr, welche falsch?

6. Die Wirkung von wirtschaftspolitischen Maßnahmen wird verzögert durch den
   a) Erkennungs-Lag.
   b) Entscheidungs-Lag.
   c) Wirkungs-Lag.
   d) Bewertungs-Lag.
7. Erinnern Sie sich an das Okun'sche Gesetz $u_t - u_{t-1} = -\beta\left(g_{yt} - \bar{g}_y\right)$ und die Phillipskurven-Beziehung $\pi_t - \pi_t^e = -\alpha\left(u_t - u_n\right)$ unter anderem aus ▶ *Kapitel 8* und *9*.
   a) Die beiden Parameter α und β sind im Zeitablauf in Deutschland konstant geblieben.
   b) Wenn die beiden Parameter α und β im Zeitablauf variieren, sind die endgültigen Effekte einer Zinssenkung unsicher.
   c) Unsicherheit über einen der beiden Parameter sollte sich in einer vorsichtigeren Geldpolitik widerspiegeln.
   d) Die EZB kann diese beiden Beziehungen zur Feinsteuerung der Wirtschaft in allen Euro-Ländern benutzen.

8. Welche der folgenden Handlungen könnte Ihrer Meinung nach dem Zeitinkonsistenzproblem eher gerecht werden?
   a) die Ernennung eines konservativen Zentralbankers
   b) die Ernennung eines liberalen Zentralbankers
   c) eine kurze Amtszeit für Zentralbanker
   d) eine lange Amtszeit für Zentralbanker
9. Betrachten Sie die folgende Grafik. Welche Punkte sind richtig gekennzeichnet?

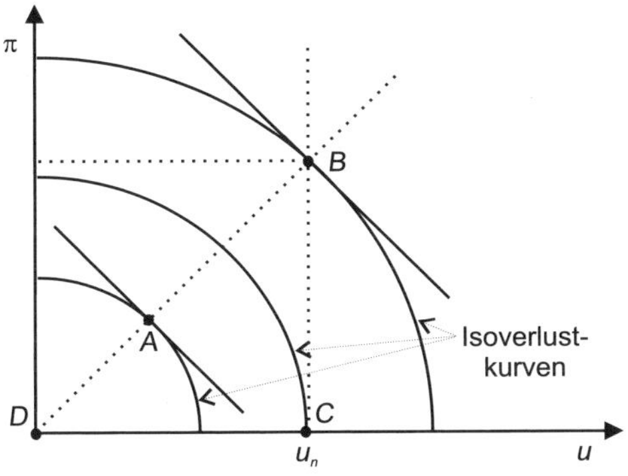

Abbildung 21.1: Anreize für Überraschungsinflation

   a) C = Ergebnis bei rationalen Erwartungen
   b) D = Wohlfahrtsoptimales Ergebnis
   c) B = Ergebnis einer Überraschungsinflation
   d) A = Ergebnis der mittelfristig optimalen Zentralbankpolitik
10. Die meisten Volkswirte glauben, dass
   a) es keine Beschränkungen von Geld- und Fiskalpolitik geben sollte.
   b) allein eine verfassungsmäßige Begrenzung der Fiskalpolitik deren Missbrauch verhindern kann.
   c) eine direkte Wahl des Zentralbankpräsidenten durch das Volk der effektivste Weg zur Lösung des Zeitinkonsistenzproblems der Geldpolitik ist.
   d) eine striktere Umsetzung der Regeln des Europäischen Stabilitäts- und Wachstumspakts vor der europäischen Schuldenkrise deren Ausmaß in einigen Ländern begrenzt hätte.

Basiswissen

11. Politökonomische Spiele
    a) Erläutern Sie in wenigen Worten, welche Probleme mit Hilfe der Spieltheorie gelöst werden sollen. Nennen Sie Beispiele!
    b) Erläutern Sie die Aussagen der Theorie des politischen Konjunkturzyklus. Welche implizite Annahme wird hier über die Rationalität der Wähler gemacht?
    c) Was versteht man unter einem Zermürbungskrieg *(war of attrition)*? Geben Sie ein paar Beispiele an!

21.2 Übungsaufgaben

1. Überraschungsinflation

   Die Verschuldung des amerikanischen Staates betrug Anfang 2017 rund 20 Billionen US-$ (Gross Federal Debt), der Zins auf zehnjährige US-Staatsanleihen lag im 1. Quartal 2017 bei rund 2,5%, die erwartete Inflationsrate bei rund 2,0%. Gehen Sie für diese Aufgabe davon aus, dass die gesamte Staatsschuld in diesen zehnjährigen Anleihen gehalten würde und der Staat keine neuen Schulden aufnimmt.

   a) Welches Preisniveau erwarten die Märkte für 2027? Normieren Sie $P_{2017} = 100$.
   b) Was bedeutet dies für die Entwicklung der realen Verschuldung?
   c) Was geschieht mit der realen Verschuldung, wenn die Fed eine so expansive Geldpolitik betreibt, dass sich das Preisniveau bis 2027 verdoppelt?
   d) Wie verändert sich durch diese Überraschungsinflation die Vermögensposition der Anleger?
   e) Wieso führt die amerikanische Zentralbank keine solche Überraschungsinflation durch, wenn sie die reale Schuldenlast des Staates so deutlich senken kann?

2. Geldpolitik unter Unsicherheit

   Lesen Sie sich die folgenden Fragen zu Problemen der Gestaltung der Geldpolitik in der Realität durch. Versuchen Sie stichpunktartig, die Fragen zu beantworten. Gehen Sie anschließend auf die Website zu diesem Buch und laden Sie sich den Aufsatz „Geldpolitik unter Unsicherheit" aus dem Monatsbericht Juni 2004 der Deutschen Bundesbank herunter (`Aufgabe_21_2.pdf`). Obwohl der Artikel bereits über fünfzehn Jahre alt ist, schildert er auf immer noch aktuelle Weise die Relevanz von Unsicherheit für die Geldpolitik. Zum selben Thema gibt es auch neuere Beiträge, z.B. von

   - Thomas Jordan (2008), Geldpolitik und Unsicherheit, *http://www.snb.ch/de/mmr/speeches/id/ref_20080115_tjn/source/ref_20080115_tjn.de.pdf*
   - Ben Bernanke (2007), Monetary Policy under Uncertainty, *http://www.federalreserve.gov/newsevents/speech/bernanke20071019a.htm* oder
   - Sabine Lautenschläger (2016), Geldpolitik in Zeiten der Unsicherheit – Die EZB und die Krise, *https://www.ecb.europa.eu/press/key/date/2016/html/sp160913_1.de.html*

Ergänzen Sie dann Ihre Stichpunkte mit Argumenten aus dem Text.

a) Welche Quellen von Unsicherheit bestehen?

b) Was ist das besondere Problem bezüglich der Daten in der EWU?

c) Was sind allgemein die Konsequenzen von Unsicherheit für die Möglichkeit der Geldpolitik zur Outputstabilisierung?

d) Was sind die Konsequenzen für die Verarbeitung von Informationen?

e) Wie sollte die geldpolitische Strategie der Unsicherheit Rechnung tragen?

f) Wie könnten die in ▶*Kapitel 6, 8* oder *22* beschriebenen extremen Phänomene wie Deflation oder Hyperinflation die Geldpolitik beeinflussen?

g) Welche neue Gefahr entsteht, wenn der Geldpolitik zugetraut wird, die Wirtschaft in einem „ruhigen Fahrwasser" zu halten?

Die folgenden beiden Aufgaben gehen auf den im Monatsbericht bereits erwähnten Aufsatz von Brainard (1967) zurück. Gehen Sie davon aus, dass die gegenwärtige Produktion (Y_0) über der von der Zentralbank gewünschten Produktion (Y^*) liegt. Die Zentralbank operiert unter Unsicherheit über den konkreten Verlauf der *IS*-Kurve.

h) Erstellen Sie eine Grafik, in der die Unsicherheit unabhängig von der Höhe der Zinsänderung ist (**additive Unsicherheit**). Wie sollte die Zentralbank hier den Zins verändern?

i) Erstellen Sie eine Grafik, in der die Unsicherheit mit dem Ausmaß der Zinsänderung steigt (**Parameterunsicherheit**). Wie sollte die Zentralbank hier den Zins verändern?

3. Barro-Gordon-Modell

Das kurzfristige aggregierte Angebot einer Modellökonomie sei beschrieben durch

$$y = \overline{y} + a\left(\pi - \pi^e\right)$$

wo $\overline{y}$ die Gleichgewichtsproduktion bei perfekter Preisflexibilität darstellt. Die Geldpolitik kann die Inflationsrate bestimmen, nachdem die Wirtschaftssubjekte ihre Inflationserwartungen gebildet haben. Sie minimiert dabei eine Verlustfunktion des Typs

$$L = \left(\pi - \pi^*\right)^2 + \left(y - y^*\right)^2$$

Strukturelle Ineffizienzen führen zu einer Abweichung der Gleichgewichtsproduktion $\overline{y}$ vom Vollbeschäftigungsniveau: $y^* = \overline{y} + \Delta$.

a) Erläutern Sie kurz die First-Best-Lösung in diesem Modell.

b) Bestimmen Sie die Reaktionsfunktion der Zentralbank gegeben der Inflationserwartungen π^e.

c) Welche Inflationserwartungen werden rationale Wirtschaftssubjekte angesichts dieser Reaktionsfunktion bilden?

d) Welches Gleichgewicht ergibt sich damit in dieser Ökonomie? Berechnen Sie auch den Wohlfahrtsverlust.

e) Nehmen Sie nun an, die Zentralbank könnte eine Inflationsrate ankündigen, bevor die Wirtschaftssubjekte ihre Inflationserwartungen bilden. Hat eine solche Ankündigung einen Einfluss auf rationale Wirtschaftssubjekte?

f) Gehen Sie nun davon aus, die Zentralbank könnte sich durch einen geeigneten Mechanismus vorab glaubwürdig zu einer bestimmten Inflationsrate verpflichten *(commitment)* und würde diese dann auch wirklich durchsetzen. Für welche Inflationsrate sollte sie sich entscheiden? Berechnen Sie das Gleichgewicht und den Wohlfahrtsverlust und vergleichen Sie mit d).

g) Wieso kann die Zentralbank ohne einen geeigneten Mechanismus die „Second-Best"-Lösung nicht erreichen?

h) Stellen Sie die gesamte Situation in einem y-π-Diagramm dar.

Lösungen zu Kapitel 21

21.1 Wissens- und Verständnistests

Multiple Choice

1. a)
2. c)
3. a)
4. c)
5. a)

Wahr/Falsch

6. W, W, W, F
7. F, W, W, F
8. W, F, F, W
9. F, W, F, F
10. F, F, F, W

Basiswissen

11. Politökonomische Spiele
    a) Mit Hilfe der Spieltheorie können Situationen analysiert werden, in denen Wirtschaftssubjekte Entscheidungen treffen, deren Ergebnis nicht nur von den eigenen Entscheidungen, sondern auch von den Entscheidungen anderer Wirtschaftssubjekte abhängt. Es handelt sich um Probleme **strategischer Interaktion**.

    Beispiele: (Nicht-)kooperative Spiele (Zentralbank/Regierung, Bankenzusammenbrüche, private Bereitstellung öffentlicher Güter, Oligopolmärkte), Verhandlungssituationen (Tarifverträge, Handelsliberalisierung, Abrüstung), Bietverhalten bei Auktionen etc.

    b) Nach der Theorie des politischen Konjunkturzyklus versuchen kurzfristig orientierte Politiker, durch eine Steigerung der aggregierten Nachfrage vor Wahlen einen Wirtschaftsaufschwung zu bewirken. Da mittelfristig das Wachstum durch das aggregierte Angebot bestimmt ist, folgt auf einen Boom vor den Wahlen ein Abschwung danach.

Hier wird implizit von kurzsichtigen und damit irrationalen Wählern ausgegangen. Verhalten sich die Wähler rational, würden sie zum einen die Kurzfristigkeit der Nachfragesteigerung erkennen und ihre Wahlentscheidung nicht davon abhängig machen. Zum anderen würden sie die Nachfragesteigerung bereits antizipieren und einer expansiven Maßnahme durch die Berücksichtigung in den Erwartungen einen Großteil ihrer Wirkung nehmen.

c) Bei einem Zermürbungskrieg kämpfen zwei oder mehr Parteien um einen Preis (z.B. Länder um ein Stück Land; Politiker um eine Präsidentschaft; im Tierreich um einen Partner zur Fortpflanzung; Microsoft und Netscape um die Führung im Browsermarkt oder in der Makroökonomie Parteien um verschiedene Wege der Defizitreduzierung). Jede Partei hofft darauf, dass die andere(n) aufgeben. Gleichzeitig ist das Weiterkämpfen mit (evtl. unterschiedlichen) Kosten für die beteiligten Parteien verbunden (z.B. je länger der Krieg dauert, desto mehr Menschen verlieren ihr Leben; die Kosten eines übermäßigen Defizits steigen, je länger das Defizit nicht reduziert wird, usw.).

21.2 Übungsaufgaben

1. Überraschungsinflation

a) $P_{2027} = (1+0{,}020)^{10} \cdot 100 = 121{,}9.$

b) Die reale Verschuldung ist definiert als Nominalverschuldung/Preisniveau. Ohne neue Schulden *reduziert* sich die reale Verschuldung genau um den Faktor, um den das Preisniveau ansteigt: 1,219. Für diesen realen Wertverlust werden die Anleiheninhaber durch jährliche Zinszahlungen über dem Realzins gerade in Höhe der erwarteten Inflation kompensiert.

c) Dadurch reduziert sich die reale Verschuldung um den Faktor 2 und damit um 1 – 1,219/2 = 39,1% mehr, als die Halter der Anleihen erwartet hatten. Wenn wir annehmen, dass ein US-Warenkorb 2017 100 $ kostet, bedeutet dies konkret: Der Staat hatte sich 2017 mit 20 Billionen $/100 $ = 200 Mrd. US-Warenkörbe verschuldet. Angesichts der eingepreisten erwarteten Inflationsrate erwarteten die Anleihebesitzer eine Auszahlung in 2027 von 20 Billionen $/121,9 $ = 164,1 Mrd. Warenkörben. Tatsächlich muss der Staat aber nur noch 20 Billionen $/200 $ = 100 Mrd. Warenkörbe zurückbezahlen, also 64,1 Mrd. Warenkörbe bzw. 39,1% weniger als ursprünglich erwartet.

d) Eine Politik der Überraschungsinflation ist immer mit Umverteilungseffekten verbunden: Die Anleger würden durch eine Überraschungsinflation gerade das Vermögen verlieren, das der Staat weniger zurückzahlen muss, also im konkreten Fall die 64,1 Mrd. Warenkörbe. Sofern die Überraschungsinflation nicht in einem einmaligen Schritt nach der letzten Zinszahlung und vor der Rückzahlung des Nennwerts durchgeführt wird, sondern kontinuierlich verläuft, müssen zu diesem Verlust (bzw. dem Gewinn des Staates) noch die geringeren realen Werte der Zinszahlungen in den jeweiligen Jahren hinzuaddiert werden.

e) Ein Grund sind sicherlich die genannten Umverteilungseffekte: Die Halter amerikanischer Anleihen sind zwar zum einen sehr viele ausländische Zentralbanken, aber auch eine ganze Reihe amerikanischer Pensionsfonds oder Privatbürger.

   Noch viel wichtiger sind die langfristigen Effekte auf die Glaubwürdigkeit der amerikanischen Zentralbank. Heutzutage ist allgemein anerkannt, dass eine glaubwürdige Verpflichtung der Zentralbank zu Preisstabilität in der mittleren Frist und die damit verbundene Verankerung der Inflationserwartungen Voraussetzungen für eine erfolgreiche Geldpolitik sind (vgl. auch die folgende Aufgabe 2). Das schließt im Übrigen nicht aus, dass die Zentralbank kurzfristig auch die Produktion stabilisieren kann.

   Schließlich würde ein Anstieg der Inflationserwartungen dazu führen, dass sich die künftigen Kredite des amerikanischen Staates erheblich verteuern würden. Dies wäre selbst dann relevant, wenn der Staat sich nicht weiter verschulden würde, weil die alten Kredite ja in neue umgewandelt werden müssen (Umschuldung bzw. Refinanzierung). Z.B. ist nicht zu erwarten (und auch nicht sinnvoll), dass der Staat 2027 auf einmal seine sämtlichen Schulden tilgen könnte. Dafür wären sehr hohe, einmalige Steuern notwendig, die auf Grund der damit verbundenen Verzerrungen unbedingt über die Zeit gestreckt werden sollten. Im Fall der USA erscheint die öffentliche Verschuldung als Anteil am BIP mit etwas über 60% vor der 2007/2008 ausgebrochenen Finanzkrise und gut 100% im Jahr 2017 nicht so hoch, als dass sie eine Überraschungsinflation mit langfristigen Kosten unbekannten Ausmaßes rechtfertigen würde, auch wenn sie als Folge der Covid19-Pandemie auf über 120% angestiegen ist.

2. Geldpolitik unter Unsicherheit

   a) **Modellunsicherheit:** Die strukturellen Zusammenhänge von Preisniveau, geldpolitischen Instrumenten und Schocks sind unsicher; insbesondere ihre zeitliche Struktur *(lags)*, die quantitative Stärke der Zusammenhänge und ihre Veränderungen mit der Zeit sind noch nicht ausreichend erforscht.

      Datenunsicherheit: Unvollständige Information über die aktuelle Wirtschaftslage durch Lücken in der statistischen Erfassung und Probleme bei Aktualität und Zuverlässigkeit der Daten. Theoretische Konzepte wie das Produktionspotenzial (= natürliche Produktion) sind nicht messbar.

   b) Einheitliche, harmonisierte Erfassung von Daten innerhalb der EWU war in der Vergangenheit nicht gegeben und ist immer noch nicht vollendet. Deshalb mangelt es teilweise an der Vergleichbarkeit der Daten.

   c) Outputstabilisierung ist nur begrenzt möglich. Beide Unsicherheitsquellen sorgen dafür, dass auf Feinsteuerung im Extremfall sogar ganz verzichtet werden sollte (Friedman). Sonst besteht die Gefahr, dass die Geldpolitik selbst zur Quelle von Instabilität wird.

   d) Verwendung aller erhältlichen Informationen. Besonderes Gewicht liegt auf Variablen mit hohem Informationsgehalt für die Preisstabilität.

   e) Kein Aktionismus, sondern „ruhige Hand“ zeigen, die sich z.B. im Phänomen der *Zinsglättung* (Leitzinsen verändern sich nur langsam in kleinen Schritten, seltene Richtungswechsel) äußern.

      Robustheit in verschiedenen theoretischen Modellen beweisen, d.h., Effekte sollten nicht von spezifischen Annahmen abhängen.

Die Bedeutung der Transparenz geldpolitischer Entscheidungen erkennen.

f) Geldpolitik sollte sich gegen extreme Szenarien absichern, eine Art volkswirtschaftliches Risikomanagement betreiben. Dazu sind unter Umständen stärkere geldpolitische Maßnahmen notwendig, als sie sich aus den vorangehenden Aufgaben ergeben.

g) Wenn die Geldpolitik wie eine Versicherung gegen (extreme) Schwankungen wirkt, entsteht wie bei jeder Versicherung ein sogenanntes Moral-Hazard-Problem: Wenn Sie z.B. eine Feuerversicherung besitzen, investieren Sie wahrscheinlich weniger in den Brandschutz, wenn der Vertrag nicht entsprechende Klauseln enthält. Ähnlich bei der Geldpolitik: Wenn die Anleger auf das Können der Zentralbank vertrauen, werden sie riskanter investieren und so evtl. eine Vermögenspreisblase (eine Überbewertung von z.B. Wertpapieren) erzeugen.

h) Die Ausgangssituation sei Punkt A in ▶*Abbildung 21.2*. Im Erwartungswert wird für jede Zinsänderung das beabsichtigte Produktionsniveau erreicht (gekennzeichnet durch die durchgezogene Gerade AB). Da die Unsicherheit, gekennzeichnet durch die beiden Parallelen zu AB, unabhängig von der Höhe der Zinsänderung ist, kann man durch ein im Vergleich zur Politik ohne Unsicherheit vorsichtigeres oder aggressiveres Verhalten keinen Gewinn erzielen. Deshalb sollte die Zentralbank genauso agieren, wie wenn sie keiner Unsicherheit über den Verlauf der *IS*-Kurve unterliegen würde, und den Zins auf i_1 setzen (i_2 bringt keinen Vorteil). Dadurch erreicht sie zumindest im Erwartungswert den Zielpunkt B.

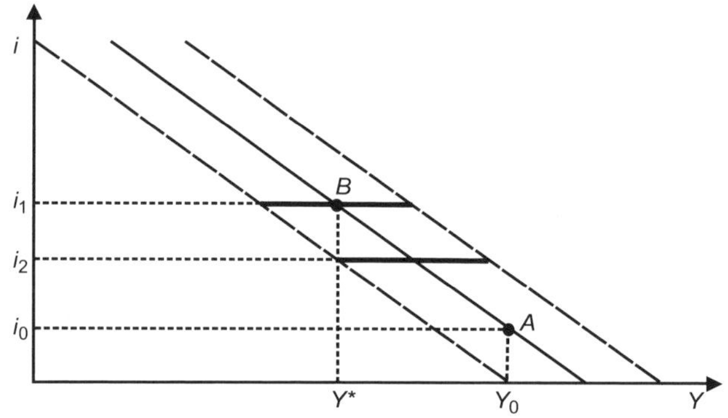

Abbildung 21.2: Situation additiver Unsicherheit

Quelle: Sack, B. und V. Wieland (2000, S. 220), Interest Rate Smoothing and Optimal Monetary Policy: A Review of Recent Empirical Evidence, in: Journal of Economics and Business (52)

i) Wieder sei die Ausgangssituation durch Punkt A in ▶*Abbildung 21.3* gekennzeichnet. Auch in dieser Situation wird für jede Zinsänderung im Erwartungswert das gewünschte Produktionsniveau erreicht (wieder entspricht die durchgezogene Gerade AB dem Erwartungswert). Allerdings steigt die Unsicherheit mit dem Ausmaß der Zinsänderung: Die gestrichelten Linien, die die Unsicherheit über den exakten Verlauf der *IS*-Kurve widerspiegeln, verlaufen nicht mehr parallel zu AB, sondern haben eine Kegelform mit der Ausgangssituation A als Spitze. Es entsteht ein Zielkonflikt *(trade-off)* zwischen besserem Ergebnis im Durchschnitt und höherer Unsicherheit. Dadurch lohnt es sich, zunächst einen kleineren Zinsschritt auf i_2 anstatt einen großen auf i_1 durchzuführen und dadurch die Unsicherheit zu reduzieren (erkennbar an der Verschiebung des „Unsicherheits-Kegels" von A nach B und der kürzeren Länge der Strecke EF im Vergleich zu CD). Hierbei handelt es sich um eine Erklärung für das bei praktisch allen Zentralbanken beobachtete Phänomen der Zinsglättung *(interest rate smoothing)*, das auch in ▶*Kapitel 23* noch einmal angesprochen wird.

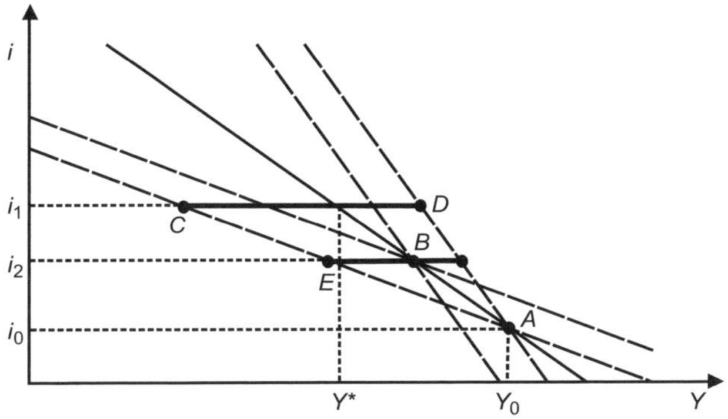

Abbildung 21.3: Situation von Parameterunsicherheit
Quelle: Sack, B. und V. Wieland (2000, S. 220), eigene Ergänzungen

3. Barro-Gordon-Modell

   Das kurzfristige aggregierte Angebot einer Modellökonomie sei beschrieben durch

   $$y = \bar{y} + a\left(\pi - \pi^e\right) \qquad (1.)$$

   wo $\bar{y}$ die Gleichgewichtsproduktion bei perfekter Preisflexibilität darstellt. Die Geldpolitik minimiert eine Verlustfunktion des Typs

   $$L = \left(\pi - \pi^*\right)^2 + \left(y - y^*\right)^2 \qquad (2.)$$

   Strukturelle Ineffizienzen führen zu einer Abweichung der Gleichgewichtsproduktion $\bar{y}$ vom Vollbeschäftigungsniveau.

   $$y^* = \bar{y} + \Delta \qquad (3.)$$

   a) Die Verlustfunktion wird offensichtlich minimiert, wenn $\pi = \pi^*$ und $y = y^*$. Dabei handelt es sich um die First-Best-Lösung in diesem Modell. Jegliche Abweichung von einer der beiden Zielvariablen sorgt für einen Verlust.

   b) Um die Reaktionsfunktion der Zentralbank zu bestimmen, minimiert man die Verlustfunktion (2.) unter der Nebenbedingung (1.) über π. Anstatt mit dem Lagrange-Verfahren geht dies einfacher, indem man zuerst die strukturellen Ineffizienzen (3.) und anschließend (1.) in (2.) direkt einsetzt:

   $$\min_{\pi} L = \left(\pi - \pi^*\right)^2 + \left(y - \bar{y} - \Delta\right)^2 \text{ u. d. Nb. } y = \bar{y} + a\left(\pi - \pi^e\right)$$

$$\Rightarrow \quad \min_{\pi} L = \left(\pi - \pi^*\right)^2 + \left[a\left(\pi - \pi^e\right) - \Delta\right]^2$$

Bei gegebenen Inflationserwartungen π^e ergibt sich als Bedingung erster Ordnung

$$\frac{dL}{d\pi} = 2\left(\pi - \pi^*\right) + 2\left[a\left(\pi - \pi^e\right) - \Delta\right]a = 0$$

Aufgelöst nach π folgt daraus als **Reaktionsfunktion der Zentralbank**

$$\pi = \frac{\pi^* + a^2\pi^e + a\Delta}{1 + a^2} \qquad (4.)$$

c) Rationale Wirtschaftssubjekte machen im Durchschnitt keine Fehler in ihrer Erwartungsbildung, sodass $E(\pi) = \pi^e$ sein muss. Angewendet auf (4.) ergibt sich damit

$$E(\pi) = \frac{\pi^* + a^2\pi^e + a\Delta}{1 + a^2} = \pi^e$$

und aufgelöst nach π^e

$$\pi^e = \pi^* + a\Delta \qquad (5.)$$

Hier zeigt sich, dass die Wirtschaftssubjekte im Gleichgewicht eine Inflationsrate über der Zielinflation π^* erwarten. Der Term $a\Delta$ wird als **Inflation Bias** bezeichnet.

d) π und y im Gleichgewicht lassen sich durch Einsetzen von (5.) in die Reaktionsfunktion (4.) und in (1.) bestimmen:

$$\pi = \frac{\pi^* + a^2\left(\pi^* + a\Delta\right) + a\Delta}{1 + a^2} = \pi^* + a\Delta \qquad (6.)$$

$$y = \overline{y} + a\left(\underbrace{\pi^* + a\Delta}_{\pi} - \underbrace{\pi^* + a\Delta}_{\pi^e}\right) = \overline{y} \qquad (7.)$$

Die Geldpolitik ist also nicht in der Lage, y über $\overline{y}$ anzuheben und damit den negativen Effekt der strukturellen Ineffizienzen zu mindern. Dennoch muss sie eine um den Inflation Bias über π^* liegende Inflationsrate hinnehmen. Damit ergibt sich als Verlust in dieser **diskretionären Lösung** des Barro-Gordon-Modells

$$L_D = (a\Delta)^2 + (\Delta)^2 = \left(1 + a^2\right)\Delta^2$$

e) Rationale Wirtschaftssubjekte antizipieren, dass die Zentralbank einen Anreiz hat, von ihrer einmal angekündigten Politik abzuweichen. Solange die Zentralbank nicht glaubhaft vermitteln kann, nicht von ihrer Ankündigung abzuweichen, basieren die Inflationserwartungen allein auf der antizipierten Reaktionsfunktion der Zentralbank. Etwaige Ankündigungen vorab haben dann keinen Einfluss auf π^e.

Spieltheoretisch betrachtet handelt es sich beim Barro-Gordon-Modell um ein mehrstufiges Spiel, das durch **Rückwärtsinduktion** gelöst wird. Darunter versteht man die Vorgehensweise, zur Lösung eines Spiels auf der letzten Spielstufe zu beginnen. Die optimale Reaktionsfunktion setzt man dann in die vorangehende Spielstufe ein und berechnet das Gleichgewicht. Dieses Konzept beruht auf der Annahme rationaler Wirtschaftssubjekte, die das Verhalten der Zentralbank in der letzten Spielstufe antizipieren.

f) Mit der Einführung eines glaubwürdigen Mechanismus gilt die Antwort von e) nicht mehr: Die Zentralbank ist jetzt in der Lage, jede gewünschte Inflationsrate anzukündigen, und die privaten Wirtschaftssubjekte richten ihre Erwartungen daran aus. Im Gegenzug ist die Zentralbank an diese Ankündigung gebunden, sie muss also $\pi = \pi^e$ setzen. Um die unter diesen Bedingungen optimale Inflationsrate zu bestimmen, muss die Geldpolitik die Verlustfunktion (2.) unter den Nebenbedingungen (1.) und $\pi = \pi^e$ minimieren:

$$\min_{\pi} L = (\pi - \pi^*)^2 + \left[a(\pi - \pi^e) - \Delta\right]^2 \quad \text{u. d. Nb. } \pi = \pi^e$$

$$\Rightarrow \quad \min_{\pi} L = (\pi - \pi^*)^2 + [-\Delta]^2$$

Damit ergibt sich offensichtlich bzw. aus der Bedingung erster Ordnung, dass im Optimum $\pi = \pi^*$. Damit ist auch $E(\pi) = \pi^* = \pi^e$ und deshalb $y = \bar{y}$ im Gleichgewicht. Wieder kann die Geldpolitik den negativen Effekt der strukturellen Ineffizienzen nicht mindern, in dieser sogenannten Commitment-Lösung muss sie aber keinen Inflation Bias hinnehmen. Der Verlust berechnet sich als

$$L_C = (0)^2 + (\Delta)^2 = \Delta^2$$

und ist damit um den Verlust aus dem Inflation Bias $(a\Delta)^2$ kleiner als L_D.

Mechanismus-Design

In Aufgabe f) haben wir überhaupt nicht angesprochen, wie der glaubwürdige Mechanismus aussieht, der der Zentralbank das Erreichen der Commitment-Lösung ermöglicht. Es gibt eine eigene Forschungsrichtung der Ökonomie, die sich mit der optimalen Gestaltung solcher Mechanismen beschäftigt. Beispiele der verschiedenen Möglichkeiten der Annäherung an die Commitment-Lösung sind starre Regeln für die Inflationsrate, die Geldmenge oder den Zins, die Übertragung der Geldpolitik an einen konservativen Zentralbanker oder die Vereinbarung eines zustandsabhängigen Zentralbankkontrakts. Einen guten Einstieg in diese Literatur (und weitere interessante Aspekte der Geldpolitik) vermittelt das Lehrbuch von G. Illing (1997), *Theorie der Geldpolitik*, Springer Verlag.

g) Die Antwort haben Sie bereits bei e) gegeben. Jetzt können wir den Anreiz für $\pi^e = \pi^*$ genau berechnen: Dazu setzen wir einfach $\pi^e = \pi^*$ in die Reaktionsfunktion (4.) ein und erhalten als optimale Reaktion

$$\pi = \frac{\pi^* + a^2\pi^* + a\Delta}{1+a^2} = \pi^* + \frac{a\Delta}{1+a^2} \tag{8.}$$

Daraus ergibt sich eingesetzt in (1.)

$$y = \bar{y} + a\left(\underbrace{\pi^* + \frac{a\Delta}{1+a^2}}_{\pi} - \underbrace{\pi^*}_{\pi^e}\right) = \bar{y} + \frac{a^2\Delta}{1+a^2} \tag{9.}$$

Die Geldpolitik könnte also temporär durch eine überraschend durchgeführte Inflation einen Teil der strukturellen Ineffizienzen beseitigen. Dadurch kann sie den Verlust auf

$$L_{\ddot{U}} = \left(\frac{a\Delta}{1+a^2}\right)^2 + \left(\frac{a^2\Delta}{1+a^2} - \Delta\right)^2 = \frac{(a\Delta)^2 + \left[a^2\Delta - (1+a^2)\Delta\right]^2}{(1+a^2)^2}$$

$$\Rightarrow \quad L_{\ddot{U}} = \frac{(a\Delta)^2 + [-\Delta]^2}{(1+a^2)^2} = \frac{\Delta^2}{1+a^2} \quad < L_C$$

begrenzen. Hier wird noch einmal das **Zeitinkonsistenzproblem** der Geldpolitik deutlich: Haben die Wirtschaftssubjekte auf Grund der Ankündigung der Zentralbank niedrige Inflationserwartungen gebildet, hat die Geldpolitik danach einen Anreiz, eine Überraschungsinflation durchzuführen und dadurch eine höhere Produktion zu erzielen. Rationale Wirtschaftssubjekte werden dies antizipieren und deshalb von vornherein ihre Inflationserwartungen so hoch setzen, dass der marginale Nutzen für die Geldpolitik aus einer Überraschungsinflation gleich den marginalen Kosten aus zusätzlicher Inflation ist. Dann ist die angekündigte Politik auch ex post optimal und wir befinden uns im diskretionären Gleichgewicht *D*.

h)

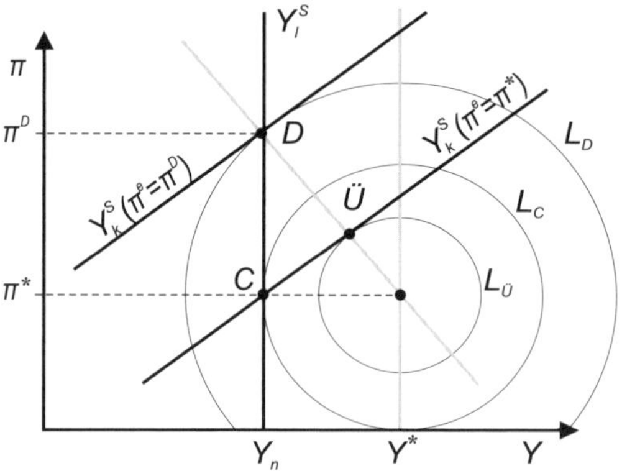

Abbildung 21.4: Zeitinkonsistenzproblem im Barro-Gordon-Modell

22 Die Fiskalpolitik – eine Zusammenfassung

22.1 Wissens- und Verständnistests

Multiple Choice

1. Die Definition des offiziellen staatlichen Budgetdefizits lautet:
   a) Die Veränderung der Staatsverschuldung zur Vorperiode ist gleich den nominalen Zinszahlungen auf die Staatsverschuldung abzüglich der Staatsausgaben zuzüglich der um die Transferzahlungen korrigierten Steuereinnahmen.
   b) Die Veränderung der Staatsverschuldung zur Vorperiode ist gleich den Staatsausgaben abzüglich der um die Transferzahlungen korrigierten Steuereinnahmen.
   c) Die Veränderung der Staatsverschuldung zur Vorperiode ist gleich den nominalen Zinszahlungen auf die Staatsverschuldung zuzüglich der Staatsausgaben abzüglich der um die Transferzahlungen korrigierten Steuereinnahmen.
   d) Die Veränderung der Staatsverschuldung zur Vorperiode ist gleich den um die Transferzahlungen korrigierten Steuereinnahmen abzüglich der Staatsausgaben.
2. Der für die bisherige Entwicklung der Schuldenquote im Zeitablauf relevante Zinssatz ist
   a) der ex post realisierte reale Zinssatz, d.h. der nominale Zinssatz auf die Staatsanleihen abzüglich der aktuellen Inflationsrate.
   b) der ex ante geforderte reale Zinssatz, d.h. der nominale Zinssatz auf die Staatsanleihen abzüglich der erwarteten Inflationsrate.
   c) der für die Zukunft erwartete nominale Zinssatz auf die Staatsanleihen abzüglich der aktuellen Inflationsrate.
   d) der für die Zukunft erwartete reale Zinssatz auf die Staatsanleihen zuzüglich der erwarteten Inflationsrate.
3. Welchen der folgenden Ausdrücke bezeichnet man als Primärdefizit?
   a) $(1+i_t)B_{t-1}+G_t-T_t$
   b) G_t-T_t
   c) $r_tB_{t-1}+G_t-T_t$
   d) $i_tB_{t-1}+G_t-T_t$

4. Welcher der folgenden Ausdrücke repräsentiert die reale Staatsverschuldung zum Zeitpunkt t?

   a) $\frac{B_t}{P_t} = (1+r_t)\frac{B_{t-1}}{P_{t-1}} + \frac{G_t - T_t}{P_t}$

   b) $\frac{B_t}{P_t} = (1+i_t)\frac{B_{t-1}}{P_{t-1}} + \frac{G_t - T_t}{P_t}$

   c) $\frac{B_t}{P_t} = (1+r_t)\frac{B_{t-1}}{P_t} + \frac{G_t - T_t}{P_t}$

   d) $\frac{B_t}{P_t} = (1+r_t)\frac{B_{t-1}}{P_{t-1}} + \frac{G_t - T_t}{P_{t-1}}$

5. Welcher Unterschied besteht zwischen dem offiziellen Budgetdefizit und dem inflationsbereinigten (korrekten) Budgetdefizit?

   a) Das offizielle Budgetdefizit überschätzt das inflationsbereinigte Budgetdefizit um einen Betrag in Höhe von πB.

   b) Das offizielle Budgetdefizit unterschätzt das inflationsbereinigte Budgetdefizit um einen Betrag in Höhe von rB.

   c) Das offizielle Budgetdefizit überschätzt das inflationsbereinigte Budgetdefizit um einen Betrag in Höhe von rB.

   d) Das offizielle Budgetdefizit unterschätzt das inflationsbereinigte Budgetdefizit um einen Betrag in Höhe von πB.

6. Die nominale Staatsverschuldung am Ende des Jahres t ist umso höher, je geringer

   a) die Staatsausgaben im Jahr t sind.

   b) die Steuereinnahmen abzüglich der Transfers im Jahr t sind.

   c) die Staatsverschuldung am Ende des Jahres $t - 1$ ist.

   d) der Nominalzins im Jahr t ist.

7. Nehmen Sie an, die Regierung senkt zum Zeitpunkt t einmalig die Steuern. Welche Konsequenzen hat dies in Zukunft, wenn die Regierung ein ausgeglichenes Budget anstrebt?

   a) Die benötigte Steuererhöhung in der Zukunft ist umso geringer, je höher der Realzins ist.

   b) Die benötigte Steuererhöhung in der Zukunft ist umso geringer, je länger die Regierung wartet, die Steuern zu erhöhen.

   c) Die benötigte Steuererhöhung in der Zukunft ist umso höher, je weniger lange die Regierung wartet, die Steuern zu erhöhen.

   d) Die benötigte Steuererhöhung in der Zukunft ist umso höher, je höher der Realzins ist.

8. Welcher der folgenden Ausdrücke repräsentiert die Veränderung der Schuldenquote?

   a) $b_t - b_{t-1} = (r_t - g_t)b_{t-1} + \frac{G_t - T_t}{P_t Y_t}$

   b) $b_t - b_{t-1} = (g_t - r_t)b_{t-1} + \frac{G_t - T_t}{P_t Y_t}$

   c) $b_t - b_{t-1} = (i_t - \pi_t)b_{t-1} + \frac{G_t - T_t}{P_t Y_t}$

   d) $b_t - b_{t-1} = (i_t - g_t)b_{t-1} + \frac{G_t - T_t}{P_t Y_t}$

9. Der Anstieg der Schuldenquote ist umso geringer, je
   a) höher der reale Zinssatz ist.
   b) geringer die Steuereinnahmen sind.
   c) höher die Staatsausgaben sind.
   d) höher die Wachstumsrate der Produktion ist.

10. Nehmen Sie an, die Regierung senkt die Steuern zu Beginn des nächsten Jahres. Gleichzeitig kündigt sie an, die Steuern in zehn Jahren zu erhöhen. Mit welchen Auswirkungen ist im nächsten Jahr gemäß dem ricardianischen Äquivalenztheorem zu rechnen?
    a) Der Konsum wird ansteigen.
    b) Das private Sparen bleibt unverändert.
    c) Der private Konsum verändert sich nicht.
    d) Das private Sparen verringert sich.

11. Welche der folgenden Aussagen bezüglich Hyperinflation trifft zu?
    a) Hohe Inflationsraten gehen mit einem geringen Budgetdefizit einher.
    b) Das nominale Geldmengenwachstum ist hoch, weil das Budgetdefizit hoch ist.
    c) Das nominale Geldmengenwachstum ist gering, weil das Budgetdefizit gering ist.
    d) Die Regierung hat unter anderem die Alternative, ihre Ausgaben durch Geldschöpfung zu finanzieren.

12. Was bezeichnet man als „Monetarisierung“ der öffentlichen Schuld?
    a) Die Regierung finanziert das Budgetdefizit durch eine Steuererhöhung.
    b) Die Regierung finanziert das Budgetdefizit durch Kreditaufnahme im Ausland.
    c) Die Regierung finanziert das Budgetdefizit durch Geldschöpfung.
    d) Ein Land, das sich in einer Hyperinflation befindet, verhandelt mit dem Ausland um einen Erlass der Schulden.

13. Welches der folgenden Ereignisse ist ein Anzeichen für eine nahende Hyperinflation?
    a) Die Regierung erhöht die Kreditaufnahme im Ausland.
    b) Die Regierung erhöht die Ausgabe von Staatsanleihen im Inland.
    c) Die Regierung erhöht die Steuern.
    d) Die Regierung finanziert die öffentliche Schuld ausschließlich durch Monetarisierung.
14. Was verstehen Sie unter Seignorage?
    a) Die realen Einnahmen aus der Geldschöpfung.
    b) Der Anstieg der nominalen Geldmenge.
    c) Der Anteil der Staatsverschuldung, der durch das Ausland finanziert wird.
    d) Die Reduzierung der Steuereinnahmen während einer Hyperinflation.
15. Welcher formale Ausdruck steht für Seignorage?
    a) $\frac{\Delta H}{\Delta P}$
    b) $\frac{H}{\Delta P}$
    c) $\frac{\Delta H}{P} \cdot \frac{H}{\Delta P}$
    d) $\frac{\Delta H}{P}$
16. Welche Aussage trifft auf Schuldenschnitte zu?
    a) Sie ermöglichen eine Reduktion der Steuersätze und somit der Verzerrungen, die sich aus den hohen Steuersätzen ergeben. Dies kann positive wirtschaftliche Effekte haben.
    b) Schuldenschnitte bedeuten immer, dass Gläubiger vollständig auf ihre Forderungen verzichten müssen.
    c) Schuldenschnitte erleichtern den betroffenen Staaten danach den Zugang zu frischen Krediten auf Finanzmärkten.
    d) Schuldenschnitte bedeuten, dass ausnahmsweise auch private Gläubiger mal auf ihre Forderungen verzichten müssen.

Wahr/Falsch: Welche der jeweiligen Aussagen sind wahr, welche falsch?

17. Der Vertrag von Maastricht setzt konkrete Obergrenzen für die Defizitquote und die Schuldenquote fest. Welche Aussage trifft zu?
    a) Die Obergrenze für die Defizitquote beträgt 3%, für die Schuldenquote 60%.
    b) Bei einer Defizitquote von 3% konvergiert die Schuldenquote langfristig gegen null.

c) Bei einer Inflationsrate von 2%, einer Wachstumsrate der Produktion von 3% und einer Defizitquote von 3% konvergiert die Schuldenquote langfristig gegen 60%.

d) Der Wert, gegen den langfristig die Schuldenquote b für den Fall einer konstanten Defizitquote d, konstanter Inflation und konstanter Wachstumsrate der Produktion konvergiert, kann berechnet werden mit: $b = d \,/\, (g - \pi)$.

18. Wozu führt ein Anstieg des Budgetdefizits durch eine Steuersenkung unter den Annahmen der ricardianischen Äquivalenz?

a) Der private Konsum bleibt unverändert.

b) Das private Sparen nimmt im Verhältnis 1:1 mit dem Budgetdefizit zu.

c) Die langfristige Kapitalakkumulation und damit die Produktion werden durch Budgetdefizite nicht beeinflusst.

d) Der private Konsum nimmt im Verhältnis 1:1 mit dem Budgetdefizit zu.

19. Welche Aussage kann anhand der Maßzahl des konjunkturbereinigten Defizits getroffen werden?

a) Ist das tatsächliche Defizit groß, dann ist stets auch das konjunkturbereinigte Defizit groß.

b) Wenn das konjunkturbereinigte Defizit gleich null ist, dann resultiert aus der aktuellen Fiskalpolitik kein systematischer Anstieg der Staatsverschuldung.

c) Liegt der Schätzwert der natürlichen Produktion unter dem tatsächlichen Wert, dann resultiert daraus eine Unterschätzung des konjunkturbereinigten Defizits.

d) Ein Anstieg des Primärdefizits verursacht einen Anstieg des konjunkturbereinigten Defizits.

20. Welche Konsequenzen hat eine Finanzierung von Kriegen durch Defizite?

a) Der Kapitalstock in der Zukunft ist geringer und ein Teil der Kriegslasten wird an zukünftige Generationen weitergegeben.

b) Der private Konsum und die Investitionen verringern sich gleichermaßen.

c) Die Investitionen verringern sich bei einer Steuerfinanzierung in stärkerem Maße als bei einer Kreditfinanzierung.

d) Die Verzerrungen durch die Besteuerung werden durch den Aufbau von Defiziten in Kriegszeiten nicht erhöht.

21. Welchen Aussagen über die kurz-, mittel- und langfristigen Auswirkungen eines Budgetdefizits stimmen Sie zu?

a) Kurzfristig kommt es zu einem Anstieg der Produktion, mittelfristig zu keiner Änderung und langfristig kommt es zu einem Rückgang der Produktion.

b) Kurzfristig kommt es zu einem Rückgang der Produktion, mittelfristig zu keiner Änderung und langfristig kommt es ebenfalls zu einem Rückgang der Produktion.

c) Sowohl kurz-, mittel- als auch langfristig kommt es zu einem Anstieg der Produktion.

d) Sowohl kurz-, mittel- als auch langfristig verändert sich die Zusammensetzung der Produktion.

22. Welche Konsequenzen für die gesamte Volkswirtschaft verbergen sich hinter einer sehr hohen Staatsverschuldung?
    a) Ein sehr hohes Niveau der Staatsverschuldung führt zu einem Sinken des realen Zinssatzes.
    b) Eine hohe Staatsverschuldung führt zu einem Sinken des realen Zinssatzes und dies führt zu einem Sinken der Schuldenquote.
    c) Eine sehr hohe Staatsverschuldung führt zu einem Anstieg des realen Zinssatzes und dies führt wiederum zu einem Anstieg der Schuldenquote.
    d) Eine sehr hohe Schuldenquote erhöht zumindest bei nicht ausreichend unabhängigen Zentralbanken die Gefahr von hoher Inflation.

23. Was sind typische Konsequenzen von Hyperinflation?
    a) Wirtschaftssubjekte gehen vermehrt zu Tauschhandel über.
    b) Wirtschaftssubjekte verwenden ausländische Währung zur Wertaufbewahrung.
    c) Wirtschaftssubjekte schränken den Tauschhandel ein.
    d) Die reale Geldhaltung verringert sich.

24. Welcher Zusammenhang besteht zwischen Seignorage, der Wachstumsrate der nominalen Geldmenge und der realen Geldmenge?
    a) Je höher die reale Geldmenge, desto höher ist die Seignorage für eine gegebene Wachstumsrate der nominalen Geldmenge.
    b) Je höher die Wachstumsrate der nominalen Geldmenge, desto geringer ist die Seignorage für eine gegebene reale Geldmenge.
    c) Je geringer die reale Geldmenge, desto höher ist die Seignorage für eine gegebene Wachstumsrate der nominalen Geldmenge.
    d) Je höher die Wachstumsrate der nominalen Geldmenge, desto höher ist die Seignorage für eine gegebene reale Geldmenge.

25. Der Abbau der Schuldenquoten nach dem Zweiten Weltkrieg in Australien, Großbritannien, Kanada und Neuseeland
    a) basierte auch auf Primärüberschüssen.
    b) basierte in erster Linie auf $r < g$.
    c) wäre ohne Schuldenschnitt nicht möglich gewesen.
    d) wurde durch Inflation erleichtert.

26. Zeitweise lag im Jahr 2012 der Zinssatz für italienische Anleihen mit 10-jähriger Laufzeit mehr als 5 Prozentpunkte und der spanischer Anleihen sogar bei fast 6 Prozentpunkten über dem Zinssatz deutsche Bundesanleihen gleicher Laufzeit. Diese Aufschläge lassen sich darauf zurückführen, dass
    a) die Inflationsraten in diesen Ländern höher waren als in Deutschland.
    b) die Sparquoten niedriger waren als in Deutschland.

c) die Finanzinvestoren Schuldenschnitte in den Ländern fürchteten.

d) die Finanzinvestoren das Ausscheiden dieser Länder aus dem Euroraum fürchteten.

Basiswissen

27. Arithmetik der staatlichen Budgetrestriktion

a) Leiten Sie formal einen Ausdruck für die Veränderung der Staatsschuld zwischen zwei Perioden her! Unterscheiden Sie Fälle, bei denen es zu einem Anstieg bzw. zu einem Rückgang der Verschuldung kommt!

b) Leiten Sie einen Ausdruck für die Veränderung der Schuldenquote ab! Erläutern Sie, von welchen Größen die Veränderung der Schuldenquote abhängt!

22.2 Übungsaufgaben

1. Die offizielle und die inflationsbereinigte Maßzahl für das Budgetdefizit

Nehmen Sie zur Beantwortung folgender Fragen an, dass Staatsausgaben, Steuereinnahmen und Staatsverschuldung in realen Einheiten gemessen sind. Folgende Werte seien gegeben:

$G_t = 500$ $T_t = 450$ $i_t = 10\%$ $\pi_t = 2\%$ $B_{t-1} = 1.900$

a) Berechnen Sie anhand der Angaben die offizielle Maßzahl für das Budgetdefizit und das Primärdefizit!

b) Berechnen Sie die inflationsbereinigte (korrekte) Maßzahl für das Budgetdefizit und zeigen Sie, um wie viel die offizielle Maßzahl das korrekte Budgetdefizit überschätzt!

c) Wie müssten sich die Steuereinnahmen verändern, wenn die Regierung das Ziel hat, die Staatsverschuldung zwischen den Zeitpunkten $t-1$ und t konstant zu halten? Wie müssten sich die Steuereinnahmen verändern, wenn die Staatsverschuldung zum Zeitpunkt t vollständig getilgt werden soll?

d) Berechnen Sie die offizielle und die inflationsbereinigte Maßzahl für das Budgetdefizit für folgende Inflationsraten: 3%, 5%, 7%, 10%. Verändert sich der Unterschied zwischen beiden Maßzahlen mit steigender Inflation? Erläutern Sie!

2. Der Vertrag von Maastricht legt als Kriterien für den Beitritt zum Euro Obergrenzen für die jährliche Neuverschuldung und die Gesamtverschuldung fest.

a) Zeigen Sie, gegen welchen Wert die Schuldenquote langfristig konvergiert, wenn nominale Defizitquote, Inflationsrate und reale Wachstumsrate konstant sind!

b) Charakterisieren Sie formal und grafisch den Anpassungspfad für eine gegebene Ausgangsverschuldung!

c) Untersuchen Sie, wie sich die langfristige Schuldenquote verändert, falls (1) die reale Wachstumsrate zurückgeht bzw. (2) eine niedrigere Defizitquote d verwirklicht werden soll!

d) Was versteht man unter dem Nachhaltigkeitskonzept der Staatsverschuldung? Zeigen Sie anhand der staatlichen Budgetrestriktion, welche Bedingungen erfüllt sein müssen, damit Nachhaltigkeit der Finanzpolitik gewährleistet ist!

3. Aktuelle vs. zukünftige Steuern und Schuldenquote

Nehmen Sie an, eine Volkswirtschaft weist bis zum Zeitpunkt $t = 1$ einen Schuldenstand von null auf. Die Staatsausgaben betragen über alle Perioden konstant $G = 1.000$ und der Realzins ist ebenfalls konstant bei $r = 10\%$ (das Preisniveau sei ebenfalls als konstant angenommen).

a) Zum Zeitpunkt $t = 1$ beschließt die Regierung, die Steuern einmalig um 100 zu senken. Des Weiteren plant die Regierung, die daraus resultierende Staatsschuld zum Zeitpunkt $t = 10$ zu tilgen. Von Zeitpunkt $t = 2$ bis $t = 9$ sei das Primärdefizit gleich null. Berechnen Sie die Steuereinnahmen in $t = 10$, die zur Tilgung der Staatsverschuldung benötigt werden!

b) Die Regierung beschließt statt einer Tilgung der Staatsverschuldung, dass die Staatsverschuldung ab Periode $t = 2$ durch eine Anpassung der Steuereinnahmen lediglich stabilisiert werden soll. Berechnen Sie die nötige Steuererhöhung!

Gehen Sie für die Beantwortung der folgenden Teilaufgabe von folgenden Werten aus:

$B_{t-1} = 1.120$ $\quad Y_{t-1} = 2.800$ $\quad g = 2\% \ \forall t$ $\quad r = 6\% \ \forall t$ $\quad G_t = 900$ $\quad T_t = 800$

Das Preisniveau sei konstant bei $P = 1$.

c) Berechnen Sie die Schuldenquote zu den Zeitpunkten $t - 1$ und t! Kommt es zu einer Veränderung der Schuldenquote? Aus welchem Grund?

d) Nennen Sie je zwei Konstellationen, bei denen es zu einem Anstieg bzw. Rückgang der Schuldenquote im Zeitverlauf kommt!

4. Monetarisierung der Staatsschuld und hohe Inflation

a) Die Regierung eines Landes hat zur Finanzierung zusätzlicher Staatsausgaben zwei Alternativen: (1) die Finanzierung über Kredite oder (2) die Finanzierung über Geldschöpfung bzw. Monetarisierung der Staatsschulden. Zeigen Sie grafisch anhand des *IS-LM-PC*-Modells die kurz- und mittelfristigen Auswirkungen beider Finanzierungsalternativen auf Produktion, Zinssatz und Inflation! Gehen Sie davon aus, dass sich die Volkswirtschaft in der Ausgangssituation in einem mittelfristigen Gleichgewicht befindet. Kurze Erläuterung!

b) Die Regierung wählt zur Finanzierung zusätzlicher Staatsausgaben die Geldschöpfung bzw. Monetarisierung der Staatsschulden. In der Folge wird eine durchschnittliche monatliche Inflationsrate von 10% gemessen. Wie hoch ist die jährliche Inflationsrate? Wie ändert sich Ihr Ergebnis bei einer durchschnittlichen monatlichen Inflationsrate von 25% bzw. 35%?

c) Durch die Monetarisierung der Staatsschuld kam es in der Volkswirtschaft zu einer Hyperinflation. Es wird im Folgejahr festgestellt, dass die jährliche Inflationsrate 12.000% betrug. Berechnen Sie die durchschnittliche monatliche Inflationsrate im vergangenen Jahr! Wie ändert sich Ihr Ergebnis bei einer jährlichen Inflationsrate von 36.000% bzw. 125.000%?

5. Multiple, sich selbst erfüllende Gleichgewichte

   Nehmen Sie an, die Kosten eines Staatsbankrotts betrügen konstant $C = 4$. Die Vorteile eines Schuldenschnitts seien $B_E = b^2$ im Falle hoher Kapitalmarktzinsen und $B_U = 0{,}5 \cdot b^2$ im Falle niedriger Kapitalmarktzinsen auf Staatsanleihen, wobei b die Schuldenquote symbolisiert.

   a) Bei welcher Schuldenquote kommt es auf keinen Fall zu einem Schuldenschnitt?

   b) Bei welcher Schuldenquote kommt es in jedem Fall zu einem Schuldenschnitt?

   c) Bei welchen Schuldenquoten können multiple Gleichgewichte entstehen und was bedeutet das in Bezug auf die Fragestellung? Welche geldpolitischen Implikationen ergeben sich daraus?

Lösungen zu Kapitel 22

22.1 Wissens- und Verständnistests

Multiple Choice

1. c)
2. a)
3. b)
4. a)
5. a)
6. b)
7. d)
8. a)
9. d)
10. c)
11. b)
12. c)
13. d)
14. a)
15. d)
16. a)

Wahr/Falsch

17. W, F, W, F
18. W, W, W, F
19. F, W, F, W
20. W, F, F, W
21. W, F, F, W

22. F, F, W, W
23. W, W, F, W
24. W, F, F, W
25. W, W, F, W
26. F, F, W, W

Basiswissen

27. Arithmetik der staatlichen Budgetrestriktion

a) In jeder Periode (Jahr) t müssen die Ausgaben des Staates (inkl. Zinszahlungen) durch die Einnahmen (inkl. des Defizits) gedeckt werden. Auf der Einnahmenseite des Staates stehen in t die Steuereinnahmen T_t sowie das Defizit $(B_t - B_{t-1})$, wobei B_{t-1} die Höhe des Schuldenstands am Ende von $t - 1$ misst. Auf der Ausgabenseite stehen in t die Staatsausgaben G_t sowie die Zinsbelastung $i_t\, B_{t-1}$:

$$T_t + (B_t - B_{t-1}) = G_t + i_t B_{t-1}$$

Um zu einem Ausdruck für die Veränderung der Staatsverschuldung (ΔB_t) zwischen Periode $t - 1$ und t zu gelangen, wird obige Budgetrestriktion nach $B_t - B_{t-1}$ aufgelöst:

$$B_t - B_{t-1} = i_t B_{t-1} + (G_t - T_t) \qquad (1.)$$

bzw. mit realen Größen:

$$\frac{B_t}{P_t} - \frac{B_{t-1}}{P_{t-1}} = r_t \frac{B_{t-1}}{P_{t-1}} + \frac{(G_t - T_t)}{P_t}$$

Die Veränderung der Staatsverschuldung setzt sich zusammen aus den Zinszahlungen für die Verschuldung der Vorperiode sowie dem Primärdefizit $(G_t - T_t)$.

Unterscheidung von Fällen, bei denen es zu einem Anstieg bzw. Rückgang der Staatsverschuldung kommt:

Von einem Primärdefizit ist zu sprechen, wenn $G_t - T_t > 0$ bzw. $G_t > T_t$; ein Primärüberschuss liegt vor, wenn $G_t - T_t < 0$ bzw. $G_t < T_t$.

1. Fall: Primärüberschuss $G_t < T_t$

i. $T_t - G_t > i_t B_{t-1}$

$\Rightarrow$ Die Staatsverschuldung verringert sich: $B_t - B_{t-1} < 0$

ii. $0 < T_t - G_t < i_t B_{t-1}$

$\Rightarrow$ Der Primärüberschuss kann Zinszahlungen nicht voll finanzieren (teilweise Finanzierung der Zinszahlung). Die Staatsverschuldung steigt:

$B_t - B_{t-1} > 0$

2. Fall: Primärdefizit $G_t > T_t$

$\Rightarrow$ Neue Kredite müssen das Primärdefizit bzw. einen Teil der Staatsausgaben und die Zinszahlungen finanzieren. Die Staatsverschuldung steigt:

$B_t - B_{t-1} > 0$

b) Die Schuldenquote zum Zeitpunkt t ist definiert als der Quotient zwischen der Verschuldung und dem nominalen BIP $P_t Y_t$ zum Zeitpunkt t. Für die Schuldenquote b zum Zeitpunkt t bzw. Zeitpunkt $t-1$ gilt somit:

$$b_t = \frac{B_t}{P_t Y_t} \text{ bzw. } b_{t-1} = \frac{B_{t-1}}{P_{t-1} Y_{t-1}}$$

Auflösen von Gleichung (1.) aus Teilaufgabe a) nach B_t und Teilen durch das nominale BIP führen zu:

$$\frac{B_t}{P_t Y_t} = (1+i_t)\frac{B_{t-1}}{P_t Y_t} + \frac{G_t - T_t}{P_t Y_t} \qquad (2.)$$

Der Term $\frac{B_{t-1}}{P_t Y_t}$ wird mit $\left(\frac{P_{t-1} Y_{t-1}}{P_{t-1} Y_{t-1}}\right)$ erweitert und lässt sich daher schreiben als

$\left(\frac{P_{t-1}}{P_t}\right)\left(\frac{Y_{t-1}}{Y_t}\right)\frac{B_{t-1}}{P_{t-1} Y_{t-1}}$.

Nach Einsetzen und Umformen der Terme gelangt man zu:

$$\frac{B_t}{P_t Y_t} = (1+i_t)\left(\frac{P_{t-1}}{P_t}\right)\left(\frac{Y_{t-1}}{Y_t}\right)\frac{B_{t-1}}{P_{t-1} Y_{t-1}} + \frac{G_t - T_t}{P_t Y_t}$$

Einsetzen der Schuldenquote b führt zu:

$$b_t = (1+i_t)\left(\frac{P_{t-1}}{P_t}\right)\left(\frac{Y_{t-1}}{Y_t}\right) b_{t-1} + \frac{G_t - T_t}{P_t Y_t} \qquad (3.)$$

Da

$$Y_t = (1+g_t) Y_{t-1} \text{ und } P_t = (1+\pi_t) P_{t-1}$$

gilt:

$$\frac{1}{(1+g_t)} = \frac{Y_{t-1}}{Y_t} \text{ und } \frac{1}{(1+\pi_t)} = \frac{P_{t-1}}{P_t}$$

Einsetzen in (3.) ergibt

$$b_t = (1+i_t)\left(\frac{1}{1+\pi_t}\right)\left(\frac{1}{1+g_t}\right) b_{t-1} + \frac{G_t - T_t}{P_t Y_t} \text{ bzw.}$$

$$b_t = \frac{1+i_t}{(1+\pi_t)(1+g_t)} b_{t-1} + \frac{G_t - T_t}{P_t Y_t}$$

Proposition 6 im Anhang B des Lehrbuchs von Blanchard/Illing zeigt, dass der erste Term auf der rechten Seite folgendermaßen mittels einer Approximation vereinfacht werden kann:

$$\frac{1+i_t}{(1+\pi_t)(1+g_t)} \approx 1+i_t - \pi_t - g_t = 1 + r_t - g_t \,.$$

Eingesetzt ergibt sich:

$$b_t = (1+r_t - g_t) b_{t-1} + \frac{G_t - T_t}{P_t Y_t}$$

Für die Veränderung der Schuldenquote gilt somit:

$$b_t - b_{t-1} = (r_t - g_t) b_{t-1} + \frac{G_t - T_t}{P_t Y_t} \qquad (4.)$$

Aus Gleichung (4) folgt, dass der Anstieg der Schuldenquote umso stärker ist,

- je höher der Realzins r ist.
- je geringer die Wachstumsrate der Produktion g_t ist.
- je höher die ursprüngliche Schuldenquote b_{t-1} ist.
- je höher das Primärdefizit $G_t - T_t$ ist.

22.2 Übungsaufgaben

1. Die offizielle und die inflationsbereinigte Maßzahl für das Budgetdefizit

   a) Die Formel zur Berechnung des nominalen bzw. offiziellen Budgetdefizits zum Zeitpunkt t lautet:

$$B_t - B_{t-1} = i_t B_{t-1} + (G_t - T_t)$$

bzw.

$$B_t = (1+i_t) B_{t-1} + (G_t - T_t)$$

Einsetzen der gegebenen Werte ergibt somit für B_t:

$$B_t = (1+0{,}1)1.900 + (500 - 450)$$
$$B_t = 2.140$$

Daraus folgt die offizielle Maßzahl für das Budgetdefizit zum Zeitpunkt t:

$$B_t - B_{t-1} = 2.140 - 1.900 = 240$$

Das Primärdefizit zum Zeitpunkt t beträgt:

$$G_t - T_t = 500 - 450 = 50$$

b) Die Maßzahl für das inflationsbereinigte Budgetdefizit benötigt anstelle des Nominalzinses den Realzins. Der Realzins ergibt sich näherungsweise aus der Differenz zwischen Nominalzins und Inflationsrate:

$$r_t \approx i_t - \pi_t = 0{,}1 - 0{,}02 = 0{,}08$$

Da in der Angabe bereits reale Größen für Verschuldung, Staatsausgaben und Steuereinnahmen gegeben sind, erfolgt die Berechnung des inflationsbereinigten Budgetdefizits analog zu Teilaufgabe a), lediglich mit dem Unterschied, dass der Realzins verwendet wird:

$$B_t = (1 + r_t)B_{t-1} + (G_t - T_t)$$

$$\Rightarrow \begin{array}{l} B_t = (1 + 0{,}08)1.900 + (500 - 450) \\ B_t = 2.102 \end{array}$$

Daraus folgt die inflationsbereinigte Maßzahl für das Budgetdefizit:

$$B_t - B_{t-1} = 2.102 - 1.900 = 202$$

Die Differenz aus offizieller (240) und inflationsbereinigter Maßzahl (202) für das Budgetdefizit beträgt 38. Die offizielle Maßzahl überschätzt folglich die korrekte (inflationsbereinigte) Maßzahl für das Budgetdefizit um 38.

c) Wenn die Staatsverschuldung zwischen den Zeitpunkten $t - 1$ und t konstant gehalten werden soll, dann muss für das Budgetdefizit zum Zeitpunkt t gelten:

$$B_t - B_{t-1} = 0 \text{ bzw. } B_t = B_{t-1} = 1.900$$

Unter Verwendung von:

$$B_t = (1 + r_t)B_{t-1} + (G_t - T_t)$$

$$\leftrightarrow 1.900 = (1 + 0{,}08)1.900 + (500 - T_t)$$

ergeben sich die nötigen Steuereinnahmen, um die Verschuldung konstant zu halten:

$$T_t = 2.052 + 500 - 1.900 = 652$$

Um die Staatsverschuldung konstant zu halten, muss die Regierung die Steuereinnahmen um 202 ($\Delta T = 652 - 450$) erhöhen.

Wenn die Regierung plant, die Staatsschulden zum Zeitpunkt t vollständig zu tilgen, gilt für die Verschuldung zum Zeitpunkt t: $B_t = 0$

Einsetzen in

$$B_t = (1+r_t)B_{t-1} + (G_t - T_t)$$

$$\Rightarrow 0 = (1+0{,}08)1.900 + (500 - T_t)$$

$$\Rightarrow T_t = 2.052 + 500 = 2.552$$

Um die Staatsverschuldung in t vollständig zu tilgen, muss die Regierung die Steuereinnahmen um 2.102 ($\Delta T = 2.552 - 450$) erhöhen.

d) Berechnung der offiziellen und der inflationsbereinigten Maßzahlen für das Budgetdefizit für verschiedene Inflationsraten unter der Annahme, dass alle anderen Größen unverändert bleiben:

Inflationsrate	**Offizielle Maßzahl**	**Inflationsbereinigte Maßzahl**
3%	240	183
5%	240	145
7%	240	107
10%	240	50

Je höher die Inflationsrate, desto größer wird der Unterschied zwischen offizieller und inflationsbereinigter Maßzahl für das Budgetdefizit und desto mehr überschätzt die offizielle Maßzahl das korrekte (inflationsbereinigte) Defizit. Durch das Ansteigen der Inflationsrate kommt es bei einem unveränderten Nominalzins ($i = 10\%$) zu einem Rückgang des Realzinses und somit der realen Zinsbelastung der Verschuldung. Die offizielle Maßzahl ignoriert diesen Rückgang der realen Zinsbelastung.

2. Der Vertrag von Maastricht

a) Die Schuldenquote ist definiert als

$$b_t = \frac{B_t}{P_t Y_t}$$

Gemäß Gleichung (2.) (siehe Aufgabe 27b)) entwickelt sie sich entsprechend:

$$b_t = \frac{B_{t-1}}{P_t Y_t} + \frac{G_t - T_t}{P_t Y_t} + \frac{i_t B_{t-1}}{P_t Y_t} = \frac{B_{t-1}}{P_t Y_t} + d_t$$

Dabei bezeichnet d_t die nominale Defizitquote – die Neuverschuldung (die Summe aus Primärdefizit und den Zinszahlungen auf den bisherigen Schuldenstand) als Anteil am BIP. d_t ist definiert als:

$$d_t = \frac{B_t - B_{t-1}}{P_t Y_t} = \frac{G_t - T_t}{P_t Y_t} + \frac{i_t B_{t-1}}{P_t Y_t}$$

Weil

$$\frac{B_{t-1}}{P_t Y_t} = \frac{P_{t-1} Y_{t-1}}{P_t Y_t} \frac{B_{t-1}}{P_{t-1} Y_{t-1}} = \frac{1}{(1+\pi_t)(1+g_t)} b_{t-1}$$

lässt sich

$$b_t = \frac{B_{t-1}}{P_t Y_t} + d_t$$

umformen zu:

$$b_t = \frac{1}{(1+\pi_t)(1+g_t)} b_{t-1} + d_t$$

Nutzt man die Approximation

$$\frac{1}{(1+\pi_t)(1+g_t)} \approx 1 - \pi_t - g_t$$

so ergibt sich:

$$b_t - b_{t-1} = d_t - (\pi_t + g_t) b_{t-1}$$

Bei konstanter Defizitquote, konstanter Inflation und konstanter Wachstumsrate konvergiert die Schuldenquote langfristig gegen einen konstanten Wert. Dieser Wert (Steady State) kann berechnet werden, indem $b_t = b_{t-1} = b$ gesetzt wird. Daraus folgt:

$$0 = d - (\pi + g) b$$

$$\Leftrightarrow b = \frac{d}{(\pi + g)}$$

Im Vertrag von Maastricht wird als Obergrenze für die Neuverschuldung 3% des BIP (Defizitquote d) festgelegt. Zu der Zeit, als die Maastricht-Kriterien verabschiedet wurden, ging man von einer Inflationsrate $\pi = 0{,}02 = 2\%$ und einem Wachstum von ca. $g = 0{,}03 = 3\%$ aus. Gegeben diese Werte, konvergiert die Schuldenquote b langfristig gegen:

$$b = \frac{0{,}03}{(0{,}03 + 0{,}02)} = 0{,}6 = 60\%$$

b) In Teilaufgabe a) wurde gezeigt, dass für die Veränderung der Schuldenquote (Bewegungsgleichung) gilt: $b_t - b_{t-1} = d_t - (\pi_t + g_t)b_{t-1}$. Für eine konstante Defizitquote, eine konstante Inflationsrate und ein konstantes Wirtschaftswachstum gilt somit für die Veränderung der Schuldenquote:

$$b_t - b_{t-1} = d - (\pi + g)b_{t-1}$$

Fall I: Die Schuldenquote b_t **sinkt** im Zeitverlauf, wenn gilt: $b_t - b_{t-1} < 0$ oder $d < (\pi + g)b_{t-1}$ bzw. wenn für die Ausgangsverschuldung gilt:

$$b_{t-1} > \frac{d}{\pi + g}$$

Fall II: Die Schuldenquote b_t **steigt** im Zeitverlauf, wenn gilt: $b_t - b_{t-1} > 0$ oder $d > (\pi + g)b_{t-1}$ bzw. wenn für die Ausgangsverschuldung gilt:

$$b_{t-1} < \frac{d}{\pi + g}$$

Fall III: Die Schuldenquote b_t bleibt im Zeitverlauf **konstant**, wenn gilt: $b_t - b_{t-1} = 0$ oder $d = (\pi + g)b_{t-1}$ bzw. wenn für die Ausgangsverschuldung gilt:

$$b_{t-1} = \frac{d}{\pi + g}$$

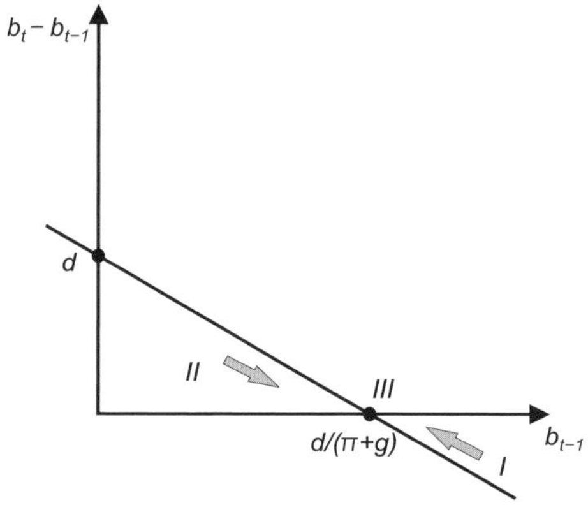

Abbildung 22.1: Entwicklung der Schuldenquote

Die Fälle I, II und III sind in ▸*Abbildung 22.1* abzulesen. Die Pfeile deuten an, dass sich die Schuldenquote langfristig zu einem konstanten Wert (Steady State) bewegt, nämlich:

$$b = \frac{d}{\pi + g}$$

c) Die langfristige Schuldenquote für eine konstante Defizitquote, eine konstante Inflationsrate und ein konstantes Wirtschaftswachstum lautet:

$$b = \frac{d}{\pi + g}$$

Fall (1): Die reale Wachstumsrate g sinkt

$$\frac{\partial b}{\partial g} = \frac{-d}{(\pi + g)^2} < 0$$

⇒ Ein Rückgang der realen Wachstumsrate führt langfristig zu einer höheren Schuldenquote!

Fall (2): Die Defizitquote d sinkt

$$\frac{\partial b}{\partial d} = \frac{1}{(\pi + g)} > 0$$

⇒ Eine niedrigere Defizitquote d führt langfristig zu einer geringeren Schuldenquote!

Der Stabilitäts- und Wachstumspakt fordert mittelfristig einen ausgeglichenen Staatshaushalt, d.h. eine Defizitquote $d = 0$. In diesem Fall würde die Schuldenquote langfristig gegen $b = 0$ konvergieren.

d) Mit dem Nachhaltigkeitskonzept der Staatsverschuldung ist eine staatliche Budgetpolitik gemeint, die dauerhaft aufrechterhalten werden kann. Dieses Konzept der Nachhaltigkeit der Finanzpolitik gilt in der Bundesrepublik Deutschland bei der Finanzierung und Struktur der öffentlichen Haushalte und in Hinblick auf alle Komponenten des Sozialstaats. Das Maastricht-Kriterium für eine nachhaltige Finanzpolitik lautet, dass die Schulden langfristig maximal 60% des BIP betragen sollen:

$$b = \frac{B}{PY} \leq 0{,}60$$

Die Frage ist nun, welche Bedingung erfüllt sein muss, damit dieses Nachhaltigkeitskriterium verwirklicht werden kann. Betrachten wir dazu Gleichung (4.) für den Fall einer positiven Inflationsrate:

$$b_t - b_{t-1} = (r_t - g_t)b_{t-1} + \frac{(G_t - T_t)}{P_t Y_t} \quad (5.)$$

In Teilaufgabe a) wurde gezeigt, dass für eine konstante Defizitquote, ein konstantes Wirtschaftswachstum und eine konstante Inflationsrate die Schuldenquote gegen einen konstanten Wert (hier: 60%) konvergiert, sodass gilt: $b_t - b_{t-1} = 0$.

Aus Gleichung (5.) folgt somit:

$$-\frac{(G - T)}{PY} = (r - g)b$$

Für eine positive Anfangsverschuldung ($b > 0$) und für den Fall, dass der Realzins langfristig größer ist als die reale Wachstumsrate des BIP ($r > g$), ist ein Primärüberschuss ($G - T < 0$) erforderlich, damit die Finanzpolitik langfristig tragfähig bleibt.

Für den wenig realistischen Fall, dass der Realzins langfristig kleiner ist als die reale Wachstumsrate des BIP ($r < g$), wäre dauerhaft ein Primärdefizit ($G - T > 0$) möglich. Da die Volkswirtschaft in diesem Fall schneller wächst als der Zins, könnte sie sich unendlich verschulden.

3. Aktuelle vs. zukünftige Steuern und Schuldenquote

a) Die staatliche Budgetrestriktion unter der Annahme einer Inflation von null lautet:

$$B_t = (1+r)B_{t-1} + G_t - T_t$$

Da die Steuern in $t = 1$ um 100 gesenkt werden, beträgt die Verschuldung in $t = 1$: $B_1 = 100$. Da ab $t = 2$ das Primärdefizit gleich null ($G_t - T_t = 0$) ist, entwickelt sich die Verschuldung gemäß:

$$B_t = (1+r)^{t-1} B_1$$

Zum Zeitpunkt $t = 10$ sollen nun die Steuereinnahmen so angepasst werden, dass die Staatsschuld vollständig getilgt werden kann, d.h. $B_{10} = 0$. Daraus folgt:

$$B_{10} = 0 = (1+r)^9 B_1 + G_{10} - T_{10}$$

Mit den Werten der Angabe:

$$0 = (1+0,1)^9 100 + 1.000 - T_{10}$$

$$T_{10} = 1.235,79$$

$\Rightarrow$ Die Regierung muss die Steuern in $t = 10$ um 235,79 (= 1.235,79 – 1.000) erhöhen!

b) Stabilisierung der Staatsverschuldung ab $t = 2$ bedeutet, dass die Staatsverschuldung über alle Perioden auf dem gleichen Niveau verbleibt: $B_1 = B_2 = ... = 100\ \forall t$. Für die Besteuerung in $t = 2$ bedeutet dies:

$$(B_1 = B_2 =)100 = (1+r)B_1 + G_2 - T_2$$

$$T_2 = (1+0,1)100 + 1.000 - 100 = 1.010$$

Für alle $t > 1$:

$$(B_1 = B_t =)100 = (1+r)B_t + G_t - T_t$$

$$T_t = (1+0,1)100 + 1.000 - 100 = 1.010$$

⇒ Ab $t = 2$ muss die Regierung die Steuereinnahmen um 10 (= 1.010 – 1.000) erhöhen, um die Verschuldung konstant zu halten. Die Steuererhöhung entspricht der Zinsbelastung je Periode ($r100 = 10$) durch die konstante Verschuldung.

c) Schuldenquote zum Zeitpunkt $t - 1$:

$$b_{t-1} = \frac{B_{t-1}}{P_{t-1}Y_{t-1}}$$

$$b_{t-1} = \frac{1.120}{2.800} = 0,4 = 40\%$$

Schuldenquote zum Zeitpunkt t:

$$b_t = (1 + r_t - g_t)b_{t-1} + \frac{(G_t - T_t)}{P_tY_t}$$

$$b_t = (1 + 0,06 - 0,02)0,4 + \frac{(900 - 800)}{2.856}$$

$$(\text{Wobei } Y_t = (1+g)Y_{t-1} = 1,02 \cdot 2.800 = 2.856)$$

$$\Rightarrow b_t = 0,45 = 45\%$$

Die Schuldenquote in t ist höher als in $t - 1$, da zum einen Zinszahlungen für die Verschuldung der Vorperiode geleistet werden müssen und zum anderen ein Primärdefizit vorliegt.

d) Die Schuldenquote verändert sich im Zeitverlauf gemäß:

$$b_t - b_{t-1} = (r_t - g_t)b_{t-1} + \frac{(G_t - T_t)}{P_tY_t}$$

Ob es zu einem Anstieg oder einem Rückgang der Schuldenquote kommt, ist abhängig davon, wie hoch die Nettozinszahlungen ($r_t - g_t$) auf die Verschuldung der Vorperiode sind und ob bzw. in welcher Höhe ein Primärdefizit oder ein Primärüberschuss zu verzeichnen ist.

Konstellationen für einen Anstieg der Schuldenquote $b_t - b_{t-1} > 0$:

- wenn $r_t > g_t$ und $G_t - T_t \geq 0$
- wenn $r_t < g_t$ und $(G_t - Y_t) / P_tT_t > (g_t - r_t)\, b_{t-1}$

Konstellationen für einen Rückgang der Schuldenquote $b_t - b_{t-1} < 0$:

- wenn $r_t < g_t$ und $G_t - T_t \leq 0$
- wenn $r_t > g_t$ und $(G_t - Y_t) / P_tT_t < (g_t - r_t)\, b_{t-1}$

4. Monetarisierung der Staatsschuld und hohe Inflation

a) Sowohl im Fall der Kreditfinanzierung als auch im Fall der Monetarisierung verschiebt sich die *IS*-Kurve aufgrund einer Erhöhung der Staatsausgaben G nach rechts. Wie aus der Analyse des *IS-LM-PC*-Modells aus ▶*Kapitel 9* bekannt, kommt es bei konstantem realen Leitzins kurzfristig zu einer Erhöhung der Produktion und einem Anstieg der Inflationsrate (Punkt *A′*). Der genaue Wirkungsmechanismus wird in Aufgabe 2 in ▶*Abschnitt 9.2* diskutiert. Die Unterschiede zwischen Kreditfinanzierung und Monetarisierung ergeben sich nun in der mittleren Frist.

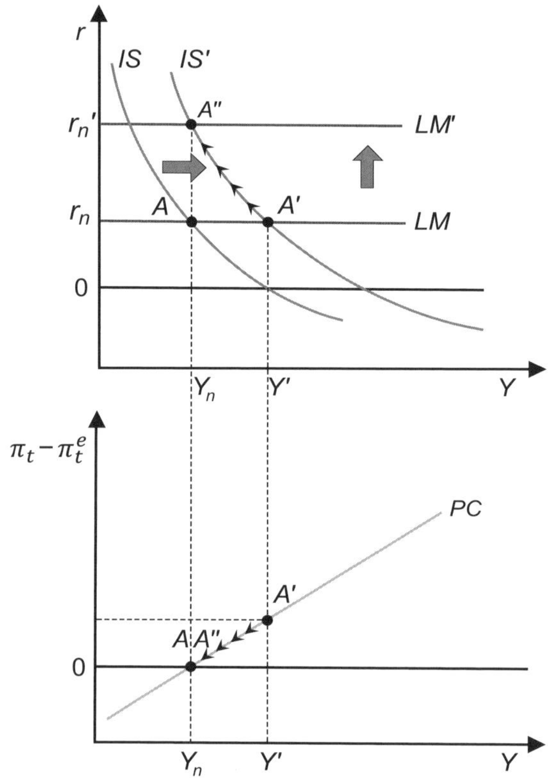

Abbildung 22.2: Kreditfinanzierte Staatsausgabenerhöhung

- Im Fall der Kreditfinanzierung verkauft die Regierung Staatsanleihen an die Wirtschaftssubjekte und nicht an die Zentralbank. Dies hat keine direkten Auswirkungen auf das Geldangebot. Die Zentralbank kann durch eine entsprechende Reduktion der Geldmenge (Verkauf von Wertpapieren) die *LM*-Kurve nach oben auf den neuen natürlichen Realzins r_n' verschieben. Im neuen mittelfristigen Gleichgewicht ist die Produktion zurück auf ihrem Ausgangsniveau und die Inflationsrate ist wieder stabil (Punkt *A″* siehe ▶*Abbildung 22.2*).
- Im Fall der Monetarisierung der Staatsschuld verkauft die Regierung Staatsanleihen an die Zentralbank, welche diese mit neu geschaffenem Geld bezahlt. Dadurch wird das Geldangebot erhöht, was sich grafisch so darstellen lässt, dass die Zentralbank die *LM*-Kurve nicht auf das Niveau des neuen natürlichen Realzins r_n' anhebt (Punkt *A′* siehe ▶*Abbildung 22.3*). *LM′* und somit der neue reale Leitzins r'' liegt irgendwo im Bereich zwischen dem alten r_n und

dem neuen natürlichen Realzins r_n'. Dies ist abhängig davon, inwieweit die Zentralbank den Ankauf der Staatsanleihen durch den Verkauf anderer Aktiva kompensieren kann und möchte. Tut sie dies wie in ▶*Abbildung 22.3* nicht vollständig, bleibt es auch mittelfristig bei einem Anstieg der Inflation und einer positiven Output-Lücke (Punkt *A''*). Dies kann zu einer Hyperinflation führen.

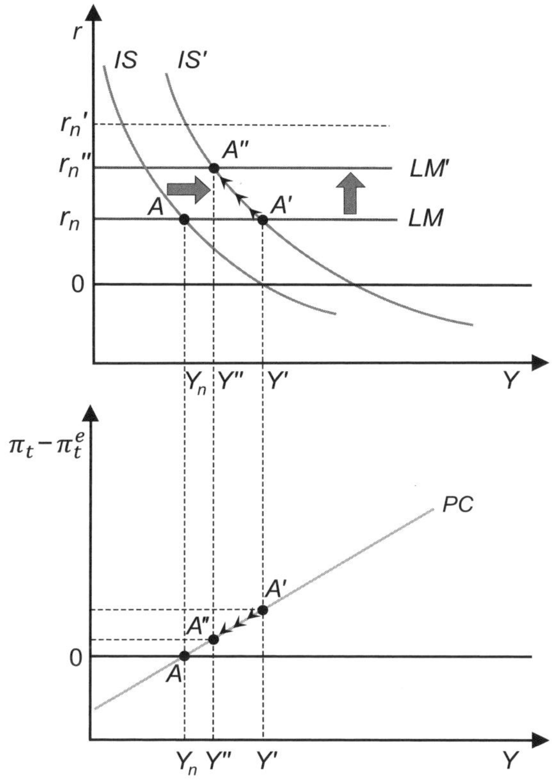

Abbildung 22.3: Monetarisierung der Staatsausgaben

b) Zur Vereinfachung wird angenommen, dass das Preisniveau zu Beginn des Jahres $P_1 = 1$ ist (die Setzung des Ausgangspreisniveaus ist arbiträr). Bei einer monatlichen Inflationsrate von $\pi_m = 10\%$ beträgt das Preisniveau nach zwölf Monaten:

$$P_{12} = (1+\pi_m)^{12} P_1 = 1{,}1^{12} \approx 3{,}14$$

(Allgemein gilt für die Berechnung der Inflationsrate: $\pi_t = \dfrac{P_t - P_{t-1}}{P_{t-1}}$)
Für die jährliche Inflationsrate π_j gilt:

$$\pi_j = \frac{P_{12} - P_1}{P_1} = \frac{3{,}14-1}{1} = 2{,}14 = 214\%$$

$\pi_m = 25\%$:

$$P_{12} = 1{,}25^{12} \approx 14{,}55 \quad \Rightarrow \quad \pi_j = \frac{P_{12} - P_1}{P_1} = \frac{14{,}55 - 1}{1} = 13{,}55 = 1.355\ \%$$

$\pi_m = 35\%$:

$$P_{12} = 1{,}35^{12} \approx 36{,}64 \quad \Rightarrow \quad \pi_j = \frac{36{,}64 - 1}{1} = 35{,}64 = 3.564\ \%$$

c) Gegeben ist die jährliche Inflationsrate. Um die durchschnittliche monatliche Inflationsrate zu berechnen, wird (unter der Annahme von $P_1 = 1$ zu Beginn des Jahres) zunächst das Preisniveau am Ende des Jahres berechnet und daraus dann die durchschnittliche monatliche Inflationsrate:

$\pi_j = 12.000\%$:

$$\pi_j = 120 = \frac{P_{12} - P_1}{P_1} = \frac{P_{12} - 1}{1} \quad \Rightarrow \quad P_{12} = 121$$

Daraus folgt:

$$P_{12} = 121 = (1 + \pi_m)^{12} \quad \Rightarrow \quad \pi_m = 121^{1/12} - 1 \approx 0{,}49 = 49\%$$

$\pi_j = 36.000\%$:

$$P_{12} = 361$$

$$\pi_m = 361^{1/12} - 1 \approx 0{,}63 = 63\%$$

$\pi_j = 125.000\%$:

$$P_{12} = 1.251$$

$$\pi_m = 1.251^{1/12} - 1 \approx 0{,}81 = 81\%$$

5. Multiple, sich selbst erfüllende Gleichgewichte

a) Auf keinen Fall zu einem Schuldenschnitt kommt es bei einer Schuldenquote b_1, bei der die Kosten des Schuldenschnitts zu jedem Zinssatz größer sind als die Vorteile, d.h. bei $C > B_E > B_U$. Da für alle b gilt, dass $B_E > B_U$, ist die Analyse $C > B_E$ hinreichend:

$$4 > b^2 \Leftrightarrow b_1 < 2$$

Wenn also die Schuldenquote kleiner ist als 2 (= 200%) kommt es hier weder bei hohen noch bei niedrigen Zinsen zu einem Schuldenschnitt.

b) Auf jeden Fall zu einem Schuldenschnitt kommt es bei einer Schuldenquote b_2, bei der die Kosten des Schuldenschnitts zu jedem Zinssatz kleiner sind als die Vorteile, d.h. bei $C < B_U < B_E$. Da für alle b gilt, dass $B_U < B_E$, ist die Analyse $C < B_U$ hinreichend:

$$2 > 0{,}5\, b^2 \Leftrightarrow b_2 > 2{,}83$$

Wenn also die Schuldenquote größer ist als 2,83 (= 283%), kommt es hier sowohl bei hohen als auch bei niedrigen Zinsen zu einem Schuldenschnitt.

c) Zu multiplen Gleichgewichten kommt es, wenn der Schuldenschnitt bei gegebener Schuldenquote von der Höhe der Zinsen abhängt. Im Fall hoher Zinsen kommt es zum Schuldenschnitt; im Falle niedriger nicht. Das ist genau dann bei den Schuldenquoten b_M gegeben, für die gilt $B_E > C > B_U$. Nach den Berechnungen in a. und b. liegt b_M im Intervall [2; 2,83]. Zum Beispiel würde eine Schuldenquote von 2,4 im Falle hoher Zinsen („*schlechtes Gleichgewicht*") einen Schuldenschnitt implizieren, da $B_E(2{,}4) > C$, eingesetzt 5,76 > 4. Im Falle niedriger Zinsen *(„gutes Gleichgewicht")* würde es dagegen nicht zum Schuldenschnitt kommen, da $B_U(2{,}4) < C$, eingesetzt 2,88 < 4.

Die Höhe der Zinsen, die Staaten auf ihre Anleihen zu zahlen haben, wird entscheidend von dem Risikoaufschlag determiniert, den Finanzinvestoren für die Kompensation des Risikos verlangen, dass der Staat die Anleihen in Zukunft nicht zurückzahlen kann und es zu einem Schuldenschnitt kommt. Wie in Abschnitt 22.4.1 des Lehrbuchs von Blanchard/Illing dargestellt, kann sich ein Teufelskreis ergeben: Ein Anstieg der Zinsen (bspw. aufgrund pessimistischerer Erwartungen der Finanzinvestoren bzgl. der Wahrscheinlichkeit eines Schuldenschnitts) lässt die Schuldenquote weiter ansteigen. Ein Anstieg der Schuldenquote löst wiederum einen weiteren Zinsanstieg aus. Im Bereich der multiplen Gleichgewichte gilt: Bei hohen Zinsen kommt es zu einem Schuldenschnitt, der bei niedrigen Zinsen nicht lohnend gewesen wäre. Wie im Lehrbuch von Blanchard/Illing erklärt, versagt dann die disziplinierende Funktion der Kapitalmärkte, die darin bestünde, dass steigende Zinsen einen Anreiz zu Haushaltskonsolidierung bieten sollten. Stattdessen führen hohe Zinsen zu einem sich selbst erfüllenden Schuldenschnitt: Die Finanzinvestoren erwarten diesen Schuldenschnitt, fordern daher höhere Zinsen und lösen ihn im Endeffekt aus.

Die Relevanz für die Geldpolitik ergibt sich daraus, dass Stimmungsumschwünge der Finanzinvestoren plötzliche Wechsel zwischen den Gleichgewichten auslösen können, ohne dass es Änderungen der Fundamentaldaten (also der Schuldenquote, dem Wirtschaftswachstum, der Fiskalpolitik etc.) gibt. Wenn nun die Zentralbank zum Beispiel glaubhaft versichert, unter bestimmten Bedingungen so viel wie nötig Staatsanleihen zu kaufen (wie im Rahmen des OMT-Programms der EZB in 2012 geschehen), dann reduziert dies das Risiko der Halter von Staatsanleihen erheblich, es reduziert die Zinsen und kann entscheidend dazu beitragen, dass das „gute Gleichgewicht" erreicht wird. Dies ändert aber natürlich nichts daran, dass es langfristig sinnvoller ist, eine Schuldenquote anzustreben, bei der die Finanzinvestoren davon ausgehen, dass es auf keinen Fall zu einem Schuldenschnitt kommt. Dies senkt dann auch die Zinslast des Staates erheblich.

23 Die Geldpolitik – eine Zusammenfassung

23.1 Wissens- und Verständnistests

Multiple Choice

1. Wobei handelt es sich um eine Funktion von Geld?
   a) Wertaufbewahrungsmittel
   b) Recheneinheit
   c) Transaktionsmittel
   d) Alle genannten Eigenschaften
2. Welche Geldmenge kann die Zentralbank direkt kontrollieren?
   a) H
   b) $M1$
   c) $M2$
   d) $M3$
3. Bei einer durchschnittlichen Inflationsrate von 2% liegt der niedrigste Realzins, den die Geldpolitik erreichen kann, bei
   a) keinem konkreten Wert, weil die Geldpolitik im Prinzip jeden Realzins ansteuern kann.
   b) rund 2%.
   c) rund 0%.
   d) rund –2%.
4. Treten in einer Ökonomie Schocks ausschließlich auf die Geldnachfrage auf, sollte die Zentralbank
   a) eine Zinssteuerung betreiben.
   b) eine Geldmengensteuerung betreiben.
   c) die Geldmenge $M3$ konstant halten.
   d) keine der genannten Steuerungsmöglichkeiten benutzen.
5. Die EZB verfolgt bei ihrer Geldpolitik vorrangig das Ziel der
   a) kurzfristigen Stabilisierung der Wirtschaft.
   b) langfristigen Steigerung des Produktionswachstums.
   c) mittelfristigen Preisstabilität.
   d) Stabilisierung des Zinssatzes.

6. Der wichtigste von der EZB unmittelbar kontrollierte Zinssatz ist der
   a) Spitzenrefinanzierungssatz.
   b) Hauptrefinanzierungssatz.
   c) Tagesgeldsatz.
   d) Einlagensatz.

7. Oft wird bezüglich der Reaktionen der Zentralbanken auf die 2007/2008 ausgebrochene Finanzkrise von „unkonventioneller Geldpolitik" gesprochen. Wie unterscheiden sich die in diesem Rahmen getroffenen Entscheidungen von „konventioneller Geldpolitik"?
   a) Während das Ziel konventioneller Geldpolitik die Begrenzung der Inflation ist, geht es bei unkonventioneller Geldpolitik immer um eine Erhöhung der Inflation.
   b) Während konventionelle Geldpolitik vor allem auf Änderungen des aktuellen Leitzinses basiert, versuchen unkonventionelle geldpolitische Maßnahmen an der effektiven Zinsuntergrenze, die Wirtschaftsaktivität durch qualitative oder quantitative Lockerung (den Ankauf von Vermögenswerten durch die Zentralbank) zu stimulieren.
   c) Während ein wichtiges Ziel konventioneller Geldpolitik die Verhinderung von Immobilienblasen ist, geht es bei unkonventioneller Geldpolitik um eine Wiederbelebung des Immobilienmarkts.
   d) Während das Ziel konventioneller Geldpolitik die Stabilisierung der Wirtschaft ist, geht es bei unkonventioneller Geldpolitik vor allem um die Stabilisierung des Bankensystems.

Wahr/Falsch: Welche der jeweiligen Aussagen sind wahr, welche falsch?

8. Organisationsstruktur der EZB (im Jahr 2025):
   a) Die Währungsunion umfasst 27 Mitgliedsstaaten.
   b) Dem Direktorium der EZB gehören sechs Mitglieder an.
   c) Im EZB-Rat sitzen neben den Direktoriumsmitgliedern auch die Präsidenten der nationalen Zentralbanken. Stimmrecht haben aber nur die von nationalen Interessen unabhängigen Direktoriumsmitglieder.
   d) Die EZB zählt zu den weltweit unabhängigsten Zentralbanken.

9. Beispiele für geldpolitische Strategien, die von einzelnen Zentralbanken praktiziert werden, sind
   a) das Inflation Targeting.
   b) die Taylor-Regel.
   c) die Geldmengenregel.
   d) die Regel eines konstanten Zinssatzes.

10. Folgt eine Zentralbank im Prinzip der Taylor-Regel, berücksichtigt sie bei der Zinssetzung
    a) den natürlichen Realzins.
    b) die Geldmengenentwicklung.
    c) die aktuelle Inflationsrate.
    d) die aktuelle wirtschaftliche Situation.
11. Durch eine Inflationsrate, die höher als erwartet ausfällt,
    a) gewinnen Schuldner und verlieren Gläubiger.
    b) gewinnen Gläubiger und verlieren Schuldner.
    c) ergeben sich keine Umverteilungseffekte.
    d) verlieren Arbeitnehmer mit langfristigen Tarifverträgen.
12. Zu den Instrumenten makroprudentieller Regulierung gehören
    a) antizyklische Kapitalpuffer.
    b) Obergrenzen auf das Verhältnis zwischen Kredithöhe und Einkommen.
    c) Obergrenzen auf das Verhältnis zwischen Höhe des Hypothekenkredits und Immobilienwert.
    d) Beschränkungen auf Kredite in Fremdwährungen.
13. Zu den *unkonventionellen* Maßnahmen der amerikanischen Zentralbank zur Überwindung der Finanzkrise 2008 zählten
    a) das Senken des Leitzinses, der Federal Funds Target Rate.
    b) der Ankauf von amerikanischen Staatsanleihen von Banken am Offenmarkt bei gleichzeitiger Vereinbarung des Rückverkaufs.
    c) der direkte Ankauf von Unternehmens- und Immobilienanleihen.
    d) die quantitative Lockerung über eine starke Ausdehnung der Zentralbankbilanz.
14. Eine Politik der *quantitativen Lockerung*, also der Ankauf von Vermögensanlagen durch die Zentralbank, könnte einen positiven Einfluss auf die gesamtwirtschaftlichen Bedingungen haben,
    a) wenn es der Zentralbank durch diese Politik gelingt, die kurzfristigen Zinsen unter den Leitzins zu drücken.
    b) wenn es der Zentralbank durch den Ankauf gelingt, die Erwartungen über die zukünftige Geldpolitik zu beeinflussen.
    c) wenn es der Zentralbank durch den Ankauf gelingt, die Erwartung zu schüren, dass zukünftig höhere Inflationsraten zustande kommen.
    d) wenn es der Zentralbank durch diese Politik gelingt, sichere Wertpapiere aus der eigenen Bilanz gegen unsichere Papiere aus der Bilanz der Geschäftsbanken zu tauschen.

15. Eine Politik der *qualitativen Lockerung*,
    a) bedeutet eine Umschichtung der Vermögenswerte der Zentralbank bei konstanter Bilanzsumme, z.B. weg von sicheren liquiden Staatsanleihen, hin zu unsicheren illiquiden Unternehmensanleihen.
    b) wird durchgeführt, wenn die quantitative Lockerung nicht mehr funktioniert.
    c) gehört in den Bereich der konventionellen Geldpolitik.
    d) kann wirksam sein, wenn Arbitrage auf den Märkten versagt.

Basiswissen

16. Optimale Inflationsrate
    a) Nennen und erklären Sie in kurzen Worten die Nachteile von Inflation.
    b) Erläutern Sie verschiedene Beispiele für Steuerverzerrungen durch Inflation.
    c) Nennen und erklären Sie in kurzen Worten die Vorteile (niedriger) Inflationsraten.
    d) Wie könnte man sich gegen zumindest einen Teil der angeführten Kosten der Inflation schützen?
17. Geldpolitische Strategie und Entscheidungsfindung der EZB
    a) Beschreiben Sie die wesentlichen Elemente der geldpolitischen Strategie der EZB.
    b) Seit Januar 2015 veröffentlicht die EZB sogenannte „Accounts“ (Zusammenfassungen) der geldpolitischen Sitzungen des Rats der EZB. Bis heute (Stand: April 2025) folgen diese „Accounts“ einer nahezu einheitlichen Struktur. Finden Sie die aktuellste Version dieser „Accounts“, lesen Sie sie und fassen Sie die Gliederung zusammen.
    c) Erklären Sie, warum die EZB ein Rotationsprinzip für die Stimmrechte im EZB-Rat eingeführt hat und wie dieses momentan implementiert wird!
18. Geldmengenaggregate
    a) Welche Anlagen werden in der Definition der EZB von den Geldmengen $M1$, $M2$ und $M3$ erfasst? Gehen Sie auf die Website der EZB (*www.ecb.int*) und entnehmen Sie dem Wirtschaftsbericht („Economic Bulletin“), Ausgabe 3/2025, die entsprechenden Zahlen für den Februar 2025!
    b) Wodurch unterscheiden sich ökonomisch $M1$ und $M3$? Welcher Zweck verbindet sich mit den unterschiedlichen Abgrenzungen?

23.2 Übungsaufgaben

1. Unkonventionelle Geldpolitik
    a) Warum beschloss die EZB nach dem Beginn der Finanzkrise 2007/2008 eine Reihe von unkonventionellen geldpolitischen Maßnahmen?
    b) Welche Formen unkonventioneller Geldpolitik hat die EZB seit dem Beginn der Finanzkrise 2007/2008 umgesetzt?

c) Wie beurteilen Sie die Verteilungswirkungen dieser unkonventionellen Geldpolitik? Analysieren Sie dafür die Auswirkungen auf verschiedene Gruppen und wirtschaftliche Akteure (Arbeitslose, Sparer, Staat etc.).

2. Quantitätstheorie des Geldes

   a) Wie lautet die Formel der „Quantitätsgleichung“, deren mathematische Formulierung auf Irving Fisher (1911) zurückgeführt wird, deren Idee aber bereits deutlich früher verbreitet war? Warum handelt es sich hierbei um eine „Identitätsgleichung“?

   b) Beschreiben Sie, mit welchen Annahmen man von der Quantitätsgleichung zur Quantitätstheorie des Geldes gelangt. Für wie realistisch halten Sie diese Annahmen?

   c) Leiten Sie die Quantitätsgleichung in Wachstumsraten her.

   d) Die EZB benutzt als Teil ihrer monetären Analyse einen Referenzwert für das Geldmengenwachstum. Erklären Sie, wie die EZB zu diesem Referenzwert gelangt ist!

3. Seignorage-Einnahmen

   a) Erläutern Sie, was man unter dem Begriff der Seignorage versteht.

   b) Ermitteln Sie die in einem Steady State (mit konstantem Realzins und Wachstum) dauerhaft erzielbaren Seignorage-Einnahmen für die Cagan'sche Geldnachfragefunktion $k(i) = c \cdot e^{-ai}$ (a und c sind Konstanten).

   c) Lässt sich hier eine sogenannte „Laffer-Kurve“ ableiten?

   d) Ermitteln Sie die Bedingung für die Maximierung der Geldschöpfungseinnahmen.

   e) Sollte die Zentralbank die Strategie verfolgen, die Geldschöpfungseinnahmen zu maximieren?

4. Goldreserven der Bundesbank

   In Zeiten knapper Haushaltskassen wird zur Finanzierung bestimmter Projekte (z.B. Entschädigung für Opfer der Jahrhundertflut 2002, Bildungsfonds 2003/04, Finanzkrise ab 2008) immer wieder über die Neubewertung oder den Verkauf der Goldreserven der Bundesbank diskutiert. Um nicht näher auf evtl. rechtliche Besonderheiten durch die Beziehung zwischen Bundesbank und EZB eingehen zu müssen, betrachten wir direkt die Goldreserven der EZB:

   Wie lässt sich im Zusammenhang mit der Seignorage der bei der EZB anfallende Zentralbankgewinn einordnen? Erläutern Sie, welche Konsequenzen sich ergeben, wenn die EZB ihre Goldreserven im Buchwert von 136 Mrd. €

   a) in ihrer Bilanz zu Marktkursen von (hypothetischen) 150 Mrd. € neu bewertet?

   b) die Reserven am internationalen Goldmarkt verkauft, wo Gold in US-$ gehandelt wird?

5. Geldpolitik der EZB – eine erste empirische Analyse

EXTRAS ONLINE

Gehen Sie auf die Website zu diesem Buch und laden Sie die Datei `Aufgabe_23_5.xls` herunter. Die Datei enthält die monatliche Entwicklung des Tagesgeldsatzes *(eonia)*, der Inflationsrate *(inflation)* und der Produktionslücke *(ipgap)*, berechnet auf Basis der Industrieproduktion im Euroraum für die Zeit der EZB-Präsidentschaft Wim Duisenbergs (Januar 1999 bis Oktober 2003).

a) Erstellen Sie eine Grafik, die sowohl den tatsächlichen kurzfristigen Zinssatz des Euroraums als auch den durch die Taylor-Regel implizierten enthält. Unterstellen Sie einen Realzins von $r = 2\%$ und eine Zielinflationsrate von $\pi^* = 2\%$. Das Zinsziel i^* berechnet sich mit der Fisher-Gleichung, wobei Sie $\pi^e = \pi$ annehmen können.

b) Wie gut bildet der Taylor-Zins den tatsächlichen Zinsverlauf ab? Wann weicht er deutlich davon ab?

c) Schätzen Sie mit Hilfe von Excel oder besser mit einem Ökonometrieprogramm wie E-Views die Reaktionsfunktion der EZB (definiert als Reaktion des Zinssatzes auf Outputlücke und Inflation). Bewerten Sie Ihre Ergebnisse und achten Sie insbesondere auf die Residuen!

d) Betrachten Sie folgende Grafik mit den Leitzinsen in Deutschland und den USA seit 1971. Was fällt Ihnen bezüglich der Zinsschritte auf?

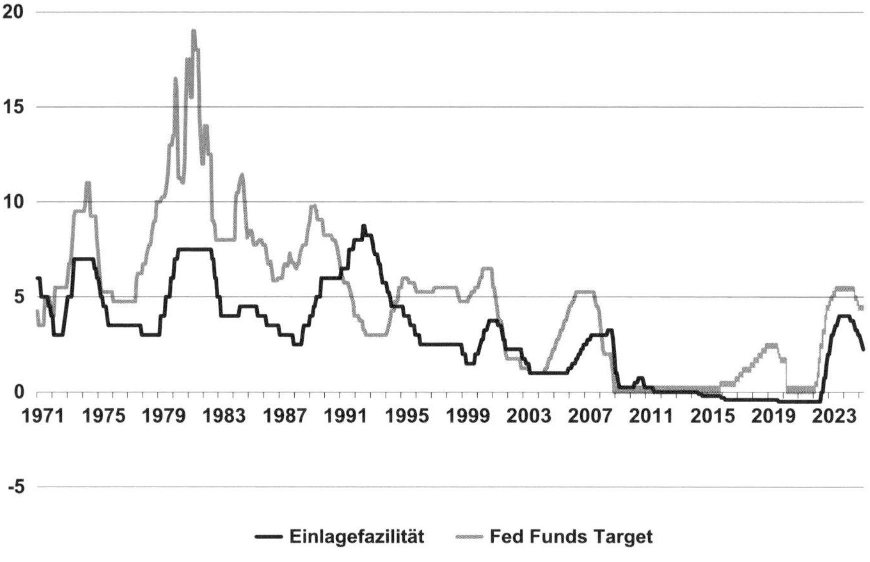

Abbildung 23.1: Einlagefazilität der EZB (Diskontsatz bei Bundesbank) und Federal Funds Target Rate in USA
Quelle: Bundesbank, Fed

e) In praktisch allen Ländern beobachten wir das Phänomen der Zinsglättung. Empirisch kann man ein solches Verhalten dadurch auffangen, dass man den Zinssatz der Vorperiode in die Reaktionsfunktion von Aufgabe a) aufnimmt. Wie verändern sich dadurch Ihre Reaktionskoeffizienten bezüglich Inflation und Outputlücke?

Lösungen zu Kapitel 23

23.1 Wissens- und Verständnistests

Multiple Choice

1. d)
2. a)
3. d)
4. a)
5. c)
6. b)
7. b)

Wahr/Falsch

8. F, W, F, W
9. W, F, W, F
10. W, F, W, W
11. W, F, F, W
12. W, W, W, W
13. F, F, W, W
14. F, W, W, F
15. W, F, F, W

Basiswissen

16. Optimale Inflationsrate
    a) Inflation erhöht mittelfristig den Nominalzins (Fisher-Effekt) und damit die Opportunitätskosten der Geldhaltung. Wie Sie in Übungsaufgabe 4 in ▶*Kapitel 4* (Baumol-Tobin-Modell) gesehen haben, erhöht das die optimale Zahl der Bankbesuche (→ **Schuhsohlenkosten**) und damit die Transaktionskosten.

Außerdem sorgt Inflation dafür, dass die Gefahr zunimmt, dass Wirtschaftssubjekte durch **Geldillusion** falsche Entscheidungen treffen.

In der Regel ist eine höhere Inflation auch mit einer **höheren Volatilität** (gemessen als Standardabweichung) verbunden. Dadurch steigt die Unsicherheit über den realen Wert zukünftiger nominaler Auszahlungen und den Informationsgehalt von Preisen. Dies macht zum einen die Entscheidungen von Wirtschaftssubjekten schwieriger (→ erhöhte Gefahr von Fehlallokationen) und ist zum anderen mit weiteren unnötigen Kosten verbunden, weil risikoaverse Wirtschaftssubjekte (von denen wir in der Regel ausgehen) für diese Unsicherheit mit einer höheren Risikoprämie kompensiert werden wollen.

Des Weiteren sind die Steuersysteme in den meisten Ländern nicht inflationsindexiert. Dadurch sorgt eine höhere Inflation dafür, dass die marginale Steuerlast und damit die **Verzerrungen durch Steuern** zunehmen (vgl. für Beispiele Aufgabe b)).

Schließlich sorgt Inflation per Definition dafür, dass **Preise angepasst** werden müssen. Dass dies mit Kosten verbunden ist, wird wohl am offensichtlichsten, wenn man an die notwendigen Neudrucke von Speisekarten in Restaurants denkt.

b) Die meisten Einkommensteuersysteme sind aus Umverteilungsgründen mit einem progressiven Steuersatz versehen, d.h., die marginale Steuerbelastung steigt mit dem Einkommen: Es existiert kein konstanter Steuersatz t, sondern als einfachstes Beispiel bis zu einem Einkommen von 10.000 € müssen keine Steuern gezahlt werden ($t = 0\%$), danach z.B. $t = 30\%$. Dadurch würde ein Einkommensbezieher, der heute 10.000 € steuerfrei verdient, bei $\pi = 20\%$ im nächsten Jahr 12.000 € verdienen und damit plötzlich 0,3 ⇒ 2.000 € = 600 € Steuern zahlen müssen, ohne dass sich an seinem Realeinkommen etwas geändert hätte. Gesamtwirtschaftlich führt diese als **kalte Progression** bezeichnete Verzerrung zu einer Reduktion des (gemeldeten) Arbeitsangebots (und evtl. zu einer Ausdehnung der Schwarzarbeit).

Ähnliche Verzerrungseffekte bestehen auch bei **nominellen Zinseinkünften**: Gehen Sie davon aus, dass Sie eine Anleihe im Wert von 1.000 € besitzen. Der Realzins liege bei $r = 2\%$ und der Steuersatz auf Zinseinkommen bei 25%. Bei langfristigen Inflationsraten von $\pi_1 = 0\%$, $\pi_2 = 2\%$ und $\pi_3 = 7\%$, folgt für den Nominalzins $i_1 = 2\%$, $i_2 = 4\%$ und $i_3 = 9\%$. Damit bleiben nach Inflationskompensation und Steuern im ersten Fall noch 20 € – 0,25 ⇒ 20 € = 15 € übrig, im zweiten Fall noch 40 € – 20 € – 0,25 ⇒ 40 € = 10 € und im dritten Fall wird die reale Effektivrendite wegen 90 € – 70 € – 0,25 ⇒ 90 € = –2,5 € < 0 sogar negativ.

Steuerinzidenz

Es ist in diesem Beispiel nicht notwendigerweise so, dass die Halter von Anleihen die Leidtragenden der mit der Inflation ansteigenden Zinssteuer sind. Wenn das Kapitalangebot (Käufer von Anleihen) nämlich perfekt mobil und damit vollkommen elastisch ist, sagt ein Lehrsatz der Finanzwissenschaft, dass die **Traglast** der Steuer vollständig bei den Nachfragern liegt, unabhängig davon, wer die Steuer abführen muss (die sogenannte **Zahllast** trägt). Wir wollen hier nicht näher auf diese Fragen eingehen; für unsere Zwecke genügt es, dass es auf jeden Fall zu Verzerrungen kommt.

Weitere Steuerverzerrungen entstehen durch die **Besteuerung von Scheingewinnen** bei Unternehmen: Der Gewinn eines Unternehmens berechnet sich aus seinem Erlös abzüglich der Kosten. Wenn beispielsweise zwischen dem Einkauf der Vorprodukte und dem Verkauf der Endprodukte das allgemeine Preisniveau ansteigt, entsteht zusätzlich zum eigentlich geschaffenen Mehrwert eine der Inflation entsprechende Differenz zwischen Einnahmen und Ausgaben, die ebenfalls als Gewinn besteuert wird.

Als letztes Beispiel wollen wir die **Benachteiligung der Eigenkapitalfinanzierung** nennen. Diese entsteht, weil die Zinszahlungen für Fremdkapital, die mit π steigen, als Kosten vom Erlös abgezogen werden können.

Beachten Sie: Alle diese Verzerrungen könnten behoben werden, wenn man inflationsindexierte Steuerbemessungsgrundlagen verwenden würde. Dies ist aber in der Realität nicht unbedingt so einfach, mit anderen Problemen verbunden (denken Sie an die Überschätzung von π durch den Laspeyres-Index) und von den Regierungen auf Grund der relativ intransparenten und damit leichter durchsetzbaren Form von Steuererhöhungen per Inflation wohl auch nicht unbedingt gewünscht.

c) Mit den Einnahmen aus der mit der Inflation ansteigenden Geldschöpfung (**Seignorage** bzw. Inflationssteuer) können die sonstigen Steuereinnahmen des Staates reduziert werden. Eine Regel der Steuertheorie (nach Ramsey) besagt, dass ein optimales Steuersystem sich durch gleiche marginale Verzerrungen aller Steuern auszeichnet.

Empirisch zeigt sich, dass Arbeitnehmer **Reallohnsenkungen** wesentlich abgeneigter sind, wenn sie auch mit Nominallohnsenkungen verbunden sind, als wenn sie „nur“ durch im Vergleich zur Inflation niedrigere Lohnsteigerungen erfolgen. Reallohnsenkungen können aber für strukturelle Anpassungen der Wirtschaft notwendig sein.

Außerdem ermöglicht eine im Durchschnitt positive Inflationsrate, die mit eben solchen Inflationserwartungen verbunden ist, einen negativen Realzins (vgl. u.a. ▶ *Kapitel 6*). Diese Möglichkeit kann zur **Stabilisierung der Wirtschaft** in einer Rezession nötig sein.

d) Prinzipiell ist es möglich, inflationsindexierte Anleihen zu emittieren. Lange Zeit wurden diese als Spielerei von Ökonomen diskreditiert, die nur auf der Suche nach einem einfachen Maß für Inflationserwartungen seien. Mittlerweile aber werden sie von einer ganzen Reihe von Ländern (USA, Frankreich, Großbritannien und seit neuestem auch Deutschland) als Staatsanleihen ausgegeben. Ebenso könnte auch das Steuersystem bzw. könnten die Steuergesetze um Inflationseffekte bereinigt werden. Die Vorzüge einer um die Inflation bereinigten Recheneinheit werden ausführlich in Robert Shiller (2003), *The New Financial Order – Risk in the 21st Century*, Princeton University Press, beschrieben.

Scheinbar bietet eine Inflationsrate von $\pi = 0\%$ und damit ein konstantes Preisniveau die Möglichkeit, die in a) genannten Preisanpassungskosten vollständig zu verhindern. Bedenken Sie aber, dass hier nur ein konstanter Preisindex gemeint ist. Das schließt relative Preisveränderungen nicht aus, sodass auch bei $\pi = 0\%$ durchaus neue Speisekarten gedruckt werden müssten (allerdings wesentlich seltener).

17. Geldpolitische Strategie der EZB

a) Der EZB-Rat hat nach einer eingehenden Überprüfung im Juli 2021 eine neue geldpolitische Strategie beschlossen, die er in seiner „Erklärung zur geldpolitischen Strategie der EZB“ (*https://www.ecb.europa.eu/home/search/review/html/ecb.strategyreview_monpol_strategy_statement.de.html*) veröffentlicht hat. Diese Erklärung ist hier zusammengefasst:

Die EZB verfolgt auf Basis der europäischen Verträge als primäres Ziel die Sicherung der Preisstabilität im Euroraum. Der EZB-Rat strebt dafür ein mittelfristiges symmetrisches Inflationsziel von 2% an, gemessen mit dem harmonisierten Verbraucherpreisindex für den Euroraum.

Das bedeutendste geldpolitische Instrument der EZB sind ihre Leitzinsen. In Anbetracht der effektiven Zinsuntergrenze kann die EZB gegebenenfalls auch Forward Guidance einsetzen oder auf Ankäufe von Vermögenswerten und längerfristige Refinanzierungsgeschäfte zurückgreifen, wobei bei Bedarf außerdem neue geldpolitische Instrumente in Betracht gezogen werden können.

Geldpolitische Beschlüsse basieren auf einer umfassenden Bewertung aller relevanten Faktoren, inkl. Verhältnismäßigkeit und Nebeneffekten. Dafür wird ineinandergreifend eine wirtschaftliche Analyse (reale und nominale wirtschaftliche Entwicklungen) sowie eine monetäre und finanzielle Analyse (geldpolitischer Transmissionsmechanismus und mittelfristige Risiken für die Preisstabilität) durchgeführt, was eine Weiterentwicklung der „alten“ Zwei-Säulen-Strategie aus wirtschaftlicher und monetärer Analyse darstellt. Weil makrofinanzielle Verflechtungen in den wirtschaftlichen, monetären und finanziellen Entwicklungen eine zentrale Rolle spielen, wird die wechselseitige Abhängigkeit zwischen den beiden Analysen umfassend berücksichtigt.

Soweit dies ohne Beeinträchtigung des Preisstabilitätsziels möglich ist, unterstützt die EZB die allgemeine Wirtschaftspolitik in der Europäischen Union (vgl. die Ziele in Artikel 3 des Vertrags über die Europäische Union). Zu diesen Zielen gehören ein ausgewogenes Wirtschaftswachstum und eine in hohem Maße wettbewerbsfähige soziale Marktwirtschaft, die auf Vollbeschäftigung und sozialen Fortschritt abzielt, sowie ein hohes Maß an Umweltschutz und Verbesserung der Umweltqualität. Der EZB-Rat hat sich entsprechend im Juli 2021 zu einem klimabezogenen Maßnahmenplan verpflichtet. Im Jahr 2025 findet eine Bewertung der Strategie statt, von der Marktbeobachter keine fundamentalen Änderungen erwarten und die zum Zeitpunkt des Schreibens dieses Buches noch nicht abgeschlossen ist.

Weitere Details finden Sie auf der EZB-Website, insbesondere im „Überblick über die geldpolitische Strategie der EZB", EZB Wirtschaftsbericht, Ausgabe 5/2021, und unter *https://www.ecb.europa.eu/home/search/review/html/index.en.html*. Die bis Juli 2021 gültige Strategie können Sie z.B. in der EZB-Publikation „Die Geldpolitik der EZB" nachlesen: *http://www.ecb.europa.eu/pub/pdf/other/monetarypolicy2011de.pdf*.

b) Sie finden die „Accounts" der geldpolitischen Sitzungen des EZB-Rats auf der Website der EZB unter *https://www.ecb.europa.eu/press/accounts/html/index.en.html* und in deutscher Übersetzung bei der Bundesbank unter *https://www.bundesbank.de/de/publikationen/ezb/accounts*. Übrigens handelt es sich bei den „Accounts" nicht um wörtliche Protokolle, sondern um eine Zusammenfassung der geldpolitischen Diskussion der EZB-Ratsmitglieder.

Seit der ersten Veröffentlichung im Januar 2015 sind die „Accounts" wie folgt gegliedert (Stand: April 2025):

1. Überblick über die finanziellen, wirtschaftlichen und monetären Entwicklungen sowie die geldpolitischen Optionen
   a. Finanzmarktentwicklungen
   b. Internationales Umfeld sowie wirtschaftliche und monetäre Entwicklungen im Euro-Währungsgebiet
   c. Geldpolitische Erwägungen und Handlungsoptionen
2. Diskussion und geldpolitische Beschlüsse des EZB-Rats
   a. Wirtschaftliche, monetäre und finanzielle Analyse (bis September 2021 nur: Wirtschaftliche und monetäre Analyse)
   b. Geldpolitischer Kurs und geldpolitische Erwägungen
   c. Geldpolitische Beschlüsse und Kommunikation

c) Ursprünglich hatte der EZB-Rat im Jahr 2002 beschlossen, ein Rotationsprinzip normalerweise ab dem Beitritt des 16. Mitglieds zum Euroraum einzuführen. Der Hintergrund war, dass die Osterweiterung der EU von 15 auf 25 Staaten im Jahr 2004 absehbar war. Alle neuen EU-Mitglieder haben sich auch zum Euro-Beitritt verpflichtet, sobald sie die Maastricht-Kriterien erfüllen. Das Ziel der Einführung des Rotationsprinzips war es, auch nach dieser Erweiterung einen effizienten Entscheidungsmechanismus im EZB-Rat beizubehalten. Dieses Rotationsprinzip wurde vom Rat der Europäischen Union (in dem die nationalen Regierungen vertreten sind) im Jahr 2003 in die Satzung der EZB aufgenommen.

Allerdings beschloss der EZB-Rat kurz vor dem Beitritt der Slowakei als 16. Mitglied am 1. Januar 2009, eine Ausnahmeregelung zu nutzen und das Rotationssystem erst einzuführen, wenn die Anzahl der Präsidenten der nationalen Zentralbanken 18 übersteigt. Dies geschah mit dem Beitritt Litauens als 19. Mitglied im Euroraum am 1. Januar 2015.

Solange 19 bis 21 Länder am Euro teilnehmen, gibt es drei Gruppen:

1. Die Mitglieder des EZB-Direktoriums („Executive Board") mit permanentem Stimmrecht
2. Die Präsidenten der nationalen Zentralbanken der fünf größten (nach Wirtschaftskraft und Größe des Finanzsektors) Länder haben insgesamt vier Stimmrechte im EZB-Rat. Zu dieser Gruppe gehören Deutschland, Frankreich, Italien, Spanien und die Niederlande. Die Stimmen innerhalb dieser Gruppe rotieren im monatlichen Turnus, sodass jeden Monat einer der Präsidenten der Zentralbanken der fünf größten Länder keine Stimme im Rat hat.
3. Die Präsidenten der restlichen nationalen Zentralbanken (15 im Jahr 2025) teilen sich elf Stimmrechte. Diese rotieren ebenfalls monatlich, wobei momentan immer drei Präsidenten kein Stimmrecht haben.

Jedes Ratsmitglied behält allerdings stets sein Teilnahme- und Mitspracherecht. Da der EZB-Rat Beschlüsse gewöhnlich im Konsens oder zumindest mit einer großen Mehrheit fasst, scheint das Rotationsprinzip bisher keine Auswirkung auf Entscheidungen der EZB gehabt zu haben.

Übrigens ist dieses Rotationsprinzip vergleichbar zum Aufbau des „Federal Open Markets Committee" (FOMC) der amerikanischen Zentralbank: Hier haben die sieben Mitglieder des Board of Governors des Federal Reserve Systems und der Präsident der Federal Reserve Bank von New York ein permanentes Stimmrecht. Die restlichen vier Stimmrechte rotieren zwischen den Präsidenten der elf übrigen regionalen Federal Reserve Districts auf jährlicher Basis. Wie im EZB-Rat haben auch hier die nicht stimmberechtigten Präsidenten ein Teilnahme- und Mitspracherecht bei den Treffen des FOMC.

14. Geldmengenaggregate

a)

M3						**16.858,7**
M2			**15.627,3**			
M1	**10.661,2**					
Bargeldumlauf	Täglich fällige Einlagen	Termineinlagen mit Laufzeiten bis zu 2 Jahren	Spareinlagen mit bis zu dreimonatiger Kündigungsfrist	Repogeschäfte	Geldmarktfondanteile	Schuldverschreibungen von bis zu 2 Jahren (einschließlich Geldmarktpapieren)
1.559,5	9.101,6	2.491,2	2.475,0	275,2	922,8	33,4

Tabelle 23.1: Geldmengenaggregate im Euro-Währungsgebiet Februar 2025, Mrd. €
Quelle: EZB, Wirtschaftsbericht („Economic Bulletin"), Ausgabe 3/2025, Tabelle 5.1

b) Angesichts der vielen verschiedenen Definitionen von Geld orientiert sich die richtige Abgrenzung der Geldmenge an der jeweiligen Fragestellung. Soll die **Zahlungs- bzw. Tauschmittelfunktion** im Vordergrund stehen, ist $M1$ die relevante Größe. Je stärker auch die **Wertaufbewahrungsfunktion** von Geld berücksichtigt werden soll, desto weiter muss die Geldmenge gefasst werden, d.h., es muss $M2$ bzw. $M3$ verwendet werden. Außerdem weisen breiter gefasste Aggregate im Allgemeinen eine geringere Volatilität auf.

23.2 Übungsaufgaben

1. Unkonventionelle Geldpolitik

   a) Die geldpolitische Reaktion der EZB auf die Finanzkrise entwickelte sich in mehreren Phasen mit unterschiedlichen wirtschaftlichen Rahmenbedingungen. Die Ziele und die einzelnen gewählten Maßnahmen wurden entsprechend angepasst, wobei die Sicherstellung des geldpolitischen Transmissionsmechanismus zur Wahrung der Preisstabilität in der mittleren Frist immer im Zentrum stand.

   Dafür fokussierte sich die EZB zunächst auf die Sicherstellung der Liquidität (in Euro und auch in Fremdwährungen) und der Refinanzierungsmöglichkeiten der Banken im Euroraum. So sollten die weitergehende Transmission der Geldpolitik, die realwirtschaftliche Erholung und letztlich die Preisstabilität in den sehr stark von Bankkrediten abhängigen europäischen Volkswirtschaften erreicht werden.

   Relativ bald stellte die EZB dann Störungen in bestimmten Marktsegmenten fest, die die Transmission der Geldpolitik gefährdeten. Später ging es dann um die Einheitlichkeit der Geldpolitik, als die Finanzmärkte im Jahr 2012 auf ein potenzielles Auseinanderbrechen des Euroraums spekulierten.

   Die EZB griff später auch zu weitergehenden Ankaufprogrammen, um die Kreditvergabe durch Banken zu lockern, eine Umschichtung der Portfolien in riskantere Wertpapiere zu fördern und eine Signalwirkung auf die längerfristigen Markterwartungen auszuüben. Gerade die Signalwirkung der Geldpolitik wurde durch eine Politik der expliziten „forward guidance" unterstützt.

   Vergleichbare Maßnahmen wurden nach 2008 von vielen anderen Zentralbanken der Welt durchgeführt. Wesentliche Unterschiede zwischen der EZB und beispielsweise der amerikanischen Fed waren der stärkere Fokus auf die Kreditvergabe der Banken in Europa und der wesentlich frühere Einsatz der quantitativen Lockerung in den USA, die sich nicht zuletzt mit der größeren Bedeutung der Kapitalmärkte (im Vergleich zu Bankenkrediten) und der zentralisierten Fiskalpolitik in den USA erklären lassen.

   b) Die EZB hat seit dem Beginn der Finanzkrise 2007/2008 – neben drastischen Zinssenkungen inklusive eines negativen Zinssatzes auf die Einlagefazilität (seit Juni 2014) – eine Vielzahl unkonventioneller geldpolitischer Maßnahmen beschlossen. Diese lassen sich gut mit den in a) beschriebenen Zielen in Verbindung bringen, wobei selbstverständlich einzelne Maßnahmen mehrere Wirkungskanäle haben und damit zur Erreichung mehrerer Ziele beitragen können.

1. Maßnahmen zur Liquiditätsbereitstellung und Refinanzierung des Bankensektors:
   - Mengentender mit Vollzuteilung bei festem Zinssatz seit Oktober 2008
   - Ausdehnung der akzeptierten Sicherheiten um Beschränkungen beim Zugang zu Zentralbankkrediten zu vermeiden (mit risikoabhängigen Bewertungsabschlägen („Haircuts"), die für eine äquivalente Behandlung von riskanteren und weniger riskanten Anleihen sorgen sollen)
   - Ausdehnung der Dauer von Refinanzierungsoperationen (3-Jahres-LTRO in Nov. 2011)
   - Liquiditätszuführende Swap-Vereinbarungen in Fremdwährungen (US-Dollar, japanischer Yen, Pfund Sterling, Schweizer Franken sowie kanadischer Dollar) mit den jeweiligen Zentralbanken, um z.B. Liquiditätsengpässe europäischer Banken in US-Dollar zu beheben.
   - Diese Maßnahmen dauern bis heute (Stand: Juli 2021) an, wurden durch vergleichbare Operationen ersetzt (vgl. unten TLTROs) oder in unbefristete Swap-Vereinbarungen übergeführt, die bei Bedarf aktiviert werden können.

2. Ankaufprogramme von Anleihen in gestörten Marktsegmenten
   - Programme zum Ankauf gedeckter Schuldverschreibungen (Covered Bond Purchase Programmes, CBPP1 vom Juli 2009 bis Juni 2010 und CBPP2 vom November 2011 bis Oktober 2012)
   - Programm für die Wertpapiermärkte (Securities Markets Programme, SMP), bei dem zwischen Mai 2010 und September 2012 Staatsanleihen von Griechenland, Italien, Irland, Portugal und Spanien gekauft wurden
   - Outright Monetary Transactions Programm, das im September 2012 beschlossen, aber bisher nicht aktiviert wurde. Mit diesem Programm wurde das Versprechen des EZB-Präsidenten Mario Draghi vom Juli 2012 umgesetzt: „Within our mandate, the ECB is ready to do whatever it takes to preserve the euro. And believe me, it will be enough."

3. Die EZB führte „Forward guidance" im Juli 2013 in den einführenden Bemerkungen ihrer Pressekonferenzen zu ihren geldpolitischen Beschlüssen ein. Aktuell (im Juli 2021) lautet der entsprechende Passus, der EZB-Rat geht davon aus, „dass die EZB-Leitzinsen so lange auf ihrem aktuellen oder einem niedrigeren Niveau bleiben werden, bis er feststellt, dass die Inflationsrate deutlich vor dem Ende seines Projektionszeitraums 2% erreicht und sie diesen Wert im weiteren Verlauf des Projektionszeitraums dauerhaft hält, und er der Auffassung ist, dass die Entwicklung der zugrunde liegenden Inflation hinreichend fortgeschritten ist, um mit einer sich mittelfristig bei 2% stabilisierenden Inflation vereinbar zu sein. Dies geht unter Umständen damit einher, dass die Inflation vorübergehend moderat über dem Zielwert liegt."

4. Kreditlockerung, Ankaufprogramme und quantitative Lockerung
   - Gezielte längerfristigen Refinanzierungsgeschäfte (TLTRO I in den Jahren 2014 bis 2016, TLTRO II in 2016 und 2017 und TLTRO III 2019 bis 2021) mit einer Laufzeit von bis zu vier Jahren, bei denen die Bedingungen an

die Erfüllung bestimmter Ziele für die Kreditvergabe an die Realwirtschaft gekoppelt wurden.

- Ankaufprogramme für gedeckte Schuldverschreibungen (Covered Bond Purchase Programme, CBPP3) und Asset-Backed Securities (ABSPP) beschlossen im September 2014
- Programm zum Ankauf von Anleihen, die von im Euroraum ansässigen Zentralstaaten, Emittenten mit Förderauftrag und europäischen Institutionen begeben werden (Public Sector Purchase Programme, PSPP) beschlossen im Januar 2015
- Programm zum Ankauf von Unternehmensanleihen (Corporate Sector Purchase Programme, CSPP) beschlossen im März 2016
- PSPP, CBPP3, CSPP und ABSPP bilden zusammen das erweiterte Programm der EZB zum Ankauf von Vermögenswerten (Asset Purchase Programme, APP).
- Pandemic emergency purchase programme (PEPP) als Antwort auf die wirtschaftlichen Folgen des Ausbruchs der COVID-19 Pandemie beschlossen im März 2020.

c) Die Verteilungswirkungen von Geldpolitik haben bis zur Finanzkrise eine relativ untergeordnete Rolle in der Theorie und Praxis von Geldpolitik gespielt. Verteilungswirkungen sind zum Beispiel im Allgemeinen nicht Teil der Mandate von Zentralbanken.

Allerdings eröffnet die Heterogenität der Individuen eine Vielzahl von möglichen Wirkungskanälen der Geldpolitik auf die Verteilung von Einkommen und Vermögen und damit die (Un)gleichheit in einer Volkswirtschaft. Beispiele für solche Kanäle sind der unterschiedliche Bezug von Einkommen (aus Arbeit oder Kapital), unterschiedliche Vermögenszusammenstellungen (Bargeldhaltung im Vergleich zu anderen Vermögenswerten), die wirtschaftliche Stärke einzelner Euro länder oder die Umverteilung zwischen Sparern und Kreditnehmern. Gerade in Deutschland wird manchmal kritisiert, dass die EZB-Geldpolitik die Sparer enteigne, Kapitalbesitzer im Vergleich zu Arbeitnehmern und damit die Ungleichheit fördere und stark verschuldete Staaten begünstige.

Schon am Beispiel der Sparer kann man leicht sehen, dass die Realität komplex ist: So sind nämlich in den letzten Jahren die Inflationsraten im Euroraum (und in Deutschland) wiederholt deutlich niedriger ausgefallen als ursprünglich erwartet. Dadurch war der ex post-Realzins größer als der ex ante erwartete Realzins und es kam zu einer Umverteilung von den Schuldnern *zu Gunsten* der Sparer! Außerdem reduziert ein durch die Geldpolitik ausgelöster wirtschaftlicher Aufschwung die Ausfallraten bei Krediten (und damit das Verlustrisiko der Sparer). Des Weiteren konnten Sparer massiv von Wertsteigerungen bei Aktien und Immobilien profitieren, falls sie in diese investiert hatten. Dagegen sorgen die niedrigen Nominalzinsen bei Neuanlagen (und bei Anleihen mit flexiblen Zinsen) für einen Rückgang des Einkommens aus den Sparanlagen, was für Rentner und andere Personen, die von ihrem Kapitaleinkommen leben, problematisch sein kann.

Dem stehen die Kreditnehmer als Profiteure niedriger Zinsen z.B. für Firmenkredite oder Hypothekendarlehen gegenüber. Auch der deutsche Staat hat vom niedrigen

Zinsniveau stark profitiert und wurde über einen längeren Zeitraum selbst für langfristige Anleihen von den Investoren mit einem negativen Nominalzins entlohnt.

Neben diesen in erster Linie finanziellen Auswirkungen gibt es noch wichtigere makroökonomische Wirkungen. Wenn es durch unkonventionelle Geldpolitik gelingt, die Realwirtschaft zu beleben und damit verbunden die Arbeitslosigkeit zu reduzieren, geht die Ungleichheit normalerweise deutlich zurück, weil ärmere Haushalte stärker von Arbeitslosigkeit betroffen sind. Darüber hinaus soll eine schnellere wirtschaftliche Erholung Hysterese-Effekte verhindern (vgl. Kapitel 8 im Lehrbuch Blanchard/Illing), durch die die reale Wachstumsrate und damit mittelfristig auch die Rendite auf Anlagen niedriger ausfallen würden.

Für Ihre Beurteilung der Verteilungswirkungen von unkonventioneller Geldpolitik sollten Sie sich also unbedingt umfassend informieren. Einen hilfreichen Überblick finden Sie zum Beispiel im Artikel „Verteilungseffekte der Geldpolitik" (Deutsche Bundesbank, Monatsbericht September 2016, S. 15–38). Vor allem wegen der gesellschaftlichen Bedeutung, aber auch wegen der Rückwirkungen der Heterogenität auf den Transmissionsmechanismus der Geldpolitik, handelt es sich dabei um ein wichtiges aktuelles Forschungsfeld.

2. Quantitätstheorie des Geldes

   a) Die Quantitätsgleichung nach Fisher (1911) setzt den nominalen Wert der Transaktionen in einer Volkswirtschaft mit der zur Verfügung stehenden Geldmenge M in Verbindung. Der nominale Wert der Transaktionen wurde ursprünglich als Produkt aus dem Durchschnittspreis der Güter und Dienstleistungen P und der durchschnittlichen Anzahl der in einer Periode stattfindenden Transaktionen T berechnet. Heutzutage verwendet man meist das reale BIP Y als Proxy für die Transaktionen und das nominale BIP $P{\cdot}Y$ für den nominalen Wert der Transaktionen. Damit ergibt sich als

      Quantitätsgleichung: $M \cdot V = P \cdot Y,$

      wobei V die Umlaufgeschwindigkeit der Geldmenge M bezeichnet. Diese „Identitätsgleichung" ist immer erfüllt, da es für jedes gegebene nominale BIP (PY) und jede gegebene Geldmenge M genau eine Umlaufgeschwindigkeit V gibt, die die Gleichung erfüllt.

   a) Die Quantitätstheorie geht von einer aus dem Transaktionsmotiv heraus motivierten Geldnachfrage M^d aus, die auch als „Cambridge-Gleichung" bekannt ist:

      $M^d = k \cdot P \cdot Y.$

      Dabei ist der Kassenhaltungskoeffizient $k = 1/V$, also gleich der inversen Umlaufgeschwindigkeit des Geldes. Er ist mit der Liquiditätspräferenz $L(i)$ vergleichbar, wie Sie sie bereits aus ▶ *Kapitel 4* kennen.

      Das Gleichgewicht auf dem Geldmarkt erfordert, dass das Geldangebot gleich Geldnachfrage ist, also $M^s = M^d = M$.

      Die Quantitätstheorie des Geldes besagt, dass eine Veränderung des Geldangebots (M) eine proportionale Veränderung des Preises zur Folge hat. Sie spielt eine zentrale Rolle in der klassischen Ökonomie: In der Reinform ist Geld vollkommen neutral und nominale Variablen können getrennt von realen Variablen analysiert werden („klassische Dichotomie").

Dafür sind aber verschiedene zentrale Annahmen notwendig:

- Der Kassenhaltungskoeffizient muss konstant sein. Wie Sie in diesem Buch sowohl empirisch als auch theoretisch gelernt haben, ist dies nicht der Fall, nicht zuletzt weil die Liquiditätspräferenz sich mit dem Zinssatz verändert.
- Außerdem muss die Zentralbank das exogen gegebene Geldangebot vollkommen kontrollieren. Allerdings erfolgt im modernen Finanzsystem ein Großteil der Geldschöpfung über private Banken, da die Zentralbank nur die Geldbasis (das Zentralbankgeld) kontrolliert. Die Quantitätstheorie unterstellt also implizit einen konstanten Geldschöpfungsmultiplikator (vgl. Übungsaufgabe 3 in ▶*Kapitel 4*), was empirisch widerlegt ist.
- In einer dynamischen Perspektive erfordert die Quantitätstheorie nicht nur die „Neutralität des Geldes“, sondern auch die „Superneutralität des Geldes“. Das heißt, dass nicht nur das Niveau der Geldmenge, sondern auch die Wachstumsrate der Geldmenge keine realen Effekte hat. Hier gibt es empirische Evidenz, dass dauerhaft zu niedrige (deflationäre) oder zu hohe (im Extremfall hyper-inflationäre) längerfristige Geldmengen- und damit Inflationsentwicklungen realwirtschaftliche Konsequenzen haben.

Somit wird Milton Friedmans Aussage “inflation is always and everywhere a monetary phenomenon” heute sehr kritisch gesehen. Gleichzeitig gibt es aber recht eindeutige empirische Evidenz für eine starke Korrelation von Inflation und Geldmengenwachstum zumindest in der langen Frist.

b) $M \cdot V = P \cdot Y \quad \Leftrightarrow \quad \ln M + \ln V = \ln P + \ln Y$

$$\Leftrightarrow \quad \frac{d \ln M}{dt} + \frac{d \ln V}{dt} = \frac{d \ln P}{dt} + \frac{d \ln Y}{dt}$$

$$\Leftrightarrow \quad \frac{\dot{M}}{M} + \frac{\dot{V}}{V} = \frac{\dot{P}}{P} + \frac{\dot{Y}}{Y}$$

$$\Leftrightarrow \quad g_M + g_V = \pi + g_Y$$

Vgl. auch ▶*Abschnitt 2.1*, Aufgabe 8.

c) Ausgehend von der Quantitätsgleichung in (Jahres-)Wachstumsraten ($g_M = \pi + g_Y - g_V$) folgt aus einer Zielinflationsrate von $\pi < 2\%$ und einem angenommenen Potenzialwachstum von $2\% \leq g_Y \leq 2{,}5\%$ sowie einer trendmäßigen Abnahme der Umlaufgeschwindigkeit $-1\% \leq g_V \leq -0{,}5\%$ der Referenzwert für das Geldmengenwachstum in der Definition von $M3$ als $g_M = 4{,}5\%$.

3. Seignorage-Einnahmen

a) Unter Seignorage versteht man die realen Einnahmen des Staates aus der Geldschöpfung. Sie beruhen auf dem Monopol des Staates über die Bereitstellung von Geld.

b) Im Steady State ergibt sich aus $i = r + \pi^e$ bei konstanten r und π sowie geeigneter Wahl von c (dient lediglich der Normierung, $c \equiv e^{ar}$) eine direkt von π abhängige Geldnachfragefunktion

$$k(\pi) = e^{-a\pi}$$

Des Weiteren ist im Steady State die Wachstumsrate g_y konstant und sei hier auf 0 normiert. Dadurch gilt $\mu = g_y + \pi = \pi$ und für die dauerhaften Geldschöpfungseinnahmen S im Steady State:

$$S = \mu \cdot k(i) = \mu \cdot k(\mu) = \mu \cdot e^{-a\mu}$$

Laffer-Kurve

Eine „Laffer-Kurve" zeigt den Zusammenhang zwischen Steuereinnahmen und dem Steuersatz. Wenn wir als einfachstes Beispiel die Einkommensteuer betrachten, ist klar, dass der Staat bei einem Steuersatz von 0% keine Einnahmen erzielt. Ebenso können wir davon ausgehen, dass niemand arbeiten wird, wenn sein Einkommen zu 100% besteuert wird. Deshalb wären auch in diesem Fall die Steuereinnahmen gleich 0. Für die Steuersätze zwischen diesen Extremwerten sind aber positive Steuereinnahmen erzielbar, wobei ein Steuersatz τ^* existiert, für den diese Einnahmen maximiert werden.

c) Bei den Geldschöpfungseinnahmen können wir das Geldmengenwachstum μ als Steuersatz interpretieren (man spricht in diesem Zusammenhang auch von der **Inflationssteuer**). Für $\mu = 0$ ergeben sich Seignorage-Einnahmen von $S = 0$. Da die Exponentialfunktion ohnehin immer positiv ist, sind die Einnahmen für $\mu > 0$ positiv. Im Grenzwert, für $\lim_{\mu\to\infty} \mu \cdot e^{-a\mu}$, ergibt sich mit Hilfe der Regel von L'Hôspital

$$\lim_{\mu\to\infty} \frac{\mu}{e^{a\mu}} \left[= \frac{\infty}{\infty} \right] \overset{(L'Hôspital)}{=} \lim_{\mu\to\infty} \frac{1}{ae^{a\mu}} \left[= \frac{1}{\infty} \right] = 0$$

Somit ergibt sich für die Geldschöpfungseinnahmen – unter der Annahme der Cagan'schen Geldnachfragefunktion – ein der Laffer-Kurve ähnlicher Verlauf.

d) Wie immer wird eine Funktion über die 1. Ableitung maximiert:

$$\frac{dS}{d\mu} = 1 \cdot e^{-a\mu} + \mu \cdot (-a) e^{-a\mu} = 0$$

$$\Rightarrow \quad e^{-a\mu} \cdot (1 - a\mu) = 0$$

$$\Rightarrow \quad \mu^* = 1/a$$

Beachten Sie, dass wir hier davon ausgegangen sind, dass die Geldproduktion zu Grenzkosten von 0 möglich ist. Der Staat als Monopolist setzt seinen Grenzerlös gleich seinen Grenzkosten. Für positive Grenzkosten $MC > 0$ würde im Optimum $dS/d\mu = MC$ gelten.

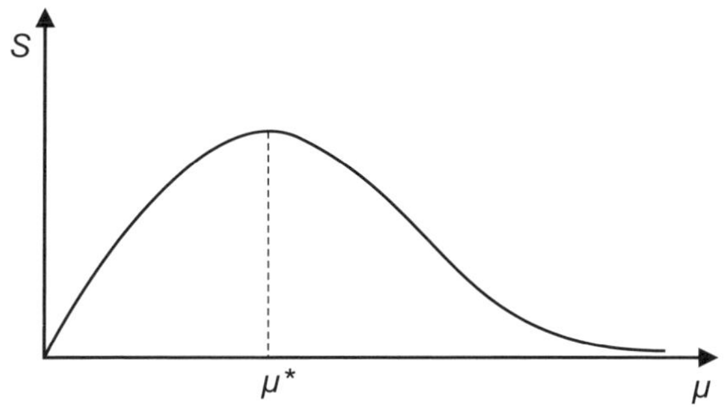

Abbildung 23.2: Laffer-Kurve der Seignorage-Einnahmen

e) Im Prinzip haben wir diese Frage schon bei den Argumenten hinsichtlich der optimalen Inflationsrate in der Basiswissensaufgabe 12 beantwortet. Seignorage-Einnahmen sind ein Vorteil aus Inflation, es bestehen aber noch weitere Argumente pro und contra höherer langfristiger Inflationsraten (die im Steady State durch μ impliziert werden). Allein deshalb könnte eine Strategie, die die Geldschöpfungseinnahmen maximiert, bestenfalls zufällig optimal sein.

Des Weiteren handelt es sich bei den Seignorage-Einnahmen lediglich um eine von verschiedenen Einnahmequellen des Staates. Gemäß der Theorie der optimalen Besteuerung nach Ramsey sollte das Steuersystem so angelegt sein, dass die marginalen Verzerrungen der einzelnen Steuern gleich groß sind, nicht dass einzelne Steuereinnahmen maximiert werden.

4. Goldreserven der Bundesbank

a) Erinnern Sie sich an die vereinfachte Zentralbankbilanz aus ▶ *Kapitel 4* (zur weiteren Vereinfachung haben wir alle Posten außer den Goldbeständen gleich 0 gesetzt):

Aktiva		**Passiva**	
Gold	136 Mrd. €	Geldbasis	136 Mrd. €
Wahrungsreserven			
Kredite an Geschäftsbanken			
Sonstige Aktiva			

In unserem hypothetischen Beispiel beträgt der Marktwert 150 Mrd. €, wodurch sich die Bilanz bei einer Neubewertung um 14 Mrd. € verlängert. Auf der Passivseite werden diese 14 Mrd. € zunächst durch einen Ausgleichsposten aufgefangen:

Aktiva		**Passiva**	
Gold	150 Mrd. €	Geldbasis	136 Mrd. €
...		Ausgleichsposten	14 Mrd. €

Was geschieht mit diesem Ausgleichsposten? Er wird als Zentralbankgewinn an die Mitgliedsstaaten abgeführt (hier kommen die in der Aufgabe angesprochenen rechtlichen Besonderheiten der EZB ins Spiel, auf die wir nicht eingehen wollen), wo er wie folgt verwendet werden kann:

i. zur Senkung der ausgewiesenen Staatsverschuldung.

ii. als Grundlage eines Ausbildungsfonds, Beschäftigungsprogramms etc.

Mit dem Wissen aus der Box zur konsolidierten Vermögensbilanz des Staates können wir die Effekte von i) und ii) auf das Staatsvermögen beurteilen: Durch i) wird zwar die ausgewiesene Staatsverschuldung (= Bruttoverschuldung) gesenkt, die Nettoverschuldung ändert sich aber nicht. Dagegen geht der Staat bei ii) neue Verpflichtungen ein, sodass diese Handlung einen Anstieg der Nettoverschuldung des Staates bedeutet, obwohl sich die ausgewiesene Staatsschuld nicht ändert.

Konsolidierte Vermögensbilanz des Staates

Unter der konsolidierten Vermögensbilanz des Staates versteht man die Summe der Bilanzen von Staat und Zentralbank. Das Aggregieren beider Bilanzen macht ökonomisch Sinn, weil die Zentralbank (trotz ihrer meist vorhandenen Unabhängigkeit) letztlich eine staatliche Institution ist, deren Vermögen dem Staat gehört. Es spielt ökonomisch keine Rolle, zu welchem Zeitpunkt die Zentralbank ihre Gewinne an den Staat abführt.

Mit Hilfe dieses Konzepts kann man zwischen der **Bruttoverschuldung** des Staates (in der BRD die Summe der Bundes-, Länder- und Gemeindenschulden) und der **Nettoverschuldung** des Staates unterscheiden. Letztere ist die Bruttoverschuldung abzüglich des Zentralbankvermögens und die eigentlich relevante ökonomische Größe.

Geldpolitisch entscheidend ist aber die Frage, ob die Abführung des Zentralbankgewinns von der EZB **sterilisiert** wird (analog zu den sterilisierten Devisenmarktinterventionen in der Basiswissensaufgabe 15b) von ▶ *Kapitel 19*). Denn die Übertragung des Zentralbankgewinns an den Staat ist nichts anderes als die Schaffung von zusätzlichem Zentralbankgeld durch Drucken von Geld. Wird dies nicht sterilisiert, d.h. wird die Zentralbankgeldmenge durch restriktive Offenmarktgeschäfte nicht in gleichem Umfang reduziert, wird neues Geld geschöpft. Wird die Übertragung dagegen vollständig sterilisiert, d.h. die „ursprüngliche" Zentralbankgeldmenge im gleichen Umfang reduziert, ist die Aktion geldpolitisch neutral.

b) Durch den Verkauf der Goldbestände am internationalen Goldmarkt würde die EZB (unter der nicht realistischen Annahme, diese Aktion hätte keinen negativen Einfluss auf den Marktpreis) US-$ im Wert von 150 Mrd. € erlösen. Dadurch steigen die Währungsreserven der EZB um den Wert von 150 Mrd. € an, während die Goldreserven auf 0 zurückgehen. Insgesamt steigt die Aktivseite also wieder um die Differenz von altem Buchwert und Verkaufserlös (14 Mrd. €) an, sodass sich auf der Passivseite zunächst wieder ein Ausgleichsposten in Höhe dieser 14 Mrd. € befindet.

Aktiva		**Passiva**	
Gold	0 €	Geldbasis	136 Mrd. €
Währungsreserven	150 Mrd. €	Ausgleichsposten	14 Mrd. €

Die weiteren Konsequenzen dieses Goldverkaufs sind nun vollkommen analog zu den Konsequenzen einer Neubewertung, die in a) beschrieben wurden. Unterschiede würden sich selbstverständlich in der Zukunft ergeben, abhängig von der weiteren Entwicklung des Goldpreises: nämlich Gewinne/Verluste bei Bewertung nach Marktwert in a), keine Effekte nach Goldverkauf in b).

5. Geldpolitik der EZB – eine erste empirische Analyse
   a) Die allgemeine Formel für den von der Taylor-Regel implizierten Zinssatz lautet $i = r + \pi^e + 0{,}5(\pi - \pi^*) + 0{,}5(y - \bar{y})$. Mit den vorgegebenen Werten wird daraus $i = 2 + \pi + 0{,}5(\pi - 2) + 0{,}5y_{gap}$.
   b) Im Prinzip sieht man eine recht gute Korrelation zwischen Taylor-Zins und tatsächlichem Zinsverlauf. Signifikante Abweichungen erkennt man vor allem in der Einführungsphase des Euro 1999, als der tatsächliche Zinssatz deutlich über dem Taylor-Zins lag, und ab 2002. In dieser Zeit wäre eine allein auf aktuelle Inflation und Produktionsentwicklung achtende Geldpolitik wesentlich restriktiver gewesen als die tatsächliche EZB-Politik.

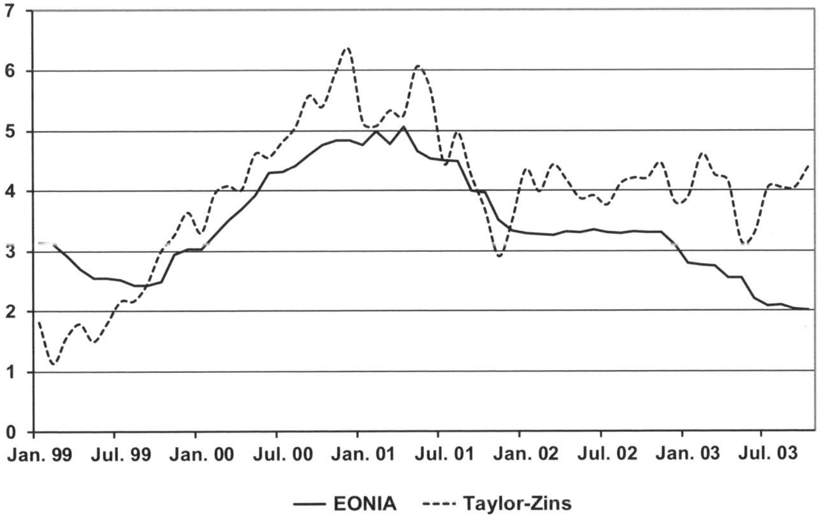

Abbildung 23.3: Tatsächlicher und von der Taylor-Regel implizierter Zinsverlauf im Euroraum
Vgl. Quelle zur Box „Die EZB und die Taylor-Regel"

Taylor-Regel und Länderunterschiede in der EWU

▸*Abbildung 23.3* zeigt den Taylor-Zins auf Basis von Inflation und Produktion im gesamten Euroraum. Die unterschiedliche konjunkturelle und preisliche Entwicklung in den Mitgliedsstaaten der EWU bedeutet aber, dass sich für die einzelnen Länder zum Teil erhebliche Unterschiede ergeben würden. Während Deutschland im Jahr 2003 die niedrigste Inflationsrate (zeitweise unter 1%) und die größte negative Produktionslücke im Euroraum besaß, lag die Inflationsrate in Irland teilweise über 5%, während die Wirtschaft mit mehr als 3% wuchs. Die Heterogenität der Ökonomien des Euroraums impliziert unterschiedliche Taylor-Zinsen für die einzelnen Länder. Wegen der gemeinsamen Währung kann die EZB aber nur einen gemeinsamen Zins für alle Länder festlegen.

c) Mit einer OLS-Schätzung erhalten Sie bei E-Views folgenden Regressions-Output:

Dependent Variable: EONIA

Method: Least Squares

Date: xx/xx/xx Time: xx:xx

Sample: 1999:01 2003:10

Included observations: 58

Variable	Coefficient	Std. Error	t-Statistic	Prob.
C	2.489032	0.352913	7.052827	0.0000
INFLATION	0.474110	0.173410	2.734045	0.0084
IPGAP	0.375530	0.071178	5.275953	0.0000

R-squared	0.504739	Mean dependent var	3.417069
Adjusted R-squared	0.486730	S.D. dependent var	0.869420
S.E. of regression	0.622878	Akaike info criterion	1.941405
Sum squared resid	21.33871	Schwarz criterion	2.047980
Log likelihood	–53.30075	F-statistic	28.02630
Durbin-Watson stat	0.301954	Prob(F-statistic)	0.000000

Der sehr niedrige Wert der Durbin-Watson-Statistik deutet auf ein hohes Maß an positiver serieller Korrelation der Residuen hin. Dies kann man auch grafisch erkennen: Über `View` → `Actual, Fitted, Residuals` → `Residual Graph` erhält man den Verlauf der Residuen:

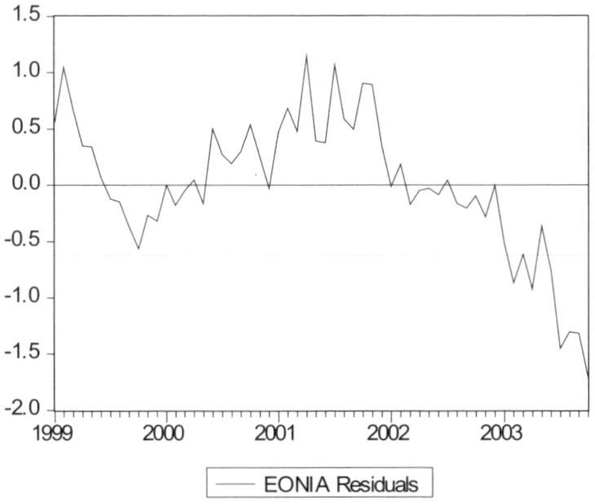

Abbildung 23.4: Residuen der einfachen Reaktionsfunktion

Auffallend ist der niedrige Koeffizient auf die Inflationsrate. Nach dem Taylor-Prinzip sollte dieser über 1 liegen, damit der Realzins als Reaktion auf Inflationssteigerungen angehoben wird. Nach dieser Gleichung scheint die EZB dem Taylor-Prinzip nicht gefolgt zu sein. Auf Grund der hohen Korrelation der Residuen sind insbesondere die t-Werte dieser Schätzung verzerrt und damit eigentlich nicht interpretierbar.

d) Besonders bei der Bundesbank ist auffällig, dass die Zinsänderungen einem bestimmten Schema gefolgt sind: Sie wurden selten durchgeführt, liefen meist in die gleiche Richtung wie die vorangehende Zinsänderung (Politik der Trippelschritte) und es dauerte lange, bis eine Umkehr der Zinspolitik erfolgte. Man spricht hier vom Phänomen der **Zinsglättung** *(interest rate smoothing)*.

Für die USA ist weitgehend ein ähnliches Schema zu beobachten. Das starke Schwanken des US-Zinses Anfang der 1980er-Jahre erklärt sich mit einer kurzen Periode einer reinen Geldmengensteuerung. Die hohe Zinsvolatilität sorgte dafür, dass die Fed diese Strategie relativ schnell wieder aufgab.

e)

Dependent Variable: EONIA

Method: Least Squares

Date: xx/xx/xx Time: xx:xx

Sample(adjusted): 1999:02 2003:10

Included observations: 57 after adjusting endpoints

Variable	Coefficient	Std. Error	t-Statistic	Prob.
C	0.297994	0.124509	2.393357	0.0203
INFLATION	–0.052016	0.052323	–0.994125	0.3247
IPGAP	0.089471	0.021468	4.167582	0.0001

Variable	Coefficient	Std. Error	t-Statistic	Prob.
EONIA(−1)	0.938097	0.034742	27.00165	0.0000

R-squared	0.966931	Mean dependent var	3.421930
Adjusted R-squared	0.965059	S.D. dependent var	0.876353
S.E. of regression	0.163813	Akaike info criterion	−0.712595
Sum squared resid	1.422234	Schwarz criterion	−0.569223
Log likelihood	24.30895	F-statistic	516.5652
Durbin-Watson stat	2.078094	Prob(F-statistic)	0.000000

Durch die Aufnahme von i_{t-1} reduziert sich zunächst die Zahl der verfügbaren Beobachtungen, da die Schätzung erst im Februar 1999 beginnen kann. Die Durbin-Watson-Statistik liegt nun nahe bei 2, was auf keine serielle Korrelation der Residuen hindeutet. Allerdings ist dieser Test durch das Vorhandensein von i_{t-1} Richtung 2 verzerrt, weshalb man besser einen anderen Test für die Residuen verwenden sollte (z.B. Durbin's *h* oder den *LM*-Test). Das „bessere", d.h. dem White-Noise-Prozess ähnlichere Verhalten der Residuen kann man auch in folgender Abbildung erkennen:

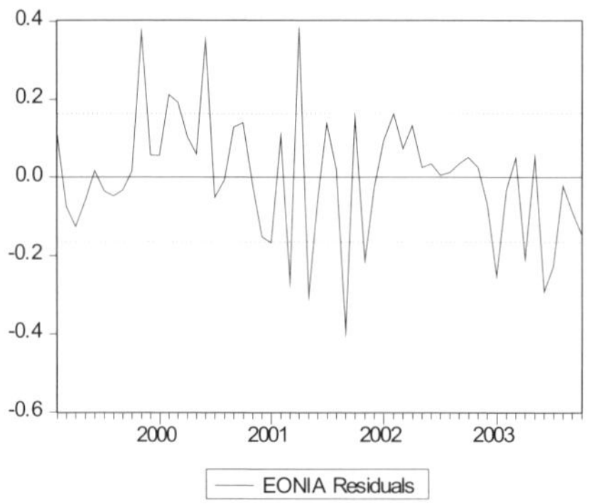

Abbildung 23.5: Residuen der Reaktionsfunktion mit gelaggedem Zins

Neben der Aufnahme von i_{t-1} existieren noch weitere ökonometrische Methoden, um die Residuen zu bereinigen.

Um auf die langfristig implizierten Reaktionskoeffizienten auf Inflation und Produktionslücke schließen zu können, müssen die entsprechenden geschätzten Werte noch durch (1 – 0,938) geteilt werden. Langfristig gilt nämlich $i_{t-1} = i_t = i$ und damit

$$i = 0{,}298 - 0{,}052 \cdot \pi + 0{,}089 \cdot ipgap + 0{,}938 \cdot i$$

Aufgelöst nach *i* ergibt sich

$$i = (0{,}298 - 0{,}052 \cdot \pi + 0{,}089 \cdot ipgap)/(1 - 0{,}938)$$

und damit eine Reaktion auf π von –0,839. Wenn dieser geschätzte Parameter dem tatsächlichen entsprechen würde, bedeutete dies, dass die EZB eine äußerst destabilisierende Politik betreiben würde. Beachten Sie aber die niedrige t-Statistik bzw. den hohen p-Wert des Koeffizienten. Dies bedeutet, dass er nicht signifikant von 0 verschieden ist und damit der wahre Wert durchaus positiv sein kann.

Die EZB und die Taylor-Regel

Die EZB würde sich vehement gegen die Annahme wehren, dass sie in irgendeiner Form automatisch der Taylor-Regel folgt. Letztlich liegt aber genau diese Annahme einer solchen Reaktionsfunktion, wie wir sie hier geschätzt haben, zu Grunde. Es hat sich jedoch in der (monetären) Ökonomie in den letzten Jahren eingebürgert, die Taylor-Regel in der ein oder anderen Spezifikation quasi als Benchmark zu verstehen und anhand dieser die tatsächliche Geldpolitik zu beurteilen. Dazu wurden in einigen Studien auch weitere erklärende Variablen wie die Geldmenge oder der Wechselkurs aufgenommen. Allerdings sind die verschiedenen unkonventionellen Maßnahmen der Zentralbanken nach der 2007/2008 ausgebrochenen Finanzkrise an der Nullzinsgrenze im Rahmen einer reinen Zinsregel wie der Taylor-Regel nicht wirklich zu fassen.

Ein Kriterium, nach dem man die zahlreichen Studien unterscheiden kann, ist, ob sie eine zeitgleiche oder sogar zurückblickende Spezifikation verwenden (π_t ist die aktuelle Inflationsrate über die *letzten* zwölf Monate), oder ob eine vorausschauende Reaktionsfunktion geschätzt wird. Wenn man die EZB als in die Zukunft blickende, auf Erwartungen reagierende Zentralbank versteht, zeigte sich eine die Wirtschaft stabilisierende Geldpolitik, die dem Taylor-Prinzip folgt. Die Einzelheiten sowie weitere Informationen zur Taylor-Regel können Sie in der Arbeit von S. Sauer und J.-E. Sturm (2007), *Using Taylor Rules to Understand ECB Monetary Policy*, German Economic Review, Vol.8, No. 3, S. 375–398, nachlesen.

24 Die Geschichte der Makroökonomik

Neo-, Neu- und Post-Keynesianismus: Was ist was?

Viele Ökonomen berufen sich auf John Maynard Keynes. In ihren Arbeiten versuchen sie, wichtige Grundideen aufzugreifen und sie weiterzuentwickeln. In der Geschichte der Makroökonomik ist es deshalb zu einer ganzen Reihe von Interpretationen und methodischen Ansätzen gekommen. Es ist deshalb nicht erstaunlich, dass sich im Laufe der Zeit verschiedene Bezeichnungen für unterschiedliche Weiterentwicklungen herausgebildet haben. Die gebräuchlichsten sind wohl Postkeynesianismus („Post-Keynesian Economics"), Neokeynesianismus („Neo-Keynesian Economics") und Neukeynesianismus („New Keynesian Economics").

Allerdings ist die Unterscheidung verschiedener Denkansätze nicht immer sehr trennscharf. Der Begriff „Postkeynesianismus" ist dabei noch relativ klar gefasst. Er bezeichnet eine Denkrichtung, die sich methodisch und inhaltlich stark von der Neoklassik und ihren makroökonomischen Ausprägungen (wie dem Monetarismus, der Real Business Cycle-Theorie oder den New Classical Economics) absetzt. Auch wenn es innerhalb des Postkeynesianismus sehr unterschiedliche Ansätze gibt, liegt in der Überzeugung, sich explizit nicht von neoklassischen Denkweisen vereinnahmen zu lassen, ein stark verbindender Gedanke.

Damit setzen sich post-keynesianische Autoren deutlich von sogenannten Neo- und Neukeynesianern ab, die keynesianische und neoklassische Ideen eher zusammenführen wollen. Aufgrund dieser Gemeinsamkeit ist eine Unterscheidung zwischen Neukeynesianismus und Neokeynesianismus nicht einfach. Gerade im deutschen Sprachraum werden die beiden Begriffe oft nicht sehr genau getrennt. Das Lehrbuch von Blanchard und Illing benutzt beispielsweise den Begriff Neokeynesianismus gewissermaßen als Oberbegriff für beide Strömungen. Oft wird mit dem Begriff Neokeynesianismus jedoch auch der frühe Versuch beschrieben, die Ideen von Keynes und die Ideen von neoklassischen Denkschulen zusammenzuführen. Es besteht somit eine Verwandtschaft zur sogenannten neoklassischen Synthese der fünfziger und sechziger Jahre. Unter Neukeynesianismus (New Keynesian Economics) versteht man hingegen neuere Ansätze einer Verbindung von keynesianischen und neoklassischen Ideen. Es geht vor allem um Arbeiten seit Mitte der achtziger Jahre, die methodisch an die auf Optimierung und rationale Erwartungen basierenden Ansätze anschließen, inhaltlich jedoch keynesianische Wirkungszusammenhänge ermöglichen.

Im vorliegenden Übungsbuch verwenden wir standardmäßig den Begriff „neo-keynesianisch", um eine mit dem Lehrbuch einheitliche Vorgehensweise zu gewährleisten. An ausgewählten Stellen, insbesondere in den textbasierten Antworten unten, weichen wir aus Gründen größerer Korrektheit jedoch von dieser Regel ab.

24.1 Wissens- und Verständnistests

Multiple Choice

1. John Maynard Keynes veröffentlichte seine „Allgemeine Theorie der Beschäftigung, des Zinses und des Geldes“ im Jahr
   a) 1825.
   b) 1933.
   c) 1936.
   d) 1955.
2. Die „Allgemeine Theorie der Beschäftigung, des Zinses und des Geldes“ von John Maynard Keynes verdankt ihre große Bedeutung unter anderem dem Umstand, dass sie wesentliche Erkenntnisse zum Verständnis und zum Umgang mit folgendem historischen Ereignis beisteuerte:
   a) Industrialisierung
   b) Wirtschaftswunder
   c) Hyperinflation der 1920er-Jahre
   d) Große Depression
3. Welcher der folgenden Ökonomen wird heute als wichtigster Vertreter der neoklassischen Synthese angesehen?
   a) John Hicks
   b) Joseph Schumpeter
   c) Paul Samuelson
   d) James Tobin
4. Welcher der folgenden Ökonomen trug *nicht* entscheidend zur Weiterentwicklung der ursprünglich von Keynes formulierten Konsum- und Investitionstheorien bei?
   a) Franco Modigliani
   b) Milton Friedman
   c) Alfred Marshall
   d) James Tobin
5. Welche der folgenden Aussagen würde sowohl von Keynesianern als auch von Monetaristen geteilt?
   a) Der Staat sollte stabilisierend in das Wirtschaftsgeschehen eingreifen.
   b) Eine verfehlte Geldpolitik kann entscheidend das Aufkommen und die Länge von Rezessionen beeinflussen.
   c) Die Entscheidungsfreiheit staatlicher Instanzen sollte stark eingeschränkt werden.
   d) Die Selbstheilungskräfte des Marktes sind üblicherweise stark genug, um gesellschaftlich destabilisierende Wirtschaftskrisen schnell genug zu lösen.

6. Welcher der folgenden Ökonomen ist *kein* Vertreter der Theorie rationaler Erwartungen?
    a) Robert Barro
    b) Thomas Sargent
    c) Joseph Schumpeter
    d) Robert Lucas
7. Die Real Business Cycle (RBC)-Theorie ist eng verwandt mit
    a) den Vorstellungen der neoklassischen Synthese.
    b) der Theorie der rationalen Erwartungen.
    c) der keynesianischen Theorie.
    d) der neokeynesianischen Idee.
8. Im Zentrum des Neokeynesianismus steht, dass
    a) Arbeits-, Güter- und Finanzmärkte unter vielfältigen Friktionen und Unvollkommenheiten leiden, die einen wirtschaftspolitischen Eingriff rechtfertigen.
    b) die Wirtschaftssubjekte Versuche der Politik, die Wirtschaft mit Konjunkturprogrammen zu steuern, durchschauen und durchkreuzen.
    c) die Wirtschaftspolitik als ein Spiel zwischen unterschiedlichen Akteuren zu verstehen ist, bei dem Politiker ihre Stimmen maximieren.
    d) Konjunkturschwankungen optimale Reaktionen auf Veränderungen in der Realwirtschaft sind.
9. Welche der folgenden Aspekte spielen gemäß der neuen Wachstumstheorie *keine entscheidende* Rolle bei der Erklärung des Wirtschaftswachstums?
    a) Technischer Fortschritt
    b) Steigende Skalenerträge
    c) Soziale Sicherungssysteme
    d) Institutionen, die zu Rechts- und Erwartungssicherheit beitragen
10. Die Verhaltensökonomik untersucht im Wesentlichen
    a) das Verhalten wirtschaftspolitischer Entscheidungsträger.
    b) Abweichungen vom Modell des rationalen, am Eigennutz orientierten Agenten (Homo Oeconomicus).
    c) das Verhalten von Gewerkschaften und Arbeitgebern.
    d) die Ursachen der 2007/2008 ausgebrochenen Finanzkrise.

Wahr/Falsch:
Welche der jeweiligen Aussagen sind wahr, welche falsch?

11. John Maynard Keynes führte mit seiner „Allgemeinen Theorie der Beschäftigung, des Zinses und des Geldes“ folgende noch heute wichtigen makroökonomischen Konzepte ein:

   a) Den Multiplikator, der erklärt, wie Nachfrageschocks verstärkt werden und zu größeren Produktionsschwankungen führen können.

   b) Den Prozess der schöpferischen Zerstörung, der erklärt, wie das freie Unternehmertum durch Innovation zum Wirtschaftswachstum beiträgt.

   c) Die Liquiditätstheorie, die aufzeigt, wie die Geldpolitik die Zinsen und die aggregierte Nachfrage beeinflussen kann.

   d) „Animal Spirits“ (unternehmerische Grundhaltungen und spontane Änderungen der Erwartungen), die eine wichtige Erklärung von Nachfrage- und Produktionsschwankungen liefern.

12. Welche der folgenden Aussagen zur neoklassischen Synthese sind wahr, welche falsch?

   a) Die neoklassische Synthese warnt vor einem allzu großen Vertrauen in die Vorteile einer aktiven Fiskal- und Geldpolitik.

   b) Die neoklassische Synthese dominierte die ökonomische Denkweise in den 1950er- und 1960er-Jahren.

   c) Die neoklassische Synthese stellt einen Versuch dar, Ansätze aus der „Allgemeinen Theorie der Beschäftigung, des Zinses und des Geldes“ von John Maynard Keynes mit anderen, traditionelleren Ansichten zu integrieren.

   d) Im Rahmen der neoklassischen Synthese wird die Theorie rationaler Erwartungen mit keynesianischen Theorien verknüpft.

13. In makroökonomischen Modellen werden spieltheoretische Ansätze dazu benutzt,

   a) die Interaktion zwischen politischen Entscheidungsträgern und der Wirtschaft abzubilden, die sich notwendigerweise ergibt, wenn sich Akteure rational auf erwartete wirtschaftspolitische Entscheidungen einstellen.

   b) Begriffe wie „Glaubwürdigkeit“, „Reputation“ und „Selbstbindung“ zu konkretisieren.

   c) die Wirtschaftspolitik und ihre Institutionen so aufzustellen, dass sie auch bei rationalen Erwartungen gesellschaftlich wünschenswerte Ergebnisse erzielt.

   d) empirische Zusammenhänge zu ermitteln, die dann Grundlage einer rationalen Wirtschaftspolitik sein können.

14. Welchen Aussagen zur Theorie rationaler Erwartungen stimmen Sie zu, welchen nicht?

   a) Die Theorie rationaler Erwartungen unterstellt, dass alle Teilnehmer am Wirtschaftsleben immer vollständig rational entscheiden.

b) Die Theorie rationaler Erwartungen unterstellt, dass Modelle auf Basis der Annahme, alle Teilnehmer am Wirtschaftsleben entschieden immer vollständig rational, eine Verbesserung der Prognosegüte mit sich bringen.

c) Die Theorie rationaler Erwartungen plädiert für eine möglichst intensive wirtschaftspolitische Ausnutzung von ökonometrisch ermittelten Zusammenhängen zwischen gesamtwirtschaftlichen Größen.

d) Modelle mit rationalen Erwartungen nehmen üblicherweise an, dass die im Modell Entscheidungen treffenden Haushalte und Unternehmen genaue Kenntnis von dem Modell haben, deren Teil sie sind.

15. Die Real Business Cycle (RBC)-Theorie wird häufig kritisiert, weil

a) sie den eher langfristig angelegten Innovationsprozess dazu nutzt, kurzfristige Schwankungen zu erklären.

b) sie der empirischen Beobachtungen widerspricht, dass Geldpolitik erhebliche reale Effekte erzeugt.

c) sie Schwierigkeiten hat, ausgeprägte Konjunkturschwankungen zu erklären.

d) in vielen Modellen Arbeitslosigkeit ein optimaler und gesellschaftlich wünschenswerter Zustand ist.

16. Welche der folgenden Aussagen stehen im Einklang mit neokeynesinaischen Vorstellungen?

a) Finanz- und Kreditmärkte sind durch zahlreiche Unvollkommenheiten gekennzeichnet, die sich auch makroökonomisch auswirken.

b) Wirtschaftliches Wachstum wird im Wesentlichen durch endogenen technologischen Fortschritt ausgelöst.

c) Expansive Geld- und Fiskalpolitik sind mit Vorsicht zu genießen, da sie ansonsten optimale marktbasierte Entscheidungen verzerren.

d) Der Arbeitsmarkt ist durch zahlreiche Friktionen und Anreizprobleme charakterisiert.

Basiswissen

17. Vergleichen Sie in kurzen Essays die wesentlichen Sichtweisen von Keynesianern und Monetaristen zu den folgenden Themenbereichen:

a) Die relative Bedeutung von Geld- und Fiskalpolitik zur makroökonomischen Stabilisierung.

b) Die Fähigkeit kapitalistischer Wirtschaftssysteme, ohne starke Eingriffe durch den Staat ein stabiles gesellschaftliches Umfeld zu schaffen.

c) Die Rationalität wirtschaftlicher Entscheidungsträger.

18. Die Theorie rationaler Erwartungen hat die Makroökonomik seit den 1970er-Jahren revolutioniert.

a) Beschreiben Sie möglichst knapp wichtige Grundideen dieser Theorierichtung.

b) Nennen und beschreiben Sie drei zentrale Konsequenzen, die rationale Erwartungstheorien für die Makroökonomik hatten.

19. In den 1990er-Jahren scheint es zu einer Annäherung wichtiger makroökonomischer Denkschulen zu kommen.
    a) Beschreiben Sie wesentliche Elemente des sich damals anbahnenden Konsenses.
    b) Auf welche Weise hat die Finanz- und Wirtschaftskrise seit 2007/2008 ein Wiederaufleben alter Konflikte ausgelöst?

24.2 Übungsaufgaben

1. Die spanische Volkswirtschaft hat in den letzten Jahren eine tiefe Rezession mit einem starken Anstieg der Arbeitslosigkeit durchgemacht. Inzwischen befindet sie sich auf dem Weg der Besserung, allerdings leidet sie immer noch unter hoher Arbeitslosigkeit.
    a) Welche Diagnose würden Keynesianer/Monetaristen/Vertreter der Real Business Cycle Theorie und Vertreter des Neokeynesianismus anführen, um die Probleme in Spanien zu erklären.
    b) Wie würden die unterschiedlichen Vertreter den seit einigen Jahren spürbaren Erholungsprozess erklären?
    c) Welche wirtschaftspolitischen Empfehlungen würden Sie von den unterschiedlichen Vertretern erwarten?
2. Die Wirtschafts- und Finanzkrise, die 2007 begann und 2008/09 ihren Höhepunkt erreichte, wirft auch ein kritisches Licht auf die Möglichkeiten und Grenzen makroökonomischer Erkenntnis und Politikberatung.
    a) Nennen und erläutern Sie vor dem Hintergrund der Krise wesentliche Kritikpunkte an den aktuell vorherrschenden und dominierenden makroökonomischen Theorien.
    b) Welche makroökonomischen Modelle haben im Zuge der Krise eine Bestätigung erfahren, weil ihre Vorhersagen weitgehend richtig waren? Als Ausgangspunkt für Ihre Eigenrecherche können die Beiträge einiger Ökonomen dienen, denen zugesprochen wird, dass sie zumindest geahnt haben, dass eine größere Krise zu erwarten sei. Hierzu zählen **Raghuram Rajan** (der ehemalige Chefvolkswirt des Internationalen Währungsfonds), **Hyman Minsky** (ein postkeynesianischer Ökonom), **Paul Krugman** (der mit seinem Buch „The Return of Depression Economics" bereits 1998 darauf hingewiesen hatte, dass große Krisen auch in unserer Zeit relevant sind) und **Robert Shiller** (ein Experte für Finanzmärkte und Verhaltensökonomik).
    c) Welche wirtschafts-, sozial- und verhaltenswissenschaftlichen Ansätze könnten aus Ihrer Sicht hilfreich sein, um die Makroökonomik vor der nächsten Krise zu wappnen.

3. Weiterführende Auseinandersetzung mit der makroökonomischen Theoriegeschichte
   a) Natürlich können in einem Lehrbuchkapitel nicht alle wichtigen Vertreter einer Wissenschaft ausführlich behandelt werden. Recherchieren Sie deshalb selbst Kernbotschaften der folgenden Ökonomen und Denkschulen:
      i. Karl Marx und der Marxismus
      ii. Joseph Schumpeter und die evolutorische Ökonomik
      iii. Walther Eucken und der deutsche Ordoliberalismus
      iv. Postkeynesianismus (im Unterschied zu Neo- bzw. Neukeynesianismus)
   b) Eine Auseinandersetzung mit der Geschichte der Makroökonomik wirft auch die Frage auf, welche Rolle die Wirtschaftswissenschaften für Politik und Gesellschaft spielen. Die folgenden beiden Zitate beschäftigen sich mit dieser Frage. Welche Kernbotschaften können Sie identifizieren? Teilen Sie die Einschätzung der beiden Autoren vor dem Hintergrund der Wirtschafts- und Finanzkrise? Warum oder warum nicht?

      „... the ideas of economists and political philosophers, both when they are right and when they are wrong, are more powerful than is commonly understood. Indeed the world is ruled by little else. Practical men, who believe themselves to be quite exempt from any intellectual influence, are usually the slaves of some defunct economist. Madmen in authority, who hear voices in the air, are distilling their frenzy from some academic scribbler of a few years back."

      John Maynard Keynes (1936). „The General Theory of Employment, Interest and Money.", Kapitel 24, https://gutenberg.net.au/ebooks03/0300071h/printall.html. Retrieved 3 February 2022

      „Economics in the broad sense of the term performs, shapes and formats the economy rather than observing how it functions."

      Michel Callon (1998). „The Embeddedness of Economic Markets in Economics.", In: The Law of the Markets, edited by Michel Callon, 1–57. Oxford: Blackwell, 1998.

4. Gibt es einen makroökonomischen Paradigmenwechsel?

   Die Finanz- und Wirtschaftskrise, die Covid Pandemie sowie die zunehmenden globalen ökologischen Probleme werfen sehr grundsätzliche Fragen im Hinblick auf gesamtwirtschaftliche Phänomene auf. Vor diesem Hintergrund ist teilweise von einem Paradigmenwechsel in der Makroökonomik die Rede.
   a) Definieren Sie den Begriff Paradigmenwechsel!
   b) Formulieren Sie für jede der drei genannten Entwicklungen einige Fragen, die eine grundsätzliche Kritik an den Standard-Ansätzen der Makroökonomik beinhaltet, wie sie auch im vorliegenden Lehrbuch dargestellt werden.
   c) Ist es tatsächlich gerechtfertigt, bereits aktuell von einem Paradigmenwechsel zu sprechen?

5. Weitere heterodoxe Ansätze

   Viele der spannendsten und in der Geschichte des ökonomischen Denkens wichtigsten Ansätze der Wirtschaftswissenschaften spielen im aktuellen öffentlichen und wissenschaftlichen Diskurs leider eine nur untergeordnete Rolle. Recherchieren Sie selbst (ein fantastischer Ausgangspunkt ist die Seite *www.exploring-economics.org*, ein sehr informatives Journal ist das *European Journal of the History of Economic Thought*) und beantworten Sie die folgenden Fragen:

a) Welche unterschiedlichen Varianten der feministischen Ökonomik lassen sich unterscheiden und wo liegen deren zentrale Erkenntnisinteressen?

b) Was kennzeichnet die Österreichische Schule der Nationalökonomie, und welche unterschiedlichen Varianten lassen sich unterscheiden?

c) Was versteht man unter „Ecological Economics" (EE)?

Nennen Sie für alle Denkschulen auch eine Reihe explizit makroökonomischer Problemstellungen. Bitte suchen Sie in der Bibliothek nach zumindest einem Buch oder Artikel, dass/der die Beiträge der entsprechenden Denkschulen ausführlich würdigt. Sie können zur Beantwortung der Fragen ergänzend ein KI-Tool zur Hilfe nehmen. In diesem Fall ist es jedoch notwendig, dass Sie die Antworten kritisch bearbeiten und auf die methodischen Grenzen Ihrer Vorgehensweise eingehen.

Lösungen zu Kapitel 24

24.1 Wissens- und Verständnistests

Multiple Choice

1. c)
2. d)
3. c)
4. c)
5. b)
6. c)
7. b)
8. a)
9. c)
10. b)

Wahr/Falsch

11. W, F, W, W
12. F, W, W, F
13. W, W, W, F
14. F, W, F, W
15. W, W, W, W
16. W, F, F, W

Basiswissen

17. Die Sichtweisen von Keynesianern und Monetaristen unterschieden sich oft deutlich, auch wenn zuweilen durchaus Gemeinsamkeiten bestanden.

a) **Die relative Bedeutung von Geld- und Fiskalpolitik zur makroökonomischen Stabilisierung:** Beide Denkschulen sprechen der Geldpolitik einen beträchtlichen Einfluss auf die reale Wirtschaft und Konjunktur zu. Allerdings gehen keynesianische Ökonomen davon aus, dass die Geldpolitik in großen Krisen schnell an ihre Grenzen stoßen kann, da entweder die Nullzinsgrenze erreicht wird (siehe unter anderem ▶ *Kapitel 4*) oder die Investitionen nur schwach auf Zinsänderungen reagieren (steile *IS*-Kurve, unter anderem als Folge der „animal spirits", die Unternehmen zu prozyklischem Verhalten verleiten). Insgesamt sehen sie in der Fiskalpolitik das wirksamere und treffsichere Mittel. Es setzt direkt am keynesianischen Grundproblem einer immer wiederkehrenden Investitionsschwäche an. Zudem sehen Keynesianer den Finanzmarkt sehr viel kritischer als Monetaristen, da Spekulation häufig destabilisierend wirke. Sie sind deshalb der Geldpolitik gegenüber eher skeptisch, da diese die Finanzmärkte als Transmissionsriemen benötigt. Die Monetaristen setzen diesen Argumenten vor allem empirische Untersuchungen zur Bedeutung der Geldpolitik während der Großen Depression entgegen, vor allem das Standardwerk „A Monetary History of the United States, 1867–1960" von Milton Friedman und Anna Schwartz. Ihre Präferenz für Geldpolitik mag auch darin begründet sein, dass hier meist unabhängige Technokraten in Zentralbanken und nicht mit zweifelhaften Motiven ausgestattete Regierungen am Werk sind.

b) Keynesianer glauben, dass die Selbstheilungskräfte des Marktes zumindest in makroökonomischen Zusammenhängen sehr begrenzt sind. Aufgrund von Koordinationsversagen und Friktionen können jederzeit Situationen entstehen, in denen eine zentrale Instanz gebraucht wird, um Vollbeschäftigung und wirtschaftliche Entwicklung zu ermöglichen. Bleiben solche Interventionen aus, wird eine Destabilisierung von Wirtschaft, Gesellschaft und Politik befürchtet.

   Während die Skepsis der Keynesianer dem Markt gilt, sind Monetaristen eher dem politischen System gegenüber skeptisch. Wissen wir genug über makroökonomische Zusammenhänge, um sinnvoll steuernd eingreifen zu können? Besteht nicht die Gefahr, dass Politiker die Stabilisierungspolitik aus falschen Motiven heraus überstrapazieren? Da aus Sicht der Monetaristen freie Märkte über vielfältige Mechanismen verfügen, Informationen effizient zu verarbeiten und sich neuen Gegebenheiten anzupassen, ist ein staatlicher Eingriff auch nur selten notwendig.

c) Beide Denkschulen sind zeitlich der Theorie der rationalen Erwartungen vorgelagert. Zudem basieren beide Theorien auf einer Vorstellung der Volkswirtschaft, in der die Haushalte und Unternehmen bemüht sind, zielgerichtet und rational zu entscheiden. Bei Keynes und den Keynesianern ist jedoch die Skepsis gegenüber den Möglichkeiten rationaler Entscheidungen sehr viel ausgeprägter. Gründe hierfür sind unter anderem (i.) die hohe Unsicherheit, mit der Investoren und Konsumenten konfrontiert sind, (ii.) das Vorliegen von „animal spirits“ und Herdenverhalten sowie (iii.) die Gefahr von Koordinationsversagen auf Finanzmärkten.

Bei den Monetaristen ist hingegen das Vertrauen auf die Rationalität der Einzelentscheidung sehr viel größer. Dies zeigt schon der Umstand, dass Friedman den Zusammenbruch der Phillipskurve auf Basis der Idee vorhersagt, die Wirtschaftssubjekte ließen sich nicht dauerhaft von zu hoher Inflation überraschen. Das eigennützige, zielgerichtete Verhalten ist aus monetaristischer Sicht ein guter Ausgangspunkt für die Organisation der Wirtschaft und der Gesellschaft insgesamt. Selbst wenn nicht jeder Einzelne vollständig rational ist, können Märkte rational sein. Wie Friedman anhand des Beispiels der Spekulation an Finanzmärkten zeigt, werden sich langfristig die rationaleren Akteure durchsetzen. Die irrationalen Akteure werden durch ihre Verluste aus dem Markt gedrängt. Vor dem Hintergrund dieser Sichtweisen ist es auch nicht verwunderlich, dass viele Vertreter der Theorie rationaler Erwartungen enge Bezüge zum Monetarismus aufweisen.

18. Die Theorie rationaler Erwartungen hat die Makroökonomik seit den 1970er-Jahren revolutioniert.

    a) Die Vertreter der Theorie rationaler Erwartungen (RE) gehen davon aus, dass makroökonomische Modelle explizit das rationale Entscheidungsverhalten aller Akteure (Haushalte, Unternehmen, Gewerkschaften, Wirtschaftspolitik) mathematisch abbilden sollten. Eine solche „**Mikrofundierung**“ solle unter der Annahme geschehen, dass alle Akteure Erwartungen bilden, die mit den Vorhersagen des Modells selbst in Einklang stehen.

       Aus dieser Sichtweise folgt die sogenannte **Lucas-Kritik**: Verändert sich die Wirtschaftspolitik, hat dies Einfluss auf die Erwartungsbildung der Akteure und damit ihr Verhalten. Empirische Zusammenhänge, die auf Daten der Vergangenheit beruhen, seien deshalb nur so lange valide, bis die Wirtschaftspolitik sie sich zunutze mache. Insbesondere Simulationen mit bestehenden makroökonometrischen Modellen dürften deshalb nicht für die Prognose der Wirkung einer neuen Wirtschaftspolitik herangezogen werden.

    b) Die Theorie rationaler Erwartungen veränderte die Makroökonomik auf vielfältige Weise. Drei besonders wichtige Konsequenzen für die Theorieentwicklung waren:

       – Die systematische Erforschung der Rolle von Erwartungen auf Güter-, Finanz- und Arbeitsmärkten. Diese führte unter anderem zu einem sehr viel besseren Verständnis des gesamtwirtschaftlichen Konsumverhaltens sowie neuen Erklärungen für die hohe Volatilität von Wechselkursen.
       – Die systematische Untersuchung der Lohn- und Preisbestimmung. Dabei zeigt sich, dass nominale Rigiditäten, also die nur langsame Anpassung von makroökonomischen Größen, durchaus mit rationalen Erwartungen konsistent sein können.
       – Die systematische Untersuchung der Wirtschaftspolitik mittels spieltheoretischer Methoden. Eine der größten Leistungen dieses Ansatzes ist wohl, dass er einen strukturierten Zugang zu bis dahin verschwommenen Konzepten wie „Glaubwürdigkeit“, „Reputation“ und „Selbstbindung“ schaffen konnte.

Gleichzeitig verschob sich das Interesse von dem, was „Regierungen tun sollten“ zu dem, was „Regierungen tatsächlich tun“. Ökonomen wurden sich bewusst, dass sie auch politische Nebenbedingungen beachten mussten, wenn sie Politiker beraten wollten.

19. In den 1990er-Jahren scheint es kurzfristig zu einer Annäherung wichtiger makroökonomischer Denkschulen zu kommen.

a) Die sich in den 1990er-Jahren anbahnende Synthese basierte auf der gemeinsamen Anwendung der Methoden, die von den Vertretern der rationalen Erwartungstheorien sowie der Real-Business-Cycle-Theorie entwickelt worden waren. Die dort verfügbare, mathematisch exakte Beschreibung des Optimierungsverhaltens von Haushalten und Unternehmen wurde um wesentliche Elemente des neukeynesianischen Ansatzes ergänzt. Viele Friktionen wie Suchprozesse am Arbeitsmarkt, unvollständige Information auf Kreditmärkten und nominale Rigiditäten (verzögerte Anpassungen von Löhnen und Preisen) wurden in die Modelle integriert. Hierdurch wurde der aggregierten Nachfrage wieder eine Rolle zugeschrieben, was auch die Potenz der Modelle bei der Erklärung konjunktureller Schwankungen erhöhte.

b) Die 2007/2008 ausgebrochene Finanz- und Wirtschaftskrise hat auf vielerlei Weise ein Wiederaufleben der alten Konflikte ausgelöst. An dieser Stelle seien nur einige Aspekte genannt:

- Der vielleicht entscheidende Streitpunkt war die Frage nach der richtigen Fiskalpolitik. Zum Höhepunkt der Krise trauten sich nur wenige Ökonomen und Wirtschaftspolitiker, fiskalische Krisenbekämpfungsmaßnahmen gänzlich auszuschließen. Nach dem Abklingen der akuten Krisenphase im Jahr 2010 wurde jedoch in vielen Ländern, insbesondere in Europa, auf harsche Sparprogramme gesetzt. Keynesianisch geprägte Ökonomen sahen dies sehr kritisch. Sie befürchteten, dass der Erholungsprozess der Wirtschaft so untergraben und stattdessen eine Dauerkrise eingeleitet wird. Vertreter der RBC-Schule sowie viele andere nicht-keynesianische Ökonomen befürworteten jedoch den raschen Rückzug des Staates, da dessen Eingriffe einer strukturellen Erholung im Wege stünden.
- In ähnlicher Weise gab es Streit über die richtige Geldpolitik. Viele Ökonomen befürchteten schon seit 2009, dass die massiven Eingriffe der Zentralbanken bald zu Inflation führen müssten. Keynesianisch geprägte Ökonomen verwiesen jedoch auf die hohe Unterauslastung der Kapazitäten und befürworteten nicht nur die Beibehaltung, sondern die starke Ausweitung der Maßnahmen.
- Schließlich gab es erhebliche Auseinandersetzungen bezüglich der Frage, welche Lehren die Makroökonomik selbst aus der Krise ziehen sollte (siehe hierzu auch Übungsaufgabe 2 in diesem Kapitel). Gerade die Ökonomen aus der Schule der rationalen Erwartungstheorie und der RBC-Theorie hatten vor der Krise auf Basis der Annahme gearbeitet, die Zeit der großen Krisen sei vorbei. Robert Lucas, der Begründer der Schule, hatte bereits 2003 einen entsprechenden Beitrag veröffentlicht (siehe Lucas, Robert, E. Jr., 2003. „Macroeconomic Priorities“, American Economic Review, 93(1): 1–14). Wie

sollte man nun auf die große Krise reagieren? Nicht zuletzt stellte sich die Frage, welche methodischen Ansätze durch die Krise bestätigt und welche diskreditiert worden waren. Einige keynesianische Autoren wie Paul Krugman argumentierten, dass Ad-hoc-Modelle ohne allzu technische Mikrofundierung in der Krise schließlich sehr gut funktioniert hätten. Die sehr technischen dynamischen allgemeinen Gleichgewichtsmodelle hätten hingegen wenig zum Krisenverständnis und -management beigetragen. Die Mehrzahl der Makroökonomen war jedoch nicht bereit, dieser Sichtweise zu folgen und zu traditionelleren keynesianischen Denkweisen zurückzukehren. Hieraus entwickelte sich ein Konflikt, der bis heute anhält.

Verschärft wurde die Auseinandersetzung dadurch, dass auch über die Ursachen der Krise nicht wirklich Einigkeit bestand. Während über Fehler und Versäumnisse in der Banken- und Finanzmarktregulierung viel Konsens bestand, sind die makroökonomischen Wurzeln der Krise Gegenstand heftiger Kontroversen. Viele nicht-keynesianische Ökonomen argumentieren, dass es die Stabilisierungsversuche der Zentralbanken in den Jahren vor der Krise waren, die die Marktteilnehmer zu einer überhöhten Risikoübernahme getrieben hatten. Zu viel Stabilisierung erzeuge eben den Nährboden für riskantes Verhalten. Keynesianische Ökonomen setzen dem entgegen, dass die Zentralbanken reagieren mussten, da die Wirtschaft seit den 1970er-Jahren immer krisenanfälliger geworden war. Es sei nicht auszuschließen, dass die Abkehr vom Keynesianismus zu genau dieser Zeit selbst hinter der Zunahme von Krisen stecke und dass auch Phänomene wie die in einigen Volkswirtschaften beobachtbare zunehmende Ungleichverteilung von Einkommen und Vermögen eine Rolle spielten.

24.2 Übungsaufgaben

1. Die spanische Volkswirtschaft hat in den letzten Jahren eine tiefe Rezession mit einem starken Anstieg der Arbeitslosigkeit durchgemacht. Zwischenzeitlich (Stand: Februar 2022) hat sich die Lage etwas verbessert und dann im Rahmen der Pandemie wieder zugespitzt. Insgesamt ist die Arbeitslosenquote immer noch hoch, besonders unter jungen Menschen. (*Anmerkung*: Die Positionen, die hier unter dem Stichwort „Real Business Cycle-Theorie“ vertreten werden, werden auch von anderen nicht-keynesianischen Volkswirten vehement vertreten. Hierzu zählen insbesondere Ökonomen, die sich an dem Ökonomen Friedrich Hayek oder an der Tradition des deutschen Ordoliberalismus orientieren).
   a) **Keynesianische und neukeynesianische Ökonomen** erklären die spanische Wirtschaftsentwicklung mit einer Variante des *IS-LM*-Modells für offene Volkswirtschaften. Entscheidend für die Probleme sind aus dieser Sicht zwei Dinge. Zum einen leide Spanien an der im Gegenzug für erhaltene Rettungspakete eingeforderten Sparpolitik (Austerität). Die vor allem von Deutschland eingeforderte restriktive Fiskalpolitik sei in der Krise eine verheerende Medizin. Zum anderen könne Spanien aufgrund des Euro keine Abwertung des nominalen Wechselkurses vornehmen, um wieder wettbewerbsfähig zu werden. Die alternative Vorgehensweise wäre, Preise und Löhne so lange fallen zu lassen, bis Wettbewerbsfä-

higkeit wiederhergestellt ist (eine „interne Abwertung"). Diese Strategie geht nach Ansicht keynesianischer Volkswirte jedoch nicht nur mit einem hohen Ausmaß an durch Arbeitslosigkeit bedingtem Leid einher. Sie sei auch zum Scheitern verurteilt, da die ausgelöste Deflation die sowieso schon sehr hohe Schuldenlast der Spanier dramatisch verschlimmere.

Vertreter der Real Business Cycle-Theorie sehen in Spanien vor allem strukturelle Probleme am Werk. Durch den Immobilienboom vor der Krise seien die Löhne zu stark gestiegen, sodass sich keine international wettbewerbsfähige Wirtschaft etablieren könne. In diesem Fall kann die Geldpolitik allenfalls einen kleinen Beitrag dazu leisten, den Anpassungsprozess zu vereinfachen. Entscheidend sei jedoch, dass die Löhne und damit die Preise in ausreichendem Umfang fallen können. Eine allzu große Stimulierung der Wirtschaft durch Fiskalpolitik würde, wenn sie denn überhaupt funktionierte, hier nur kontraproduktiv sein. Indem sie den Leidensdruck senke, verlängere sie den Anpassungsprozess der Löhne nur unnötigerweise.

b) **Keynesianer und Neukeynesianer** verweisen in diesem Zusammenhang gerne auf die Beendigung der Sparpolitik um das Jahr 2014. Die damals neue Regierung nahm das Ende der Rettungsprogramme zum Anlass, die Neuverschuldung wieder erheblich auszuweiten. In Kombination mit der äußerst expansiven Geldpolitik der Europäischen Zentralbank habe dies eine Erholung eingeleitet.

   Vertreter der Real Business Cycle-Theorie sehen hingegen die Früchte des internen Abwertungsprozesses am Werk. Inzwischen seien die Löhne und Preise so weit gesunken, dass Licht am Ende des Tunnels zu erkennen sei. Der hierdurch gewonnene Vertrauensgewinn bei den Unternehmen werde zudem noch durch den Umstand gestärkt, dass Spanien sich als fähig erwiesen hat, schwierige Reformen und harte Sparmaßnahmen durchzusetzen. Dies erhöhe die Attraktivität für Investitionen zusätzlich.

c) **Keynesianer und Neukeynesianer** argumentieren, dass die durch expansive Fiskal- und Geldpolitik eingeleitete Erholung zu schwach gewesen sei, um die Arbeitslosigkeit ausreichend zu senken. Hierzu sei (neben einer Fortführung der Maßnahmen) zusätzlich eine Abwertung gegenüber den anderen Ländern innerhalb und den Ländern außerhalb des Euroraums notwendig. Da die eine nominale Abwertung innerhalb des Euroraums aufgrund des Euro unmöglich ist, sollten die äußerst wettbewerbsfähigen Euroländer des Nordens Spanien mit einer internen Aufwertung entgegenkommen. Wenn beispielsweise in Deutschland Löhne und Preise stärker steigen, würde dies in Spanien nicht nur eine indirekte Erhöhung der Wettbewerbsfähigkeit, sondern auch eine verstärkte Nachfrage nach spanischen Exporten auslösen.

   Aus Sicht der **Vertreter der Real Business Cycle-Theorie** ist der interne Abwertungsprozess einfach noch nicht abgeschlossen. Mit anhaltender Lohnzurückhaltung sowie zusätzlichen Anstrengungen bei der Erhöhung der Standortattraktivität sollte jedoch eine Fortsetzung des Erholungsprozesses möglich sein.

2. Eine erste Einschätzung der makroökonomischen Politik nach der Krise liefert der von Olivier Blanchard herausgegebene Sammelband „*In the Wake of the Crisis: Lea-*

ding Economists Reassess Economic Policy", MIT Press, 2012. Eine etwas grundsätzlichere Auseinandersetzung findet sich in: *Martin Held, Gisela Kubon-Gilke, Richard Sturn (Hrsg.), Lehren aus der Krise für die Makroökonomik, Metropolis-Verlag, Marburg 2017.*

a) An dieser Stelle ist Ihre Meinung gefragt! Seien Sie mutig! Ist die exzessive Mathematisierung der Makroökonomik ein wichtiges Problem? Oder wird immer noch zu stark mit dem Modell rationaler Erwartungen gearbeitet? Vertrauen Ökonomen insgesamt zu stark auf die Leistungsfähigkeit von Märkten, was dann auch Folgen für die Makroökonomik hat? Oder unterschätzen makroökonomische Modelle immer noch die verzerrenden Wirkungen staatlicher Eingriffe, wie viele Vertreter der sogenannten „österreichischen Schule der Nationalökonomie" vermuten? Ist das Problem der Makroökonomik unter Umständen die unzureichende Modellierung des Geld- und Finanzwesens?

   Auf jede dieser Fragen sowie auf viele weitere in diesem Zusammenhang relevante Fragen ist „ja" und auch „nein" eine gute Antwort (sofern dem „Ja" eine Begründung folgt).

b) Viele der während der Krise wichtigen Mechanismen waren in Modellen von Ökonomen, die sich mit Finanzmärkten und Finanzintermediären beschäftigten, zumindest in Ansätzen vorhanden. Zu diesen Ökonomen zählt bspw. **Raghuram Rajan**, der ehemalige Chefvolkswirt des Internationalen Währungsfonds. In seiner theoretischen Forschung hat er sich vor allem damit beschäftigt, wie sich Informations- und Anreizprobleme auf Finanzmärkten auswirken. Offensichtlich steckt hierin ein wichtiger Ansatzpunkt für die Erneuerung der Makroökonomik.

   Auch **Hyman Minsky** ist vor allem für seine Kenntnisse im Bereich der Finanzmärkte bekannt geworden. Seine „Financial Instability Hypothesis", nach welcher die Interaktion zwischen Gesamtwirtschaft und Finanzmärkten auf spezifische Weise Verschuldungszyklen produziert, hat in der Krise große Aufmerksamkeit erfahren. Doch Minsky war auch dafür bekannt, dass er eine sehr grundsätzliche Rückbesinnung der Wirtschaftspolitik und Makroökonomik auf die Prinzipien der 1950er- und 1960er-Jahre forderte. Insbesondere hielt er es für notwendig, eine strikte Regulierung der Finanzmärkte mit einer aktiven Fiskalpolitik zu kombinieren.

   Der Nobelpreisträger **Paul Krugman** hatte mit seinem Buch „The Return of Depression Economics" bereits 1998 darauf hingewiesen, dass große Krisen auch in unserer Zeit relevant sind. Er fordert eine Makroökonomik, die sich weniger der eleganten Modellierung und mehr den empirischen Zusammenhängen und pragmatischen Politikfragen zuwendet. Modelle könnten eine wichtige Rolle spielen, um die Konsistenz der eigenen Ideen zu überprüfen. Sie sind jedoch nur ein Instrument unter vielen.

   Robert Shiller fordert zusammen mit anderen einen sehr viel kritischeren Umgang mit den bis heute maßgeblichen Verhaltens- und Modellannahmen der Makroökonomen. Seine Studien zu Preisblasen an Immobilien- und Aktienmärkten zeigen zum einen, dass systematische Abweichungen vom Modell des rationalen Entscheiders spürbare gesamtwirtschaftliche Auswirkungen haben können. Zum anderen muss nicht immer das Individuum Ausgangspunkt einer relevanten Modellierung gesamtwirtschaftlicher Zusammenhänge sein. Zuweilen spielen massenpsychologische Phänomene eine Rolle, die nur im Gruppenzusammenhang verstanden werden können. So gewinnen „Erzählungen" über den Lauf der Welt, sogenannte Narrative, einen eigenständigen Einfluss auf den Lauf der Welt.

c) An dieser Stelle ist Ihre Meinung gefragt! Seien Sie mutig! Sollte die Mathematisierung der Makroökonomik vorangetrieben werden, da man hier auf halbem Weg stehen geblieben ist? Sollten Makroökonomen vermehrt mit Physikern und/oder Ingenieuren zusammenarbeiten? Könnten Psychologen dazu beitragen, realistischere Verhaltensmodelle für Ökonomen zu entwickeln? Oder soll man vermehrt mit Soziologen oder auch Politologen zusammenarbeiten? Ist die Makroökonomik unter Umständen sogar ein interdisziplinäres Projekt? Oder bieten die in Teilaufgabe b) genannten Ansätze den richtigen Ausgangspunkt?

   Auf jede dieser Fragen sowie auf viele weitere Fragen ist „ja" und auch „nein" eine gute Antwort (sofern dem „Ja" eine Begründung folgt).

3. Weiterführende Auseinandersetzung mit der makroökonomischen Theoriegeschichte

   a) Statt einer Musterlösung werden an dieser Stelle jeweils eine Originalquelle und eine Sekundärquelle genannt, die zum Einstieg in die jeweilige Denkschule geeignet sind.

      i. Einen guten direkten Einstieg in marxistische Denkweisen bietet das kommunistische Manifest von Karl Marx und Friedrich Engels, das inzwischen an zahlreichen Stellen online abgerufen werden kann. Als Sekundärliteratur zu marxistischen Vorstellungen bietet sich der erste Teil des Buchs „Kapitalismus, Sozialismus und Demokratie" von Joseph Schumpeter an (*Kapitalismus, Sozialismus und Demokratie. Einführung von Eberhard K. Seifert. 7. erweiterte Auflage. UTB, Stuttgart 1993*).

      ii. „Kapitalismus, Sozialismus und Demokratie" ist auch das Buch, das einen sehr guten direkten Einstieg in die Denkweisen von Joseph Schumpeter selbst bietet. Als Sekundärliteratur bietet sich an: *Heinz D. Kurz und Richard Sturn (2012): Schumpeter für jedermann. Von der Rastlosigkeit des Kapitalismus. Frankfurter Allgemeine Buch, Frankfurter Societäts-Medien GmbH, Frankfurt am Main.*

      iii. Einen sehr guten direkten Einstieg in ordoliberale Ideen bietet das Buch *„Die Ordnung der Wirtschaft" von Walter Eucken.* Als Sekundärliteratur bietet sich das Kapitel über Eucken in: *Heinz D. Kurz, „Klassiker des ökonomischen Denkens Band 2: Von Vilfredo Pareto bis Amartya Sen" (Verlag: C. H. Beck 2011)* an.

      iv. Der Postkeynesianismus (der sich im Unterschied zu Neo- bzw. Neukeynesianismus stark von den neuen Strömungen der Makroökonomik seit den 1970er-Jahren distanziert) wurde durch viele teilweise sehr unterschiedliche Autoren geprägt. Eine gute Einführung bieten *Edward King (Hrsg.): The Elgar companion to post-Keynesian economics. Edward Elgar Publishing, 2003* sowie *Karl Dietrich, Hubert Hoffmann, Jürgen Kromphardt, Karl Kühne, Heinz D. Kurz, Hajo Riese & Bertram Schefold: Postkeynesianismus. Ökonomische Theorie in der Tradition von Keynes, Kalecki und Sraffa. Mit einer Auswahlbibliographie von Ottmar Kotheimer. Metropolis, Marburg 1987.*

b) John Maynard Keynes und der französische Soziologe Michel Callon gehen davon aus, dass Ökonomen selbst einen großen Einfluss auf das Wirtschaftsgeschehen insgesamt und die Wirtschaftspolitik im Speziellen ausüben. Im Hinblick auf die 2007/2008 ausgebrochene Wirtschafts- und Finanzkrise würde dies beispielsweise bedeuten, dass die Wirtschaftswissenschaften sich nicht nur kritisch damit beschäftigen sollten, warum sie die Krise nicht vorhergesehen haben. Vielmehr sollten sie fragen, ob ihre Ideen und Konzepte mit zum Entstehen der Krise beigetragen haben, beispielsweise, indem sie stärker die Vorzüge als die Nachteile deregulierter Finanzmärkte betont haben.

   Beide Autoren gehen zudem davon aus, dass diese Wirkung der Ökonomik etwas ist, was unabhängig von der Richtigkeit der Ideen stattfindet. Die Ökonomik hat eine hohe „Performanz". Performative Äußerungen verändern Zustände in der sozialen Welt unabhängig von ihrem Wahrheitsgehalt einfach durch die Tatsache, dass sie geäußert werden. Michel Callon geht sogar so weit zu behaupten, dass die Ökonomik im Kern die Wirtschaft gar nicht beobachtet und untersucht, sondern formt.

4. Gibt es einen makroökonomischen Paradigmenwechsel?

a) Der Begriff Paradigma kann unterschiedlich definiert werden, für unsere Zwecke bietet sich die Übersetzung als eine gewisse „Sicht der Welt" an. Der Begriff des Paradigmenwechsels wird üblicherweise mit dem Wissenschaftsphilosophen Thomas S. Kuhn in Verbindung gebracht, auch wenn vor und nach Kuhn ähnliche oder auch alternative Ideen entwickelt wurden. Der Philosoph Giorgio Agamben untersucht, wie Kuhn den Begriff Paradigma verwendet. Demnach handelt es sich einerseits um die Gesamtheit von „Techniken", „Modellen" und „Werten", die die Mitglieder einer Gruppe von Wissenschaftlern miteinander teilen. Andererseits kann auch eine einzelne „Technik" oder ein einzelnes „Modell" so wirkmächtig sein, dass es als Beispiel oder Orientierungsmaßstab zum Paradigma wird. In der Makroökonomik kann man beispielsweise vom keynesianischen oder monetaristischen Paradigma sprechen, dann geht es eher um die von einer Gruppe geteilten Techniken, Ansätze und Anschauungen. Oder man kann vom Paradigma der „Rationalen Erwartungen" sprechen, dann ist eine spezifische Art der Modellbildung so wirkmächtig, dass sie für eine bestimmte Tradition von Forschung steht.

b) Die Finanz- und Wirtschaftskrise hat unter anderem die folgenden grundsätzlichen Fragen aufgeworfen:

   – Wie verlässlich sind die Informationen, die sich in den Preisen von Finanzprodukten widerspiegeln, und welche Bedeutung sollte man Theorien wie der Effizienzmarkthypothese zugestehen?
   – Warum waren die meisten makroökonomischen Modelle weder in der Lage, die Krise zu antizipieren, noch dazu geeignet, die Wirkung unterschiedlicher wirtschaftspolitischer Maßnahmen adäquat abzubilden?
   – Wie sollten unterschiedliche gesamtwirtschaftliche Ziele gewichtet werden, insbesondere die Inflationsentwicklung im Vergleich zur Beschäftigungsentwicklung?

Die Covid-Pandemie wirft ähnliche, aber etwas anders akzentuierte Fragen auf:

- Wie verlässlich sind Aktienmärkte als Gradmesser der wirtschaftlichen Entwicklung, wenn diese einerseits trotz Pandemie erstaunlich stabil sind, andererseits nur einen äußerst kleinen Teil des Unternehmenssektors abbilden?
- Was lernen wir aus der Erfahrung, dass sich im Angesicht großer Krisen radikale Entscheidungen wie das weitgehende Herunterfahren der Wirtschaftsaktivität treffen lassen?
- Welche Bedeutung hat die öffentliche Daseinsvorsorge (die Sicherstellung einer Grundversorgung mit den für das menschliche Dasein wirklich notwendigen Gütern und Dienstleistungen) im Vergleich zur Bereitstellung von angenehmen, aber nicht unbedingt notwendigen Gütern und Dienstleistungen?

Die zunehmenden ökologischen Probleme begründen unter anderem die folgenden kritischen Fragen:

- Wie sinnvoll sind makroökonomische Modelle, die ökologische Zusammenhänge nicht oder nur am Rande berücksichtigen?
- Ist ein weiteres Wirtschaftswachstum ein erstrebenswertes Ziel, oder sollten insbesondere die Industrienationen auf eine Strategie der Wachstumsreduktion setzen?
- Welche Rolle sollten staatliche Einrichtungen im Vergleich zu privaten einnehmen, wenn in kurzer Zeit ein grundsätzlicher Umbau der Wirtschaft notwendig ist?

c) In vielerlei Hinsicht haben die genannten Entwicklungen zu einer Neubewertung makroökonomischer Zusammenhänge geführt. Insbesondere werden Verteilungsfragen und ökologischen Problemen heute eine viel größere Bedeutung zugemessen. Ob man allerdings von einem Paradigmenwechsel sprechen kann, ist zumindest zum aktuellen Zeitpunkt noch unklar und umstritten. Erste und durchaus unterschiedliche Zugänge zu dieser Frage bieten beispielsweise die folgenden Publikationen:

- Held, M., Kubon-Gilke, G., Sturn, R., Hrsg. (2012), Lehren aus der Krise für die Makroökonomik, *Jahrbuch Normative und institutionelle Grundfragen der Ökonomik*, Band 11
- Laybourn-Langton, L., Jacobs, M., Dullien, S. Schularick, M., Zimmermann, K. Knopf, B. Burghaus, K. et al. (2018), A New Economic Paradigm, *Intereconomics 3* (2018).
- Heintz, J., Staab, S., Turquet, L. (2021). Don't Let Another Crisis Go to Waste: The COVID-19 Pandemic and the Imperative for a Paradigm shift. *Feminist Economics 27*(1-2), 470-485.

5. Weitere heterodoxe Denkansätze

Zunächst einige Anmerkungen zu den Grenzen der Nutzung von KI-Systemen bei der Beantwortung dieser Fragen. Diese Grenzen sind zahlreich, hier beschränken wir uns auf drei besonders wichtige:

- In der Wissenschaft ist es aus unterschiedlichen Gründen von zentraler Bedeutung, die Quellen, auf der die eigene Forschung mitberuht, genau zu kennen und zu reflektieren. Generative KI-Systeme sind im Umgang mit Quellen allerdings noch bei Weitem nicht ausgereift. Dies ist nicht nur aus Gründen der „guten wissenschaftlichen Praxis" sowie zum Schutz geistigen Eigentums problematisch. Gerade bei wirtschafts- und damit gesellschaftspolitischen Fragen sind wissenschaftliche Einschätzungen immer auch vor dem Hintergrund von Denkschulen und sog hegemonialen Deutungsansprüchen zu lesen. Damit ist gemeint, dass in einer bestimmten Gesellschaft bestimmte Sichtweisen nicht hinterfragt werden, die eigentlich zu hinterfragen wären. Gerade in den Wirtschaftswissenschaften spielt dies eine nicht unbedeutende Rolle.

- Bisher beschränken sich die meisten generativen KI-Systeme darauf, Informationen aus dem Internet zusammenzutragen und zu kombinieren. Dabei können nicht nur schwerwiegende Interpretationsfehler gemacht werden. Das Hauptproblem besteht darin, dass im Internet bestimmte Sichtweisen vorherrschen, die von den KI-Systemen nicht kritisch genug hinterfragt werden.
- Generative KI-Systeme wie Chatbots, die auf sog. „Large Language"-Modellen beruhen, werden häufig von großen KI-Konzernen in den USA und China betrieben. Dies verfolgen in erster Linie ihre Eigeninteressen (bspw. die Erhebung möglichst großer Mengen an Daten oder die Erzielung von Gewinn) und damit nicht das Ziel, besonders wissenschaftliche Antworten zu geben. Dies geschieht nur insofern, als dass es dem Geschäftsmodell der betreibenden Konzerne oder den diese Konzerne stützenden politischen Interessen dient. Studien zeigen, dass generative KI-Systeme politische Tendenzen aufweisen können. Gerade bei den genannten Fragen kann dies höchstproblematisch sein.

Im Hinblick auf die Beantwortung der Fragen beschränken wir uns an dieser Stelle auf kurze Hinweise:

a) Einen guten Überblick über Ansätze der Feministischen Ökonomik liefern Bauhardt, C., and G. Çağlar (2010): Gender and Economics. Feministische Kritik der politischen Ökonomie. Wiesbaden: VS Verlag für Sozialwissenschaften. Man unterscheidet:
   - Einen zentralen Bezugspunkt der feministischen Ökonomik liefern Probleme der Reproduktion und Care-Ökonomie. Dabei wird u.a. aufgezeigt, dass unsere kapitalistische Wirtschaft ganz wesentlich auf Leistungen und Beiträgen beruht, die nicht oder nur unzureichend entlohnt werden. Der Kapitalismus bedient sich dieser Leistungen, ohne zu ihrer Ermöglichung beizutragen.
   - Es lassen sich unterschiedliche Strömungen der feministischen Ökonomik identifizieren: Eher liberale Ansätze fokussieren v.a. die Gleichberechtigung der Geschlechter im Arbeitsprozess, bspw. im Hinblick auf Frauen in Führungspositionen. Sie sind weniger an einer grundsätzlichen Kritik des Kapitalismus interessiert. Kritische Ansätze beziehen sich auf materialistische und marxistische Theorien und versuchen diese so weiterzuentwickeln, dass eine moderne Kritik am Kapitalismus möglich wird. Andere Ansätze hinterfragen Geschlechteridentitäten grundsätzlich.
   - Eine zentrale Rolle für die meisten Ansätze der feministischen Ökonomik spielen Herrschaftsverhältnisse und deren Überwindung. Dabei werden auch Motive aus der Diskussion zu sogenannten Commons oder Allmenden aufge-

griffen. Zudem wird gefragt, wie der Mainstream der ökonomischen Theorie zur Verfestigung von Herrschaftsverhältnissen beiträgt.

- Makroökonomische Problemstellungen: Effekte von Austeritätspolitik auf unterschiedliche Geschlechter; feministische Kritik von wirtschaftspolitischen Leitlinien, bspw. in der Europäischen Währungsunion oder beim Internationalen Währungsfonds; Zusammenhang zwischen Geldsystem und Geschlechterdiskriminierung.

b) Einen guten Überblick über die Österreichische Schule liefert: Quaas, F. und G. Quaas (2013): Die Österreichische Schule der Nationalökonomie: Darstellung, Kritiken und Alternativen. Marburg, Metropolis. Zentrale Elemente der meisten Beiträge dieser Schule sind:

- Ökonomische Systeme werden stark aus der Perspektive von frei entscheidenden Individuen konzipiert (methodischer Individualismus und Subjektivismus).
- Es besteht eine Präferenz für stark Formen des Liberalismus und damit eine Aversion gegenüber kollektiven (staatlichen) Eingriffen in das freie Marktgeschehen.
- Zentraler Ausgangspunkt sind Fragen von Unsicherheit und Information, sowie die Rolle, die Unternehmer und Märkte bei deren Verarbeitung spielen.
- Makroökonomische Problemstellungen: Zusammenhang zwischen Geldsystem, Geldpolitik und Finanzkrisen; Makroökonomische Effekte der Informationsverarbeitung auf Märkten und insbes. Finanzmärkten; Rolle des Unternehmertums für gesamtwirtschaftliches Wachstum.

c) Die EE (eine gute Einführung liefern: Common, M. und S. Stagl, (2005): Ecological economics: an introduction. Cambridge University Press.) geht von der Einsicht aus, dass die Wirtschaft ein System ist, dass in umfangreichere Systeme eingebettet ist und ohne diese nicht existieren kann:

- Wirtschaftliche Aktivitäten unterliegen Grenzen. Sie sind durch die Kapazität der Erde eingeschränkt, bspw. durch planetare Grenzen.
- Neben Humankapital und Sachkapital wird dem Naturkapital eine zentrale Bedeutung zugemessen.
- Es gibt zahlreiche Berührungspunkte mit anderen Ansätzen, bspw. der Politischen Ökologie, der Feministischen Ökonomik, der Geschichtswissenschaft sowie der evolutorischen Ökonomik.
- Makroökonomische Problemstellungen: Zusammenhang zwischen Wirtschaftswachstum und ökologischen Problemen; Rolle von Ökosystemdienstleistungen für gesamtwirtschaftliche Prozesse; Makroökonomische Implikationen der Bewältigung ökologischer Krisen.